U0922703

日喀则年鉴

གཞིས་ཀ་རྩེའི་ལོ་རིམ་མེ་ལོང་།

2020（总第9卷）

日喀则市地方志编纂委员会办公室　编

方志出版社
Publishing House of Local Records

图书在版编目（CIP）数据

日喀则年鉴. 2020 / 日喀则市地方志编纂委员会办公室编. -- 北京:方志出版社, 2020.10
ISBN 978-7-5144-4609-8

Ⅰ. ①日… Ⅱ. ①日… Ⅲ. ①日喀则－2020－年鉴
Ⅳ. ①Z527.53

中国版本图书馆CIP数据核字(2020)第256932号

日喀则年鉴（2020）

编　　者：日喀则市地方志编纂委员会办公室
责任编辑：王海荣

出 版 者：方志出版社
地址　北京市朝阳区潘家园东里9号（国家方志馆4层）
邮编　100021
网址　http://www.zgfzcb.cn
发　　行：方志出版社图书经销中心
电话（010）67110500
经　　销：各地新华书店
印　　刷：山东黄氏印务有限公司

开　　本：889×1194　1/16
印　　张：35.25
字　　数：912千字
版　　次：2020年10月第1版　2020年10月第1次印刷
印　　数：0001～1000册

ISBN 978-7-5144-4609-8　定 价：350.00元

《日喀则年鉴（2020）》编纂委员会

名誉主任： 刘 虎 山

主　　任： 程 四 曲

副 主 任： 雷 进 昌

委　　员： 宋 崇 银　　齐 宝 华　　达瓦旦增　　冯 洪 波　　阿旺赤列

《日喀则年鉴（2020）》编辑部

主　　编： 齐 宝 华

副 主 编： 姚　　艳

编　　辑： 吴　　琼　　角 巴 杰　　索朗德吉　　李 晓 童

编辑说明

一、《日喀则年鉴（2020）》以马克思列宁主义、毛泽东思想、邓小平理论、“三个代表”重要思想、科学发展观、习近平新时代中国特色社会主义思想为指导，坚持辩证唯物主义和历史唯物主义的立场、观点和方法，求真务实，力求全面、客观、系统地记述日喀则市2019年度发展情况，旨在反映日喀则市一年来经济社会发展变化情况和重大事件，为各行各业提供咨询服务，让国内外各方人士了解日喀则，为续修地方志储备资料。

二、《日喀则年鉴（2020）》采用分类编辑法。主体内容划分为类目、分目、条目3个层次，条目为年鉴内容的基本单位。为方面读者检索，在正文后设置综合性主题索引。索引款目按首字汉语拼音字母顺序排列。

三、《日喀则年鉴（2020）》正文类目依次有特载、大事记、日喀则概览、机构及其负责人、政治、对口支援、法治、经济管理、应急管理、农牧业、工业、商贸服务业、旅游业、交通运输、城乡建设、生态环境、金融、科学技术、教育、文化体育、脱贫攻坚、卫生健康、社会生活、民族宗教事务、县区概况、人物、附录、索引，共28个类目。

四、《日喀则年鉴（2020）》主要记述2019年度日喀则市行政区域内的经济社会发展状况，记述时间为2019年1月1日至12月31日。凡在文中直书月、日的，均指2019年内的日期，书中涉及其他年份的时间则表明年份。

五、《日喀则年鉴（2020）》所载数据，除国家统计部门正式公布之外，均由供稿单位提供并审核。由于来源、统计方法和口径的差异，不同稿件中不尽一致，引用时以日喀则市统计局资料为准。书稿中部分数据合计数或相对数由于单位取舍不同而产生的计算误差，均未做机械调整。

六、《日喀则年鉴（2020）》图片均由各单位提供，其中内文风景类图片均由市旅发委提供。

数字看日喀则

2019年

◎ 年末常住人口 87.07 万人

◎ 地区生产总值 279.49 亿元

◎ 第一产业增加值 43.70 亿元

◎ 第二产业增加值 94.91 亿元

◎ 第三产业增加值 140.88 亿元

◎ 粮食作物种植面积 6.44 万公顷

◎ 粮油总产量达 47.23 万吨

◎ 饲草料作物产量 18.46 万吨

◎ 年末牲畜存栏 444.21 万头、只、匹

◎ 全年完成工业总产值 33.93 亿元

◎ 全年招商引资项目 328 个

◎ 全年实现社会消费品零售总额 120.91 亿元

◎ 全年实现进出口总额 46.79 亿元

◎ 全年货运量 465.39 万吨

◎ 全年邮电主营业务收入 59751.74 万元

◎ 年末接待国内外游客 871.39 万人次

◎ 年末地方一般公共预算收入 15.69 亿元

◎ 年末地方政府性基金预算收入 6.97 亿元

◎ 年末全部金融机构本外币各项存款余额 564.86 亿元

◎ 年末城镇居民人均可支配收入 36455 元

◎ 全年完成各类造林工程 42546.67 公顷

◎ 年末全市共有各级各类学校 807 所

◎ 年末全市共有在校生 164577 人

◎ 年末全市共有卫生机构 263 个

2月25日，中共日喀则市第一届委员会第十次全体会议召开。自治区政府副主席、市委书记张延清代表市委常委会作全会报告

9月25日，市委副书记、市长刘虎山主持召开日喀则市“十四五”规划推进会

12 月 24—27 日，日喀则市第一届人民代表大会第九次会议召开

12 月 23—27 日，政协第一届日喀则市委员会第九次会议在政协礼堂召开

7月17日，藏医专家郎嘉老师在市藏医院开展藏医药特色疗法培训，并到临床一线指导

8月28日，市人社局在日喀则市中心广场举办2019年秋季高校毕业生大型招聘会

8—9月，定日县开展乡镇门诊巡回医疗报销工作

日喀则市教育城项目

亚东县新华书店开展流动图书进学校活动，图为学生在阅读图书

2019年萨迦县木拉乡小学风雨操场

拉孜县易地搬迁县城安置点二区

在日喀则市定日县城易地搬迁安置点开展医保政策巡回宣传活动

整齐划一的乡村民居

白朗县万亩枸杞产业园为群众实现增收

南木林县南木林镇孔阿新村

桑珠孜区甲龙沟藏历初三赛马节

望果节活动

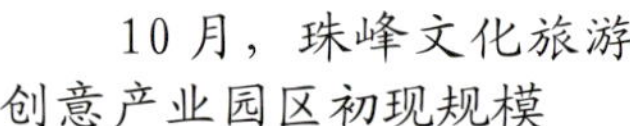

10月，珠峰文化旅游创意产业园区初现规模

6月28日，第十七届珠峰文化旅游节开幕

5月21日，日喀则市第五届“珠峰杯”男女篮球锦标赛在市体育馆开幕

7月27日，举办以“全民健身 绿色出行”为主题的日喀则市首届“珠峰杯”自行车环城赛

11月4日，在市上海体育场举办日喀则市第八届“体彩杯”足球比赛

8月29日，日喀则市首届农牧民运动会开幕

日喀则市获评全国民族团结进步示范市

6月2日，日喀则市在市民族团结公园举办“民族团结一家亲，共创共享心连心”主题文艺演出

日喀则市第一高级中学山东援藏教师为藏族学生讲解难题

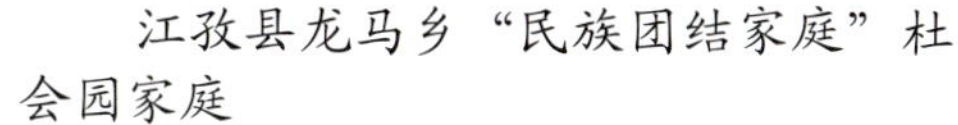

江孜县龙马乡“民族团结家庭”杜会园家庭

桑珠孜区江洛康萨社区各民族群众和谐相处

陈塘边境派出所民警给夏尔巴群众宣讲政策

桑珠孜区

◎总面积 0.37 万平方公里，常住人口 125283 人
◎地区生产总值 95.34 亿元，全社会固定资产投资 33.52 亿元
◎城乡居民人均可支配收入 36455 元、14855 元

江孜县

◎总面积 3859 平方公里，常住人口 80472 人
◎地区生产总值 23.61 亿元，全社会固定资产投资 16.75 亿元
◎农村居民人均可支配收入 15150 元

白朗县

◎总面积 2758.98 平方公里，常住人口 50476 人
◎地区生产总值 11.44 亿元，全社会固定资产投资 13.37 亿元
◎农牧民人均可支配收入 15220 元

亚东县

◎总面积 0.51 万平方公里，常住人口 13992 人
◎地区生产总值 7.84 亿元，全社会固定资产投资 18.62 亿元
◎农村居民人均纯收入 12805 元

聂拉木县

◎总面积 0.77 万平方公里，常住人口 20954 人
◎地区生产总值 8.5 亿元，全社会固定资产投资 15.18 亿元
◎农村居民人均可支配收入 9981 元

拉孜县

◎总面积 0.44 万平方公里，常住人口 63525 人
◎地区生产总值 12.5 亿元，全社会固定资产投资 10.54 亿元
◎农牧民人均可支配收入 11901 元

目 录

特 载

大 事 记

日喀则概览

机构及其负责人

政　治

对口支援

法 治

经济管理

应急管理

农牧业

工　业

商贸服务业

旅游业

交通运输

城乡建设

科学技术

教　育

文化体育

脱贫攻坚

卫生健康

社会生活

民族宗教事务

县区概况

人 物

附 录

索 引

湿地

特　载

日喀则年鉴 2020

珠峰精神

坚韧不拔　巍峨不屈　感恩向上　敢为人先

弘扬珠峰精神　强化使命担当
加快建设和谐文明幸福美丽日喀则

——在中共日喀则市第一届委员会第十次全体会议上的报告（节选）

（2019年2月25日）

自治区政府副主席、日喀则市委书记　张延清

这次大会，是在决胜全面建成小康社会、加快建设和谐文明幸福美丽日喀则的关键时期，在我市“弯道超车、加速发展”的关键节点，召开的一次十分重要的会议。会议的主题是：高举习近平新时代中国特色社会主义思想伟大旗帜，认真践行习近平总书记关于治边稳藏的重要论述，深入贯彻落实党的十九大、十九届二中、三中全会精神，贯彻落实自治区第九次党代会、区党委九届三次、四次、五次全会精神，动员全市上下弘扬“珠峰精神”，强化使命担当，脚踏实地、登高望远，团结拼搏、苦干大干，深入实施“6677”总体工作思路，在加快建设和谐文明幸福美丽日喀则新的征程上阔步前行。

一、砥砺实践，在执着求进中赢得可喜局面，坚定实施“6677”的信心决心

市委一届八次全会以来，市委常委会坚持以习近平新时代中国特色社会主义思想为指导，贯彻自治区党委“五个坚定不移”“五个确保”的重大决策部署，以处理好“十三对关系”为根本方法，大力弘扬“珠峰精神”，坚定实施“6677”总体工作思路，有力加快了和谐文明幸福美丽日喀则建设进程。

（一）党的建设全面加强，呈现从紧从严的良好态势。坚持新时代党的建设总要求和组织路线，保持“永远在路上”的清醒和执着，强力推进全面从严治党向纵深发展，有力推动了管党治党从宽松软走向严紧硬。党的领导更加坚强有力。市委常委会以身作则，增强“四个意识”，坚定“四个自信”，做到“两个维护”，严格落实民主集中制、“三重一大”制度，健全完善党政机关重大事项请示报告制度，坚决把党的领导体现到各领域各方面各环节。各级党委（党组）自觉把党对一切工作的领导体现到各项工作中，确保了市委各项工作要求有效落实。思想建设真正落细落实。始终把学懂弄通做实党的十九大精神和习近平新时代中国特色社会主义思想作为政治任务，确保了家喻户晓、入脑入心。持续推进“两学一做”学习教育常态化制度化，深入开展党员政治教育和“做合格党员、当先锋模范”教育，深化“讲学习、讲忠诚、正风纪、转作风、提效能”主题活动，党员干部理想信念更加坚定、党性意识更加坚强。组织体系持续织密建强。统筹抓好企业、园区、村居、机关、“两新”组织等领域党组织建设，去年新增基层党组织711个，填补了基层组织多项空白。基层党建“六化”成效明显，基层党组织标准化建设全力推进，建成标准化村级组织活动场所379个，党组织

设置不断优化、组织力不断提升，政治功能、服务功能更加突出。正风肃纪从未停歇止步。严格执行中央“八项规定”及其实施细则和自治区党委实施办法，去年市接待经费同比下降 45.65%，集中整治不作为慢作为、文山会海等形式主义、官僚主义突出问题，全面压实“两个责任”，市县两级监委规范运行，政治巡察彰显利剑作用，“四风”问题有效纠正，腐败问题坚决查处，党风政风明显好转。

（二）生态保护纵深推进，呈现和融共生的良好态势。坚决贯彻落实习近平生态文明思想，牢固树立绿水青山、冰天雪地就是金山银山的理念，大力实施“奋力建设美丽日喀则、筑牢生态安全屏障”重大生态工程，有力提升了生态环境质量。突出环境问题有效解决。蓝天、碧水、净土保卫战深入实施，“绿盾 2018”自然保护区监督检查专项行动全面开展，第二次全国污染源普查稳步推进，黄标车、老旧车逐步淘汰，群众反映强烈的施工扬尘、噪音污染、污水直排等问题得到有力整改，珠峰垃圾得到有效整治。环境治理水平不断提高。市生态监测站、土壤信息化监测平台建设进展顺利，“党政同责”“一岗双责”严格落实，生态保护红线划定基本完成，2800 多名各级河（湖）长认真履职，中央环保督察整改走在全区前列。生态系统保护总体加强。实施一百万亩植树造林规划，去年完成营造林 36.64 万亩，完成机场快速通道绿化 0.2 万亩、森林围城 0.43 万亩、周边山体绿化工程试点 0.14 万亩，无树村消除任务全面完成；城区带状公园建成开放，新增城区公共绿地面积 25.18 万平方米。极高海拔地区生态搬迁有序推进，桑珠孜区等 3 个安置点先行启动建设。

（三）文化实力不断增强，呈现守正出新的良好态势。坚守中华文化立场，大力发展社会主义先进文化，以文铸魂、以文化人、以文兴业，有力推动了民族优秀传统文化创造性转化、创新性发展。精神家园有效构筑。深入开展“四讲四爱”群众教育实践活动，全面推进“千名党员干部入户大宣讲”活动，积极培育和践行社会主义核心价值观，大力弘扬“老西藏精神”“两路精神”“珠峰精神”，广泛开展群众性精神文明创建，各族群众在理想信念、价值理念、道德观念上紧紧团结在一起。文艺精品彰显自信。“深入生活，扎根人民”主题活动广泛开展，感恩核心、感恩党的《故乡，直克五宝》广为传唱，《吉祥日喀则》实现商业化演出，《极地踏歌》在上海成功首演。文化事业惠民利民。我市成功获得第四批国家公共文化服务体系示范区创建资格，扎什伦布寺、萨迦寺、白居寺联合申报世界文化遗产工作进展顺利，去年完成爱国主义遗迹修复 35 处，新增国家级非遗代表性传承人 6 名、自治区级非遗代表性项目 22 个，市图书馆开馆运行，广播电视综合覆盖率分别达 98.9% 和 98.1%。文化产业活力迸发。珠峰文化旅游节影响力不断扩大，珠峰文化旅游创意产业园区成功申报第三批自治区级文化产业示范园区，吾尔朵民族传统文化有限公司、江孜尼玛藏式卡垫加工合作社等 4 家企业（专合组织）成功申报第四批自治区级文化产业示范基地，勉唐派唐卡等 4 个项目、八思巴藏香制作技艺项目分别荣获全国非物质文化遗产联展金奖、银奖，文化产业成为日喀则经济新亮点。

（四）经济发展稳中向好，呈现质量提升的良好态势。坚决贯彻落实习近平新时代中国特色社会主义经济思想，坚持新发展理念，以供给侧结构性改革为主线，有力推动了经济向高质量发展。2018年，全市地区生产总值实现243.20亿元，同比增长8.9%；全社会固定资产投资完成177.47亿元；地方一般公共预算收入17.58亿元，增长11.62%；社会消费品零售总额111.26亿元，增长14.3%；城镇和农村居民人均可支配收入分别达到32989元、10216元，分别增长9.5%、10.7%。特色产业生机勃勃。以“七大产业”为主导的产业体系，结构不断优化、布局不断完善，质量不断提升、链条不断延伸，逐步实现从零散型向规模化转变、从产量型向质量型转变、从普通产品向名优产品转变。“双核五驱”蔬菜产业圈形成规模，“全国蔬菜看寿光、西藏蔬菜看白朗”成为现实；“西藏神水”“珠峰冰川”享誉区内外，市场占有率不断提高；“一峰两寺三城三线五沟”等特色旅游精品线路绚丽多彩，国家全域旅游示范区建设迈出坚实步伐；新兴产业加速发展，装配式建筑面积达28万平方米。园区发展活力无限。日喀则国家农业科技园区、日喀则经济开发区、珠峰文化旅游创意产业园区、“光伏+生态设施农业”产业园区，去年完成固定资产投资25.58亿元，入园企业42家，协议总投资43.83亿元；拉洛现代农业产业园区建设有序推进，已入驻项目6个，总投资规模近7亿元。基础设施加快建设。去年开（复）工项目2528个，拉萨至日喀则机场高等级公路、拉洛和湘河水利枢纽及配套灌区工程、恰央水库等一批促进经济长足发展的重大项目加快建设，边境小康村建设、“十项提升工程”、扶贫产业项目等一批涉及民生改善的民心项目加速推进，边防公路、边境地区移动通讯网络覆盖、边境水利设施等一批涉及国家安全、边疆巩固、边境发展的重点项目稳步推进，日喀则至吉隆铁路、日喀则至吉隆和日喀则至亚东高等级公路、阿里电网联网工程等一批战略性项目前期工作进展顺利。“六城共建”统筹推进。以创建全国文明城市为龙头，一城带五城，举纲带目、集中联创，日喀则市成功保留全国文明城市提名城市资格，全国双拥模范城市创建成果巩固提升，全国民族团结进步示范市创建工作通过自治区初验；以城市建设管理为基础，市区停车场、棚户区改造等项目快速推进，城市管理体系更加完善、公共服务水平不断提高，城市生活更加和谐宜居、更加幸福美好。改革开放全面扩大。经济体制领域改革相继落地、渐次花开，国资国企改革成效明显，去年市属国企资产总量达到183亿元、增长60.5%，营业收入5.6亿元、增长187%，实现利润2.56亿元、增长129.8%；“放管服”改革不断深化，营商环境持续优化，去年非公经济市场主体突破5万户、从业人员近21万人，创造税收占全市税收的87%。对内对外开放不断扩大，去年完成进出口贸易总额39.45亿元；援藏内涵不断丰富，去年落实对口援藏资金12.1亿元，实施援藏项目280个。

（五）民计民生持续改善，呈现福祉增进的良好态势。始终坚持以人民为中心的发展思想，把各族群众对美好生活的向往作为奋斗目标，有力促进了改革发展成果更多更公平惠及各族群众。脱贫攻坚再战告捷。召开“苦干实干四百天 决胜脱贫攻坚战”誓师大会，凝神聚力、决战决胜，5.3万人实现脱贫，桑珠孜、岗巴、定日、昂仁、仲巴、仁布六县区脱贫摘帽。社会事业全面进步。坚持教育优先发展，教育人才组团式援藏为教育事业发展注入“源头活水”，各级各类学校办学条件得到改善，教育教学质量显著提升，仲巴、萨迦、昂仁、吉隆四县顺利通过县域义务教育均衡发展国家评估认定,“三大考试”继续位居全区前列，实现了从“走出低谷、重塑形象”到“优先发展、走在前列”的华丽转身。“健康日喀则”建设加快推进，医疗人才组团式援藏工作扎实开展，市人民医院“强三甲”，市藏医院成功“创三甲”，公共卫生服务体系不断完善。“双创”及大学生（中职生）就业动态清零行动成效明显，“珠峰众创”空间作用充分发挥，去年应届大学毕业生实现就业 3587 人，就业率达 92.5%，其中市场就业率 62.8%。社会保障体系不断织密，群众生活水平、幸福指数大幅提升。抢险救灾能力不断增强，全力以赴做好谢通门县抗震救灾和聂拉木、吉隆等县雪灾抢险救灾工作，坚决保障人民群众生命财产安全。乡村振兴全面开局。农村土地（耕地）确权登记全面完成、颁证工作扎实推进，349 个边境小康村开工建设，积极引导工商资本下乡，“京东电商平台 + 农业产业化企业 + 合作社 + 农户”的订单模式初步形成，农牧业农牧区发展活力不断增强。

（六）社会局势总体稳定，呈现安全和谐的良好态势。坚持总体国家安全观，牢固树立深度的忧患意识和看家意识，以防患于未然为原则做工作，以防止出大事打基础做准备，以敢于担当落实责任为标准看干部，有力推动了日喀则从持续和谐稳定走向长治久安。社会治理更加有效。深入开展“三个专项斗争”，打掉各类团伙组织 16 个；“1+5+X”网格化管理模式不断完善，双联户“10+2”任务落地落实，“两边一线”严防死守，治理体系更加完善，各族群众安全感更有保障、满意度持续提升。

这些成绩的取得，是以习近平同志为核心的党中央特殊关怀的结果，是习近平新时代中国特色社会主义思想和总书记关于治边稳藏重要论述科学指引的结果，是自治区党委坚强领导的结果，是四省市、两企业无私援助的结果，是驻市解放军、武警部队官兵、政法干警拼搏奉献的结果，是全市各族干部群众团结奋斗的结果，是各族各界爱国统战人士肝胆相照的结果。在此，我代表市委，向所有为全市各项事业作出贡献的同志们、朋友们，表示衷心的感谢并致以崇高的敬意！

二、把握形势，在科学研判中找准关键因素，激发推进“6677”的动力活力

随着“6677”总体工作思路的深入实施，和谐文明幸福美丽日喀则建设的不断加快，日喀则真正到了爬坡过坎的重要关口、赶超跨越的紧要关头，各种矛盾相互交织、各种诉求相互碰撞、各种优势相互叠加，迫切需要我们认清形势、保持定力，找准发力点、抓住关键点、谋求突破点，充分激发实施“6677”总体工作思路的动力活力。

（一）前进道路并不平坦，充满艰辛。建设和谐文明幸福美丽日喀则，还有很多拦路虎、绊脚石。从经济发展看，产业发展缓慢、项目支撑乏力、企业培育不足、开放程度偏低，主要经济指标增速在全区已成倒数、退无可退；从生态建设看，经济发展与生态保护的矛盾处理还不到位，先开发后保护、先污染后治理的思想尚未根除；从文化建设看，意识形态领域杂音噪音难消，民族优秀传统文化挖掘利用不够，文化产品还不能更好满足群众需要；从民生改善看，水电路讯网等基础设施相对滞后，教科文卫保等公共服务极不完善，脱贫攻坚任务艰巨繁重、脱贫成本高、返贫压力大；从党的建设看，主体责任压得不实、基层组织功能发挥不够、监督执纪不严、制度执行不力等问题较为突出。这些困难和问题，既有发展中的困难、前进中的问题，也有外部的因素、客观的因素，但归根结底还是主观的原因。一是思想的问题。有的领导干部不缺才华缺情怀、不缺口才缺干劲、不缺想法缺办法；有的党员干部事业观、工作观、政绩观不正，只想当官、不想干事，只揣摩人、不揣摩事，有功就揽、有过就推；有的相互拆台、背后掣肘，窝里斗、搞内耗。二是作风的问题。有的单位部门一潭死水、一盘散沙，效能低下，毫无战斗力；有的"衙门作风"、官僚主义、形式主义严重，门好进脸好看事不办。有的党员干部人不在岗、心不在职、责不在肩；有的宗旨意识淡薄，不关心群众诉求，不会做群众工作。三是担当的问题。有的单位部门习惯推诿扯皮、相互推责，不种"责任田"、不守"主阵地"，遇到矛盾就上交，碰到困难往外推。有的党员干部为人圆滑世故、处事精明透顶、工作拈轻怕重、岗位挑肥拣瘦、遇事明哲保身；有的安于现状不想为、贪图安逸不愿为、墨守成规不敢为，这也是一种腐败。四是能力的问题。有的党员干部不学习、不钻研，知识累积不足、储备不够，老办法不管用、新办法不会用；有的观念滞后、思路僵化，不敢变通、不敢创新；有的自认为素质高、能力强，穿新鞋走老路、换新瓶装老酒，遇到工作束手无策、一筹莫展。五是执行的问题。有的单位部门逃避执行，有令不行、有禁不止；有的虚假执行，听得见口号、看不见实效；有的象征执行，避实就虚、议而不决；有的选择执行，阳奉阴违、各行其是；有的歪曲执行，上有政策、下有对策。要推进一项工作，不反复开会就没法落实；下发一个文件，不反复督查就不会执行。六是自律的问题。有的党员干部守不住自己的心、管不住自己的嘴、管不住自己的手、管不住自己的腿，不守规矩，顶风违纪，越过道德底线，挑战纪律红线，触碰法律高线。这些拦路虎不打掉，就会严重贻误我们的工作，严重危害我们的事业；这些绊脚石不清除，就会严重背离群众意愿，严重破坏党群关系，必须坚决予以纠正，正本清源。

（二）赶超跨越其势已成，蓄势待发。当前，日喀则发展向前的形势没有变，全面向上的趋势没有变，持续向好的态势没有变，当下可为，前景可待，未来可期。思想共识在凝聚，习近平新时代中国特色社会主义思想深入人心，马克思主义在意识形态领域的指导地位更加巩固，全市各族干部群众人心归聚，团结奋斗的共同思想基础更加牢固，主旋律越来越响亮、正能量越来越强劲。经济总量在扩大，主导产业体系已经形成，一批重大项目开工在即，"五大园区"集聚作用显现，口岸"大开放、大通关、大安全、大协同"的新格局逐步形成，政府和市场的关系更加协调，对口支援工作精准发力，乡村振兴战略等重大战略开局良好，高质量发展的基础更加坚实。社会治理在提升，民族宗教领域的突出隐患得到有效解决，边境管理的短板弱项得到有效补齐，工会、团委、妇联、治保调解、民兵组织等充分发挥作用，"我要稳定"逐步成为各族群众对美好生活的内在需求，维护社会和谐的因素越来越多。生态建设在加强，体制机制建立健全，法规制度更加完善，绿色发展态势良好，环境治理更加有效，保护区建设更加规范，日喀则仍是世界上环境质量最好的地区之一。政治生态在涵养，党要管党、从严治党迈向纵深，党员干部的政治意识、大局意识、核心意识、看齐意识更加牢固，党的组织和党的工作覆盖率越来越高，党内政治生活越来越严肃，风清气正的政治生态正在逐步形成。这些都是我们推进日喀则“弯道超车、加速发展”的最坚实基础、最大优势，我们一定要立足实际、把握大势，顺势而为、乘势而上，以更大决心、更优作风、更实举措、更强力度、更快速度，实现后发赶超、百业振兴、提速跨越。

（三）时代使命呼唤担当，催人奋进。新的伟大时代，是日喀则决胜全面小康的新时代、实现长治久安的新时代、创造美好生活的新时代、建设美丽家园的新时代。新的伟大时代需要新的作为，需要我们大力弘扬“珠峰精神”，强化使命担当，在加快建设和谐文明幸福美丽日喀则的进程中负重前行，奋斗到底。“珠峰精神”是提振各族群众精气神，激发广大党员干部新担当，实现日喀则更快更大更优发展的精神动力，是广大党员干部群众共同的价值认同，已经深深根植于日喀则 18.2 万平方公里的土地上，充分体现在捍卫国家主权和领土完整的洞朗对峙上，体现在决战决胜脱贫攻坚主战场上，体现在群众依靠勤劳双手创造幸福生活上，体现在党员干部忠诚干净担当干事上。珠峰精神，始终提醒我们不忘初心。在新的伟大时代，要坚守共产党人理想信念，牢记入党誓言、从政准则、为民宗旨，以对党忠诚、为党尽职、为民造福的政治担当，踏石留印、抓铁有痕、困知勉行的顽强意志，不断攀登事业新高峰，创造属于新时代的辉煌业绩。珠峰精神，始终鞭策我们对标紧跟。在新的伟大时代，要感恩以习近平同志为核心的党中央的特殊关怀，感恩自治区党委的关心支持，感恩援藏四省市、两企业的无私援助，感恩各族人民的信任重托，坚定不移贯彻落实党中央大政方针政策、区党委重大决策部署，咬定青山不放松、锲而不舍抓落实，在击水中流中历练提高，在奋发图强中建功立业。珠峰精神，始终鼓舞我们担当作为。在新的伟大时代，要在其位、谋其政、干其事、求其效，勇于在关键时刻挑重担、负责任，以不惜脱一层皮、掉一身肉的工作劲头，奋力投身建设新时代日喀则的生动实践。珠峰精神，始终激励我们一往无前。在新的伟大时代，要始终保持定力，在胜利和顺境时不骄傲不急躁，在困难和逆境时不消沉不动摇，开山平路、削山望云，奋力推动日喀则在激烈的区域竞争、时代竞争中脱颖而出。

三、担当重任，在苦干大干中实现既定目标，坚决打赢“6677”的攻坚硬仗

2019 年，是新中国成立 70 周年，是决胜全面建成小康社会的关键之年，是西藏民主改革 60 周年，是实现全面提速、整体跨越、加快建设和谐文明幸福美丽日喀则的承重之年。全市上下一定要高举中国特色社会主义伟大旗帜，以习近平新时代中国特色社会主义思想为指导，深入贯彻落实习近平总书记关于治边稳藏的重要论述，贯彻落实习近平总书记在庆祝改革开放 40 周年大会上的重要讲话精神，贯彻落实党中央大政方针政策、自治区党委重大决策部署，统筹推进“五位一体”总体布局，协调推进“四个全面”战略布局，坚持以人民为中心的发展思想，坚持新发展理念，把处理好“十三对关系”作为根本方法，紧紧围绕发展、稳定、生态三件大事，大力弘扬“珠峰精神”，坚定实施“6677”总体工作思路，深入实施党建珠峰战略、美丽珠峰战略、文化珠峰战略、产业珠峰战略、幸福珠峰战略、法治珠峰战略，

抓牢“一个根本”（即坚持和加强党的全面领导），突出“两个关键”（即宗教和睦、边境安全），打好“三场硬仗”（即防范化解重大风险、精准脱贫、污染防治），强化“四个支撑”（即基层基础、意识形态、城乡建设、产业发展），确保主要经济指标增速走在全区前列，综合实力显著增强，改革开放全面扩大，公共服务不断完善，人民生活更加美好，生态文明有力提升，文化事业繁荣发展，社会大局和谐稳定，党的执政根基更加巩固，谱写更加精彩的时代新篇。

（一）大力实施党建珠峰战略，这个“核心”不能变。推进事业发展、实现既定目标，关键在党，关键在干部。我们一定要坚持新时代党的建设总要求和组织路线，坚持“三个牢固树立”，把党建设得更加坚强有力，统领各项事业始终沿着正确方向前进。

一要加强思想政治建设。把旗帜鲜明讲政治贯穿党的建设全过程，增强“四个意识”，坚定“四个自信”，做到“两个维护”，严守党章党规党纪，严格落实《关于新形势下党内政治生活的若干准则》，坚决反对“七个有之”，坚决做到“五个必须、五个绝不允许”，用令行禁止、行胜于言的生动实践，体现对党的忠诚、对习近平总书记的忠诚、对人民的忠诚、对事业的忠诚。坚持党始终总揽全局、协调各方，充分发挥各级党委领导核心作用，不断提高把方向、管大局、作决策、保落实的能力和定力。组织开展“不忘初心、牢记使命”主题教育，持续推进“两学一做”学习教育常态化制度化，扎实开展党员政治教育和“做合格党员、当先锋模范”教育，深入开展“讲学习、讲忠诚、正风纪、转作风、提效能”主题活动，教育引导广大党员干部用党的最新理论成果武装头脑、指导实践，矢志不渝为党和人民事业不懈奋斗。

二要夯实党的执政基础。树牢大抓基层的鲜明导向，按照“一年达标、两年巩固、三年全面实现”的要求，大力推进基层党组织标准化规范化建设，全面完成村级组织活动场所标准化建设任务。扎实推进“全国城市党建示范市”建设，纵深推进基层党建“六化”“七个起来”，分类打造一批基层党建品牌，推动基层党组织全面进步、全面过硬。着力整顿软弱涣散基层党组织，加强基层党组织带头人队伍建设，坚决打通党建工作“中梗阻”，切实把基层党组织建成听党话、跟党走，善团结、会发展，能致富、保稳定，遇事不糊涂、关键时刻起作用的坚强战斗堡垒，全面提升基层党组织的组织力和政治功能。统筹推进国企、学校、机关、公立医院、“两新组织”等领域党建工作，实现各领域、各层次、各类型党建齐头并进、共同发展。

三要强化干部队伍建设。着眼事业发展，建立健全“五大体系”，努力建设一支治边稳藏、忠诚干净担当的高素质干部队伍。推进素质培养体系建设，让党员干部经风雨、见世面、长才干、壮筋骨，保持斗争精神，增强斗争本领，确保干部队伍综合素养与日喀则加速发展要求相适应。推进知事识人体系建设，强化分层分类考核，既考业绩、又看基础，全面辩证地分析评价干部。推进选拔任用体系建设，坚持新时期好干部标准和民族地区干部“三个特别”要求，把政治标准放在第一位，强化“凭能力用干部、以实绩论英雄”的选任导向，做到事业为上、以事择人、人岗相适；对有培养前途的优秀年轻干部，不拘一格大胆使用。推进从严管理体系建设，拓宽监管渠道，延伸监管链条，加强对党员领导干部特别是“一把手”的全方位监管，既管思想、又管工作，既管作风、又管纪律。推进正向激励体系建设，建立健全容错纠错机制，旗帜鲜明为敢于担当、踏实做事、不谋私利的干部撑腰鼓劲。突出发展需求、援藏优势、就业创业，大力引进、培养急需紧缺人才和创新型专业人才，盘活用好本地现有人才，把各方优秀人才聚集到日喀则各项建设事业中来。认真做好援藏干部期满轮换工作。

四要持之以恒正风肃纪。狠抓作风建设，坚决执行中央“八项规定”及其实施细则、自治区党委实施办法和市委《党员干部百项行为严禁规定》，动真格，下猛药，出重拳，坚决纠正“四风”隐形变异新表现，坚决整治不作为慢作为、文山会海等形式主义、官僚主义突出问题，坚决刹住说三道四、团团伙伙、阳奉阴违、弄虚作假、吃拿卡要等歪风邪气，让正气长存、事业长兴。压紧压实“两个责任”，推进党风廉政建设和反腐败斗争向纵深发展，严厉查处重点案件和发生在群众身边的腐败问题，坚决清除一切腐败分子。深化政治巡察，进一步加大对党的建设、脱贫攻坚、环境保护、驻村驻寺、项目建设等重点领域的巡察力度，发现问题、形成震慑。准确运用监督执纪“四种形态”，充分发挥各级纪委监委和派驻纪检监察组作用，将监督触角由机关单位向基层一线延伸，把监督领域从“工作圈”向“生活圈”“社交圈”延伸，让党员干部知敬畏、存戒惧、守底线。

（二）大力实施美丽珠峰战略，这个“重心”不能移。生态文明建设是关系中华民族永续发展的根本大计。我们一定要坚决贯彻落实习近平生态文明思想，牢固树立绿水青山、冰天雪地就是金山银山的理念，尊重自然、顺应自然、保护自然，加快构建生态文明体系，把日喀则建设得更加美丽。

一要切实保护好绿水青山。执行最严格的环境准入制度、河（湖）长制度、损害赔偿制度、评价考核制度、责任追究制度，加强生态环境监管，坚决惩处破坏生态环境行为，严守生态红线底线。构建政府为主导、企业为主体、社会组织和公众共同参与的环境治理体系，坚决落实中央、自治区环保督察反馈问题整改工作，积极推进荒漠化、沙化、水土流失综合治理，加强流域治理、矿山修复、退耕还林、退牧还草、人工种草，强化珠峰垃圾整治，强化乡村生产生活垃圾处理，强化年楚河、叶如河等湿地的保护、恢复和建设。深入实施“奋力建设美丽日喀则、筑牢生态安全屏障”重大生态工程，加强雅江中游河谷黑颈鹤国家级自然保护区、扎日南木错湿地自治区级自然保护区等 10 个自治区级及以上自然保护区生态建设，积极申报雅鲁藏布江重要生态功能区为国家级自然保护区，坚决打好蓝天、碧水、净土保卫战，保护生物多样性，着力打造我国西南边境的重要生态廊道。

二要切实利用好金山银山。坚定不移走绿色发展道路，大力推进雅江中游生态经济长廊建设，全面发展节能环保产业、清洁生产和能源产业、生态农牧业、生态旅游业，加快建设杨树、小红柳、沙棘三个万亩本土苗圃基地和拉洛灌区饲草种植基地等重大生态项目，积极引种枸杞、冬枣、冰桃等高原林果，发展壮大林下经济、苗木经济，配套完善市场化、多元化生态补偿机制，深入推进生态扶贫，让更多群众吃上“生态饭”、走上致富路，推动经济社会发展和生态环境保护协同共进。

三要切实建设好美丽家园。深入开展生

态环境保护宣传教育，积极倡导简约适度、绿色低碳的生活方式，开展节约型机关、绿色学校、绿色社区、绿色家庭、绿色出行等创建行动，引导全民牢固树立生态文明观。变戈壁荒滩为生态绿洲，全面推进国土绿化行动，实施好一百万亩植树造林规划，大力推进雅鲁藏布江流域、年楚河流域造林绿化和雅江北岸生态示范区建设，继续实施森林围城、机场快速通道绿化、城区周边山体绿化项目建设，在消除无树户的基础上，扩大造林面积。加快创建国家园林城市，加强城市水系建设，持续推进生态乡镇、生态村创建，积极推进极高海拔地区生态搬迁，加强农村人居环境综合整治，大力推进“厕所革命”，让各族人民生活在天更蓝、山更绿、水更清的优美环境之中。

（三）大力实施文化珠峰战略，这个“恒心”不能丢。没有文化的繁荣兴盛，就没有中华民族伟大复兴。我们一定要坚持中国特色社会主义文化发展道路，自觉承担起举旗帜、聚民心、育新人、兴文化、展形象的使命任务，激发文化创新创造活力，推动日喀则文化繁荣发展。

一要进一步增强意识形态的凝聚力。广泛宣传习近平新时代中国特色社会主义思想，深入开展“四讲四爱”群众教育实践活动，教育引导各族群众进一步坚定感党恩听党话跟党走的信心决心，像敬仰毛主席等老一辈革命家一样敬仰习近平总书记，像歌颂毛主席等老一辈革命家一样歌颂习近平总书记，争做神圣国土守护者、幸福家园建设者。严格落实意识形态工作责任制，加强互联网等阵地建设和管理，推动传播手段建设和创新，深化涉藏外宣工作，壮大主流思想舆论，巩固马克思主义在意识形态领域的指导地位、巩固各族干部群众团结奋斗的共同思想基础，牢牢掌握意识形态工作领导权。认真开展群众性精神文明创建活动，积极培育和践行社会主义核心价值观，继承和弘扬中华民族优秀传统文化，大力实施公民道德建设工程，凝聚起日喀则提速跨越的强大精神力量。

二要进一步提升文化服务的内生力。统筹公共文化资源配置、设施布局、服务提供、资金保障，加快完善现代公共文化服务体系，加强基层综合性现代公共文化设施建设，提升博物馆、群艺馆、图书馆、剧院的吸引力，提高农家书屋、寺庙书屋、职工书屋使用率，完善基层文化站点功能；以微信为平台，打造群众“掌上图书馆”；继续打造“一县一品”“一乡一品”群众文化品牌，推动基本公共文化服务标准化、均等化，全力创建第四批国家公共文化服务体系示范区。

三要进一步提高文化产业的竞争力。坚持社会效益和经济效益相统一，积极构建现代文化产业体系和市场体系，推动文化与旅游深度融合，加快建设珠峰文化旅游创意产业园区，加快建设一批市级文化产业示范基地，重点扶持一批有实力、有竞争力的骨干文化企业，鼓励和引导民间资本投入文化产业，不断提高文化产业规模化、集约化、专业化水平。

四要进一步激活文化遗产的生命力。以建设特色文化传承区为目标，完善文化遗产保护工作机制，实施文化遗产保护工程，继续开展扎什伦布寺、萨迦寺、白居寺联合申报世界文化遗产工作，积极申报国家级、自治区级非物质文化遗产项目，大力申报国家级、自治区级历史文化名镇名村名街，加大藏戏、传统歌舞、手工技艺等重点非遗项目保护开发力度，推动非遗传承与现代教育体系深度融合，传承文脉、留住乡愁。

五要进一步厚植文艺创作的艺术力。尊重群众首创精神，注重文化艺术人才的培养，大力发掘优秀民间文化、民间创作，引导扶持民间艺术团体开展商业化演出，全力打造《珠穆朗玛》《禅》等全景式文化舞台剧，努力提升《吉祥日喀则》《江孜印迹》等剧目的市场影响力，编纂全面反映日喀则深厚文化底蕴的丛书，推出一批叫得响、立得住、传得开的精品力作，展示日喀则独特的文化魅力。

（四）大力实施产业珠峰战略，这个“中心”不能偏。发展是解决日喀则所有问题的关键。我们一定要坚决贯彻落实习近平新时代中国特色社会主义经济思想，坚持新发展理念，以供给侧结构性改革为主线，突出重点，抓住关键，开足马力，背水一战，确保2019年地区生产总值同比增长11.5%以上，地方一般公共预算收入增长15%以上，全社会固定资产投资增长15%以上，社会消费品零售总额增长18%以上，城镇和农村居民人均可支配收入分别增长11.5%以上、15%以上，推进我市经济向更高层次更高质量迈进。

一要铆足干劲抓产业。把“七大产业”作为推动经济高质量发展的主引擎，大力培育具有地方比较优势和市场竞争力的产业集群，强化政策执行、保证任务落地，坚决反对走形式、走过场、空喊口号、做表面文章，着力提升产业链水平，推动特色产业做大做强做优。全力发展壮大珠峰有机种养加业，坚持市场定位、优质优价、错位竞争、差异发展，突出市场运作、龙头带动、品牌引领，加大“名、特、优、新、稀”特色产品开发力度，力争将日喀则建设成为国家重要的高原特色有机农产品基地。全力发展壮大珠峰特色旅游业，坚持高端、精品、特色、生态，深挖“一峰两寺三城三线五沟”等优势旅游资源，大力实施特色鲜明、功能完备、融合发展的“旅游转型升级”工程，加快发展全域旅游，早日将日喀则建设成为世界重要的自然与文化旅游目的地。全力发展壮大珠峰天然饮用水业，坚持增产量、上规模、拓市场、创名牌，扩大生产线，应用新技术，努力把日喀则建设成为全国重要的天然饮用水供应地。全力发展壮大珠峰绿色生态业，坚持产业发展生态化、生态建设产业化，既大力发展林业、草业等传统产业，也因地制宜发展群众就近就便、不离乡不离土、能干会干的绿色扶贫产业，还要发展高原生物、高新数字、现代服务、装配式建筑等新兴产业。全力发展壮大珠峰特色手工业，坚持传统与现代结合、传承与创新结合、产品与文化旅游结合，适应市场消费需求，搭建产业平台、加大研发力度、提高设计水平、丰富产品种类、增加产品附加值。全力发展壮大珠峰清洁能源业，坚持适度开发、坚守底线，淘汰落后产能，加快“光伏＋生态设施农业”产业园区建设，大力推进太阳能、水能、生物质能等清洁能源高效利用，实现经济、社会与人口、资源的协调发展。全力发展壮大珠峰南亚物流业，坚持高效通畅、协调配套，提升日喀则作为国家实施“一带一路”发展倡议区域级流通节点城市功能，发挥流通产业的基础性和先导性作用，大力发展第三方物流、冷链物流、低碳物流和智慧物流，着力将日喀则建设成为面向南亚的物流业基地。

二要热火朝天建项目。不断增强项目建设的政治自觉、思想自觉、行动自觉，坚定不移抓项目，大干快上建项目。做好项目储备，备足重大项目储备库，全力以赴、强化对接，把中央特殊关怀西藏发展、自治区谋划实施的大项目好项目更多争取到日喀则。

全面盘点我市“十三五”规划的项目实施情况，未开工的做好前期，拟开工的抓紧报批，已开工的加快建设，力争桑德、帕孜水利枢纽工程，日喀则至吉隆、至亚东铁路和高等级公路，定日支线机场，阿里电网联网工程等一批战略性工程上马实施，加快拉洛和湘河水利枢纽及配套灌区工程、拉萨至日喀则机场高等级公路、国边防公路、吉隆口岸货物查验场二期项目、珠峰城投熟料水泥生产线建设项目等重大项目建设步伐，以项目建设打基础、破瓶颈、增后劲、改面貌，强力推进经济社会提速发展。全面启动“十四五”规划编制前期研究工作，为未来一个时期发展谋好篇、布好局。

三要千方百计挖潜力。毫不动摇巩固和发展公有制经济，将国有企业作为公有制经济的核心载体，深化国有企业改革，优化国有资产投资方向和领域，推动经营性国有资产集中统一监管，发展混合所有制经济，促进市属国企做强做优做大。毫不动摇鼓励、支持、引导非公经济发展，以扩总量、提质量、强支撑、促创业、优环境、重引导为主攻方向，深入实施“八大工程”，积极构建“亲”“清”新型政商关系，重点培育和壮大民营企业，以非公经济快发展大发展，带动全市经济跨越发展实现新突破。增强微观主体活力，促进正向激励和优胜劣汰，发展更多优质企业。加快园区建设，坚持区域聚集、产业聚集、资源聚集、政策聚集，引导和带动更多金融资本、技术资本、社会资本参与园区建设，主动对接援藏省市、企业通过企业组团、管理团队组团等模式投入园区建设，深化园区管理改革创新，推进日喀则经济开发区等“五大园区”建设，将特色园区打造成引领带动全市经济高质量发展的新引擎。

四要靶向施策扩空间。以“六城共建”为抓手，坚持老城区做减法、新城区做加法、工业园区做乘法、乡镇做除法，大力推进城市“六化”和老城区改造，深化城市执法体制改革，完善城市功能，提升城市品位，拓展城市综合承载能力，努力把日喀则打造成居者自豪、来者依恋、闻者向往的幸福家园。积极稳妥推进城镇化，坚持因地制宜、突出特色、以人为本、产城融合，加快拉孜县新生小城市试点建设，推进吉隆镇、陈塘镇、吉定镇等特色小城镇建设，推动桑珠孜、白朗一体化发展，支持江孜、拉孜副中心城市建设，努力构建“一主两副”城镇发展新格局，让城乡更加灵动、充满生机与活力。积极发展飞地经济，坚持“只求所在、不求所有”，打破县区地域限制、条块分割，推动各县区开展跨区域合作。

五要改革开放添动能。按照“三个不能变”原则，纵深推进经济体制、社会体制、生态文明体制、文化体制、民主法制领域、党的建设制度和纪律检查体制改革，进一步解放和发展社会生产力、解放和增强社会活力。把党的领导贯穿机构改革全过程，推动人大、政府、政协、监察机关、审判机关、检察机关、人民团体、企事业单位、社会组织等在市委的统一领导下同心同德、同心同向、同心同行。把优化环境作为经济发展的生命线，持续深化“放管服”、投融资、财税金融、商事制度等经济体制改革，不断优化公平竞争的市场环境、高效廉洁的政务环境、和谐共享的社会环境、公正透明的营商环境、开放包容的人文环境。化解地方政府债务风险，做到坚定、可控、有序、适度。扩大对内对外开放，深度融入国家“一带一路”倡议，重点建设吉隆口岸，科学恢复重建樟木口岸，加快里孜和日屋—陈塘口岸开发开放，推动亚东口岸开放，全力推进吉隆边境经济合作区建设，切实将日喀则建设成为我国面向南亚开放的桥头堡；加强与兄弟地市、全国其他省市特别是援藏省市企业的合作交流，主动参与拉萨—山南—日喀则核心经济区建设，培育贸易新业态新模式，构建全方位、多层次、宽领域的全面开放新格局。扩大招商引资，突出最关键的领域，精准健全招商引资项目库，利用一切可用资源，调动一切积极因素，采取一切有效手段，引资金、引项目、引技术、引能人，实现外地密集资本、先进技术、科学管理的优势与我市特色资源、区位优势的无缝嫁接，加快形成推动经济高质量发展新的增长点。

（五）大力实施幸福珠峰战略，这个“初心”不能忘。为人民谋幸福，是共产党人的初心和使命。我们一定要坚持以人民为中心的发展思想，顺应民心、尊重民意、关注民情、致力民生，完善制度、守住底线，着力补齐民生领域短板，带领各族群众创造美好生活。

一要让各族群众获得感更可持续。坚决抓好中央脱贫攻坚专项巡视反馈意见整改工作，落实“三个新增”要求和差异化扶贫支持政策，减少和防止贫困人口返贫，确保南木林、萨嘎、拉孜、江孜、谢通门、萨迦六县如期摘帽，3.5 万人如期实现脱贫，基本消除绝对贫困。大力实施乡村振兴战略，聚焦“五个振兴”，统筹考虑、一体推动，努力让农牧业成为有奔头的产业，让农牧民成为有吸引力的职业，让农牧区成为安居乐业的美丽家园。全力推进边境小康村建设，深入实施“十项提升工程”，重点推广应用装配式建筑。统筹推进昌都市群众自发搬迁、“三岩片区”跨市易地搬迁、金沙江山体滑坡受灾区域群众易地扶贫搬迁工作。

二要让各族群众幸福感更可持续。着力办好公平优质教育，大力推进教师教育振兴计划、乡村教师支持计划，加快实施教育质量提升计划，大力实施教师暖心工程、幸福教师工程，依托教育人才组团式援藏，推动各级各类教育全面协调发展。深入开展农牧民职业技能培训，扎实开展“双创”暨大学生（中职生）就业动态清零行动，让市场就业成为主流。加快健康日喀则建设，深化医疗人才组团式援藏，巩固市人民医院和市藏医院“创三甲”成果，加快推进拉孜县医院二级甲等创评工作，为各族群众提供更好医疗卫生服务。稳步提高社会保障水平，推进全民参保，强化退役军人服务保障，加强社会救助，完善留守儿童、孤儿、妇女、老年人及残疾人关爱服务制度，建立覆盖全民、城乡统筹、权责清晰、保障适度、可持续的多层次社会保障体系，提高各族群众的幸福指数。

三要让各族群众安全感更可持续。加强和创新社会治理，深化“平安日喀则”建设，健全完善社会治安防控体系，深入开展“三个专项斗争”，严厉打击各类犯罪活动，确保人民生命财产安全。大力推进安全生产源头治理、依法治理，努力实现重特大安全事故“零发生”。扎实做好食品药品安全监管，保障人民群众饮食用药安全。健全防减救灾协调联动体系，加强专业应急力量建设，提高应对重大自然灾害的能力和水平。严格落实信访“八化机制”，充分发挥信访工作联席会议作用，强化矛盾纠纷隐患的排查调处，努力实现重大信访案件两个月“零搁置”目标。

（六）大力实施法治珠峰战略，这个“决

心”不能改。西藏工作的着眼点和着力点必须放到维护祖国统一、加强民族团结上来。我们一定要坚持总体国家安全观，坚守底线思维，勇于发声亮剑，筑牢国家安全屏障，巩固和发展生动活泼、安定团结的大好局面。

一要坚定坚决反对分裂。始终绷紧反分裂斗争这根弦，警钟长鸣、警惕常在，深入分析反分裂斗争的新特点新变化，在堵塞漏洞、弥补薄弱、健全机制上下功夫，在筑牢群众思想根基、切断境内外通联渠道上出实招，切实构筑起维护国家安全的钢铁长城。

二要加强民主法治建设。加强和改进对人大工作的领导，支持和保证人大依法行使立法权、监督权、决定权、任免权，支持和保证人大代表更好发挥作用。完善政协政治协商、民主监督、参政议政职能，推进协商民主广泛多层制度化发展。坚持依法行政，健全依法决策机制，加强和优化法治职能，强化对行政权力的制约和监督，加快建设法治政府。稳步推进司法体制综合配套改革，完善司法为民举措，规范司法行为，努力让人民群众在每一个司法案件中感受到公平正义。深入推进“七五”普法特别是宪法学习宣传实施。积极推进诉访分离，引导群众从“信访”向“信法”转变。坚持大团结大联合主题，加强党外代表人士队伍建设，团结争取境外藏胞心向祖国，最大限度凝聚人心。

三要盯死看牢边境一线。坚决贯彻落实习近平强军思想，坚持屯兵与安民并举、固边与兴边并重，加快边境地区交通运输体系建设和电力、信息、水利等基础设施建设，大力支持国防和军队建设，巩固和发展“双拥”工作，确保边疆巩固、边境安全。

四要全面贯彻党的宗教工作基本方针，坚决执行自治区出台的宗教领域五份政策文件和两个培训规划，严格落实“十导工作法”。持续开展“遵行四条标准 争做先进僧尼”教育实践活动。

五要促进民族团结进步。坚定不移走中国特色解决民族问题的正确道路，牢固树立“三个离不开”思想，筑牢中华民族共同体意识，促进各民族共同团结奋斗、共同繁荣发展。创新“6•2”民族团结进步日活动，广泛开展“中华民族一家亲、同心共筑中国梦”活动和民族团结联谊活动，面向广大党员干部、青少年学生、广大僧尼、农牧民群众分别实施民族团结示范工程、筑基工程、引导工程、固本工程，把民族团结落实到日常工作生活学习中，努力形成人人宣传、人人共建、人人珍惜、人人共享民族团结的良好局面。

四、争创一流，在催征号角中加快赶超步伐，汇聚落实“6677”的磅礴力量

蓝图已经绘就，目标催人奋进。我们一定要坚持人人争一流、处处争一流，时时争一流、事事争一流，凝心聚力、笃定向前，拼搏实干、共建图强，为加快建设和谐文明幸福美丽日喀则奋斗到底。

（一）境界要高。境界决定日喀则赶超跨越的质量。要提高工作境界，坚决摒弃“多一事不如少一事、少一事不如不干事、不干事就不出事”的心态，担当不怕有过失、干事不怕犯错误、工作不怕受委屈，尽心尽责推工作、沉下心来抓落实，用我们的实干指数、辛苦指数，换取日喀则的发展指数和群众的幸福指数。要提高事业境界，把人生理想同日喀则发展紧密联系起来，把人生价值同日喀则提速跨越紧密结合起来，坚持事业高于一切，始终保持“功成不必在我”的精神和“功成必定有我”的担当，志存高远，胸怀大局，砥砺奋进，拼搏奉献，真正在成就事业中感受激情与乐趣、收获价值和成功。要提高使命境界，铭记奋斗历程，时刻不忘初心，矢志永远奋斗，勇立时代潮头，勇当时代先锋，更好地履行党和人民赋予的神圣使命，努力创造经得起实践、人民、历史检验的实绩，绝不辜负85万各族群众的信任期待，绝不辜负日喀则这片高天厚土，绝不辜负这个伟大时代。

（二）标准要高。标准是衡量日喀则赶超跨越的砝码。在思想上要争先进，坚决克服自我良好、自我封闭、自我放松、自我糊弄等倾向，把思想、态度、决心定位在干到最好、干到极致上，定位在积极进取、永不满足上，定位在博采众长、开拓创新上，定位在负重加压、奋力赶超上，不断升华思想觉悟和品格修养。在行动上要学标杆，知耻而后勇，知弱而图强，敢于同全区其他地市、县区及同行业、同部门比成绩、争名次，敢跟自己较劲、和先进叫板，拉高标杆、奋勇向前，绝不能安于现状、不思进取，降低标准、甘居下游。在质量上要上水平，坚持以提高质量效益为中心，将质量思维和效益导向内化于心、外化于行，贯穿于大力实施“六大战略”、全面开展“六城共建”、加快推进“七区建设”、发展壮大“七大产业”各方面，贯穿于工作执行、落实任务全过程，持续把“6677”总体工作思路推向纵深。

（三）效率要高。效率是实现日喀则赶超跨越的生命。向时间要效率，牢固树立“等不起”的紧迫感、“慢不得”的危机感、“坐不住”的责任感，倒排工期、挂图作战，抢时间、赶进度，确保党中央大政方针政策、区党委重大决策部署和市委各项工作要求迅速落地、开花结果。向精准要效率，对“6677”总体工作思路，理解不走偏、贯彻不变通、创新不走样、效果不打折，有的放矢、主动思考、改进方法，精准研判、精准决策、精准发力，不断提高工作的针对性和实效性，坚决确保政令畅通、上下一致。向执行要效率，不说“不能办”，多说“怎么办”，已经具备条件的“马上办”，没有明文限制的“大胆办”，暂不具备条件的“设法办”，真正做到说干就干、干就干好，说办就办、办就办优，说做就做、做就做实。

（四）热情要高。热情是保障日喀则赶超跨越的力量。各级各部门要对党和人民伟大事业无限忠诚、无限热爱，饱含激情、满怀热情，担起分内之责、办好分内之事，让日喀则发展稳定生态事业在积少成多、聚溪成河中阔步向前。广大党员干部作为大力实施“6677”总体工作思路的攻坚力量，要坚定信心、恪守初心，全力以赴、倾心投入，以干一行爱一行的敬业精神和干一行专一行的专业态度，用心做事、真心办事、尽心成事，作为党尽职的好党员、为民尽责的好公仆。要激发各族群众的生产热情、生活热情，引导各族群众倍加珍惜当下幸福生活，心存感恩、勤劳致富，崇尚科学、健康向上，同舟共济、众志成城，不断汇聚各族群众推动经济发展、创造美好生活、维护和谐稳定、促进民族团结的磅礴力量。

同志们，实干成就大业，奋斗铸就辉煌。让我们高举习近平新时代中国特色社会主义思想伟大旗帜，更加紧密地团结在以习近平同志为核心的党中央周围，在自治区党委的坚强领导下，不忘初心、牢记使命，恪尽职守、奋勇向前，为加快建设和谐文明幸福美丽日喀则不懈努力！

政府工作报告（节选）

——2019 年 12 月 24 日在日喀则市第一届人民代表大会第九次会议上

日喀则市人民政府市长　刘虎山

各位代表：

现在，我代表市人民政府，向大会报告工作，请予审议，并请政协委员和列席人员提出意见。

2019 年，是新中国成立 70 周年，是西藏民主改革 60 周年，是决战决胜全面小康的关键之年。一年来，在自治区党委、政府和市委的坚强领导下，我们始终坚持以习近平新时代中国特色社会主义思想为指导，坚持以人民为中心的发展思想，坚持稳中求进、补齐短板的工作总基调，以供给侧结构性改革为主线，以处理好“十三对关系”为根本方法，积极应对严峻复杂的宏观经济形势，深入实施“6677”总体工作思路，统筹抓好发展稳定生态各项事业，保持了经济持续健康发展和社会和谐稳定，较好完成了市一届人大六次会议确定的各项目标任务。

2019 年，预计地区生产总值实现 272 亿元，同比增长 9%；一般公共预算收入实现 14.8 亿元；全社会固定资产投资增长 2%；社会消费品零售总额实现 120 亿元，增长 8%；城镇、农村居民人均可支配收入分别达到 36618 元、12140 元，分别增长 11%、18.8%。

一年来，我们砥砺奋进、硕果累累。

——最令人振奋的是，爱国热情得到了进一步激发。我们隆重举办了中华人民共和国成立 70 周年、西藏民主改革 60 周年纪念活动，充分展示了新时代日喀则的崭新风貌，有力激发了全市上下感恩向上、敢为人先的强大正能量，各族干部群众当好“神圣国土守护者、幸福家园建设者”的共同意志更加坚定。

——最令人自豪的是，脱贫攻坚取得了决定性胜利。我们举全市之力，坚决打赢打好脱贫攻坚战，经过 4 年多的不懈努力，全市 18 个县（区）全部摘帽，1669 个贫困村居全部退出，17.3 万贫困人口全部脱贫。至此，我们历史性解决了困扰日喀则上千年的绝对贫困问题。

——最令人欣喜的是，城乡面貌发生了显著变化。“六城共建”深入推进，全国民族团结进步示范市成功创建。中心城区“六化”工程全面完成，农牧区“十项提升”深入推进，我们的城市乡村越来越美丽、公共服务越来越完善、人民群众越来越幸福。

——最令人满意的是，产业发展迈上了新台阶。七大产业结构持续优化，链条更加完善，效益逐步显现。农投百亚成、珠峰华绿等一批龙头企业引领发展。农牧民专业合作社发展到 6577 家，实现村居全覆盖，农牧区新型产业化经营主体不断发展壮大。

——最令人欣慰的是，各族群众的烦心事得到了有效解决。“互联网 + 政务服务”深入推进，市政务服务中心正式运行，9.47 万件事项得到一站式办结，群众办事更加便捷省心。援藏省市联络服务中心顺利组建，高校毕业生“4321”结对帮扶有力开展，市场就业、区外就业的渠道越来越宽。

——最令人感动的是，党员干部许党报国的奉献精神得到了进一步弘扬。在推进全市各项事业发展进步的奋斗历程中，在脱贫攻坚、维护稳定等急难险重任务中，全市广大党员干部特别是基层干部，不忘初心、牢记使命，勇于担当、甘于奉献，始终战斗在最前沿，始终坚守在第一线，用智慧、心血和汗水，展现了新时代奋斗者的崇高品质，展现了日喀则追梦人的奉献精神，体现了对党的无限忠诚，体现了对“珠峰精神”的生动践行，凝聚了建设和谐文明幸福美丽日喀则的磅礴精神力量。

2019 年，我们主要开展了以下工作。

一年来，我们始终坚持精准方略，脱贫攻坚成果丰硕。群众生活条件明显改善。聚力推进易地搬迁，16881 户、70045 人喜迁新居。危房户全部消除，农村安全饮水、生活用电、卫生室、文化站实现全覆盖。群众持续增收能力显著提升。累计投入资金 66.71 亿元，实施扶贫产业项目 301 个，受益贫困群众 8 万余人；村集体经济发展到 1388 个，覆盖 1298 个村居。群众思想观念明显转变。坚持扶贫与扶志扶智相结合，培训贫困群众 4580 人次，评选表彰“珠峰牦牛大王”等产业先进典型，奖励自主脱贫的 10737 户贫困群众，“勤劳致富光荣，懒惰致贫可耻”的观念更加牢固。

一年来，我们始终注重补齐短板，发展基础不断夯实。拉日高等级公路、“四好农村路”等项目加紧推进，中尼铁路日喀则至吉隆段可行性研究工作正式启动，全年实施各类公路建设项目 613 个，公路通车里程达到 1.81 万公里，乡镇和建制村通畅率分别达到 96.6%、84%。拉洛水利枢纽工程顺利下闸蓄水，湘河水利枢纽及配套灌区工程有序推进，全年开复工水利项目 194 个，农田灌溉保证率达到 71%。藏中电网阿里联网工程开工建设，“三区三州”农网改造升级工程全面实施，电力保障能力不断提升。通讯网络基础设施建设全面加强，行政村光纤宽带、4G 信号覆盖率分别达到 89.59%、95.68%。边境小康村建设、极高海拔生态搬迁有序推进，稳边固边基础更加坚实。

一年来，我们始终注重提质增效，产业发展加快升级。农牧业发展势头强劲。珠峰有机种养加业加快推进，粮食总产量达到 44.65 万吨，其中青稞产量达到 40 万吨，蔬菜总产量达到 38.7 万吨；珠峰牦牛、珠峰绵羊分别出栏 11.5 万头、115 万只，商品率达到 70%；落实专项资金 6534 万元，黄牛改良 5.56 万头。农牧业产业化经营龙头企业达到 28 家，实现利润 0.96 亿元。珠峰绿色生态业稳步推进，全市各类苗圃总面积达到 2.03 万亩。工业运行企稳回暖。新增规模以上工业企业 8 家，规模以上工业增加值实现 8.4 亿元，增长 10%。珠峰特色手工业初具规模，传统民族手工业实体 95 家，实现产值 2.53 亿元，增长 10%。服务业加快发展。珠峰特色旅游业快速增长，全年接待国内外游客 899.37 万人次，实现总收入 67.36 亿元，分别增长 29%、22%。珠峰南亚物流业加快发展，以日喀则经济开发区、吉隆边境经济合作区为主的物流枢纽建设不断推进。

一年来，我们始终坚持创新驱动，改革开放成效明显。政务服务效能显著提升。市政务服务中心进驻单位 45 家、承诺进驻事项 495 项，市县两级政务服务事项网上可办率均达到 100%，网上累计办理业务 86.8 万件，网办量全区第二。市场活力持续激发。商事制度改革成效明显，企业开办时间压缩到 5 个工作日内，新增市场主体 1.97 万户，各类市场主体总量达到 6.91 万户，增长 34.44%。减税降费 2 亿元。民间投资增长 10% 以上。投融资改革红利凸显。投资项目在线审批监管平台申报项目 1744 个，总投资 295.45 亿元，项目全过程审批、监管和服务水平不断提高。金融机构各项存贷款余额分别为622.95亿元、234.05亿元，分别增长5.26%、2.83%，其中小微企业贷款余额44.89亿元，增长25.8%。国企改革稳妥推进。成功组建珠峰城投集团、珠峰农投集团。市属国有企业资产总额达到248.4亿元，实现收入9.8亿元、利润1.26亿元，分别增长113.8%、13.1%。特色园区大步向前。成功获批自治区级日喀则经济开发区，农业科技园区、珠峰文化旅游创意产业园区等特色园区发展迅速，基础设施不断完善，创新能力不断提升，入园企业59家、开工项目22个、落实总投资19.82亿元。开放发展迈出新步伐。招商引资到位资金82亿元。完成吉隆口岸等16个边贸市场建设，吉隆边境经济合作区建设有序推进，完成投资2.8亿元，里孜口岸开放获国家批准，樟木口岸货运通道功能全面恢复，陈塘、日屋口岸开放积极推进，实现外贸进出口总额43.4亿元，增长10%。援藏工作深入开展。实施援藏项目298个，完成投资9.09亿元；圆满完成四省市两企业援藏轮换工作。

一年来，我们始终坚持民生优先，民生福祉持续提升。就业形势平稳向好。应届高校毕业生就业率达到98%以上。成立劳务派遣公司29家，发展村居劳务经纪人1547人，组建劳务合作社1662家，农牧区转移就业40万人次，创收20亿元。城镇新增就业10010人，城镇登记失业率控制在2.38%以内。教育事业全面进步。学前教育三年入园率达到82.59%，义务教育巩固率达到98.7%，职业教育在校学生3661人，教师队伍建设不断加强，教育综合改革进展顺利，“数字校园”建设、“组团式”教育人才援藏工作扎实推进，“三大考试”连续位居全区前列，“5个100%”目标全面实现。“健康日喀则”建设深入推进。医疗卫生体制改革持续深化，“组团式”医疗人才援藏工作扎实开展，县级医院等级创建有序进行，智慧医疗全面推开，分级诊疗和家庭医生签约服务质量不断提升，县域就诊率达到80%。包虫病实现应治尽治，“三病”综合防治工作超额完成，传染病发病率控制在全区平均水平以下。“两降一升”指标持续向好。文体事业繁荣兴盛。成功举办第十七届珠峰文化旅游节、首届农牧民运动会、首届“珠峰谐韵”舞蹈大赛等大型文体活动，唱响了时代主旋律、凝聚了强大正能量。实施36个乡镇综合文化站提档升级工程、建设80个村级数字文化驿站。广播电视综合覆盖率分别达到99.6%和99%。《国宝档案——雪域传奇•日喀则》专题纪录片在央视滚动播出。社会保障全面加强。社会保障体系更加完善，全民参保率达到95%以上。城镇低保标准提高到每人每月1000元，农村低保标准提高到每人每年4450元。城乡居民基本医疗筹资标准分别达到615元和575元。有意愿集中供养的特困人员供养率、孤儿集中收养率达到100%，实施临时救助1777人次。

一年来，我们始终坚守底线红线，各类风险有效防范。生态环境持续改善。环保督察反馈问题得到有力整改。国土绿化行动深入推进，完成植树造林和防沙治沙63.82万亩，海拔4300米以下“无树村”“无树户”全部消除。大力开展污染防治攻坚战，河（湖）长制实现从“有名”到“有实”的转变，全市土壤、主要河湖生态保持良好，空气质量优良天数比例达到97.4%。社会局势安定有序。严密防范、严厉打击分裂渗透破坏活动，坚决维护祖国统一和国家安全。全力开展扫黑除恶打非治乱专项斗争，群众安全感明显提升。全面落实安全生产责任制和工作措施，全年未发生重特大安全生产事故。强化信访“八化机制”落实，来信来访办结率 95.3%。民族宗教领域和谐。广泛深入开展民族团结进步教育，不断加强各民族交往交流交融，中华民族共同体意识深入人心，“三个离不开”“五个认同”思想更加牢固。依法管理宗教事务，坚持“十导”工作法，深入开展“遵行四条标准 争做先进僧尼”教育实践活动，全面落实各项利寺惠僧政策，确保了宗教和睦、佛事和顺、寺庙和谐。

一年来，我们始终坚持依法行政，政府建设持续加强。民主法治更加规范。主动接受人大法律监督、政协民主监督，办理区市两级人大代表建议和政协委员提案 233 件，办结率 100%。及时回应群众关切，办结市长信箱和市长热线反映热点、难点问题 158 件。廉政建设不断加强。严格落实中央“八项规定”及其实施细则精神、区党委实施办法、市委实施细则，廉洁政府建设持续深化。严控“三公”经费支出，较去年下降 3.06%。政府效能明显提升。深入开展“不忘初心、牢记使命”主题教育，政府系统干部干事创业的思想基础进一步夯实打牢。持续推进精文简会、严控各类监督检查，切实为基层减负，把更多时间用在抓工作落实上来。机构改革顺利完成，体制机制更加顺畅。

与此同时，双拥优抚、国防动员、人民武装、人民防空和民兵预备役工作扎实开展，妇女儿童、残疾人、老年人合法权益有效保障，统计、工会、共青团、科协、档案、气象、水文、邮政和外事侨务等工作均取得了新成绩，为全市经济社会发展作出了新贡献。

各位代表！成绩来之不易，过去的一年，面对复杂形势、严峻挑战，在市委的坚强领导下，我们始终坚持党对一切工作的领导，在前进征程中与党中央、区党委和市委思想上同心同德、行动上步调一致，确保了各项决策部署落地落实。我们始终坚持新发展理念，在自我加压中沿着“6677”总体工作思路阔步向前，蹚出了一条转型升级的发展之路。我们始终坚持高质量发展，在改革创新中不断破解要素制约、突破发展瓶颈，培育壮大了发展新动能。我们始终坚持以人民为中心的发展思想，在聚力攻坚中不断满足人民对美好生活的新期待，打下了全面小康的坚实基础。我们始终坚持求真务实的工作作风，在团结实干中锤炼斗争精神、增强斗争本领，积蓄了推动日喀则长足发展和长治久安的磅礴力量。

各位代表！这些成绩和经验的取得，是以习近平同志为核心的党中央特殊关怀、无比厚爱的结果，是自治区党委、政府坚强领导、重视关心的结果，是四省市、两企业无私援助、倾心奉献的结果，是市委总揽全局、科学决策的结果，是市人大、市政协依法监督、鼎力支持的结果，更是全市各族干部群众勠力同心、奋力拼搏的结果。在此，我代表市人民政府，向全市各族干部群众，向人大代表、政协委员，向驻日喀则人民解放军、武警官兵，向为日喀则发展倾注心血的老领导、老同志，向关心支持日喀则发展的社会各界人士，表示衷心的感谢，并致以崇高的敬意！

在肯定成绩的同时，我们也清醒地看到，全市经济社会发展中还存在不少困难和问题。主要是：发展质量和效益还不高，创新能力不足，高质量发展任重道远；基础设施、产业发展、民生改善、营商环境等领域还存在不少短板和薄弱环节；政府职能转变还不到位，行政效能还有待进一步提高，干部作风还需持续改进。对于这些问题，我们将以对党绝对忠诚的政治品格，对群众高度负责的质朴情怀，坚持问题导向，强化使命担当，采取有力措施，切实加以解决。

大 事 记

珠峰精神

坚韧不拔　巍峨不屈　感恩向上　敢为人先

1月

1日 自治区政府副主席、市委书记张延清深入仲巴、萨嘎、昂仁高海拔县，就脱贫攻坚、产业发展、基层党建等重点工作进行调研，并看望慰问基层干部群众和驻村工作队。

同日 日喀则边境管理支队举行集体换装仪式。市委副书记、市长刘虎山出席仪式并讲话，市委副书记、市人大常委会主任程四曲主持。

2日 全市干部驻村第七批总结表彰暨第八批动员大会召开。自治区政府副主席、市委书记张延清出席会议并讲话。

同日 市委召开市委常委会会议，听取全市扫黑除恶、打非治乱、扫黄打非“三项斗争”和土地领域突出违法问题专项整治行动工作情况汇报，研究部署下一步工作。

5日 在藏历新年之际，自治区政府副主席、市委书记张延清在拉萨主持召开离退休干部职工迎新春茶话会。

6日 在藏历新年之际，自治区政府副主席、市委书记张延清带着党和政府的关心关怀，深入退休老干部、十八军老战士余才巴老人家中走访慰问。

9日 自治区政协十一届二次会议举行分组讨论，自治区政府副主席、市委书记张延清参加中共界小组讨论，并与大家共同讨论政协常委会工作报告和提案工作情况报告。

13日 市委副书记、市长、市脱贫攻坚指挥部总指挥长刘虎山主持召开市脱贫攻坚指挥部党委会议，传达学习《习近平扶贫论述摘编》第一部分——“决胜脱贫攻坚，共享全面小康”；研究脱贫攻坚近期重点事项；安排部署相关工作。

14日 市委副书记、市长刘虎山先后深入白朗县者下乡普村、洛江镇宗下村、巴扎乡恰仓村调研脱贫攻坚工作，与基层干部群众谈生产，话脱贫，拉家常，聊民生。

15日 白朗县2018年省际交叉考核工作汇报会在日喀则市召开。市委副书记、市长刘虎山出席会议并致辞。

20日 市委常委班子召开2018年度民主生活会。自治区政府副主席、市委书记张延清主持会议并作总结讲话。

21日 市委召开市委常委会会议，传达学习习近平总书记重要讲话精神；传达《关于报送中央脱贫攻坚专项巡视反馈意见整改方案的紧急通知》，研究相关工作。

同日 全市深化国资国企改革专题会议召开，研究讨论国资国企改革相关事宜，安排部署下一步工作。自治区政府副主席、市委书记张延清主持会议。

22日 市委召开市委理论学习中心组理论学习会。会议强调，要深入学习习近平总书记关于扶贫工作的重要论述，进一步增强“四个意识”，坚定“四个自信”，做到“两个维护”，以更大的力度、更硬的举措、更实的作风，坚决打赢打好脱贫攻坚战。

23日 市政府党组召开2018年度民主生活会。市委副书记、市长刘虎山主持会议并作总结讲话。

26日 在新春佳节、藏历新年到来之际，自治区政府副主席、市委书记张延清深入白朗、江孜两县，就产业发展、脱贫攻坚等重点工作进行调研，并看望慰问部队官兵、老党员和基层干部群众。

27日 自治区政府副主席、市委书记张延清深入康马、亚东、岗巴、定结四县，就脱贫攻坚、产业发展、群众增收和防抗雪灾、春节及藏历新年期间安全生产等重点工作开展调研，看望慰问基层一线干部群众。

28 日　自治区政府副主席、市委书记张延清深入市区金龙农贸市场、南郊周转房等地调研市场供应情况，并就下一步工作进行安排部署。

29 日　在新春佳节、藏历新年来临之际。自治区政府副主席、市委书记张延清带着党和政府的关心关怀，深入桑珠孜区看望慰问低保户，为他们送去牛羊肉、酥油等年货，送上节日祝福与新春问候。

同日　市委召开市委理论学习中心组理论学习会。会议强调，要以习近平新时代中国特色社会主义思想为指导，深入学习《习近平扶贫论述摘编》，学全学准、学深学透，学出忠诚、学出担当、学出本领，真正用习近平总书记关于扶贫工作重要论述武装头脑、指导实践、推动工作。

30 日　市委召开市委常委班子民主生活会情况通报会。

31 日　在新春佳节、藏历新年来临之际，自治区政府副主席、市委书记张延清深入桑珠孜区吉培林社区、江洛康萨居委会、鑫业小区、科技北路、黑龙江北路等地，走访慰问离退休老干部，向老干部们送去党和政府的关心关怀，送上新春祝福与节日的良好祝愿。

2 月

12 日　在春节、藏历新年期间，市委副书记、市长刘虎山到桑珠孜区检查指导维稳工作并看望慰问广大公安民警。

14 日　市委召开市委理论学习中心组理论学习会。会议强调，要深入学习党中央关于打赢脱贫攻坚战的重要文件精神，深入学习习近平总书记关于脱贫攻坚工作的系列重要讲话精神，进一步扛起政治责任，强化工作作风，抓好工作落实，以更加强烈的使命感、责任感、紧迫感，全力投入脱贫攻坚工作，坚决打赢打好脱贫攻坚战，坚决推动发展稳定生态各项事业提质增效、跨越发展。

19 日　市委副书记、市长刘虎山一行调研组深入拉孜、萨迦两县调研脱贫攻坚工作。

22 日　市委召开全市扫黑除恶打非治乱扫黄打非专项斗争视频会，总结工作，分析形势，部署任务，推动日喀则市“三个专项斗争”向纵深发展。

24 日　市委召开市委常委会会议，传达学习习近平总书记重要讲话精神；传达学习中央、自治区党委经济工作会议精神，听取相关会议筹备情况汇报；听取中央第三巡视组专项巡视日喀则市脱贫攻坚反馈意见整改落实情况、全市 2019 年全年维稳工作安排情况汇报等；研究《日喀则市 2019、2020 年度环境保护督察整改措施细化解决方案的请示》。

25 日　市委一届十次全会召开，会议高举习近平新时代中国特色社会主义思想伟大旗帜，认真践行习近平总书记关于治边稳藏的重要论述，深入贯彻落实中共十九大和中共十九届二中、三中全会精神，贯彻落实自治区第九次党代会，区党委九届三次、四次、五次全会精神，动员全市上下弘扬“珠峰精神”，强化使命担当，脚踏实地、登高望远，团结拼搏、苦干大干，深入实施“6677”总体工作思路，在加快建设和谐文明幸福美丽日喀则新的征程上阔步前行。

同日　一届日喀则市纪委第七次全体会

议召开，会议总结成绩、分析形势，研究部署2019年全市纪检监察工作。自治区政府副主席、市委书记张延清出席会议并讲话。

26日 市委经济工作会议召开，会议总结2018年经济工作，分析经济形势，部署2019年经济工作。自治区政府副主席、市委书记张延清出席会议并讲话。

27日 日喀则市2018年度县（区）委书记、行业系统党工委书记抓基层党建工作述职评议会召开，听取各县（区）委书记、各行业系统党工委书记抓基层党建工作述职，交流经验，安排部署下一步工作。自治区政府副主席、市委书记张延清出席会议并讲话。

28日 自治区政府副主席、市委书记张延清主持召开市委常委会会议，传达学习习近平总书记重要讲话精神；传达学习中央、自治区有关会议精神，听取相关会议筹备情况汇报；研究相关工作；听取城市“六化”、全市绿化、国资国企改革、老城区改造等工作情况汇报。

3月

1日 市委召开脱贫攻坚工作会议暨落实中央第三巡视组专项巡视反馈意见整改工作推进会，会议听取各县（区）巡视反馈意见整改工作情况汇报，安排部署下一步工作。自治区政府副主席、市委书记张延清出席会议并讲话。

2日 市委召开市信访工作专题会，通报2018年全市信访工作情况，安排部署下一步工作。

3日 市委召开市委专题会议，研究《日喀则市庆祝中华人民共和国成立70周年纪念西藏民主改革60周年宣传活动方案》，安排部署下一步工作。

6日 市脱贫攻坚指挥部召开中央第三巡视组脱贫攻坚专项巡视反馈意见整改落实工作推进会，听取巡视反馈意见整改工作情况汇报，安排部署下一步工作。

7—8日 自治区政府副主席、市委书记张延清深入扎什伦布寺、萨迦寺和萨迦、昂仁两县，就脱贫攻坚、产业发展、基层党建、“四讲四爱”群众教育实践活动和“遵行四条标准、争做先进僧尼”教育实践活动等重点工作进行调研，看望慰问基层干部群众、寺庙僧尼。

9日 市委副书记、市长刘虎山深入桑珠孜区看望慰问一线执勤武警官兵和公安民警。

10日 自治区政府副主席、市委书记张延清深入吉隆县看望慰问基层干部群众。

10—11日 自治区人大常委会副主任维色一行深入江孜县督导检查脱贫攻坚工作。

11—12日 自治区政府副主席、市委书记张延清深入聂拉木、定日两县，看望慰问基层干部群众、驻地军警。

12—14日 自治区人大常委会副主任维色在亚东县督导检查脱贫攻坚等工作。

13日 市委副书记、市长刘虎山赴南木林县调研湘河水利枢纽及配套灌区工程建设进展情况。

16日 市委召开市委常委会会议，研究机构改革相关事宜和有关文件，听取日喀则市经济技术开发区工作情况汇报，并就下一步工作进行安排部署。

17日 全市深化党政机构改革工作推进会召开。自治区政府副主席、市委书记张延清出席会议并讲话。

同日 市委工作会议召开。自治区政府副主席、市委书记张延清出席会议并讲话。

18 日 市委农村工作会议召开。会议表彰 2018 年度全市“三农”工作先进县区，安排部署 2019 年全市“三农”工作。自治区政府副主席、市委书记张延清出席会议并讲话。

19 日 市委与机改部门新任领导干部集体谈话会召开。自治区政府副主席、市委书记张延清出席会议并讲话。

20 日 市脱贫攻坚指挥部落实中央脱贫攻坚专项巡视反馈意见整改工作推进会召开，传达学习吴英杰书记重要批示精神，听取中央脱贫攻坚专项巡视反馈意见整改落实情况，安排部署下一步工作。自治区政府副主席、市委书记张延清出席会议并讲话。

22 日 全市与西藏民主改革 60 周年中央媒体采访团见面会召开。自治区政府副主席、市委书记张延清出席会议，并介绍全市经济社会发展情况。

23 日 全市“四讲四爱”群众教育实践活动动员部署会召开。自治区政府副主席、市委书记张延清出席会议并讲话。

24 日 藏地牦牛产业发展座谈会召开，听取藏地生态农业公司牦牛产业相关情况汇报，安排部署下一步工作。自治区政府副主席、市委书记张延清主持会议。

25 日 全市开展 2019 年度义务植树活动，旨在为美丽日喀则建设增绿添彩，为加快推进“生态珠峰”战略添枝加叶，为早日将全市打造成为祖国西部重要生态安全屏障添砖加瓦。自治区党委常委、区纪委书记王拥军，自治区政府副主席、市委书记张延清出席活动。

26 日 全市举行宗教界人士庆祝“3•28”座谈会，庆祝西藏民主改革 60 周年。自治区政府副主席、市委书记张延清出席会议并讲话。

27 日 全市工作汇报会召开，向自治区维稳督导组汇报全市党风廉政建设和反腐败工作以及中央脱贫攻坚专项巡视反馈意见整改工作情况。自治区政府副主席、市委书记张延清汇报全市工作情况。

同日 全市举行社会各界人士庆祝“3•28”座谈会，大家欢聚一堂，共叙友谊，回顾历史，畅谈未来，共同纪念西藏民主改革 60 周年。自治区政府副主席、市委书记张延清出席会议并讲话。

28 日 全市举行纪念西藏民主改革 60 周年“3•28”升国旗仪式，共同祝福伟大祖国繁荣昌盛，西藏的明天更加美好，日喀则各项事业蒸蒸日上。自治区政府副主席、市委书记张延清出席仪式并讲话。

31 日 市委召开市委常委会会议，传达学习习近平总书记在省部级主要领导干部坚持底线思维着力防范化解重大风险专题研讨班开班式上的重要讲话精神、习近平总书记在中央党校（国家行政学院）中青年干部培训班开班式上的重要讲话精神、习近平总书记在第五批全国干部学习培训教材上的序言精神；传达学习吴英杰书记在庆祝西藏民主改革 60 周年大会上的讲话精神。

4 月

1 日 市委副书记、市长刘虎山主持召开一届市政府第四十六次常务会议，通报以往常务会议议定事项落实情况，听取市便民服务中心进驻筹备工作情况汇报，研究关于市政基础设施建设、财政资金使用等相关请示事项，安排部署市政府近期重点工作。

3 日 市委副书记、市长刘虎山前往萨迦县扯休乡调研春季农牧业生产情况。

4 日 全市在日喀则烈士陵园举行祭奠活动，敬献花篮和鲜花、瞻仰烈士纪念碑，缅怀为日喀则革命、建设和改革事业英勇献身的革命先烈。市委副书记、市长刘虎山出席活动并致辞。

5 日 市委党校（市行政学校）举行2019年春季学期开学典礼。自治区政府副主席、市委书记张延清出席典礼并讲话。

7 日 自治区政府副主席、市委书记张延清深入桑珠孜区珠峰会展中心、市烈士陵园、火车站绿地广场、四号公园和市便民服务中心，就城市建设、管理和执法工作开展调研。

8 日 市城乡规划委员会第一次会议召开，传达学习有关文件精神，听取《关于几处重要地段规划管理措施和规划条件论证的情况汇报》《关于违法建设整治工作情况专题报告》《关于对西郊加油站西北山脚区域内八家企业用地问题的督查报告》，研究部署下一步工作。自治区副主席、市委书记张延清主持会议。

11 日 市委召开理论学习中心组理论学习会，会议强调，要增强“四个意识”，坚定“四个自信”，做到“两个维护”，以知促行、知行合一，开拓创新、砥砺前行，加快建设和谐文明幸福美丽日喀则。

12 日 全市卫生与健康大会召开，会议总结成绩、分析问题，安排部署下一步工作。自治区政府副主席、市委书记张延清出席会议并讲话。

同日 全市扶贫领域巡视整改工作专题会议召开，听取全市扶贫领域巡视整改工作情况汇报，分析问题、部署工作，确保问题整改到位、清仓见底。自治区政府副主席、市委书记张延清主持会议。

14 日 市委国企改革推进会召开，会议听取全市国有企业改革工作进展情况汇报，安排部署下一步工作。自治区政府副主席、市委书记张延清主持会议。

15 日 2018 年度全市目标绩效争先进位表彰大会在市政府召开。市委副书记、市人大常委会主任程四曲出席会议并讲话。

17 日 全市精神文明建设工作表彰大会召开。会议总结成绩、分析问题，表彰先进、交流经验，安排部署下一步工作。自治区政府副主席、市委书记张延清出席会议并讲话。

19 日 一届市委第十轮巡察工作动员部署会召开，安排部署一届市委第十轮巡察工作。自治区政府副主席、市委书记张延清出席会议并讲话。

21 日 市委常委班子召开中央第三巡视组脱贫攻坚专项巡视整改专题民主生活会。自治区政府副主席、市委书记张延清主持会议并作总结讲话。

22 日 市委召开全市农牧民专合组织组建发展工作推进会，听取全市农牧民专合组织建设情况汇报，安排部署下一步工作。

24 日 市委召开“两羊两牛”产业发展专题会议，听取“两羊两牛”产业发展情况汇报，安排部署下一步工作。

28 日 全市“双创”暨大学生（中职生）就业动态清零工作现场推进会在南木林县召开。市委副书记、市人大常委会主任程四曲出席会议并讲话。

30 日 由市委、市政府主办，市总工会承办的“喜迎新中国成立 70 周年工会服务在基层”暨“庆五一·劳动者之歌”主题文艺会演在扎什伦布寺广场举行。

5月

4日 为庆祝中华人民共和国成立70周年、五四运动100周年暨建团97周年，日喀则市“青春心向党 建功新时代”主题文艺会演在日喀则剧院举行。

6日 市政府第五次廉政工作会议召开，总结2018年全市政府系统党风廉政建设和反腐败工作，安排部署2019年的重点任务。市委副书记、市长刘虎山主持会议并讲话。

7日 市委副书记、市长刘虎山主持召开全市有机产业发展座谈会，就有机产业发展情况、存在困难及有关需求等，进行广泛深入的沟通交流。

9—11日 自治区政府副主席、市委书记张延清深入亚东、岗巴两县，就岗巴羊产业发展、小康村建设和“遵行四条标准、争做先进僧尼”教育实践活动等工作开展调研，并看望慰问基层干部群众和寺庙僧人。

11—12日 自治区政府副主席、市委书记张延清深入江孜、白朗两县，就脱贫攻坚、特色产业发展、易地扶贫搬迁等重点工作开展调研，并看望慰问基层干部群众。

12日 日喀则市举办“2019•珠峰旅游名片”——珠峰旅游追梦人颁奖晚会，旨在表彰为日喀则旅游业发展作出贡献的个人和集体，凝聚多方力量宣传推介日喀则，鼓励更多的人为日喀则旅游业作出新贡献。西藏日喀则中国国际旅行社、西藏太阳风国际旅行社等企业受到表彰；次仁旦达等旅游文创产品、纪念品的研发，餐饮行业管理和旅游志愿服务，以及旅游区卫生保洁等行业的15名优秀个人获得“凡而不凡”奉献奖。

13日 市委召开市委常委会会议，传达学习习近平总书记关于退役军人服务保障工作的重要批示精神和在全国公安工作会议上的重要讲话精神，传达学习《中共西藏自治区委员会办公厅西藏自治区人民政府办公厅关于修改〈西藏自治区脱贫攻坚责任制实施细则〉的决定》文件精神，研究全市贯彻意见；听取自治区党委巡视一组、二组脱贫攻坚专项巡视反馈意见整改情况汇报和园区工作开展情况汇报，安排部署相关工作。

15日 市委副书记、市长刘虎山在珠峰文化旅游创意产业园区调研园区规划设计、工程建设等情况，并要求进一步加大招商引资力度，提高园区建设质量，力争打造成日喀则城市建设的新亮点、文化旅游产业的新名片、对外开放的新窗口。

同日 亚东县下亚东乡仁青岗村次仁曲珍家庭代表荣获2019年全国“最美家庭”称号，并受邀赴京参加揭晓会。

16日 全市脱贫攻坚整改工作推进会召开，通报全市脱贫攻坚领域存在的问题，听取整改工作情况汇报，安排部署下一步工作。自治区政府副主席、市委书记张延清出席会议并讲话。

同日 自治区政府副主席、市委书记张延清深入珠峰路、山东路、火车站绿地广场、黑龙江路带状公园、贡觉林湖、北郊防灾避险广场和扎什伦布寺广场，就城市建设管理和“六化”工作开展调研。

17日 市第一届人民代表大会第七次会议和政协第一届日喀则市委员会第七次会议党员大会召开。自治区政府副主席、市委书记张延清出席会议并讲话。

19日 市委召开市重点工作自查考评动员部署会，安排部署相关工作。

20日 第十七届珠峰文化旅游节新闻发

布会在珠峰大本营绒布营地举行。

21—26日 自治区政府副主席、市委书记张延清率市委自查考评组深入江孜县、白朗县、桑珠孜区、萨迦县、拉孜县，就脱贫攻坚、产业发展、生态环保、基层党建、“四讲四爱”群众教育实践活动及“遵行四条标准、争做先进僧尼”教育实践活动等重点工作开展督导检查。

22—25日 市委副书记、市人大常委会主任程四曲率市委自查考评组一行深入定日县、聂拉木县、吉隆县、萨嘎县，就灾后重建、脱贫攻坚、产业发展、“四讲四爱”群众教育实践活动、基层党建以及口岸建设、边贸旅游等重点工作开展督导检查。

29日 中国樟木—尼泊尔科达里口岸恢复开通货运功能，中尼双方在聂拉木县举行开通仪式。出席仪式的中方代表有西藏自治区党委副书记、政府主席齐扎拉，中国海关总署副署长张际文，中国驻尼泊尔大使馆大使侯艳琪，国家口岸办、外交部、自然资源部、交通运输部、水利部、商务部、移民局和西藏自治区相关部门、拉萨海关、西藏出入境边防检查总站、人行拉萨中心支行、日喀则市、聂拉木县相关负责人；出席仪式的尼方代表有尼泊尔工业、商业与供应部部长马特里加·普拉萨德·亚达夫，尼泊尔议会议员阿格尼·普拉萨德·萨普科塔、谢尔·巴哈杜尔·塔芒，尼泊尔工业、商业与供应部部秘凯达尔·巴哈杜尔·阿迪卡里，尼泊尔外交部东北亚司司长加内什·普拉萨德·达卡尔，尼泊尔工业、商业与供应部联秘纳布拉吉·达卡尔，尼泊尔海关拉米肖尔·登格尔。仪式由西藏自治区政府副主席、日喀则市委书记张延清主持，中尼双方领导分别致辞，双方代表剪彩并合影留念。

29日至9月30日 西藏通过樟木口岸货运通道向尼方出口货物3191.78吨，贸易总值898.83万美元，无进口；出入境车辆904辆次。自樟木口岸货运通道恢复运行以来，出口货物量及贸易额呈现大幅度上升趋势，9月出口货物量环比增长406.54%，贸易额环比增长80.17%。

6月

1日 自治区政府副主席、市委书记张延清深入市特殊教育学校看望慰问特殊儿童，与少年儿童共同庆祝节日，向全市少年儿童表示节日的祝贺，向全市广大少年儿童教育工作者致以崇高敬意。

同日 自治区政府副主席、市委书记张延清深入萨迦县百亚成农贸有限公司畜牧产业基地，就牛羊屠宰加工基地、牛羊养殖基地及全日粮饲料加工厂建设情况开展调研，并进行现场办公，安排部署相关工作。

同日 珠峰东坡嘎玛沟景区恢复正常运营，正式对外开放。

6月初 吉隆口岸热索桥重建工程按期完成工程建设任务，对发展中尼两国贸易往来，贯彻落实国家“一带一路”倡议，加强与周边国家基础设施互联互通，推动沿边重点地区开发开放等具有重要意义。热索桥曾在2015年4月25日尼泊尔8.1级地震中受损严重，桥面被砸穿、桥台错位、桥墩受损、护栏损坏，被评定为五类危桥。西藏天顺路桥有限公司于2018年9月承担该桥施工建设任务。该项目起点位于中国境内吉隆口岸南广场，以热索桥跨越东林藏布，终点位于尼泊尔境内，路线全长270米，设计速度60千米/小时，公路等级为二级，尼方标准路基宽度 8.5 米。

2 日 全市民族团结进步表彰大会暨创建全国民族团结进步示范市工作推进会召开，会议总结成绩、表彰先进，分析问题、部署工作。自治区政府副主席、市委书记张延清出席会议并讲话。

同日 日喀则市亚东首届国际边贸旅游文化节开幕式在亚东仁青岗边贸市场隆重举行。

4 日 市委重点工作推进会暨 2019 年重点工作自查考评总结会召开，通报 2019 年 18 县（区）自查考评情况，安排部署下一步工作。自治区政府副主席、市委书记张延清出席会议并讲话。

同日 市委召开市委常委会会议，传达学习习近平总书记在“不忘初心、牢记使命”主题教育工作会议上的重要讲话精神和对垃圾分类工作的重要批示精神，传达自治区党委书记吴英杰有关重要批示精神；研究有关请示；听取全市扫黑除恶打非治乱专项斗争工作开展情况汇报和全市招商引资情况汇报，就相关工作进行了安排部署。

6—8 日 自治区政府副主席、市委书记张延清深入定日、仲巴、萨嘎、昂仁四个高海拔县以及谢通门县，就脱贫攻坚、基层党建、口岸建设、边境小康村建设等重点工作开展调研，并看望慰问基层干部群众。

10 日 市委召开市委常委会会议，传达学习中央全面深化改革委员会第八次会议精神；听取全市“扫黄打非”专项斗争工作开展情况汇报、全市林地违规占用整治工作开展情况汇报；研究全市“双创”工作暨大学生（中职生）就业动态清零工作、珠峰垃圾清理工作相关事宜，并就相关工作进行了安排部署。

同日 市委召开市委理论学习中心组理论学习会，他强调，要增强“四个意识”，坚定“四个自信”，做到“两个维护”，以更高的政治站位、更强的思想自觉，谋划部署推动“不忘初心、牢记使命”主题教育，确保主题教育取得实效。

11 日 市委召开全市扫黑除恶工作部署会，安排部署下一步工作。

12 日至 7 月 5 日 自治区红十字会联合日喀则市卫生健康委员会、日喀则市红十字会在日喀则市仲巴、吉隆、定日、亚东四县开展白内障复明手术。此次活动在 4 个县各设置 2 个手术台，完成 260 例手术，手术室由各县卫生服务中心提供，并邀请 6 名日喀则市各大医院眼科医生参与，进一步提高日喀则市眼科医生的理论水平和实际操作能力。

13 日 日喀则市举行乡镇卫生院监护转运型急救车及车载医疗设备配发仪式。自治区副主席、市委书记张延清出席仪式。

同日 日喀则市行政审批和便民服务大厅正式启用。共进驻 43 家单位，设服务窗口 94 个，可办理 485 项业务，基本实现“进一扇门办成一揽子事”。日喀则市行政审批和便民服务大厅按照“物理集中”的思路，基本实现了全市行政许可和相关行政服务事项“全集中、全到位”。整个大厅共有咨询引导区、帮代办区、等候区、自助办理区、现场办理区 5 个功能区，分门别类的窗口设置和先进的电子化设备，确保了服务高效、便捷。

15 日 市委召开市扶贫开发领导小组第七次会议暨整改工作推进会议，会议传达自治区脱贫攻坚专项巡视整改领导小组办公室第六次会议精神，通报九届区党委第四轮脱贫攻坚专项巡视第二阶段整改情况，听取全市脱贫攻坚整改工作推进情况汇报，安排部署下一步工作。

18 日 以“讴歌新时代、幸福日喀则”为主题的第十七届珠峰文化旅游节盛大开幕。吉林省副省长石玉钢，自治区政府副主席、市委书记张延清分别致辞，黑龙江省政协副主席张显友出席。

同日 第十七届珠峰文化旅游节“坚定文化自信，传承历史文脉”系列展览开展仪式在市群众艺术馆举行。

同日 日喀则市举行第十七届珠峰文化旅游节招商引资项目推介暨签约仪式。现场共签约 19 个项目，总资金 11.27 亿元。来自区内外的 150 家企业代表在推介会上齐聚一堂，了解日喀则市文化旅游产业发展情况和投资环境。

同日 日喀则市举行第十七届珠峰文化旅游节招商引资推介会暨签约仪式。市委副书记、市长刘虎山出席并讲话，自治区发改委副主任张秀武致辞。

19 日 由吉林省政府和日喀则市委、市政府联合主办的第十七届珠峰文化旅游节“同心、同行，更亲、更近”吉林专场文艺演出在日喀则剧院举行。

20 日 日喀则市人民政府与吉林省延边朝鲜族自治州人民政府缔结友好城市签约仪式举行。两地在“立足双方比较优势，建立战略合作关系；着眼当前合作事项，切实取得务实成效；建立合作交流机制，加强长期稳定合作”三方面达成共识，签署协议。日喀则与延边同为边境城市、少数民族聚居地，人文旅游资源都十分丰富，两地在文化旅游、脱贫攻坚、口岸经济等领域有着较强的互补性，合作和交流的空间十分广阔。两地签订缔结友好城市合作协议，积极探索建立合作交流机制，在经济、教育、文化、旅游、商贸等多领域开展深度合作，实现互惠互利互赢，推动建立长期、稳定、全面的友好合作关系，推动双方创新、开放、联动、包容发展，让友谊之树深深扎根于两地人民心中。

20—22 日 山东省委书记、省人大常委会主任刘家义率领山东省党政代表团赴藏，实地考察指导对口支援工作，看望援藏干部人才，召开山东·西藏对口支援座谈会，共商两省区合作发展大计。

23 日 日喀则市与“重走援藏路、触寻援藏情”援藏回访代表团座谈，共叙深厚情谊、共谋发展大计、共话美好未来。市委副书记、市长刘虎山出席座谈会并讲话。

23—25 日 中央扫黑除恶第十三督导组组长朱维群带队前往日喀则市委、扎什伦布寺等地下沉督导，自治区政府副主席、日喀则市委书记张延清汇报工作。

24 日 由日喀则市和吉林省联合举办的第十七届珠峰文化旅游节圆满落下帷幕。

同日 西藏自治区首家以石刻文化遗产为主题的专业博物馆——日喀则石刻艺术博物馆正式开馆。博物馆共有两层，建筑面积约 450 平方米，分为艺术初兴、百花齐放、融会贯通、继承发展、调查保护五部分内容，汇集了 7—19 世纪大量的西藏精美石刻，囊括石碑、石刻、造像碑等种类，包括 60 余件石刻原件和复制品、30 余幅拓片、20 余件石刻工艺品等。

26 日 市委召开市委常委会会议，传达学习习近平总书记致“2019· 中国西藏发展论坛”的贺信和中共中央政治局会议精神，学习有关文件，并研究部署相关工作。

同日 自治区政府副主席、市委书记张延清主持召开市委理论学习中心组理论学习会。他强调，要读原著、学原文、悟原理，学思践悟、知行合一，努力把学习成效转化为做好本职工作、推动事业发展的生动实践。

27 日 日喀则市人才工作暨第二届“珠峰英才”表彰大会召开，表彰为全市各行业、各领域作出突出贡献的优秀人才，认真总结近年来全市人才工作取得的成绩，深入分析全市人才工作的新形势、新任务、新要求。市委副书记、市长刘虎山出席会议并讲话。

29 日 日喀则市第八（六）批援藏干部人才表彰大会举行，表彰了优秀援藏干部人才。自治区政府副主席、市委书记张延清出席会议并讲话。

30 日 全市党建工作会议召开，会议传达学习了习近平总书记重要讲话精神及习近平总书记关于加强党的建设工作的重要论述，安排部署下一步工作。自治区副主席、市委书记张延清出席会议并讲话。

7 月

1 日 日喀则市举行纪念中国共产党成立 98 周年“升国旗、唱国歌”暨新党员入党宣誓、老党员重温入党誓词活动，重温党的光辉历史，缅怀党的丰功伟绩，铭记党的似海恩情，同心共绘时代画卷。

同日 日喀则珠峰党建信息化平台上线仪式在市委组织部新闻宣传中心举行。

同日 日喀则市举行人才工作暨第二届“珠峰英才”表彰大会，表彰为日喀则市发展稳定生态事业付出辛勤汗水、作出突出贡献的优秀人才，积极引导和鼓励各类人才健康成长、创新创业，激励各类人才在推进和谐文明幸福美丽日喀则建设中比学赶超、争先创优、再创佳绩，进一步推动人才工作上台阶、上水平。西藏格藏青稞食品科技开发有限公司总经理小索顿等 10 人获第二届“珠峰英才”称号。

5 日 自治区财政厅副厅长吴祥云、自治区交通厅副厅长陈朝、自治区审计厅调研员徐战胜带领相关工作人员深入拉孜县桑珠村、拉荣村和国道 349 沿线进行调研，进一步了解拉孜县农村公路“油返砂”改造前期工作开展和国道 349 水毁情况。调研组一行深入桑珠村、拉荣村农村公路“油返砂”现场进行了查看，并听取了相关工作开展情况汇报，了解了当前工作中存在的问题和困难，并就下一步工程建设提出要求。

8 日 市政府召开市长办公会议，听取市政府工作推进落实情况汇报，研究部署近期重点工作。

同日 市委副书记、市长刘虎山主持召开市委理论学习中心组 2019 年第七次理论学习会，传达学习《习近平新时代中国特色社会主义思想学习纲要》，会议要求要以习近平新时代中国特色社会主义思想武装头脑、指导实践、推动工作，切实把学习成效转化为做好本职工作、推动事业发展的生动实践。

10 日 援助西藏发展基金会阿妈仓慈善专项基金会同加多宝集团在日喀则市教育局举行了爱心助学捐赠仪式，向日喀则市 88 名建档立卡贫困户大学生捐赠助学金 44 万元。

11 日 日喀则火车站仓储物流中心一期工程——物流仓储基地建设完成。日喀则火车站仓储物流中心是以信息系统为支撑，集运输、配载、仓储、配送、包装、流通加工等物流服务功能于一体的综合性物流园。项目建成后，将提高日喀则市及西藏自治区生产流通企业和物流企业的运行效率，降低物流成本；有利于日喀则市形成新的产业集群和优化的产业链，刺激交通运输、商贸业、金融业、信息餐饮娱乐等多种行业的发展，带动区域经济协调发展，形成集聚效应；有利于减缓城市交通压力，实现城市总体功能。同时，园区将为当地群众提供580个就业岗位，带动其他行业就业约2000人，为当地扶贫工作作出贡献。

13日 市委召开市委理论学习中心组理论学习会。会上强调，要读原著、学原文、悟原理，学思践悟、知行合一，努力把学习成效转化为做好本职工作、推动事业发展的生动实践。

15日 自治区政府副主席、市委书记张延清看望慰问上海市第九批援藏干部人才及陪送团成员，并就对口支援工作进行深入交流。

16日 自治区政府副主席、市委书记张延清看望慰问黑龙江省第七批援藏干部人才及陪送团成员，并就对口支援工作交换意见。

15—17日 “不忘初心、牢记使命”主题教育中央第十指导组赴日喀则市江孜县扶贫产业产品展示展销区，亚东县堆纳乡边境检查站、上亚东乡等地，实地调研主题教育开展情况。中央第十指导组副组长张百如带队，自治区党委常委、组织部部长陈永奇陪同考察调研。

17日 全市召开企业代表座谈会，就优化营商环境、强化政务服务、激发市场活力等相关问题进行了座谈交流。

同日 日喀则市“12319”城管服务热线已正式开通。凡涉及与城市管理有关的工作，包括占道经营、店外经营、夜市扰民、沿街晾挂、临街门店装修、道路遗撒、私搭乱建等城市管理方面的咨询、建议、投诉，市民均可拨打“12319”城管服务热线进行反映。日喀则市数字化城市管理监督指挥中心“12319”城管服务热线严格遵循“有问必答、有报必接、解疑释惑、快速反应、认真处理、及时反馈”的问题处理机制，不断优化和完善受理功能，提升办结效率，妥善处理好群众的合理诉求，真诚为广大人民群众服务。

17—18日 自治区人大常委会民族宗教外事侨务委员会主任委员通嘎，陪同尼泊尔联邦议会秘书处联秘穆拉里·马哈特一行在日喀则市进行访问。市委副书记、市人大常委会主任程四曲在市人大常委会会见厅会见了代表团一行。

18日 全区市县巡察工作推进会在日喀则市召开。

21日 上海市第八批援藏干部人才结束了为期3年的援藏工作，返回上海。

同日 日喀则市未就业高校毕业生首期财会知识培训班开班，全面推进大学生就业动态清零工作。100名日喀则籍未就业高校毕业生参加开班典礼。

21—23日 黑龙江省党政代表团在全市实地考察指导对口支援工作，调研援藏项目建设情况，看望援藏干部人才，召开黑龙江省援藏干部人才教师座谈会，共同商讨合作发展大计。

23日 全区高校毕业生和农牧民转移就业工作现场推进会在仁布县召开。

25日 自治区政府副主席、市委书记张延清看望慰问吉林省第七批援藏干部人才及陪送团成员，并就对口支援工作进行深入交流。

26日 市委副书记、市长刘虎山主持召开全市安全生产工作会议，深入贯彻落实全国、全区安全生产电视电话会议精神，对全市当前安全生产工作进行再安排、再部署。

27日 市委召开市委常委会会议，传达学习习近平总书记系列重要指示精神以及关于开展“不忘初心、牢记使命”主题教育的重要指示精神，研究部署相关工作。

28 日 吉林省第六批援藏干部人才圆满完成援藏任务，启程离开日喀则，告别了工作 3 年的第二故乡。

同日 市委召开专题会议，听取全市农牧民专业合作社组织组建发展情况汇报，安排部署下一步工作。

29 日 全市 2019 年第三次信访工作联席会议召开。会议传达了自治区信访工作联席电视电话会议精神，通报了 2019 年上半年全市信访工作情况，安排部署了下一步信访工作。市委副书记、市长刘虎山出席会议并讲话。

29—31 日 自治区政府副主席、市委书记张延清先后深入谢通门、昂仁、吉隆、定日四县，就基层党建、脱贫攻坚、产业发展、群众教育以及大学生就业创业、农牧民专业合作组织建设发展等工作开展调研。

30 日 市委召开全市扫黑除恶专项斗争重点行业领域乱象治理工作部署推进会议，重点围绕中央督导反馈问题中的行业乱象和重点行业领域存在的突出问题，安排部署全市重点行业领域乱象治理工作，动员全市上下进一步提高认识、统一思想，突出重点，重拳出击，为全市改革发展事业营造良好环境。

31 日 以“全民健身 绿色出行”为主题的日喀则市首届“珠峰杯”自行车环城赛在桑珠孜区开赛。该届赛事由西藏自治区体育局、日喀则市政府联合举办，自治区体育产业和设施开发管理中心和日喀则市体育局承办，自治区汽车摩托车自行车协会和日喀则市自行车协会协办。该次赛事共计 70 余人参赛，参赛选手中年龄最大的 53 岁，最小的 18 岁，赛道总长 52 公里。比赛当天，陈守华以 1 小时 34 分 24 秒的成绩获得男子组冠军，索朗、宁佐超分获二、三名；格桑曲珍以 1 小时 47 分 01 秒的成绩斩获女子组冠军，格桑卓玛、康小雪分获二、三名；日喀则珠峰车队获得团体第一名，江孜代表队、日喀则 K2 车队分获团体二、三名。

8 月

1 日 在中国人民解放军建军 92 周年之际，自治区政府副主席、市委书记张延清率领慰问组深入部队驻地、社区，看望慰问部队官兵和退役军人代表。

同日 市委副书记、市长刘虎山主持召开市政府森林督查和国土督察专题会议，研究解决当前存在的问题和困难，安排部署下一步工作。

2 日 市委召开专题会议，分析问题，研究部署棚户区改造工程相关工作。

6 日 西藏红河谷藏红花农业科技有限公司与浙江甲骨文科技集团合作，全面上线藏红花区块链溯源系统。

8 日 市委召开市委常委会会议，传达学习习近平总书记重要讲话精神、重要指示精神；研究人大立法相关事宜，听取 2019 年上半年经济运行情况汇报和 2019 年 1 月招商引资工作情况汇报，部署下一步工作。

9 日 市委召开市委常委会会议，传达学习习近平总书记重要讲话精神和习近平总书记给福建寿宁县下党乡乡亲们的回信精神；听取全市上半年脱贫攻坚工作情况汇报和 2018 年度森林督查整改情况汇报；研究全市创建全国民族团结进步示范市和扫黑除恶打非治乱专项斗争工作相关事宜，安排部署下一步工作。

同日 市人民政府召开党组理论学习中心组2019年第七次理论学习会，传达学习《政府投资条例》《关于做好地方政府专项债券发行及项目配套融资工作的通知》，并就相关问题进行了交流发言。

同日 市委机构编制委员会召开会议，审议通过了市委机构编制委员会及其办公室工作规则、细则，研究部署全市机构编制工作。

14日 市委副书记、市长刘虎山会见中化集团党组副书记、董事李庆一行，并就相关受援工作情况交换意见。

15日 中央政治局委员、上海市委书记李强率上海市党政代表团赴藏考察，西藏自治区领导吴英杰、洛桑江村、齐扎拉、刘江、张延清及日喀则市相关领导、上海市第九批援藏工作队相关领导陪同考察。

18日 自治区政府副主席、市委书记张延清在市区调研城市建设管理和“六化”工作。

19日 市政府召开全市2019年上半年经济运行情况通报暨下半年经济工作部署会议，研究分析全市经济运行形势，安排部署下半年经济工作。

23日 第十二届中国—东北亚博览会在吉林省长春市开幕，市委副书记、市长刘虎山率全市代表团参加博览会，并看望日喀则参展企业。

24日 山东省法院代表团与市中院举行座谈会。市委副书记、市人大常委会主任程四曲主持会议，并介绍了全市基本情况。

25日 自治区红十字会、广东正翔照明科技有限公司在日喀则市举行“光能灯、慈善情、亮千村”无偿捐赠光能路灯仪式，向每个村（居）捐赠5盏，共计8365盏，主要用于日喀则市1673个村（居），价值近1250万元。此次捐赠的一体式光能路灯专为庭院户外设计，主要以太阳能及光能转换提供照明，十分适合西藏庭院式，特别是偏远农牧区的照明。

29日 日喀则市首届农牧民运动会开幕。

30日 市委召开常委会会议，传达学习习近平总书记重要贺信精神、中纪委重要通知精神和自治区党委书记吴英杰重要批示精神；研究财政预算执行、公立医院党的建设、日喀则市2019年教师节表彰大会和脱贫攻坚工作相关事宜。

同日 市扶贫开发领导小组召开会议暨整改工作推进会议。会议强调，全市上下要认识再深化、责任再落实、行动再提速，全力抓好问题整改，坚决确保脱贫攻坚得到群众认可、经得起历史检验。

30—31日 日喀则市第一届人民代表大会常务委员会第三十九次会议召开。市委副书记、市人大常委会主任、市委党校校长程四曲主持会议并讲话。

9月

1日 自治区政府副主席、市委书记张延清深入昂仁县走访未就业大学生结对帮扶对象，并就大学生就业创业工作进行调研。

4日 市扶贫开发领导小组召开第九次会议，传达学习《国务院扶贫办关于印发〈2019年脱贫攻坚督查巡查工作方案〉的通知》和自治区扶贫开发领导小组会议精神、《关于认真做好2019年贫困县退出专项评估检查准备工作的通知》，安排部署下一步工作。

5日 吉林省代表团与全市就对口支援

工作、“组团式”教育医疗援藏、产业发展援藏、招商引资等进行座谈，共同商议援藏工作大计。

8 日 吉林省人社厅与日喀则市人社局签订《吉林省人社厅—西藏日喀则市人社局高校毕业生就业援助合作协议》，进一步推动吉林省与日喀则市两地就业交流合作，帮助解决日喀则籍高校毕业生就业。此次签订的合作协议共包括三部分内容，一是每年为日喀则籍高校毕业生提供 200 个定向招录事业编制岗位；二是每年围绕农业技术、财会、幼师、医护等专业帮助培训 350 名日喀则籍未就业高校毕业生；三是每年 6—8 月为日喀则籍高校毕业生举办专场招聘会。

10 日 在第三十五个教师节之际，日喀则市举行教育大会暨第三十五个教师节表彰大会，表彰先进，交流经验，安排部署下一步工作。自治区政府副主席、市委书记张延清出席会议并讲话。

11 日 “感恩共产党 奋进新时代”西藏百万农奴解放纪念馆巡展活动首展仪式在市群众艺术馆举行。

12 日 市委召开常委会会议，传达学习习近平总书记重要指示精神和重要回信精神、中央全面深化改革委员会第十次会议精神、自治区党委书记吴英杰重要批示精神和《中国共产党问责条例》；研究全市“不忘初心、牢记使命”主题教育相关事宜，听取全市庆祝中华人民共和国成立 70 周年工作情况汇报，安排部署下一步工作。

16 日 市委理论学习中心组“不忘初心、牢记使命”主题教育学习会召开，利用一天的时间进行集中封闭学习。自治区副主席、市委书记张延清作辅导报告，并作总结讲话。

19 日 市委召开市信访工作专题会议，听取全市信访等工作情况汇报，研究部署下一步工作。

同日 市委召开专题会议，听取珠峰文化旅游创意产业园区工作情况汇报，研究部署下一步工作。

21 日 自治区政府副主席、市委书记张延清深入市畜牧技术推广服务中心、桑珠孜区喜格桑珠孜现代农业发展专业合作联社，就黄牛改良工作进行实地调研。

22 日 自治区政府副主席、市委书记张延清深入市区大街小巷、公园，就“六化”工作推进情况及城市建设管理进行调研。

23 日 市政府召开一届政府第五十次常务会议，通报以往常务会议研究事项落实情况，研究部分请示事项，安排部署近期工作。

24 日 市委召开常委会会议，传达学习习近平总书记重要讲话精神和重要指示精神，传达学习相关文件，研究全市贯彻意见。

25 日 市委副书记、市长刘虎山主持召开全市“十四五”规划推进会。

28 日 全市各族干部群众在市区黑龙江路 4 号公园，举行庆祝中华人民共和国成立 70 周年群众联欢活动。

29 日 自治区政府副主席、市委书记张延清深入社区看望慰问离退休干部和因公牺牲党员干部家属，带去了党委、政府的关心关怀，向他们送上节日祝福。

同日 全市召开离退休干部职工代表座谈会，大家共聚一堂，共庆佳节，共话发展，共忆峥嵘岁月，传承革命精神。

10 月

1 日 全市举行“升国旗、唱国歌”活动，共同庆祝中华人民共和国成立 70 周年，共同回顾中华人民共和国波澜壮阔的光辉历程，共同见证中华人民共和国举世瞩目的伟大成就，共同展望日喀则灿烂辉煌的美好未来。

同日 全市召开高校毕业生就业创业工作视频会议，传达学习自治区会议精神，安排部署下一步工作。

2日 市委副书记、市长刘虎山在南木林县调研“不忘初心、牢记使命”主题教育、脱贫攻坚和产业发展等工作。

2—9日 按照自治区党委、市委统一部署，自治区副主席、市委书记张延清采取“四不两直”方式，深入白朗和康马、岗巴、定结、定日、聂拉木、吉隆、仲巴、萨嘎边境高海拔县，到基层一线、群众身边，看发展、访社情、听民意、讲政策，就“不忘初心、牢记使命”主题教育和产业发展、脱贫攻坚、基层党建以及边境小康村建设、高校毕业生就业创业等工作开展调研。

4日 市委副书记、市长刘虎山深入白朗和江孜两县就“不忘初心、牢记使命”主题教育、产业发展、脱贫攻坚、基层学前教育等工作开展情况进行调研。

5日 全市“三农”工作座谈会召开。自治区副主席坚参出席会议并讲话。

同日 市委召开常委会会议，传达学习习近平总书记重要指示、重要贺信、重要讲话精神，传达学习自治区党委书记吴英杰9月26日在日喀则考察调研期间的重要指示精神，研究全市贯彻意见和部署下一步工作。

6日 市委副书记、市长刘虎山深入萨迦县，围绕“不忘初心、牢记使命”主题教育、脱贫攻坚、产业发展、合作社运营等工作开展情况进行调研，并看望慰问驻村工作队和乡镇干部。

8日 市委副书记、市长刘虎山深入桑珠孜区和白朗县，就农业特色种植、产品加工、有机肥生产等扶贫产业进行实地调研。

9日 全市2019年全区脱贫攻坚成效考核汇报会召开，市委副书记、市长、市脱贫攻坚指挥部总指挥长刘虎山出席并讲话。

11日 市委理论学习中心组学习会暨“不忘初心、牢记使命”主题教育第5次专题研讨会召开，主要任务是围绕加强党的建设，深入交流、广泛研讨，不断增强抓党建的政治自觉、思想自觉、行动自觉，全力以赴把党的建设新的伟大工程推向前进。

12日 日喀则市与援藏省市供销社调研组举行座谈会，进一步拓宽全市优势特色产品销售渠道，将日喀则特色产品推向其他省市、推向全国。

13日 吉林省农业科学院、西藏自治区农牧科学院合办的现代农业研发中心正式落户日喀则市。研发中心结合日喀则市及周边地区现代农牧业发展需要，重点支持日喀则市牦牛产业发展，包括品种选育、科学饲养、高效繁殖所需的技术合作与创新，试验示范奶牛、肉牛、肉羊等产业发展模式及技术；重点开展青稞、苜蓿等主要农作物品种筛选、规模化种植技术示范推广工作及藜麦、红景天等特色资源的引种和适应性驯化；开展食用菌研发和栽培技术示范推广；开展农牧民远程培训，完善农牧业科技信息服务系统，并为日喀则市培养农牧业技术人才。

14日 市人民政府党组召开2019年第十次会议和理论学习中心组第十次理论学习会议。会议通报了以往党组会议研究事项落实情况，听取了有关工作汇报，研究部分请示事项，安排部署了近期工作。

16日 自治区政府副主席、市委书记张延清深入南木林县多角乡、卡孜乡，就产业发展、易地扶贫搬迁等工作开展调研。

同日 经过近3个月的认真筹备和2天紧张激烈的角逐，日喀则市第二届珠峰工匠技能大赛完成各项赛程，圆满闭幕。

17日 政协第一届日喀则市委员会第八次会议召开，来自全市各界的政协委员履行政治协商、民主监督、参政议政职能，为实现全市的长足发展凝聚力量。会议补选了政协第一届日喀则市委员会副主席。

同日 由日喀则市委宣传部联合上海第八批援藏干部共同制作的纪录片《神秘藏戏，世界之约》在尼泊尔国家电视台（NTV）播出。这是中国藏文化题材纪录片第二次登上该国家电视台荧幕。该纪录片以藏戏中最为古老、最为杰出的代表之一——迥巴藏戏三次参加国际艺术交流活动为主线，介绍了其历史渊源及传承保护状况，以及在“中国文化走出去”的背景下，迥巴藏戏近年来的发展历程。该片还在第二十五届上海电视节上入选“白玉兰国际优秀电视节目展播”。

18日 市委副书记、市长刘虎山深入日喀则市桑珠孜区污水处理厂，实地调研污水处理相关情况。

19日 日喀则市电子商务进农村综合统筹示范项目整市推进启动仪式在日喀则市举行。日喀则市珠峰电子商务有限公司与京东集团西南分公司签订电子商务项目合作协议。该项目容纳了3个国家级电子商务进农村综合示范县（江孜县、亚东县、聂拉木县）和4个市级统筹推进县区（桑珠孜区、萨迦县、谢通门县、拉孜县）。其中，3个国家级电商示范县由中央财政资金支持，共投资4500万元；4个市级统筹推进县由日喀则市扶贫资金支持，共2000万元，整个项目投资共计6500万元。

同日 “2019•中国西藏首届诗歌节”在海拔5000多米的珠峰登山大本营举行。此次活动由自治区文联、自治区旅游发展厅、阿里地区行署等主办，自治区作协、雪域萱歌诗歌平台等承办，持续时间为10月10—21日。

20日 西藏青稞产业协会首届会长单位——西藏奇正青稞健康科技有限公司与上海第一食品连锁发展有限公司、上海商情信息中心携手在上海第一食品连锁发展有限公司成功举办奇正青稞首发仪式，成立上海日喀则农产品产销联盟，以推进全区青稞产品全面进入上海市场。活动现场，奇正青稞与上海玉佛寺素食、农工商、叮咚买菜和荟选超市签署合作意向书，并与第一食品、上海锦江国际食品餐饮管理有限公司、上海城市超市有限公司等达成了合作。上海日喀则农产品产销联盟吸纳上海、日喀则两地农产品生产、流通、零售、仓储物流企业加盟，秉持“行业协同”理念，搭建企业、政府间沟通的桥梁和纽带，推动日喀则农产品进入上海市场的产销“面对面”沟通，为联盟成员提供产销匹配机会和空间。联盟由西藏奇正青稞、上海第一食品连锁发展有限公司、上海商情信息中心发起，首批成员包括西藏达热瓦青稞酒业、上海锦江国际食品餐饮、上海杏花楼集团、叮咚买菜、农工商（超市）集团、城市超市、本来生活、上海玉佛寺素食、荟选超市等两地企业。

同日 自治区政府副主席、市委书记张延清先后深入江孜县江热乡、紫金乡、康卓乡等地，就特色产业发展、脱贫攻坚、基层党建、“不忘初心、牢记使命”主题教育和大学生就业创业、河长制责任落实等工作开展调研。

21 日　市委召开常委会会议，传达学习中共中央政治局会议精神，习近平总书记讲话精神，对脱贫攻坚工作作出的重要指示精神以及重要回信精神等，传达学习自治区党委书记吴英杰给岗巴县吉汝村群众回信和区党委网信办《关于梳理第二批主题教育单位需要承接落实的整改任务清单》，研究部署全市贯彻意见；听取全市第一轮中央环保督察反馈问题整改暨配合第二轮督察准备工作情况汇报；研究扫黑除恶工作相关事宜。

22 日　市委第十一轮巡察工作动员部署会召开。自治区政府副主席、市委书记张延清出席会议并讲话。

23 日　江孜县江热乡精准扶贫自动气象站采集数据成功上传，标志着日喀则市新增的 167 个精准扶贫自动气象站已全部建成并投入使用。167 个精准扶贫自动气象站均为五要素气象站，主要采集温度、湿度、雨量、风向及风速等气象数据，日喀则市气象灾害监测站网的密度和广度进一步拓展，精准监测、预报、服务能力提高，全市基层气象服务保障能力和防灾减灾救灾能力提升。同时，日喀则市县两级气象、扶贫部门已经确定了全市 18 个县区 167 个站点的看护人员，为农牧民新增增收岗位 167 个，拓宽了贫困群众收入来源和渠道。

24 日　全市创建全国民族团结进步示范市调研检查工作汇报会召开，自治区政府副主席、市委书记张延清出席会议并向国家民委调研检查组组长霍盛红一行汇报全市创建全国民族团结进步示范市工作开展情况。

25 日　日喀则市珠峰扶贫产业大赛暨特色产品成果展在市上海体育场举行。

同日　全市珠峰扶贫产业表彰大会召开，表彰先进、部署工作，全面掀起新一轮珠峰扶贫产业发展热潮，为决战脱贫攻坚、决胜全面小康、加快建设和谐文明幸福美丽日喀则注入强劲动力。

26 日　市委常委会班子“不忘初心、牢记使命”主题教育调研成果交流会召开，总结交流调研成果、研究提出对策建议、着力解决突出问题，切实把调研成果转化为工作思路、政策举措、发展成果，以良好的调研成效推动各项事业发展，加快建设和谐文明幸福美丽日喀则。

同日　举办日喀则市第四届环卫工人节表彰大会暨慰问演出。

28 日　吉林省、黑龙江省 2019 年专招日喀则籍高校毕业生考试报名调度会召开，自治区副主席、市委书记张延清出席会议并讲话。

29 日　日喀则市委、市政府在上海体育馆举办了珠峰扶贫产业大赛暨特色产品成果展，并举行“携手共圆小康梦”脱贫攻坚主题文艺会演。此次珠峰扶贫产业大赛最终评选出了“牦牛大王”“藏系绵羊大王”“青稞产品大王”“蔬菜大王”“唐卡大王”“苗木大王”“藏装大王”“藏香大王”“藏鸡大王”等 15 个类别的“产业大王”，表彰了 47 个对扶贫产业发展作出突出贡献的农牧民专业合作社。日喀则市 18 个县区在特色产品成果展上分别开设了展位。

31 日　自治区政府副主席、市委书记张延清与上海市市政府合作交流办副主任、党组副书记潘晓岗一行座谈，就边境小康村建设、高校毕业生就业、专业技术人才培养等工作交换意见。

11 月

2 日 市委召开专题会议，听取全市易地扶贫搬迁工作情况汇报，研究部署下一步工作。

同日 市委召开常委会会议，传达学习中共十九届四中全会精神。

4 日 市政府党组召开 2019 年第十一次会议，通报以往党组会议研究落实情况，听取有关工作汇报，研究部分请示事项，安排部署近期重点工作。

8 日 市委召开常委会会议，传达学习习近平总书记重要指示和贺信精神，学习《中央农村工作领导小组办公室农业农村部关于贯彻落实习近平总书记重要指示精神坚决克服当前农村改厕突出问题的通知》及自治区领导批示精神，研究全市贯彻落实意见。

11 日 自治区政府副主席、市委书记张延清深入江孜县，就基层党建、脱贫攻坚、产业发展和“不忘初心、牢记使命”主题教育、高校毕业生就业创业等工作开展调研。

15 日 市委专题会议召开，深入贯彻落实习近平新时代中国特色社会主义思想，贯彻落实中共十九大、十九届四中全会精神，贯彻落实《中国共产党宣传工作条例》，贯彻落实自治区党委关于意识形态工作的决策部署，听取全市当前意识形态领域形势、学习宣传贯彻《中国共产党宣传工作条例》情况、全市“四讲四爱”群众教育实践活动工作情况汇报；研究《关于在农牧区开展“五比”竞赛深化“四讲四爱”群众教育实践活动方案》，安排部署下一步工作。

21 日 中尼铁路日喀则至吉隆段可行性研究工作启动会在日喀则市吉隆县召开。

25 日 市委召开常委会会议，传达学习习近平总书记重要讲话、重要指示和重要贺信精神，传达学习自治区领导在日喀则考察调研期间的重要指示精神，研究全市贯彻落实意见。

26 日 自治区政府副主席、市委书记张延清与上海市政府副秘书长赵祝平一行座谈，就边境小康示范村建设、高校毕业生就业等工作交换意见。

27 日 日喀则市 2019 年全区平安建设（综治）、“先进双联户”创建工作及扫黑除恶打非治乱专项斗争检查考评反馈会召开，向自治区检查考评组一行汇报 2019 年全市相关工作开展情况；自治区检查考评组向全市反馈检查考评情况。

12 月

4 日 市委常委班子“不忘初心、牢记使命”专题民主生活会召开。

5 日 市委召开专题会议，传达学习中央“不忘初心、牢记使命”主题教育领导小组印发《关于整治“景观亮化工程”过度化等“政绩工程”、“面子工程”问题的通知》，安排部署下一步工作。

同日 日喀则市有机青稞集中连片种植工作推进会召开。

同日 市委办机关党委第一党支部“不忘初心、牢记使命”专题组织生活会召开。自治区副主席、市委书记张延清以普通党员身份参加支部组织生活会，就继续开展好“不忘初心、牢记使命”主题教育提出工作要求。

6 日 市政府召开第五十三次常务会议，通报以往常务会议议定事项落实情况，听取上半年经济运行情况汇报，研究部分请示事项，安排部署近期工作。

8日 根据自治区党委和市委统一部署，自治区副主席、市委书记张延清深入江孜县重孜乡、康卓乡、金嘎乡，向基层干部群众面对面宣讲中共十九届四中全会精神，并就基层党建、脱贫攻坚工作开展调研。

同日 “须弥福寿——当扎什伦布寺遇上紫禁城”展在故宫博物院开幕，同时拉开了纪念紫禁城建成600年系列活动的序幕。这次展览共展出280件珍藏于故宫博物院及扎什伦布寺的珍贵文物，是故宫博物院建院以来首次举办以历代班禅及宫廷佛教艺术为主题的专题展览，同时也是扎什伦布寺的文物第一次走出寺院，进入博物馆。此次展览分为“从须弥福寿至紫禁城”“来自扎什伦布寺的艺术”“六世班禅的遗珍”及“和善吉祥”4个主题，前三个主题为文物专展，“和善吉祥”为文创展区，涵盖故宫博物院与扎什伦布寺文创品牌“扎什吉彩”共同打造的“当扎寺遇上故宫”系列产品。

10日 自治区副主席、市委书记张延清深入市行政审批和便民服务局、市城市管理和综合执法局开展调研。

同日 市委召开常委会会议，传达学习全区旅游产业发展大会精神，听取全市旅游产业发展大会筹备情况和2018年度全市招商引资工作总结大会筹备情况汇报，研究部署下一步工作。

12日 市委机构编制委员会召开第二次会议，传达学习《中国共产党机构编制工作条例》和习近平总书记在深化党和国家机构改革总结会议上的重要讲话精神，研究机构编制相关事项，安排部署下一步工作。

同日 全市旅游发展大会召开，安排部署全市旅游发展工作。

13日 全市招商引资工作总结大会召开，总结成绩、表彰先进，研究问题、部署工作，动员全市上下进一步解放思想、担当作为，撸起袖子加油干，扑下身子抓落实，掀起招商引资热潮，真正以招商引资的大提速、大突破，推动全市经济高质量发展。

同日 市委召开全市统计工作座谈会，通报全市统计工作情况，查摆问题、分析原因，安排部署工作。

14日 市委副书记、市长、市脱贫攻坚指挥部指挥长刘虎山主持召开全市迎接2019年省级党委政府脱贫攻坚成效考核部署会。

16日 仁布县查巴乡吴米村召开乡贤理事会（温馨调解室）成立大会并举行揭牌仪式。仁布县委书记张晓培出席并讲话，查巴乡全体干部职工、吴米村乡贤理事会全体成员以及全体村民参加。该届乡贤理事会组成人员都是由群众统一投票选举出来的。仪式最后，张晓培与查巴乡党委书记、吴米村乡贤理事会新任会长一起为乡贤理事会举行揭牌。

17日 市委财经工作委员会会议召开，坚持加强党对经济工作的集中统一领导，建立新机制、完善新举措、领航新发展，奋力开创新时代全市财经工作新局面，为加快建设和谐文明幸福美丽日喀则贡献力量。

同日 日喀则市出台《西藏日喀则市旅游奖励办法（试行）》，于12月1日起正式试行。奖励资金实行年度总额控制，每年从日喀则旅游发展专项资金中安排100万元作为保障奖励政策落实。此次旅游奖励对象为在西藏依法设立、合法赴日喀则开展旅游业务的旅行社，设置了全年贡献奖奖励、包机奖励、专列奖励、自驾游奖励、新路线奖励和单项奖 6 个奖项。该奖励办法全年贡献奖分第一名、第二名、第三名，按照全年组织游客（含国内、国外游客）赴日喀则旅游的总人数排名前三的旅行社予以奖励。第一名共 2 名，分设内宾团和外宾团，各奖励 10 万元；第二、三名各 1 名，不设外宾团奖，奖励 5 万元、3 万元。通过包机赴日喀则旅游，每航班达到 100 人以上的奖励 4 万元。通过专列形式组织区外游客赴日喀则旅游，每车次达到 100 人以上，奖励旅行社 2 万元；组织区内游客赴日喀则旅游，每车次达 100 人以上，奖励旅行社 1 万元。对组织自驾游车 1000 台以上且游客 3000 人以上的，一次性奖励组团旅行社 3 万元。单项奖分为多个不同类型的奖项，奖金从 3000 元到 1 万元不等。

17—19 日 日喀则市首届“珠峰杯”民歌大赛在市群众艺术馆举办，进一步传承弘扬优秀传统文化，彰显日喀则民歌艺术魅力。来自 18 个县区的 32 名选手演唱《吉祥白朗》《故乡日喀则》《萨迦酒歌》《新农村》《雪域故乡》等独具特色的地域传统民歌，6 名参赛选手脱颖而出，萨迦县民间艺术团德吉演唱的《兴踢甲呛嘘布》获该届大赛的金奖。

18 日 日喀则市召开招商引资工作总结大会，并拿出 1100 万元对贡献突出的 17 家企业进行表彰奖励。此次招商引资工作总结大会明确要结合日喀则实际，从产业、园区、民生三个方向发力，加大招商引资力度，争取更多优质企业落户日喀则；增强招商成效，既要坚持“大中小项目全要、一二三产业全招、国企民企个体全抓”，更要把重点放在发展实体经济上，招大、招特、招新，真正为日喀则长远发展注入强大动力；不断优化招商服务，把打造优越软环境作为招商引资的重要举措来抓，打造优惠的政策环境、高效的政务环境、稳定的社会环境、公平的市场环境，真正让日喀则成为政策洼地、服务高地、投资福地。

同日 “陈洪楷劳模创新创业工作室”在日喀则市白朗县年河乳业公司揭牌。今年以来，日喀则市各级工会按照“工会搭台、职工唱戏”的工作思路，先后创建了分别以劳模张延丽和陈洪楷姓名命名的劳模创新创业工作室，初步形成了党委领导、政府支持、部门配合、工会运作、劳模挂帅、职工参与的良好局面。

同日 市委召开专题会议，听取日喀则市主城区停车场建设和管理工作情况汇报，研究部署下一步工作。

19 日 市委全面深化改革委员会会议召开。推动思想再解放、改革再深入、工作再抓实，为加快建设和谐文明幸福美丽日喀则提供强大动力。

同日 日喀则市首届“珠峰杯”民歌大赛在市群众艺术馆举行。

20 日 市城乡规划委员会会议召开，研究有关规划请示，安排部署下一步工作。

21 日 市委政协工作会议暨日喀则政协成立 60 周年庆祝大会召开，热烈庆祝日喀则政协成立 60 周年，安排部署下一步工作。

22 日 自治区政府副主席、市委书记、市委审计委员会主任张延清主持召开市委审计委员会会议。

23 日 自治区政府副主席、市委书记张延清主持召开市委常委会会议，听取全市元旦、春节、藏历新年“三大节日”期间维稳安保工作部署情况汇报，安排部署下一步工作。

同日 中国人民政治协商会议第一届日喀则市委员会第九次会议开幕。

同日 自治区副主席、市委书记张延清主持召开市两会党员干部大会。

24日 日喀则市第一届人民代表大会第九次会议开幕。

同日 全市“不忘初心、牢记使命”主题教育情况通报暨测评会召开，通报全市“不忘初心、牢记使命”主题教育开展情况，开展民主测评，安排部署下一步工作。

27日 为期5天的政协第一届日喀则市委员会第九次会议完成各项议程，闭幕。

同日 日喀则市第一届人民代表大会第九次会议完成各项议程，闭幕。

30日 市委副书记、市长刘虎山前往金龙农贸市场、南郊公租房政府指导价销售店、互惠互利超市等地，考察全市节前市场消费、商品供应、质量安全、物价稳控及安全生产等情况。

31日 自治区政府副主席、市委书记张延清，市人民政府市长刘虎山共同发表2020年新年贺词。

12月 西藏自治区人民政府印发《西藏自治区人民政府关于同意设立自治区级日喀则经济开发区的批复》，标志着日喀则经济开发区正式升级为自治区级经济开发区，旨在打造中国“一带一路”和面向南亚开放合作的重要平台。日喀则经济开发区位于日喀则城区南部，规划控制范围约34.08平方公里，离日喀则机场50公里，拉日铁路客运站、货运站坐落其中，到拉萨仅需2.5小时；318、562国道贯穿经开区，规划4218高速环绕而建，规划中的日喀则至吉隆口岸铁路起点位于经开区内，路网辐射吉隆、樟木等主要口岸，交通便捷。日喀则经济开发区按照“我国‘一带一路’和面向南亚开放的重要平台、西藏自治区改革创新的重要载体、日喀则市高质量发展的重要引擎”的发展定位，明确打造“南亚国际商贸示范区、产业创新发展先行区、产城融合功能示范区、产业转移核心承载区”的发展任务，以市政基础设施、公共服务设施、产业支撑项目为重心，不断完善城市功能，增强城市向南的张力，匡算园区总投资600亿元，其中基建投资300亿元、招商等其他投资300亿元。已开工建设开放大道、教育城、仓储物流园物流大道等市政基础设施项目和公共服务项目9个以及神猴藏药、航龙物流、天牧源乳业等产业项目9个，累计完成投资20余亿元；对接企业120余家、注册企业32家、落地招商项目28个。园区产业布局为“4+3+X”，即珠峰南亚物流业、珠峰有机种养加业、珠峰科技制造业、珠峰民族手工业、金融服务、商贸会展、其他专业服务业、其他重要推动行业。

冲巴雍错

日喀则概览

珠峰精神

坚韧不拔　巍峨不屈　感恩向上　敢为人先

地　理

【地名】 日喀则史称“藏”，在远古时期，就有藏族先民在这片富饶的土地上繁衍生息。古时，日喀则叫“年曲麦”或“年麦”，是一个偏僻荒凉之处。后来，逐步有人类居住，人口也不断增加，有一些佛教高僧到此传教。7世纪，松赞干布建立统一的吐蕃政权后，为加强其奴隶主统治，按照地理自然分布状况，把所辖中部地域分为“卫”“藏”两大部分，以日喀则为中心，把东西部地区分为“耶如”（今年楚河一带）和“如拉”（今雅鲁藏布江上游沿岸）；东以岗巴拉山为界，西至冈底斯山（现阿里一部分）。因日喀则地处雅鲁藏布江上游“藏”地带，于是早期日喀则也叫“藏”。

1620年，噶玛丹迥旺波率领大军进攻卫地（今拉萨和山南），推翻帕木竹巴政权，建立第巴“藏巴汗”地方政权，把日喀则叫作“豁卡•桑珠孜”，意为“最好的庄园”。从此，“豁卡•桑珠孜”简称为豁卡孜，汉语音译为日喀则。

【位置】 日喀则市位于西藏自治区西南部，北纬27°13′～31°49′，东经80°01′～90°20′。南与尼泊尔、不丹、印度三国接壤，西衔阿里，背靠那曲，东邻拉萨、山南。全市东西长约800公里，南北长约220公里，面积18.2万平方公里，约占西藏自治区土地总面积的4.2%，边境线长1753公里。国道318、219，省道203、304贯穿全境。

【地貌】 日喀则地处喜马拉雅山系中段与冈底斯念青唐古拉山系中段之间，南北地势较高，其间为藏南高原和雅鲁藏布江流域。地形复杂多样，基本上由高山、宽谷和湖盆组成，平均海拔在4000米以上。横亘全境南部的喜马拉雅山脉是世界上最年轻最高大的山系，平均海拔在6000米以上，高峰林立，万山丛生。全市8000米以上的高峰有5座，即珠穆朗玛峰、洛子峰、马卡鲁峰、卓奥友峰、希夏邦玛峰。其中位于日喀则市与尼泊尔边界上的珠穆朗玛峰是世界第一高峰，海拔8844.43米，雄居世界之巅，昂首天外，俯视群山。海拔7000米以上的山峰14座。这些山峰绵延逶迤，终年积雪，冰川悬垂，神秘莫测。除喜马拉雅山脉外，日喀则市境内还有卡如拉、加措拉、马拉、仲拉、拉吉、马热拉等众多高山雄峙其间，山势陡峭，峰峦叠嶂，沟壑纵横，谷底幽深。

【河流】 日喀则市境内有大小河流100余条，除少数内流河外均属印度洋水系。河流水源主要靠地下水和冰雪融水补给，水温偏低、含沙量小、水质好、径流季节分配不均、年际变化小。主要分为三大水系：北部的内流河水系、中部的雅鲁藏布江水系和南部的朋曲水系。主要河流有雅鲁藏布江自西向东流经仲巴、萨嘎、吉隆、昂仁、拉孜、萨迦、谢通门、桑珠孜、南木林、仁布10个县区，在市境内长度为700公里，流域面积10万多平方公里。多雄藏布河位于雅鲁藏布江左岸，起源于冈底斯山，主流由西向东流经仲巴、昂仁，至拉孜的彭措林附近汇入雅鲁藏布江，全长302公里，流域面积19697平方公里。年楚河是雅鲁藏布江中上游的第二支流，每年流入雅鲁藏布江的水量约为8.7亿立方米。向北流经康马、江孜、白朗，到桑珠孜区附近汇入雅鲁藏布江，呈东南—西北流向，全长 217 公里，流域面积 41130 平方公里。仲曲河发源于萨迦县东南的长乌山，从东向西流经萨迦，流至拉孜县拉孜镇汇入雅鲁藏布江。全长 120 多公里，流域面积 32240 平方米。朋曲河发源于聂拉木县希夏邦马峰北坡的野博康加勒冰川，全长 376 公里，由西到南流经聂拉木、定日、定结三县，流域面积 25307 平方公里。波曲河发源于聂拉木县波绒乡，全长 445 公里，流域面积 30260 平方公里。经聂拉木县城到樟木镇流经尼泊尔王国后汇入印度洋，为聂拉木县的主要河流。湘曲河发源于冈底斯山脉东段河谷地段，是南木林县境内的主要河流，长约 110 公里。日喀则市境内有大小湖泊 70 多处，主要分布在喜马拉雅山脉的北坡（南部湖泊）和冈底斯山脉的北坡（北部湖泊），以西部的仲巴县、昂仁县内分布最多，储水量达 64 亿立方米。面积大于 200 平方公里的有 4 个，分别是塔若湖、佩枯错、扎布耶湖、许如湖。这些湖泊多为内陆湖，大多是咸水湖或盐湖，湖水含盐、钙、钠等矿物质成分，不宜饮用和灌溉。

【气候】 日喀则市主要分为 3 个气候区，其中喜马拉雅山脉以南为高原温带半湿润季风气候区，井冈山脉以北为高原亚寒带季风气候区，两条山脉之间区域为高原温带半干旱季风气候区。日喀则市基本没有夏季，除喜马拉雅山南麓外，均为长冬无夏、春秋相连类型区。海拔在 5000 米以上的高寒山区属“全年皆冬”类型区；海拔 4500 米以下的主要农区和半农半牧区，年平均气温为 0℃～6.6℃，最热月（6 月、7 月）平均气温为 12.1℃，最冷月（1 月）平均气温为 -5.1℃，极端最高气温为 29.0℃，极端最低气温为 -46.4℃，年平均降水量为 270.5～645.3 毫米，年日照时数为 2582.0～3354.5 小时，年辐射总量为 7796.2 兆焦耳 / 平方米，基本能满足喜凉作物的需求。

【灾害】 据历史资料统计：从 1936 年至 2010 年，74 年共发生旱灾 12 次，平均 6.16 年一遇；从 1824 年至 2010 年，186 年共发生雪灾 36 次，平均 5.16 年一遇；从 1817 年至 2010 年，193 年共发生洪灾 42 次，出现洪涝的频率为 30% 左右，约 3 年一次；从 1807 年至 2010 年，203 年共发生雪灾 32 次，平均 6.34 年一遇；从 1971 年至 2010 年，39 年共发生雹灾 11 次，平均 3.54 年一遇，近年由于人工防雹措施的实施，冰雹危害有较大的减轻。

1998 年 6 月中旬，日喀则地区连续 10 余天的持续强降水过程引发泥石流灾，使全地区 12 个县（市）102 个乡（镇）7085 户 35345 人受灾，成灾 85 个乡 6121 户 31117 人。

2015 年 4 月 25 日 14 时 11 分，尼泊尔发生 8.1 级地震，地震震级高、烈度强、范围广、损失重，全市 18 个县（区）受到波及，13 个县（区）受灾严重，其中聂拉木、吉隆、定日 3 县灾情最重。地震共造成 27 人死亡、3 人失踪、860 人受伤，4.2 万户房屋受损，近 30 万人不同程度受灾，各项基础设施严重损毁，直接经济损失 341.24 亿元，间接经济损失 471.17 亿元。

政区沿革

7世纪中叶，松赞干布统一青藏高原各部族，建立吐蕃地方政权，下设约一级行政机构，日喀则属茹拉，治所在今拉孜县。

842年，吐蕃政权瓦解，吐蕃各地处于分裂割据状态，日喀则地方由王子云丹管辖。

1288年，元朝中央在西藏地区设宣慰使司都元帅府，设都元帅2人，为一僧一俗，管理军事；地方事务由萨迦地方政权管理，下设拉推洛（今定日县）、拉堆绛（今昂仁县）、香巴（今南木林县）、曲弥（今日喀则市）、夏鲁（今日喀则市）5个万户，万户下设千户、百户若干，分别管理当地民政，有的兼管军务。

明朝时期，中央设乌思藏都指挥司，管理日喀则等地军务。此时，地处山南的帕竹万户取代萨迦势力，成为掌管西藏地方事务的地方政权。帕竹地方政权取消万户制，建立宗本制，在西藏设有13个大宗（相当于县级行政单位），日喀则地区设有桑珠孜宗（今日喀则市）、仁蚌宗（今仁布县）、江孜宗、白朗宗4个宗。

明末清初，日喀则先后归仁蚌巴、第系·藏巴、蒙古和硕特部固始汗、五世达赖统治。1713年，清朝中央政府册封五世班禅罗桑益西为“班禅额尔德尼”，将拉孜宗、昂仁宗、彭错林宗赐由班禅堪厅管辖，其余地方由甘丹颇章地方政权管理。

1923年，西藏地方政府收回班禅原辖区，改日喀则宗为基宗，整个日喀则地区归其管理。

1951年，中央人民政府与西藏地方政府签订的《中央人民政府和西藏地方政府关于和平解放西藏办法的协议》（简称“十七条协议”）中，规定恢复班禅固有权力和地位，十世班禅返回日喀则，恢复对原辖区的管理。时西藏地方政府管理日喀则宗、仁孜宗、定结宗、萨迦宗、南木林宗、康巴宗、协格尔宗、定日谿、甲错谿、拉布谿、岭噶谿、申扎宗、济咙宗、聂拉木宗、绒辖谿、宗喀宗、萨嘎宗、仲巴洛强；班禅堪布会议厅管理拉孜宗、昂仁宗、彭错林宗、谢通门宗及打通仁钦则谿、兰伦晓谿、金龙谿、梅康萨谿、曲瓦谿、学吉龙、从堆谿、从推沙拉谿、甲庆则谿、赛马、羊谿、帕伦谿、干岗热不皆谿、哈都谿、下布吉丁谿、普通扎西岗谿、扎绒谿、桑阿林谿、米谿、野马拉谿、从推下巴谿、边谿、强定谿、白扎谿。

1954年，西藏地方政府将日喀则基宗改为藏基（后藏基巧），辖有江孜、白朗、仁布、南木林、协噶尔、定结、宗嘎、吉隆、萨嘎、仲巴、仁孜、萨迦、日喀则、定日（岗嘎），卡达、绒辖、聂拉木、堆穷、岭噶（宁卡）、拉布、甲错、旺丹、申扎等宗、谿卡和雪巴。

1956年9月15日，自治区筹备委员会批准成立日喀则基巧办事处，辖日喀则宗、仁蚌宗、岭噶宗、南木林宗、拉布宗、甲错宗、仁孜宗、定结宗、萨迦宗、协噶尔宗、定日宗、济仲宗、绒辖学巴宗、宗嘎宗、卡尔达谿、萨嘎、乌郁定麻谿、托甲、养谿、哲则谿、波尔奇谿、科朗谿、东噶谿、达那仁伦谿、谢通门、米康沙格马尔、卓许谿、拉孜宗、昂仁宗、彭错林宗、金龙谿、康巴宗、勒普、重堆地岗谿、者中谿、塔尔勒。1956年11月至1957年1月，又先后成立拉孜宗办事处、萨迦（宗级）办事处、谢通门（宗级）办事处、宁卡（岭噶）宗办事处、康巴金龙办事处、南木林宗办事处、昂仁（傲布忍）办事处。

1958 年，西藏地方政府在拉堆地区设拉堆基巧，原属后藏基巧管辖的协噶尔、仲巴、萨嘎、吉隆、宗嘎、卡达、绒辖、聂拉木等宗豁、雪巴划归拉堆基巧管辖。

1959 年 11 月，撤销日喀则基巧办事处，成立日喀则专员公署，隶属西藏自治区筹备委员会领导。同时，宗豁合并改为县，日喀则专员公署辖日喀则县、南木林县、定日县、萨迦县、拉孜县、昂仁县、谢通门县、定结县、仲巴县、聂拉木县、吉隆县、萨嘎县，专员公署驻地设在日喀则县。1960 年 2 月，撤销江孜基巧办事处，成立江孜专员公署，隶属西藏自治区筹备委员会管辖，辖江孜县、仁布县、白朗县、浪卡子县、打隆县、亚东县，专员公署驻地设在江孜县。1960 年 4 月，康马县成立，属江孜专属管辖。到 1960 年年底，日喀则、江孜两专区的区、乡级人民政府全部建立。1962 年，岗巴县成立，属江孜专属管辖。同年，原属阿里专区的仲巴县划归日喀则专区管辖。1964 年 5 月，日喀则、江孜两专区合并成立日喀则地区行政公署，将原江孜专区下辖的浪卡子县、打隆县划归山南地区管辖，日喀则地区行政公署辖 18 个县、100 个区镇、471 个乡、11 个居委会。80 年代，曾筹备恢复江孜专区建制，但随后又取消筹建。1986 年 12 月 12 日，国务院批复西藏自治区同意撤销日喀则县设立日喀则市（县级）。1989 年 4 月，在全区撤区并乡中，将日喀则地区 18 个县（市）的 22 个区、217 个乡镇调整为 227 个乡、12 个镇、28 个城镇居委会、1748 个村民居委会。2010 年，全地区辖 18 个县（市）203 个乡、29 个镇，1671 个村民居委会。

2014 年，撤销日喀则地区和县级市，设立地级日喀则市。以原县级日喀则市为日喀则市桑珠孜区、日喀则市辖原日喀则地区南木林县、江孜县、定日县、萨迦县、拉孜县、昂仁县、谢通门县、白朗县、仁布县、康马县、定结县、仲巴县、亚东县、吉隆县、聂拉木县、萨嘎县、岗巴县、和新设立的桑珠孜区，204 个乡镇，1673 个村居。

国家级非物质文化遗产简介

【陈塘夏尔巴歌舞】 陈塘夏尔巴歌舞是西藏定结县陈塘镇民间歌舞的主要表现形式，其历史久远，舞蹈表现强烈，表演风格独特，是集群众性、大众化于一体的自娱性民间集体歌舞，也是群众喜闻乐见的艺术形式。定结县陈塘镇的妇女老幼世代相传，都会表演

陈塘夏尔巴歌舞传承人——朗康（国家级非物质文化遗产代表性传承人）

夏尔巴歌舞。

据研究，夏尔巴人是历史上曾建立过西夏政权的党项羌人的后裔。13世纪，生活在黄河中游今日宁夏、甘肃一带的西夏人被蒙古灭国后，一部分人为躲避战争，经横断山区往西迁徙到后藏和尼泊尔，后来逐渐与当地的绒巴（山地人）通婚，并繁衍后代。“夏尔巴人”是后藏原住民对这支部落的称呼，意思是“东方来的人”。藏文《夏尔巴教法史和祖源》一书中记载，夏尔巴的祖先来自康区（西藏东部、四川西部、青海玉树、云南中甸等地的藏族地区）木雅地方，经拉萨、定日辗转到达中国和尼泊尔交界的地方，最终在孔布定居下来。夏尔巴人的其中一支在陈塘沟的原始密林中落脚谋生、栖息繁衍，就是今天居住在陈塘沟的夏尔巴人，其人口数量占整个陈塘镇人口的八成以上。陈塘沟的夏尔巴人到2019年也只有2200余人。

藏族金属锻造技艺（孜东铜器）传承人——列旦（国家级非物质文化遗产代表性传承人）

2005年非物质文化遗产保护工程启动以来，特别是2011年5月23日被国务院列入第三批国家级非物质文化遗产名录以来，陈塘夏尔巴歌舞得到了前所未有的保护与发展，焕发出新的生机与活力。立足“把西藏建设成为重要的中华民族特色文化保护地”的战略大局，促进各民族团结，加大对边境人口较少族群文化遗产的保护力度，一直把陈塘夏尔巴歌舞作为重点项目加以扶持和保护。

【藏族金属锻造技艺（孜东铜器）】 孜东铜器制造是当今西藏造像艺术的重要流派之一。19世纪中期，萨迦第三十五代法王特钦扎西仁青特意从尼泊尔邀请工匠到萨迦寺制造佛像，同时给孜东米钦诺桑等人传授造像工艺及度量经等相关知识，不久他们的技艺超越了尼泊尔工匠，为孜东造像艺术奠定了扎实的基础而且培养了更多学徒，使孜东造像艺术代代相传、发扬光大。孜东造像以铜为主要材质，全靠手工制作，孜东工匠为区内外修建和锻制各种塔、佛像、法器、生活用品、旅游产品等。孜东金铜制佛古艺中心目前有不同级别的34名员工，随着铜器的用途更加广泛、市场需求的增加，工艺得到了有效的传承和发展，能够满足各寺庙、消费者、广大游客的需求，且作品在萨迦寺、色拉寺、桑耶寺等藏区很多地方可见，同时参加过十班禅灵塔的修建、2012—2013年在拉萨罗布林卡修复了1000多个佛像、2013年在西藏博物馆修复及锻造佛像工作。2010年被列为国家级非物质文化遗产代表性项目。2014年批准命名为自治区级非物质文化遗产生产性保护基地；2017年11月批准命名为日喀则市第一批文化产业示范基地；2018年5月入选为第一批国家传统工艺振兴目录。

人类口头与非物质文化遗产名录项目——迥巴藏戏

【迥巴藏戏】 昂仁县境内的日吾其迥巴藏戏是全区四大戏种之一，相传大约600年前，藏戏和西藏桥梁的鼻祖汤东杰布率众在高原江河天堑上架设铁索桥。为筹集资金、教化人心，他将民间歌舞、神舞和传说故事融合创编为综合性的艺术表现形式——藏戏。此戏集说、唱、弹、跳于一体，代代传承藏戏不息，并保留了藏戏初始时的唱腔、舞蹈和服饰风格，被誉为藏戏的活化石。其表演形式丰富多彩，是藏戏艺术的根基和藏民族民间文化的重要组成部分，是承载藏民族精神与情感的重要载体。

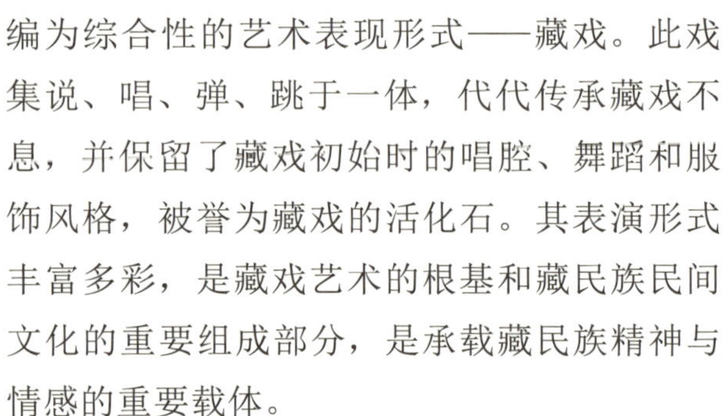

民主改革及“文化大革命”期间，迥巴藏戏中断演出近二十多年。1980年，在党的民族政策指引下，迥巴藏戏枯木逢春，获得了新生，建立了迥巴藏戏队。在上级有关部门及县委、县政府的大力支持下，县委宣传部加强工作力度，对迥巴藏戏进行了保护、恢复工作，使得迥巴藏戏恢复了传统八大剧目中的三出，分别为《顿月顿珠兄弟》《朗萨雯波》《诺桑王子》。

十代传承人：朗杰次仁藏族日吾其人，1959年出生，师从洛桑1993年正始继承迥巴藏戏衣体，担任专业指导老师，其作为日吾其藏戏传承人已有12年。

【定日洛谐】 定日洛谐歌舞古朴粗犷、舒展豪放，具有浓厚的高原特色，属于堆谐类型，被人称为南派堆谐。它以五声音阶为主，兼有六声和七声音阶。伴奏乐器为扎念和三弦琴，多为一拍一音。扎念和三弦琴是形成定日洛谐的重要因素之一。在整个歌舞中扎念具有相当重要的位置，所以，群众又称洛谐为“扎念夏卓”，意为扎念伴奏的歌舞。从音乐结构看，定日洛谐大致分为三种类型：

国家级非物质文化遗产项目——定日洛谐

一是由散板歌曲加快板歌曲组成；二是由慢板歌曲加快板歌曲组成；三是由快板歌曲独立成曲。歌舞音乐中出现大段散板的现象在中国民族音乐中可谓罕见。在演唱方法上，定日洛谐的演唱声音直白，装饰较少，喉音较重，多以真声演唱。定日洛谐几乎都是集体齐唱，即使是适于独唱的散板歌曲，也是用齐唱来表演的。

织造技艺传承人——多边（国家级非遗代表性传承人）

2008 年被列为国家级第二批非物质文化遗产名录。

【藏族邦典、卡垫织造技艺（江孜卡垫）】 江孜是西藏的藏毯之乡，江孜卡垫已有 900 多年的历史，这里生产的藏毯早就闻名于世。江孜卡垫根据历史传说，编织了“如来佛像”“连花生大师像”“双龙戏珠”；为反映现实生活，编制“草原新貌”“珠穆朗玛峰”“布达拉宫”“冈底斯山”“龙凤花”“大雁”“凤凰展翅”，及各种动植物为背景的地毯。图案既有传统寺院壁画，又有广泛流行的现代艺术图案，显示了编织者的高超艺术水平。江孜卡垫为凝结了藏毯传统工艺手法和现代审美观念的一种奇特的艺术产品，在国内众多地毯工艺手法和品牌种类中享有极高的知名度，其精湛的工艺手法在国内其他同类产品中一枝独秀。江孜卡垫的设计理念及编织方法从古已成熟，与波斯地毯和土耳其地毯并称为世界三大地毯。主要产品有地毯、卡垫、挂毯、靠背等一百多种。其独特的藏式穿汗和扣法，别具一格的民族风格，丰富多彩的花色品种，被中外顾客所青睐，在国际上享有崇高的盛誉。

2006 年藏族邦典、卡垫织造技艺经国务院批准列入第一批国家级非物质文化遗产名录。

【江孜达玛节】 藏历四月十一二十八日，是江孜传统的节日——达玛节，藏语意为跑马

国家级非物质文化遗产项目——达玛节

射箭。据传说江孜法王绕丹贡桑帕巴桑布是萨迦政权的内务大臣，在群众中颇有威望。帕巴桑布去世后，他的弟子每年做祭祀，以示纪念，后因战乱祭祀中断。至藏历火鼠年（1408 年）绕丹贡桑帕任江孜法王，遵其父贡桑帕的遗嘱，恢复祭祀。这一年藏历四月十一二十七日，绕丹贡桑帕为其祖父念经祭祀，到了二十八日，开始进行娱乐活动，内容主要是晒唐卡画以及举行一些宗教文艺活动等。除此之外，还有角力、跑马、抛石头等娱乐活动。活动全由法王的部下、兵丁、佣人等承办。从这一年开始，规定这段时间为每年一度的祭祀盛典节日。到了扎西绕丹帕（1447 年）统辖江孜的时候，娱乐活动更为丰富，除上述内容外还增加了跑马封霸，于是流行起盛大的江孜达玛节。

江孜达玛节的大致内容是，第一天举行简单的宗教仪式后验证马匹，烙上印记；第二天跑马射箭；从第三天起进行 3 ～ 4 天的郊宴活动。现在的达玛节以传统为主，还有赛牦牛、拔河以及文艺演出活动等同时还举行物资交流会，热闹非凡，慕名而来的人更是络绎不绝。2007 年被列入西藏自治区级第二批非物质文化遗产名录；2008 年被列为国家级第二批非物质文化遗产名录。

（市文化局）

国民经济和社会发展概况

【综合】 初步核算，全年实现地区生产总值 279.49 亿元，按可比价格计算，比上年增长 8.1%。其中，第一产业增加值 43.70 亿元，增长 7.5%；第二产业增加值 94.91 亿元，增长 7.2%；第三产业增加值 140.88 亿元，增长 8.8%。

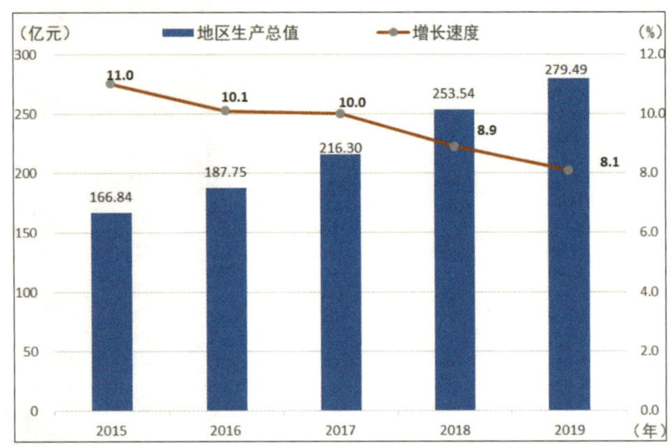

图 1　2015—2019 年日喀则市地区生产总值及其增长速度示意图

在地区生产总值中，第一、二、三产业增加值所占比重分别为 15.6%、34.0%、50.4%。与上年相比，第一产业比重上升 0.5 个百分点，第二产业下降 0.1 个百分点，第三产业下降 0.4 个百分点。从产业贡献率看，第一、二、三产业对地区生产总值的贡献率分别为 21.0%、32.9%、46.1%，拉动地区生产总值增长 1.7、2.7、3.7 个百分点。

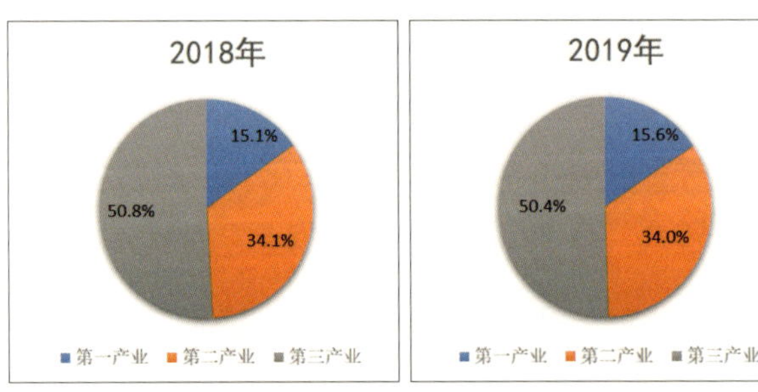

图 2　2018 年、2019 年日喀则市三次产业比重示意图

图 3　2015—2019 年日喀则市居民消费价格指数示意图

全年居民消费价格（CPI）比上年上涨2.7%，呈“平稳上涨”态势。其中：服务项目价格上涨3.1%；消费品价格上涨2.5%。

在各类消费品中，价格上涨幅度最大的是居住和食品、烟酒，分别上涨4.1%和3.7%。商品零售价格上涨2.0%。

【农牧业】 全年粮食作物种植面积6.44万公顷，比上年减少0.01万公顷。其中，青稞面积5.88万公顷，减少0.01万公顷；小麦面积0.36万公顷，增加0.01万公顷；油菜籽面积0.90万公顷，与上年持平；蔬菜面积1.14万公顷，增加0.01万公顷。全年粮油总产量达47.23万吨，比上年增长2.7%。其中，粮食产量44.19万吨，增长2.8%；油菜籽产量3.04万吨，增长2.0%；蔬菜产量38.53万吨，增长11.1%。饲草料作物产量18.46万吨，下降17.5%。年末牲畜存栏444.21万头、只、匹，比上年末减少12.55万头、只、匹。其中，牛88.97万头，增加4.48万头；羊350.21万只，减少16.16万只。牲畜出栏186.34万头、只、匹，出栏率40.8%。肉类产量3.36万吨，增长12.0%；奶类产量9.61万吨，增长1.5%；蛋产量1085.99吨；羊毛产量2218.85吨。

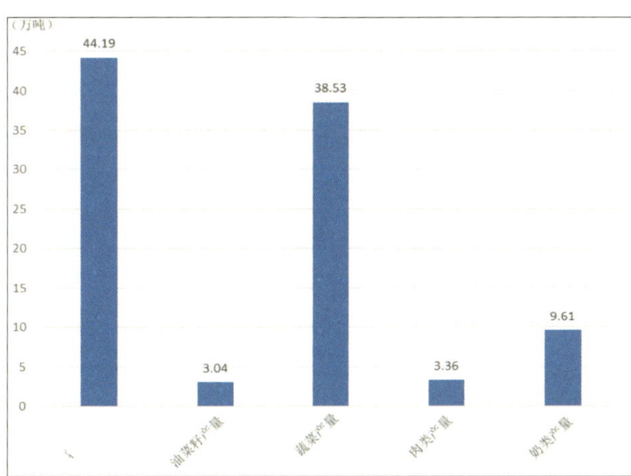

图4　2019年日喀则市农牧业产品产量示意图

【工业和建筑业】 全年完成工业总产值33.93亿元，实现增加值15.39亿元，按可比价格计算，比上年增长11.1%。

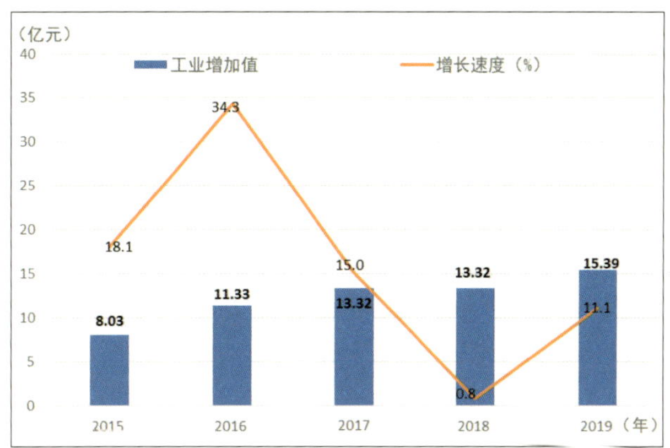

图5　2015—2019日喀则市工业增加值及增长速度示意图

规模以上工业企业（主营业务收入2000万元以上）完成产值20.98亿元，实现增加值8.55亿元，比上年增长18.26%。

规模以下工业完成产值12.95亿元，实现增加值6.84亿元，比上年增长16.33%。

工业主要产品产量：水泥167.00万吨，同比增长53.4%；铅矿0.91万吨，下降50.0%；锌矿0.36万吨，下降4.4%；中成药（藏药）187.30吨，下降17.2%；糌粑6223.70吨，增长0.5%；瓶（罐）装饮用水6756.90吨，下降40.3%；酒类10884.50吨，增长1.1倍；水力发电量12819.45万千瓦时，增长16.9%；自来水生产量1954.00万立方米，增长22.1%。

建筑业实现增加值79.52亿元，按可比价格计算，比上年增长6.5%。

【固定资产投资】 全年固定资产投资同比增长11.2%，民间投资同比增长48.5%。

按经济类型分，国有经济完成投资同比增长8.9%，其他各种经济类型完成投资同比增长29.3%，个体完成投资同比增长4.6倍。

按构成分，建筑安装工程完成投资同比增长8.9%，设备、工器具购置完成投资同比下降 33.0%，其他费用完成投资同比增长 1.4 倍。

按产业分，第一产业同比增长 1.1 倍；第二产业同比增长 85.0%；第三产业同比下降 4.2%。

按资金来源渠道分，国家预算内资金同比增长 2.3 倍；国内贷款同比增长 3.2 倍；自筹资金同比增长 51.7%；其他投资同比增长 4.1 倍。

全年招商引资项目 328 个。其中，新建项目 233 个，续建项目落地 95 个，实际到位资金 84.94 亿元，固定资产完成投资 72.59 亿元。其中，亿元以上项目 55 个，到位资金 51.38 亿元，完成投资 44.23 亿元。

【国内贸易和对外贸易】 全年实现社会消费品零售总额 120.91 亿元，比上年增长 8.7%。按销售所在地划分，实现城镇社会消费品零售额 91.64 亿元，增长 7.0%；实现乡村社会消费品零售额 29.27 亿元，增长 14.1%。按消费形态分，实现商品零售额 96.47 亿元，增长 8.0%；实现餐饮收入 24.44 亿元，增长 11.3%。

全年实现进出口总额 46.79 亿元，比上年增长 18.61%。实现小额贸易进出口额 40.89 亿元，比上年增长 20.09%。边民互市贸易进出口额 5.90 亿元，比上年增长 9.26%。

【交通、邮电和旅游】 全年货运量 465.39 万吨，比上年增长 2.4%。其中，公路货运量 424.10 万吨，比上年增长 4.0%；铁路货运量 41.25 万吨，比上年下降 12.1%。客运量 335.12 万人次，比上年增长 0.9%。其中，公路运输 174.18 万人次，比上年增长 1.2%；铁路运输 145.40 万人次，比上年下降 4.3%；航空客运量 15.54 万人次，比上年增长 91.1%。年末公路总通车里程达 1.89 万公里，农村公路里程达 1.29 万公里，204 个乡镇通沥青（水泥）路，1673 个建制村（居委会）实现通达通畅。

全年邮电主营业务收入 59751.74 万元，比上年增长 6.4%。其中，邮政主营业务收入 4087.34 万元，增长 18.9%；电信主营业务收入 55664.40 万元，增长 5.6%。

年末接待国内外旅游者 871.39 万人次，比上年增长 25.43%。其中，接待国内旅游者 864.40 万人次，增长 25.50%；接待入境旅游者 6.99 万人次，增长 17.88%。旅游总收入 67.17 亿元，比上年增长 21.57%。其中，国内旅游收入 66.85 亿元，增长 43.05%；外汇收入 3199 万美元。

【财政和金融】 年末地方一般公共预算收入 15.69 亿元，比上年下降 10.76%。其中，税收收入 9.37 亿元，下降 0.26%，非税收收入 6.32 亿元，下降 22.81%。一般公共预算支出 323.26 亿元，比上年增长 14.31%。

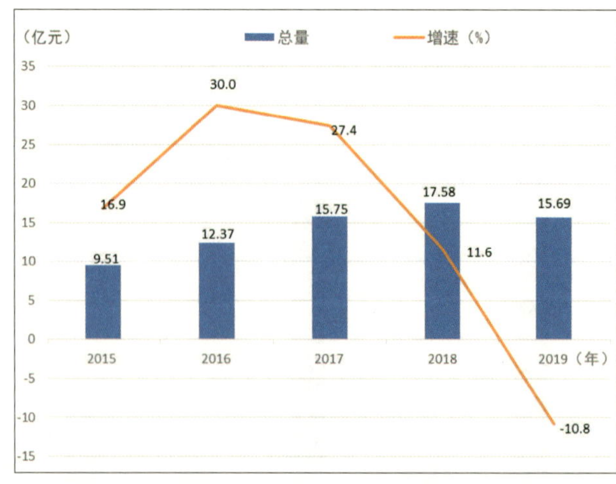

图 6　2015—2019 年日喀则市地方一般公共预算收入示意图

年末地方政府性基金预算收入 6.97 亿元，比上年下降 31.64%；政府性基金预算支出 11.80 亿元，比上年下降 27.35%。

年末全部金融机构本外币各项存款余额 564.86 亿元，较年初减少 58.09 亿元，下降 4.55%；金融机构各项贷款余额 235.27 亿元，较年初增加 7.66 亿元，增长 3.37%。其中，个人贷款余额 118.93 亿元，较年初增加 15.65 亿元，增长 15.16%。

【教育、科学技术】 年末全市共有各级各类学校 830 所，在校生 164577 人，教学点 2 个，附设幼儿班 33 个。中等职业技术学校 2 所，在校生 3661 人；中学 31 所，“十二年一贯制”学校 1 所，高级中学 7 所，高中阶段在校生 13699 人；初级中学 23 所，在校生 33487 人；小学 226 所，在校生 76913 人；特殊教育学校 1 所，特校生 237 人；幼儿园 547 所（含民办 2 所），在园幼儿 36580 人（含民办 742 人）。小学净入学率 99.97%，初中毛入学率达 101.78%。

年末全市共有各类自动气象站（包含雷达、探空气候观测站等）217 个。其中，国家级无人自动气象站 19 个，区域无人自动气象站 180 个，交通气象站 4 个，有人值守气象站 7 个（日喀则市、江孜县、拉孜县、南木林县、帕里镇、定日县、聂拉木县）。人工影响作业点 112 个。其中，高炮 40 个，火箭 72 个，高炮标准化作业点 38 个，火箭标准化作业点 1 个，炮手共 202 人，保护农田面积 44400 余公顷，年均作业 850 余次，使用炮弹 4600 余枚（发），平均投入产出比达 1:40。

【文化、卫生和体育】 年末全市共有各级群众艺术馆、文化馆（站）19 个，204 个乡镇文化站。各类专业文艺演出团体 1 个，县级艺术团 18 支。中波转播发射台 7 座，广播电视台 18 座，县级及以上调频转播发射台 18 座，县级及以上电视转播发射台 18 座。农牧民直播卫星入户率达到 99.9%。广播、电视人口综合覆盖率分别达 98.99% 和 99.01%。地方报纸印刷 353.22 万份，发行 346.13 万份。

年末全市共有卫生机构 263 个。其中，医院 30 个，卫生院 202 个，疾病预防控制中心（卫生防治机构）19 个，妇幼保健院（所、站）8 个，社区卫生服务中心 2 个，监督所 1 个，血站中心 1 个。实有病床床位 3428 张，其中，医院、卫生院 3416 张。卫生技术人员 3712 人。每千人病床数和卫生技术人员数分别达到 4.00 张和 4.26 人。

年末全市小学体育运动场（馆）面积达到 86 万平方米、中学体育运动场（馆）面积达到 44.64 万平方米。

【人口、人民生活和社会保障】 年末全市总人口 87.07 万人，比上年增加 0.92 万人。其中，农业人口 59.17 万人，占总人口的 68.0%；牧业人口 11.02 万人，占总人口的 12.7%；非农业人口 10.41 万人，占总人口的 12.0%；流动人口 6.47 万人，占总人口 7.4%。城镇常住人口 24.00 万人，城镇化率 27.6%。人口出生率 12.8‰，死亡率 5.4‰，自然增长率 7.4‰。

年末城镇居民人均可支配收入 36455 元，比上年增长 10.5%。其中，工资性收入 31074 元，同比增长 11.5%；经营净收入 770 元，同比增长 10.0%；财产净收入 1503 元，同比增长 2.7%；转移净收入 3108 元，同比增长 5.1%。农村居民人均可支配收入 11580 元，增长 13.4%。其中，工资性收入 3496 元，同比增长 19.1%；家庭经营净收入 5659 元，同比增长

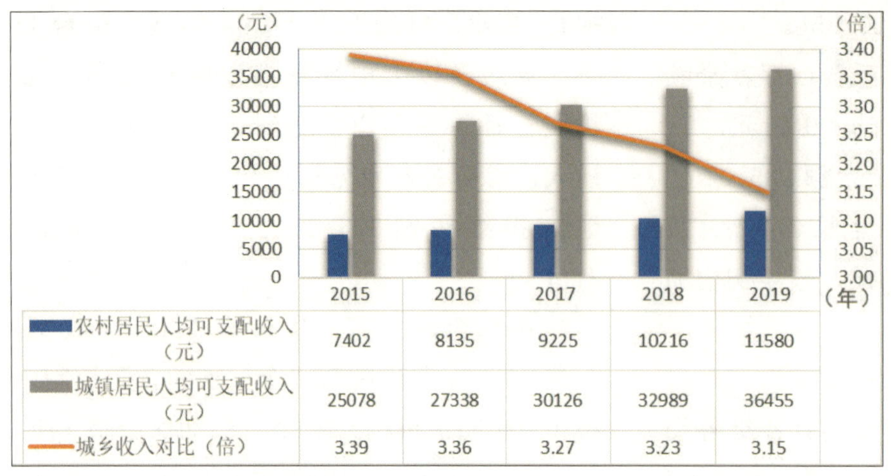

	2015	2016	2017	2018	2019
农村居民人均可支配收入（元）	7402	8135	9225	10216	11580
城镇居民人均可支配收入（元）	25078	27338	30126	32989	36455
城乡收入对比（倍）	3.39	3.36	3.27	3.23	3.15

图 7　2015—2019 年日喀则市农村居民人均可支配收入与城镇居民人均可支配收入对比示意图

11.8%；财产净收入 197 元，同比增长 22.4%；转移净收入 2228 元，同比增长 8.3%。

年末城镇职工医疗保险参保 5.6 万人，城镇居民医疗保险参保 4.6 万人，城镇职工养老保险参保 1.77 万人，机关养老保险参保 3.58 万人，工伤保险参保 5.02 万人，失业保险参保 3.45 万人。参加农牧区医疗保障制度人数达 688314 人，参保缴费率达 98.67%，其中，建档立卡贫困户参保率达 100%。

年末城镇低保对象 2899 人得到政府最低生活保障救济，发放低保救济金 3007.82 万元；农村低保对象 19715 人得到政府最低生活保障救济，发放低保救济金 7640.31 万元。全市共有社会福利院 27 所，集中供养特困人员 786 人，儿童福利院床位 994 张。全年销售社会福利彩票 1.35 亿元。

【环境、林业和安全生产】 全市共设有环境空气自动监测站 2 个，监测指标有二氧化硫、二氧化氮、一氧化碳、臭氧（8 小时）、PM10、PM2.5 共 6 项。国控地表水监测断面 10 个，水功能区监测断面（点位）12 个，集中式生活饮用水水源地监测点位 6 个。

全年完成自治区下达各类造林工程 3.34 公顷。其中，完成重点区域造林 1840 公顷、“两江四河”造林 3373.33 公顷、“拉萨周边造林”8553.33 公顷、义务植树 2593.33 公顷、防沙治沙 16560 公顷、无树村无树户植树 433.33 公顷。完成机场快速通道绿化 753.33 公顷、森林围城 133.33 公顷、定日县彭曲河沙化土地治理 466.67 公顷、白朗县枸杞种植 500 公顷、东嘎沙场生态治理项目 178.53 公顷、山体绿化工程试点 86.67 公顷、仲巴县沙化土地封禁保护区 9726.67 公顷、萨嘎县沙化土地封禁保护区 10500 公顷。

年末全市共发生事故 44 起，死亡 16 人，受伤 76 人，直接经济损失 25.975 万元。其中，道路交通方面发生事故 43 起，死亡 15 人，受伤 75 人，经济损失 25.875 万元；生产经营性安全事故 14 起；较大及重大、特大安全事故 1 起；建筑施工领域发生触电事故 1 起，死亡 1 人，受伤 1 人；消防火灾方面和工矿商贸领域未发生事故。

说明：1. 上述数据均为初步统计数，正式数据以《日喀则市统计年鉴（2019）》为准。

2. 对外贸易、交通、邮电、旅游、财政、金融、教育、科技、气象、文化、卫生、社会福利和环境、林业、安全生产方面的数据均由日喀则市相关部门提供。

3. 地区生产总值、各产业增加值、农林牧渔业总产值、工业产值绝对数按现价计算，增长速度按可比价计算。

机构及其负责人

珠峰精神

坚韧不拔　巍峨不屈　感恩向上　敢为人先

中国共产党日喀则市委员会及所属工作部门

中国共产党日喀则市委员会

书　　记　张延清（藏族）
副 书 记　刘虎山
　　　　　程四曲（藏族）
　　　　　冯继康（山东省援藏，7 月离职）
　　　　　马金栋（山东省援藏，7 月任职）
　　　　　倪俊南（上海市援藏，7 月离职）
　　　　　孟文海（上海市援藏，7 月任职）
　　　　　徐向国（黑龙江省援藏，7 月离职）
　　　　　马春波（黑龙江省援藏，7 月任职）
　　　　　王相民（吉林省援藏，7 月离职）
　　　　　务　宏（吉林省援藏，7 月任职）
　　　　　姜国杰（12 月离职）
常　　委　洪　力
　　　　　戎新龙
　　　　　杨　昆
　　　　　雷进昌
　　　　　葛庆敏（11 月任职）
　　　　　马陵田
　　　　　巴　桑（藏族）
　　　　　潘思晓（山东省援藏，7 月离职）
秘 书 长　雷进昌
常务副秘书长
　　　　　石小明（3 月离职）
　　　　　宋崇银（4 月任职）
副秘书长　次仁旺堆（藏族）
　　　　　梁瑞华（4 月任职）
　　　　　次　旦（藏族，12 月任职）
　　　　　张喜生（吉林省援藏，7 月离职）
　　　　　汲广树（山东省援藏，7 月离职）
　　　　　刘　凡（中化集团援藏，7 月离职）
　　　　　范光杰（宝武集团援藏，7 月离职）
　　　　　齐宝华（上海市援藏，7 月任职）
　　　　　徐　坡（宝武集团援藏，7 月任职）
　　　　　罗桑次仁（藏族，11 月任职）
　　　　　李　松（12 月任职）
　　　　　李廷坤（黑龙江省援藏，7 月任职）
　　　　　毕晓峰（中化集团援藏，7 月任职）

市委办公室

副调研员　桑　布（藏族，9 月离职，四级）

巡察办

主　　任　张彦雄
副 主 任　旺　久（藏族）
　　　　　王朝峰

组织部

部　　长　杨　昆（副厅级）
常务副部长　周海浪
副 部 长　卓玛吉（女，藏族）
　　　　　米　玛（女，藏族，4 月

任职）

詹　毅（12月任职）

于　雷（吉林省援藏，正县级）

侯长蓬（山东省援藏，7月离职）

谭朴珍（上海市援藏，7月离职）

仲　辉（黑龙江省援藏，7月离职）

赵前程（黑龙江省援藏，8月任职）

郭建伟（山东省援藏，8月任职）

闻兆伟（上海市援藏，8月任职）

部务委员　曾　义

老干部局

局　　长　米　玛（女，藏族，4月任职）

副 局 长　陈　宇

机构编制委员会办公室

副 主 任　徐海山

调 研 员　韩　亮（四级调研员）

宣传部

部　　长　戎新龙

常务副部长　巴　桑（藏族，3月任职）

副 部 长　丹增达娃（藏族，5月任职）

晏利红（女，3月任职）

耿福强（援藏，8月任职）

调 研 员　管清伟（6月任职，四级）

网信办

主　　任　刘志远（3月任职）

副 主 任　姚联奎（3月任职）

统战部

部　　长　巴　桑（藏族）

常务副部长　田　涛（4月任职）

副 部 长　卢庆军

洛桑次仁（藏族，11月任职）

四级调研员　央　宗（女，藏族）

政法委

书　　记　洪　力

常务副书记　王向虎

副 书 记　米　玛（藏族，11月任职，12月晋升为三级调研员）

翁国民（三级调研员，12月任职）

调 研 员　米　玛（藏族，12月晋升为三级调研员）

综治办

主　　任　尼玛加布（藏，3月离职）

专职副主任　周　婷（女，3月离职）

政策研究室

主　　任　毛崇华（5月任职）

副 主 任　娄志强（12月晋升为三级调研员）

努增旺姆（女，藏族，6月任职）

市直机关工委

书　　记　雷进昌

常务副书记　李孟云（5月任职）

党校

校　　长　程四曲（藏族，兼任）

常务副校长　卓玛吉（女，藏族）

副 校 长　次仁白珍（女，藏族，三级调研员）

王瑞斌（三级调研员）

普罗杰（藏族）
调 研 员 次 仁（藏族，四级调研员）

档案局

局　　长 常青辉（女）
副 局 长 达 琼（藏族）
朱红霞（女，11 月任职）

机要局

局　　长 杨 洪（5 月离职）
赵自力（5 月任职）
副 局 长 杨 洪（5 月任职）

日喀则市人民代表大会常务委员会、专门委员会及所属委、室

日喀则市第一届人民代表大会常务委员会

主　　任 程四曲（藏族）
副 主 任 尼玛仓（女，藏族,6 月离职）
余德平
辛春弟
王泽敏
米玛多吉（藏族）
李仁新
顿 珠（藏族）
秘 书 长 贡 桑（女，藏族,4 月离职）
达瓦旦增（藏族，5 月任职）
副秘书长 黄 忠（11 月离岗）
周雪梅（女，4 月离职）
邓 科
王进武
委　　员 达瓦平措（藏族）
多布次仁（藏族，4 月离职）
尼 玛（藏族，4 月免职，12 月离职）
次 仁（藏族）
德吉秧宗（女，藏族）
周海浪
曹 伟
周 婷（女）
格 平（藏族）
叶青莲（女，4 月离职）
边 珠（藏族，4 月离职）
张 峰
尼玛顿珠（藏族）
边 索（藏族）
欧 珠（藏族）
索朗多吉（藏族）
旦木真（藏族）
次 桑（藏族，4 月离职）
陈明祥
多 吉（藏族）
普布塔松（藏族）
程建漳
巴 桑（藏族）
达娃卓玛（女，藏族）
阳 艺
拉巴确吉（女，藏族）
刘永祥
倪洪权
旦 增（藏族）
增 巴（夏尔巴人）

日喀则市第一届人民代表大会法制委员会

主任委员 达瓦平措（藏族）
副主任委员 布琼次仁（藏族）
唐 波
委　　员 李 凤（女）
格桑曲珍（女，藏族）
曹文娜（女）

日喀则市第一届人民代表大会财政经济委员会（该专门委员会于 2019 年 12 月撤销）

主任委员　多布次仁（藏族，4 月离职）
　　　　　次　仁（藏族，4 月任职，12 月离职）
副主任委员　普　穷（藏族，4 月任职，12 月离职）
　　　　　次仁顿珠（藏族，4 月任职，12 月离职）
委　　员　尼玛旺堆（藏族，12 月离职）
　　　　　拉巴次仁（藏族，12 月离职）

日喀则市第一届人民代表大会财政经济农牧环资委员会

主任委员　次　仁（藏族）
副主任委员　次仁顿珠（藏族）
委　　员　尼玛旺堆（藏族）
　　　　　拉巴次仁（藏族）
　　　　　孙庆利

日喀则市第一届人民代表大会教育科技文化卫生委员会（该专门委员会于 2019 年 12 月撤销）

主任委员　尼　玛（藏族，4 月免职，11 月离职）
　　　　　德吉秧宗（女，藏族，4 月任职，12 月离职）
副主任委员　朗　桑（藏族，11 月离职）
　　　　　扎西平措（藏族，12 月离职）
委　　员　次仁卓嘎（女，藏族，12 月离职）
　　　　　索　旺（藏族，2019 年 12 月免职）

日喀则市第一届人民代表大会教育科技文化卫生社会委员会

主任委员　德吉秧宗（女，藏族）
副主任委员　刘万里
委　　员　普布塔松（藏族）
　　　　　冯　琼
　　　　　王新华

日喀则市第一届人民代表大会民族宗教外事侨务委员会

主任委员　普　穷（藏族）
副主任委员　扎西平措（藏族）
委　　员　多　吉（藏族）
　　　　　洛萨加措（藏族）

日喀则市人大常委会办公室

调研员　旦　增（藏族，5 月离职）
　　　　达瓦旦增（一级调研员）
　　　　邓　科（二级调研员）
　　　　王进武（三级调研员）
　　　　张群英（藏族，女，四级调研员）

日喀则市第一届人民代表大会常务委员会代表资格审查委员会

主任委员　辛春弟
副主任委员　尼玛仓（女，藏族，6 月离职）
　　　　　王泽敏
委　　员　叶青莲（女，4 月离职）
　　　　　达瓦平措（藏族）
　　　　　多布次仁（藏族，4 月离职）
　　　　　尼　玛（藏族，4 月免职，12 月离职）
　　　　　达瓦旦增（藏族）
　　　　　周海浪
　　　　　曹　伟
　　　　　德吉秧宗（女，藏族）

日喀则市人民政府及组成部门、所属单位

人民政府

市　　长　刘虎山
常务副市长　冯继康（山东省第八批援藏干部，7月离职）
倪俊南（上海市第八批援藏干部，7月离职）
徐向国（蒙古族，黑龙江省第六批援藏干部，7月离职）
王相民（吉林省第六批援藏干部，7月离职）
姜国杰
刘建武（9月离职）
马金栋（10月任职）
务　宏（8月任职）
副　市　长　甘立泉
邓江陵（土家族）
赵　兵
李选印（5月离职）
尼玛普赤（女，藏族）
张云宝（藏族）
黄晓广（山东省援藏，7月离职）
冯小义
余　斌
杨　勇
尼玛次仁（藏族，6月任职）

人民政府办公室

秘　书　长　冯小义（3月离职）
冯洪波（3月任职）
副秘书长　石　伟（3月离职）
魏立志（黑龙江省第五批援藏干部，7月离职）
石伯明（上海市第七批援藏干部，7月离职）
赵　睿（上海市第七批援藏干部，7月离职）
刘伟峰（山东省第七批援藏干部，7月离职）
杨富河（中化集团第七批援藏干部，7月离职）
达　娃（9月任职）
哈里玛（女，回族）
边　巴（3月离职）
张　晶
邬善福（宝武集团第七批援藏干部，7月离职）
刘　溯（8月任职）
李　松（4月任职，12月离职）
马录平（6月任职）
赵小龙（8月任职）
杨翠彬（8月任职）
唐　炜（8月任职）
副调研员　马录平（6月离职）
罗桑次仁（藏族，3月离职）
旦增多吉（藏族）

市政府驻成都办事处

主　　任　梁瑞华

法制办（研究室）

主　　任　宋崇银（3月离职）
副　主　任　孙忠明（3月离职）
戴瑞文（3月离职）
李　松（4月离职）
何　文（3月离职）

市政府研究室

书　　记　陈小和（11月任职）

主　　任　卢继峰（4 月任职）
副 主 任　刘　川（12 月任职）
干　　部　戴瑞文（3 月任职，副县级）
　　　　　何　文（3 月任职，副县级）

信访局

书　　记　王伦民（3 月任职）
局　　长　尼玛加布（藏族，3 月任职）
副 局 长　杨天军（12 月任职）
　　　　　平措扎西（藏族，3 月任职）
　　　　　白玛央金（藏族，9 月任职）

便民服务局

书　　记　李　凤（女，3 月任职）
局　　长　刘　云（3 月任职）
副 局 长　边巴普琼（藏族，3 月任职）
　　　　　旦增多吉（藏族，10 月任职）

扎什伦布寺管理委员会

第一主任　萨龙・平拉（藏族，副省级）
主　　任　尼玛琼拉（藏族，副厅级）
副 书 记　熊　辉（6 月任职，副县级）
委　　员　次　仁（藏族，正县级）
　　　　　达瓦扎西（藏族，12 月任职，正县级）
副 主 任　迦孜・念扎（藏族，副厅级）
　　　　　宗卡・阿旦（藏族）
　　　　　嘎钦・旺久（藏族）
　　　　　赛巴・多布琼（藏族）
　　　　　谢巴・洛旦（藏族）

发展和改革委员会

书　　记　刘怀志
主　　任　顿　珠（藏族）
副 主 任　王东平（吉林省援藏）
　　　　　巴　顿（藏族，三级调研员）
　　　　　倪宏星（上海市援藏干部）
　　　　　孙　健（山东省援藏干部）
　　　　　王　峰（黑龙江省援藏干部）

教育局

书　　记　贾志红（3 月任职）
局　　长　索　旺（藏族）
　　　　　李东亮（藏族）
副 书 记　琼次仁（藏族，5 月任职）
　　　　　达娃次仁（藏族）
副 局 长　丁　川（吉林省援藏干部，8 月任职）
　　　　　丁志山（黑龙江省援藏干部，8 月任职）
　　　　　冯学成
　　　　　石仁勇（山东省援藏干部，8 月任职）
　　　　　孙桂芳（上海市援藏干部，8 月任职）
副调研员　普　琼（藏族）

科技局

书　　记　米玛旦增（藏族，4 月离职）
局　　长　德吉秧宗（女，藏族，4 月离职）
副 局 长　贡　桑（女，藏族，4 月任职）
　　　　　国　巴（藏族）
　　　　　郜风琴
　　　　　杨书平（山东省援藏干部，7 月任职）
调 研 员　赵双全（四级调研员）
　　　　　边巴扎西（藏族，四级调研员）

经信局

书　　记　刘　吉
局　　长　陈小和（藏族，11 月离职）
　　　　　拉巴次仁（藏族，11 月任职）
副 局 长　伍晓明
　　　　　巴　次（藏族）
　　　　　索　平（藏族）
　　　　　拉巴平措（藏族，11 月任职）

民族工作委员会

书　　记　贡布旺堆（藏族）
主　　任　张金波
调 研 员　次旦平措（藏族）
副 主 任　尼玛顿珠（藏族）
　　　　　达瓦扎西（藏族）
　　　　　宋大成（满族，吉林省援藏干部）
　　　　　桑珠旺堆（藏族）
副调研员　扎西顿珠（藏族）
　　　　　格桑次旺（藏族）

宗教事务局

书　　记　陈海英（一级调研员）
局　　长　多吉次仁（藏族）
　　　　　顿　珠
副 局 长　平措旺堆（藏族）
　　　　　扎西顿珠（藏族）
　　　　　伊比热很（回族）
调 研 员　拉巴加布（二级调研员）

公安局

书　　记　洪　力
局　　长　尼玛次仁（藏族）
副 书 记　达　兴（藏族，6 月离职）
　　　　　格　列（藏族）
　　　　　汪志忠（5 月任职）
调 研 员　次　仁（藏族）
　　　　　王　军
副 局 长　普布顿珠（藏族，9 月离职）
　　　　　强巴绕杰（藏族）
　　　　　杰　布（5 月任职）
委　　员　崔文福
　　　　　顿　珠

民政局

书　　记　周先荣（5 月任职）
局　　长　索　旺（藏族）

退役军人事务局

书　　记　韦卫东（3 月任职）
局　　长　普布石达（藏族，3 月任职）
副 局 长　文明祥（3 月任职）

司法局

书　　记　乔元杰（4 月任职）
局　　长　阿旺次仁（藏族）
副 书 记　米　玛（藏族，11 月离职）
副 局 长　宋吉良（援藏干部，9 月离职）
　　　　　马三军
　　　　　周　庆（5 月任职）

财政局

书　　记　阿旺赤列（藏族，3 月离职）
　　　　　刘志远（3 月任职，11 月离职）
　　　　　拉巴次仁（藏族，11 月任职）
局　　长　刘志远（3 月离职）
　　　　　陈　锋（6 月任职）
副 书 记　刘志远（3 月离职）
　　　　　陈　锋（5 月任职）
副 局 长　罗布占堆（藏族）
　　　　　臧传荣（8 月任职）
　　　　　平　措（藏族，4 月任职）
　　　　　毛来峰（6 月任职）
　　　　　刘　洋（8 月任职）
　　　　　谢　淼（8 月任职）
　　　　　黄　琛（8 月任职）
　　　　　许　上（7 月离职）
　　　　　贾宜宏（7 月离职）
　　　　　杜云峰（7 月离职）
　　　　　王道昌（7 月离职）
　　　　　巴　桑（藏族，6 月离职）
调 研 员　尼　琼（女，藏族）
副调研员　次旺卓玛（女，藏族，11 月离职）

人力资源和社会保障局

书　　记　郭全奎
局　　长　旦增加布（藏族，3月离职）
　　　　　普　珍（藏族，3月任职）
副 书 记　普布卓玛（藏族）
调 研 员　董益权
副 局 长　拉　巴（藏族）

自然资源局

书　　记　塔　杰（藏族，3月任职）
局　　长　马玉凤（3月任职）
副 局 长　彭立勋（上海市第九批援藏干部，6月任职）
　　　　　多　吉（藏族，3月任职）
　　　　　丹增多吉（藏族，3月任职）
调 研 员　格桑德吉（女，藏族，3月任职）
副调研员　高登平（6月任职）
　　　　　罗布石拉（藏族，4月任职）

生态环境局

书　　记　巴桑次仁（藏族，一级调研员）
副 书 记　邱东军
副 局 长　颜世军
　　　　　罗　布（藏族）
　　　　　索朗顿珠（藏族）
调 研 员　拉巴多吉（藏族，二级调研员）

住建局

书　　记　黄居壁（4月离职，正县级）
　　　　　石　伟（3月任职，12月离职）
局　　长　拉　欧（藏族）
副 局 长　罗布次仁（藏族，9月离职，正县级）
　　　　　王进虎（3月任职，三级调研员）
　　　　　庞　剑
　　　　　普布次仁（藏族，3月任职，12月离职）
　　　　　韩东男（6月任职）
调 研 员　刘中起（四级调研员）
　　　　　尼玛多吉（藏族，四级调研员）
　　　　　旺　拉（藏族，四级调研员，11月离职）

交通运输局

书　　记　范正权（4月免职，7月退休）
　　　　　张泽浩（4月任职）
局　　长　顿　珠（藏族，3月离职）
　　　　　旦增加布（藏族，3月任职）
副 局 长　鹿俊峰（援藏干部，6月离职）
　　　　　张宏东
　　　　　强　巴（藏族）
　　　　　赵　一
党委委员　次旦罗布（藏族，12月任职）
副调研员　普布次仁（藏族）
　　　　　边巴旺堆（藏族）
总工程师　胡佳波（援藏，6月离职）
　　　　　魏道凯（援藏，6月任职）

水利局

书　记　罗德斌（3月离职）
　　　　边　巴（藏族，6月任职）
局　长　普　穷（藏族，3月离职）
　　　　骆诗强（5月任职）
副书记　琼　琼（藏族）
副局长　邓永彬
　　　　尼　珍（女，藏族）
　　　　王秀中（6月离职，山东省援藏干部）
　　　　林艳斌（6月任职，山东省援藏干部）
调研员　罗德斌（6月提任二级调研员）
　　　　李世韬（四级调研员）
　　　　多布琼（藏族，四级调研员）

农业农村局

书　记　丁　峰
局　长　次　桑（藏族，3月任职）
副书记　扎西次仁（藏族，3月任职）
副局长　尼玛顿珠（藏族，3月任职）
　　　　刘金才（7月任职，上海市援藏干部）
　　　　袁保军（11月任职）
　　　　张云昌（7月任职，黑龙江省援藏干部）
调研员　嘎玛多吉（藏族，四级调研员）
　　　　次　央（女，藏族，四级调研员）
　　　　索朗多布杰（藏族，四级调研员）

农科所

书　记　拉　吉（女，藏族）

商务局

书　记　梁瑞华（4月离职）
　　　　旺　堆（藏族，4月任职）
局　长　强巴丁真（藏族，5月离职）
　　　　巨荆兰（6月任职）
副局长　巨荆兰（6月离职）
　　　　妮　珍（女，藏族）
　　　　严正保
　　　　杨怀广（6月离职，山东省援藏干部）
　　　　顿　珠（藏族，供职供销合作联合社）
调研员　次仁平措（藏族，6月任职，四级调研员）

文化局

书　　记　陶明君
局　　长　普布扎西（藏族，3月任职）
副局长　牛永旺
　　　　明玛次仁（藏族）
　　　　坚　参（藏族）
　　　　赵　挺（8月任职，援藏）
调研员　尼　吉（女，藏族）
副调研员　达　次（藏族）
　　　　申嘉林（6月任职）

卫生健康委员会

书　　记　叶青莲（女，3月任职）
主　　任　扎　顿（藏族，3月任职）
副主任　罗　布（藏族，3月任职）
　　　　万兴旺（8月任职，上海市援藏干部）
调研员　龙俊芳（女，3月任职）
　　　　普　次（藏族，3月任职）
　　　　吴长远（8月任职，山东省援藏干部）
　　　　司　东（8月任职，吉林省援藏干部）
　　　　徐志东（8月任职，黑龙江省援藏干部）

疾控中心

书　　记　石大春
主　　任　巴桑片多（女，藏族）

妇幼保健医院

书　　记　索朗多布杰（藏族）
院　　长　多吉洛旦（藏族）

医疗保障局

书　　记　高起森（3月任职）
局　　长　刘卫华（3月任职）
副局长　尼玛次仁（藏族，3月任职）
　　　　马　源（3月任职）

审计局

书　记　次　仁（藏族，4月离职）
　　　　徐　伟（4月任职）
局　长　徐　伟（4月离职）
　　　　巴　桑（藏族，4月任职）
副局长　刘德安（8月离职，上海市援藏

干部）

成善忠（8月离职，黑龙江省援藏干部）

王占军（8月任职，黑龙江省援藏干部）

尼玛多吉（藏族）

孙庆利

张向民（8月任职，上海市援藏干部）

马利民（8月任职，吉林省援藏干部）

调研员　扎西卓玛（女，藏族，二级调研员）

努增卓玛（女，藏族，4月任职，四级调研员）

经济责任审计处处长

平　措（藏族，4月离职）

外事办

书　记　何正德（3月任职）

主　任　次仁琼达（女，藏族，3月任职）

副主任　次　旦（藏族，5月任职）

杨志刚（3月任职）

国有资产监督管理委员会

书　记　杨　昆（3月离职）

代晓明（3月任职）

主　任　代晓明（3月离职）

拉　贵（藏族，5月任职）

副主任　格桑多吉（藏族，3月挂职）

骆诗强（6月离职）

次仁旺堆（藏族）

龙　森（3月任职）

张　坤（7月任职，上海市第九批援藏干部）

副县级干部　边　琼（藏族）

广播电视局

书　记　陈红英（女，藏族，一级调研员，3月任职）

局　长　盖法奎（3月任职）

副局长　多布拉（藏族，3月任职）

普　珠（藏族，3月任职，三级调研员）

调研员　边巴旺堆（藏族，3月任职，四级调研员）

广播电视台

书　记　扎西顿珠（藏族，12月任职）

台　长　高　斌（12月任职）

副台长　其　梅（女，藏族，12月任职）

平措次仁（藏族）

市地震局

书　记　张贵虎

局　长　张贵虎

副局长　次　贵（藏族）

副调研员　德　庆（女，藏族）

应急管理局

书　记　董昆红（3月任职，一级调研员）

局　长　次仁顿珠（藏族，3月任职）

副局长　普布顿珠（藏族，3月任职，二级调研员）

扎　西（藏族，3月任职，三级调研员）

郑　应（3月任职）

调研员　田献聪（3月任职，二级调研员）

消防救援支队

书　记　龙云翔（6月离职，二级指挥长）

支队长　加阿次登（藏族，6月离职）

扎西旺拉（藏族，6月任职，二级指挥长）

市场监督管理局

书　记　赵仕春（3 月任职）
局　长　扎西桑旦（藏族，3 月任职）
副局长　何　强（3 月任职）
　　　　巴桑罗布（藏族，3 月任职）
　　　　普　琼（藏族，3 月任职）
　　　　贡　布（藏族，3 月任职）
　　　　格　平（藏族，3 月任职）

统计局

书　记　达瓦扎西（藏族，5 月离职）
　　　　郭宝华（5 月任职）
局　长　陈　治（6 月离职）
　　　　旦　珍（女，藏族，6 月任职）
副局长　郑　林
　　　　普　琼（藏族）
　　　　王绍山（黑龙江省援藏干部）

林业和草原局

书　记　次　旦（藏族，3 月离职）
　　　　宋一彤（3 月任职）
局　长　欧　珠（藏族，3 月任职）
副局长　鲁法涛（7 月离职，山东省援藏干部）
　　　　杨喜林（8 月任职，正县级，吉林省援藏干部）
　　　　普布顿珠（藏族，10 月任职）
　　　　戴德华
　　　　雷小红
调研员　拉　姆（女，藏族，四级调研员）

珠峰管理局

副局长　格　平（藏族，12 月任职，三级调研员）
　　　　格　桑（藏族）

城市管理和综合执法局

书　记　旺　久（藏族，3 月离职）
　　　　石小明（3 月任职）
主　任　普布欧珠（藏族，3 月离职）
局　长　达　兴（藏族，6 月任职）
副局长　林志刚（8 月任职，吉林省援藏干部）
　　　　王连海
　　　　普　布（藏族）
调研员　宋国军

扶贫办

书　记　丹　增（藏族）
主　任　席付平
副主任　董翔宇（三级调研员）
　　　　普　琼（藏族）
　　　　杨　超
调研员　次　多（藏族，二级调研员）
　　　　普次仁（藏族，二级调研员）
　　　　郑同超（四级调研员）
　　　　王晨旭（藏族，四级调研员）

藏语委办（编译局）

书　记　次仁卓嘎（女，藏族，4 月离职）
　　　　达瓦扎西（藏族，9 月任职）
局　长　次　仁（藏族）
副局长　拉　确（藏族）
　　　　次　培（藏族）
调研员　普布次仁（藏族，四级调研员）

职业技术学校

书　记　石　贵（藏族）
校　长　张俊明
副校长　于　昊（副处级，高级讲师，吉林省援藏干部，7 月任职）
　　　　次仁多吉（藏族）
　　　　拉　琼（藏族）
　　　　赵　辉
　　　　张　东（副处级，黑龙江省援藏干部，7 月任职）

第二中等职业技术学校

书　记　索　旦（藏族）
校　长　罗金鸿
副校长　傅　欣（正县级，援藏干部，7 月离职）
　　　　尼玛扎西（藏族，11 月任职）
　　　　普布次仁（藏族）
　　　　孙桂芳（援藏干部，8 月任职）
　　　　尼玛罗布（藏族）

市人民医院

书　记　张　浩（7 月离职，上海市援藏干部）
　　　　万兴旺（8 月任职，上海市援藏干部）
院　长　米玛多吉（藏族，副厅级）
副书记　杨兴武
副院长　巴桑次仁（藏族）
　　　　杨西岭
　　　　达　罗（藏族）
　　　　周　坚（7 月任职，上海市援藏干部）
　　　　乐　飞（7 月任职，上海市援藏干部）
　　　　娄佳宁（7 月任职，上海市援藏干部）

藏医院

书　记　鲍文旭
院　长　索朗加布（藏族）
副院长　旺　久（藏族）
　　　　旺久朗加（藏族）
　　　　徐　敏

中国人民政治协商会议日喀则市委员会及所属委、室

主　　席　普　布（藏族，10 月离职）
副 主 席　索朗扎巴（藏族）
　　　　　边　巴（藏族）
　　　　　松　泽（女，藏族）
　　　　　邱　林
　　　　　丁　峰
　　　　　鞠正江（5 月任职，10 月离职）
　　　　　李有平（10 月任职）
　　　　　舒成坤（10 月任职）
　　　　　顿　珠（藏族，10 月任职）
秘 书 长　贡布旺堆（藏族，3 月离职）
　　　　　阿旺赤列（藏族，3 月任职）
副秘书长　达　扎（藏族，11 月离职）
　　　　　米玛旦增（藏族，3 月任职）
调 研 员　红　英（女，藏族，二级调研员）
　　　　　边　珠（藏族，11 月离职，二级调研员）
　　　　　次仁塔拉（女，藏族，11 月离职，四级调研员）
　　　　　姚长江（四级调研员）

提案委员会

主　　任　加　布（藏族）
副 主 任　顿　珠（藏族，12 月离职）
　　　　　次仁吉宗（女，藏族，副县级干部）

经济人口资源环境委员会

副 主 任　白　珍（女，藏族，12 月任职）
　　　　　桑吉卓玛（女，藏族，12 月任职）

农业和农村委员会

主　　任　索朗旺堆（藏族，12月任职）
调 研 员　旺　堆（藏族，12月任职，二级调研员）

社会法制外事教科卫体委员会

主　　任　阿旺德吉（女，藏族，12月任职）
副 主 任　琼　达（藏族，12月任职）

民族宗教和文化文史学习委员会

主　　任　诺尔桑（藏族，12月任职）
副 主 任　多布次仁（藏族，12月任职）

中国共产党日喀则市纪律检查委员会及所属室、派出机构

纪律检查委员会

书　　记　马陵田
副 书 记　索　朗（藏族）
　　　　　扎　旺（藏族）
　　　　　牟　林
常　　委　格　平（藏族）
　　　　　韩　东（援藏）
　　　　　王　岩（援藏）
　　　　　郭华伟（援藏）
　　　　　范文涛（援藏）
监委委员　格桑旺堆（藏族）
驻市委办纪检监察组组长
　　　　　阿　南（女，藏族）
驻市政府办纪检监察组组长
　　　　　邹　平（女）
驻市委组织部纪检监察组组长
　　　　　舒　伟
驻市委宣传部纪检监察组组长
　　　　　边巴顿珠（藏族）
驻市委政法委纪检监察组组长
　　　　　格桑卓嘎（女，藏族）
驻市发改委纪检监察组组长
　　　　　寸泽辉
驻市教育局纪检监察组组长
　　　　　罗布顿珠（藏族）
驻市公安局纪检监察组组长
　　　　　格桑美朵（女，藏族）
驻市民政局纪检监察组组长
　　　　　黄代兰（女）
驻市财政局纪检监察组组长
　　　　　毛来峰
驻市农牧局纪检监察组组长
　　　　　舒元波

日喀则市中级人民法院、日喀则市人民检察院、边境管理支队

中级人民法院

院　　长　蒋贞明（3月任职，二级高级法官）
副 院 长　白玛仁增（藏族，11月离职，三级高级法官）
　　　　　央　珍（女，藏族，四级高级法官）
　　　　　蒋克勤（7月离职，三级高级法官）
　　　　　唐　春
调 研 员　吴明麾（二级调研员）
政治部主任　雷　杰（三级调研员）

人民检察院

检 察 长　旦　增（藏族，1月任职，3月离职）

卓　嘎（女，藏族，3月任职）

副检察长　张　诚（3月离职）

次仁罗布（藏族）

次仁顿珠（藏族）

王荣政

边境管理支队

书　　记　赵继荣（副局级）

支 队 长　格　列（藏族，副局级）

副支队长　尼玛格桑（藏族，正处级）

人民团体

总工会

主　　席　佟珠次仁（藏族）

副 主 席　尹先仓（三级调研员）

伦　珠（藏族）

团市委

书　　记　曹　伟

副 书 记　巴桑顿珠（藏族）

妇女联合会

书　　记　白　杨（女，藏族）

主　　席　周雪梅（女，4月任职）

副 主 席　索朗普赤（女，藏族）

贡桑曲珍（女，藏族，6月任职）

调 研 员　卓　嘎（女，藏族，四级调研员）

科协

主　　席　德吉秧宗（女，藏族）

副 主 席　尼　琼（藏族）

工商业联合会

书　　记　格桑曲珍（女，藏族）

副 主 席　西　落（藏族）

三永兴

副调研员　尼玛多吉（藏族，6月任职）

残疾人联合会

理 事 长　李月萍（女）

副理事长　次旺欧珠（藏族，三级调研员）

调 研 员　任德洪（四级调研员）

中直、区直驻日喀则单位

国家税务局

书　　记　刘春祥

局　　长　平　措（藏族）

副 局 长　次仁巴桑（藏族，3月任职）

扎　旺（藏族，5月任职）

纪检组长　虎延莉（女，4月任职）

总经济师　程亚军（女，5月任职）

欧　珠（藏族，5月任职）

工商联

书　　记　格桑曲珍（女，藏族）

副 主 席　西　落（藏族）

三永兴

调 研 员　尼玛多吉（藏族，6月任职，四级调研员）

海关

关　　长　尼玛次仁（藏族）

副 关 长　李其明

普布顿珠（藏族）

国家统计局日喀则调查队

队　　长　吴新红

副 队 长　尼　次（藏族）

纪检组长　参木决（女，藏族）

调 研 员　倪　丽（女，12月任职，四级调研员）

气象局

书　　记　王　兵（8月任职）
局　　长　王　兵（8月离职）
副 局 长　边　增（藏族）
　　　　　扎　西（藏族）
　　　　　张文军（黑龙江省援藏干部，7月离职）
　　　　　曹云德
　　　　　石　磊（山东省援藏干部，8月任职）
纪检组长　南木加（藏族）
调 研 员　达娃次仁（藏族，二级调研员）

烟草专卖局

书　　记　张开友
局　　长　索朗次仁（藏族）
纪检组长　普布旺拉（藏族）
副 局 长　罗　布（藏族）
副 经 理　尼　旦（藏族）

邮政管理局

党组书记、局长　拉　巴（藏族，7月任职）
党组成员、纪检组长、副局长
　　　　　拉　巴（藏族，7月离职）
　　　　　杜焕友（援藏，12月任职）

中国邮政集团公司日喀则市分公司

资深经理　刘恋屏（女）
书　　记　姚　建
副总经理　布　琼（藏族）
　　　　　伍琼英（女，11月离职）
　　　　　谢胜军（11月任职）
副调研员　次仁玉珍（女，藏族）
　　　　　旺　多（藏族）

石油公司

总 经 理　李俊辉
副总经理　扎西次仁（藏族）
　　　　　施泽泉
　　　　　蒋维江
　　　　　白玛次仁（藏族）

中国电信集团公司日喀则分公司

总 经 理　西　嘎（藏族）
副总经理　次　平（藏族）
　　　　　杜成英
　　　　　拉巴顿珠（藏族）
纪委书记　旦增平措（藏族）

中国移动通信集团西藏有限公司日喀则分公司

总 经 理　余昌元
副总经理　旺　加（藏族）
　　　　　汪继军（援藏干部，11月离职）
　　　　　唐永友（9月任职）

中国联通日喀则市分公司

总 经 理　彭力军
副总经理　王全领
　　　　　李新军（援藏，10月任职）
　　　　　次仁穷达（藏族，10月离职）

国网西藏电力有限公司日喀则发电公司

总 经 理　陈新宏（10月任职）
副总经理　张万里（10月任职）
　　　　　巴桑同珠（藏族）
纪检书记　聪　江（藏族）

金融机构

中国人民银行日喀则市中心支行

行　　长　魏圣吉
副 行 长　尼玛旺堆（藏族）
　　　　　次　罗（藏族）
　　　　　李春江（藏族）
纪委书记　扎　曲（女，藏族）

中国农业银行股份有限公司日喀则分行

行　　长　杨道勇
副 行 长　卫　兵（藏族）
　　　　　次仁欧珠（藏族）
　　　　　刘英奎（2 月任职）
　　　　　格桑次仁（藏族，9 月任职）
　　　　　祁永梅（11 月任职）
纪委书记　丁　彦

中国银行日喀则分行

行　　长　达　贵（藏族）
副 行 长　普顿珠（藏族）
　　　　　王军君
　　　　　张国栋（藏族）
纪委书记　杨　轩（3 月任职）

中国建设银行股份有限公司日喀则分行

行　　长　林　森
副 行 长　张　振
　　　　　韩明江
纪检组长　扎西曲措（藏族）

西藏银行日喀则分行

行　　长　吴鹏飞
副 书 记　卓　嘎（女，藏族）
副 行 长　郭定斌

中国邮政储蓄银行股份有限公司日喀则支行

行　　长　朱　伟
副 行 长　达瓦顿珠

中国人寿

总 经 理　索　旺（藏族）
副总经理　次　罗（藏族）
　　　　　索　朗（藏族）
　　　　　张思金（1 月任职）
纪委书记　李　锦

园区、国有公司

日喀则经济开发区管理委员会

书　　记　倪俊南（上海市援藏干部，7 月离职）
主　　任　拉巴次仁（藏族）

日喀则国家农业科技园区管委会

书　　记　丁　峰（10 月任职）
副 书 记　杨翠彬（8 月任职）
副 主 任　国立旺（8 月任职）
　　　　　普布顿珠（藏族，11 月离职）
　　　　　李　臣（10 月任职）
　　　　　文永松（3 月任职）

珠峰文化旅游创意产业园区

书　　记　马春波
主　　任　邱　林

珠峰城市投资发展集团有限公司

董 事 长　尼玛次仁（藏族，11 月离职）
　　　　　李　臣（11 月任职）
总 经 理　邱东军（3 月离职）
　　　　　罗布次仁（藏族，10 月任职）
副总经理　拉巴平措（藏族，11 月离职）
　　　　　尼玛顿珠（藏族）
　　　　　李　磊
　　　　　朱亚平（援藏干部，7 月任职）
　　　　　陈宏亮（援藏干部，7 月任职）
　　　　　刘大伟（援藏干部，7 月任职）

珠峰经济开发区有限责任公司

董 事 长　石伯明（上海市援藏干部，7 月离职）
总 经 理　王晓兰（女）

珠峰文化旅游创意有限责任公司

董 事 长　刘　伟（7 月离职，黑龙江省援藏干部）

总 经 理　段　锋
副总经理　朱子峰

珠峰农牧产业投资集团有限公司

总 经 理　白　觉（藏族，4 月任职）
副总经理　杨春林（11 月任职）
　　　　　杨焕起（8 月任职）
　　　　　普　琼（藏族，11 月任职）
　　　　　冯　飞（8 月任职）

日喀则珠峰开发投资有限责任公司

总 经 理　赵承刚
总经理助理　文真亮
综合部经理　刘世山

珠峰公共交通运营有限责任公司

董 事 长　尼玛旺堆（藏族）
总 经 理　罗　旦（藏族）
副总经理　赤　列（藏族）

珠峰扶贫开发有限责任公司

董 事 长　席付平
总 经 理　李　臣

珠峰交通建设投资有限公司

总 经 理　普布扎西（藏族，12 月任职）
副总经理　达娃普赤（女，藏族）
　　　　　邢志军（10 月任职）
　　　　　格桑顿珠（藏族，12 月任职）

各县区

桑珠孜区

中共桑珠孜区委员会

书　　记　潘思晓（7 月离职，山东省援藏干部）
　　　　　赵　兵（7—10 月主持工作）
　　　　　葛庆敏（11 月任职）

桑珠孜区人民政府

区　　长　索朗罗布（藏族）

桑珠孜区人民代表大会常务委员会

主　　任　田世新（12 月任职）

中国人民政治协商会议桑珠孜区委员会

主　　席　普　布（藏族）

中共桑珠孜区纪律检查委员会（监察委）

书　　记　郝信斌（监委主任）

桑珠孜区人民法院

院　　长　边巴卓玛（女，藏族）

桑珠孜区人民检察院

检 察 长　邵彦人

江孜县

中共江孜县委员会

书　　记　白　玛（藏族）

江孜县人民代表大会常务委员会

主　　任　张　峰

江孜县人民政府

县　　长　杨　军

中国人民政治协商会议江孜县委员会

主　　席　次　罗（藏族）

中共江孜县纪律检查委员会（监察委）

书　　记　张　锋（2 月任书记，4 月任监委主任）

江孜县人民法院

院　　长　洛桑旦增（藏族）

江孜县人民检察院

检 察 长　尼玛平措（藏族）

白朗县

中共白朗县委员会

书　　记　陈　昊

白朗县人民代表大会常务委员会

主　　任　尼玛顿珠（藏族）

白朗县人民政府
县　　长　赤列朗杰（藏族）
中国人民政治协商会议白朗县委员会
主　　席　普布次旦（藏族）
中共白朗县纪律检查委员会（监察委）
书　　记　拉巴仓决（女，藏族，监委主任）
白朗县人民法院
院　　长　许东升
白朗县人民检察院
检 察 长　扎西次仁（藏族）

亚东县

中共亚东县委员会
书　　记　舒成坤
亚东县人民代表大会常务委员会
主　　任　边　索（藏族）
亚东县人民政府
县　　长　扎西次仁（藏族）
中国人民政治协商会议亚东县委员会
主　　席　次仁普确（藏族）
中共亚东县纪律检查委员会（监察委）
书　　记　白玛罗追（藏族，监委主任）
亚东县人民法院
院　　长　次　央（女，藏族）
亚东县人民检察院
检 察 长　拉　琼（藏族）

聂拉木县

中共聂拉木县委员会
书　　记　顿　珠（藏族）
聂拉木县人民代表大会常务委员会
主　　任　欧　珠（藏族）
聂拉木县人民政府
县　　长　冯鲁伟
中国人民政治协商会议聂拉木县委员会
主　　席　次　优（女，藏族）
中共聂拉木县纪律检查委员会（监察委）
书　　记　拉巴次仁（藏族，监委主任）
聂拉木县人民法院
院　　长　达瓦次仁（藏族）
聂拉木县人民检察院
检 察 长　尼玛次仁（藏族）

拉孜县

中共拉孜县委员会
书　　记　陈　钢
拉孜县人民代表大会常务委员会
主　　任　索朗多吉（藏族）
拉孜县人民政府
县　　长　巴桑旺堆（藏族）
中国人民政治协商会议拉孜县委员会
主　　席　次　仁（藏族）
中共拉孜县纪律检查委员会（监察委）
书　　记　吴　锋（监委主任）
拉孜县人民法院
院　　长　巴桑次仁（藏族）
拉孜县人民检察院
检 察 长　欧吉巴（女，藏族）

昂仁县

中共昂仁县委员会
书　　记　李有平
昂仁县人民代表大会常务委员会
主　　任　旦木真（藏族）
昂仁县人民政府
县　　长　普布多吉（藏族）
中国人民政治协商会议昂仁县委员会
主　　席　吕世瑞
中共昂仁县纪律检查委员会（监察委）
书　　记　屈小刚（监委主任）
昂仁县人民法院
院　　长　米玛旦增（藏族）

昂仁县人民检察院

检 察 长　巴桑次仁（藏族）

定日县

中共定日县委员会

书　　记　顿　珠（藏族）

定日县人民代表大会常务委员会

主　　任　陈明祥

定日县人民政府

县　　长　王　珅

中国人民政治协商会议定日县委员会

主　　席　次旺多吉（藏族）

中共定日县纪律检查委员会（监察委）

书　　记　郑会全（监委主任）

定日县人民法院

院　　长　多布杰（藏族）

定日县人民检察院

检 察 长　达娃旺堆（藏族）

南木林县

中共南木林县委员会

书　　记　姜国杰（12 月离职）

南木林县人民代表大会常务委员会

主　　任　多　吉（藏族）

南木林县人民政府

县　　长　王顶峰

中国人民政治协商会议南木林县委员会

主　　席　旺加布（藏族）

南木林县纪律检查委员会

书　　记　温双龙（监委主任）

南木林县人民法院

院　　长　次仁多吉（藏族，11 月离职）

南木林县人民检察院

检 察 长　王红军（正县级，11 月离职）

萨迦县

中共萨迦县委员会

书　　记　刘晨晖

萨迦县人民代表大会常务委员会

主　　任　程建漳

萨迦县人民政府

县　　长　次仁占堆（藏族）

中国人民政治协商会议萨迦县委员会

主　　席　朗木杰（藏族）

中共纪律检查委员会（监委会）

书　　记　普　扎（藏族，监委主任）

萨迦县人民法院

院　　长　战　堆（藏族）

萨迦县人民检察院

检 察 长　索　穷（藏族）

谢通门县

中共谢通门县委员会

书　　记　边巴扎西（藏族）

谢通门县人民代表大会常务委员会

主　　任　普布塔松（藏族）

谢通门县人民政府

县　　长　王金铭

中国人民政治协商会议谢通门县委员会

主　　席　拉巴次仁（藏族，12 月离职）

谢通门县纪律检查委员会

书　　记　巴　桑（女，藏族，监委主任）

谢通门县人民法院

院　　长　次旺欧珠（藏族）

谢通门县人民检察院

检 察 长　韦安辉

定结县

中共定结县委员会

书　　记　李运生

定结县人民代表大会常务委员会

主　　任　巴　桑（藏族）

定结县人民政府

县　　长　贡　嘎（藏族）

中国人民政治协商会议定结县委员会

主　　席　中扎西（藏族）

定结县人民法院

院　　长　拉巴扎西（藏族）

定结县人民检察院

检 察 长　扎西顿拉（藏族,6 月离职）

仁布县

中共仁布县委员会

书　　记　张晓培

仁布县人民代表大会常务委员会

主　　任　达娃卓玛（女，藏族）

仁布县人民政府

县　　长　土　登（藏族）

中国人民政治协商会议仁布县委员会

主　　席　拉　贵（藏族，3 月离职）
　　　　　普布欧珠（藏族,3 月任职）

中共仁布县纪律检查委员会（监察委）

书　　记　卢继峰（5 月离职）
　　　　　李建兵（6 月任职）

仁布县人民检察院

检 察 长　旦　增（藏族）

仁布县人民法院

院　　长　索朗央宗（女，藏族）

萨嘎县

中共萨嘎县委员会

书　　记　顿　珠（藏族）

萨嘎县人民代表大会常务委员会

主　　任　阳　艺

萨嘎县人民政府

县　　长　郭光成

中国人民政治协商会议萨嘎县委员会

主　　席　吴　顿（藏族）

中共萨嘎县纪律检查委员会（监察委）

书　　记　多布杰（藏族，监委主任）

萨嘎县人民法院

院　　长　扎西次仁（藏族）

萨嘎县人民检察院

检 察 长　张　宏

康马县

中共康马县委员会

书　　记　李仁新

康马县人民代表大会常务委员会

主　　任　拉巴确吉（女，藏族）

康马县人民政府

县　　长　扎西多布拉（藏族）

中国人民政治协商会议萨嘎县委员会

主　　席　扎西多吉（藏族）

中共康马县纪律检查委员会（监察委）

书　　记　格桑朗杰（藏族,3 月任职，监委主任）

康马县人民法院

院　　长　边　多（藏族）

康马县人民检察院

检 察 长　李　辉

吉隆县

吉隆县人民代表大会常务委员会

主　　任　刘永祥（藏族）

吉隆县人民政府

县　　长　胡　红

中国人民政治协商会议吉隆县委员会

主　　席　杨伟功

中共吉隆县纪律检查委员会（监察委）

书　　记　杨晓龙（监察主任）

吉隆县人民法院

党组书记、院长
　　　　　拉　加（藏族）

吉隆县人民检察院
党组书记、检察长
张书林

仲巴县

中共仲巴县委员会
书　　记　王光勤
仲巴县人民代表大会常务委员会
主　　任　倪洪权
仲巴县人民政府
县　　长　梅普琼（藏族）
中国人民政治协商会议仲巴县委员会
主　　席　巴　桑（藏族）
中共仲巴县纪律委员会（监察委）
书　　记　拉巴次仁（藏族）
仲巴县人民法院
院　　长　加　措（藏族）
仲巴县人民检察院
检 察 长　罗　布（藏族）

岗巴县

中共岗巴县委员会
书　　记
岗巴县人民代表大会常务委员会
主　　任　旦　增（藏族，5月任职）
岗巴县人民政府
县　　长　扎西旺堆（藏族）
中国人民政治协商会议岗巴县委员会
主　　席　扎　西（藏族）
中共岗巴县纪律检查委员会（监察委）
书　　记　罗桑多吉（藏族，监委主任）
岗巴县人民法院
院　　长　巴　桑（藏族）
岗巴县人民检察院
检 察 长　达瓦琼达（藏族）

杰玛雍忠冰川

政　治

日喀则年鉴 2020

珠峰精神

坚韧不拔　巍峨不屈　感恩向上　敢为人先

中国共产党日喀则市委员会

【概况】 2019年年末，中共日喀则市委员会有委员36人、候补委员2人；常委有16人组成，设有书记1人、副书记6人。辖各级党委233个、党组168个，其中党委233个，党总支179个，党支部4060个。共有党员75505名，其中，预备党员2516名，女党员22008名，少数民族党员67444名，党员年龄结构：30岁以下党员25838名，31～35岁党员13991名，36～40岁党员9180名，41～45岁党员6902名，46～50岁党员5740名，51～55岁党员4367名，56～60岁党员3565名，61～65岁党员3149名，66～70岁党员1665名，71岁以上党员1108名。党员学历结构：研究生党员453名，大学本科党员13953名，大学专科党员10347名，中专党员3537名，高中、中技党员2212名，初中及以下党员45003名。

【市委常委会议述要】

一、1月2日下午，市委书记张延清主持召开一届日喀则市委第143次常委会议，听取全市扫黑除恶、打非治乱、扫黄打非三项斗争和土地领域突出违法问题专项整治行动工作情况汇报，并就相关工作进行安排部署。

二、1月21日上午，市委书记张延清主持召开一届日喀则市委第144次常委会议，传达学习习近平总书记重要讲话、重要指示、重要贺词精神和《关于报送中央脱贫攻坚专项巡视反馈意见整改方案的紧急通知》，研究《日喀则市关于中央脱贫攻坚专项巡视反馈问题的整改落实建议方案》《关于提请研究〈日喀则市保险助推扶贫产业管理暂行办法（送审稿）〉的请示》等事宜，并就相关工作进行安排部署。

三、2月24日，市委书记张延清主持召开一届日喀则市委第145次常委会议，传达学习习近平总书记重要讲话精神和中央、自治区有关会议精神，听取市相关会议筹备情况、中央第三巡视组专项巡视日喀则市脱贫攻坚反馈意见整改落实情况、全市目标绩效争先进位考核情况汇报，研究《日喀则市2019、2020年度环境保护督察整改措施细化解决方案的请示》等事宜，并就相关工作进行安排部署。

四、2月28日，市委书记张延清主持召开一届日喀则市委第146次常委会议，传达学习习近平总书记重要讲话精神和中央、自治区有关会议精神，听取市相关会议筹备情况、全市“六化”工作情况汇报、全市国资国企改革工作情况汇报、全市绿化工作情况汇报、全市老城区改造工作情况汇报，研究《日喀则市庆祝中华人民共和国成立70周年纪念西藏民主改革60周年宣传活动方案》《关于日喀则市2019年脱贫攻坚统筹整合涉农资金使用计划的请示》等事宜，并就相关工作进行安排部署。

五、3月16日，市委书记张延清主持召开一届日喀则市委第147次常委会议，研究机构改革、日喀则经济开发区建设和《关于审批砂石土拟设点的请示》《关于报请市委审定2019年立法项目计划的请示》《关于在市委农村工作会议上表彰农村工作先进县区相关事宜的请示》《关于审定在南木林县实施中小学校长职级制改革的指导意见的请示》等事宜，并就相关工作进行安排部署。

六、3 月 18 日，市委书记张延清主持召开一届日喀则市委第 148 次常委会议，研究市委组织部提交的新组建市直单位班子干部任免职建议名单（第一批 7 家 29 人）。

七、3 月 21 日，市委书记张延清主持召开一届日喀则市委第 149 次常委会议，研究市委组织部提交的新组建市直单位班子干部任免职建议名单（第二批 14 家 71 人）、干部任免职建议名单（8 人）、涉改市直单位需明确单位无须任职干部建议名单（11 人）。

八、3 月 23 日，市委书记张延清主持召开一届日喀则市委第 150 次常委会议，研究市委组织部提交的干部任免职建议名单（39 人）。

九、3 月 31 日下午，市委书记张延清主持召开一届日喀则市委第 151 次常委会议，传达学习习近平总书记重要讲话精神和自治区党委书记吴英杰讲话精神，听取全市相关工作情况汇报等事宜，并就相关工作进行安排部署。

十、4 月 22 日上午，市委书记张延清主持召开一届日喀则市委第 152 次常委会议，传达学习习近平总书记重要讲话、重要指示精神、全国政协主席汪洋重要讲话精神和自治区党委书记吴英杰重要批示精神，研究《日喀则市纪委关于呈报〈关于签订领导干部不插手干预工程项目建设和政府采购活动承诺书的通知〉的请示》《关于审定〈日喀则市农牧区人居环境整治三年行动实施方案〉的请示》《中共日喀则市人民政府党组关于审定日喀则市 2019 年财政预算调整方案的请示》《关于召开日喀则市人才工作暨第二届“珠峰英才”表彰大会举办颁奖晚会的请示》《关于日喀则市 2018 年度村（居）党组织争先进位考核有关工作的请示》事宜，并就相关工作进行安排部署。

十一、4 月 24 日下午，市委书记张延清主持召开一届日喀则市委第 153 次常委会会议，传达学习习近平总书记重要讲话、关于中央环保督察发现的有关生态环境损害典型案件处理情况通报精神，听取全市民族团结工作开展情况汇报等事宜，并就相关工作进行安排部署。

十二、5 月 13 日下午，市委书记张延清主持召开一届日喀则市委第 154 次常委会会议，传达学习习近平总书记重要批示、重要讲话精神和《中共西藏自治区委员会办公厅 西藏自治区人民政府办公厅关于修改〈西藏自治区脱贫攻坚责任制实施细则〉的决定》文件精神，听取自治区党委巡视一组、二组脱贫攻坚专项巡视反馈意见整改情况汇报、园区工作开展情况汇报，研究《关于研究脱贫攻坚资金使用计划的请示》事宜，并就相关工作进行安排部署。

十三、5 月 15 日下午，市委书记张延清主持召开一届日喀则市委第 155 次常委会会议，传达学习中央政治局会议精神和自治区领导在《习近平总书记在中央政治局常委会议听取扫黑除恶专项斗争有关情况汇报时的重要讲话精神》上的重要批示精神，听取全市群团工作情况汇报，研究环境保护整改、《关于审批日喀则市安全生产党政同责实施办法的请示》《日喀则市第十七届珠峰文化旅游节活动方案》事宜，并就相关工作进行安排部署。

十四、5 月 20 日上午，市委书记张延清主持召开一届日喀则市委第 156 次常委会会议，传达学习《中共中央办公厅 国务院办公厅关于 2018 年脱贫攻坚成效考核情况的通报》以及自治区党委书记吴英杰的重要批示精神，研究《中共日喀则市人大常委会党组关于审定印发〈中共日喀则市委员会关于进一步加强和改进新时代人大工作的意见〉的请示》《2019 年日喀则市创建全国民族团结进步示范市工作实施方案》《关于审定村规民约（指导意见）的请示》《关于推动监察工作向基层延伸的改革试点方案的请示》事宜，并就相关工作进行安排部署。

十五、5 月 30 日下午，市委书记张延清主持召开一届日喀则市委第 157 次常委会议，研究市委组织部提交的日喀则市第八（六）批援藏干部任职建议名单（14 人）、干部任免职建议名单（44 人）。

十六、6 月 4 日下午，市委书记张延清主持召开一届日喀则市委第 158 次常委会会议，传达学习习近平总书记重要讲话、重要批示精神和自治区党委书记吴英杰重要批示精神，听取全市扫黑除恶打非治乱专项斗争工作开展情况及迎检准备工作情况汇报、全市招商引资情况汇报，研究《中共日喀则市人民政府党组关于审定优化营商环境实施意见的请示》《中共日喀则市委党校 日喀则市行政学校关于呈送〈中共日喀则市委关于加强和改进党校工作的意见〉的请示》事宜，并就相关工作进行安排部署。

十七、6 月 10 日下午，市委书记张延清主持召开一届日喀则市委第 159 次常委会会议，传达学习习近平总书记在中央全面深化改革委员会第八次会议上的重要讲话精神，听取全市“扫黄打非”专项斗争工作开展情况、全市林地违规占用整治工作开展情况汇报，研究全市“双创”工作暨大学生（中职生）就业动态清零工作、珠峰垃圾清理工作、《日喀则市纪委监委关于 2018 年以来查处违反政治纪律和政治规矩问题的报告》事宜，并就相关工作进行安排部署。

十八、6 月 26 日下午，市委书记张延清主持召开一届日喀则市委第 160 次常委会会议，传达学习习近平总书记致“2019 · 中国西藏发展论坛”的贺信、中共中央政治局会议、《中共西藏自治区委员会办公厅 西藏自治区人民政府办公厅印发〈关于巩固提升脱贫攻坚成果的指导意见〉的通知》《关于填报〈西藏自治区领导干部廉政报告〉的通知》精神，研究《中共日喀则市人民政府党组关于审定〈关于建设文化旅游强市的指导意见〉的请示》《关于日喀则市 2019 年第一季度经济运行情况的分析报告》《关于成立日喀则市委“不忘初心、牢记使命”主题教育工作领导小组的请示》、市委巡察工作等事宜，并就相关工作进行安排部署。

十九、6 月 29 日，市委书记张延清主持召开一届日喀则市委第 161 次常委会议，研究市委组织部提交的《中共日喀则市委员会日喀则市人民政府关于表彰第八（六）批优秀援藏干部人才的决定（代拟稿）》，研究赵兵同志暂时主持桑珠孜区委工作有关事宜。

二十、7 月 27 日下午，市委书记张延清主持召开一届日喀则市委第 162 次常委会会议，传达学习习近平总书记重要讲话、重要指示精神，研究《中共日喀则市委员关于调整、设立市委全面深化改革委员会等委员会（领导小组）的通知（讨论稿）》《关于呈报〈日喀则市公务员职务与职级并行制度实施方案〉的请示》、全市“双创”工作暨大学生（中职生）就业动态清零工作、《关于审定〈日喀则市人民代表大会常务委员会执法检查办法（草案）〉的请示》《关于日喀则市 2019 年脱贫攻坚整合资金（第二、三批）、中央财政专项扶贫资金（第二批）及部分回收资金安排使用计划的请示》《关于审定边境地区小康村建设项目资金分配计划的请示》事宜，并就相关工作进行安排部署。

二十一、8月8日下午，市委书记张延清主持召开一届日喀则市委第163次常委会会议，传达学习习近平总书记重要指示精神，听取2019年上半年经济运行情况、2019年1—7月招商引资工作情况汇报，研究人大立法、《西藏拉洛灌区现代农业示范区总体规划（2019—2025年）》等事宜，并就相关工作进行安排部署。

二十二、8月9日上午，市委书记张延清主持召开一届日喀则市委第164次常委会会议，传达学习习近平总书记重要讲话、重要回信精神，听取全市上半年脱贫攻坚工作情况、2018年度森林督查整改工作情况汇报，研究全市创建全国民族团结进步示范市工作、基层减负负面清单、全市扫黑除恶专项斗争工作、《关于市属国有企业撤销、成立党组织的请示》等事宜，并就相关工作进行安排部署。

二十三、8月30日上午，市委书记张延清主持召开一届日喀则市委第165次常委会会议，传达学习习近平总书记重要讲话、重要回信和中共中央纪委办公厅的重要通知、自治区党委书记吴英杰的重要批示精神，研究《中共日喀则市人民政府党组关于审定日喀则市2019年上半年财政预算执行情况报告的请示》、日喀则市2019年教师节表彰大会、脱贫攻坚、日喀则市集中规范领导干部配偶、子女及其配偶经商办企业行为工作相关事宜，安排部署下步工作。

二十四、9月11日下午，市委书记张延清主持召开一届日喀则市委第166次常委会会议，传达学习习近平总书记重要讲话、重要回信精神，听取市人大常委会党组、市政协党组、市中级人民法院党组、市人民检察院党组工作情况汇报和全市庆祝中华人民共和国成立70周年活动筹备情况汇报，研究《关于调整充实日喀则市高校毕业生就业创业工作领导小组的请示》《关于调整充实市委教育工作领导小组的请示》事宜，并就相关工作进行安排部署。

二十五、9月12日上午，市委书记张延清主持召开一届日喀则市委第167次常委会会议，传达学习习近平总书记重要回信、重要指示精神和中央全面深化改革委员会第十次会议精神、自治区党委书记吴英杰重要批示精神和《中国共产党问责条例》，听取全市庆祝中华人民共和国成立70周年安保维稳工作情况汇报，研究全市“不忘初心、牢记使命”主题教育相关事宜，并就相关工作进行安排部署。

二十六、9月24日上午，市委书记张延清主持召开一届日喀则市委第168次常委会会议，传达学习习近平总书记重要讲话、重要指示精神，研究《关于审定〈日喀则市委常委会班子成员“不忘初心、牢记使命”主题教育调查研究方案〉的请示》《关于审定〈巩固提升脱贫攻坚成果实施意见〉的请示》《关于日喀则市开展民生工程（项目）自查整治工作贯彻落实意见》，以及全市机关党的建设，对群众反映强烈的生态环境问题平时不作为、急时“一刀切”问题的专项整治，九届区党委第五轮巡视日喀则部分企业等事宜，并就相关工作进行安排部署。

二十七、10月5日上午，市委书记张延清主持召开一届日喀则市委第169次常委会会议，传达学习习近平总书记重要讲话精神和自治区党委书记吴英杰在日喀则考察调研期间的重要指示精神，研究《日喀则市人民政府党组关于审定日喀则市乡村振兴战略总体实施方案及专项实施方案的请示》等事宜，并就相关工作进行安排部署。

二十八、10月21日下午，市委书记张延清主持召开一届日喀则市委第170次常委会会议，传达学习习近平总书记重要讲话、重要指示、重要贺信精神、自治区党委书记吴英杰给岗巴县吉汝村群众的回信、区党委网信办《关于梳理第二批主题教育单位需要承接落实的整改任务清单》、关于转发《关于印发〈中央扫黑除恶第二、三轮督导“回头看”工作安排〉的通知》的通知；听取全市第一轮中央环保督察反馈问题整改暨配合第二轮督察准备工作情况、全市中央扫黑除恶第十三督导组督导反馈问题整改落实情况汇报；研究《关于学习贯彻落实习近平总书记关于网络强国的重要思想存在的突出问题的整改建议方案》《市委常委会委员工作分工》等事宜，并就相关工作进行安排部署。

二十九、11月2日下午，市委书记张延清主持召开一届日喀则市委第171次常委会会议，传达学习中共十九届四中全会精神，听取“不忘初心、牢记使命”主题教育检视整改情况汇报，并就相关工作进行安排部署。

三十、11月8日下午，市委书记张延清主持召开一届日喀则市委第172次常委会会议，传达学习习近平总书记重要指示、重要贺信精神，研究《中共日喀则市人大常委会党组关于审定〈日喀则市犬只管理条例（草案）〉的请示》《中共日喀则市人大常委会党组关于审定〈日喀则市人民代表大会常务委员会关于加强检察公益诉讼工作的决定（草案）〉的请示》《中共日喀则市人民政府党组关于审定〈日喀则市本级2018年度财政决算（草案）报告〉的请示》《中共日喀则市人民政府党组关于审定〈2018年度日喀则本级财政预算执行和其他财政收支审计工作报告〉的请示》、农村改厕工作等事宜，并就相关工作进行安排部署。

三十一、11月25日上午，市委书记张延清主持召开一届日喀则市委第173次常委会会议，传达学习习近平总书记重要讲话、重要指示和重要贺信精神、自治区党委书记吴英杰、自治区人大常委会主任洛桑江村在日喀则考察调研期间的重要指示精神，研究《中共日喀则市人民政府党组关于边境地区小康村民房和户户通建设超拨资金用于基础设施建设的请示》《中共日喀则市脱贫攻坚指挥部委员会关于脱贫攻坚整合资金安排计划建议的请示》《中共日喀则市人大常委会党组关于报请市委审定〈日喀则市城镇排水与污水处理条例（草案）〉的请示》事宜，并就相关工作进行安排部署。

三十二、11月29日下午，市委书记张延清主持召开一届日喀则市委第174次常委会会议，传达学习习近平总书记重要讲话、重要批示精神和自治区党委书记吴英杰的重要批示精神，研究中尼铁路规划建设、脱贫攻坚“回头看”工作、《关于召开全市2019年下半年“遵行四条标准　争做先进僧尼”教育实践活动模范寺庙优秀僧尼表彰大会的请示》《关于废止、宣布失效和修改部分党内规范性文件的请示》《关于审定〈在年河三县区集中连片实施有机青稞种植工作实施方案〉的请示》等事宜，并就相关工作进行安排部署。

三十三、12月10日下午，市委书记张延清主持召开一届日喀则市委第175次常委会会议，研究全市旅游工作、招商引资工作、《关于对市污水处理厂二期项目推进不力问题相关责任人处理意见的请示》等事宜，安排部署相关工作。

三十四、12 月 21 日上午，市委书记张延清主持召开一届日喀则市委第 176 次常委会会议，传达学习中共中央政治局会议精神、中央经济工作会议精神、习近平总书记重要讲话精神，听取全市 2020 年造林及荒漠化治理计划汇报，研究日喀则市第一届人民代表大会第九次会议和政协日喀则市第一届委员会第九次会议、市委政协工作会议暨庆祝日喀则政协成立 60 周年大会、《2020 年元旦春节藏历新年“三大节日”期间慰问活动方案》《关于日喀则市 2020 年脱贫攻坚统筹整合资金安排计划及第一批整合资金安排使用的请示》等事宜，安排部署相关工作。

三十五、12 月 23 日上午，市委书记张延清主持召开一届日喀则市委第 177 次常委会会议，听取全市元旦、春节、藏历新年“三大节日”期间相关情况汇报，研究部署相关工作。

【市委重要文件目录】

2019 年日喀则市委重要文件一览表

表 1

序号	文件名称	文号
1	中共日喀则市委　日喀则市人民政府关于日喀则市机构改革的实施意见	日党发〔2019〕1 号
2	中共日喀则市委　日喀则市人民政府关于表彰 2018 年度全市目标绩效争先进位先进集体的决定	日党发〔2019〕2 号
3	中共日喀则市委　日喀则市人民政府关于表彰 2018 年度“三农”工作先进县区的决定	日党发〔2019〕3 号
4	中共日喀则市委　日喀则市人民政府关于表彰第七批创先争优强基础惠民生活动先进驻村工作队　先进驻村工作队员和优秀组织单位的决定	日党发〔2019〕4 号
5	中共日喀则市委　日喀则市人民政府关于表彰“四讲四爱最美人物”的决定	日党发〔2019〕5 号
6	中共日喀则市委关于印发《日喀则市地师级领导干部联系指导县区（乡镇）脱贫攻坚工作制度》的通知	日党发〔2019〕6 号
7	中共日喀则市委　日喀则市人民政府关于表彰 2018 年社会治安综合治理工作先进集体的决定	日党发〔2019〕7 号
8	中共日喀则市委　日喀则市人民政府关于表彰市级“平安乡镇”等基层平安创建单位的决定	日党发〔2019〕8 号
9	中共日喀则市委　日喀则市人民政府关于表彰 2018 年度情报工作先进集体的决定	日党发〔2019〕9 号
10	中共日喀则市委员会关于进一步加强和改进新时代人大工作的意见	日党发〔2019〕10 号
11	中共日喀则市委　日喀则市人民政府关于表彰 2018 年日喀则市民族团结进步模范集体和模范个人的决定	日党发〔2019〕11 号
12	中共日喀则市委　日喀则市人民政府关于命名第二批日喀则市民族团结进步创建示范单位的决定	日党发〔2019〕12 号

续表 1

序号	文件名称	文号
13	中共日喀则市委　日喀则市人民政府关于授予小索顿等同志第二届“珠峰英才”荣誉称号的决定	日党发〔2019〕13 号
14	中共日喀则市委员会　日喀则市人民政府　关于表彰第八（六）批优秀援藏干部人才的决定	日党发〔2019〕14 号
15	中共日喀则市委　日喀则市人民政府关于表彰援藏万名教师支教计划先进集体援藏万名教师支教计划先进个人　名校（园）长　名班主任和名教师的决定	日党发〔2019〕15 号
16	中共日喀则市委员会关于印发《日喀则市县处级以上领导班子和党员领导干部“不忘初心、牢记使命”主题教育工作安排》《日喀则市县处级以下党员干部“不忘初心、牢记使命”主题教育工作安排》《日喀则市农牧民党员“不忘初心、牢记使命”主题教育工作安排》的通知	日党发〔2019〕16 号
17	中共日喀则市委员会　日喀则市人民政府关于表彰 2019 年上半年“遵行四条标准　争做先进僧尼”教育实践活动模范寺庙　优秀僧尼　优秀组织单位　先进寺管干部的决定	日党发〔2019〕17 号
18	中共日喀则市委员会关于加强和改进机关党的建设的实施意见	日党发〔2019〕18 号
19	中共日喀则市委　日喀则市人民政府关于表彰珠峰扶贫产业先进企业（合作社）的决定	日党发〔2019〕19 号
20	中共日喀则市委员会　日喀则市人民政府关于表彰 2019 年下半年“遵行四条标准　争做先进僧尼”教育实践活动模范寺庙　优秀僧尼优秀组织单位　优秀寺管干部　先进集体和先进工作者的决定	日党发〔2019〕20 号

【党的建设】 一是抓主题教育。理论学习紧紧围绕“不忘初心、牢记使命”主题教育，以学习习近平新时代中国特色社会主义思想为核心，将中共十九届四中全会精神学习纳入重点学习内容，采取领导带头学、交流研讨学、拓展方式学、集体集中学、专题研讨学等方式，学习《习近平新时代中国特色社会主义思想学习纲要》《习近平关于“不忘初心、牢记使命”重要论述选编》，以及党章党规，跟进学习习近平总书记重要讲话、指示、批示精神，深入学习党史、中华人民共和国史、西藏发展史。市委常委班子累计召开 10 余次理论学习中心组学习会，原原本本学习必学内容，已完成 9 个专题研讨，达到集中学习不少于 7 天的要求；举办 2 期、170 人的县处级干部专题研讨班，8 期、590 人的党员干部培训班，12 期、1200 人的基层党组织书记政治训练营。结合群众反映强烈的热点难点问题开展调查研究，切实找出工作中存在的短板弱项，拟定对策建议，为下步工作指明方向，自主题教育活动开展以来，共征求到意见建议 3000 余条，形成调研报告 1300 余份。全市各级党组织结合工作实际，坚持问题导向、目标导向、效果导向，以抓好问题整改为切入点，着力解决改革发展难题和群众急难愁盼问题，全市第一、二批“不忘初心、牢记使命”主题教育问题清单共3097条。二是抓理论武装。健全完善《日喀则市党委（党组）理论学习中心组学习制度》，市委以身作则、以上率下，每月召开 1 次市委理论学习中心组学习会；为提高学习实效，切实让党员领导干部坐下来、静下心、读进去、学明白，每季度组织县处级以上党员干部开展为期 2 天的集中封闭学习，通过

讲授党课、专家辅导、深入研讨、交流发言等方式，引导党员干部多思多想、学深悟透。三是抓基层党建“十二件实事”（一是加强党的政治建设；二是整顿软弱涣散基层党组织；三是健全基层党建保障机制；四是加快村级组织活动场所标准化建设；五是推进村级经济组织全覆盖；六是健全完善村级配套组织；七是严肃党员不得信仰宗教的纪律；八是建立政治辅导员机制；九是实现党的组织全覆盖；十是加强教育系统党建工作；十一是开展驻寺党组织建设年活动；十二是压紧压实党建工作责任）。以“小切口”推动大党建，谋划推进基层党建“十二件实事”。

发挥军队在党的建设方面的优势，从部队选派优秀官兵到村（居）担任政治辅导员，并逐步将选派范围拓展至公安民警、县（区）委工作部门干部、乡（镇）党建专干，实现村（居）政治辅导员全覆盖。政治辅导员广泛开展“共上党课”“同过党日”等活动。党组织覆盖企业 179 家，社会组织党组织覆盖率达到 95.7%，推动了党的建设与“两新”自身发展的双向促进；严格落实国企党建 30 项重点任务，5 家市管国有企业党委书记、董事长“一肩挑”，所有市属国有企业都把加强党建工作写入公司章程，党建引领国企不断做强做优做大。围绕“培养什么人、怎样培养人、为谁培养人”这一根本问题，积极推进党组织领导下的中小学校长（园长）负责制和书记、校长（园长）“一肩挑”工作，实现书记、校长“一肩挑”的学校从 4 所增加到 252 所，党的领导体现在教书育人、改革创新、教师队伍建设等各方面。制定下发《日喀则市 2019 年基层党建工作要点任务分解方案》，用“问题清单、任务清单、责任清单”明责明事，诫勉和约谈落实党建工作责任不力的干部 65 名。

市委办公室

【政务服务】 2019 年，共收文件 692 件，转发下发各类文件 375 件，比 2018 年减少 230 份，同步下降 89%；全年承办、协办的全市各类大中型会议 41 场次与 2018 年同期相比减少 38 场次。

【督察督办】 年内先后抽调 8 名年轻、工作能力强的干部到市委督查办工作，充实市委工作力量；制定出台《关于加强新时代党的督促检查工作的实施办法》《日喀则市督查检查考核“十严禁”规定》《日喀则市 2019 年度督察检查考核计划》，细化分解督察任务、明确督察工作职责，从源头上杜绝和避免各项工作层层督查、多头督查、重复督查的现象，年内督查检查考核计划较 2018 年减少 60% 以上。突出决策督查。针对 29 期市委常委会进行决策督查，完成从立项、交办、跟踪、催办、进度、落实到销号“全产业链”的跟踪督办，并在市委常委会上口头汇报。突出专项督查。围绕全面深化改革、推进审批服务便民化，全市窗口单位设置不合理、办事流程不规范，中央第三巡视组脱贫攻坚专项巡视反馈问题、老城区改造工作推进情况、违建林卡拆除工作等市委中心工作进行明察暗访和实地检查；同时针对 52 期市委专题会议进行督办落实。

【基层减负】 结合日喀则实际制定《日喀则市文件“十二不发”规定》《日喀则市会议“十不开”规定》《日喀则市调查研究“十必须”规定》《日喀则市关于反对形式主义为基

层减负问责措施》等制度，做到用制度管人、管事，确保制度执行到位、落实到位。2019年，市委制发文件同比下降63.7%，召开各类会议同比下降49.3%，市政府制发文件同比下降67.5%，清理微信、QQ群546个工作群，平均每个市直单位仅有1.7工作群，基本做大每个市直单位只允许建立一个工作群的目标。

【信息工作】 全年，共向区党委办公厅编报《日喀则信息》3658期，被采用105期，下发《党办约稿》58期，向区党委信息综合科处报送信息2711期，约稿200期，整理编发《要情专报》46期。全年共被中办秘书局采用8篇，被区党委信息综合处单片采用310条，综合科采用32篇，工作情况交流2篇，自治区、市领导批示46件51次，整理编发《每日要情》206期；编发《日喀则信息考核》11期，下发加强党委信息类文件2期。

【史志编修】 一轮志书编纂工作全面收尾，拉孜县、萨嘎县志书已顺利通过自治区总编，送往出版社，岗巴县试行第一、二轮志书合编，分上下册出版，已完成复审。二轮志书工作有序推进，《日喀则地区志》已完成初审，各选区已启动第二轮志书资料收集整编工作，白朗县、吉隆县、昂仁县、仁布县已完成县级初审，康玛县完成县级终审。市县综合年鉴实现全覆盖，创新年鉴编辑工作，增强综合年鉴的实用性，完成2019年年鉴出版印刷；完成《西藏年鉴（2019）》市县两级资料收集和整理工作。方志援藏工作循序推进，选派日喀则市方志工作业务骨干参加山东省方志业务培训，淄博市党史研究室通过技术援助的方式协助修订《昂仁县志》，黑龙江省史志研究院派出专家组赴日喀则实地指导业务并授课；加强党史资料征编工作，完成《中国共产党日喀则市大事记（2013—2018）》资料的收集工作，积极配合市委组织部、市委宣传部开展《中国共产党西藏自治区日喀则市组织史（2001—2017）》《中国国家人文地理·日喀则（分卷）》编纂工作；配合完成日喀则革命烈士纪念馆、日喀则庆祝中华人民共和国成立70周年暨西藏民主改革60周年大型成就展布展工作。

6月，日喀则市召开地方志业务培训班，黑龙江省史志专家应邀出席并授课

【机关作风建设】 扎实推进“不忘初心、牢记使命”主题教育，组织开展“十个一”规定动作，累计举办读书班4期，开展集中理论中心组专题研讨6次、学习研讨31次、专题辅导4次、党员志愿服务16次，实地参观学习5次，观看专题片4次。单位主要负责

自治区政府副主席、市委书记张延清，市委常委、秘书长雷进昌，市委常委、纪委书记马陵田以普通党员身份参加机关党支部主题党日活动。图为机关党支部全体党员在市廉政教育基地重温入党誓词

人坚持重大问题亲自过问、重点环节亲自协调、重点案件亲自督办、重点督办涉嫌违反中央“八项规定”精神的问题线索 7 件，督办市委中心工作落实情况 30 次。班子成员履行一岗双责，不断加强分管领域党风廉政建设，做到分工走到哪里、党风廉政建设走到哪里。把党风廉政建设纳入办公室机关干部选拔任用和考核评价、年终评先选优的重要依据，实行“一票否决”，进一步严明纪律和规矩。把各类整改作为一项重要政治任务，以最迅速的行动整改、最有利的举措抓落实，坚决做到全面整改、彻底整改。对市委一届市委第七轮巡察九组巡察反馈意见 3 个方面 19 条问题，对市总工会对市委工会经费审查的整改工作均已整改到位。

市委办公室机关干部职工参加市直机关首届全民健身运动会，并取得优异成绩

【干部队伍建设】 2019 年，先后两次调整二级班子结构，提拔正科级干部 6 人、副科级干部 10 人，调整交流科级干部 8 人，选拔干部满意度和基本满意度达到 100%。从各县区各单位选拔调动 7 人到市委办公室重点科室工作，抽调 8 人到市委督查办工作充实市委工作力量，树立“基层练干部、干部出基层”导向。2019 年提拔使用的科级干部中 90 后人数达 7 人，占全部比重的 45%。

（罗布次旦）

组织工作

【干部队伍建设】 一是强化政治训练。2019 年，共举办 60 个班次、培训 4605 人次；加

大“请进来、走出去”力度，邀请专家到日喀则培训2期，培训400余人次，开展“走出去”培训8期，共培训295人，示范带动各县区培训干部近2万余人次。调整充实干部队伍。二是鲜明导向选拔任用干部。全年提拔和进一步使用的145名县级干部中，有乡镇党政正职经历52名，直接从乡镇党政正职岗位上提拔的有31名；开展长期泡病号干部清理排查，39名因年龄、身体等原因不能正常履职的干部被免去领导职务。2019年，提拔的88名副县级干部中，有乡（镇）党政正职经历的34名，22名直接从乡（镇）党政正职岗位上提拔。对照“四种情形”（到龄退休、违纪违法、身体原因、不胜任现职），及时对5名违纪违法、11名因身体原因无法正常履职、14名不胜任现职的市管干部，免去其领导职务。三是落细落小管理监督干部，严肃通报市林草局违规选人用人问题、市教育局违规破格提拔问题和市财政局“带病提拔”干部问题，严肃问责12名瞒报漏报个人有关事项的干部；常态化“咬耳扯袖”，提醒36人次、函询72人次、诫勉15人次，干部管理监督正加快走向“严紧硬”。坚持政治上激励、工作上支持、精神上关怀，对8名过处分影响期，符合干部选拔任用条件的干部大胆使用。

【基层组织建设】 调整撤换146名不胜任、不尽职、不合格的村（居）干部，组织1784名村（居）干部赴其他省市开展“走出去、学先进、比政策、感党恩”教育，举办“乡（镇）党委书记政治训练班”4期、培训204人，“党支部书记政治训练营”32期、培训3200人。制定软弱涣散基层党组织典型表现清单，聚焦思想整顿、班子整顿、作风整顿、举措整顿、制度整顿，落实县（区）委书记、常委班子成员、党工委委员挂点整顿和“一把手”负责制等整顿机制，下派76名优秀年轻干部担任软弱涣散村（居）党支部书记。坚持人往基层走、钱往基层投、政策往基层倾斜，累计从县乡机关下派525名优秀年轻干部到“三类村（居）”（软弱涣散、深度贫困、边境情况复杂村居）担任党支部书记，建成乡（镇）“八有”工程（有水、有暖气、有氧气、有食堂、有阳光棚、有温室、有澡堂、有水厕）试点4个，投入1.66亿元用于村级党组织党建工作经费，兑现村（居）党支部书记业绩考核奖励资金5912.4万元，市县两级兑现村（居）党组织争先进位考核奖励资金1.1亿元，村居党支部书记、主任待遇报酬平均达到4万元。市级投入资金6.19亿元，用于村级组织活动场所标准化建设，已建成活动场所1229个，村级组织活动场所成为“村干部之家”“党员之家”“群众之家”，成为基层党组织组织群众、宣传群众、凝聚群众、服务群众的重要阵地。立足提高村级组织自我保障、团结群众、推动发展的能力。

大力发展村级集体经济，全市村集体经济组织1388个、覆盖1298个村居，较2019年年初分别增加157个、178个，经济收益1.5亿元、增长20.5%。确定软弱涣散基层党组织349个，其中，村（居）党支部180个、机关事业单位党组织109个、国有企业党组织9个、离退休党组织20个、寺管会党组织4个、学校党组织27个。

【人才队伍建设】 年内，从山东、上海两地专项招录125名非西藏生源高校毕业生到乡镇和市属医院工作；其中108名高校毕业大学生全部分配到乡镇工作，17名到市医院工

6 月 27 日，日喀则市举行人才工作暨第二届珠峰英才表彰大会。图为受表彰珠峰英才人物集体受奖

作，30 名服务期满西部志愿者到基层事业单位工作，1670 名大学生作为乡村振兴专干服务村居一线。协调引进博士服务团成员 2 名到市直部门任职，邀请中国科学院院士韩斌一行赴日喀则开展青稞产业考察、开展学术报告并为院士专家工作站揭牌。召开日喀则市人才工作暨第二届“珠峰英才”表彰大会及颁奖晚会，表彰珠峰英才 10 名，举办珠峰扶贫产业大赛暨特色产品成果展评选表彰“牦牛大王”“蔬菜大王”“唐卡大王”等 15 个类别的产业大王和 47 个对扶贫产业发展作出突出贡献的农牧民专业合作社。选送 30 名专家人才、25 名产业人才代表、3 名“西部之光”访问学者赴其他省市学习培训，组织近 60 人赴同济大学开展第四、五期城乡规划建设与管理专题培训，组织 72 名县乡两级产儿科医护人员在市人民医院、市妇保院等跟班学习，补齐基层卫生事业短板；组织 30 名专家人才代表召开座谈会，为全市改革发展稳定民生事业建言献策；鼓励人才向基层流动，选派 371 名县乡优秀年轻干部到软弱涣散村（居）担任党组织书记。

【公务员管理】 全市套转职级公务员 5384 人，职级晋升 2466 人（不包括四级调研员以上人员），其中晋升县乡基层干部人数 2104 人。通过全区公开招考公务员，23 人分配到日喀则工作；坚持“凡进必考”“阳光考录”，面向基层遴选 43 名市直机关工作人员；全年调入 85 名公务员。完成 2019 年公务员考核工作。做好审批全市县处级及市直单位科级以下公务员工资正常晋升、固定、浮动变动、职务变动等审批工作。

【机构编制】 贯彻落实《中国共产党机构编制工作条例》，按照条例规定的基本原则和制度，围绕治边稳藏大局推进机构编制工作。采取“设置机构—设立党组—配备班子—挂牌转隶”四步走，推进党政机构改革，市县两级分别设置党政机构 50 个、646 个，建立健全领导体制和工作机制，构建起系统完备、科学规范、运行高效的机构体系，日喀则市党政机构改革圆满完成。把机构编制资源向安全生产、基础教育、医疗卫生等重点领域倾斜，严控总量，统筹使用，科学增减，调整后中小学教师资源配置分别为 1∶12、1∶13、1∶18 左右，基本达到国家标准；完成乡镇卫生院人员优化配置，保障每个乡镇不少于 3 名工作人员。统筹推进控编减编工作和机构编制规范化管理，完成机构改革人员转隶，解决科技园区人员混编混岗问题。推动职权

8月10日，市委常委、组织部部长杨昆出席日喀则市公务员局揭牌仪式

事项应进必进，建设覆盖市县的政务服务中心、便民服务中心，市县行政审批和便民服务局挂牌运行，办理事项9.47万余件，五大保险等民生保障事项实现“一站式”办理，有力打通服务群众“最后一公里”。加快推进“互联网+政务服务”，市县两级政务服务事项网上可办率均达到100%。

【老干部服务管理】 结合离退休党支部工作实际，制定并下发日喀则市离退休干部党工委“不忘初心、牢记使命”主题教育工作先行一步大调研登记表，共收回230份，收集意见建议37条。委托第三方，对党性强、威信高、熟悉党建工作、善于抓思想政治工作和群众工作的优秀党支部书记及党员代表拍摄专题片《日喀则市党务工作者工作纪实片》。围绕老干部在藏时的工作情况、退休后生活、组织上的关心关爱等内容委托第三方对主要居住在北京、上海、广东、成都、兰州、西安、河南、安徽、河北等省市的日喀则市8名离休干部、10名十八军老战士和12名老干部代表开展访谈拍摄完成《铭记光辉历史，传承红色基因》专题片，该片在新华社APP中点击量超过110万次，并在珠峰党建平台等媒体上播放。庆祝中华人民共和国成立70周年时，分2批共邀请40名安置在成都、拉萨、日喀则的退休老干部重回故里看发展活动。10月2—5日，组织100名离退休老干部参加达热瓦林卡游园活动，感受日喀则这些年的发展变化。对全市50岁及以上党龄的老党员进行走访慰问，发放荣誉证书和慰问金每人1000元，共计17万多元。对组织关系在日喀则市的两名离休干部进行慰问，并给每人送去慰问金4000元。利用“三大节日”组织人员对全市所有离退休干部和西藏自治区驻其他省市办事处、十八军代表等进行走访慰问。同时对18个县（区）、驻拉萨办事处及西藏驻其他省市7个办事处的安置人员发放2019年“三大节日”慰问金，并收集慰问金资金往来收据和发放凭证。组织安置在日喀则、拉萨、成都的退休老干部召开迎新春茶话会，通报上一年度经济工作发展情况，并听取老干部对全市经济工作的意见建议。组织27名地厅级退休干部赴云南进行健康疗养。依托珠峰党建平台，对市直各单位退休党支部的管理员进行软件安装及基本操作培训，完成全市离退休党支部、党员信息录入工作。做好十八军（四路进藏）离退休老干部及其后代、在西藏和平解放、民主改革等重大历史事件中给予党和军队无私支援、鼎力相助的群众

6月22日，日喀则市召开离退休老干部重回故地看发展座谈会

及牺牲生命群众的后代、西藏自治区成立以来在改革发展稳定中作出的突出贡献的模范人物及其后代推荐工作。为方便老干部就医问诊，自治区为部分地厅级领导干部在成都华西医院和华西口腔医院办理就医卡，免去挂号、排队、无床位等就医棘手问题。经多次与珠峰城投公司、市财政局、拉萨办事处等部门协商，拉萨老干部活动中心已经正式投入运营。

（陶子阳）

宣传工作

【意识形态领域工作】 2019年4月，召开日喀则市2019年宣传部长会议，对全市意识形态工作进行分析研判，划定年度工作重点，做出具体工作安排，提出明确要求。2019年11月，市委召开专题会，听取意识形态领域形势的汇报，对全市意识形态工作进行分析研判，安排部署下一步工作。把意识形态工作作为党的建设和政权建设的重要内容，纳入日喀则市目标绩效争先进位考核办法进行目标管理，对意识形态工作进行专项考核，与各级党委（党组）签订目标责任书。结合《中国共产党宣传工作条例》（以下简称《条例》）的贯彻落实，由市委宣传部牵头，会同纪检监察、组织、发改、财政等部门，对照《条例》健全意识形态工作协调机制、调查研究制度、双向述职制度、工作例会制度、责任追究制度、考核评价制度等。市委宣传部专门安排一名副部长分管市级媒体单位，经常深入指导，确保媒体宣传导向正确。结合三个专项斗争，联合自治区“扫黄打非”办深入18个县（区）开展全覆盖、拉网式专项检查，有效净化社会环境。

【新闻宣传】 结合脱贫攻坚、援藏轮换、“六城共建”、生态环保、主题教育、首届农牧民运动会等重点工作，先后制定《日喀则市2019年新闻宣传报道计划》《日喀则市第三个“民族团结进步日”宣传工作方案》《庆祝中华人民共和国成立70周年宣传报道方案》《阿旺曲尼同志生前典型事迹宣传报道方案》《日喀则市“不忘初心、牢记使命”主题教育宣传报道方案》等各类宣传报道计划和方案16个，召开新闻协调会23次。日喀则日报刊登各类专题25个，新开设专栏40个，共出594期报纸，刊登5500余篇稿件，刊登各类公益广告270余个版；日喀则广播电视台先后开辟《壮丽70年 奋斗新时代》等7个专栏，共播出汉语新闻2776条、藏语新闻1583条。其他栏目制作播出《珠峰有约》10期、《周末大舞台》24场、《珠峰欢乐会》17期、广播播出344期、“我和我的祖国”快闪、城市亮化3期街景微视频；新媒体方面，“日喀则新闻中心”微信公众号推送图文、视频新闻3000条，并对首届农运会和中华人民共和国成立70周年大庆活动进行微信全程直播。“日喀则广播电视台”微信公众号推送图文、视频新闻2580条，并对首届亚东国际边贸旅游文化节开幕式、全市庆祝中华人民共和国成立70周年系列重大活动进行微信全程直播。集中投放庆祝中华人民共和国成立70周年和纪念西藏民主改革60周年、脱贫攻坚、扫黑除恶、民族团结、生态环保、“四讲四爱”等各类宣传标语口号71万余条次，在全市范围开展国旗飘起来、领袖像挂起来、文化墙建起来、广播响起来、新风树起来的“五个起来”宣传阵地标准化建设，构建“一县一特色、一村一阵地”社会宣传格局。刊发先进人物事迹报道82篇，深入挖掘阿旺曲尼、尼玛格桑、扎西边宗等先进事迹，成功举办第三届“感动日喀则人物”评选颁奖活动。

【理论宣传】 制发《日喀则市各级党委（党组）理论学习中心组2019年度理论学习重点内容安排意见》，市委理论学习中心组以上率下、示范引领，组织开展集体学习19次、封闭式研讨2次、邀请专家学者辅导学习1次，各成员深入基层践行，撰写调研报告，各级党委（党组）紧跟市委步伐，组织集中学习均在12次以上，形成理论文章、调研报告1000余篇。为全市各级各部门配发《活页文选》《纪念西藏民主改革60周年宣讲提纲》《脱贫攻坚宣传手册》《习近平谈治国理政（第二卷）（藏语版）》等学习资料49900余册，为市级领导配发《习近平新时代中国特色社会主义思想学习纲要》《习近平在正定》等学习用书41类2700余册，有力保障各级领导干部学习需求。联合市教育制定印发《日喀则市各级各类学校教师队伍政治理论学习安排意见》，强化指导全市各级各类学校教师队伍政治理论学习。坚持把“学习强国”作为优化中心组学习的“掌上宝典”，动员组织全市3万余名党员干部加入“学习强国”平台，向区宣部推送“脱贫攻坚”“四讲四爱”“百灵”微视频等各类供稿245篇，采用率90%以上，推送“学习强国”强国问答栏目稿件18篇，完成覆盖18个县（区）委宣传部、204个乡镇的“学习强国”业务培训，采取积分兑换电影票、购书券等激励措施，人均日积分达32分以上。围绕重大主题，组织开展理论文章征集活动，收集各类理论文章457篇，择优向区宣部推进报送17篇，在《日喀则日报》上刊登43篇；组织开展《伟大的跨越：西藏民主改革60周年》白皮书基层群众座谈会和日喀则市庆祝中华人民共和国成立70周年理论研讨会暨学习习近平新时代中国特色社会主义思想交流会，共计110余人参加座谈和研讨；配合区宣部和自治区脱贫攻坚指挥部，顺利完成全市县处级以上领导干部脱贫攻坚政策考试，考试合格率99%以上。组建各级各类宣讲团（组、队）3000余个，开展覆盖市、县、乡、村四级理论宣讲活动4.1万余场次，受教育群众229.8万人次，摘选习近平总书记经典语句30条。推进中共十九届四中全会精神进机关、进企业、进村组、进乡镇、进学校、进军营、进寺庙，组织293名农牧民宣讲员参加“中共十九届四中全会精神基层骨干宣讲员培训班”，开展宣讲3587场次，受教育群众达176198人次，推出“日喀则市各县区多形式多载体学习宣传中共十九届四中全会精神”等多篇系列新闻报道。

【国防教育】 把党委（党组）中心组学习作为加强领导班子和领导干部国防思想理论建设的重要措施，将习近平总书记关于加强国防教育和军队建设的重要思想和《中华人民共和国国防法》、《中华人民共和国国防教育法》列入县（处）级以上党员干部理论学习内容，把国防教育纳入年终干部考核内容。组织开展“军事日”活动，领导干部深入驻军单位看望慰问官兵，向官兵学习国防知识，了解国防建设情况，增强党员干部国防意识。以每年的国防教育日为契机，紧密结合“六城共建”“四讲四爱”群众教育主题教育实践活动，依靠驻村、驻寺干部宣讲国防教育知识、讲解国家及西藏历史，让群众明白“没有国哪有家”的道理，拓宽教育渠道；将国防法律法规、国防知识纳入宣讲内容，组织农牧民宣讲员在“五下乡”等重大主题宣讲活动中用百姓话语进行宣讲，提升教育效果。在各学校德育室内设置国防教育、爱国主义教育板块，张贴国防法律法规及国防知识、国家及西藏历史知识，定期组织学生参观学习；初中、高中学校每年新生入学均进行为期一周的军事训练；各学校将国防教育纳入教学内容，加大国防教育进课堂力度；充分利用“3·28”、五四、七一、八一等节庆日，邀请老干部、农牧民宣讲员宣讲旧西藏的苦新西藏的甜，邀请驻军官兵讲解国防教育知识，组织学生观看英雄事迹影片；利用宣传橱窗、黑板报、升国旗仪式等宣传载体，宣传国防知识。

【思想道德建设】 召开全市未成年人思想道德建设暨文明校园创建工作推进会，围绕庆祝中华人民共和国成立70周年和纪念西藏民主改革60周年主题主线，在各级各类学校持续开展“开学第一课”、社会主义核心价值观进校园等活动，不断引导青少年扣好人生第一粒扣子。组织653名农牧民宣讲员分4期开展集中封闭培训，组织204名乡镇农牧民骨干宣讲员赴北京市、贵州省开展为期18天、行程约1万公里的学习考察活动，实现1673个行政村骨干宣讲员培训全覆盖。推广“一村一群”微信宣讲模式，全市各级各层面共建成微信宣讲群1911个，推送宣讲音视频、阳光西藏公众号信息等学习内容42万条，组织宣讲活动3.9万余场次，受教育群众达218万余人次。以更高标准组织实践，开展实践活动12.8万余场次，参与群众达

日喀则市庆祝西藏百万农奴解放纪念日文艺会演

288.8 万余人次。从市级层面谋划、设计推进建章立制工作，制定出台倡导爱党爱国爱社会主义、倡导团结统一等“十个倡导”的村规民约指导意见，由各村召开村民大会表决通过后全面实施。在中央、自治区级、市级新闻媒体刊播 408 条，全市各级微信公众号等新媒体推送信息 3901 条，向自治区学习强国 APP 推送信息 184 条。组织文艺演出 823 场次、民俗文体活动 4310 余次、放映爱国主义电影 1512 场次，展播爱国主义电视剧 1040 集。市活动办围绕自查考评发现的问题和自治区活动办《督导专报》中所列问题，结合日喀则实际，制定印发《关于“四讲四爱”群众教育实践活动中存在突出问题的整改方案》，明确责任单位、责任人、整改时限，确保整改工作落实到位。

【精神文明创建】 组织开展“五下乡”文艺演出 5 场次，中共十九大精神和文明健康等相关知识有奖问答宣讲 10 场次，直接服务群众人数达 1.2 万人次；《日喀则日报》、日喀则调频广播 FM95 播出公益广告共 21724 条（次），在市区主要街道制作挂牌、贴图、出租车公益广告 3728 个（张），异型广告牌 212 座；全市开展“我们的节日”主题活动 126 场次，26600 余人参与；开展各类志愿服务活动 3 万余场次，参与人数 25 万余人次；开展“珠峰道德讲堂”3 场；组织全市各级各部门各单位在“3·28”“7·1”“10·1”“6·2”民族团结进步日、9 月民族团结宣传月等时间节点和每周开展的“升国旗唱国歌诵党章”等活动，大力宣传党的民族理论、民族政策、民族法规等；持续开展向卓嘎央宗姐妹，国旗老阿妈等先进人物的宣传学习。全年评选表彰 10 家民族团结进步创建活动示范单位，37 个民族团结进步模范集体，60 名民族团结进步模范个人。制作发放志愿服务服装 6 万余件（顶），“学雷锋志愿服务队”“巾帼志愿服务队”全市 204 个乡镇建立全覆盖，开展志愿服务 1000 余场次，受益群众 10 万人次，表彰自治区级优秀志愿者 20 名，评选表彰日喀则市级“最佳志愿服务活动组织”10 个、“最佳志愿者”95 人；召开全市精神文明建设表彰大会、“新时代好少年”表彰会议、第三届“感动日喀则人物”颁奖仪式，评选表彰 10 家诚信企业、30 个诚信示范店，12 名新时代好少年，10 名感动日喀则人物；积极推荐申报文明家庭 105 户、文明单位 69 家、文明校园 31 所、文明村镇 78 个、文明县城 2 个；围绕“3·15”“食品安全宣传周”等重要节点，开展集中宣传教育活动 50 余场次；走访慰问道德模范、劳动模范、日喀则最美人物 56 人。建好用好乡村学校少年宫 58 所。协调自治区确定日喀则昂仁县、拉孜县、亚东县、桑珠孜区作为自治区首批新时代文明实践中心试点县，其中昂仁县于 2019 年 3 月正式挂牌成立新时代文明实践中心。

【新闻发布与宣传】 完成中央电视台电影《攀登者》摄影团队、东方卫视《脱贫攻坚我们在行动》拍摄组共 350 余人的对接协调工作；协调联络自治区媒体发布 2139 篇（条）。在自治区召开脱贫攻坚新闻发布会 1 次，在市级先后召开庆祝中华人民共和国成立 70 周年系列活动、西藏民主改革 60 周年以来全市经济社会发展成就、“六城共建”、第十七届珠峰文化旅游节、出租车计价收费、高校毕业生就业创业、出租车文明从业管理、消费者权益保护工作共 8 次新闻发布会，取得良好的宣传效果。调整充实日喀则新闻系列职称评审委员会委员，制定印发《日喀则市新闻系列职称评审细则》。8 月，完成全市新闻系列 63 名初级职称和 7 名中级职称的评审评定工作。

【新闻出版管理】 2019 年 3 月，市“扫黄打非”办公室工作职能从市新闻出版广电局划转到市委宣传部后，重新调整成立“扫黄打非”工作领导小组，研究制定《日喀则市 2019 年“扫黄打非”工作实施方案》《开展“扫黄打非”净化专项斗争工作方案》《关于开展“扫黄打非”第二次联合专项行动细化方案》等方案。先后组织召开 2 次全市“扫黄打非”工作推进会，成立督导组先后 2 次深入基层对意识形态领域安全特别是“扫黄打非”工作部署情况以及“扫黄打非”基层站点规范化、标准化建设等情况进行督导检查，对检查中发现的问题当面进行反馈，责令整改的单位限期内整改到位，并下发整改方案，强化督促落实。2019 年度，共出动执法人员 5321 人次，检查各类文化市场经营场所 4532 家次，车次 321 辆，查缴盗版歌碟 34 张，非法出版物 82 本（册），删除淫秽色情短视频 61 条、违禁歌曲 42 首，发放宣传资料 7500 余张（册）、答疑解惑 32 条，签订安全管理目标责任书 732 余份。为 1673 个农家书屋、330 个寺庙书屋补充更新出版物 4006 包。开展印刷发行行业年度核验工作，对 2 家印刷企业、32 家出版物经营场所开展年度核验登记工作，办理 4 期内部资料准印证（一次性）。同时，印发《日喀则市推进使用正版软件工作计划》。组织开展“绿书签行动”系列活动，发放宣传海报 200 张、小书签 500 份、宣传册子 100 余份、宣传资料 500 余份。

【媒体建设】 先后组织新媒体建设业务培训 8 次，在首届农牧民运动会报道上首次尝试以“现场云”为平台的直播宣传报道。制定《日喀则市县级融媒体中心建设实施方案》，明确县级融媒体中心建设的路线与步骤、重点工作。择优将江孜县等 14 个县列入自治区第一批县级融媒体中心建设试点；先后选派 45 名县级融媒体中心管理人员和技术人员到拉萨、上海、北京考察学习融媒体相关理论知识、实践经验。6 月 10 日，邀请上海市东方网集团来日喀则市调研县级融媒体建设需求。7 月 15 日，市委常委、宣传部部长戎新龙一行考察组前往上海市，同东方网对接融媒体建设援藏事宜；推动日喀则市作为上海市第十七个区整体入驻上海市融媒体统一技术服务平台，借助上海统一技术服务平台赋能，推进日喀则市县媒体融合发展。

【党报党媒】 主题宣传。2019 年，《日喀则日报》藏、汉文报，围绕“3·28”、“我们的节日·春节、藏历新年”、清明节、端午节、中秋节、七夕、重阳节、五一、五四、七一、八一、援藏轮换、第三个民族团结进步日、庆祝中华人民共和国成立 70 周年、纪念西藏民主改革 60 周年、脱贫攻坚、“六城共建”、生态环保、“四讲四爱”、“不忘初心、牢记使命”主题教育、日喀则市首届农牧民运动会、第十七届珠峰文化旅游节等进行大力宣传报道。围绕第十七届珠峰文化旅游节、日喀则市首届农牧民运动会、中华人民共和国成立 70 周年、纪念西藏民主改革 60

周年进行前期策划。截至2019年12月31日，刊登各类专题25个，“不忘初心、牢记使命”相关稿件80余篇，环保督察相关稿件100余篇，“双创”相关稿件40余篇，“六城共建”相关稿件140余篇，民族团结相关稿件40余篇，扫黑除恶相关稿件60余篇，“四讲四爱”相关稿件50余篇，脱贫攻坚相关稿件430余篇，中华人民共和国成立70周年暨西藏民主改革60周年相关稿件270余篇。开设专栏70余个，新开设专栏40余个，主要有《庆祝西藏民主改革60周年》《六十一甲子雪域天地新》《壮丽70年奋斗新时代》《不忘初心、牢记使命》《壮丽70年雪域欢歌》《垃圾绿色分类守护健康家园》《接力对口援藏续写壮美华章》《深入开展“不忘初心、牢记使命”主题教育》《民族团结一家亲》《身边的感动——我们的核心价值观》《重拳出击扫除黑恶》等，继续刊登《脱贫攻坚在行动》《中央环保督察整改进行时》《凝心聚力共建六城》等栏头，截至12月31日，共刊登5600余篇稿件，微信公众号“日喀则新闻中心”共发布稿件3000条左右，原创60余条，关注人数48200人。藏、汉文报刊登核心价值观等多类公益广告300余个版。刊登各类宣传标语，涉及脱贫攻坚、中华人民共和国成立70周年、西藏民主改革60周年、“不忘初心、牢记使命”主题教育、“六城共建”、扫黑除恶、民族团结等。

活动策划。日喀则报社“两报一微”针对2019年全市首届农牧民运动会、庆祝中华人民共和国成立70周年、重大活动，积极策划，制定《日喀则市第一届农牧民运动会宣传报道方案（报社）》《扫黑除恶宣传方案（报社）》《日喀则报社新媒体工作方案》等，组织记者深入定结、亚东、吉隆、白朗、谢通门、拉孜等多县进行实地采访，就脱贫攻坚、民族团结、“四讲四爱”“不忘初心、牢记使命”主题教育、乡村文明等内容深入采访报道。2019年，在日喀则首届农运会举办期间以及国庆70周年期间，日喀则报社“新媒体中心”依托“现场云”平台对全市组织开展的部分活动进行全程直播。

报纸经营。2019年《日喀则日报》藏文及汉文年出版期数为710期，期发行量为9950份，年度发行量为346.14万份，年度总印数353.22万份。全年报刊收入130.31万元，广告收入56.63万元（未缴税），税后所有收入全额上缴财政。

【“四讲四爱”群众教育实践活动】 把“四讲四爱”活动摆在更加突出的位置，纳入市委6项重点工作之一，先后5次在市委常委会会议、3次在市委重点工作会议上进行安排部署，采取自查考评、巡回督导、电话调度等方式推动活动在全市范围内深入开展；谋划推动204个乡镇农牧民骨干宣讲员赴北京市、贵州省学习考察。县、乡、村三级书记节节总结、带头示范，结合实际制定工作方案、细化任务措施，统筹协调有力。全市各级各层面共组织宣讲活动39229场次，受教育群众达2176256人次，在全市范围内创建推广“一村一群”微信宣讲活动，建成微信宣讲群1911个。共开展实践活动128222场次，参与群众达2888139人次。开展主题文艺演出1927场次，参与群众达507236人次，各县（区）、乡镇、社区、村居开展民俗文体活动2420余次，放映爱国主义电影1395场次，展播爱国主义电视剧892集。

【“学习强国”学习情况】 坚持把“学习强国”作为优化中心组学习的“掌上宝典”，动员组织全市3万余名党员干部加入“学习强国”平台，向自治区党委宣传部推送“脱贫攻坚”“四讲四爱”“百灵”微视频等各类供稿245篇，采用率90%以上，推送“学习强国”强国问答栏目稿件18篇，完成覆盖18个县（区）委宣传部、204个乡镇的“学习强国”业务培训，采取积分兑换电影票、购书券等激励措施，人均日积分达32分以上。开展“学习强国”APP安装比学活动5052场次，参与群众达131182人次，组织广大党员、群众利用休闲时间，碎片化时间学习新思想，推动平台成为全市干部群众干事创业的加油站。

【自身建设】 组织部机关理论学习中心组学习19次、撰写心得体会50余篇、各支部学习均在40次以上，围绕“不忘初心、牢记使命”主题教育，专题学习《习近平新时代中国特色社会主义思想学习纲要》4次，专题研讨6次。先后组织20余名领导干部和业务骨干外出学习培训，举办第五期宣传思想战线干部业务能力培训班，培训各县（区）委宣传部部长、常务副部长，以及市直宣传思想文化系统业务骨干40多人，分2期举办全市乡镇宣传委员培训班，实现对全市204个乡镇宣传委员培训全覆盖。深入开展调查研究，撰写高质量调研报告5篇。加强部机关作风建设，认真贯彻落实中央“八项规定”及实施细则精神，进一步修改完善相关制度10余项。

（蒋　体）

统一战线

【党外代表人士建设】 选派26名党外干部和党外知识分子到自治区社会主义学院和其他省市院校培训，推荐61名全市宗教界人士为西藏自治区第十一届佛协理事人选（其中新提名23人）和14人为常务理事（其中新提名4人）。进一步加强对非公经济人士和新的社会阶层人士的管理，协同市工商联和市网信办，做好非公经济人士和网络意见人士统计工作，并分类登记造册。加强与市直相关部门的沟通衔接，及时将自治区最新调整的有关党外人士待遇落到实处。

3月26日，日喀则市举行宗教界人士庆祝“3·28”百万农奴大解放座谈会

【寺庙管理】 年内，全市进一步使用15人、交流调整96人，各县区对驻寺基层党建经费投入80.65万元。根据《西藏自治区党委关于落实中央宗教工作督查反馈意见的整改工作方案》明确的10项31条整改内容，6月5

日召开整改工作动员部署会议，制定印发整改方案。

【参政议政】 广大非公经济委员、代表在全市非公经济领域发展改革稳定各项事业中建言献策，特别是围绕园区建设、产业发展、企业转型升级、降低市场准入门槛、优化营商环境、提升政务服务水平和加强宣传引导等方面提出有价值的意见建议。截至年底，在全市非公经济人士中，担任区、市、县三级人大代表和政协委员的有198名，进入县级政协班子的非公经济人士有4名。

【统战信息和社院培训】 2019年，日喀则市统战系统编报信息261期，被中共西藏自治区委员会统一战线工作部授予全区统战系统信息工作先进单位称号，连续五年获得全区七地市统战信息工作第一名。2019年，市社会主义学院共计培训班次29期、培训人数总共1048人，其中举办全市统战民族宗教工作业务培训2期，参训人员200人。

（马东东）

政策研究

【调查研究】 2019年，深入萨嘎县拉藏乡溪果村开展调研，形成《让党旗在村级组织阵地上高高飘扬——萨嘎县拉藏乡溪果村村级组织活动场所成为党员群众之家》调研报告；围绕专合组织专题，深入桑珠孜、江孜、南木林、仁布等县区开展调研，形成《关于农牧民合作社发展情况的调研报告》；围绕脱贫攻坚专题，深入白朗县，就蔬菜产业发展情况和带动贫困群众增收情况进行深入细致的调研。同时，根据自治区党委政研室等有关部门要求，采取书面调研、实地调查等方式，形成《农牧区基层党组织建设调研专题情况报告》《关于“不忘初心、牢记使命”主题教育的专题调研报告》《关于日喀则市脱贫攻坚工作情况的调研报告》《南木林县大学生（中职生）就业动态清零行动调研专题情况报告》《仲巴县持续巩固脱贫攻坚成果——紧扣畜群调整 狠抓牲畜出栏》等调研报告。

【文稿撰写】 年内共起草和审改重要文件、领导讲话、调研报告、汇报材料、理论文章等各类文稿1000余篇，500万余字，涉及经济、社会、民生、改革、文化、“三农”、生态、宗教、党建等各个领域各个方面。具体包括，市委主要领导在全市经济工作会议、农村工作会议、党建工作会议、政法工作会议、宣传思想工作会议、统战民宗工作会议、文化旅游工作会议、招商引资工作会议等一系列重要会议上的讲话；向中央部门、援藏省市、自治区主要领导汇报全市经济社会发展、国家安全、党的建设等方面开展情况的材料；《日喀则市边境地区经济社会发展基本情况报告》《日喀则市萨嘎县关于霍尔巴羊产业发展的情况报告》《日喀则市举办农牧民运动会情况的报告》《立足优势做强产业群众致富信心十足——吉隆县特色产业发展势头强劲》等专报。

【期刊编发】 2019年，共编发《日喀则调研》4期、《援藏日喀则》4期、《日喀则政研通讯》4期，共11200余册。

（汪 娇）

党校教育

【干部培训】 2019 年，市委党校（市行政学院）开展新专题试讲 58 人次，实施教师授课情况测评 270 次；新研发专题 44 个，授课专题达到 100 余个。2019 年，共完成各类培训班 69 期，培训党员领导干部 4894 人次，其中主体班 62 期 4317 人次、联合班 7 期 577 人次；按照市委领导关于做好中共十九届四中全会精神教育培训的指示精神，计划新增全会精神专题研讨班 10 期，培训党员干部 1380 人次，其中 2019 年完成 3 期 440 人次。

年内，实施区党校 VPN 远程教学 1 场，培训学员 100 余人次；举办党校系统人才培训班 2 期 60 人次。实施委托培训和异地教学 3 次 82 人次，邀请领导干部、专家授课 105 人次，听报告 3339 人次。开展宣讲、送教上门 263 场次，受教育 23279 人次，宣讲专题 20 余个包括西藏民主改革 60 周年的光辉成绩、“不忘初心、牢记使命”、中共十九届四中全会等内容。

【理论研究】 2019 年，完成 2 个市级科研课题；主动与山东省委党校进行对接，完成 6 个横向合作课题；3 个自治区党校科研课题成功结项，其中 1 个获得优秀奖；申报自治区党校决策咨询项目 2 个。2019 年，市委党校（市行政学院）共发表理论文章 19 篇。其中《把新时代生态文明改革推向前进》《网络意识形态安全面临的挑战与对策》等文章在《西藏日报》《青海民族大学学报》《法制与社会》《西藏发展论坛》等在省级刊物上发表。2019 年，市委党校（市行政学院）组织全体教师撰写理论文章 20 篇。主要围绕学习贯彻中共十九大精神、中华人民共和国成立 70 周年、西藏民主改革 60 周年、中国共产党成立 98 周年，脱贫攻坚和民族团结等内容。2019 年，市委党校（市行政学院）召开全市党校系统“不忘初心、牢记使命”庆祝中华人民共和国成立 70 周年理论研讨会；先后有 5 人参加中国民族学学会 2019 年高层论坛和全区党校（行政学院）系统“打赢脱贫攻坚战 巩固脱贫攻坚成效”等理论研讨会，4 人接受日喀则电视台等新闻媒体采访。

【学校管理】 2019 年，市委党校（市行政学院）制定出台《青年教师导师制实施办法（试行）》《青年教师挂职锻炼实施办法（试行）》《科研工作考核奖励办法（试行）》《师资准入与退出实施细则》系列规章制度。2019 年，市委党校（市行政学院）围绕“不忘初心、

12 月 26 日，市委党校（市行政学院）江洛康萨现场教学点揭牌暨民族团结工作干部培训班开班仪式举行

9月28日，市委常委、组织部部长杨昆出席市委党校（市行政学院）2019年秋季学期开学典礼

牢记使命”主题教育建章立制要求，对原有的40项规章制度进行废改立释、归纳整理为26项。2019年，市委党校（市行政学院）立足“用学术讲政治”深化教学改革最新要求，对原有的《精品课评选实施办法》《新专题试讲制度》等进行补充完善，组织骨干教师结合专业方向制定精品课打造计划和专题，通过初评确定精品课5门。

【基础设施建设】 2019年，经市委研究同意《关于加强和改进党校工作的意见》并印发执行。按照“十三五”建设规划，实施市委党校改扩建项目一期工程，截至年底该项目已完成总工程量的65%；积极筹划扩建项目二期工程，计划于2020年开展招投标工作。2019年，市委党校（市行政学院）投资70余万元，重点打造江洛康萨社区、江孜历史文化陈列馆两个现场教学点，丰富现场教学内容。2019年，市委党校（市行政学院）投资专项资金70余万元，实施党建文化展厅、机关文化长廊、支部活动室标准化建设。

【队伍建设】 2019年，市委党校（市行政学院）根据党校发展建设需要，调整提拔和聘任科级干部8名，完成8名干部的职级套转和转正定级、2名教师的初级任职，新调入2名优秀干部，充实二级班子队伍；完成4名工人的正常退休工作。2019年，市委党校（市行政学院）按照青年教师培养相关制度，安排3名骨干教师分赴市直相关部门开展挂职锻炼；安排17名青年教师赴区党校听课66场次，安排全市党校系统教师和管理骨干72人次到区内外进行交流学习。2019年，市委党校（市行政学院）严格落实备课试讲、跟班听课、集体读书会、基层调研等制度，安排4名优秀教师对青年教师进行一对一辅导，举办“用学术讲政治”专题交流研讨会。

档案工作

【综述】 2019年机构改革中将档案局、馆分设，档案局在市委办挂牌，设档案业务综合科。推进档案数字化建设，完成2019年纸质档案数字化608件。

【宏观管理】 2019年，下发机构改革档案工作相关红头文件，向20多家涉改单位下发《机构改革档案处置方案》《涉改单位档案移交进馆要求》《文书档案移交处置流程》《涉改单位档案移交计划》《机构改革三定方案》等文件。对全市20多家涉及机构改革单位的档案进行规范化指导，开展涉及机构改革单位档案接收进馆工作，做好全市机构改革中档案处置工作，按照要求完成涉改单位档案安全、完整的移交。开展档案宣传教育活动，利用“国际档案日”的有利时机，加大档案工作宣传力度，发放宣传画 200 多张、宣传手册 150 多份、接收群众咨询 50 多人次。

【档案整理和开发利用】 2019 年接收涉及机构改革单位市城乡规划局、市工商行政管理局、市国土局、市卫生局等单位永久档案 10583 件、长期档案 10030 件、短期档案 16289 件、光盘 4 张，接收重大活动档案包括日喀则市第十七届珠峰文化节“321”工作领导小组以及上海市第八批援藏项目永久档案 811 件、长期档案 492 件、短期档案 177 件以及竣工资料 93 盒、会计凭证 50 盒。接收市政府、市委统战部、市农发办、市司法局等单位档案进馆。其中文书档案 2675 卷（盒）27403 件，专门档案 141 盒 384 件，会计档案 50 盒，光盘档案 3 张。

【档案查阅利用】 按照群众查阅档案“最多跑一次”的工作要求，以实现群众查阅利用档案满意度 100% 为目标，加强档案查阅利用服务工作，2019 年，共接待查阅 1014 人次，档案利用卷数为 225 卷 6389 件。

【业务指导】 通过培训对 17 个县（区）农村土地登记确权资料进行统一规范指导，确定归档范围，归档标准及保管期限，强调同级档案部门对承包土地确权文件资料的形成、积累、归档和移交工作进行业务培训和指导，对档案整理进度，档案移交，档案资料齐全完整负责。同时，配合市扶贫办对 18 个县（区）精准扶贫档案进行指导，帮助市扶贫办整理档案 600 多件。

市直机关党建

【思想政治建设】 坚持党支部书记带头讲党课，每名党员干部都谈心得、谈体会。组织召开学习 16 次，开展 3 个规定专题研讨交流，2 次自拟主题研讨会。组织党员干部参观革命烈士纪念馆，重温入党誓词。参观宗山博物馆“辉煌日喀则、壮丽新时代”主题展。集中观看警示教育片。围绕加强机关党的建设、争当模范机关等方面，明确调研主题、调研内容、要求副科级以上党员干部开展调研，形成 7 篇调研报告、1 篇工作建议。至年底，分别召廾县处级以上党员领导干部、党支部调研成果交流会，坚持问题导向，聚焦问题短板，查摆在主题教育中重点需要解决的问题 12 项。履行对 10 家市直单位和 2 个县的主题教育巡回指导工作。组织机关党员干部认真学习《习近平谈治国理政》《习近平新时代中国特色社会主义思想三十讲》等理论读物。

【基层组织建设】 根据全市机构改革实施意见，已基本完成对涉改部门基层党组织的调整工作，其中撤销基层党组织 58 个，新组建基层党组织 50 个，更名 2 个，调整改选 42 个，换届 13 个，划转 3 个。2019 年 6 月，单独成立市直机关工委党支部。贯彻落实《中国共产党支部工作条例（试行）》，加快推进支部标准化、规范化建设。在市直机关全体党员中广泛开展支部工作条例知识测试活动。同时，联合市委组织部举办“日喀则市《中国共产党支部工作条例（试行）》知识竞赛”。根据区党委组织部《关于进一步做好软弱涣

5月9日，日喀则市举办《中国共产党支部工作条例（试行）》知识竞赛，市委常委、秘书长雷进昌出席并颁奖

散基层党组织整顿工作的通知》要求，结合2018年度市直机关基层党建考核结果，对照13条标准和要求，共排查确定11个软弱涣散基层党组织。至年底，11个软弱涣散基层党组织均已完成整顿任务。

【制度建设】 研究制定市直机关工委党员干部主题教育工作安排和计划表，对重点任务细化分解到每项内容。研究制定《工委领导班子会议议事决策规定（试行）》《工委委员会议事规则（试行）》，建立健全各科室工作职责。制定下发《关于做好市直机关党建示范点创建工作的通知》，创建工作共分为制定方案、全面推进、总结验收三个步骤。出台《市直机关工委关于直属党总支（党支部）申请下拨党费的使用管理办法》，明确下拨党费标准、下拨程序、适用范围。研究制定《市直机关工委、市民委关于开展创建民族团结进步示范机关工作实施方案》，引导各单位把民族团结内容作为机关党建工作的重要内容和有效载体。

【教育培训】 5月底，举办2019年第一期市直机关党员发展对象培训班，11月举办第二期市直机关党员发展对象培训。2019年，机关工委共审查发展党员材料320余人次，积极分子备案16人，发展对象备案14人，审批接收预备党员14人，预备党员转正13人，开展对发展对象的谈心谈话16人次。同时，编印发展党员辅导书400本。先后举办2019年新任党支部书记培训班，组织委员、宣传委员、纪检委员专题培训班，“不忘初心、牢记使命”主题教育党组织书记培训班，共400余人次受训。先后举办6期珠峰党建信息化平台信息录入和子系统业务操作专题培训班。组织举办“学习强国”管理员专题培训，指导各单位熟练掌握对平台的注册、登录、使用和维护。至年底，市直机关共激活党员总数4108名。

【服务管理】 2019年，“三大节日”和七一期间，机关工委共对市直机关130名老党员和困难党员进行走访慰问，发放慰问金15万元。十一期间，对17名困难党员、19名老党员和因公牺牲党员家庭进行入户慰问，共发放慰问金9.8万元。

【重要活动】 年内，组织举办市直机关第一届全民健身运动会，市直单位24个代表队450名运动员参加竞技类、趣味类、传统类、广播体操共4个大项目、17个项目。最终市委办代表队、市职校代表队和市科技局代表队分别获团体一、二、三等奖。在中华人民共和国成立70周年期间，组织各单位举办“不忘初心、牢记使命”主题教育暨纪念中华人民共和国成立70周年演讲比赛。牵头举办以“感恩共产党、唱响新时代”为主题的日喀则市庆祝中华人民共和国成立70周年“红色歌曲大家唱”歌咏比赛。

深化改革

【概况】 2019年，共编发日喀则改革信息12期、月报12期、季报4期，报送《2014—2018年日喀则市全面深化改革工作总结》《日喀则市2019年上半年全面深化改革工作情况报告》《日喀则市2019年全面深化改革工作总结》等总结报告，形成《桑珠孜区大力构建城市区域化党建工作新格局》《以推动增产增效增收“三联动”打造青稞产业发展升级版》《白朗县创新模式推动蔬菜产业发展壮大》等典型案例，总结和宣传全市改革的主要做法、成功经验和先进典型。

【“放管服”改革】 加大简政放权，取消行政职权事项23项，下放行政职权事项29项，调整、变更、合并行政职权事项16项。实施“一次办到底”改革举措，行政审批和便民服务改革扎实推进，将45家市直单位的495个审批服务事项集中到市政务服务中心，建立全链条、闭合式、整体性“车间式”审批和便民服务“流水线”，基本实现“进一扇门、办成一揽子事”。推进“互联网+政务服务”，实施清单发布13383项，网上可办事项13376项，网上可办率99.95%。压缩企业准入时间，通过实施企业名称登记改革、压缩企业开办材料、推行企业开办全程电子化等配套措施，实现企业开办“领照、刻章、办税”等由15个工作日压缩至5个工作日，医疗器械许可证由40个工作日压缩至15个工作日，进口药材通关单签发由3个工作日压缩至1个工作日。推行企业简易注销登记，推进个体工商户简易注销试点工作，企业注销仅需提交《清算报告》等4份材料，公告时间由45天压缩至20天。推进“证照分离”改革，采取直接取消审批、审批改为备案、实行告知承诺、优化准入服务四种形式，有力解决市场主体“办照容易办证难”“准入不准营”等突出问题，实现“准入”“准营”同步提速；依法清理“僵尸企业”，建立“僵尸企业”强制退出机制，采取“上下联动、辖区负责、分组包干、逐一核实”的方法，探索性开展长期停业未经营企业清理工作，全市已依法吊销市场主体320户。

【城市执法体制改革】 2019年3月19日，成立日喀则市城市管理和综合执法局，并且印发《日喀则市城市管理和综合执法局职能配置、内设机构和人员编制规定》和《日喀则市事业单位改革调整实施方案》。按照市、区机构改革方案，撤销桑珠孜区市政市容管委会，并将其职责全部划转至市城市管理和综合执法局。市城市管理和综合执法局承担环境卫生管理、市容市貌管理、市政公用设施管理、园林绿化和公园管理等4大领域管理职责和“1+5”综合执法（城市管理领域执法+生态环境、市场监管、自然资源、水利、公安的部分行政处罚）职责。推进跨部门、跨领域执法权限整合，从与市民群众生产生活密切相关、执法频率高、多头执法扰民问题突出领域入手，整合住建、环保、交通、工商、水务、食品药品6个方面职能，梳理出项综合执法事项51项，并建立了综合执法权力清单和责任清单。全市17个县中，12个县正式挂牌成立了城市管理和综合执法局，市级层面及各县配备了全国统一城管制式服装。

【财税金融体制改革】 推进基本公共服务领域共同财政事权和支出责任划分改革，对全市基本就业服务类等5大类8项进行事权与支出责任的划分。打好防范化解金融风险攻坚战，化解2.76亿元的政府隐形债务。落实小微企业普惠性税收减免政策，已有841户次纳税人享受到税收优惠政策，减免各类税款1.35亿元。加快农牧区金融网点建设，推广应用惠农“一卡通”工程“岗巴经验”，设立金融综合服务站20个、助农取款服务点1651个，金融服务网络覆盖1673个村居，惠及13.37万户农牧户。

【国资国企改革】 重组整合加快推进，珠峰城投集团和珠峰农投集团完成组建。混合所有制改革稳妥推进，64家市属国有企业中混合所有制企业达29家。对市建筑勘察设计室、粮油供应公司和圣康农产品加工厂3家全民所有制企业进行公司制改制。国资监管方式更加优化，将权责清单内容从20项减少到17项，以管资本为主的监管格局初步建立。国有企业支撑作用充分显现，截至10月底，市属国有企业资产总额达到240.94亿元、实现收入5.77亿元、实现利润1.66亿元、上缴税金3791万元。

【农牧区改革】 农村一、二、三产业融合发展体系加快构建，农村资源综合利用效率不断提高，乡村振兴新动能充分迸发。加快转变农牧业经营方式，培育新型农牧业经营主体，全市农牧业产业化经营龙头企业发展到28家、专合组织发展到6577家。探索建立土地、草场流转制度和土地承包经营权退出机制，推进有机青稞集中连片种植，2019年完成1.24万公顷土地流转。

【非公经济领域改革】 持续降低市场准入门槛，激发市场主体活力，截至10月，全市非公经济市场主体已发展到67157户，注册资本（金）突破610亿元，创造税收占全市税收的83.21%。

【开放发展】 融入国家“一带一路”倡议，加强与兄弟地市、全国其他省市特别是援藏省市的交流合作，深化与尼泊尔的互信往来，推进吉隆边境经济合作区建设，恢复樟木口岸货运通道功能，加快里孜、日屋、陈塘口岸开发开放，谋划恢复亚东口岸，巩固提升28个传统边境互市贸易点，提升贸易便利化水平，南亚陆路大通道作用日趋明显，2019年前三季度完成进出口贸易总额33.2亿元，同比增长29.2%。

【民主政治改革】 加强和改进党对人大工作的领导，支持和保证人大依法行使立法权、监督权、决定权、任免权，强化人大机关规范化建设，加强重点领域立法，颁布实施《日喀则市城乡规划条例》，先后审议审定日喀则市《犬只管理条例（草案）》《“门前三包”责任制管理条例（草案）》等地方性法规。完善协商民主制度，统筹推进政党协商、人大协商、政府协商、政协协商、人民团体协商、基层协商以及社会组织协商，持续推动协商民主广泛、多层、制度化发展。

【司法体制改革】 推动司法责任制落地生根，完善检察权运行机制，健全入额院领导带头办案机制，建立独任制、办案组、临时办案组三种新型办案团队，实现对办案全过程的全程管理、动态监督，合理确定司法责任。完善审判权运行机制，推动“以制度管人，以制度管事”，规范审判执行工作流程，提升院庭长在案件办理中的示范引领作用，加大人民参与司法活动力度，加强信息化技术应用及司法公开，提高审判质量，最大限度满足各族群众对审判执行工作的知情权、监督权。推进聘用制书记员管理制度改革，构建一支职责明晰、结构合理、管理规范、激励有效的聘用制书记员队伍。开展法律援助工作，开通绿色通道，加强和保障农民工工资支付工作的法律援助。开展公证工作，推进公证便民利民、规范化建设和质量提升。

【公安领域改革】 推进两个职务序列改革，完成 563 名执法勤务序列、118 名警务技术序列民警套改工作。

推进户籍制度改革，向基层公安户籍派出所全面下放办理临时身份证业务权限，推行指纹信息身份证办理登记，设立区外异地身份证受理点 22 个，群众办证更加便利快捷；健全居住证制度，出租房屋与流动人口服务管理效能不断提高。推进交通管理 20 项“放管服”改革，健全“警保邮”协作机制，设立“警保邮便民服务中心”，将服务触角延伸至群众家门口；建立道路交通事故快处快赔中心，实现集“事故定责、车辆定损、保险理赔”等功能于一体的“一站式”服务；向县级车管所下放非营运小型机动车注册登记、机动车六年免检等业务权限，方便辖区群众；实现驾驶证申领“区内身份证办理，区外一地居住证办理”以及机动车年检业务异地通检、体检证明免提交等。“放管服”改革 10 项便民利民服务措施、服务经济社会发展服务群众企业 6 项措施落地见效，公安部交管局“放管服”改革 10 项措施中 7 项改革措施已实现。

【生态文明体制改革】 牢固树立绿水青山、冰天雪地就是金山银山的理念，大力实施“美丽珠峰”战略，全方位、全地域、全过程开展生态文明建设，国家生态安全屏障全面筑牢。积极构建绿色发展体系。大力推动绿色、低碳、循环和可持续发展，整合林下、草原、农业、旅游等资源，优先发展绿色生态经济，狠抓清洁能源开发利用、生态产业发展、生态扶贫等，生态补偿政策全面落实，杨树、小红柳、沙棘 3 个万亩本土苗圃基地分别达到 266.67 公顷、280 公顷、266.67 公顷，核桃、枸杞、桃等高原林果积极引种，建成扶贫苗圃基地 8 个、成立生态扶贫专业合作社 1536 家，开发珠峰保护区 1000 个生态岗位参与环境卫生整治，更多群众走上生态致富路。大力开展国土绿化行动。持续抓好重点区域造林、防护林体系建设，加快推进森林围城、机场快速通道绿化、城区周边山体绿化等生态工程建设，完成各类营造林 3.18 万公顷，新增城区绿地面积 3.54 万平方米、建成区绿地率达到 8.7%。扎实推进集体林权制度改革。仁布、江孜、萨嘎等 14 个县（区）已完成 1840 公顷林地的勘界测绘和内业数据处理等工作，桑珠孜区已进入颁证阶段、颁证 3 件。全面加强珠峰保护管理。建立完善珠峰保护区自然资源巡护执法体系，保护区管护和科研监测能力不断提高；珠峰保护区信息化建设加快推进；珠穆朗玛峰国家级自然保护区保护管理长效机制改革项目稳步实施；珠峰国家公园体制试点工作稳步推进，起草上报“第三极”国家公园群论证报告和珠峰国家公园试点方案；积极开展2019年珠峰雪豹调查计划和小叶杜鹃、香柏等原生植物保护管理，生物多样性得到保护。坚决打好污染防治攻坚战。扎实推进农村人居环境整治，全力开展村庄清洁行动，大力实施“厕所革命”，“四清两改”取得阶段性成效；深入实施河湖长制，全面加强水源保护、水生态保护、河湖水域岸线管理保护、水污染防治、水环境治理和执法监管，水环境始终保持优良状态；强化土壤污染管控和修复，加强固体废弃物和垃圾处置，土壤环境质量保持总体稳定；废气排放、油烟污染等得到有效整治，空气质量保持优良水平；持续加强环境综合治理，生活垃圾分类试点工作稳步开展，重点区域荒漠化治理、流域治理等有力推进，珠峰垃圾、违法建筑、偷倒渣土、噪声扰民等得到全面治理，生态家园建设正阔步向前迈进。

【教育体制改革】 聚焦“五个100%”和“优先发展、走在前列”的教育强市目标，实施学生育德育心、师德师风建设、教育质量提升、教师素质提升、教育改革创新、教育领域党建、教育优先保障七大工程，推进南木林县校长职级制改革试点，扩展教育人才组团式援藏成果，仲巴等高海拔地区部分学生到市区集中就学，15个县区通过县域义务教育均衡发展国家评估认定，

【医药卫生体制改革】 推进公立医院综合改革，实施“健康日喀则”工程，健全完善现代医院管理制度，着力加强基层医疗卫生服务体系建设，巩固拓展市人民医院、藏医院“创三甲”成果，医疗人才组团式援藏工作，狠抓“医联体”建设，加快推进县级医院等级创建和县乡村医疗机构标准化建设，大力推进市县乡卫生服务一体化管理试点，不断推动优质医疗卫生资源向基层一线延伸，全面推进公共卫生服务均等化。

【就业创业领域改革】 健全完善工作机制、服务体系和政策制度，大力建设各类“创客空间”和“创业孵化器”，提供创业创新和职业发展平台，市本级设立3000万元“双创”基金，开展“4321”结对帮扶活动，全力推进高校毕业生就业创业工作，鼓励支持未就业高校毕业生考取乡村振兴专干、返乡创业以及到其他省市就业特别是援藏省市企事业单位就业，大力促进高校毕业生市场化就业，应届大学毕业生就业率达到98.67%。推进农牧民转移就业，培育村居劳务经纪人，组建发展劳务派遣公司，开展专业化、特色化、产业化的农牧民技能培训，不断提高农牧民组织化程度，实现农牧民群众转移就业20.82万人次、劳务创收20亿元。

【社会保障制度改革】 城乡居民基本养老、基本医疗、失业、工伤、生育等保险，参保率达到95%以上；健全城乡低保、临时救助、抚恤优待、集中供养等制度，优抚安置、济困救难、治欠保支、服务保障等工作有力开展，有意愿的“五保老人”集中供养率、孤儿集中收养率达到100%，覆盖全民、城乡统筹、权责清晰、保障适度、可持续的多层次社会保障体系逐步健全。累计实施农村安全

饮水项目 2170 个，农村危房改造 2280 户、改造任务全部完成，阿里电网联网工程、农村电网改造工程稳步推进，96.6% 的乡镇和 84% 的建制村实现通沥青（水泥）路，行政村居通信工程全面完工，乡乡通宽带网络已经实现，乡镇附设幼儿园全部建成，村居卫生室全面覆盖，农牧区基础条件显著改善、公共服务水平大幅度提高。

【文化体制改革】 制定实施村规民约，突出日喀则文明网建设，启动第五届日喀则市文明城市、村镇（社区）、单位、校园、家庭评选表彰活动，评选市级“诚信经营示范店”30 家、“诚信示范企业”10 家，举办全市首届农牧民运动会和产业大赛、“珠峰谐韵”大赛等活动，组织 10 家文化企业参加第 14 届中国义乌文化产品交易博览会、第 11 届中国国际旅游商品博览会，拉孜堆谐《飞弦踏春》舞蹈代表中国风情亮相“亚洲文化嘉年华”，完成《中国人文地理·日喀则卷》内容编纂和图片征集工作，出版发行长篇小说《曲折人生》、散文集《青春的火焰》、诗集《守望中国最晚的春天》作品，推荐 3 名文联会员参加全国美术展和 10 名书法家参加全国、自治区级举办的书法展（赛）。

申报第八批全国重点文物保护单位，入选 5 处，申报第四批自治区级非遗代表性传承人，入选 29 名，推荐 18 个自治区级非遗代表性项目申报第五批国家级非遗代表性项目，“十二五”重点文物保护工程查木钦墓地保护项目通过自治区文物局验收，“十三五”文物保护平安工程 8 处和萨迦寺安消防提升工程正在实施。

梳理下放文化市场行政审批事项 7 项，取消娱乐场所法人、负责人、投资人无犯罪证明文件规定，改为承诺件。全市出动执法人员 2610 人次，检查各类文化市场经营场所 5258 家，关闭 1 家传播凶杀暴力和低俗文化行为经营场所。

【党的建设制度改革】 推进“两学一做”学习教育常态化制度化，开展“不忘初心、牢记使命”主题教育，开展党员政治教育和“做合格党员、当先锋模范”教育，举办“乡镇党委书记训练营”“党支部书记政治训练营”，建立健全领导干部政治素质识别和评价机制，落实政治表态制度，教育引导广大党员干部不断增强“四个意识”，坚定“四个自信”，做到“两个维护”，广大党员干部践行初心使命的信心更加坚定、行动更加自觉。突出政治功能、强化政治引领，紧盯基层党建“十二件实事”，实施基层党建“六化”“七个起来”，推进基层党组织标准化建设，加强和改进机关党的建设，执行“三会一课”、组织生活会等制度，建立完善驻军驻警担任边境乡镇、村居党组织政治辅导员或支部第一书记制度，探索实行县（区）委常委班子成员挂点整顿机制，推行“5+N”主题党日活动。

把握新时期好干部标准、民族地区干部“三个特别”要求，建立健全干部工作“五大体系”，完善选人用人机制，规范选拔任用程序，健全柔性引才和培养人才机制，启动实施中长期青年英才培养工程。

【纪律检查体制改革】 深化监察体制改革，开展监察工作向基层延伸改革试点，打通监察监督“最后一公里”；健全完善纪检监察机关与政法机关的问题线索移送、技术调查配合等工作机制；建立健全巡察体制机制，坚持把常规巡察与专项巡察、联动巡察、提级巡察、交叉巡察、“回头看”贯通起来、穿插使用，提高巡察工作的精准度和灵活度，巡察震慑、遏制、治本作用得到充分彰显。

日喀则市人民代表大会

【重要会议述要】 日喀则市一届人大七次会议　2019年5月16—17日召开，会议听取日喀则市第一届人民代表大会常务委员会关于接受旦增辞去日喀则市人民检察院检察长职务的备案报告，贡桑辞去日喀则市第一届人民代表大会常务委员会秘书长职务的备案报告，多布次仁辞去日喀则市第一届人民代表大会常务委员会委员及财政经济委员会主任委员职务的备案报告，尼玛辞去日喀则市第一届人民代表大会常务委员会委员及教育科技文化卫生委员会主任委员职务的备案报告，叶青莲、边珠、次桑3人辞去日喀则市第一届人民代表大会常务委员会委员职务的备案报告；依法补选何继文为日喀则市第一届人民代表大会常务委员会副主任，达瓦旦增为日喀则市第一届人民代表大会常务委员会秘书长，陈明祥、德吉秧宗为日喀则市第一届人民代表大会常务委员会委员，蒋贞明为日喀则市中级人民法院院长，卓嘎为日喀则市人民检察院检察长，举行宪法宣誓仪式。通过喀则市第一届人民代表大会教育科技文化卫生委员会主任委员的名单，德吉秧宗为喀则市第一届人民代表大会教育科技文化卫生委员会主任委员。

人大代表在一届九次人代会上依法行使表决权

日喀则市一届人大八次会议　2019年10月16—17日召开，会议听取日喀则市第一届人民代表大会常务委员会关于接受尼玛仓辞去日喀则市第一届人民代表大会常务委员会副主任职务的备案报告，补选李仁新、顿珠为日喀则市第一届人民代表大会常务委员会副主任，举行宪法宣誓仪式。

日喀则市一届人大九次会议　2019年12月23—27日召开，会议听取和审议日喀则市人民政府工作报告；审查和批准日喀则市人民政府关于日喀则市2019年国民经济和社会发展计划执行情况与2020年国民经济和社会发展计划草案的报告，批准日喀则市2020年国民经济和社会发展计划；审查和批准日喀则市人民政府关于日喀则市2019年财政预算执行情况与2020年预算草案的报告，批准日喀则市2020年预算；听取和审议日喀则市第一届人民代表大会常务委员会工作报告、日喀则市中级人民法院工作报告；听取和审议日喀则市人民检察院工作报告；补选旦增、次仁、周雪梅、格平为日喀则市第一届人民代表大会常务委员会委员；通过关于设立日喀则市第一届人民代表大会财政经济农牧环资委员会、教育科技文化卫生社会委员会、民族宗教外事侨务委员会的决定；通过日喀则市第一届人民代表大会财政经济农牧环资委员会组成人员名单，次仁为日喀则市第一届人民代表大会财政经济农牧环资委员会主任委员，次仁顿珠为日喀则市第一届人民代表大会财政经济农牧环资委员会副主任委员，拉巴次仁、尼玛旺堆、孙庆利为日喀则市第一届人民代表大会财政经济农牧环资委员会委员；通过日喀则市第一届人民代表大会教育科技文化卫生社会委员会组成人员名单，德吉秧宗为日喀则市第一届人民代表大会教育科技文化卫生社会委员会主任委员，刘万里为日喀则市第一届人民代表大会教育科技文化卫生社会委员会副主任委员，普布塔松、冯琼、王新华为日喀则市第一届人民代表大会教育科技文化卫生社会委员会委员；通过日喀则市第一届人民代表大会民族宗教外事侨务委员会组成人员名单，普穷为日喀则市第一届人民代表大会民族宗教外事侨务委员会主任委员，扎西平措为日喀则市第一届人民代表大会民族宗教外事侨务委员会副主任委员，多吉、洛萨加措为日喀则市第一届人民代表大会民族宗教外事侨务委员会委员；举行宪法宣誓仪式。

日喀则市一届人大常委会第三十四次会议 2019 年 1 月 5 日召开，会议补选尼玛次仁、赵小舟为出席西藏自治区第十一届人民代表大会的代表。

日喀则市一届人大常委会第三十五次会议 2019 年 2 月 27 日召开，会议传达学习西藏自治区第十一届人民代表大会第二次会议精神；传达学习西藏自治区人大常委会立法工作会议精神；听取日喀则市人民政府关于 2017 年度市本级预算执行和其他财政收支审计查出问题整改落实情况的报告；审议日喀则市人大常委会公告（稿）1 号，即《日喀则市河道采砂管理条例》已经西藏自治区第十一届人民代表大会常务委员会第八次会议于 2018 年 12 月 24 日批准，予以公布，自 2019 年 3 月 1 日起施行；审议日喀则市人大常委会公告（稿）2 号，即《日喀则市城乡规划条例》已经西藏自治区第十一届人民代表大会常务委员会第八次会议于 2018 年 12 月 24 日批准，予以公布，自 2019 年 3 月 1 日起施行；审议人事任免事项，决定任命宋一彤为日喀则市林业绿化局局长。任命顿多为日喀则市人民检察院检察员。批准任命韦安辉为谢通门县人民检察院检察长；举行宪法宣誓仪式。

日喀则市一届人大常委会第三十六次会议 2019 年 4 月 29—30 日召开，会议传达学习十三届全国人大二次会议精神（书面）；听取市教育局工作报告；审议日喀则市人民代表大会常务委员会执法检查办法（草案）、日喀则市 2019 年财政预算调整方案、日喀则市人大常委会关于召开日喀则市第一届人民代表大会第七次会议的决定（草案）、日喀则市人大常委会关于接受旦增辞去日喀则市人民检察院检察长职务的请求的决定（草案），日喀则市人大常委会关于接受贡桑辞去日喀则市第一届人民代表大会常务委员会秘书长职务的请求的决定（草案），日喀则市人大常委会关于接受多布次仁辞去日喀则市第一届人民代表大会常务委员会委员职务及财政经济委员会主任委员职务的请求的决定（草案），日喀则市人大常委会关于接受尼玛辞去日喀则市第一届人民代表大会常务委员会委员职务及教育科技文化卫生委员会主任委员职务的请求的决定（草案），日喀则市人大常委会关于接受叶青莲、边珠、次桑3人辞去日喀则市第一届人民代表大会常务委员会委员职务的请求的决定（草案），日喀则市人大常委会关于接受李小宁辞去西藏自治区第十一届人民代表大会代表职务的请求的决定（草案）；听取和审议日喀则市人大常委会代表资格审查委员会关于个别代表的代表资格的报告，确认何继文、达瓦旦增、普穷、蒋贞明、卓嘎、陈明祥的代表资格有效；审议人事任免案，任命普穷为日喀则市人大财政经济委员会副主任委员。决定免去冯小义的日喀则市人民政府秘书长职务，顿珠的日喀则市交通运输局局长职务，德吉秧宗的日喀则市科学技术局局长职务，刘志远的日喀则市财政局局长职务，普穷的日喀则市水利局局长职务，代晓明的日喀则市政府国有资产监督管理委员会主任职务。决定任命普布石达为日喀则市退役军人事务局局长，尼玛加布为日喀则市信访局局长，马玉凤为日喀则市自然资源局局长，次桑为日喀则市农业农村局局长，扎顿为日喀则市卫生健康委员会主任，次仁顿珠（原市人民防空办公室）为日喀则市应急管理局局长；扎西桑旦为日喀则市市场监督管理局局长，盖法奎为日喀则市广播电视局局长，冯洪波为日喀则市人民政府秘书长，顿珠为日喀则市发展和改革委员会主任，普珍为日喀则市人力资源和社会保障局局长，旦增加布为日喀则市交通运输局局长，普布扎西为日喀则市文化局局长，拉贵为日喀则市政府国有资产监督管理委员会主任，刘云为日喀则市行政审批和便民服务局局长；举行宪法宣誓仪式。

日喀则市一届人大常委会第三十七次会议 2019年5月15日召开，会议听取和审议市公安局关于扫黑除恶专项工作报告；审议日喀则市第一届人民代表大会第七次会议议程（草案）、日喀则市第一届人民代表大会第七次会议主席团和秘书长名单（草案）。

日喀则市一届人大常委会第三十八次会议 2019年6月28—29日召开，会议听取和审议日喀则市人民政府关于园区经济领域的工作报告、日喀则市人大常委会执法检查组关于《中华人民共和国大气污染防治法》贯彻执行情况的报告；审议《日喀则市犬只管理条例（草案）》《日喀则市禁止生产、销售和提供一次性不可降解塑料袋、塑料餐具管理条例（草案）》《日喀则市“门前三包”责任制管理条例（草案）》；审议日喀则市第一届人民代表大会常务委员会关于接受尼玛仓辞去日喀则市第一届人民代表大会常务委员会副主任职务的请求的决定（草案）、日喀则市第一届人民代表大会常务委员会关于接受李选印辞去日喀则市人民政府副市长职务的请求的决定（草案）；补选王卫东为出席西藏自治区第十一届人民代表大会代表；审议人事任免案，免去黄忠的日喀则市人大常委会副秘书长职务，周雪梅的日喀则市人大常委会副秘书长职务。任命邓科为日喀则市人大常委会副秘书长，王进武为日喀则市人大常委会副秘书长。决定免去徐伟的日喀则市审计局局长职务，陈治的日喀则市统计局局长职务。决定任命尼玛次仁为日喀则市人民政府副市长，张金波为日喀则市民族事务委员会主任，陈锋为日喀则市财政局局长，骆诗强为日喀则市水利局局长，巨荆兰为日喀则市商务局局长，巴桑为日喀则市审计局局长，次仁琼达为日喀则市外事办公室主任，旦珍为日喀则市统计局局长，欧珠为日喀则市林业和草原局局长，多吉次仁为日喀则市宗教事务局局长，刘卫华为日喀则市医疗保障局局长，卢继峰为日喀则市政府研究室主任，达兴为日喀则市城市管理和综合执法局局长。免去拉巴次仁的日喀则市中级人民法院立案庭副庭长职务，益西多吉的日喀则市中级人民法院民事审判一庭副庭长职务，格桑次仁的日喀则市中级人民法院民事审判三庭副庭长职务。任命索央为日喀则市中级人民法院审判员，拉巴次仁为日喀则市中级人民法院立案庭庭长，益西多吉为日喀则市中级人民法院刑事审判一庭庭长，格桑次仁为日喀则市中级人民法院民事审判一庭庭长，张亮为日喀则市中级人民法院民事审判三庭庭长。免去张诚的日喀则市人民检察院副检察长、检委会委员、检察员职务。任命扎西卓玛为日喀则市人民检察院检察员，格桑央吉为日喀则市人民检察院检察员；举行宪法宣誓仪式。

日喀则市一届人大常委会第三十九次会议　2019年8月30日召开，传达学习习近平总书记对地方人大及其常委会工作作出的重要指示及区党委常委会会议对西藏自治区各级人民代表大会及其常委会工作的指示要求；审议《日喀则市人民代表大会常务委员会执法检查办法（草案二审稿）》《日喀则市禁止生产、销售和提供一次性不可降解塑料袋、塑料餐具管理条例（草案二审稿）》《日喀则市“门前三包”责任制管理条例（草案二审稿）》《日喀则市犬只管理条例（草案二审稿）》《日喀则市城镇排水与污水处理条例（草案）》；听取和审议日喀则市2019年上半年国民经济和社会发展计划执行情况与下半年国民经济和社会发展计划安排报告、日喀则市2019年上半年财政预算执行情况报告、日喀则市人大常委会关于检查《中华人民共和国食品安全法》贯彻实施情况的报告；听取日喀则市人大常委会2019年上半年工作开展情况和下半年工作安排、日喀则市人大常委会关于组织市级人大代表开展产业发展集中视察的情况报告、日喀则市人大常委会关于2019年上半年经济运行情况的调研报告、关于日喀则市民族团结进步立法前调研学习考察的报告；印发全国人大西藏代表团访问斯里兰卡和缅甸情况通报、日喀则市人大接待尼泊尔联邦议会工作人员及学者代表团工作报告；审议人事任免事项，决定任命索旺为日喀则市教育局局长，陈小和为日喀则市经济和信息化局局长，吴焕民为日喀则市旅游发展局局长，席付平为日喀则市扶贫开发办公室主任。任命韩东为日喀则市监察委员会委员，王岩为日喀则市监察委员会委员，郭华伟为日喀则市监察委员会委员，范文涛为日喀则市监察委员会委员。免去蒋克勤的日喀则市中级人民法院副院长、审判委员会委员、审判员职务，尼玛旦增的日喀则市中级人民法院刑事审判三庭庭长职务，扎西平措的日喀则市中级人民法院民事审判二庭庭长职务，旺加的日喀则市中级人民法院民事审判二庭副庭长职务，次仁琼拉的日喀则市中级人民法院行政审判庭副庭长职务。任命李思福为日喀则市中级人民法院立案庭副庭长，云旦平措为日喀则市中级人民法院刑事审判一庭副庭长，鲁莉为日喀则市中级人民法院刑事审判二庭庭长，拉巴普赤为日喀则市中级人民法院刑事审判二庭副庭长，贺雷为日喀则市中级人民法院刑事审判三庭庭长，边确为日喀则市中级人民法院民事审判一庭副庭长，旺加为日喀则市中级人民法院民事审判二庭庭长，拉巴次仁为日喀则市中级人民法院民事审判二庭副庭长，次仁群旦为日喀则市中级人民法院民事审判三庭副庭长，次仁琼拉为日喀则市中级人民法院行政审判庭庭长；举行宪法宣誓仪式。

日喀则市一届人大常委会第四十次会议　2019年10月14日召开，会议审议日喀则市人大常委会关于召开日喀则市第一届人民代表大会第八次会议的决定（草案）、日喀则市第一届人民代表大会第八次会议议程（草案）、日喀则市第一届人民代表大会第八次会议主席团和秘书长名单（草案）；听取和审议日喀则市人大常委会代表资格审查委员会关于个别代表的代表资格的报告，对10名代表的代表资格进行审查，认为加阿次登、冯继康、倪俊南、徐向国、王相民、何继文、潘思晓、尼片、范正权、索朗旺堆10名代表的代表资格终止；审议人事任免案，决定任命马金栋为日喀则市人民政府副市长；举行宪法宣誓仪式。

日喀则市一届人大常委会第四十一次会议　2019年10月30日召开，会议审议《日喀则市城镇排水与污水处理条例（草案二审稿）》；听取《日喀则市人大常委会关于边境小康村建设专题调研报告》；听取和审议《日喀则市人民政府关于日喀则市2019年度环境状况和环境保护目标完成情况的报告》《日喀则市人民政府关于日喀则市2018年度国有资产管理情况的报告》《日喀则市关于产业推进情况工作报告》《日喀则市人大常委会关于全市医疗卫生体制改革情况监督检查报告》；补选达瓦旦增、周海浪、曹伟、德吉秧宗同志为日喀则市第一届人民代表大会常务委员会代表资格审查委员会委员；审议人事任免事项，任命刘硒川为日喀则市人民检察院检察委员会委员，次仁白玛为日喀则市人民检察院检察委员会委员；举行宪法宣誓仪式。

日喀则市一届人大常委会第四十二次会议　2019年12月20日召开，会议审议《日喀则市犬只管理条例（草案三审稿）》《日喀则市城镇排水与污水处理条例（草案三审稿）》；审议日喀则市人民代表大会常务委员会关于加强检察公益诉讼工作的决定（草案）及公告（稿）；听取和审议日喀则市人民代表大会法制委员会关于规范性文件备案审查工作开展情况报告、日喀则市司法局关于公共法律服务工作情况报告、日喀则市本级2018年财政决算（草案）报告、日喀则市本级2018年预算执行和其他财政收支审计工作报告、日喀则市2019年财政预算调整方案、日喀则市本级2019年盘活财政存量资金使用方案、日喀则市人大常委会关于“六城共建”工作进展情况的调研报告；听取日喀则市第一届人民代表大会常务委员会代表资格审查委员会关于个别代表的代表资格的报告及公告（稿）；审议关于召开日喀则市第一届人民代表大会第九次会议的决定（草案）、日喀则市第一届人民代表大会第九次会议议程（草案）、日喀则市第一届人民代表大会第九次会议主席团和秘书长名单（草案）、日喀则市第一届人民代表大会第九次会议列席人员名单（草案）、日喀则市人民代表大会常务委员会工作报告（稿）；听取和审议日喀则市人大常委会办公室关于日喀则市第一届人民代表大会第六次会议代表建议批评和意见办理情况的报告、日喀则市人民政府关于日喀则市第一届人民代表大会第六次会议代表建议批评和意见办理情况的报告；审议人事任免事项，免去朗桑的市人大教育科技文化卫生委员会副主任委员职务。决定免去陈小和的市经济和信息化局局长职务。决定任命拉巴次仁为市经济和信息化局局长。免去扎西旺堆的日喀则市监察委员会副主任职务。免去格桑旺堆的日喀则市人民检察院检察员、检察委员会委员职务，邹昌云的日喀则市人民检察院检察员、检察委员会委员职务，张敏的日喀则市人民检察院检察员、检察委员会委员职务，庞尔雄的日喀则市人民检察院检察员职务，旺拉的日喀则市人民检察院检察员职务，旦加的日喀则市人民检察院检察员职务，达娃卓嘎的日喀则市人民检察院检察员职务，谭燕的日喀则市人民检察院检察员职务，张跃川的日喀则市人民检察院检察员职务，欧珠卓玛的日喀则市人民检察院检察员职务。任命朗加为日喀则市人民检察院检察员、检察委员会委员；补选王泽敏为日喀则市人大常委会代表资格审查委员会副主任委员；补选徐非、向恒为出席西藏自治区第十一届人民代表大会的代表；通过日喀则市第一届人民代表大会常务委员会关于接受刘建敏辞去西藏自治区第十一届人民代表大会代表职务的请求的决议（草案）；举行宪法宣誓仪式。

【各委员会工作概况】 法制委员会　一是依法监督。为推动习近平总书记关于扫黑除恶专项斗争的重要批示指示精神在全市得到贯彻落实，联系公安机关，协助市人大常委会听取和审议公安机关开展的扫黑除恶专项工作报告，推动扫黑除恶专项斗争工作取得显著成效，不断增强人民群众的安全感和幸福感，并根据常委会组成人员的审议意见，形成专项工作报告审议意见稿，由常委会办公室转交相关部门办理。为加快全市公共法律服务体系建设，提升服务人民群众日益增长的公共法律需求的能力水平，承办常委会听取和审议公共法律服务工作专项工作报告的相关工作。

受自治区人大常委会委托，组织开展对公安机关执法规范化建设情况审议意见落实情况跟踪检查和《中华人民共和国预防未成年人犯罪法》和《西藏自治区实施〈中华人民共和国预防未成年人犯罪法〉办法》贯彻实施情况报告审议意见落实情况跟踪检查。在公安机关执法规范化建设审议意见落实跟踪检查中不仅听取公安机关落实执法规范化建设审议意见情况的汇报，还实地检查部分县区的办案中心、便民警务站等。

协助自治区人大常委会在日喀则市开展人民法院“基本解决执行难”工作情况和检察机关公益诉讼检察工作情况专题调研，全面协调做好各项调研工作。完成全国人大常委会关于对《中华人民共和国监察法》实施情况的调研，上报相关情况。

二是备案审查。加强与市政府办公室、各县区人大常委会的沟通对接，向市人大常委会报告市人大法制委员规范性文件备案审查工作开展情况。截至年底，市人大常委会共向自治区人大常委会报备规范性文件 2 件，没有收到修改意见，均予以备案；市人民政府、县区人大常委会共向市人大常委会报送文件 663 件，其中，市人民政府 178 件，各县区人大常委会 485 件。市人大法制委员会对收到的 660 件文件进行初步审查，对 3 件政府规章进行实质审查。未收到有关机关对规范性文件提出的审查要求，也未收到公民、法人和其他组织对规范性文件提出的审查建议。

财政经济委员会　一是财经监督。年内，财政经济委员会审查上半年计划执行情况与下半年计划安排的报告；审查财政决算和上半年财政预算执行情况的报告；两次审查财政预算调整方案和盘活财政存量资金使用方案的报告；审查本级预算执行情况和其他财政收支情况的审计工作报告，并听取2017年度本级预算执行情况和其他财政收支查出问题整改落实情况的报告。积极做好人民代表大会前期工作，在市一届人大九次会议召开前夕，财政经济委员会提前介入，主动与发改、财政等部门沟通联系，协助大会审查2019年计划执行情况和2020年计划安排的报告、2019年预算执行情况和2020年预算情况安排的报告，提出初步意见，形成审查报告。

依法听取和审议环境保护、园区经济、产业发展等工作报告，特别是2019年财政经济委员会还首次听取和审议日喀则市2018年度国有资产管理情况的报告，提出审议意见，并督促政府及其部门初步摸清国有资产底数，给全市人民报出全市第一份国有资产明白账。

年内，财政经济委员会开展日喀则市2019年上半年度经济运行情况专题调研、边境小康村专题调研。协助自治区人大常委会开展脱贫攻坚调研、财经监督工作综合调研和深度贫困地区脱贫攻坚与农牧民增收情况专题调研等。配合兄弟地市和区外省市人大开展造林绿化和砂石料开采立法调研和考察学习，开展水资源保护、草原保护和人大工作调研等。

年内，财政经济委员会结合全市工作中的热点、重点，精心组织执法检查，开展《中华人民共和国大气污染防治法》《中华人民共和国可再生能源法》执法检查，并及时形成执法检查报告，提出审议意见。配合自治区人大常委会开展关于《中华人民共和国水污染防治法》《中华人民共和国草原法》《西藏自治区实施〈中华人民共和国草原法〉办法》执法检查等。

二是抓联网硬件建设，按照强化基础、保障运行的要求，推进预算联网监督系统项目建设。依托全国人大和自治区人大软件，按照统一数据标准规范、统一联网方式、统一信息安全体系的要求，在市人大办公室、财政局、住建局等相关部门配合下，统一开发市人大预算联网监督系统软件。

教科文卫委员会 一是监督工作。年内先后2次前往自治区人大教科文卫委员会和民族宗教外事侨务委员会就各项工作开展情况进行汇报协调。4月，听取市教育局工作报告，督促教育局全面贯彻党的教育方针，落实立德树人的根本任务。根据自治区人大工作安排，6月，开展全市的义务教育均衡工作调研和《西藏自治区教育督导条例》（草案）征求意见工作，形成调研报告和《条例》修改意见及时上报；同时，委派一名副主任委员参加萨嘎县、定日县、聂拉木县义务教育均衡评估验收工作；8月开展《中华人民共和国食品安全法》执法检查，对全市食品安全工作开展情况、各级人民政府制定的相关政策及措施落实情况、机构改革情况等进行检查。10月，开展医疗卫生体制改革情况监督检查，紧紧围绕解决看病难、看病贵问题，对全市医疗卫生体制改革情况的进行监督检查，全面掌握全市医疗卫生体制改革的主要工作、基本经验、取得的成效、存在的问题，提出推进的建议。11月，开展“六城共建”进展情况专题调研。教科文卫委员会采取实地工作与委托工作相结合方式，针对性地确定实地调研县（区）、确定工作重点调研县（区）。同时，配合完成贵州省人大、重庆彭水县人大、阿里地区、林芝市及相关市（县）在日喀则市的学习考察调研等工作。

二是业务培训。组织 18 个县（区）人大和联系部门工作人员 31 人，前往青岛市开展日喀则市人大常委会首届教科文卫委员会干部培训班；抽调仲巴县人大常委会办公室一名人员跟班学习，丰富基层人大工作者的经历；配合常委会开办“人大讲堂”，邀请自治区人大民侨委领导围绕习近平总书记关于坚持和完善人民代表大会制度的重要思想进行授课；7 月，在自治区人大常委会的指导下，完成尼泊尔联邦议会及学者代表团的接访工作。

【依法监督】 听取和审议市本级预算执行和其他财政收支审计查出问题整改落实情况、上半年预算执行情况报告，审查、批准财政预算调整方案。听取和审议上半年国民经济和发展计划执行情况，就上半年经济运行情况开展调研，指出存在的问题和不足，提出推动高质量发展的意见，监督政府推动经济社会发展稳中有进，进中向好。听取和审议 2018 年度国有资产管理情况的报告。协调财政等部门，计划投资 230 万元，推进预算联网监督系统建设。配合自治区人大财经委开展财经工作综合调研。听取和审议关于三大园区、产业推进情况工作报告，了解和关注园区建设、产业发展，特别是在助推脱贫攻坚工作中的作用，要求进一步深化“放管服”改革，推进体制机制创新，提升行政服务管理效能，优化营商环境。加强合作社的规范管理，健全工作机制，建立合作社党支部，加强对国家、自治区、市关于合作社惠民政策的宣传力度。

常委会落实脱贫攻坚定点帮扶任务，常委会领导班子成员深入联系县走访调研，督促指导脱贫攻坚工作。对在 2018 年常委会会议听取和审议市人民政府关于精准扶贫精准脱贫情况专项工作报告时提出的审议意见的落实情况进行跟踪督办，督促有关意见落实，配合自治区开展 3 次脱贫攻坚调研。就边境小康村建设情况进行专题调研，围绕边境小康村建设、招商引资、外贸工作、边境师资力量等方面指出存在的问题，提出意见和建议。配合自治区人大常委会调研组及有关专门委员会，开展深度贫困地区脱贫攻坚与农牧民增收情况专题调研。

听取和审议市政府关于环境状况和环境保护目标完成情况报告，对环境保护工作实行制度化、常态化监督；开展可再生能源法执法检查，配合自治区开展草原法和实施办法执法检查，开展大气污染防治法执法检查，

日喀则市人大代表开展视察工作

就加大法律法规学习宣传，加大监管力度、环保资金投入和人才引进，强化社会参与、联防联控，加强环保法治建设等方面提出意见建议。配合自治区人大开展水污染防治法执法检查。

听取教育工作报告，继续关注和督促市委关于义务教育均衡发展工作决策部署的贯彻落实；开展食品安全法执法检查，找准食品安全监管工作方面存在的问题。就全市医疗卫生体制改革情况进行监督检查。围绕“六城共建”工作开展专题调研，就存在的问题提出意见建议。

听取和审议公安机关扫黑除恶工作报告，从提高政治站位、强化组织领导、加大舆论宣传、密切协调配合、收集深挖线索、建立长效机制等方面提出审议意见，督促整改落实。受自治区人大常委会委托，对公安机关执法规范化建设情况审议意见落实情况进行跟踪检查，从加强执法主体建设、加强执法制度检查、加强监督体系建设、推进信息化建设、强化法治队伍建设等方面提出意见建议；配合自治区人大常委会调研组，开展人民法院基本解决“执行难”和检察机关公益诉讼专题调研。

【重大事项讨论决定】 依法作出召开市一届人大七次、八次会议的决定，先后依法补选市人大常委会副主任3名、秘书长1名，委员2名，依法补选市中级人民法院院长和市人民检察院检察长。

结合机构改革之际任命人员数量大且相对集中的契机，组织开展拟任命人员任前法律考试，不断增强任命干部的宪法意识和法治观念。1月以来共依法任免国家机关工作人员83人次，依法接受常委会组成人员、“一府一委两院”领导人员辞职请求3人次。

【人大代表联系】 落实邀请代表列席常委会会议，参加市委、市政府重大活动、重要会议和人大讲堂100余人次。同时借助市一届人大八次会议召开契机，组织市级人大代表就产业发展、城市建设进行视察。组织市级人大代表就脱贫攻坚、乡村振兴、生态环境保护等进行视察。按照代表出缺情况，及时补选自治区人大代表2名，市人大代表13名。

建立完善代表建议、批评和意见办理办法及市人大常委会组成人员联系代表，代表联系选民的双联系制度，制定《日喀则市人民代表大会代表建议、批评和意见建议办法》。对市一届人大六次会议期间代表提出的136条意见建议进行认真梳理，并联合市政府、市政协，高质量召开市人大代表建议、政协委员提案交办会，签订目标责任书。为进一步提高代表意见建议督办质量，选定《关于加强日喀则市区出租车管理的建议》等7件代表建议为重点督办建议进行跟踪督办。

召开庆祝西藏民主改革60周年代表座谈会，组织36名五级人大代表进行座谈，7名人大代表结合自身经历交流发言，与全市各界人士共同庆祝西藏民主改革60周年；召开庆祝中华人民共和国成立70周年暨纪念地方人大设立常委会40周年座谈会，组织18县区人大常委会负责人、部分区市县乡四级人大代表、市人大常委会机关全体干部职工开展座谈，3名县区人大常委会负责人及区市县乡四级人大代表共7人交流发言，共同庆祝中华人民共和国成立70周年。

充分发挥“人大代表之家”“代表小组”平台作用，全市236个“人大代表之家”和787个“代表小组”在代表履职行权、学习培训、联系群众，宣传党和国家法律法规、惠农惠寺政策，反对分裂、促进民族团结等过程中发挥着越来越重要的作用。

日喀则市人民政府

【决策概要】 2019 年，市政府召开市长办公会 1 次，市政府常务会议 10 次，市政府党组会议 12 次，市政府专题会议 78 次，向市委请示汇报事项 55 项。

【政府常务会议述要】 2019 年，市政府共召开常务会议 10 次，研究请示 58 项，其中，经济管理类 14 项，农牧林水类 3 项，财税类 26 项，城建类 11 项，教科文卫类 4 项，具体如下：

（一）2019 年 1 月 23 日一届市政府第四十五次常务会议研究事项

1. 市财政局《关于办节（会）经费保障的请示》；

2. 市财政局《关于解决日喀则市交管部门“放管服”改革项目建设资金的意见》；

3. 市商务局《关于樟木口岸货运通道功能恢复工作情况的报告》；

4. 市国土资源局《关于划拨提供日喀则机场高速公路监控分中心用地的请示》；

5. 市国土局《关于财信康达宗地和康露民族手工业宗地用途变更相关事宜的请示》。

（二）2019 年 4 月 1 日一届市政府第四十六次常务会议研究事项

1. 市编办《关于研究审定进驻市便民服务中心职权事项的请示》；

2. 市编办《关于取消调整一批行政职权事项的请示》；

3. 市财政局《关于对〈游客服务中心和市政基础设施（一期）相关事宜〉的意见》；

4. 市财政局《关于对 2019 年救灾物资采购资金事宜的意见》；

5. 市发改委《关于安排流浪犬收容基地建设资金的请示》；

6. 市财政局《关于对〈关于解决拉萨联络处房产资金及装修费用的请示〉的意见》；

7. 市政府法制办《关于提请研究现行三部政府规章上升为地方性法规事宜的请示》；

8. 市财政局《关于日喀则珠峰开发投资有限责任公司投资组建西藏拉洛农业科技发展有限公司的请示》；

（三）2019 年 5 月 7 日一届市政府第四十七次常务会议研究事项

1. 市财政局《关于对〈关于日喀则市南郊水厂水源地一级保护区内耕地征用事宜的请示〉的意见》；

2. 市财政局《关于对〈中共日喀则市委机要局关于申请日喀则市电子政务内网（横向）建设项目经费的请示〉的意见》；

3. 市财政局《关于对〈中共日喀则市委机要局关于拨付中共日喀则市委 520 会议视频会议项目大屏项目经费的请示〉的意见》；

4. 市教育局、财政局《关于〈日喀则市全面实施教职工食堂伙食补助方案〉的请示》；

5. 市财政局《关于对〈日喀则市市直 2016 年、2017 年新建周转房附属工程建设资金〉的意见》；

6. 市财政局《关于〈日喀则市基本公共服务领域共同财政事权和支出责任划分改革实施方案（试行）〉的请示》；

7. 市商务局《关于提请批准〈日喀则市

电子商务进农村综合示范项目统筹推进实施方案〉的请示》；

8. 珠峰城投公司《关于将自来水公司划归日喀则珠峰城市投资发展有限公司管理的请示》；

9. 市人力资源社会保障局《关于印发〈关于大力推进转移就业工作的实施意见〉的请示》；

10. 市自然资源局《关于审查〈日喀则市非金属矿（砂石土）采矿权出让收益市场基准价研究报告〉的请示》；

11. 市规划局《关于审批〈日喀则市通信基础设施专项规划〉的请示》。

（四）2019 年 6 月 27 日一届市政府第四十八次常务会议研究事项

1. 日喀则市政府性债务管理领导小组办公室《关于研究审定〈日喀则地方政府性债务风险应急处置预案〉的请示》；

2. 市财政局《关于将泰兴宾馆划入日喀则珠峰农牧产业投资集团有限公司的请示》；

3. 市国资委《关于审定〈日喀则市管国有企业负责人经营业绩考核评价办法（试行）〉〈日喀则市管国有企业负责人薪酬管理办法（试行）〉的请示》；

4. 市民政局《关于解决原地区福利总公司职工安置资金的请示》。

（五）2019 年 8 月 19 日一届市政府第四十九次常务会议研究事项

1. 市财政局《关于对解决桑珠孜区雅江右岸防洪堤应急抢险工程的意见》；

2. 市财政局《关于〈关于解决日喀则市公安局维修改造项目资金的请示〉的意见》；

3. 市发展改革委《关于研究〈对口支援西藏日喀则市项目管理暂行办法〉的请示》；

4. 市民政局《关于出台〈日喀则市特困人员救助供养办法（试行）〉的请示》；

5. 市卫生健康委《关于申请提高村医待遇的请示》；

6. 市退役军人事务局《关于评定赵坚同志为烈士的请示》；

7. 市自然资源局《关于加快处理城区居民个人住宅出让金收缴有关历史遗留问题的请示》；

8. 市文化局《关于审定〈日喀则市创建第四批国家公共文化服务体系示范区规划（2018—2020 年）〉的请示》。

（六）2019 年 9 月 23 日一届市政府第五十次常务会议研究事项

1. 市财政局《关于〈日喀则市林业局关于解决城区绿化建设资金的请示〉的意见》；

2. 市住房城乡建设局《关于审查〈日喀则历史文化名城保护规划〉〈日喀则历史文化街区保护规划〉的请示》；

3. 市抵边办《关于拨付仲巴县抵边村建设项目资金的请示》；

4. 市抵边办《关于拨付岗巴县若木抵边村建设项目第二批资金的请示》；

5. 市边康办《关于下达边境地区小康村建设项目资金分配方案的请示》；

6. 市边康办《关于边境地区小康村（抵边村）建设装配式钢结构建筑工作推进情况的报告》；

7. 市自然资源局《关于审定〈日喀则市中心城区控制性详细规划及城市设计〉的请示》。

（七）2019 年 11 月 4 日一届市政府第五十一次常务会议研究事项

1. 市抵边办《关于拨付仲巴县抵边村民房建设项目第二批资金的请示》；

2. 市自然资源局《关于审定〈日喀则

市中心城区控制性详细规划及城市设计〉的请示》。

（八）2019 年 11 月 26 日一届市政府第五十二次常务会议研究事项

1. 市财政局《关于〈西藏珠峰文化旅游创意产业园区筹委会关于申请珠峰文化旅游创意产业园区在建项目 2019 年度第二批建设资金的请示〉的意见》；

2. 市住房城乡建设局《关于生活垃圾分类相关事宜的请示》。

（九）2019 年 12 月 6 日一届市政府第五十三次常务会议研究事项

1. 市财政局《关于日喀则市“十四五”重点专项规划、重点区域规划编制经费事项的意见》；

2. 市财政局《关于南木林县卡孜乡至仲康村易地搬迁安置点大桥工程建设资金的意见》；

3. 市农业农村局《关于拟认定 2019 年第二批市级农牧业产业化经营龙头企业的请示》；

4. 市商务局《关于研究 2018 年招商引资考核扶持方案的请示》。

（十）2019 年 12 月 11 日一届市政府第五十四次常务会议研究事项

1. 市政府办公室《关于审定日喀则市 2019 年政府工作报告（送审稿）的请示》；

2. 市发展改革委《关于上报〈日喀则市 2019 年国民经济和社会发展计划执行情况与 2020 年国民经济和社会发展计划（草案）报告（送审稿)〉的请示》；

3. 市财政局《关于审定日喀则市 2019 年财政预算执行情况与 2020 年财政预算（草案）报告（送审稿）的请示》；

4. 市交通运输局《关于审批〈西藏自治区农村公路网规划（2017—2025）——日喀则市分规划〉的请示》；

5. 市人力资源社会保障局《关于印发〈日喀则市农民工欠薪应急周转金暂行管理办法〉的请示》；

6. 市民政局、市委老干部局、珠峰城投集团《关于我市老年活动中心相关事宜的请示》。

【政府重要文件目录】

2019 年日喀则市政府重要文件一览表

表 2

序号	文号	文件名称
1	日政发〔2019〕1 号	日喀则市人民政府关于拉巴次仁同志任职的通知
2	日政发〔2019〕2 号	日喀则市人民政府关于苏小超等同志任职的通知
3	日政发〔2019〕3 号	日喀则市人民政府关于刘伟峰等同志任职的通知
4	日政发〔2019〕4 号	日喀则市人民政府关于林立民等同志任职的通知
5	日政发〔2019〕5 号	日喀则市人民政府关于王东平等同志任职的通知
6	日政发〔2019〕6 号	日喀则市人民政府关于聘任扎西次仁同志高级专业技术职务的通知
7	日政发〔2019〕7 号	日喀则市人民政府关于侯利忠同志退休的通知

续表 2

序号	文号	文件名称
8	日政发〔2019〕8 号	日喀则市人民政府关于平措扎西等 95 名同志任免职的通知
9	日政发〔2019〕9 号	日喀则市人民政府关于聘任陈立、边巴吉巴同志高级专业技术职务的通知
10	日政发〔2019〕10 号	日喀则市人民政府关于调整政府工作分工的通知
11	日政发〔2019〕11 号	日喀则市人民政府关于修改《日喀则市“十三五”时期脱贫攻坚规划实施情况中期评估报告》的决定
12	日政发〔2019〕12 号	日喀则市人民政府关于建立日喀则市政策性粮食库存数量和质量大清查协调机制的通知
13	日政发〔2019〕14 号	日喀则市人民政府关于李臣、白觉同志任职的通知
14	日政发〔2019〕15 号	日喀则市人民政府关于聘任李志军、王东民高级专业技术职务的通知
15	日政发〔2019〕16 号	日喀则市人民政府关于取消调整一批行政职权事项的决定
16	日政发〔2019〕17 号	日喀则市人民政府关于印发《日喀则市电子商务进农村综合示范项目统筹推进实施方案》的通知
17	日政发〔2019〕18 号	日喀则市人民政府关于大力推进转移就业工作的实施意见
18	日政发〔2019〕19 号	日喀则市人民政府关于日喀则珠峰城市投资发展集团有限公司组建方案、日喀则珠峰农牧产业投资集团有限公司组建方案的通知
19	日政发〔2019〕20 号	日喀则市人民政府关于琼次仁等同志任免职的通知
20	日政发〔2019〕21 号	日喀则市人民政府关于马录平等同志任免职的通知
21	日政发〔2019〕22 号	日喀则市人民政府关于聘任张高辉等 5 名同志高级专业技术职务的通知
22	日政发〔2019〕23 号	日喀则市人民政府关于印发 2019 年招商引资工作实施方案的通知
23	日政发〔2019〕24 号	日喀则市人民政府关于建设文化旅游强市的指导意见
24	日政发〔2019〕25 号	日喀则市人民政府关于印发对口支援西藏日喀则市项目管理暂行办法的通知
25	日政发〔2019〕26 号	日喀则市人民政府关于巴顿等同志任职的通知
26	日政发〔2019〕27 号	日喀则市人民政府关于刘溯等同志任职的通知
27	日政发〔2019〕28 号	日喀则市人民政府关于倪宏星等同志任职的通知
28	日政发〔2019〕29 号	日喀则市人民政府关于唐炜、刘大伟两名同志任职的通知
29	日政发〔2019〕30 号	日喀则市人民政府关于王峰等同志任职的通知
30	日政发〔2019〕31 号	日喀则市人民政府关于杨翠彬等同志任职的通知
31	日政发〔2019〕32 号	日喀则市人民政府关于赵小龙同志任职的通知
32	日政发〔2019〕35 号	日喀则市人民政府关于成立日喀则市民生工程（项目）自查整治工作领导小组的通知
33	日政发〔2019〕36 号	日喀则市人民政府关于聘任尼玛扎桑等 14 名同志高级专业技术职务的通知
34	日政发〔2019〕37 号	日喀则市人民政府关于袁保军等同志任免职的通知
35	日政发〔2019〕38 号	日喀则市人民政府关于成立全市统计工作领导小组及统计工作联席会议的通知

续表 2

序号	文号	文件名称
36	日政发〔2019〕39 号	日喀则市人民政府关于索平等同志任免职的通知
37	日政发〔2019〕40 号	日喀则市人民政府关于聘任次央等 29 名同志高级专业技术职务的通知

市人民政府办公室

【文件、会议精简量化】 年内，共办理各类文件 4760 余件。进一步精文简会，严格贯彻落实《西藏自治区关于解决形式主义突出问题为基层减负的若干举措》和《日喀则市解决形式主义突出问题为基层减负的工作方案》要求，严控发文和会议数量，坚持少发文、发短文，少开会、开实会，坚决杜绝“文山会海”等形式主义。2019 年累计以办公室名义印发规范性文件 75 件，完成文件和会议精简量化目标任务。保障政务通畅，市政府办公室（研究室）共起草市政府及办公室各类文件、会议纪要、领导讲话、典型材料等 900 余份。深化专题调研，制定调研课题近 40 个，形成关于“一带一路”建设、农牧民群众增收、大学生就业、冬游西藏政策落实、城市规划管理、脱贫攻坚成果巩固、吉隆边境经济合作区建设、农牧民群众收入统计等系列调研成果。

【信息工作】 全力推进“互联网 + 政务服务”各项工作，全市所有事项问题均已整改完毕；事项梳理方面分为依申请六类政务服务事项和公共服务事项，全市办理深度占比各项指标均已达到国办第三方考核和自治区相关指标要求，其中依申请六类政务服务事项共计办理 282451 件、公共服务事项共计办理 373771 件，位列全区第二；电子证照采集总量 149425 个、签发总量 124822 个，均位列全区第二；西藏政务服务网站全市注册量各项指标均已达到国办第三方考核和自治区相关指标要求，到年底注册量 319722 人，其中个人注册量281695人、法人注册量38027人，位列全区第三。强化信息服务，共编发《政务信息摘要》56 期、1082 条，向自治区报送《日喀则政务信息》109 期、1390 条，其中被自治区采用 252 条，在七地（市）信息采用排名中位列第二。

【政务督查】 年内，共接到自治区政府督查室和市督查办督办单 61 件，已办结 55 件，到年底有其余 6 件在跟踪办理；完成区、市两级政府工作报告的任务分解及前三季度工作跟踪落实；完成督办市政府常务会、党组会、专题会议决定事项落实情况 46 次；持续跟踪办理市长重点关注工作 20 余项；持续跟踪督办区、市两级人大代表建议和政协委员提案交办工作，完成 20 件自治区人大代表建议、政协委员提案和 213 件市级人大代表建议、政协委员提案办理工作，答复率和满意、基本满意率达到两个 100%；完成四省市就业援藏联络服务中心组建及部分工作人员选派、市污水处理厂技改督办等工作；政府部门、国有企业拖欠民营企业中小企业账款清理、高新雪莲水泥厂老厂区复垦、农民工工资清欠等重点工作按序时进度推进。

【机关事务服务】 完善资金管理制度，重视财务收支管理，提高资金使用效率，通过公开“三公经费”、强化财务监督、实行集中采购等方式，严把财务收支关，做好各项资金服务保障工作。规范接待工作，严把四项原则，突出抓好五个环节，强化落实三项保证措施，公务接待实现制度化、规范化、精细化，接待工作水平全面提升，共接待国内外团队657批次、接待人数38753人次，圆满完成各项接待任务。加强后勤服务管理工作，全面规范公用物品采购、车辆管理使用、会议服务、保洁绿化、职工周转房管理、机关内部食堂管理等工作，后勤服务保障水平显著提升。持续做好安全保卫、档案管理等工作。

政务服务

【概况】 2019年3月，日喀则市行政审批和便民服务局正式挂牌成立，为市人民政府工作部门，正县级，内设科室11个，机关行政编制56名，局领导职数5名，科级领导职数28名。市委编办于2019年12月印发《日喀则市事业单位改革调整实施方案》，撤销市公共资源交易中心，新设市行政审批和便民服务局项目投资评审中心、公共资源交易中心、网络信息中心、机关后勤服务中心，均为正科级单位，共核定事业编制36名，核定科级领导职数8个。

【简政放权】 企业注册办理实现工商注册、翻译、刻章、银行开户、税务登记备案“一条龙”服务，办结时限由原来的15个工作日压缩到5个工作日。不动产登记实现测绘、税费缴纳、出证全流程“一站式”办结，不动产转移登记、变更登记、更正登记办理时限由原来的30个工作日压缩到10个工作日，抵押登记由原来的30个工作日压缩到5个工作日。设立招商引资咨询服务窗口，按照“特事先办、急事快办、易事即办”原则，对招商引资项目开通“绿色通道”，先后为32家企业提供优质高效服务。

【品牌建设】 2019年，先后投入资金2000余万元建设改造新便民服务大厅（总面积3400平方米），并更名为日喀则市政务服务中心，6月10日启用运行。中心设立咨询引导区、帮代办区、等候区、自助办理区、现场办理区五大功能区，设置服务窗口94个，窗口AB岗工作人员140名。围绕“进一扇门、办成一揽子事”的目标，按照“应进必进、进必授权”的要求，推进行政审批“事项向科室集中、科室向中心集中，保障事项进驻到位、授权到位”的改革，将原来分散在45家市直各部门的495个审批服务事项全部集中到市政务服务中心，建立全链条、闭合式、整体性“车间式”审批和便民服务“流水线”，大幅提高为民服务效率。

从6月10日中心运行至12月31日，中心共接待办事群众11.7万余人次，接受咨询14905人次，共受理业务102514件，办结100486件，办结率98%，未办结2033件，日均办件量702件，日均人流量828人次。

协助配合市政府推进“互联网+政务服务”工作，推动网上办事服务事项具体化、最小化、可视化，推进政务服务“精细化、标准化、数字化”转变，实现全程网办、网上全办。截至2019年12月20日，“西藏政务网”注册用户342768个，其中个人注册304629人，法人注册38139个，网上业务办件量累计达1026099件。电子证照类型总量 1015 个，证照总量 167498 个，签发 158258 个。

【制度建设】 组织全体工作人员开展礼仪培训，对待办事群众坚持做到“六心”，即热心接待群众、耐心释疑解惑、细心办理业务、诚心提供帮助、真心为民服务、虚心听取意见，架好与群众的连心桥。设立“找茬窗口”，现场回应解决群众投诉和反映问题，防止小事拖大、大事拖炸，并为办事群众提供咨询引导服务和免费打印复印、自助照相服务。推出急办业务周末、节假日、午休延时服务，便民服务不打烊。对老人、残疾人等行动不便人员和偏远地区干部群众免费提供业务帮代办服务，拉近党群干群关系，赢得各族群众的广泛赞誉，树立新时代政务服务新形象。通过群众满意度调查，对政务服务中心总体评价满意率达 90% 以上。认为政务服务中心办事效率很好的占 68%，认为政务服务中心办事效率较好的占 23%。

【监督体系建设】 建立“局领导班子 + 责任科室 + 科室负责人”三级责任体系，结合“不忘初心、牢记使命”主题教育，组织 36 个市直相关部门负责人到市政务服务中心调研，检视和发现政务服务工作中存在问题，并现场协调推进整改工作。建立健全规章制度，推行首问责任制、服务承诺制和限时办结制等。实行“日巡查、周通报、月反馈”制度，加强对窗口工作人员的在岗情况、工作纪律、服务态度的监督管理，提升服务形象。通过放置群众满意度测评、设立意见箱、公布投诉监督电话等形式，广泛征集意见，查摆政务服务问题，逐项整改落实。

外事、侨务

【机构概况】 2019 年 3 月，原日喀则市外事侨务办公室改名为日喀则市外事办公室（侨务工作划分到市委统战部），并加挂边界事务协调办公室牌子，下设综合科、边界领事礼宾科 2 个科室，撤销外事工作领导小组，成立市委外事工作委员会，市委外事工作委员会办公室设在市外事办。

【外事工作】 2019 年，全市因公出国（地区）18 批 56 人次，建立档案 18 份，分别出访美国纽约、尼泊尔、缅甸、斯里兰卡、芬兰、丹麦、瑞士、英国、蒙古等，出访国家和地区范围越来越广、交流领域更多元化、活动设计更有针对性，与到访国各领域人员广泛接触，主动配合做好国家涉藏重点工作，全面介绍西藏和平解放以来取得的巨大成就，讲述西藏和日喀则故事，展现西藏及日喀则风貌。

2019 年把对尼泊尔工作摆在优先位置和重点方向，坚持巩固友好点，加强薄弱点，发展空白点，着力构建与全市经济社会发展相适应的大开放环境。2019 年 5 月中下旬，邀请尼泊尔木斯塘地方官员和尼驻拉萨总领馆随员进行考察调研，进一步加强了解，巩固了中尼友谊。5 月 22 日上午，在仲巴县与尼泊尔木斯塘地区地方官员先前往里孜边贸市场进行考察然后进行会晤，双方就加快推进里孜口岸基础设施建设，促进双边贸易合作方面交换意见达成共识。日喀则市高度重视讲好中国故事、传播好中国声音。在与尼泊尔木斯塘县地方官员举行座谈和参观考察期间，以多种方式介绍西藏人民在中国共产党的领导下生产、生活等方面取得的翻天覆地的变化。

年内，协助自治区外事办成功接待党宾国宾13批73人次，建立档案13份，接待外宾涉及尼泊尔、不丹、斯洛伐克、意大利、美国、以色列、挪威等国家。

【边界工作】 2019年9月11—20日，对中尼边界吉隆段3颗界桩进行调研，主要开展界桩的损毁、移位、倾斜、表面风化、字迹是否清晰、界桩附近自然情况等工作，并对界桩进行简单维护和提出维护维修建议。调研任务共历时8天。在中华人民共和国成立70周年前夕，顺利将界桩上的字体涂上鲜艳的中国红。年内，指导相关县、部门开展中尼地方官员会晤共47次，通过会晤，双方就出入境人员管理、打击跨国犯罪、森林防火、边境贸易等方面进行沟通。

【印度官方香客接待】 2019年，印度官方香客经乃堆拉山口入境朝圣接待服务管理工作于6月20日正式启动，8月23日结束，历时近70天，共接待326人（男性香客228人、女性香客98人），上报香客接待服务管理工作小结12份，建立香客档案326份。完成2019年度印度官方香客赴阿里朝圣工作。同时，精准扶贫与2019年香客接待工作相结合，组织参木达村8名贫困户全程参与到香客行李搬运、车辆运输工作中，实现现金收入18.94万元。

【常住侨民】 截至年底，日喀则市共有常住外籍人员123人，其中印度籍2人，不丹1人，尼泊尔籍120人。在120名尼泊尔籍人员中，有世居尼泊尔侨民12人、通婚人员89人、就业人员14人，“4•25”地震后在樟木4个自然村群众家庭寄养的儿童5人，探亲人员2人。

上述尼泊尔大致可分为五类：第一类是持有中华人民共和国外国人永久居留身份证的，为8人；第二类是持有两年中华人民共和国外国人居留许可证的世居尼侨，为4人（不符合申请永久居留身份证的条件）；第三类是边境县涉外通婚家庭，总数为87人，其中聂拉木县3人，樟木镇63人，定结县9人，吉隆县11人，亚东县1人；第四类是常住探亲人员，有2人；第五类是持外国人工作签证的就业人员，有14人（属于三资企业就业人员），分别在江孜县、桑珠孜区、樟木。在日喀则市尼泊尔人当中，通婚家庭的尼籍人员占绝大多数，这也是日喀则侨民的主要类型。

5月22日，尼泊尔木斯塘地方官员一行在仲巴县政府办公楼四楼会议室召开座谈会。图为双方代表合影留念

【境外藏胞接待管理】 截至年底，经逐级审查核查和各方意见结合，同意入境藏胞 54 人；先后接待境外藏胞 27 人、已返回 24 人，完成爱国友好藏胞团 4 批 76 人重要接待任务。

信访工作

【概况】 2019 年 3 月机构改革前，市信访局与市人民政府办公室为一个机构、两块牌子，主要职责由其内设机构信访协调科、下属事业单位信访接待中心承担。2019 年 3 月机构改革后，正式成为正县级政府工作部门，设办公室、信访协调科 2 个内设机构，下设信访接待中心、后勤服务中心 2 个事业单位。

【办信接访】 2019 年，全市共办理群众来信来访 1388 批 3254 人次，较 2018 年同期上升 44%。包括来访 1363 批 3217 次，较 2018 年同期上升 40％，其中集体访 133 批 1203 人次，较 2018 年同期上升 46％，个体访 1230 批 2014 人次，较 2018 年同期上升 44％，重复访 57 批 107 人次，较 2018 年同期上升 49％；来信 25 件 37 人次，较 2018 年同期上升 64％，其中单信 24 件 34 人次，较 2018 年同期上升 67％，重复信 1 件 3 人次，较 2018 年同期持平。妥善解决信访问题 1319 件，较 2018 年同期上升 43％；化解集体访 116 件，较 2018 年同期上升 40％；办结率为 95％。2019 年以来，共有 127 批信访事项通过“一站式”服务妥善化解。将群众来信、来访、来电、网上投诉等全部纳入网上信访信息系统，推进网上信访信息系统建设，至年底，信访信息系统已覆盖 18 个县（区）和 50 余个市（区中）直部门。

推行律师参与接访工作，研究制定律师参与信访工作坐班表，实行“周值班制”，做到周二、周四到岗坐班，其余时间实行“电话值班”，为信访群众特别是反映涉法涉诉信访事项的群众解疑释等提供咨询。2019 年以来，律师引导 156 批 308 人次通过司法途径解决诉求。

【积案化解】 2019 年先后主持召开信访工作专题会议 5 次、信访工作联席会议 4 次，全面听取信访工作情况，研究部署疑难信访案件，在全市范围内先后 3 次筛选出 167 批疑难信访案件，结合工作分工，进行包案化解。市级领导接案后第一时间了解案情，召集相关责任单位共同研究解决办法，厘清工作职责。2019 年，向市纪委监委移交 10 批（次）超期未办结信访案件和越级访事项。

【《信访条例》宣传工作】 在市主要道路上设置宣传咨询台、悬挂横幅、发放宣传资料，向过往群众广泛宣传《信访条例》和依法逐级走访等法规政策相关知识。在接访中心报刊架放置宣传页、标语以及 LED 流动字幕等形式，进行立体化宣传。在信访门户网站上刊登法律法规相关知识。深入项目施工地，面对面向农民工宣传信访条例等法律法规，切实提高农民工的法律意识。2019 年以来，共组织现场咨询 3 次，发放宣传单 500 余份，悬挂横幅 6 条。

中国人民政治协商会议日喀则市委员会

【概况】 根据市委机构编制委员会《关于调整市政协专门委员会设置的通知》文件精神，2019年12月12日，经市委机构编制委员会研究同意，市政协一届九次会议通过，市政协由原来3个专门委员会调整为5个专门委员会即提案委员会、经济人口资源环境委员会、农业和农村委员会、社会法制外事教科卫体委员会、民族宗教和文化文史学习委员会。

【重要会议述要】 一届七次会议　政协第一届日喀则市委员会第七次会议于2019年5月16—17日在市政协礼堂召开，会期2天。会议应到委员263人，实到委员193人。会议审议通过政协第一届日喀则市委员会第七次会议议程（草案）；选举增补一届市政协副主席、秘书长、常务委员；传达学习全国政协十三届二次会议精神和自治区政协十一届二次会议精神。开幕大会由市政协党组副书记、副主席索朗扎巴主持。住日喀则市区的全国政协委员，市委组织部、统战部，市宗教事务局、佛协负责人列席会议。

一届八次会议　政协第一届日喀则市委员会第八次会议于2019年10月16—17日在市政协礼堂召开，会期2天。会议应到委员263人，实到委员204人。会议主要传达学习中共中央总书记习近平、全国政协主席汪洋在中央政协工作会议暨中国人民政治协商会议成立70周年大会上的重要讲话精神及全国政协和自治区政协《关于重申政协委员应依照章程正当履职的相关通知》要求；选举增补一届市政协副主席。大会由市政协党组副书记、副主席索朗扎巴主持。住日喀则市区的全国政协委员，市委组织部、统战部，市宗教局、佛协负责人列席会议。

一届九次会议　政协第一届日喀则市委员会第九次会议于2019年12月23—27日在市政协礼堂召开，会期5天。会议应到委员261人，实到委员220人。会议听取和审议政协第一届日喀则市委员会常务委员会工作报告和政协第一届日喀则市委员会常务委员会提案工作情况报告；传达学习全国地方政协工作经验交流会和全区地方政协工作座谈会精神，传达学习中央、区党委和市委政协工作会议精神；委员围绕全市民生热点问题

10月17日，政协第一届日喀则市委员会第八次会议选举会现场，委员正在投票

作交流发言。会中，党员委员参加市两会党员大会，委员列席市人大一届九次会议，听取并讨论政府工作报告及其他工作报告。开幕大会由市政协党组副书记、副主席索朗扎巴主持。自治区副主席、市委书记张延清，自治区政协副主席、扎寺管委会第一主任萨龙·平拉，市委副书记、市长刘虎山，市委副书记、人大常委会主任程四曲等市委、人大、政府、法院领导到会祝贺指导；住日喀则市区全国政协委员、自治区政协委员，市委组织部、统战部，市宗教局、佛协、工商联负责人列席会议。

【常务委员会工作】 第十九次常委会　政协第一届日喀则市委员会常务委员会第十九次会议于 2019 年 2 月 27 日在市政协常委会议室召开，会议应到常委 48 人，实到 41 人。会议审议通过政协第一届日喀则市委员会常务委员会第十九次会议议程（草案）；传达学习自治区政协十一届二次会议精神；安排部署政协日喀则市委员会常务委员会 2019 年工作；审议通过《政协第一届日喀则市委员会 2019 年度协商计划》。市政协党组书记、主席普布主持会议。

第二十次常委会　政协第一届日喀则市委员会常务委员会第二十次会议于 2019 年 5 月 16 日在市政协常委会议室召开，会议应到常委 48 人，实到 33 人。会议审议通过政协第一届日喀则市委员会常务委员会第二十次会议议程（草案）；审议通过政协第一届日喀则市委员会第七次会议议程（草案）；听取市委组织部关于推荐政协第一届日喀则市委员会委员、常务委员、副主席、秘书长协商名单的说明；审议通过有关人事事项；审议通过大会选举办法（草案）和总监票人、监票人建议名单（草案）。市政协党组书记、主席普布主持会议。

第二十一次常委会　政协第一届日喀则市委员会常务委员会第二十一次会议于 2019 年 10 月 16 日在市政协常委会议室召开，会议应到常委 48 人，实到 37 人。会议审议通过政协第一届日喀则市委员会常务委员会第二十一次会议议程（草案）；审议通过政协第一届日喀则市委员会第八次会议议程（草案）；听取市委组织部关于政协第一届日喀则市委员会副主席协商名单的说明；审议通过有关人事事项；审议通过大会选举办法（草案）；审议通过总监票人、监票人建议名单（草案）。市政协党组副书记、副主席索朗扎巴主持会议。

第二十二次常委会　政协第一届日喀则市委员会常务委员会第二十二次会议于 2019 年 12 月 22 日在市政协常委会议室召开，会议应到常委 48 人，实到 39 人。会议审议通过政协第一届日喀则市委员会常务委员会第二十二次会议议程（草案）；审议通过政协第一届日喀则市委员会第九次会议议程日程（草案）；审议通过政协第一届日喀则市委员会常务委员会工作报告（草案）及报告人；审议通过政协第一届日喀则市委员会常务委员会关于政协一届六次会议以来提案工作情况报告（草案）及报告人；审议通过政协第一届日喀则市委员会第九次会议提案审查委员会组成人员名单（草案）；审议通过有关人事事项；听取市政协各专门委员会工作情况报告。市政协党组副书记、副主席索朗扎巴主持会议。

第二十三次常委会　政协第一届日喀则市委员会常务委员会第二十三次会议于 2019 年 12 月 26 日在市政协常委会议室召开，会议应到常委48人，实到38人。会议审议通过政协第一届日喀则市委员会常务委员会第二十三次会议议程（草案）；听取市委组织部关于一届日喀则市政协各专门委员会组成人员名单的说明；审议通过有关人事事项；审议通过政协第一届日喀则市委员会第九次会议关于市政协常委会工作报告的决议（草案）；审议通过政协第一届日喀则市委员会提案委员会关于政协第九次会议以来提案审查情况报告（草案）；审议通过政协第一届日喀则市委员会第九次会议政治决议（草案）。市政协党组副书记、副主席索朗扎巴主持会议。

【提案工作】 2019年，市政协共向全国政协十三届二次会议提交提案2件，自治区政协十一届二次会议提交提案63件。年内，委员提交提案113件，立案83件、撤案10件、转意见建议20件，提案办复率为100%，件件事关经济社会发展和群众切身利益。为促进提案办理实效，进一步做好成果转化工作，常委会对市政协一届六次会议《关于尽快落实昂仁县多雄藏布江治理的提案》《关于加大农牧区食品安全监管力度的提案》《关于设置市交通信号灯的提案》3件重点提案进行现场督办，提出意见建议9条。

【民主监督】 2019年12月13日，市政协组织一届市政协委员代表、市直相关部门主要负责人及市友谊公交公司负责人，召开“推进日喀则市公共交通事业发展”专题协商民主座谈会，聚焦全市公共交通事业发展存在城市公交覆盖率低、盲区多、服务不到位，公交站点等基础设施建设严重滞后，各类补贴政策未落地或兑现不足，职能部门在推动“放管服”协调发展上发挥作用不够等方面问题进行协商，提出10余条意见、建议。

【调研视察】 2019年，市政协完成脱贫攻坚产业扶贫中农牧区合作社建设、农牧区人居环境整治、湿地保护、学前教育发展、提升重点窗口单位服务质量、城市公交运行情况6个课题的视察调研和协商任务，提出意见建议48条，并形成调研报告。协助自治区政协开展“规范城管执法行为”“在社会主义精神文明建设中 如何引导信教群众过好今生幸福生活”“推进民营经济发展政策落实情况”“宗教事务管理中如何做好‘导’的文章”“民族团结进步创建活动情况”等视察调研活动5次。

【协商议政】 2019年，市政协组织政协委员赴山南市学习考察乡村振兴边境小康村建设、农牧民专业合作社工作，学习典型做法和先进经验，并召开“民族团结边境小康村建设”专题协商民主座谈会，针对全市加强民族团结工作提出意见建议17条。配合自治区政协开好议政性常委会和专题协商座谈会。市政协主席班子成员参加自治区政协议政性常委会和专题协商座谈会2人次，并提出意见、建议。

【交流活动】 为促进地方经济文化的横向联系和区域性交流合作，充分发挥政协联谊交友的优势，配合市委市、政府做好其他省市政协考察团来访接待工作，2019年，市政协共接待考察团30批293人次，宣传推介日喀则良好的生态环境和投资环境。

【基层政协组织建设】 2019年，市政协积极组织政协委员、机关干部及乡镇委员联络办负责人参加全国政协和自治区政协培训，选派 20 余名县（区）政协办公室主任参加全区首届政协系统干部能力建设培训班，选派 50 余名党员委员（干部）和党外委员（干部）参加自治区政协专题培训。

【文史资料编纂】 按照保护、抢救、传承中华文化工作要求，2019 年 11—12 月，市政协文史委完成《日喀则温泉》《日喀则名胜古迹》《天意·国策（藏文版）》出版工作，充分发挥人民政协文史资料在西藏文化安全观与西藏意识形态领域维护稳定工作中的积极作用。2019 年 3 月底开工，8 月底完成市政协文史馆改扩建工程。

【重要活动】 举行热烈庆祝中华人民共和国成立 70 周年暨人民政协成立 70 周年座谈会 9 月 26 日，市政协组织召开庆祝中华人民共和国成立 70 周年暨人民政协成立 70 周年座谈会。会议传达学习习近平总书记在中央政协工作会议暨中国人民政治协商会议成立 70 周年大会上的重要讲话精神，会上，中共界、宗教界、工商联界、妇联界、新闻出版界、工商联界委员围绕中华人民共和国成立 70 周年、人民政协成立 70 周年座谈交流。座谈会由市政协党组成员、副主席邱林主持。市政协党组成员、副主席，机关党组书记边巴作总结讲话。

召开市委政协工作会议暨庆祝日喀则政协成立 60 周年大会　12 月 21 日，市委政协工作会议暨日喀则政协成立 60 周年庆祝大会在日喀则召开。会议传达学习中央和区党委政协工作会议精神，庆祝日喀则政协成立 60 周年，安排部署日喀则政协下一步工作。自治区副主席、市委书记张延清出席会议并讲话，自治区政协副主席、扎什伦布寺管委会第一主任萨龙·平拉出席会议，并宣读自治区政协贺电。市委副书记、常务副市长马金栋主持会议，自治区政协民族和宗教委员会副主任、市政协副主席索朗扎巴出席会议。市领导王泽敏、尼玛普赤、边巴、邱林、丁峰，各县（区）政协主席、统战部部长，市（区、中）直各单位有关负责人，在市区的政协退休老人，在日喀则市的全国政协委员、自治区政协委员和市政协常委参加会议。

12 月 22 日，市委政协工作会议暨庆祝日喀则政协成立 60 周年大会召开

【重要文件目录】

2019 年日喀则市政协重要文件一览表

表 3

序号	文件名称	备注
1	《政协日喀则市委员会常务委员会 2019 年工作要点》	3 月 6 日印发
2	《关于贯彻落实〈中共西藏自治区委员会办公厅关于加强新时代西藏政协系统党的建设工作的实施意见〉的意见》	2 月 20 日印发
3	《常委会工作报告》（摘要）	12 月 23 日印发

（赖开兵）

纪律监察

【重要会议】 1. 2019 年 2 月，召开一届市纪委七次全会，总结 2018 年工作，安排部署 2019 年各项工作。2. 2019 年 8 月召开全市扶贫领域腐败和作风问题专项治理与扫黑除恶专项斗争中强化监督执纪问责工作推进会，听取各县区、各有关单位汇报工作开展情况，研究工作推进中遇到的重点、难点，敦促相关工作更加有力开展。3. 2019 年 11 月召开市直机关职能部门向市纪委监委移送扶贫领域腐败和作风问题线索推进会，强调下一步工作重点，探索建立线索移送长效机制。4. 2019 年 12 月召开全市扶贫领域腐败和作风问题专项治理工作例会暨十八县区纪委书记履行扶贫领域监督执纪问责工作职责情况汇报会，听取各县区全年工作开展情况汇报，安排部署下一步工作。5. 2019 年 12 月召开市纪委监委、市委巡察机构“不忘初心、牢记使命”主题教育总结大会。

【落实“两个责任”】 市纪委监委主要领导坚持每季度听取一次县区委书记落实扶贫领域主体责任情况报告。市纪委监委坚持半年专题研究扶贫领域监督执纪问责工作 1 次，全年召开推进会 2 次，对 6 个后进县蹲点督导，约谈工作不力的县纪委书记 6 人。落实中央脱贫攻坚巡视反馈问题整改任务，制定实施《日喀则市市直机关职能部门向市纪委监委移送扶贫领域腐败和作风问题线索暂行办法》，督促行业部门落实监管责任。对江孜等 6 个计划脱贫摘帽县和其他 8 个县开展“两项资金”专项检查督导，发现并反馈问题 90 余件，全部督促整改。

【政治生态】 2019 年，全市纪检监察机关共受理违反政治纪律和政治规矩问题线索 48 件，其中立案审查调查 22 件，给予党纪政务处分及组织处理 25 人，其中开除党籍 7 人、党内严重警告 11 人、留党察看 2 人。

2019 年，全市纪检监察机关共受理信访举报和问题线索 1166 件，初核 1002 件，谈话函询 92 件，立案审查调查 209 件，给予党纪政务处分 272 人，采取留置措施 5 起 5 人，移送司法机关 5 人。

全市各级党组织执行《关于新形势下党内政治生活的若干准则》和民主集中制原则，按时缴纳党费，及时填报个人有关事项报告，参加组织生活或双重组织生活。截至年底，全市市直机关共上缴党费 53.35 万元，全部严格按照中央组织部办公厅《关于进一步规范党费工作的通知》要求管理和使用。

7 月 19 日，自治区党委常委、纪委书记、监察委员会主任王卫东赴仁布县调研，并慰问基层纪检监察干部

制定出台《关于贯彻执行中央“八项规定”精神的实施细则》；牵头开展整治形式主义、官僚主义问题，制定出台《关于进一步改进文风会风和调研活动的意见》《日喀则市文件“十二不发”规定》《日喀则市会议“十不开”规定》等制度。查处形式主义、官僚主义问题 30 件，党纪政务处分 38 人，组织处理 25 人。

2019 年，全市纪检监察机关精准运用“四种形态”处置人员 1250 人。各级组织人事部门都及时把处分决定装入受处分人员个人档案，及时调整被处分人的职务、职级、工资及年度考核等次，相关违纪资金上缴国库。

【学习教育】 扎实抓好 14 个专项整治督促落实工作，牵头开展 4 项专项整治，全部反馈整改各类问题 515 个。组织委机关、派驻机构全体干部对中央纪委精品课程进行集中学习 4 次；选派 97 名干部参加区外培训，591 名干部参加区纪委等部门举办的各类培训；组织跟案学习和跟班学习。市反腐倡廉警示教育基地接待各级各单位参观 121 批次 3159 人次；全市通报 27 批次共 56 件违纪违法问题，印发市纪委监委汇编《警示教育读本》2000 余册。汇编《地厅级党员领导干部违纪违法典型案例警示录》《全面从严治党专辑》等书籍 6000 余册，促其筑牢廉洁防线。

【作风建设】 牵头做好“景观亮化工程”过度化等“政绩工程”“面子工程”问题督促检查工作，将整治工作纳入第二批主题教育专项整治内容，推动落实整改。加强公车监管，喷涂公车标识 1668 辆。继续在严肃查处形式主义官僚主义问题上发力。共查处问题线索 30 件，给予党纪政务处分 38 人，组织处理 25 人。开展非警车、特殊车辆违规使用警灯、套牌排查工作，督促回收套牌 132 个，纠正过去警灯套牌不规范使用问题。开展服务窗口设置不合理问题排查，对全市 26 家市直窗口单位进行暗访，对发现的空岗等问题全部督促整改。

【执纪审查】 2019 年，全市共受理信访举报和问题线索 1166 件，同比增长 33.6%；初核 1002 件，增长 33.1%；谈话函询 92 件，增长 43.8%；立案审查调查 209 件，增长 24.4%；给予党纪政务处分 272 人，增长 22.5%（县级12人）；了结629件，到年底，有272件在核查，待核查56件，留置5件5人，移送司法机关6人。

【体制改革】 年内，再次清退5个议事协调机构，对县乡“三转”开展自查和督导检查，重点对部分乡镇纪委全面落实“三转”进行督查和指导。深化机关机构改革，撤销第一至第三纪检监察室，设立第一至第四监督检查室和第五、第六审查调查室。各县区纪委合理设置3～5个内设机构。推动监察工作向基层延伸，完成组建204个乡镇派出监察室的改革任务。实施《中华人民共和国监察法》《监督执纪工作规则》《监察机关监督执法工作规定》等法律法规。落实案件协审制和审查调查安全责任制。规范完善审查调查工作程序机制，编撰《模拟卷宗（程序卷）（审理卷）》，整理汇编《执纪监督使用手册》《党纪处分实务问答及案例解析》等法规资料。

【巡视整改】 市委巡察机构坚持定期以电话督办和实地督导等方式，加强对被巡视党组织整改落实情况进行督查督办和跟踪了解，并及时形成汇报材料向市委常委会汇报。九届区党委一至四轮巡视日喀则20个党组织，反馈问题389个，完成整改389个，整改率100%。2019年区党委第五轮巡视日喀则7个党组织，反馈问题71个，截至2019年年底，完成整改68个，整改率96%。

【巡视监督】 一届市委共开展11轮巡察，选派74个巡察组，抽调676名巡察干部，对190家单位开展常规巡察、专项巡察、提级巡察和巡察“回头看”，完成一届市委巡察全覆盖。至2019年末，一至十轮巡察反馈问题3240个，完成整改3104个，移交问题线索204件，办结197件。贯彻落实县区交叉巡察指导意见，探索破解熟人社会监督难问题。自2017年日喀则市县区委巡察工作全面启动至2019年底，各县区委共开展八轮巡察，选派306个巡察组，对758个党组织开展政治巡察。县区一至七轮巡察共反馈问题9442个，完成整改9357个，整改率96.6%。移交问题线索627个，办结577件。向相关部门反馈巡察意见、建议653份。

【专项监督】 共受理扶贫领域问题线索170件，立案审查调查44件，给予党纪政务处分82人，组织处理51人，移送司法机关2人。2019年，共受理“微腐败”问题线索247件，办结197件，立案审查调查54件，给予党纪政务处分90人，组织处理59人。共受理疑似涉黑涉恶腐败和“保护伞”问题线索63件，

12月2日，召开市纪委监委、市委巡察办扶贫领域监督检查情况总结会

查实党员涉恶腐败案件 10 件（含公职人员充当保护伞案件 1 件），对 23 名直接参与涉恶犯罪的公职人员和监察对象给予党纪政务处分和组织处理，移送司法 1 人。

【自身建设】 结合“三项改革”，加强市、县、乡三级纪检机关人员配备和干部交流，按照干部选拔任用程序，全年共调整 3 批次 57 人，交流到系统内 125 人，交流到系统外 85 人。在全市纪检监察系统内开展不作为、慢作为等形式主义、官僚主义突出问题和利用名贵特产类特殊资源牟取私利问题两项集中整治，排查出问题 381 条，全部督促整改。对所有信访举报和问题线索扫描成 PDF 格式存档，进行电子化管理。全年全市受理反映纪检监察干部问题线索 14 件，办结 13 件，到年底，有 1 件正在核查，给予党纪处分 2 人，谈话提醒 4 人。

（张金飞）

群众团体

工　会

【概况】 市总工会下辖 1 个区和 17 个县总工会，到年底，基层工会组织 2663 个，涵盖 3137 家单位，职工 128626 人，其中女职工 46989 人，工会会员 125214 人，其中女会员 38401 人，农民工会员数 85220 人，专职人员 318 人，兼职人员 6329 人。

2019 年全国工人先锋号获得者日喀则市代表团合影留念

【劳模服务管理】 年内，推荐评选全国工人先锋号 1 家；兑现 19 名全国劳模以银行卡方式按照 2000 元 / 人标准发放春节慰问金共计 3.8 万元。兑现 102 名 2019 年度自治区劳模和全国五一劳动奖章专项补助资金 22.44 万元（2200 元 / 人）。评选推荐自治区第五届劳动模范和先进工作者 16 名。首次举办劳模藏汉语培训班两期，培训各级劳模 88 名。2019 年 9 月底，组织劳模事迹巡回宣讲员赴企业、机关事业单位开展“不忘初心、牢记使命”暨劳模事迹巡回宣讲活动，现场听众 500 余人。2019 年 9 月底，确定庆祝中华人民共和国成立 70 周年之际开展走访慰问市区困难劳模 13 名，发放慰问金 2.2 万元。为充分发挥生产一线劳模的引领作用，首次在全市选树 2 家“日喀则市劳模创新创业工作室”，解决 10 万元工作经费。投入 4.8 万元对 48 名全市各级劳模进行集中健康体检工作。选派 8 名劳模赴其他省市参加疗休养活动。为 3 名劳模兑现特殊困难劳模补助资金 3.7 万元。

【维护职工权益】 成立市总工会劳动争议调

解委员会、组建法律援助律师团、职工信访接待服务窗口，开展法律、法规宣传活动。年内共受理维权案件 19 件（含劳动争议 17 件、工伤纠纷 1 件、劳动能力鉴定 1 件），涉及人数 135 人次，追回资金 67.3 万元；接待职工（农民工）咨询 102 人次。开展法律、法规宣传活动 30 次。

【帮扶救助管理】 “三大节日”期间走访企业 35 家，慰问坚守岗位一线职工、执勤民警 381 人、劳模 16 名、住院干部 38 名，解决慰问资金 149.22 万元。

为 275 名在档困难职工解决生活救助金 55 万元，在“庆祝新中国成立 70 周年·情系困难职工·工会送温暖”活动中，为 251 名在档困难职工发放资金 50.2 万元，在档困难职工平均享受帮扶资金 9600 元，相比上年增长近 1 倍，120 户困难职工实现解困脱困。

分别向 64 名全国级在档困难职工和 188 名普通困难职工子女兑现 48.128 万元、61.6 万元金秋助学金；在“喜迎新中国成立 70 周年·困难农民工子女圆梦大学·工会送温暖”活动中，向 890 名困难农民工子女发放圆梦大学送温暖资金 178 万元。

为定日县 2 户雪灾受灾户解决 5 万元慰问金。为昂仁县解决 10 万元地震救助专项资金。为助力脱贫攻坚工作，鼓励基层各级工会职工集体福利用于消费购买贫困农牧民群众农副产品，新建“爱心超市”1 个，以销售各县（区）农畜产品为主。

【工会经费收缴管理】 2019 年市本级工会经费收缴 3214.51 万元，其中区总工会上缴工会经费 546.48 万元，邀请第三方完成行政和工会固定资产清查工作。2019 年完成市总和 7 个县区总及 28 家市直单位工会经费审计整改工作。

【受援工作】 2019 年，完成职工之家建设项目 10 个（日喀则市铁路派出所、聂拉木县乃龙乡和波绒乡、仁布县普松乡、拉孜县曲下镇、灾后重建樟木新区、江孜县重孜乡、吉隆县折巴乡、吉隆县折巴乡桑旦林村、昂仁县），投资 588 万元。在建项目 4 个（江孜县、仁布县、仁布县查巴乡、吉隆县吉隆镇），概算投资 2511 万元。

年内，完成 2020 年区、县、乡、村级职工之家项目库建设。

【助推就业】 为响应大学毕业生就业清零行动，市总工会从全市未就业应届大学毕业生中招聘 45 名社会化工会工作者充实到 18 县区和部分乡镇工会工作（共安排 85 名大学生就业），既充实基层工会力量，又帮助政府

4 月，市总工会劳动争议调解委员会揭牌

6 月，日喀则市代表团参加西藏自治区第三届职工运动会

减轻就业压力。

共青团

【概况】 截至 2019 年年底，全市共有团组织 2705 个，其中基层团委 255 个、团工委 2 个、团总支 45 个、团支部 2403 个，14 ～ 28 周岁青年 18.06 万人，团员 31680 名，专职团干部 65 名、兼职团干部 3678 名，2019 年新发展团员 1832 名。

【重要活动】 纪念五四运动 100 周年暨中国共产主义青年团建团 97 周年文艺会演及表彰大会，对 82 个先进集体和先进个人进行表彰。开展纪念五四运动 100 周年大型离队入团仪式

联合市委宣传部、市"六城共建"办、市妇联举办"相约七夕·缘定日喀则"联谊活动。

组织开展"缅怀革命先烈，坚定理想信念，弘扬珠峰精神"主题扫墓活动，通过扫墓活动。

开展纪念少先队建队 70 周年系列活动。活动期间，组织全市各级少先队开展"争做时代好队员——小小追梦人"实践活动、"童心向党——喜迎建队 70 周年"队日队会活动、"我心中的大英雄"手抄报展等主题鲜明、时代感强的活动 600 余次。

【青年创业工作】 年初在前期调研的基础上，对仁布县藏香味青稞加工厂、昂仁县藏家纯生态农产品专业合作社、西藏昂卓仁木民族文化发展有限公司、江孜县尼玛藏式卡垫加工厂、谢通门县通门乡仲村青年创业协会扶

5 月 4 日下午，团市委在市剧院举办以"青春心向党、建功新时代"为主题的纪念五四运动 100 周年暨中国共产主义青年团建团 97 周年文艺会演

持资金 74 万元。

12 月 25 日，邀请黑龙江省青年创业企业家培训讲师对全市青年创业者开展培训。

【青年志愿者工作】 对接全市各单位志愿者用人需求，赴援藏省市高校进行新志愿者招募宣讲，为新招募的 140 名西部计划志愿者在日喀则建功立业创造了良好环境。

团市委在春运期间组织市区在岗青年志愿者开展为期 40 天的“暖冬行动”，依托所辖火车站、机场、道路客运站等重要场所，从春运旅客普遍需求出发，围绕秩序维护、引导咨询、便民利民、帮扶重点旅客、交通安全劝导、应急救援、高原自护知识普及和必备药品提供等方面集中开展志愿服务活动。

团市委于 3 月 13 日、5 月 16 日，组织全市青年文明号单位团员青年、社会各界青年志愿者开展“爱护家园 • 构建美丽日喀则”、“清理白色垃圾 • 保护母亲河”环保志愿服务活动。

全市各级团组织及青年志愿者协会开展“关爱老人送温暖，情系中秋”青年志愿服务活动。打扫敬老院的老人住所卫生和清除供养中心院内杂草垃圾，之后，与老人们谈心交心，给老人们带去党和政府的关怀，带去团组织的温暖，并送上节日的祝福。

【服务青少年工作】 4 月 24 日，组织 10 名市青联委员、青年创业协会会员举行“凝聚青春力量 • 助力脱贫攻坚”日喀则市社会组织帮扶活动启动仪式。

聚焦“全团抓学校”的主责主业，通过“雪域雏鹰央企行”西藏中学生暑期夏令营、第十一期全国各民族大中学生暑期同心营活动、“争做新时代好队员——我是小小追梦人”各族少年手拉手交流体验活动等，共派出学生 33 名。

组织各级团组织开展网络安全宣传周电信主题日活动，组织开展“国旗由我守护——万人签名”活动。活动期间，全市共成立国旗护卫队 18 个，推选国旗升旗手 72 名，升降国旗 120 余次。

围绕中国历史、西藏历史、新旧西藏对比等开展在国旗下朗诵、演讲、演唱等 80 余次，国旗下宣誓、签名活动 18 次，参与人员 2 万余人。开展“青春心向党、建功新时代”西藏青年讲师团百人宣讲活动。活动期间，团市委共邀请 110 余人青年讲师深入基层，结合“不忘初心、牢记使命”主题教育活动，在学校、企业、农村、社区、网络等青年聚集较多的地方宣讲党的创新理论、党史国史团史、国情区情形势政策、青年榜样故事等 200 余次，受益人数 4.2 万余人。

9 月 30 日，团市委联合市青年创业协会在萨迦、昂仁、拉孜、桑珠孜区开展关爱贫困儿童、关爱留守儿童爱心慰问活动

妇　联

【概况】 全市有县（区）妇联组织 18 个、乡镇妇联、村级妇联组织 1673 个［2019 年度全部完成村（居）妇代会改建村（居）妇联工作］。同时，共指导建立市（中、区）直机关妇委会 69 个、县直机关妇委会 206 个、“妇女之家”1823 个、“两新组织”妇委会 21 个（市里 4 个、县区 17 个）。

2019 年，根据日中共日喀则市委员会办公室关于印发《日喀则市妇女联合会机关职能配备、内设机构和人员编制规定》的通知文件规定，市妇联机关设办公室（组宣科）、妇女发展科、权益科（家庭和儿童科）3 个内设科室，均为正科级建制。市妇联机关下设妇女儿童活动中心、机关后勤服务中心 2 个事业单位。

【重要会议】 日喀则市妇联一届二次执（常）委会议于 2019 年 4 月 12 在日喀则市召开，会上，传达学习习近平总书记同全国妇联新一届领导班子成员集体谈话时的重要讲话精神；白杨代表市妇联一届二次执（常）委会作工作报告，回顾总结 2018 年全市妇联工作，安排部署 2019 年任务；审议日喀则市妇联第一届执行委员会工作规则、日喀则市妇联第一届常务委员会工作规则，表彰一批为全市经济社会发展和妇女儿童事业进步做出突出贡献的先进典型；各县（区）妇联及市直机关妇工委作特色亮点工作交流，签订 2019 年妇联业务工作目标责任书。

市妇联执（常）委会共 31 名委员参会，18 个县（区）妇联工作分管领导、市（中、区）直机关妇委会负责人、市妇联干部职工共 78 名列席会议。

【妇女创业就业工作】 截至 2019 年年底，全市正常运行的妇字号企业及合作社 89 家，共带动妇女 982 人转移就业。2019 年，市妇联深入开展妇女创业组织调研，指导解决各类妇女创业组织在发展过程中出现的机构设置不全、资金运作不畅、管理方式不当、销售渠道不宽等问题，形成关于扶持妇字号创业组织发展方案。

【妇女维权】 2019 年接待群众来信来访 5 起，均为家庭婚姻类。协助区妇联办理来访案件 1 起（家暴类），协助萨迦县妇联办理来访案件 1 起（家庭婚姻类）。2019 年推荐全国级维权先进集体 2 个，推荐全国级维权先进个人 2 个，推荐全区维权个人 3 个。

【技能培训】 2019 年，市妇联在拉孜、江孜、吉隆 3 个县 5 个点开展贫困妇女技能培训 5 期，总投资 29.53 万元，共培训建档立卡贫困妇女 100 名，并实现转移就业，人均月增收约 2500 元。

【民生项目】 组织开展“巾帼心向党 建功新时代”主题宣讲暨“武警春蕾”奖学金发放活动，为市二高 50 名“蓝天春蕾高中女生”发放助学金 12 万元。在市儿童福利一院开展加强未成年人思想道德建设暨“践行民族团结 携手爱心妈妈 情暖福利院儿童”恒爱行动主题公益活动，为孩子们发放爱心毛衣、鞋子等 176 件。开展农村贫困妇女“两癌”救助主题活动，共落实 2018 年、2019 年“两癌”救助资金 111 万元（其中国家级 106 万元，市级 1.8 万元，县级 3.2 万元），救助患者 106 人。

【妇女思想政治引领】 始终坚持以宣传贯彻党的创新理论开展思想政治引领工作，依托线上、线下两条战线，以“四讲四爱”为主题，坚持改善民生与凝聚人心同时发力，“管肚子”与“管脑子”两手并重，“富口袋”与“富脑袋”同步推进，坚持全覆盖、常态化、重创新、求实效，统筹利用各种资源，分阶段、分步骤深入县（区）、乡镇、村（居）、“两新组织”、尼姑寺、学校、社区、示范家长学校、驻村点等重点领域，以“巾帼心向党·奋进新时代”为主题，深入开展妇女“十必讲”活动；以庆祝中华人民共和国成立 70 周年，西藏民主改革 60 周年为契机，先后开展了核心价值观宣传；依托“6•2”日喀则民族团结进步日深入开展民族团结宣传；借助“3·28”百万农奴解放纪念日，组织各族各界妇女开展新旧西藏对比大家谈活动等。通过宣传教育活动的开展，引领广大妇女群众树牢“四个意识”、坚定“四个自信”、做到“两个维护”，打牢全市广大各族妇女群众团结奋斗的共同思想基础，坚定听党话跟党走的信念信心，凝聚起“巾帼心向党、奋进新时代”的磅礴力量。

【国庆 70 周年活动】 以庆祝中华人民共和国成立 70 周年、西藏民主改革 60 周年为契机，先后在社区、学校、寺庙等地开展巾帼模范巡讲、核心价值观宣传、各类讲堂及座谈近 260 余次，参与人数达 90000 余人次；组织全市 7 个巾帼志愿者服务队共计 240 余名志愿者举行了主题为“巾帼心向党·奋进新时代”的志愿者授旗仪式；组织 27 名妇女代表赴上海开展“庆祝新中国成立 70 周年，看浦江两岸创新发展”学习考察，进一步促进了藏汉民族的交流交融交往；组织 50 余名基层妇联干部及妇女党员在亚东县堆纳乡境内曲美辛古抗英纪念馆以曲美雄谷抗英血泪史为背景开展“三个一”活动；举办“巾帼心向党·礼赞新中国”主题诵读活动，营造了共庆祖国华诞的热烈氛围；组织市、区（中）直单位、“两新”组织妇委会主任等 90 余人开展“巾帼心向党·礼赞新中国”日喀则姐妹唱红歌活动，进一步激发大家的家国情怀、爱国热情；组织各级“三八红旗手”代表、“最美家庭”代表和民族团结户开展隆重庆祝中华人民共和国成立 70 周年群众干部游园活动，积极营造了节日浓厚的氛围，激发了广大妇女群众爱党、爱祖国、爱社会主义的热情。

【妇女儿童工作】 筹备日喀则市政府妇儿工委全委（扩大）会议、市政府妇儿工委联络员会议、市政府妇儿工委主任办公会议。开展专项调研，由市政府副市长、市政府妇儿工委副主任尼玛普赤同志带队深入到相关县区开展“两规”实施情况调研工作，并形成调研报告。组织召开两规实施情况督导检查部署会议，由市政府副秘书长、妇儿工委副主任哈里玛牵头对市政府妇儿工委 36 家成员单位及江孜、白朗两纲示范县进行督导检查工作，并上报督导自查报告。

【帮扶救助】 在桑珠孜区特困人员集中供养服务中心开展“弘扬好家风·传承好家训·宣传好家教”暨“关爱空巢母亲·践行四讲四爱”活动，组织各级妇联深入开展暑期家庭教育和关爱儿童服务主题活动，共投入资金 8 万余元，受益留守儿童 1001 人。2019 年，共开展党员志愿服务活动 14 次。共开展党员结对帮扶活动 4 次，投入帮扶资金 23160 余元，结对帮扶 74 户，开展“321”结对帮扶，帮扶 13 名大学毕业生就业。

【“三八红旗手”和“文明家庭”等评选工作】 开展“不让毒品进我家”暨“无毒 无家暴 廉洁文明”家庭创建、“弘扬好家风·传承好家训·宣传好家教”暨 2019 年“相伴同悦读 共抒家国情”庆六一亲子阅读等一系列活动，联合山东省妇联开展“藏汉一家亲”结对联谊活动，深化“美丽庭院·干净人家”创建活动，在亚东县召开“美丽庭院·干净人家”现场推进会，开展好寻找“最美家庭”“五好文明家庭”“平安家庭”创建活动。推荐全国“最美家庭”3 户，自治区“最美家庭”3 户，自治区“五好文明家庭”5 户。并于 2020 年年初向自治区妇联推荐 2019 年度三八红旗标兵候选人 1 名、三八红旗手候选人 3 名、三八红旗集体候选人 1 个。

【基层妇联组织改革】 市妇联根据《自治区妇联改革实施方案》，修改完善《日喀则市妇联改革方案》，报市深改办多次审核、修改，并于 2019 年 12 月 19 日经日喀则市全面深化改革第一次会议研究通过，12 月 26 日以日喀则市委办公室红头文件印发至各单位、各县（区）委。2019 年，共完成乡镇妇联区域化改革 58 个、选举产生乡镇妇联主席 58 名、专兼职副主席 120 余名、执委 164 名；共完成行政村（居）委会妇代会改建妇联 1673 个，选举产生村（居）妇联主席 1673 名、执委 6119 名。

（刘应梅）

工商联

【非公经济发展】 截至 2019 年年底，全市非公经济市场主体已发展到 66635 户，注册资本（金）600.84 亿元，从业人员 35.31 万人，同比分别增长 35.05%、43.78%、70.17%。其中，私营企业 11153 户，注册资本（金）500.67 亿元，从业人员 11.35 万人，同比分别增长 17.53%、34.69%、19.48%，占市场主体总数、总注册资金、从业人员的 16.74%、83.33%、32.15%；个体工商户 48924 户，注册资本（金）66.85 亿元，从业人员 9.36 万人，同比分别增长 28.62%、99.68%、21.56%；农专户 6558 户，注册资本（金）33.32 亿元，从业人员 14.6 万人，同比分别增长 261.72%、162.37%、311.27%。全市非公经济组织税收 16.77 亿元，同比增长 2.57%，增收 0.42 亿元，占全市税收的 97.05%；农牧民群众稳定就业人数 3198 人，创收 2511.65 万元；高校毕业生就业 139 人，创收 258.35 万元；灵活

市工商联组织民营企业庆祝中华人民共和国成立 70 周年、西藏民主改革 60 周年文艺会演在日喀则市剧院举行

就业3242人，创收5945.77万元。

【会员服务】 按照“政治建会、团结立会、服务兴会、改革强会”的要求，本着“团结、服务、教育、引导”的工作方针，加强自身能力建设，吸收、壮大和优化会员企业队伍，增强工商联的凝聚力、执行力和影响力。2019年全市工商联系统会员企业829家，市工商联直属会员企业69家。2019年，全市民营企业被评为自治区百强企业7家、被评为就业20强民企5家、被评为自治区民营企业营业收入大户5家。

【民族团结“进企业”活动】 制定日喀则市民营经济“民族团结一家亲”系列活动实施方案。组织召开民营企业“民族团结一家亲”联谊会。组织非公企业支部书记、管理层员工与企业内部少数民族职工结对子开展民族团结一家亲、藏汉企业一家亲等结亲对子联谊活动，结合“民族团结一家亲”各项活动，向少数民族企业发放宣传资料、介绍工商联工作性质、任务、作用。

（洛桑顿珠）

文 联

【概况】 日喀则文联共有三家协会，分别为作家民间文艺家协会、书法美术摄影家协会、音乐舞蹈曲艺家协会，会员分别有40人、40人、45人。

【精品力作】 全市文艺工作者推出长篇小说《天边云雾》《陪你这一生》，散文集《青春的火焰》，诗集《红色记忆》等作品。聚焦庆祝中华人民共和国成立70周年，开设专栏出版《珠穆朗玛（2019年）》，在省级以上刊物上发表作品达40余篇。同时举办“我们与你在一起”大型诗歌公益活动，第三届“我们与你在一起”大型诗歌公益活动中获评中国诗歌学会先进团体，1人获得先进个人。2幅摄影作品获自治区第十二届珠穆朗玛摄影大展优秀奖。曲艺作品《顿玉顿珠》获全市脱贫攻坚文艺大赛二等奖，音乐、舞蹈、曲艺作品10余部在自治区脱贫攻坚文艺晚会、“共产党来了苦变甜”等文艺会演中参与，30余名唐卡画师的精品唐卡60余幅在区内外各大展览中展出。4篇文学作品获创建全国文明城市征文大赛奖，20幅书法美术作品获第十七届珠峰文化旅游节优秀作品奖。3名会员创作的作品参加全国美术展。

【其他活动】 2019年，围绕庆祝中华人民共和国成立70周年、纪念西藏民主改革60周年，举办赤列德庆美术作品展、“雪域·缘”周明晖美术作品展，首届“藏雄觉知”书法大赛（展）、第三届“指尖妙笔”书画作品展，“山水之约”摄影展，“如意日喀则”书画摄影吉林展，“新时代新情感 幸福生活盈笑脸”百幅肖像摄影作品展，“我和我的祖国”为主题的全市初中学生双语作文大赛等，展示推出诸多优秀作品。

日喀则境内雅江风光

对口支援

珠峰精神

坚韧不拔　巍峨不屈　感恩向上　敢为人先

山东省第九批援藏工作

【概况】 山东省第九批援藏干部于 2019 年 7 月 1 日进藏。

6 月 20—22 日，山东省委书记、省人大常委会主任刘家义率领山东省党政代表团赴藏，实地考察指导对口支援工作，看望援藏干部，召开山东·西藏对口支援座谈会，共商两省区合作发展大计

【调查研究】 中心管理组把开展调查研究当作干好援藏工作的首要任务，深入基层、深入群众、深入援建项目，掌握第一手资料，形成“12345”援藏工作思路。

【项目推进】 对 2019 年山东规划实施的 78 个援藏项目逐一梳理分析，建立台账，倒排工期，明确责任，挂图作战。先后与日喀则市发改委、人社局、教育局及对口支援各县区召开协调会 50 余次，加快项目建设进度。截至年底，78 个项目全部开工，开工率 100%；已完成项目 75 个，完成投资 34727 万元，投资完成率 97.6%。所有竣工项目，一次性验收通过率 100%。

【改善民生】 一是改善群众生产生活。投入资金 12403 万元，推进“鲁藏百村生态家园”示范工程和聂拉木灾后重建工程，建成 8 个村级活动场所，完成 5 个村易地扶贫搬迁附属基础设施建设，打深水井 11 眼，日喀则市老年人日间照料中心建成使用。二是深化组团式医疗援藏。投入资金 4115 万元，实施医疗卫生项目 13 个，改造提升 6 个市县乡级医疗机构，购置 34 辆急救车和其他设备。山东 45 名医疗专家分别对日喀则市妇幼保健院和 5 家县级医疗机构进行组团式帮扶，累计施行手术 180 余台次，抢救危重病人 100 余人。组织精神病、白内障、先心病筛查 1 万余人次，救治患者 682 人。三是提升组团式教育援藏。投入资金 8627 万

11 月 4 日，山东省济南援藏医疗队为藏族儿童筛查

山东在桑珠孜区打造特色小镇，掀开高原发展新篇章

元，实施齐鲁小学、农牧民职业技能实训基地等项目 14 个。60 名教师分别对日喀则市第一高级中学、第二高级中学和白朗中学进行组团帮扶，“万名教师支教计划”团队被市委、市政府授予先进集体称号，8 名教师受到自治区和市委表彰。组织“齐鲁名师”赴日喀则 7 个县 36 所中小学开展送教活动，15 名教师到山东接受一年培训和研修。四是推进就业援藏。依托市职业技术学校、农牧民技能培训中心，开展再就业培训 69 期，帮助 2091 名建档立卡贫困人口实现稳定就业。帮助日喀则市在济南设立驻山东高校毕业生就业服务中心，组织 50 名未就业大学生到山东接受培训，协调山东省有关部门面向日喀则提供 50 个事业编岗位。

【产业与合作】 投入资金 6649 万元，实施项目 13 个，重点建设日喀则市“珠峰现代农业产业园”“农业科技示范园”“万亩有机蔬菜产业园”等园区，白朗蔬菜、南木林经济林、聂拉木藏药等产业初具规模。推动日喀则市政府与山东省农业农村厅围绕农业龙头企业引进、农业园区建设、农牧产品标准化规模化经营等签订合作协议，山东省国家级农产品质量安全县与日喀则 5 个县（区）开展结对帮扶活动。推动藏医藏品入鲁，日喀则市藏医院与青岛市上和医院建立医联体，组织日喀则市相关企业参加山东省第八届文博会、鲁台经贸洽谈会、青岛国际友城商品展览会，推介日喀则 40 余种优质农副产品、民族手工艺品、非遗产品，签订购销协议 150 余单，达成战略合作协议 3 个。

【交流与帮扶】 投入资金 680 万元，实施项目 8 个。选派日喀则 100 名优秀青年教师到山东开展交流学习活动，组织 174 名基层干部、农牧民致富带头人赴山东培训，选派 60 名山东高校毕业生到日喀则参加“服务西部志愿者行动”，邀请 40 户藏族家庭、40 名藏族青少年到山东开展“藏汉一家亲”结对联谊和“青少年手拉手”活动。组织山东 12 家医院、19 所学校与日喀则 9 家医院、19 所学校建立结对帮扶关系。援藏干部人才多次到幼儿园、学校、敬老院、军营开展送温暖、献爱心活动。山东广播电视台制作 7 期援藏专题节目，开设《东西有约》专栏，宣传鲁藏交流交往和援藏工作。

上海市第九批援藏工作

【概况】 上海市第九批援藏干部于 7 月 14 日进藏。

【项目进展】 2019 年，上海市共安排援藏项

8月15日，中央政治局委员、上海市委书记李强率团赴藏考察。图为李强一行在日喀则市人民医院与当地群众交流

目6类107个（含上海市实施），援藏资金47126万元，同比增长7%。截至11月底，已开工项目106个，开工率达到99%；完工项目80个，完工率达到74.76%；累计完成投资40110.1万元，完成年度计划的85.11%。

2019年上海安排的107个援藏项目主要来自《上海市“十三五”对口支援西藏日喀则经济社会发展规划优化文本及中期评估报告》中的规划项目，符合对口支援“十三五”规划要求切实贯彻“两个倾斜”，年度计划中安排县及县以下资金38627万元，占总投资的81.97%；安排民生项目资金40717万元，占总投资的86.4%，符合国家关于80%以上援建资金用于县及县以下基层、用于保障和改善民生的要求。

【智力援藏】 年度安排2000余万元资金用于开展智力支援。援藏干部人才中，按照受援地所需，市直机关16名、各对口县30名援藏干部人才分别在日喀则市委、对口受援五县的县委和县政府、市直相关部门和县直相关部门担任重要领导职务，安排医疗、教育专业人才担任医院、学校、各科室、各教研室的主要和分管领导。

通过教育沙龙、沪藏友好学校教育联盟、名师工作室、进藏指导、远程教学等多种方式，加大当地师生培养培训力度，受益2000余人次。日喀则市人民医院在“组团式”援藏医疗专家的带领和指导下，开展教学查房309次，医疗业务讲座55场，制定医院专科发展规划19个，健全医院制度67项，结对帮带当地医务人员112人，远程医疗会诊10次，帮助诊断疑难危重病例154场，带教指导开展手术73台次。

组织安排财政、住建等党政机关干部、企业经营管理人才以及乡村基层干部、农民专业合作社发展和扶贫领域工作人员、基层农业技术人员、致富带头人等到上海培训和挂职锻炼，涉及230余人。上海国资委研究中心承接日喀则国资国企“十四五”规划编制，推动智力援藏。

【产业发展】 2019年，安排发展特色优势产业资金1.2亿余元。在江孜县江嘎易地搬迁集中安置点投资2300万元用于沙棘苗木二期建设项目，该项目施工建设期间就为本地农牧民提供近200个灵活就业岗位；在育苗、灌溉、施肥的6个月内，可为安置点搬迁群众提供就近就业岗位1000余人次，人均日工资150元左右。在江孜县投资4000万元的红河谷现代农业园区示范辐射能力提升项目

江孜红河谷农业园区鸟瞰。江孜红河谷现代农业示范园区是全球海拔最高的现代农业科技示范区。2015 年 11 月被日喀则市人民政府列为日喀则国家农业科技园区第二核心区

（其中 2019 年投资 800 万元），共带动 791 名农牧民灵活就业。

协助萨迦县探索“龙头企业+合作社”“支部+公司+合作社”等模式，投入援藏项目资金，大力发展查荣乡藏葱厂、雄玛乡藏香厂、雄麦乡养羊合作社、赛乡农机合作社等多个集体经济和专合组织。到年底，萨迦县村集体经济 74 个，年纯收入 100 万元以上 2 个，10 万元以上 12 个；农牧民专业合作社 400 个，38 家合作社已实现分红，资金达 762 万元，300 余名贫困人口实现就业。

推进萨迦县与上海交通大学农学院合作，完成萨迦县拉洛现代农业产业园整体规划，大力引进具有实力的现代农业企业进入园区。到年底，已成功引进青海云鑫牛羊深加工、苗圃花卉基地、八思巴藏香原材料种养植等项目。实施一批投资少、周期短、见效快、效益高的萨迦县八思巴藏香、扎西岗乡温室大棚、吉定镇水泥制品厂、扯休县马铃薯种植基地、查荣藏葱等产业项目。各企业、合作社提供就业岗位 220 余个。

在定日县近 3 年投入 3050 余万元，引进特色果蔬种植公司，建设智慧农业园区项目，实现当年就业 60 余人。

2019 年在拉孜县投入援藏资金 85 万元，集中组织农牧民开展汽车驾驶、装载挖机、混凝工、抹灰工等各项就业技能培训，先后培训农牧民约 160 人，其中建档立卡户约 80 名。在定日县安排资金 20 万元，组织 60 余名建档立卡户开展汽车驾驶、挖掘机操作、农机具修理等专业技能培训。

【民生事业】 安排民生项目资金 40717 万元，占总投资的 86.4%，其中，2019 共安排资金

拉孜小组调研扶贫产业项目——利民合作社

1.1亿余元，开展小康示范村建设，进行困难群众危旧住房修缮、村级配套基础设施建设、农田水利工程建设、安全饮水提升和生态环境保护等，

完善相关村公共基础设施，弥补给排水、电力照明、道路、公共厕所、环保等设施不足，改善受援地贫困地区4000余名农牧民群众的生产生活条件。协调上海国资委所属中国太保集团，支援日喀则国资委对口帮扶资金30万元，用于农村产业发展。

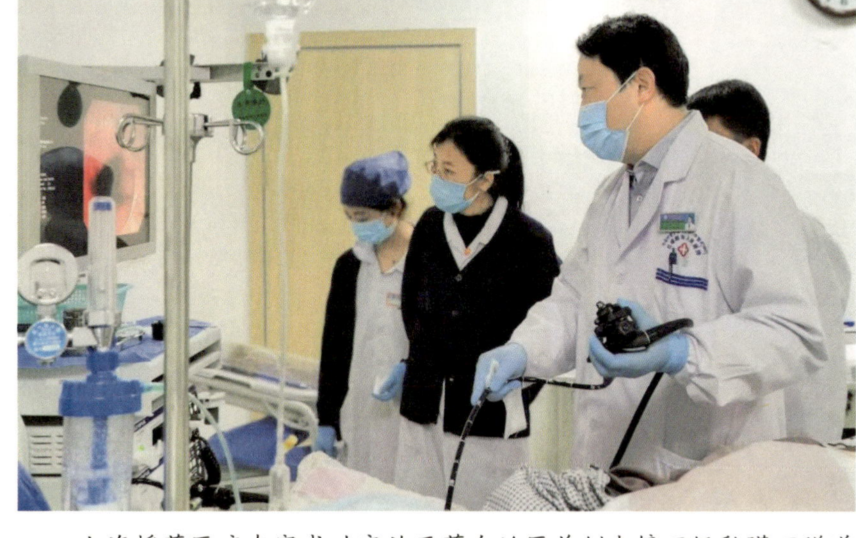

上海援藏医疗专家成功实施西藏自治区首例内镜下经黏膜下隧道肿瘤切除术（STER）

探索建立以江孜红河谷农业园区二期建设为代表的项目建设带动就业扶贫、以农牧激励资金项目为代表的就业奖励和效益分红扶贫、以农业园区“1+19+X”（一县十九乡多点）为代表的产业辐射带动扶贫、以建档立卡户脱贫绩效保险项目为代表的保险托底扶贫等多个利益联结机制。江孜县智慧农业科技和服务示范项目、红河谷现代农业园区产业扶贫辐射点项目带动约643名建档立卡贫困人员增收脱贫。

2019年10月，组织日喀则市22家企业赴上海参加第十二届“上海市对口帮扶地区特色商品展销会”，共展出日喀则市近50种特色商品。此外，推动受援地企业特色产品参加上海对口援建“百县百品”特色农产品评选活动，萨迦八思巴藏香被评为上海首批“百县百品”特色农产品。

推动松江区与定日县13个街镇（乡镇）签订对口帮扶协议，结合实际分别为13个乡（镇）因地制宜设置民生项目，并全部竣工，解决80%的乡政府所在地居民喝上健康水的问题，20%的乡政府有了集体经济实体。组织松江区企业与定日县119个贫困村签订结对帮扶协议，实现街镇与乡（镇）、企业与贫困村帮扶协作全覆盖。

【教育帮扶】 2019年援藏资金投入6500余万元，对对口五所县中小学、幼儿园教学楼、宿舍楼、食堂、阅览室、运动场等进行修缮和新建，显著改善了学生学习和生活条件。

对日喀则市上海实验学校投入1350万元援藏资金，建设创新实验室、远程连线设备、运动场、演艺会场、科普馆等。新一批组团式教育援藏工作队推进学校管理制度创新，完善培养核心素养的课程体系，拓展教育援藏工作的辐射效应，2019年日喀则市上海实验学校教学成绩稳步提升，中考成绩继续保持自治区第一，创历史新高。高考升学率100%，名列自治区前列，并获自治区示范性高中称号。在援藏教师的帮助下，11名教师参与日喀则市级赛课，其中7人获市级一等奖，3人获二等奖，1人获三等奖，新增高

5月9日，浦东新区进才教育集团专家组在江孜县闵行中学开展初中数学与体育教学示范

级教师5人，高级教师比例逐年提高。

在江孜县宗山遗址实施文化旅游景区配套设施建设项目，依托上海教育资源，对日喀则市第二中等职业学校教师开展业务培训和交流，开展专业共建培养，提升职业教育能力。

【交流活动】 2019年，安排交往交流交融资金1300余万元。一是组织安排对口五县乡村基层干部、致富带头人、民族团结模范、教育卫生人才、优秀青少年等到上海对口区培训，开展交流活动。组织上海专家赴藏讲学，广泛开展各类交流交往活动。二是借助上海对口帮扶地区特色商品展销会等平台，加强沪藏两地民族交往交流交融。拉孜县赴上海开展堆谐文化交流推广演出活动，宣传推广“拉孜堆谐”国家级非物质文化遗产。定日县民间艺术团在展会期间赴松江区进行为期6天的民间艺术交流，受到松江区群众的热烈欢迎。亚东县组织基层文化工作人员和艺术团赴普陀区开展文化文艺交流。三是开展专业机构互访交流，徐汇区文旅局组织区旅游协会等机构到萨迦开展文化扶贫和非遗传承学习交流活动，与萨迦县唐卡传承画师以及银器、铜器、面具手工艺非遗传承人进行交流互动，近5000名观众观看展览。四是举办第四届医学珠峰论坛，开展25个分论坛，其他省市参会专家205人，中国工程院院士宁光出席论坛并做主旨发言。五是对当地因病致贫的建档立卡贫困户尼玛顿珠一家积极进行救助，上海援藏医疗专家对其家中患有先天性心脏病的3岁幼儿小卓玛进行全面检查评估，在援藏小儿心脏科专家赵坚医生突发疾病殉职的情况下，上海援藏干部联络组积极协调上海市慈善基金会牵头募集善款，10月中旬安排小卓玛一家到上海市儿童医院接受治疗。六是推动教育领域交流。组团式教育工作队组织开展名师工作室交流研讨，先后赴定日、谢通门等县调研送教。上海电机学院、上海市晋元中学、上海香山中学等与日喀则上海实验学校、拉孜县中学、闵行中学等开展捐赠交流或结对共建；亚东中学学生首次参加上海DI青少年创新思维竞赛。

黑龙江省第七批援藏工作

【概况】 黑龙江省第七批援藏工作队52名干部、20名“组团式”援藏教师，于2019年7月15日进藏开展新一轮援建工作。

【项目建设】 接力推进审计后第六批援藏工

7 月 22 日，黑龙江省委常委、哈尔滨市委书记王兆力一行在仁布县调研。图为王兆力与仁布县仁布乡白林村方正双语幼儿园小朋友交流

作队结余援藏资金 603.1 万元的项目报批工作，截至年底，利用结余资金谋划的市边境数字查控体系建设、办公信息化建设等 10 个项目，经日喀则市政府同意已报至省对口支援工作领导小组办公室。抓好第六批援藏工作队施建的日喀则市龙藏文化设施改善项目（龙园）项目建设，完成竣工验收并交付使用。

对 2020 年仁布县、康马县和谢通门县共 11 个拟建项目 4499 万元资金进行变更调整，按要求报省对口支援办审批。根据省"十三五"援藏规划优化稿确定的建设项目和调整变更后的建设项目，会同日喀则市受援办共同组织形成省 2020 年援藏项目投资计划，并报省对口支援办待批。按照国家发展改革委《关于推进"十四五"对口支援规划前期研究工作的通知》要求，会同日喀则市发展改革委开展规划前期研究，对"十三五"规划执行情况、主要问题进行梳理，提出"十四五"规划编制的初步思路。同时，工作队中心组 5 次组织人员深入对口支援三县开展"十四五"援藏项目实地调研，召开项目谋划专题会、现场会，与当地党委政府主要领导、部门负责同志进行座谈交流，了解实际需求，谋划援建项目。

【教育援助】 聚焦桑珠孜区二中实际，有针对性地开展援建，明确提出促进两个融合、发挥三个作用、实现三个 100%、推动六个显著提升的援建目标。开展普通话推广周、规范汉字书写、"龙藏杯"援藏教师公开课展示等教育教学活动。组织桑珠孜区二中管理团队和骨干教师 18 人到黑龙江省进行专业培训和观摩活动，建立黑龙江、西藏两地教师交流机制。

黑龙江省佳木斯市援建的仁布县方正双语幼儿园

6 月 22 日，黑龙江省人力资源和社会保障厅和第六批援藏工作队在西藏日喀则举办 2019 年黑龙江省就业援藏专场招聘会。此次招聘会黑龙江省 69 家用人单位提供了 241 个就业岗位

开展“同辉互促”教师结对活动，援藏教师与日喀则当地教师牵手结成 20 个对子，共同制订三年成长计划。指导受援学校教师完成 6 个区级科研课题和 2 个市级科研课题结题并顺利通过评审。

开展“区域联动打造高效课堂”活动，到康马、谢通门县中学“送教下乡”，培训管理人员和教师230名。在“第一轮自治区校本研修示范校的认定”中，桑珠孜区二中被评为“优秀”等次。

【交流学习】 开展“进营区、进社区、进农区”活动，深入日喀则军分区慰问官兵、参观军史馆、座谈交流，到桑珠孜区城北街道幸福社区帮助清扫庭院、走访慰问老党员老军人、与贫困边缘户结对帮扶对子，到江当乡恰尔村帮助劳动力少的农户收割青稞。深化“阳光陪伴成长”公益活动，着眼满足学校期望、家长希望、学生盼望，设立“阳光夜校”“阳光学堂”，组织“组团式”援藏教师为市第一福利院 168 名学生进行课外辅导，并开设书法、英语口语、乒乓球、舞蹈等兴趣课堂。

仁布、康马县工作组分别组织城管局干部、村党支部书记专门到省内一些地区开展学习交流。仁布工作组协调哈尔滨市农业农村局为县捐赠农产品质量检测仪器设备 26 件（套）。谢通门县工作组动员社会力量为县中学募捐 1210 双鞋、500 盏 LED 灯和 7.5 万余元。

针对困扰部分贫困家庭儿童先心病问题，工作队协调龙藏两地的卫健系统，邀请牡丹江心血管病医院专家专程到桑珠孜区、康马县等 4 个县区，免费开展先心病筛查，累计筛查 4300 余人、确诊 44 人，对 9 名危重患儿带到其他省市进行免费手术治疗并取良好效果。

【促进就业】 协调省委组织部、省委编办、省发改委、省人社厅，收集各地各单位事业编制岗位信息，按照需求提供 200 个事业单位编制岗位用于接收日喀则籍高校毕业生，在市有关部门信息平台公开发布《黑龙江省第七批援藏工作队致日喀则籍高校毕业生家长的一封信》，引导广大毕业生树立就业新观念，敢于到区外就业创业。75 名日喀则籍高校毕业生经笔试面试等环节成为专招生，到黑龙江省就业。

吉林省第七批援藏工作

【概况】 2019 年，计划实施项目 27 个，援

吉林省延边朝鲜族自治州人民政府与日喀则市人民政府缔结友好城市签约仪式举行

藏资金6007万元，其中改善群众生产生活条件项目6个，投资2849.8万元，占47.4%；支持社会事业发展项目8个，投资1728.3万元，占28.8%；发展特色优势产业促进就业项目4个，投资559.8万元，占9.3%；开发智力支援项目2个，投资393万元，占6.5%；深化交往交流交融类项目4个，投资126.1万元，占2%；支持基层组织和政权建设项目3个，投资350万元，占5.8%。为日喀则籍高校毕业生提供事业编制岗位200个。在上述项目中，市直及三县统筹947.6万元（智力援藏项目涵盖受援三县），占15.8%；其余三县及桑珠孜区占84.2%，投资分别为定结县2100万元，吉隆县1295.5万元，萨嘎县1663.9万元。

上述项目的年度计划严格按照规划中期调整后确定的内容进行批复和实施。年度计划资金6007万元于年初已全部到位，已实施的项目工程款已全部拨付到位。到年底，除圣康农产品加工厂藏式鸡蛋挂面生产项目（总投资300万元，主要建设内容为购置日产量4吨低温挂面生产设备、新建挂面车间、维修产品仓库、新增面粉车间辅助设施，实施主体为日喀则市粮食局）和日喀则市双拥建设项目（总投资500万元，主要建设内容为日喀则市军分区老旧营房改造、双拥模范城宣传、军事工程建设等，实施主体为日喀则市军分区）未竣工外，其余年度计划内项目已全部完成。

【开展调研活动】 为下一步全面开展工作奠定基础，进藏后，第七批援藏干部85人，赶赴工作岗位，深入日喀则市及对口支援的定结、吉隆、萨嘎县，进行全方位的走访调研，先后4次深入县乡调研指导，走访12个乡镇，10余次到“六城共建”、住建局、交通局、生态环境局、地震局等部门进行督导调研，实地听取部门工作和主题教育开展情况汇报，开展15次夜间城市亮化检查。

【项目开展情况】 引进的4个项目均取得重大进展。引进的吉隆普水库建设项目工程，计划外投资2.2亿元，年内已正式通过工程验收，可为扎西岗乡、确布乡新增933.33公顷草场、耕地、沙化地和林地提供灌水。引进的江孜县高效节水现代农业示范区项目，日喀则市计划配套资金10亿元、流转土地2万公顷支持该项目发展。引进的吉林互频公司高原高压水壶项目，已启动融资1亿元，2020年一季度建厂量产；引进的垃圾分类处理项目，计划投资2.1亿元，到年底，已完成项目可行性调研。同时，对群众生产生活改善、社会事业发展、人才能力提升、生态环境保护和社会综治等五大方面，涉及教育、

召开吉林·日喀则对口支援工作座谈会

医疗、公共服务基础设施改善等多个领域的18个重点援助项目，进行动态调整、跟踪服务。

8月，领队务宏带队代表日喀则市参展第十二届中国—吉林东北亚博览会。9月，迎接吉林省省长景俊海为团长的吉林省党政代表团，具体对接援藏工作。9月下旬，协调省政府召开党组会，专门协调解决日喀则籍200名大学生在吉林省就业问题，推动日喀则市吉林省援藏联络服务中心的建设并启用。截至年底，实际考录107人（男51人、女56人）。10月，围绕日喀则市、萨嘎县、定结县、吉隆县旅游产业发展，推动定结县举办“夏尔巴人文化旅游节”、吉隆县举办“吉隆边贸文化旅游节”、萨嘎县香客宾馆项目。

【推进教育事业发展】 制订援教三年发展规划，确定受援学校三年发展办学思路和总体目标。借鉴全国其他省市管理经验，根据学校岗位需求，对学校班子、中层及各个处室办人员工作职能进行重新调整，明确分工和职责。全面筹划设计“空中课堂”援藏项目，为受授学校教师与全国其他省市教师互动交流，搭建平台，构建主体性高效课堂。与全国其他省市教师互动交流，学习教学经验，学以致用。援藏教师与市小骨干教师走出学校，走出日喀则市区，走进所属偏远县区，近距离接触藏族的孩子们，送课入班，送思想入校，通过同课异构、评课研讨、分享经验，引领助推各县课堂教学水平的提高。9月，“万名支教”教育援藏的全体20人援藏团队被吉林省委宣传部、省教育厅评为2019年最美教师，被日喀则市评为援藏万名教师支教计划先进集体，徐大勇领队被日喀则市委、市政府评为教育援藏先进个人。

“珠峰故里　云端冰川”日喀则专题推介会在长春举行，图为旅游推介项目签约现场

吉林省人力资源和社会保障厅与日喀则市人力资源和社会保障局签订高校毕业生就业援助合作协议

【助力产业发展】 2019年度根据实际需要再次与中粮集团合作，拟定采购230万元定制饲料。到年底，全县共有岗巴羊合作社31个，全县存栏14万只，2019年出栏37500只。各地政府购买牧草、饲料，为合作社发放。在养殖方式多样化，建设中转羊舍，集中、快速、短期育肥。在岗巴羊羊合作社开展的基础上，测算定制饲料供给的经济价值，推动标准化养殖。

中国中化集团有限公司第七批援藏工作

【项目引领】 2019年，中化集团党组副书记李庆，现场调研"边境第一村"吉汝村的建设进度，再度提出"惠民生边、生态美边、卫国戍边、产业兴边"的帮扶思路。

2019年，岗巴县吉汝村村级活动中心主体完工。该项目用于提升村民生活便捷性，提供村委、驻村工作组教育培训、办公场所，提供村民聚会活动场所。同时，该村级活动中心为突出边境村的红色教育职能，增加村级活动中心功能，包括红色主题教育功能，新旧社会展览功能；引水入户，增加饮水等功能。并增加中化帮扶历程展览。

【支持教育事业】 2019年中化集团投入250万元新建一座岗巴县青少年图书馆竣工。中化奖学金与中化"圆梦"行动持续推进，自2014年设立"中化奖学金"，对每年考上高校（本科、专科）的岗巴籍高中毕业生进行一次性奖励，截至2019年累计发放"中化奖学金"162万元；2014年，中化集团建立

中化集团党组副书记李庆代率表团一行赴日喀则调研。图为李庆副书记与日喀则市市长刘虎山座谈

中化集团援建的安居工程

"圆梦行动"公益平台，开展员工与岗巴县贫困家庭学生结对帮扶，由员工自愿捐助爱心助学款，帮助贫困家庭学生改善学习和生活条件，"圆梦行动"得到集团广大员工的积极响应，有超过350余名贫困大、中、小学学生获得长期资助，截至2019年累计捐助资金140万元。

中化集团每年从援藏资金中专项拨付30万～40万元用于岗巴县基层干部与农牧民技能培训。

2019年为加强岗巴县中小学教师能力培训，借助外部机构资源优势，开展教师组团培训项目，通过在其他发达省份组织县优秀教师观摩教学，提升县乡教师创新教育理念、教育管理模式和综合能力。

10月中旬，由援藏工作小组、县教育局同事，带领岗巴县10名优秀学生，参加集团融情实践营活动，与内蒙古的20名同学一起参观学习。

中国宝武集团第七批援藏工作

【就业支持】 宝武第七批援藏干部对接西藏自治区、日喀则市关于"高校毕业生就业问题"的专项支援工作，陪同自治区国资委副主任赴宝武集团拜访伏中哲副书记，协商就业援藏事宜；协助集团人力资源部于8月在日喀则市、拉萨市举办专场招聘会，提供岗位100多个。通过走访慰问农牧民家庭，招聘3名仲巴县籍应届大学生赴宝武集团旗下公司就业，既擦亮了宝武品牌，也为脱贫攻坚贡献了宝武力量。根据自治区的需求，在拉萨建设电炉钢厂、新建制罐厂的前期调研、技术集成、方案确定等方面给予必要的支撑；对西藏锂矿的开发展开前期调研，参与谈判，给公司与西藏的产业决策提供支撑；对宝钢建筑在西藏开展的高原装配式钢结构样板房项目提供大力支持。

【脱贫攻坚】 2月，西藏自治区宣布仲巴县脱贫摘帽，年内仲巴县继续完成脱贫145户250人，3个贫困村退出，全县建档立卡贫困户1548户、5544人全部脱贫，至此，仲巴县13个乡镇58个行政村全部退出，全县综合贫困发生率降至零。帕羊镇特色小城镇建设（二期）。经过宝武援藏持续地投入和建设，仲巴县帕羊镇已经成为祖国西南边陲西藏雪域高原特色小城镇，十一世班禅大师题写"神山驿站"。二期工程投资2000万元，至年底已经全部建成。

法　治

珠峰精神

坚韧不拔　巍峨不屈　感恩向上　敢为人先

政法与综治

【机构概况】 市委政法委于 2019 年 3 月完成机构改革工作。将市委政法委原有维护稳定工作职责划转至市委国家安全委员会办公室，仅保留指导监督政法各部门维护政治安全相关职责；不再设立社会治安综合治理委员会及其办公室，有关职责划转至市委政法委；将原有的防范和处理邪教问题领导小组及其办公室职责分别划转至市委政法委和市公安局，市委政法委负责协调指导各相关部门做好反邪教工作，分析研判信息，为市委提出政策建议，协调处置重大突发性事件。完成机构改革后，将原有的 8 个内设科室，精简调整为 7 个内设科室，即办公室、研究室（宣传教育科、市法学会秘书处）、政治安全科（维稳指导科）、综合治理科、执法监督室（市司改办）、铁路护路联防办公室、政工人事科。

【专项工作】 成立扫黑除恶打非治乱专项斗争领导小组，建立完善日喀则市扫黑除恶专家人才库，抽调专干力量建立工作专班，带动全市上下形成“市县乡村”四级书记主抓的工作体系，为专项斗争工作提供有力的组织保障。

截至年底，全市共打掉恶势力犯罪团伙 5 个，抓获犯罪嫌疑人 48 人，起诉 4 件 31 人，审结 3 件 23 人；打击危害国家安全犯罪活动案件 34 件，抓获犯罪嫌疑人 36 人，起诉 29 件 32 人，审结 2 件 2 人；办理涉恶九类案件 43，抓获犯罪嫌疑人 228 人，起诉 25 件 57 人，审结 24 件 54 人，查处保护伞案件 1 件 1 人。全市各行业部门、县（区）先后开展各类宣传活动 2500 余场次，悬挂横幅、宣传标语 11.5 万余条，通过新兴媒介刊发相关信息 2000 多条，形成“铺天盖地”的宣传攻势。

【平安创建】 落实《2016—2020 年平安日喀则规划》，推进基层平安创建活动，到年底，全市共有自治区级平安县区 14 个、市级平安县区创建率达到 100%，市级平安乡镇 126 个、平安单位 40 家，依托年底交叉考评对市级平安部门进行复查验收。7248 支、3.8 万余人的摩托车巡逻小分队、骑行队、放牧班、护边联防队、群众调解员、群众信息员、党员巡逻队、护村队、护院队、“红袖标”护边巡逻队，参与平安创建，落实属地联防联控。推进综治宣传、“七五”普法宣传、“双百”活动和法治文化基层行活动，出动宣传人员 1200 余人次，发放宣传资料 610 余种 12 万余份，提供义务服务 3000 余人次，解答群众咨询 5000 余人次。

【社会治安】 2019 年，全市公安机关共立刑事案件 782 起，破 573 起；受理各类治安案件 1956 起，查处 1669 起；检察系统依法批准逮捕 242 件 321 人，依法提起公诉 417 件 574 人，不诉 51 件 73 人；法院系统受理各类案件 5784 件，审结、执结 5193 件，标的金额 9.1 亿元。

建立完善县级综治中心 6 个、乡级综治中心 204 个、村级综治中心 323 个，全市划分网格 1286 个，配备网格员 7927 个，划分联户单位 19334 个、配备户长 19277 名，2019 年，共排查出矛盾纠纷 1887 起，调处成功 1867 起，调处率 98.9%；受理群众来信来访 1080 批 2493 人次，已办结 1052

批，到年底，有 28 批正在办理中，办结率为 97.4%。

【执法监督】 紧盯执法司法突出问题及各类涉法涉诉信访工作，完善《日喀则市涉法涉诉信访工作联席会议机制》等，全年，共组织召开案件协调沟通会 5 次，共督促审查政法部门办理办结案件 6 件；办理群众来信来访、举报申诉等涉法涉诉信访案件 80 件 134 人，妥善处理 80 件 134 人，办结多年来未解决信访积案 2 件。

【护路联防】 将铁路沿线周边 5 公里范围纳入铁路护路联防大维稳工作格局，建立外圈包中圈、中圈保核心的维稳安保工作网，群防群治，层层过滤，形成护路联防工作的安全屏障。同时，按照“1+1+3”（1 名干部职工、1 名民兵、3 名护路队员）模式配置守护力量，严格落实对重要部位、重点路段的专人守护和 24 小时无缝隙、360 度全方位守护措施。召开路地现场联席会议 26 次。全年各级投入守护力量 10.1 万人次，巡逻车辆 126 台（含摩托车），巡线里程 68 万公里；驱赶上道牛羊等牲畜 4 起 28 头、只、匹。召开拉日铁路通车 5 周年全市护路联防工作总结表彰会议，3 个先进集体和 45 名先进个人受到表彰，举办护路文艺会演活动，展现新时代日喀则市铁路护路精神。

【队伍建设】 2019 年，全市政法系统共开展各类专题学习会 2500 余次，各类研讨 500 余次，举办参加各类培训、轮训 340 余次，参训干警 5000 余人次。落实干部调整推荐监督职责，全年共对两级政法系统 120 名拟提拔调整人员进行监督审核。不断合理优化政法系统领导班子结构，推荐市管干部 25 名。强化监督执纪问责，共查处政法干警违法违纪案件 49 件 74 人，给予党纪政纪处分 32 件 39 人。

（杨　红）

法治政府建设

【执法督察】 完成市委全面依法治市委员会第一次会议筹备工作，拟定规则细则。印发《日喀则市 2019 年度法治政府建设重点工作方案》，细化分解 44 项重点工作。向自治区申报法治政府建设示范市、县。制定《优化法治化营商环境，保护民营企业发展专项督察方案》，就相关部门优化法治化营商环境，保护民营企业发展工作开展情况进行实地督察。召开市政府专题会议就优化法治化营商环境、保护民营企业发展专项督察整改进行研究，并制定整改方案。

【“三项制度”建设】 在全市推行“三项制度”，制定印发《日喀则市全面推行行政执法公示制度执法全过程记录制度重大执法决定法制审核制度工作方案》、日喀则市全面推行行政执法“三项制度”任务分解表，开展推进行政执法“三项制度”培训工作。

在全市范围内开展行政执法主体、执法职权依据和行政执法人员清理审核工作。组织 586 名执法工作人员开展行政执法培训、考试，参考率、合格率均为 100%。

【考试监督】 与公安、电力、网络、市各考点协调，顺利完成 2019 年国家统一法律职业资格考试日喀则考区计算机化考试，全市参考人员 319 人，参考率达 75.8%。

公 安

【刑事侦查】 2019 年，共破获危害国家全领域的恶势力集团犯罪案件 1 起，涉恶九类个案 29 起，共抓获犯罪嫌疑人 157 人，刑事拘留 60 人，行政拘留 90 人，取保候审 18 人，批准逮捕 39 人，移送起诉 46 人；共向自治区扫黑除恶分析研判系统录入线索 294 条，审核通过 106 条，办结 101 条；中央扫黑除恶第十三督导组转办线索 14 条，办结 14 条；厅扫黑办转办线索 21 条，办结 21 条；共向纪检监察部门通报移交线索 42 起 66 人，移交组织部门线索 9 起（44 人），移交其他相关职能部门线索 62 起。

开展命案攻坚、“云剑”、打击电信网络诈骗、打击文物犯罪等系列行动，共立刑事案件 782 起，破 573 起（含积案 10 起、隐案 158 起），破案率 73.3%，抓获犯罪嫌疑人 419 人；共立命案 12 起（故意杀人案 5 起、故意伤害致死案 7 起），破 14 起（积案 2 起），相继侦破“2•12”仁布县故意杀人案、“4•19”南木林县故意杀人案、“12•5”仁布县故意杀人案、2011 年仁某和普某放火案、2018 年普某入户抢劫案等一系列重特大案件，刑事案件破案率连年上升。

共立电信诈骗案 200 起，破 78 起（积案 1 起，隐案 5 起），抓获犯罪嫌疑人 56 人，捣毁电信诈骗窝点 1 个，涉案金额达 819.49 万元，预警劝阻受害人 614 人。

共立经济案件 18 起，涉案金额 4.68 亿元，破获案件 39 起（积案 24 起），抓获犯罪嫌疑人 25 人，挽回经济损失 6400 余万元。

共破获毒品案件 5 起，抓获犯罪嫌疑人 11 人，缴获各类毒品 274.02 克。

【社会治安】 收缴各类枪支 33 支、子弹 2000 余发、炸药 2.8 万公斤、雷管 1.9 万枚、索类爆炸物品 1000 余米、收缴管制刀具 96 把。

加强校园内部隐患自查、周边隐患排查，认真做好上学、放学时段交通秩序维护，共开展校园安全检查 1420 次，发现并整改涉校安全隐患 166 处。

按照《日喀则市犬只规范管理工作方案》，推进流浪犬捕捉和家养犬挂牌登记，共抓捕流浪犬 80753 只，登记在册家养犬共计 41072 只，其中已办证 36613 只，办证率为 89%；挂牌 36720 只，挂牌率为 89%，录入系统 28453 只，录入率为 69%，同时研究起草《日喀则市犬只规范管理条例（草案）》，到年底，已报市人大审议。

【执法服务】 到年底，20 个县区（口岸）公安（分）局中，19 个县级公安机关的执法办案中心、14 个县级公安机关涉案财物管理中心、83 个派出所执法办案场所建设完成并投入使用，按照“一套人马、两块牌子”工作模式，全市县级公安机关均成立案件管理中心，开展受案立案和刑事案件统一审核统一出口工作。健全完善日喀则市公安机关执法基础台账 26 种、案卷卷宗封面 6 种印发至全市公安机关各办案单位统一使用，对全市公安机关补充行政法律文书 852 册，刑事法律文书 2919 册，对新修订的行政法律文书（4 份）进行藏语翻译并下发各县区，同时也对行政复议法律文书进行藏语翻译（21 份）。

发挥“法律顾问”职责，2019 年，为基层办案单位及其民警提供法律咨询 220 余起、电话咨询 300 余次。依托 110 宣传日、“4•15”全民国家安全教育日、“5•15”经侦宣传日、“6•26”全国禁毒日、“12•2”交通安全宣传日、“12•4”宪法宣传日等开展法治宣传 500 余次，悬挂横幅 800 余条，播放 LED 显示屏 800 余次，展出展板 1000 块，发放宣传资料 10 万余份，接受法律咨询 2150 次，现场解决群众咨询 500 余次。组织市直单位参观市禁毒教育基地 6 次。

【户籍管理】 全面落实区内外居民身份证异地受理、挂失申报和丢失招领以及临时身份证办理等措施，共设立区外异地身份证受理点 22 个。全面取消四省藏区进藏人员“一卡通”准入措施，改进四省藏区人员进藏管理服务方式。健全居住证制度，严格按照“以证管人、以房管人、以业管人”的工作模式，推进出租房屋与流动人口服务管理工作，构建以乡（镇）和村（居）为依托的流动人口服务管理平台，提高出租房屋与流动人口服务管理效能，共办理居住证 11406 张、办理居住登记卡 42052 张。落实户口终身责任制，按照户籍管理制度要求审核把关户籍材料，办理户籍审批手续，推行指纹信息身份证办理登记，共办理户口迁移 1230 人。推进信息化建设，强化“警务一体化信息平台”综合运用，以“一标三实”管理为手段，收集“人、地、事、物、场所”等各类基础信息，精准采集录入“一标三实”信息 110 余万条，实现基础信息“应采尽采、不漏一人、不漏一户”规范录入。

【境外及往来港澳台地区人员管理】 2019 年，共接待境外人员 11352 团 174962 人 / 次（其中，外国人 124012 人 / 次，中国香港居民 18090 人 / 次，中国澳门居民 3058 人 / 次，中国台湾居民 29802 人 / 次），涉及 70 个国家和 3 个地区，办理中华人民共和国外国人旅行证 3147 证 28935 人。对来自荷兰、尼泊尔、挪威、不丹、俄罗斯等国的高访团队共计 12 个团 57 人开展管理服务工作。依法依规签发外国人普通签证 8 个 8 人、外国人居留许可 68 个 68 人。依法查处各类涉外案（事）件 17 起 18 人。年内，共受理审核出入境证件 138 个 138 人（其中，普通护照 124 个 124 人、往来港澳通行证 13 个 13 人、往来台湾通行证 1 个 1 人）。共核查异地办理出入境证件人员 232 人。年内，完成 10 批次 326 名印度官方香客入境朝圣期间的服务管理工作。全市 18 个县级公安机关于 2019 年年底全部完成基层办证点建设并已投入使用。贯彻国家移民管理局关于实行出入境证件“全国通办”的工作部署，为异地申领出入境证件人员提供便利服务。共受理异地申办出入境证件申请 16 个 16 人。为保障尼籍侨民在华享受金融、教育、医疗、交通、住宿等方面服务，为辖区 9 名尼籍侨民办理外国人永久居留身份证，为 11 名尼籍通婚人员办理长期在华居留许可，实现其长期在华居留合法化。推动中尼警务合作会晤机制继续向制度化、规范化方向迈进，共开展合作会晤 8 次。

【交通管理】 年内，共排查出道路交通安全隐患路段 1239 处，已整改隐患 1021 处，未整改的 218 处已按工作流程通报相关部门整改。会同安监、交通等部门深入客货运企业开展安全大检查 16 次。

以“六化”工作为契机，累计投入资金

2200余万元对城区内28个路口信号灯进行更新，对上海路、山东路、珠峰路、青岛路、吉林路、扎德路道路标线进行更新，在绕城路增加2个电子警察、3个信号灯和15个视频球机，在机场专线沿线3个平交道口设置3个交通信号灯和4个视频监控球机，对珠峰路、青岛路沿线所有路口的电子警察设备和杆件进行更新。加强市政道路施工期间交通秩序管理，对占用挖掘道路影响道路交通安全的事项监管，下发各类占用、挖掘道路审批事项12起（其中占用挖掘道路审批7起，永久开口5起）；协调保障停车泊位供给，增加老城区、老居民区的停车泊位，在山东路、黑龙江路建立两个地下停场，在行政机关和企事业单开辟临时停车场96处，施划停车泊位4651个；加大大型车辆入城通行监管，对因需求进城大型车辆驾驶员按指定路线、指定时间进城，审核办理大型车辆入城通行证763张。

年内，共查处交通违法行为76872起，其中：无证148起、假证7起、准驾不符13起、饮酒后驾驶机动车108起、醉酒后驾驶机动车107起、超速5410起、未系安全带6983起、机动车尾气不达标上路行驶151起、大货车进城1010起、货车违规载人70起、客运机动车违反规定载货92起、机动车逾期未年检6425起、机动车载货长度、高度、宽度超过规定的478起、违法停车15073起、其他交通违法行为40797起，依法行政拘留168人，移送检察机关30起。

年内，共办理机动车业务100207笔，其中：注册登记16338笔、转移登记4284笔、变更登记403笔、抵押登记2099笔、注销登记1844笔、转入登记1131笔、档案更正38笔，车辆年检52797笔，其他21273笔，档案转出318笔；共办理驾驶证业务73131笔；共受理机动车驾驶人考试业务科目一考试12530名，合格率为82.53%；受理科目二考试25524名，合格率为51%；受理科目三（道路行驶）考试24245名，合格率为63.6%；受理科目三（安全文明驾驶）考试19455名，合格率为77.61%。受理异地转入科目二考试65名，合格人数37名，合格率为56.92%；受理科目三异地转入考试71名，合格人数34名，合格率为47.89%；受理科目三（安全文明驾驶）异地转入考试52名，合格人数41名，合格率为78.85%。受理摩托车考试人数306名，合格人数274名，合格率为89.54%。

持续推动“放管服”改革20项举措落地，积极对接中国人民保险日喀则分公司、中国邮政集团日喀则分公司、深化“警保邮”协作机制，推广交管“12123”手机APP载体，办理简易程序交通事故，落实车驾管业务“一窗通办”、个性服务“自助快办”，向拉孜、江孜、谢通门县级车管所下放非营运小型机动车注册登记业务。加强与其他地市车管所的沟通协调，实现区内外驾驶证申领及机动车年检业务的异地通检，启动机动车注册登记业务互联网选号业务；推动“放管服”改革10项便民利民服务措施落地，落实小型汽车驾驶证异地分科目考试工作，配合筹建“12123”交管语音服务热线；推动机动车销售企业快捷代办登记，便利租赁汽车处理交通违法，全面实行小客车转籍信息网上转递，推行交通事故多发点段导航提示。2019年，全市共发生一般以上道路交通事故43起，死亡16人，受伤74人，直接经济损失24.825万元。

（代玉玉）

检 察

【概况】 一年来，两级检察机关共办理各类案件 1378 件，办结 1239 件，同比分别上升 107.2% 和 5.2%，其中刑事案件 1102 件，同比上升 77.7%；民事案件 138 件，同比上升 711.8%；行政案件 26 件，去年同期无此类案件；公益诉讼案件线索 112 件，同比上升 300%。年内，坚决打击分裂势力的嚣张气焰，依法提起公诉资助危害国家安全犯罪活动、煽动分裂国家等危害国家安全犯罪。持续严惩故意杀人、故意伤害等严重暴力犯罪，提起公诉 66 件 81 人，同比件数和人数分别上升 22.7% 和 6.7%。依法惩治抢劫、盗窃等多发性侵财犯罪，提起公诉 116 件 154 人，同比件数和人数分别上升 8.4% 和 21.3%。严厉打击走私、虚开增值税专用发票等破坏社会主义市场经济秩序犯罪，提起公诉 17 件 48 人，同比件数和人数分别上升 54.5% 和 54.8%。依法严惩危险驾驶、交通肇事等危害公共安全犯罪，提起公诉 105 件 106 人，同比件数和人数分别上升 600% 和 606.7%。在最高人民检察院和自治区检察院的部署下，与尼泊尔地方检察机关开展检务交流，加强打击跨境刑事犯罪活动。

【刑事检察】 打击各类刑事犯罪，依法批准逮捕 228 件 305 人，同比件数和人数分别上升 6.5% 和 1%。依法提起公诉 377 件 531 人，同比件数和人数分别上升 73.7% 和 74.7%。发挥反腐败职能作用，监督权力运行，依法批准逮捕职务犯罪案件 8 件 8 人，同比件数和人数均上升 700%。依法提起公诉 3 件 3 人（到年底，正在审查 5 件 5 人），同比件数和人数分别下降 33.3% 和 66.7%。抓好立案监督和侦查活动监督，对应当立案而不立案的，督促立案 1 件，2018 年同期无此类案件；依法提前介入重大疑难案件 7 件。贯彻宽严相济刑事司法政策，对无逮捕必要的依法不捕 40 件 68 人，对犯罪情节轻微、依法可不判处刑罚的不诉 46 件 66 人；追捕漏捕 6 人。抓好刑事审判监督，提出量刑建议 172 人，被审判机关采纳 128 人，采纳率 74.4%；追诉漏罪漏犯 23 人，并被作出有罪判决 13 人。贯彻落实“两高”（最高人民法院、最高人民检察院）《关于人民检察院检察长列席人民法院审判委员会会议的实施意见》，检察长、副检察长列席审委会 5 次，市检察院检察长首次列席市中级人民法院审委会，就讨论案件和有关议题发表检察意见。会同市委政法委牵头召开日喀则市落实认罪认罚从宽制度联席会，适用认罪认罚案件 110 件，提出量刑建议 60 件，采纳 46 件，采纳率 76.7%。抓好刑事执行监督，深入监管场所开展安全防范检查 132 次，消除安全隐患 7 次；开展羁押必要性审查 18 件，社区矫正监督 244 人，监督纠正社区矫正不当 1 人，审查减刑、假释、暂予监外执行案件 3 件 3 人，发出纠正违法通知书 1 件，提出书面检察建议 1 件，监督交付执行 1 人。受理被羁押人员控告申诉 12 人，依法妥善处理 12 人。

【民事行政检察】 充分发挥依职权监督职能，依职权主动监督案件 52 件，同期无此类案件；依当事人申请监督案件 2 件，同比下降 84.6%。谢通门县检察院办理行政非诉执行监督案件 12 件，实现了全区行政非诉执行检察监督案件零的突破，填补了日喀则市行政检察监督空白。

【公益诉讼检察】 落实以人民为中心的发展思想，积极探索公益诉讼检察之路，市一届人大常委会第42次会议审议通过了《日喀则市人民代表大会常务委员会关于加强检察公益诉讼工作的决定》，拉孜县委、萨嘎县委出台了《关于支持检察机关依法开展公益诉讼工作的意见》。聚焦公益诉讼检察五大领域，梳理排查公益诉讼案件线索112件（其中，生态环境资源保护领域46件，食品药品安全领域38件，其他领域28件），同比上升100%；立案50件，同比上升78.6%；发出诉前检察建议39件，反馈落实34件，同比上升54.5%。仲巴县检察院提起公诉的次某非法猎捕、杀害珍贵、濒危野生动物案为全市首例刑事附带民事公益诉讼案，掀开了我市生态公益诉讼检察新篇章。扎实做好公益诉讼“回头看”专项整治活动，对2018年度办结的生态环境资源、食品药品领域的诉前程序28件和45份检察建议质效进行排查整治。通过办案积极彰显新时代检察机关的职责担当，聚焦社会治理突出问题，在生态资源领域，督促修复被破坏的林地草地4.046公顷；在环境保护领域，督促清理违法堆放垃圾226吨；在食药领域，督促行政机关查处销售假冒伪劣食品45.6公斤。加强纪法衔接，市检察院与市纪委监委联合会签了《关于加强公益诉讼工作协作配合实施办法（试行）》《关于支持检察机关依法开展公益诉讼工作的暂行办法》《关于建立公益诉讼案件线索移送反馈机制的意见》，明确了案件线索双向移送反馈、督办协作和日常联络工作机制，被最高人民检察院《检察工作简报》采用并在全国检察机关推广。

【扫黑除恶专项斗争】 制作《发挥检察职能、依法扫黑除恶——日喀则市检察机关开展扫黑除恶专项斗争纪实》微视频，点击量达1.1万余次。开展扫黑除恶专项斗争法治宣传329场次，发放宣传资料4.7万余份。对涉黑恶案件统一严格把关，按照“是黑恶犯罪一个不放过，不是黑恶犯罪一个不凑数”的要求，依法严惩涉黑恶犯罪，依法提起公诉3件21人，同比件数和人数分别上升200%和110%，仁布县旺某、桑珠孜区马某、扎某等一批长期盘踞在全市交通运输、工程建筑领域的恶势力被依法铲除。对2018年以来办理的1004件案件和184名社区矫正人员开展“回头看”，发现并移交涉恶线索6条。建立并落实扫黑除恶专项斗争“签字背书”制度；核查督办线索3件、案件1件，实现问题线索“双清零”；案件退回补充侦查率下降了25%，审查起诉阶段平均办案周期下降了82天。坚持“扫黑除恶”与“乱象治理”并重，针对行业漏洞发出并督促落实检察建议2件。

【打击破坏市场经济秩序犯罪】 依法平等保护各类市场主体权益，打击破坏社会主义市场经济秩序犯罪，依法提起公诉17件48人，同比件数和人数分别上升54.5%和54.8%。开展以“检察护航民企发展”为主题的检察开放日活动，邀请在工商联任职的人大代表、政协委员及企业家代表等135人走进检察机关。

【打击破坏环境资源犯罪】 针对破坏环境资源犯罪，依法提起公诉4件7人，同比件数和人数分别上升300%和600%。梳理排查生态环境领域公益诉讼案件线索23件，发出诉前检察建议 16 件，反馈落实 11 件。营造双赢多赢共赢局面，与市自然资源局、生态环境局等 9 个行政单位会签《关于在检察公益诉讼中加强协作配合依法打好污染防治攻坚战的意见（试行）》，从完善线索移送、立案管辖、调查取证、司法鉴定、诉前程序等方面共同推动落实生态文明建设法治责任。

【化解矛盾纠纷】 开展矛盾纠纷化解，搭建全方位接访平台，畅通信访渠道，推进“12309”服务平台常态化。践行“枫桥经验”，严格落实最高人民检察院“七日内程序回复、三个月内办理过程或结果答复”的规定，依法办结涉法涉诉案件来信来访 39 件。

【未成年人保护】 贯彻落实最高人民检察院“一号检察建议”，市检察院与市教育局联合会签《关于落实高检院“一号检察建议”预防性侵害学生及校园安全工作的实施意见》，以六一国际儿童节为契机，开展以“携手关爱、共护明天”为主题的检察开放日活动，协助最高人民检察院开展“法治进校园全国巡讲团再出发——走进三区三州”活动，深入市第二职业技术学校、江孜闵行中学、拉孜中学等开展法治宣讲，受教育学生达 5000 余人。落实“法治教育从娃娃抓起”的要求，两级检察机关 80 名检察长、副检察长及检察官担任 73 所学校法制副校长和法制辅导员。坚持教育为主、惩罚为辅的原则，对犯罪情节轻微的未成年人犯罪，依法不捕 3 人，同比上升 200%；不诉 1 人，与 2018 年同期持平。严厉打击侵害未成年人犯罪、校园欺凌犯罪，依法提起公诉 15 件 17 人，同比件数和人数分别上升 200% 和 6.3%，针对管理漏洞，发出检察建议 5 件。

【法治宣传】 落实“谁执法、谁普法”责任制，年内，在全市范围开展法治宣传 375 场次，发放宣传资料 11.39 万份。

【检察司法体制改革】 2019 年按期晋升检察官 35 人、职务与职级并行套转 234 人。招录聘用制书记员 15 名。两级检察机关完善繁简分流办案体系，制定“三大类”“五小类”的分流方法，更改文书 43480 份、系统规则 425 条。市检察院自 2019 年 6 月 15 日率先实行“捕诉合一”机制。以落实司法责任制、提升司法能力为目标，制定《市检察院检察官联席会议制度（试行）》，专门成立刑事检察、民事行政检察、公益诉讼检察三个检察官联席会。建立检察机关定期业务数据研判会商机制，召开两级检察机关案件数据会商视频会议 3 次。两级检察机关严格落实入额检察长、副检察长带头办案机制，办案 146 件，占案件总数的 10.6%。

【队伍建设】 学习新修订的《中华人民共和国刑事诉讼法》和《中华人民共和国检察官法》，带头落实公平正义法治新要求，按最新规定和要求配备干部。落实分级分类正规化教育培训新需求，参加最高人民检察院和自治区检察院举办的全员轮训和专题网络培训 2815 人次，派员参加区内外各类培训 411 人次，组织 6 名干警前往对口援助省市检察机关跟班学习，精选 6 名干警参加法律职业资格考试考前培训。专题部署并分别对仁布县院和萨嘎县院、吉隆县院开展第二轮、第三轮系统内政治巡察。完善干部廉政档案 130 份。落实两级检察机关“12309”

检察服务中心大厅及配套设施，同步完善实体、热线及网络三大平台。坚持检察援藏方略，落实“双百计划”和检察援助资金420万元。用好用活“两微一端”，讲好检察故事，其中市检察院拍摄的《我和我的祖国——献礼新中国成立70周年》微视频，被西藏政法、西藏检察、日喀则发布等多家媒体刊载采用，点击量达5000余次。

4月8日，市中级人民法院院长蒋贞明出席首届全市法院院长座谈会，总结2018年度两级法院工作，安排部署2019年度全市法院工作

【阳光检察】 邀请党委、人大等主要领导视察检察工作206人次，请示汇报重大事项71项。突出抓好司法规范，召开检委会40次，研究讨论重大疑难案件33件、重大事项7项。全面实施电子签章应用系统，审核法律文书2883份。精选22名业务骨干，对两级检察机关2018年办理的264件案件进行案件质量评查。推进智慧检务，深化检务公开，公开法律文书198份、程序性信息1298条。

（刘世敏）

法 院

【概况】 2019年度，共受理各类案件433件，审结、执结387件，结案标的额2.4亿元，同比分别增长72.5%、71.2%和287.8%，加强对基层法院审判工作的监督指导，各县（区）法院共受理各类案件5351件，审结、执结4806件，结案标的额6.7亿元，同比分别上升67.1%、74.5%和204.5%。

【审判执行】 年内，共审结一审刑事案件405件，判处罪犯584人；审结二审刑事案件37件，判处罪犯75人。贯彻扫黑除恶打非治乱专项斗争的重大决策部署，审结马某等恶势力犯罪等“九类案件”案件25件77人。严惩贪污贿赂等职务犯罪，完善刑事诉讼与监察程序衔接机制，依法审理石某、罗某、次某等职务犯罪案件6件。严惩危害社会治安犯罪，审结故意杀人、抢劫、“黄赌毒”等犯罪案件86件。严惩危险驾驶、交通肇事等危害公共安全犯罪案件119件。依法打击经济犯罪活动，审结合同诈骗、走私贵重金属、非法经营、组织领导传销活动等犯罪案件16件。审理次某非法猎捕、杀害珍贵、濒危野生动物等生态环境公益诉讼案件。另外，对生活困难的当事人发放司法救助金68万元，减免诉讼费71.8万元。

审结民商事案件3512件，结案标的额6.9亿元，比2018年分别增长83.2%、205.9%。依法对审理的6件涉民营企业诉讼案件慎用财产保全和强制措施。妥善化解涉及劳动就业、教育医疗、食品药品、社会保障等案件15件。审结“双拖欠”案件719件，依法制裁恶意欠薪行为，帮助农民工追回劳动报酬1亿余元。审结婚姻家庭、继承类案件589件，注重以真情明法释理，着力修复和改善婚姻、亲情关系，家事案件服判息诉率97.9%。审结涉知识产权案件3件，促成“小龙坎”商标侵权行政处罚案达成和解。推动司法与行政良性互动，审结行政案件49件，通过行政案件审判向行政机关提出司法建议23份。

年内，共受理执行案件1285件，执结1140件，执结率为88.7%，执结标的额1.5亿元，结案标的额到位率49.2%，“3+1”核心指标均达到要求。优化执行权运行机制，执行指挥中心实现实体化运作，对全市法院执行工作统一指挥、管理、协调。完善执行联动格局，加大失信惩戒威慑力度，公开失信被执行人名单193人次，限制消费224人次，限制乘坐飞机动车183人次，限制出境31人。对黄某拒不执行生效裁判等一批执行难的案件，依法强制执行，实现胜诉当事人的合法权益。

【审判管理】 年内，在各类收案大幅度上升的情况下，综合结案率达到90.1%，法定审限内结案率达到99.7%，与2018年相比分别提高3.8、1.5个百分点。畅通群众信访渠道，努力将涉诉信访化解在基层，制作风险评估及依法处置预案。

【司法改革】 科学测算员额法官办案业绩，认真执行入额、退额考核淘汰机制，共对9名员额法官启动退额程序。推进聘用制书记员改革试点，市中院和11个县（区）法院共招聘55名聘用制书记员。推进认罪认罚从宽制度改革，审结认罪认罚案件100件。

探索“分调裁审”改革，完善分流、调解、速裁、快审等各环节有机衔接机制，推进案件繁简分流、轻重分离、快慢分道，各县（区）法院共适用速裁程序、简易程序和小额诉讼程序审理案件61件、2076件和171件。

司法公开，加强审判流程、庭审活动、裁判文书、执行信息四大公开平台的应用，在中国审判流程信息公开网公开案件信息15786条，在中国裁判文书网上公开藏汉文书359份。推进庭审直播常态化，直播案件1042件，点击播放量超过1381万余次。坚持线上服务与线下服务并重，“12368”诉讼服务热线接受咨询4573人次。

与上海高院合作摄制《法观日喀则》专题片，在自治区、市内相关媒体播出。组建宣讲报告团，专程赴济南、潍坊、青岛等地宣讲“珠峰精神”。市中院组建“珠峰天平文艺队”，排练、表演的法治文艺节目。

【队伍建设】 贯彻执行新修订的人民法院组织法、公务员法、法官法和干部任用条例，坚持好干部标准、民族地区干部“三个特别”要求和法官任职条件，按照干部管理权限选拔任用一批干部，开展公务员职级套转晋升，协调启动法官择优选升工作。强化教育培训，两级法院共培训干警2300余人次。为开展高水平的审判业务指导提供便利，最高人民法院第五巡回法庭在市中院设立巡回审判点。市中院、桑珠孜区法院与西藏民族大学法学院签署协议，共建法学专业实践教学基地，

8月24日，山东省高级人民法院院长张甲天率援藏工作组到日喀则市中级人民法院开展援助工作

院主要领导及财会人员授课。落实为基层减负的决策部署，市中院取消对各县（区）法院的目标管理责任考核，将名目繁多的各种“专项笔记本”，整合为学习、工作笔记两类。

【基础设施建设】 推进全市法院“十三五”规划项目建设，完成投资6000万元，其中9个县（区）法院诉讼服务中心和25个人民法庭已建成。坚持司法保障工作重心下移、资金下沉，把80%以上的办案专款和业务装备经费分配到县（区）法院。更加注重系统援藏工作，主动邀请四省市高院主要领导到日喀则考察调研，落实援藏资金537.6万元。

共同培养法治人才。

加强党风廉政教育，首次举办全市法院司法廉洁与司法保障培训班，邀请自治区高院纪检监察组、司法行政装备管理处和市纪委监委、市财政局的领导和专家，为两级法

2019年日喀则市收结案情况表

表4　　单位：件

序号	法院	旧存	新收	未结	已结	总计	结案率	法定审限内结案率	结案占比
1	西藏自治区日喀则市中级人民法院	25	377	24	378	402	94.03%	99.68%	7.29%
2	日喀则市桑珠孜区人民法院	287	1804	303	1788	2091	85.51%	99.72%	34.48%
3	江孜县人民法院	40	451	26	465	491	94.70%	99.57%	8.97%
4	白朗县人民法院	0	170	5	165	170	97.06%	100.00%	3.18%
5	亚东县人民法院	15	261	34	242	276	87.68%	100.00%	4.67%
6	聂拉木县人民法院	8	318	31	295	326	90.49%	99.66%	5.69%
7	拉孜县人民法院	40	381	46	375	421	89.07%	98.93%	7.23%
8	昂仁县人民法院	6	219	10	215	225	95.56%	98.60%	4.15%
9	定日县人民法院	3	155	9	149	158	94.30%	100.00%	2.87%
10	南木林县人民法院	3	98	2	99	101	98.02%	98.97%	1.91%
11	萨迦县人民法院	0	143	10	133	143	93.01%	100.00%	2.57%

续表 4

序号	法院	旧存	新收	未结	已结	总计	结案率	法定审限内结案率	结案占比
12	谢通门县人民法院	23	284	40	267	307	86.97%	100.00%	5.15%
13	定结县人民法院	2	102	7	97	104	93.27%	100.00%	1.87%
14	仁布县人民法院	3	140	2	141	143	98.60%	100.00%	2.72%
15	萨嘎县人民法院	3	94	5	92	97	94.85%	100.00%	1.77%
16	康马县人民法院	0	72	3	69	72	95.83%	100.00%	1.33%
17	吉隆县人民法院	6	104	8	102	110	92.73%	100.00%	1.97%
18	岗巴县人民法院	0	21	1	20	21	95.24%	100.00%	0.39%
19	仲巴县人民法院	9	87	3	93	96	96.88%	100.00%	1.79%
总计（百分比为均值）		473	5280	568	5185	5753	90.13%	99.66%	—

说明：此表内容来自数字法院网，但根据相关要求，危安案件不在表内

（刘文祝）

司法行政

【概况】 年内，完成市司法局与市政府法制办的重组工作，3 名人员划转至市司法局。在征求自治区司法厅意见基础上，经市机改办、局党组、各科室审核，形成《日喀则市司法局职能配置、内设机构和人员编制规定》，新增法治督察调研科、立法科和行政执法协调监督科（行政复议与应诉科）3 个内设科室。因职能调整，原政治处（国家司法考试办公室）更名为政治处（法律职业资格管理科），原律师公证管理科（司法鉴定管理科）更名为律师工作科，原法律援助工作科更名为公共法律服务管理科，原基层科更名为人民参与和促进法治科，原法制宣传科更名为普法与依法治理科，原计划财务装备基建审计科更名为装备财务保障科。到年底，共有 11 个内设科室，3 个所属事业单位。

【人民调解】 年内，健全乡镇（街道）、村（居）委员会、企事业单位、行业性专业性调解委员会。市县乡建立走访排查、分析研判、调解受理、分流指派、协调对接、督促检查等功能于一体的人民调解工作指导中心，其中市级人民调解工作指导中心 1 个，县（区）人民调解工作指导中心 18 个，乡镇人民调解工作指导中心 196 个。

召开全市调解工作会议，就近几年全市人民调解工作成效进行总结，对人民调解工作任务进行安排部署。召开市人民调解工作指导中心成员单位联席会议，明确推动全市诉调、警调、检调、访调四个对接机制建设的工作思路。

为防止和减少“民转刑”案件的发生，白朗县等 4 个县在乡（镇）公安派出所（便民警务站）设立 29 个派驻调解工作室。

为使人民群众足不出户就能享受便捷调解服务，顺应新时代工作需要，探索建立全区首个智慧化人民调解平台系统，并在桑珠

孜区试运行。

对市、县、乡三级2000余名调解员开展以“枫桥经验的传承与发展——调解在诉源治理中的机遇与挑战”为主题的人民调解视频培训。各级人民调解组织充分发挥人民调解化解矛盾纠纷“第一道防线”的作用，切实把矛盾纠纷解决在基层、化解在萌芽状态，全年共排查矛盾纠纷4955次，预防纠纷695件，调解案件1269件，调解成功1220件。

【安置帮教】 开展信息核查、衔接、登记建档、教育、帮扶、安置各环节工作，全年共开展走访教育628次6300余人次，开展技能培训32人次，开展临时救助帮扶19次，发放物资价值4.1万余元。

【公共法律服务】 完善公证便民举措，开通无线POS终端系统、微信、支付宝缴费方式，为弱势群体办理上门公证服务活动49次，在吉隆县增设公证办证点，完成对14个县司法局工作人员的跟班轮训。上海市、山东省先后选派4名计划外援藏公证员开展对口援助工作。2019年，共办理各类公证案件3206件，其中减免公证40余件，减免费用3000余元。

降低法律援助门槛，放宽经济困难标准，把更多民生事项纳入法律援助范围，2019年共办理各类法律援助案件306件，代写法律文书2300份，接受法律咨询4300余人次。为当事人提供便捷的法律咨询和服务，指派律师在市法律援助中心驻人民法院工作站、驻看守所工作站、市信访局值班90余次。保障农民工权益法律援助力度，开通绿色通道，凡是涉及农民工追索劳动报酬、工伤赔偿等案件，一律免于经济困难条件审查，做到优先接待、优先受理、优先指派，全年共受理涉及农民工讨薪的法律援助案件142件，为农民工挽回经济损失4394.7万余元。

村（居）法律顾问实现全覆盖，各县（区）成立村（居）法律顾问工作领导小组，制定村（居）法律顾问工作制度，签订村（居）法律顾问协议书，建立微信工作群。2019年，积极发挥村（居）法律顾问团队、分队、小组作用，开展法治宣传教育活动560场次，调解案件381件、办理法律援助案件37件、开展法治培训11场次。争取上海市选派1名计划外援藏司法鉴定员到日喀则市开展援藏服务工作，指导当地的鉴定员办结3件司法鉴定案件。

【普法与依法治理】 制定印发2019年普法工作要点，明确普法工作思路和总体目标。各县（区）、各部门调整充实法治宣传教育工作领导小组组成人员，确立一把手主要抓、分管领导协同抓、成员单位配合抓的领导机制。

召开全市宪法学习宣传实施工作推进会议，通报全市2018年普法依法治理工作及自治区督察日喀则市宪法学习宣传实施工作情况，就宪法学习宣传工作进行安排部署；运用LED、公交站台等多种载体广泛开展宪法常态化宣传；组成宪法宣讲小分队深入5个边境县开展“宪法边疆行”法治宣传活动；市县（区）两级开展“12•4”法治文艺比赛暨第四届法治文艺会演、宪法晨读、宪法进军营、“12•4”国家宪法日集中宣传、宪法知识讲座等宪法宣传周系列活动。

加强普法阵地建设，将原山东路中心广场打造成为全区首个宪法主题广场，打造日喀则市第一个青少年法治教育基地。各县（区）、各普法成员单位充分利用微信公众号等新媒体推送普法资讯，让群众了解普法动态，学习法律知识。全市共开展各类专题宣传23次，发放各类宣传资料、宣传用品150万余份，受教育人数累计达60万人次。

【基层基础建设】“十二五”期间的50个重点乡镇司法所建设项目因受投资限制，除亚东县下司马镇司法所、桑珠孜区城南办事处、城北办事处司法所与县区局业务用房整合资金建设外，其他47个司法所均与乡镇文化、综治、广电等建设项目整合资金建设，由政府垫资，已建48个，未建2个（城南、城北）。“十三五”期间，立项司法所13个，已建5个，其余乡镇司法所已完成前期工作，项目建设资金已落实到各县财政。建成全市司法行政视频点名系统、综合政务管理平台。为推进“十四五”规划项目，已向区司法厅、市发改委申报11个项目。

【扫黑除恶】组织全市干部职工参加扫黑除恶打非治乱专项斗争应知应会内容网上答题，累计参考2.47万余人。利用微信公众号公开“扫黑除恶打非治乱”专项斗争举报方式。开展扫黑除恶打非治乱专项斗争主题法治宣传教育活动677场，举办各类宣传讲座261场，张贴宣传通告384张，设置举报箱59个，发放各类宣传资料39万余份。

【受援】资金援藏方面：吉林省司法厅、上海市司法局先后派出考察团到日喀则市考察调研工作，吉林省、上海市司法行政系统为日喀则市司法行政系统援助资金65万元。

人才智力援藏方面：通过沟通协调，吉林省在原来选派2名援藏律师的基础上增派2名。山东省选派2名公证员赴日喀则市开展援藏工作，上海市选派2名公证员、1名司法鉴定员赴日喀则市开展援藏工作。吉林省组织部选派1名援藏干部在白朗县司法局开展援藏工作。组织8名日喀则市司法行政工作人员赴黑龙江省就公共法律服务体系建设工作参加学习培训。组织6名司法行政工作人员赴上海市参加司法行政业务培训。山东省司法厅受邀赴日喀则开展推行行政执法“三项制度”专题培训。

【队伍建设】年内，干部职工参加各类培训45人次。组织党员干部前往江孜县宗山抗英博物馆和帕拉庄园参观，教育引导党员对标先进、见贤思齐。

学习落实《中国共产党支部工作条例》，各党支部采取多种形式学习讨论条例，选派3人参加条例专题培训，组织在家党员开展条例在线知识测试。对党员积分制管理办法进行修改完善，分别研究制定《日喀则市司法局机关党员、律师行业积分制管理办法》和《日喀则市司法局公证党支部党员积分绩效考核办法》。每季度，局党总支选派支委会成员组成工作组，对照基层党组织分类定级指标体系，对每个党支部逐项考核打分，并将结果在全局范围内公示，考核结果将作为评选先进基层党支部或优秀党务工作者的重要依据。

市司法局工会组织干部职工走进健身房，开展庆五一、五四、七一系列文体活动，妇委会丰富形式开展庆三八系列活动，并邀请律师为妇女讲授《中华人民共和国婚姻法》，组织妇女为留守儿童献上“爱心毛衣”19件，20余名妇女加入全市巾帼志愿服务队。

协助司法厅分配25名司法助理员到10县（区）司法局。完成中央司法警官学院招生面试、体能测试相关工作。190 名学生报名，102 名学生通过体能测试进入政审。对安置在日喀则和拉萨的老干部开展节日慰问。为 30 名退休人员发放慰问金。组织退休党支部开展主题党日活动 10 次。

（杨孝梅）

边境管理

【机构概况】 2018 年 3 月，根据中共中央印发的《深化党和国家机构改革方案》，公安现役部队官兵集体退出现役，不再列武警部队序列。隶属于公安部边防管理局西藏公安边防总队的日喀则公安边防支队转到地方，成建制划归公安机关，并结合新组建的国家移民管理局进行适当调整整合，现为国家移民管理局西藏出入境边防检查总站日喀则边境管理支队。现役编制全部转改为人民警察编制。

【主责主业】 聚焦中华人民共和国成立 70 周年大庆边境安保维稳主线，积极应对“更大风浪”考验，全力以赴防风险；构筑边境前沿、边境二线、边境辖区联动防线，全力以赴保安全；大力开展“靖边”专项行动，全力以赴维护稳定，开启体系建设发展航线，全力以赴发展；组织 40 名民警驻村帮扶，全力以赴助脱贫。全年查获各类涉边案件 64 起 147 人，收缴了大批危爆品、反宣品，圆满完成了以中华人民共和国成立 70 年大庆边境安保维稳为主线的系列维稳任务，维护了边境地区持续安全稳定。亚热边境派出所被公安部荣记“集体一等功”。

【政治建警】 开展“践行新使命、忠诚保大庆”教育实践活动。聚焦“四个铁一般”和“四化”队伍建设，开展全警实战大练兵，掀起学法律、学业务、学文化、学技能的热潮。宣扬民警戍边建藏的故事，第一时间主动发声、第一时间宣传报道，196 个单位和个人受到地市级以上表彰奖励。

【后勤保障】 探索试行“军供 + 社会化”新模式，促进后勤保障转型升级。安排 1358 万元用于派出所煤改电、“五个一”阳光房、边贸市场执勤房等项目建设，全面维修基层制氧、饮水、发电、取暖等设备。加快重大项目建设步伐，确定 18 个重点基建项目、涉及资金 5900 万元，争取地方建设资金 398 万元用于鲁鲁站建设。

2019 年元旦，日喀则边防支队举行换装仪式

【作风建设】 持续推进队伍政治建设。结合《国家移民管理机构纪检机关监督执纪暂行规定》等四个文件，制定下发支队党政纪案件调查处理工作规范流程和监督执纪工作常用文书。搭建网络举报平台、开通监督热线，畅通投诉渠道，全维度接受广大民警和群众监督，精准运用监督执纪“四种形态”抓早抓小，从严执纪问责，立起带电的“高压线”。

地方立法

【法规起草】 市司法局在年内起草5件地方性法规草案，审查40余件规范性文件。分别为《日喀则市文物保护管理条例》《日喀则市禁止生产、销售和提供一次性不可降解塑料购物袋、塑料餐具管理条例》《日喀则市“门前三包”责任制管理条例》《日喀则市城镇排水与污水处理条例》《日喀则市村庄规划建设管理条例》。

年内，市城管局向市人大申报《日喀则市城市管理条例》，向市司法局申报《日喀则市生活垃圾分类管理办法》。

2019年，市人民检察院向市人大常委会提出关于加强检察公益诉讼工作的建议，并代拟《日喀则市人民代表大会常务委员会关于加强检察公益诉讼工作的决定（草案稿）》。法制委员会收到建议后，认为出台加强检察机关公益诉讼的决定对维护国家利益和社会公共利益非常必要，认真研究制定《日喀则市人民代表大会常务委员会关于加强检察公益诉讼工作的决定（草案）》，支持检察机关开展公益诉讼工作，履行好公益诉讼职能。

（司法局）

【立法工作】 市人大法制委员会先后对《日喀则市人民代表大会常务委员会执法检查办法》《日喀则市“门前三包”责任制管理条例》《日喀则市禁止生产、销售和提供一次性不可降解购物袋、塑料餐具管理条例》《日喀则市犬只管理条例》《日喀则市城镇排水与污水处理条例》5部地方性法规统一审议。其中《日喀则市人民代表大会常务委员会执法检查办法》《日喀则市“门前三包”责任制管理条例》已经自治区人大常委会批准。《日喀则市犬只管理条例》《日喀则市城镇排水与污水处理条例》已通过并报请自治区人大常委会。《日喀则市河道采砂管理条例》和《日喀则市城乡规划条例》两部法规于2月27日由市一届人大常委会第三十五次会议公布，自3月1日起施行。

主导立法项目，做到精细选题。围绕市委中心工作，在公开征集意见、精心调研论证的基础上，根据全市经济社会发展大局，立足全市实际，突出重点领域，把准立法权限，将《日喀则市人民代表大会常务委员会执法检查办法》《日喀则市犬只管理条例》等5部法规纳入立法计划。提前广泛征求立法建议项目，为编制第二届人大常委会五年立法规划做准备。主导法规审议，做到精准规范。按照立法法和日喀则市制定地方性法规条例的规定，对法规草案进行逐字逐句统一审议，在规定时限内向市人大常委会提出法规草案修改稿、表决稿和修改情况汇报、审议结果报告。主导组织协调，做到统筹实施。组织牵头，召开市人大常委会首次地方立法工作会。会议全面总结全市行使地方立法权3年以来的工作经验，分析新时代立法工作面临的形势和任务，安排部署年度地方立法工作。

对五部审议通过法规，在法规草案调研、修改和审议的各个环节，更加注重充分听取公众意见，组织召开多领域、各层级的征求意见座谈会，发布法规草案全文面向全社会征求意见，把立法的过程变成凝聚民心、集中民智、体现民意的过程，积极践行中共十九届四中全会提出的“坚持法治建设为人民、依靠人民的要求”。城乡建设与管理和生态环境保护领域有立法有新跨越。为助力城市市容和环境卫生管理，提升城市文明度，制定《日喀则市“门前三包”责任制管理条例》；为保障生态文明建设，防止城镇污水直排，推进城镇排水和污水基础设施建设，制定《日喀则市城镇排水与污水处理条例》；为减轻白色垃圾污染，制定《禁止生产、销售和提供一次性不可降解塑料购物袋、塑料餐具管理条例》；为减少流浪犬的数量，规范犬只管理工作和养犬行为，维护公共安全，制定《日喀则市犬只管理条例》。从规范和加强人大常委会对法律法规在全市的贯彻情况的监督检查，增强监督实效出发，制定出台《日喀则市人民代表大会常务委员会执法检查办法》。

完成《中华人民共和国行政处罚法修订草案》和《西藏自治区民族团结进步模范区创建工作条例（草案）》的征求意见工作，结合几年来的立法实践，提出修改意见建议按时上报。

市人大财政经济委员会根据立法计划，加强对《中华人民共和国立法法》《日喀则市制定地方性法规条例》等相关的法律法规学习，通过网络媒体、书刊、立法培训等方式，学习先进的立法理念、立法工作实践经验，为立法工作奠定基础。

财政经济委员会多次赴桑珠孜、江孜、拉孜、南木林等县区采取听取汇报、查阅资料、实地查看、召开座谈会等方式开展调研工作，召开立法调研座谈会，听取司法局、自然资源局、城管局、市场监督管理局工作情况的汇报，多次征求有关部门和各县区对立法项目修改的意见和建议。

认真做好《日喀则市禁止生产、销售和提供一次性不可降解塑料购物袋塑料餐具管理条例（草案）》《日喀则市“门前三包”责任制管理条例（草案）》《日喀则市城镇排水及污水处理条例（草案）》的初审工作，为初审工作提出具有针对性、操作性的意见建议，形成市人大财政经济委员会关于几个条例的审议意见，召开财政经济委员会会议研究通过后，并经在市一届人大常委会会议审议通过。

市人大教科文卫委员会将《日喀则市文物保护条例》《日喀则市民族团结进步创建工作条例》的立法前工作摆上议事日程。教科文卫委员会于5月，组织市文物局、宗教局和司法局深入江孜、康马等7个县对全市文物保护工作进行实地调研，认为《日喀则市文物保护条例》立法项目对于加强全市文物的保护和管理，传承优秀的历史文化遗产具有十分重要的作用，但鉴于国家正在对《中华人民共和国文物保护法》进行修改，建议暂缓立法。7月深入桑珠孜区等5个县（区），8月分别赴自治区拉萨、林芝两市，及云南、青海两省就日喀则市民族团结进步方面立法的重要性、必要性开展立法前调研。待《西藏自治区民族团结进步模范区创建条例》出台后，结合全日喀则市实际，继续做好民族团结进步立法前进程。配合自治区人大开展《西藏自治区民族团结进步模范区创建条例（草案修改稿）》征求意见工作，向18个县区人大常委会、市直各单位发函广泛征求人大代表、统战、民宗、企事业单位、驻地部队、工青妇等人员和单位意见，共征求到意见建议74条，最终整理归纳为10条，经市委审定后上报自治区人大常委会。

2019年，人大常委会围绕市委“6677”总体工作思路编制5部立法计划，并经市委批准执行。对2019年立法计划中的《日喀则市禁止生产销售和提供一次性不可降解塑料购物袋、塑料餐具管理条例》《日喀则市人民代表大会常务委员会执法检查办法》《日喀则市犬只管理暂行条例（草案）》《日喀则市“门前三包”责任制管理条例》《日喀则市城镇排水与污水处理条例》5部法规，组织专门委员会相关人员赴甘肃、宁夏及部分县区立法调研。同时就民族团结进步立法前相关工作，赴云南、青海、拉萨、林芝等等地和部分县区开展立法调研。共开展立法调研9次，召开征求意见座谈会9次，举办论证会5次，召开常委会组成人员分组审议会议10余次。配合自治区人大对《西藏自治区民族团结进步模范区创建条例（草案修改稿）》征求意见建议，共征求到74条意见建议，归纳整理为10条，报请市委审定后，及时反馈自治区人大。委托自治区有关立法专家围绕3部已审议通过的法规主要制度规范的可行性、出台时机及实施中可能出现的问题进行评估3次。同时，及时将市政府提请的《日喀则市“门前三包”责任制管理条例》纳入年度立法计划。至年底，《日喀则市禁止生产销售和提供一次性不可降解塑料购物袋、塑料餐具管理条例》《日喀则市“门前三包”责任制管理条例》《日喀则市人民代表大会常务委员会执法检查办法》三件法规已报请自治区人大常委会审查批准。《日喀则市犬只管理条例》已经过两次审议，已报请市委审定；《日喀则市城镇排水与污水处理条例》已经过两次审议，仍在修改完善中。

开展“宪法宣传月”和“宪法进农村”系列活动。以“大力弘扬宪法精神，加快建设平安日喀则”为主题开展法律“七进”活动，检查“七五”普法规划贯彻情况。依法对市“一府两院”（市人民政府，市人民法院、市人民检察院）和各县区人大常委会报送的规范性文件进行备案审查。

经济管理

日喀则年鉴 2020

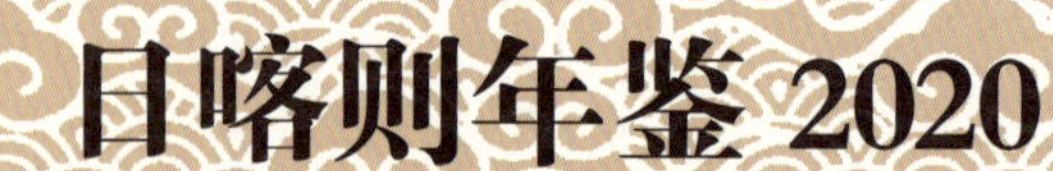

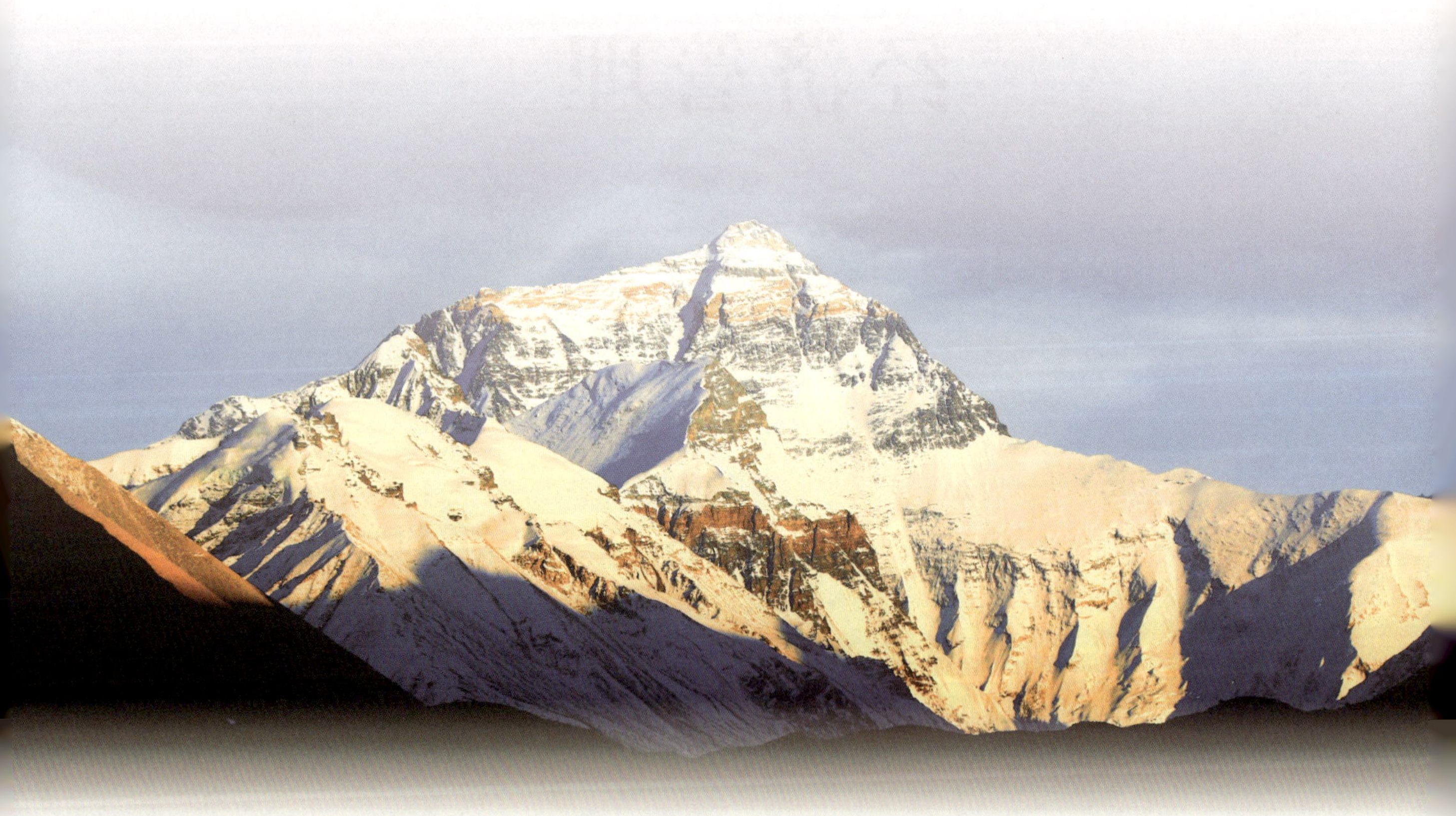

珠峰精神

坚韧不拔　巍峨不屈　感恩向上　敢为人先

综　述

【机构概况】 日喀则市发展和改革委员会内设办公室（政工人事科、政策法规科、财务科）、发展战略和规划科（国民经济综合科、体制改革综合科）、经济运行调节和价格科、固定资产投资科（评估督导科、财政金融科）、区域开放和合作科（市推进“一带一路”建设领导小组办公室秘书科、市对口援藏项目协调办公室秘书科）、农村经济和资源节约环境保护科（地区经济振兴科）、基础设施发展和能源科、社会发展和就业收入分配科、社会信用和营商环境建设科、产业发展科（创新和高技术发展科、经济贸易和消费科）、粮食和物资储备科（粮食和物资统计监测科、粮食和物资应急保障科）、粮食和物资监督检查科（军粮供应管理科）12 个职能科室。下设基本建设管理中心、价格监测认证中心、粮油监测中心、日喀则国家粮食储备库、江孜国家粮食储备库、拉孜地方粮食储备库、市救灾物资储备中心、机关后勤服务中心 8 个所属事业单位。

初步形成《日喀则市关于大力推进以“神圣国土守护者、幸福家园建设者”为主题的乡村振兴战略总体实施方案（2018—2022 年）》等 6 个专项方案，共计征求意见建议三轮，收集有效建议 38 条；结合各部门“十三五”规划执行情况及“十四五”规划初步思路，深入各县（区）及相关部门实地调研全市“十三五”时期面临的短板及“十四五”时期的发展机遇，形成《日喀则市“十四五”规划基本思路（征求意见稿）》，谋划部署全市“十四五”重大课题研究计划 12 个。

加强对全市经济运行和社会发展情况的监测与分析，起草月度经济运行分析报告 11 篇，上报《日喀则市 2019 年主要经济指标形势分析报告》，研判经济运行短板 4 处，提出具体对策 3 条。编报《日喀则市人民政府关于日喀则市 2019 年国民经济和社会发展计划执行情况与 2020 年国民经济和社会发展计划草案的报告》，并通过人大审议。研究经济运行新情况、新问题，准确把握宏观经济运行走势，形成针对性、操作性强的政策建议，全年共提出经济工作思路及建议 43 条。落实《国务院办公厅关于进一步支持西藏经济社会发展若干政策和重点项目的意见》任务细化方案，定期跟踪督导。

【经济调节】 2019 年，实现地区生产总值 279.49 亿元，同比增长 8.1%。实现社会消费品零售总额 120.91 亿元，同比增长 8.7%。全社会固定资产投资同比增长 11.2%。民间投资同比增长 48.5%。城镇、农村居民可支配收入达到 36455 元、11580 元，同比分别增长 10.5%、13.4%。全市地方一般公共预算收入累计完成 15.69 亿元，同比下降 10.75%；居民消费价格指数为 3% 以内。

全市共落实农作物播种面积 9.31 万公顷，其中青稞 5.89 万公顷，青稞良种覆盖率 95%。全市共划定粮食功能区面积 11.5 万公顷，超额完成自治区下达任务。预计粮食产量 44.65 万吨（青稞 40 万吨）、蔬菜产量 38.7 万吨。预计牲畜存栏 460.72 万头（只、匹），牲畜出栏 168.99 万头（只、匹）、牲畜出栏率 33%；全市人工种草保留面积 3.59 万公顷，预计鲜草产量 64.5 万吨；全市娟珊牛存栏约 3 万头。农牧民专业合作社 6577

家，已基本实现村村全覆盖，其中运营规范的合作社约占10%，辐射带动群众9万余户、19.9万人。市级以上农牧业产业化经营龙头企业达到28家，截至年底，总资产达到23.56亿元，实现产值4.14亿元，实现利润0.96亿元，带动1639名群众就业增收。推进“两羊两牛”工作，2019年区市两级安排黄牛改良专项资金0.65亿元，实施黄牛改良5.56万头，相关设备器械已购置完成，开展相关技术培训5次。

截至年底，全市新增8家规模以上工业企业，规上企业总数达25家。预计2019年，全年规模以上工业企业实现工业增加值8.4亿元，同比增长10%。全市25家规上企业总体运行稳中有增，其中发电企业、民族手工业、农副食品加工业等企业运行较为稳定，矿产、建材等资源型企业产值有较大增减。推进产业转型升级、“僵尸企业”处置工作，落实降成本、市场主体退出等政策，16个光伏发电项目建成并网，光伏发电总装机达303.03兆瓦。江孜、昂仁、桑珠孜区11个光伏扶贫电站纳入全区建设计划，装机2165千瓦。

举办第十七届珠峰文化旅游节，召开多场“冬游西藏”暨日喀则旅游专题推介会，有力拓展旅游客源市场，促进旅游市场持续火爆。预计2019年，接待国内外游客总数达899.37万人次、同比增长29%。旅游总收入67.36亿元、同比增长22%。

2019年，各项存款余额达到622.95亿元，各项贷款余额234.05亿元，同比分别增长5.3%、2.8%。其中涉农贷款余额145.64亿元，同比增长23%；小微企业贷款余额44.89亿元，同比增长25.8%；扶贫贷款余额47.89亿元，同比下降20.9%。

国道219延边横向通道、谢通门县和桑珠孜区农村公路EPC试点项目、藏中电网阿里联网工程项目、“三区三州”农网改造升级工程等重点项目已全面开工建设，累计完成投资62.98亿元。

完成亚东仁青岗边贸市场、吉隆口岸边贸市场等16个边贸市场建设，截至年底，累计投资1.52亿元。2019年，预计实现外贸（含互市贸易）进出口总额43.4亿元，同比增长10%。

2019年，预计完成招商引资项目234个，其中续建项目82个，新建项目152个，已完成投资70亿元，同比下降12.8%，完成市委2019年度目标任务的77.8%，固定资产完成投资56亿元。

2019年统筹整合中央、自治区及市级涉农资金43.52亿元（其中市本级财政资金1.86亿元），近50%投向6个计划摘帽县，到位资金已全部向各县（区）和相关部门拨付，拨付率达100%。已拨付2019年农村低保资金0.77亿元惠及19890名困难群众。各金融机构发放产业精准扶贫贷款6笔、0.7亿元，建档立卡贫困户到户贷款0.63万户、3.06亿元。106家定点扶贫单位认真履职，累计实施帮扶项目15个、发展集体经济或组建合作社71个。182家各类企业承担社会责任，主动参与“百企帮百村”行动，投入资金0.12亿元，帮扶贫困村居180个。3.3万名帮扶干部慰问及帮扶资金达0.14亿元。累计开工建设青稞饲草、“两羊两牛”（岗巴羊、霍尔巴羊养殖，牦牛育肥、黄牛改良发展）等特色产业项目301个完成投资66.71亿元，受益贫困群众8万余人。完成16881户70045人易地搬迁住房建设项目。

完成2019年度科技特派员257人轮换

工作，签订科技特派员创业项目4项。开展科普宣传53次，受益人数6700人。2019年“三区”（边远贫困地区、边疆民族地区和革命老区）科技人才总名额由2018年120名的基础上新增22名，总计为142名。首个交通领域科技项目——高原农村公路EPC建设标准与关键控制体系应用研究项目进行结题验收工作。

学前教育三年入园率达82.6%，高中毛入学率达77.5%，同比分别增长10%、10%。全市高考报考人数3914人，上线率98.1%。中考报考人数10809人，全市平均分达到325.6分。2019年预计支出“三包”资金4.16亿元，受益人数达到140730人；支出义务教育营养改善经费0.64亿元；受益人数达到100493人。

2019年，成立劳务派遣公司29家，发展村居劳务经纪人1547人，组建劳务合作社1662家。全市实现农牧民转移就业40万人次，创收20亿元。新增城镇就业10010人，城镇登记失业率为2.38%以内。

加强医疗卫生队伍人才建设，完成各类骨干人才培训30余期，2000余人次。提高村医待遇，每人每月提高不低于400元；慢病签约3119人，重病兜底29人；截至年底，全市孕产妇住院分娩率达到99.5%，孕产妇死亡率和婴儿死亡率分别降至58.3/10万、11.2‰。

组织市、县（区）艺术团队赴国内外演出活动。《江孜印迹》室内实景剧提升版成功首演。截至年底，市、县（区）两级文艺团体新创作文艺节目216个，开展文艺演出累计达4000多场次。

深入开展城乡低保清理规范和专项整治工作。累计清退不符合低保条件对象744户，2818人，收缴违规金29.29万元。截至年底，城乡低保共有8505户，22711人，全市集中供养特困人员817人，分散供养1164人，共下达特困供养生活补助资金和照料护理费0.15亿元。接收流浪乞讨人员217人次，支出救助经费19.6万元，支出儿童福利院运行经费、生活费507.42万元，集中收养孤儿640名，孤儿集中收养率达100%。

全市2019年2.76亿元隐性债务化解任务全部完成。提高财政保障能力。2019年，全市一般公共预算支出预计完成319.87亿元，同比增长11.3%。截至年底，全市税务部门组织收入（含社会保险基金）38.1亿元，同比增收0.92亿元，增长4.6%。全市累计为纳税人减税1.9亿元，占当期税务部门组织税收收入的9.3%。

日喀则国家农业科技园区、日喀则经济开发区、珠峰文化旅游创意产业园区蓬勃发展，中农圣域农牧科技有限公司等42家工农企业落地生根。2019年，农业科技园区入园企业21家，总产值3.22亿元，同比增长10%，带动周边农牧民就业约11万人次。经济开发区开（复）工项目17个，完成投资18亿元，落地招商引资项目28个，累计完成民间投资9亿元。文创园区共对接洽谈50余家区内外企业，明确9个重点招商项目。

2019年，铁路运输货运量45万吨，铁路运输客运量135万人，同比下降10.5%。截至年底，和平机场运输起降1544架次航班，游客吞吐量达13.4万人，同比分别增长93.97%、93.84%。公路货运量379.7万吨、公路货运周转量165712万吨公里，同比分别增长5.32%、6.89%；公路客运量145.28万人次，公路旅客周转量27974万人公里，同比分别下降3.1%、1.9%。日喀则火车站累计旅客发送 66.44 万人，同比增长 1%。累计旅客达到 55.35 万人，同比下降 15.7%。货运累计达到 33.3 万吨，同比下降 12.2%，货运累计发送 6998 吨，同比下降 43.8%。

年内，市便民服务大厅正式启用，梳理完成大厅进驻单位 45 家，承诺进驻事项 495 项，大厅共接待办事群众 11 万余人次，接受咨询 14264 人次，受理事项 96577 件，办结 94663 件，办结率达 98%。发布权责目录清单 14124 个，网上可办理事项达 14124 个，占 100%，网上累计办理业务 65.8 万余件。

2019 年，新增市场主体 1.97 万户。全市市场主体总量 6.91 万户，注册资金 841.34 亿元，同比增长 34.4%、43.8%。全市有效注册商标达 2175 件，同比增长 53.7%；地理标志商标 23 件，同比增长 130%；国家地理标志保护产品 3 件；外观专利、实用新型专利和发明专利申请量 92 件；西藏神猴药业有限责任公司成功注册中国驰名商标，实现驰名商标零的突破。

2019 年，全市非公经济市场主体预计发展到 68776 户，注册资本（金）630.81 亿元，从业人员 36 万人，同比分别增长 35.1%、39.4%、68.9%。

制定日喀则市企业投资项目核准全过程流程图、日喀则市企业投资项目备案全过程流程图以及日喀则市企业投资项目审批流程汇总表。严格按照国家关于新型告知性备案制度，备案项目 118 个，总投资 123.27 亿元。推广投资项目线上审批制度，实行投资项目网上联合审批，2019 年投资项目在线监管平台共申报项目 1744 个，总投资 295.45 亿元。探索多元投融资模式，争取地方政府债券资金，申报专项债券项目 34 个，申请地方政府专项债券规模 68.43 亿元。

巩固市人民医院、市藏医院“创三甲”成果，推进拉孜县医院“创二甲”，南木林、仁布县医院“创二乙”创建工作。到年底已完成拉孜县医院“创二甲”终审工作，南木林县、仁布县等医院“创二乙”预评审工作。2019 年，全市医疗卫生新建项目 65 个，总投资 1.73 亿元，截至年底，完成投资 0.45 亿元。全市健康扶贫贫困慢病患者签约服务人数达 3119 人，签约率达到 100%。预计 2019 年每千人执业（助理）医师数 1.88 人，每千人口医疗卫生机构床位数 4.53 张，同比分别增长 3.4%、6.7%。每万人全科医生数 5.61，同比增长 18.5%。

珠峰城投集团、珠峰农投集团成功组建，推进二、三级竞争性领域企业混合所有制改革，2019 年实施混合所有制改革 2 家。2019 年，市属企业累计实现收入 9.8 亿元，实现利润 1.26 亿元，同比分别增长 113.8%、13.1%，预计上缴税金 4474 万元，同比增加 253 万元，增长 6%。

年内，中央、自治区环境保护督察组交办的 183 项信访问题，已整改完成 158 项。全市 49 座加油站油气回收治理工作已全部完成。已完成各类造林绿化工程 318 万公顷，完成率 95%，完成投资 2.06 亿元。其中重点区域造林绿化工程任务完成 1840 公顷，完成率 100%，投资完成 1.01 亿元。“两江四河”流域造林绿化工程任务完成 3040 公顷，完成率 90%，投资完成 0.52 亿元。拉萨及周边造林绿化工程任务完成 7340 公顷，完成率 86%，投资预估完成 0.12 亿元。防沙治沙工程任务已完成 16560 公顷，完成率 100%，投资完成 0.42 亿元。消除“无数村、无树户”面积 433.4 公顷，完成率 100%。义务植树完成面积 2593.33 公顷，完成率 100%。年内，打掉恶势力犯罪集团2个，恶势力团伙3个，破获涉恶九类案件38个66起，危害国家安全案件35起。针对中央扫黑除恶第十三督导组反馈的6项问题，制定整改措施。截至年底，全市共发生安全生产事故42起，死亡15人，受伤70人，直接经济损失23.08万元，事故起数、死亡人数、受伤人数均上升100%，直接经济损失下降69.5%。年内，累计向信用中国、信用西藏推送信用信息1482条，其中，"双公示"信息1404条，失信被执行人信息31条，重点税收违法信息47条。

【项目建设】 2019年，全市共开（复）工全社会固定资产投资项目2599个（其中：续建1091个、新建1508个），开复工率109.8%，按形象进度累计完成投资368.11亿元（其中：续建203.91亿元、新建164.2亿元），比去年同期增加8.13%，完成年度计划的94.38%。

南木林县完成年度计划的130.49%，定结县完成年度计划的117.29%，白朗县完成年度计划的114.38%，康马县完成年度计划的111.39%，萨嘎县完成年度计划的110.66%，江孜县完成年度计划的107.67%，谢通门县完成年度计划的103.1%，仲巴县完成年度计划的100.62%，吉隆县完成年度计划的100.59%，拉孜县完成年度计划的99.79%，定日县完成年度计划的97.62%，亚东县完成年度计划的93.37%，聂拉木县完成年度计划的90.83%，昂仁县完成年度计划的88.01%，桑珠孜区完成年度计划的81.72%，岗巴县完成年度计划的73.24%，萨迦县完成年度计划的66.4%，仁布县完成年度计划的58.1%。

重点项目进展情况：

（一）民生项目

日喀则市曲布幼儿园建设项目，总投资0.31亿元，累计完成投资0.23亿元，其中2019年已完成投资0.19亿元。

日喀则市公共实训基地项目，总投资0.77亿元，累计完成投资0.68亿元，其中2019年已完成投资0.47亿元。日喀则市第二中等职业技术学校。总投资2.2亿元，累计完成投资1.98亿元，其中2019年已完成投资1.5亿元。桑珠孜区棚户区改造项目。总投资35亿元，累计完成投资13.85亿元，其中2019年已完成投资4.35亿元。

（二）生态环保基础设施

县城污水处理设施项目，2019年计划实施污水处理设施项目13个（已开复工10个，未开工3个处于初设阶段），总投资3.75亿元，累计完成投资1.33亿元，其中2019年已完成投资0.8亿元。

（三）重大基础设施项目

藏中电网阿里联网工程，该项目概算动态总投资70.71亿元，其中日喀则境内投资64.35亿元，占总投资的91%。2019年已完成投资14.09亿元。"三区三州"农网改造升级工程（涉及日喀则市）。2019年已开工43个，总投资14.95亿元，年内已完成投资7亿元。定日支线机场。该项目估算总投资29.5亿元，中央预算内投资和民航发展基金。选址已于2018年经国家民航局批复，预可研已上报国家相关部委审批。地基处理试验段工程已完工。樟木口岸货运通道业务保障项目。樟木口岸恢复货运通关业务保障设施一期工程共含4个子项目，总投资1.15亿元。到年底，聂拉木口岸联检楼维修改造建设项目、聂拉木口岸管委会业务用房加固维修建设项目及聂拉木出入境人员检查机构备勤用房建设项目已开工，完成投资0.21亿元。樟木口岸入境货物检验场项目因樟木地质灾害治理未能开工，已完成招投标工作。

拉萨至日喀则高等级公路（日喀则段），总投资 107 亿元，累计完成投资 17.92 亿元，其中 2019 年已完成投资 17.74 亿元。国道 219 延边横向通道（萨康段）。总投资 33 亿元，累计完成投资 33 亿元，其中 2019 年已完成投资 5 亿元，已完工。谢通门县、桑珠孜区农村公路 EPC 试点项目。总投资 48 亿元，累计完成投资 48 亿元，其中 2019 年已完成投资 4 亿元，已完工。国道 216 孔塘拉隧道。总投资 13.95 亿元，累计完成投资 3.91 亿元，其中 2019 年已完成投资 3.79 亿元。湘河水利枢纽及配套灌区工程。总投资 27 亿元，累计完成投资 15.98 亿元，其中 2019 年已完成投资 10.38 亿元。

拉洛水利枢纽及配套灌区工程。总投资 49.53 亿元，累计完成投资 43.42 亿元，其中 2019 年已完成投资 4.72 亿元。高海拔县城供暖。4 个高海拔县城供暖项目，总投资 6.46 亿元，累计完成投资 5.08 亿元，其中 2019 年已完成投资 4.99 亿元。

【改革开放】 制定日喀则市企业投资项目核准全过程流程图、日喀则市企业投资项目备案全过程流程图，以及日喀则市企业投资项目审批流程汇总表。推广投资项目线上审批制度。实行投资项目网上联合审批，全市在线审批监管平台共储备项目 1744 个，总投资 295.45 亿元。探索多元投融资模式，争取地方政府债券资金。根据自治区发展改革委《关于报送 2020 年地方政府专项债券项目需求的通知》要求，梳理上报项目 19 个，申请资金 22.76 亿元。

按照“分批下放，差异化下放”的原则，从易到难、从简到繁，下放所有额度的政府投资项目（含援藏项目）审批权限至各县（区），同时下放全部动用预备费审核权限，项目前置审批手续按照统计审批原则办理。全力做好项目监管工作，起草完成《日喀则市政府投资项目概算管理暂行办法》《日喀则市政府投资项目事中事后监督管理办法（试行）》《日喀则市政府投资项目后评价管理办法（试行）》。

完成《白朗县农村集体产权制度改革整县推进试点方案》编制工作，全面落实农村人居环境整治三年行动方案，制定《日喀则市农牧区人居环境整治三年行动实施方案》，落实中央预算内资金 2000 万元，在白朗县先行试点推开全市农村人均环境整治建设项目。着力推动特色优势产业加快发展，开展农村产业融合发展，组织白朗县申报国家一、二、三产业融合发展示范园试点工作，白朗县成功获批第二批国家农村产业融合发展示范区，于 2020 年 1 月 3 日完成创建认定自评估工作。

起草《日喀则市关于推进“一带一路”建设的实施意见》，主要任务涵盖促进重大基础设施互通互联、壮大开放产业支撑、加强对内合作交流、扩大对外开放、建设生态文明等 5 大类 12 项内容。2019 年 5 月 29 日，樟木口岸货运通道恢复运行，出口额于 10 月 24 日突破 1 亿元。

国有资产监督管理

【概况】 2019 年，市属国有企业全年实现营业收入 20.62 亿元，同比增长 127.79%，累计实现利润 3.27 亿元，同比增长 94.01%；

累计上缴税金 2.91 亿元，同比增长 166.4%。累计上缴国有资本收益金 2621 万元，同比增长 110.9%。市属国有企业资产总额为 254.93 亿元，同比增长 6.4%。负债总额为 200.54 亿元，同比下降 3.38%。所有者权益总额为 54.639 亿元，同比上升 69.9%。资产总额 1 亿元以上的企业有 13 家，其中 10 亿元以上的 4 家、100 亿元以上的 1 家。

【国有企业改革】 年内，市国资委提出打造“2+3”格局，研究起草《日喀则市关于深化国资国企改革做强做优做大国有资本的实施方案》《日喀则珠峰城市投资发展集团有限公司组建方案、日喀则珠峰农牧产业投资集团有限公司组建方案》，并经市委、市政府审议通过。珠峰城投集团和珠峰农投集团已于 2019 年 5 月底完成注册登记，结束日喀则市没有国有集团公司的历史，到年底，珠峰城投集团的注册资金达到 26.26 亿元，与 2018 年的 7.87 亿元相比增长 233.67%。珠峰农投集团的注册资金达到 23.09 亿元，与原来的 1 亿元相比增长 2209%。

推进二、三级竞争性领域企业混合所有制改革，2019 年实施混合所有制改革 2 家（珠峰城投集团与石家庄曲寨水泥公司合作成立混合所有制企业日喀则市雅曲新型建材有限公司、珠峰生态园林绿化公司与拉萨骏桑科技有限公司合作成立日喀则市骏桑生态园林科技有限责任公司）。截至年底，64 家市属国有企业中混合所有制企业达 29 家（含员工持股的 6 家企业），占比 45.31%。

推进公司制改制，珠峰城投集团和珠峰农投集团所属全民所有制企业需要改制的有 8 家，已对市建筑勘察设计院、粮油供应公司、圣康农产品加工厂、日喀则饭店和道路桥梁设计室 5 家全民所有制企业进行公司制改制，已全部改制为国有独资有限责任公司。在完成国际旅行社、上海广场的公司制改制前期工作的基础上，到年底在推进工商登记变更工作。对市建筑公司正在开展清产核资、财务审计等工作，待完成清产核资、财务审计等工作后着手开展公司制改制。

做好“僵尸企业”“空壳企业”清退工作。市国资委监管企业中有 2 家“僵尸企业”，分别是日喀则地区冷藏公司、日喀则市物资局。结合新一轮国资国企改革，开展 2 家“僵尸企业”处置工作。1. 督促珠峰城投集团公司，继续与自治区国有资产经营公司沟通协商，争取尽快解决日喀则市国企历史性金融债务事宜，为处置“僵尸企业”奠定基础。2. 鉴于冷藏公司资料不全，暂时托管给隆鑫国有资产运营有限公司，待其历史遗留问题解决后，再对其资产进行开发，冷藏公司予以注销。3. 待物资局历史遗留问题解决，并清理资产及负债后，由珠峰城投集团公司和物鑫贸易有限责任公司共同协商对其资产进行开发，原企业予以注销。同时，督促集团公司积极清理空壳企业，到年底，农投集团已完成空壳企业日喀则兴农实业有限公司的注销工作。

【培育新增长点】 截至年底，珠峰城投集团推进项目 46 个，总投资为 133.19 亿元，其中在建 40 个项目完成投资约 67.09 亿元。珠峰农投集团谋划一批优质扶贫产业项目，收购绵羊 31.2 万只，收购山羊 6.8 万只，收购牦牛 2.7 万头，合计支付收购资金 5.32 亿元。承接全市教育“三包”工作，改善全市学生的营养改善计划统购统销工作的物资品质，为全市教育“三包”工作提供可靠的保障。

同时对接全市 92 个合作社，推进暖棚圈的建设力度，因地制宜，以实用为主，合理运用 3 亿元合作社专项资金，加大对合作社的扶持力度。珠峰扶贫开发公司 2019 年开展项目 5 个，均已全部开工，计划总投资 17248 万元，已完成投资 11340 万元，完成投资率 65.75%。珠峰经开公司推进项目 18 个，完成投资 20 亿元。市管国有企业参与班禅博物馆项目、演艺中心项目、非遗中心项目、青岛路珠峰路喜格孜步行街改造 EPC 等市重点项目建设。

【国资监管】 将权责清单内容从 20 项减少到 17 项。在市管一级国有企业（含集团公司）成立党委会、董事会、监事会、工会等机构。根据新一轮国企改革的形势，修改完善《日喀则市管国有企业负责人业绩考核评价办法》《市管国有企业负责人薪酬管理办法》《日喀则市政府国资委监管企业投资监督管理办法》《日喀则市政府国资委监管企业重大事项请示报告制度》《日喀则市市管国有企业负责人履职待遇业务支出管理暂行办法》。

加强对国企改制、产权交易、对外投资等重点领域监管，聘请具备资质的中介机构开展清产核资、财务审计和资产评估，对 17 家市属国有企业进行国有产权无偿划转。推进董事会建设，建立健全权责对等、运转协调、有效制衡的决策执行监督机制，规范董事长、总经理行权行为，切实解决了一些企业董事会形同虚设、“一把手”说了算的问题。

【央企入藏】 承接“央企助力富民兴藏”签约项目 19 个，已完成项目 11 个，总投资 54.37 亿元。在建项目 7 个，总投资 40.90 亿元。到年底在开展前期工作项目的 1 个，计划总投资 12.819 亿元。央企助力西藏脱贫攻坚和第四届藏博会集中签约 7 个项目，总投资 1.18 亿元（其中 2019 年 9 月增加日喀则经开区 1 号加油站项目，总投资为 0.15 亿元），累计已完成投资 20 万元。

【落实社会责任】 开展双创工作。加强沟通衔接，掌握人才需求动态，随时增补就业岗位，填充就业人员，截至年底，市属国有企业吸纳高校毕业生就业 275 人，解决当地农牧民就业 1.2 万人。推进拖欠民营企业中小企业账款和保障农民工工资支付工作。组织开展国有企业拖欠民营企业中小企业账款和农民工工资清理工作，截至 2019 年年底，拖欠企业账款工作完成 56%，超过区市政府要求的 50% 目标。

（姜　雨）

土地资源管理

【概况】 日喀则市自然资源局于 2019 年 3 月成立，为市政府工作部门，正县级机构。根据《中共日喀则市委办公室　日喀则市人民政府办公室关于印发〈日喀则市自然资源局职能配置、内设机构和人员编制规定〉的通知》和《关于印发〈日喀则市事业单位改革调整实施方案〉的通知》文件精神，市自然资源局核定行政、参公、事业编制 76 名，藏汉人员比例为 39 ∶ 34。内设 8 个正科级建制的行政科室，即办公室（含政工人事科和财务室）、政策法规科、自然资源调查监测科、自然资源确权登记科（不动产登记局）、国土空间规划科、国土空间用途管制科、国土空间生态修复科、地质勘查与矿产资源管理科。设参公单位1个，即土地储备中心（土地挂牌拍卖中心）。设全额拨款所属事业单位5个，即地质环境监测站、土地利用规划所（土地评估中心、不动产登记中心）、政策信息中心、所属市城乡规划展示馆、机关后勤服务中心。

根据2018年度土地变更调查数据，日喀则市全市土地总面积为17990259.56公顷，其中农用地14337397.11公顷（其中耕地147645.90公顷、园地42.08公顷、林地759865.05公顷、草地13362786.84公顷、其他农用地67057.24公顷）、建设用地28606.82公顷、未利用地3624255.63公顷。日喀则市级、18个县（区）不动产统一登记以来已解决历史遗留问题数量共174件、出台解决历史遗留问题的有关政策文件数量共22个。

【土地整治】 2019年全市验收土地整治项目2项，总面积45.72公顷，其中可用于耕地占补平衡24.47公顷。

【发展用地保障】 2019年全市国有建设用地供应总量为348宗，供应面积410.9361公顷，总成交价款110202.6215万元。

【地籍管理】 截至2019年年底，已累计颁发不动产权证书10097本、不动产证明1499本。其中"主城区"累计颁发不动产权证书8006本、不动产权证明1352本。各县（区）共发放不动产权证书2091本、不动产证明147本。不动产登记中心于2019年6月10日进驻市政府政务服务大厅，到年底，市规划区内不动产统一登记工作实现"一站式"功能，形成"一个窗口""一次办成"的良好局面，基本实现一般登记、抵押登记业务办理时间分别压缩至10个、5个工作日以内。

【土地确权】 按时间节点推进农村集体土地所有权确权登记发证各项工作，已全部完成集体土地确权203个乡镇（聂拉木县樟木镇由于灾后重建，经协调暂不测量）的外业、内业等工作，于2018年8月完成市级验收，并于2018年12月通过自治区终验，经各县区政府整理完善并确认，全市18个县（区）集体土地共有28957宗，确权面积为2397.03平方公里。

【矿产资源管理】 优化和完善日喀则市砂石土非金属采矿权的有偿出让，细化全市砂石土非金属采矿权有偿出让各环节要求，明确出让流程，制定印发《日喀则市砂石土非金属采矿权出让流程》。同时，为全市砂石土非金属采矿权出让收益评估提供依据，组织编制《日喀则市非金属矿采矿权出让收益市场基准价制定研究报告》，制定全市建筑用砂石、花岗岩、砂岩、板岩、橄榄岩等12个矿种采矿权出让收益市场基准价。2019年，完成砂石土非金属采矿权有偿出让6个，累计出让收益1607.39万元。

为理顺全市矿业权与生态红线关系，整理汇总全市所有已设、拟设非金属砂石资源点基础数据及支撑材料，并与生态红线划定技术负责人逐一比对调整。

加强对临时砂石料点采挖的监管。制定印发《日喀则市重要城镇周边和重要国道沿线露天采场生态景观破坏恢复治理方案》，加强重要城镇周边、重要国道沿线可视范围内露天采场生态破坏和景观破坏问题的恢复治理工作。

2019 年全市矿业经济运行情况主要是，列入 2019 年产值统计的在产矿山 4 个，实现矿业总产值 2.86 亿元，矿产资源销售收入 2.06 亿元。其中岗巴县喜马拉雅曲登尼玛矿泉水开采矿泉水 3050 吨、总产值 770 万元、销售收入 1528 万元，定日县克玛乡新木德村珠峰冰川矿泉水开采矿泉水 6103 吨、总产值 2851 万元、销售收入 2800 万元。

3 月 24—25 日，自然资源部副部长凌月明在樟木调研。图为凌月明现场指导地质灾害治理工作

【地质灾害项目检查】 2019 年全市地质灾害防治工作面临的形势依旧非常严峻，7 月召开全市自然资源视频工作会议，安排部署全年地质灾害防治的各项工作。组织专家队伍对 18 个县（区）地质灾害隐患情况进行汛前排查 2 次、汛中巡查 3 次、汛后拉网式核查 2 次。全市共发生的 11 起地质灾害灾情，得以巡查监测到位、预警准确及时、干群反应迅捷、处置措施得当，11 起灾情险情均未造成人员伤亡。同时建立群测群防工作制度、灾情速报、汛期值班等 8 项制度，制定汛期地质灾害防治方案、应急预案，落实工作职责和任务。全年未发生一起因地质灾害引发的人员伤亡事故。

【队伍建设】 定期开展党员志愿服务活动、巾帼志愿服务活动。年内，共计开展党员志愿服务活动 12 次、巾帼志愿服务活动 3 次。工青妇联合组织干部职工开展庆祝五一劳动节暨五四国际青年节活动、举办庆祝中华人民共和国成立 70 周年暨西藏民主改革 60 周年文艺演出，筹集帮扶资金 7000 余元。邀请市党校老师作专题辅导 1 次，邀请市纪委监委派驻市发改委纪检组组长上廉政党课 1 次。

2019 年，结合城乡规划管理向国土空间规划管理改革的契机，加强国土空间规划业务培训和指导工作，组织全市自然资源系统业务培训会议，参与培训 45 人次。

（韩萱雯）

审　计

【机构概况】 2019 年，根据审计管理体制改革和机构改革，成立中共日喀则市委审计委员会，市委审计委员会办公室设在市审计局，下设市委审计委员会办公室秘书科，日喀则市审计局内设行政科室 11 个［办公室（政工人事科）、法规科（审理科）、财政审计科、行政事业审计科、农业资源环保审计科、固定资产投资审计科、企业审计科、社会保障

12月22日，市委审计委员会第一次会议召开

审计科、经济责任审计科、派出审计一科、派出审计二科]，行政编制45名，实有37人。另设1个参公科室（信息网络中心）和2个事业科室（机关后勤服务中心、政府投资审计中心），事业编制15名（其中参公5名），实有人员11人（其中参公2人）。

【审计概况】 日喀则市审计局2019年完成审计项目19个，共审计62家单位，专项审计调查2个。查出问题金额1578322.24万元，促进增收节支61443.36万元。出具审计报告和专项审计调查报告10篇，被批示、采用4篇（次）。移送司法机关、纪检监察机关和有关部门处理事项4件，移送处理金额182.227033万元，审计促进整改落实有关问题资金147576.3万元。

【财政预决算审计】 首次采用传统审计与大数据审计相结合的审计方式，对市本级和7部门预算执行情况开展审计。以审计厅委托的仲巴县经济责任审计为依托，采取“1+N”的审计方式，对仲巴县财政预算执行和其他财政收支情况进行审计。受市人民政府委托，向市人大常委会汇报2018年度市本级预算执行和其他财政收支审计工作报告。审计共查出主要问题金额528912.29万元，其中违规金额239731.04万元，管理不规范金额289181.25万元，非金额计量问题2个。

【自然资源资产审计】 重点开展亚东县污水处理及收集系统工程运营情况的审计，审计共查出主要问题金额1273.69万元，非金额计量问题9个。

【精准扶贫政策落实审计】 对仁布、岗巴、萨嘎、仲巴四县2016—2018年度精准扶贫精准脱贫政策落实情况和日喀则市珠峰扶贫开发有限责任公司相关年度扶贫资金使用管理情况进行审计。审计共查出主要问题金额33771.49万元，其中违规金额4179.82万元，管理不规范金额29545.5万元，非金额计量问题55个。

【政府投资审计】 2019年继续开展2018年延续的日喀则农村公路总承包建设项目、市第二职业技术学校二期建设项目、西藏樟木口岸地质灾害防治治理项目等跟踪审计工作，截至2019年年底，已完成农村公路总承包建设项目跟踪审计，市第二职业技术学校跟踪审计控制不合理造价增加120多万元。组织开展日喀则市“六化”项目之硬化工程跟踪审计，先后出具跟踪审计反馈意见3期，向市委市政府报送专报1期，市委主要领导批示采纳跟踪审计建议1份，控制不合理增加投资 380 万元。组织开展国务院督办重点水利工程西藏湘河水利枢纽及配套灌区工程跟踪审计，出具 1 期跟踪审计报告。2019 年 10 月底，对全市部分县（区）政府投资竣工项目 195 个进行竣工决算审计。

【专项审计】 对学前至高中阶段教育“三包”经费专项审计调查情况。调查覆盖市直 69% 的学校和县（区）7% 的学校。审计共查出主要问题金额 4514.62 万元，其中违规金额 2374.92 万元，管理不规范金额 2139.7 万元，非金额计量问题 15 个。对市委组织部和市教育局、机关工委、市国资委中央补交党费使用情况进行检查工作，在采取核对账簿、检查凭证审计措施，提出对各县的补交党费经费使用情况进行检查，加强补交党费的管理情况等建议。

【经济责任审计】 2019 年，对仲巴县党政主要领导、市残联、市统计局、市城市管理委员会、市生态环境局、市珠峰公共交通运营有限责任公司等 6 个部门 11 名领导干部开展经济责任审计。审计共查出主要问题金额 1002570.17 万元，其中违规金额 838060.45 万元，管理不规范金额 16436.77 万元，非金额计量问题 61 个。

【大数据审计】 为推进大数据审计试点工作，首次在市本级财政和部门预算执行审计中推进大数据审计工作，由局主要领导担任审计组组长，总体负责财政大数据审计工作。采用“1+2+5”（“1”是对财政部门的财政数据开展总体分析，“2”是对 2 家部门预算单位开展全面审计，“5”是对 5 家部门预算单位的重点领域根据分析模型提供的疑点开展延伸审计）的审计组织实施方式，在借鉴和参考审计厅提供的数据分析模型的基础上，结合全市实际，形成 22 个数据分析模型，发现市本级及部门预算执行审计疑点 81 个。

（张学强）

统　计

【统计服务】 市统计局以人民群众满意的服务型统计建设为根本，通过真实准确完整数据客观反映人民群众的获得感、幸福感、安全感。坚持以每月召开投资统计调度会为抓手，聚焦规模以上工业、限额以上社会消费零售等主要统计指标运行态势，及时反映情况、发现问题，适时动态监测预警。紧盯全市经济社会发展预期目标任务，进度分析“求快”、预测分析“求准”、对比分析“求深”，积极开展重点行业领域、经济运行数据分析解读，提高统计分析针对性，统计信息由定量纵向对比逐步向定性区域横向对比分析转变。全年上报统计分析 50 期，采用率达到 90%，综合得分列市委（C 类单位）第五位，为各部门提供统计数据咨询服务 600 余次，形成《全市固定资产投资和招商引资调研报告》《上半年全市经济运行态势分析》《1—10 月全市社会消费市场运行平稳》《日喀则市农村居民人均可支配收入调研报告》等统计分析报告 7 篇，从统计的角度、以调查的视野全面分析投资预算资金来源和实际投入情况；深度解析 18 县（区）486 户抽样调查户情况，准确把脉“四大构成”收入和“六大构成”支出，全面反映农牧民生活现状。紧扣市委、市政府关切的热

12 月 13 日，日喀则市召开统计工作座谈会

点问题，完善 2018 年度七地市和四省藏区市州主要经济指标手册，及时发布《2018 年日喀则市国民经济和社会发展统计公报》《2019 年上半年和前三季度经济指标手册》。完善充实日喀则市统计年鉴，增强统计年鉴的实用性、可读性，以“数据快递”形式报送“四大班子”，发送相关部门和县（区），实现数据共享、信息互通。日喀则市一届人大九次代表会将统计工作开展情况特别是主要统计指标完成情况列入会议参阅资料，供各级人大代表评议监督，统计参谋助手作用进一步彰显。

【统计法治】 根据日喀则市“七五”普法方案和自治区统计局关于法律进民企的要求，充分利用网络、电视、广播、LED 显示屏等传媒，以“四上企业”联网直报为载体，大力开展统计普法宣传教育“五进”活动，及时跟进“9·20 中国统计开放日”“10·20 世界统计日”“12·4 宪法日”时点载体，组织人员发放《中华人民共和国统计法》《统计法实施条例》，努力营造“领导懂法、企业依法、公众知法”的氛围。为提高统计数据真实性，维护统计工作权威性，组织和参与全市性统计执法检查活动 2 次。认真开展第四次全国经济普查专项统计执法监督检查，达到预期目的，为日喀则市经济普查顺利开展保驾护航；积极配合自治区统计局对日喀则市 8 家规上工业、限上零售业、房地产企业和 2 个投资项目统计执法检查，全市统计执法监督检查工作取得历史性突破，统计调查对象和重点企业遵规守法、树榜立样，有效发挥了导向作用，从源头杜绝虚报瞒报等统计违纪违法行为。

【统计调查】 认真完成各项常规统计调查年报和定期报表工作，重点推进第四次全国经济普查数据审核和质量验收等环节工作。市经普办下发经济普查进度通报文件至各县（区）人民政府，各级政府推进时序进度，上报率始终保持全区前两位，5 月底，登记法产单位 1.3 万家，抽样调查个体经营户 1667 户。市经普办根据数据审核问题，反馈审核问题 13 次，讲解问题指标 20 余个，推进登记阶段工作。

5 月，市经普办根据《自治区第四次全国经济普查质量检查工作方案》要求，对全市十八县（区）抽选普查小区，进行数据质量核查，全市质量抽查单位漏报率、各项指标的差错率、误差率均符合验收标准。在收官经普工作基础上，接续谋划启动第七次全国人口普查。

【统计改革】 进一步规范地区生产总值核算方法，强化专业数据对地区生产总值支撑作用，科学合理测算2018年县（区）地区生产总值数据，同步结合经普结果，调整地区生产总值增量10.79亿元，达到253.54亿元，更加客观真实准确完整反映“家底”。新增贸易业“金样本”和抽样调查户，7月，全市新增5家“金样本”调查点，县（区）新增小微商贸企业调查户136家，达到144家，覆盖面进一步拓展，代表性进一步增强，有效满足了社会消费品零售额总体测算数据的需要。恢复执行农村经济社会发展情况统计调查制度，及时反映情况、发现问题、校正偏差，提升数据质量，准确反映发展实际，客观评价发展成果。完成18个县（区）、204个乡镇（办事处）、1673个行政村（居委会）、14万多农户的经济社会发展情况统计工作，为村居经济合作社组建全覆盖、决胜脱贫攻坚和启动乡村振兴战略等重点工作提供了有效数据支撑。深入推进“互联网+政务服务”改革工作，严格落实《日喀则市推进“互联网+政务服务”工作实施方案》，完成了12项服务事项的梳理和平台搭建工作，按照“四级四同”目标指导县（区）开展“互联网+政务服务”工作，顺利实现政务服务事项网上全流程办理。实时链接日喀则市政府网站，本着“法定职责必须为，法无授权不可为”的原则，公开统计职能职责，明确统计调查对象权利义务，有效提高了行政效能，进一步打通了服务群众最后一公里。

【基层基础建设】 2019年机构改革中市统计局新增执法监督科和服务业调查中心两个科室，首次增派1名援藏干部，智力援藏进一步增强。组织开展覆盖全市统计系统500余人次的各类业务培训班，组织2名县级干部和10名专业人员参加国家统计局、自治区统计局和对口援藏省市组织的各类培训班。鼓励市、县（区）两级统计人员积极报名参加全国统计执法资格证考试，6人顺利通过国家统计执法资格考试，通过率实现赶超进位，居全区第二，统计执法人员人数增加到8人，为今后开展统计执法检查工作打下坚实基础。高位推进、高效推动统计基层基础“双基”建设，截至年底，全市18个县（区）均已成立独立的统计机构，204名乡（镇）长兼职统计员，乡村振兴专干逐步到岗兼职统计工作，统计工作弱在县（区）、冷在乡（镇）、空在村（居）瓶颈得到有效破解，统计工作迈入以监督强职能、以改革促发展、以创新提质量的新阶段。

（石鹏鹏）

市场监督管理

【机构概况】 日喀则市市场监督管理局2019年3月成立。内设机构13个、直属事业单位4个、综合行政执法队1个。人员总编制106名，其中行政编制33名、参公编制20名、事业编制53名。

【商事制度改革】 压缩企业准入时间。企业“领照、刻章、办税”实现5个工作日办结。食品经营许可证核发压缩至10个工作日，食品生产许可证核发压缩至15个工作日，医疗器械许可证压缩至15个工作日，药品经营许可证核发和药品经营质量管理规范认证压缩至15个工作日，进口药材通关单签发压缩至1个工作日。与全国同步实施电子商务经营者登记工作。截至12月发放电子商务营业执照73张。推行企业登记身份管理实名验证。实现“身份信息一经注册验证、全国联网应用”，截至12月办理实名认证登记市场主体17912户。企业注销登记更趋便利，公告时间由45天压缩至20天。推进“证照分离”改革。截至12月，21515户市场主体领取“证照分离”营业执照。网上登记推行顺畅。截至12月全市网上申请登记市场主体3659户。登记业务实现微信预约办理。在市区推行“工商注册登记微信预约服务”，通过微信预约办理市场主体5660余户。依托“工商网上服务平台”实现名称自主申报。全市已有5112户企业通过互联网自主核名。优质服务招商引资和国企改革。完成建筑设计院等7家企业的改制登记，截至12月，全市内资企业达1074户，同比增长7.62%。规范普货运输经营。为全市普货运输经营者办理个体工商户营业执照6018户。服务农专组织发展。截至12月，全年新登记4899户，全市农牧民专业合作社发展到6737户，出资总额35.33亿元，同比分别增长259.12%、164.25%。规范抵押登记工作。办理动产抵押2件，抵押金额220643830元。依法清理“僵尸企业”。全市依法累计吊销市场主体320户。扶持大学生自谋职业、自主创业。全年共有114名大学生创办企业110家。

2019年全市市场主体总数达到7.03万户，注册资金875.87亿元，同比增长35.34%、41.39%；全年新登记市场主体2.12万户、注册资本（金）218.09亿元，同比增长123.16%、79%，其中新登记企业2185户。发放新版营业执照17917张，企业2018年度年报率为87.7%。

【市场安全监管】 截至12月底，全系统共查处各类违法案件78件，案值36.83万元、罚没款90.05万元。严守食品安全底线。全市校园食堂“明厨亮灶”率达88.7%，餐饮服务单位“明厨亮灶”率达72%。全市餐饮业和单位食堂食品安全量化分级率100%。开展食品抽检1398批次、快检4500余批次，顺利保障30余次重大活动食品安全。开展学校食品安全专题培训。责令3家食品生产经营企业停产整顿、40家整改。2019年，全市共查办食品案件26件，罚款16.61万元。没收各类过期食品160多种，货值5.8万元。强化药品、医械和化妆品监管。抽检化妆品86个批次、药品62批次，没收过期药品60个品种，销毁435种中药材，停业整顿1家药

3月22日，市场监督管理局（知识产权局）正式成立，市委常委、组织部部长杨昆出席挂牌仪式

店，责令整改70家，评价药品不良反应1例，评定8家守信单位、6家失信单位。开展“安全用妆，点靓生活”化妆品安全科普宣传周，对18个县（区）23家县（镇）级医学影像设备、诊断治疗设备、生命支持设备共计19种1092台进行检定校验，免去检定费80多万元。整治保健市场乱象。行政指导和约谈20次，责令整改47家，对辖区内3家保健品网站进行全面检查。筑牢特种设备安全防线。全市1730台特种设备定期检验率达95%以上。全市电梯参保率达42.2%，责令停用设备9台。对市政供暖供气管道提出意见。加强工业产品质量监管。对企业实施信用监管、责任监管、常态监管，完成全市2019年度监督抽查工作，共计抽取样品53个批次，辖区内未发生质量安全事件。强化反垄断竞争执法。对公用企业摸底调查，严防公用企业限制竞争和垄断行为。加强垄断执法案件线索收集，开展市区“林卡”市场专项检查，针对定价偏高、证照不全、经营不规范等问题警示约谈26名责任人。开展打击传销和规范直销工作。建立455名涉传人员信息台账，制定工作应急预案，举行大型宣传6场次。全市直销经营户5家。开展扫黑除恶行动。市场增设12个举报箱。组织市场主体签订承诺书340余份，办理3起涉赌、涉黄、不合理收费案件（线索）。扫黑除恶宣传工作，集中整治娱乐场所，责令整改25家。查处无照经营。查办案件19件，案值17.75万元，罚没款3.34万元。推进重点领域市场监管。开展红盾护农保春耕行动，抽检110个批次商品，查处违法广告案件4件，整顿“霸王条款”，行政约谈273户次。全年开展市场检查60余次，责令停产停业5家、整改56家，排查隐患111起，指导18家成品油经营企业建立进销货台账；暂扣“三无”产品511件，没收非法设备239台，收缴掺杂掺假棉被1070床。

【消费维权】 年内，完成“12315”热线整合工作，运用“全国12315互联网平台”，实现互联网平台和手机移动端的消费维权服务，深化与便民警务站的维权联动协作机制。推进“12315五进”“一会两站”“12315一体化”建设，实现市、县（区）、乡镇三级纵向贯通的“12315”投诉举报平台，全年受理消费者咨询2575件、举报85件、申（投）诉235件，为消费者挽回经济损失82.11万元。

【队伍建设】 全局形成调研报告7份，调研清单70多份，班子及成员检视问题127条，为群众办实事好事137件。邀请党校老师讲党课2次，组织党员前往爱国主义教育基地和市党性教育基地学习2次。选派42人参加国家、自治区市场监管培训班，139名干部参加全国市场监管网络培训班，举办系统内部专题视频培训3期、现场教学2批次，受训人员达600余人次。召开行政处罚案件集体审议会3次，对大要案件回访1次。开展行政指导43次，全市市场监管部门统一执行新版执法文书。通过“珠峰红盾法苑微信平台”定期更新市场监管法律法规和创新性法制工作信息，提供案件公示、执法实务等业务查询服务，加强执法队伍工作交流和案件研讨，通过“一月一法一考”定期评定执法人员学法用法情况。

（徐　静）

物价管理

【服务发展】 开展青稞、小麦、油菜籽等农产品成本调查，调整完善全市主要农产品成本数据调查点，强化农产品价格监测预警分析，为政府决策提供依据，为促进农业生产稳定发展和农民增收提供依据。

为推进全市重点项目建设，做好重点项目水泥供应实行政府指导价工作，主动对接项目法人单位宣传全市重点项目水泥享受政府指导价相关政策，2019 年，全市 43 个重点项目享受政府指导价优惠政策水泥供应量 64.3 万吨。

为确保困难群众基本生活水平不因物价上涨而降低，根据统计部门居民消费价格指数波动情况，全区统一启动 2019 年 10 月、11 月、12 月三次社会救助和保障标准与物价上涨挂钩联动机制，对享受国家定期抚恤补助的优抚对象、城乡低保对象、农牧区五保供养对象、领取失业保险金人员和特困人员给予价格临时补贴。

【价格改革】 督促落实《自治区人民政府关于降低居民生活用电和工商业用电价格的通知》文件，开展清理转供电加价和规范趸售区域电价工作，实现全市 11 个电力趸售县全部执行同网同价。

为规范机动车停放服务收费行为，缓解主城区停车位供需矛盾，根据《自治区发展改革委 住房和城乡建设厅 交通运输厅关于进一步完善机动车停放服务收费政策的指导意见》要求，结合日喀则市实际，通过前期调研、召开价格听证、市政府专题研究，制定日喀则市主城区停车场收费标准，对停车区域划分、定价范围、收费标准、优惠政策、明码标价等均做出详细说明。

城区污水处理费征收工作作为价格改革重点工作，按照自治区及市委市政府有关要求，会同有关部门开展城市污水处理费收费标准制定前期工作，并召开征收城区污水处理费听证会，形成污水处理费征收方案及听证报告后上报市政府研究。

为全面深化“放管服”改革，根据自治区发展改革委《关于进一步清理规范政府定价经营服务型收费》通知精神，2019 年 8 月 1 日起放开全市机动车检测服务收费，机动车检测服务收费不再实行政府定价，由检测机构依据经营成本和市场供求状况，依法自主制定价格。

【价格调控】 调整和平机场停车场收费标准。根据日喀则航站有关请示，结合机场停车场实际运营情况，并依据《西藏自治区政府定价目录》权限要求，调整制定日喀则和评机场停车场收费标准。

调整日喀则市县际班线客运票价。严格按照国家及自治区公路客运服务价格相关政策，开展县际班线客运票价成本监审工作及价格听证工作，调整全市各县际班线客运票价，对儿童购票等优惠政策及明码标价等做说明。

推进旅游景区价格管理工作。根据《西藏自治区政府定价目录》《政府制定价格成本监审办法》的有关规定，认真审核珠峰景区环保观光运营各项成本费用，及时向自治区发展改革委上报价格审批材料，确保珠峰景区环保观光车在市委、市政府规定时限内运营。以推动旅游景区价格行为科学化、规范化为原则，通过成本审核、价格听证、同类景区价格比较等方式审慎制定定结县牧村土林景区门票价格及观光车服务价格。根据《自治区发展改革委关于开展全区景区门票等价格专项整治工作的通知》要求，及时督促全市各收费旅游景点景区整改收费减免政策落实不到位、明码标价不规范等实际问题。

【价格公共服务】 发挥价格跟踪监测作用，关注重要商品的价格走势，每周对全市八大类粮食、蔬菜、食用油、肉禽蛋鱼、副食品、奶制品、液化气等生活必需品及建材价格进行监测，及时了解市场价格变动趋势，全年共上报价格监测周、月报价格信息 69 份，为上级价格决策提供基础价格信息。加强业务培训。为适应价格认定工作新形势，提高全市价格认定业务工作效率，发改系统共 20 名干部参加西藏自治区 2019 年价格认定综合业务平台培训班，确保 2019 年 10 月起与全国同步在综合业务平台上办理“三涉案件”价格认定工作。加强价格认定。2019 年共受理涉案涉纪物品价格认定案件 179 起，涉案标的额达 2010.27 万元，复核裁定案件 3 起，案件办结率达 100%。

【价格监管】 加大对日用品市场价格的监管，严防哄抬物价扰乱市场秩序，责令整改 9 家，提醒告诫 96 次。开展转供电加价清理工作，共走访终端用户 800 余户，发放宣传材料 2000 余份，下发责令改正通知书 78 份，签订承诺书 121 份，开展政策宣讲 8 场次，参会群众 1600 余人次，制作宣传海报，扩大政府定价政策宣传覆盖面，通过清理工作已下调电价转供电主体 160 余个，执行政府定价转供电主体 96 个，惠及终端用户 6000 余户。做好猪肉、鸡蛋等人民群众生活用品密切相关商品的价格监管工作。通过实地调查、行政告诫等方式，集中调查民爆产品投用费用、铁路货物运输费用、燃气经营价格、医疗服务收费、行政涉企收费等整治工作。

（薛　冬　徐　静）

财　政

【财政收支】 全市一般公共预算收入 15.69 亿元，比上年略有下降。全市一般公共预算财政支出 323.26 亿元，比上年增加 35.86 亿元，增长 12.48%。在收入下降的情况下，全市各级财政部门牢固树立过紧日子的思想，努力盘活存量资金，加大结余结转资金清理力度，从严控制“三公”经费，优先保障“三保”“三大攻坚战”等重点支出需要。

【财政保障】 城市低保补助标准提高到 800 元／月／人。城乡居民养老保险基础养老金财政补贴标准提高到 180 元／月／人。城乡居民基本医疗保险财政补助标准提高到人均 555 元。机关、事业、企业退休干部职工享受住院护工补贴 1000 元／年／人。

2019 年，落实各类教育资金 40.25 亿元，其中：教职工工资及其相关支出和公用经费 28.61 亿元，“三包”、营改、免费教育、农村义务教育营养改善计划等民生资金 6.08 亿元，高海拔学校供暖、组团式援藏、现代职业教育质量提升计划等重点项目建设资金 4.43 亿元，教育系统住房公积金、临时工工资等市本级财政安排资金 1.11 亿元。

2019 年，落实各类文化资金 1.55 亿元，其中：综合文化事业经费1.01亿元，文物保护经费0.26亿元，庆祝中华人民共和国成立70周年、民族团结进步创建、第十七届珠峰文化节、“四讲四爱”主题教育等文化宣传经费0.28亿元。

2019年，落实各类卫生资金1.79亿元，其中：县、乡（镇）三级公立医院综合改革补助资金0.48亿元，县级以下医疗卫生机构实施国家基本药物制度补贴0.39亿元，藏医药事业传承与发展专项资金0.16亿元，基本公共卫生专项经费0.48亿元、重大公共卫生专项经费0.23亿元，万名医师支援农村卫生工程项目224.8万元，高海拔地区乡镇卫生院专业技术人员特殊岗位奖励补助656万元，公立医院药品零差价财政补助449.55万元。

2019年，落实各类科技资金0.29亿元，其中：科研创新经费660万元，科协事业经费80万元，科普专项经费及科技流动馆建设资金188万元，科技特派员生活补助资金0.19亿元，惠及全市1637个行政村3286名科技特派员。

2019年，落实各类城乡居民保障资金9.87亿元，其中城乡居民基本医疗保险财政配套资金3.6亿元，城乡医疗救助资金1.17亿元，城镇保障性安居工程、城镇低收入家庭租赁住房补贴资金0.7亿元，下达彩票公益金1.98亿元，城乡居民最低生活保障资金1.18万元，残疾人“两项”补贴资金0.21万元，疾病应急救助资金100万元。

2019年，落实各类“双创”资金1.6亿元，其中：就业补助专项资金0.91万元，区内就业各项补贴、高校毕业生创业补贴资金0.1亿元，公益性岗位人员岗位补贴及社会保险补贴资金1.18亿元。

【资金落实】 2019年，落实各类村级组织及边境地区小康村建设资金59.17亿元，其中村级组织活动场所标准化建设及11个示范村建设工作资金5.94亿元，村干部报酬待遇提标、村务监督人员提标、村党建经费1.47亿元，边境地区小康村建设资金51.76亿元。

2019年，落实各类国企发展资金28.08亿元，其中：通过现金形式为珠峰农牧产业投资集团公司、珠峰文旅创意公司、园林绿化公司等企业注资3.62亿元，通过划拨实物资产形式为珠峰农牧产业投资集团公司、城投集团等企业注资20.19亿元，调增注资给城投集团市直部门商品房价值4.27亿元。

2019年，落实各类灾害资金89.85亿元，其中：“4•25”灾后重建资金88.59亿元，桑珠孜区等六县区洪涝灾害应急抢险资金1.45亿元。

为推动和谐文明幸福美丽日喀则建设，大力保障市“六化”指挥部项目建设资金需求，落实资金5.33亿元。

【三大攻坚战】 防范化解重大风险攻坚战。根据审计部门锁定的日喀则市地方政府隐性债务数据，结合债务化解方案，全年已超额完成市政府确定的化解任务。按照自治区财政厅要求上报2020年新增债券需求112.84亿元以及“十四五”期间新增债券需求421.81万元。

精准脱贫攻坚战。实施扶贫项目资金绩效管理，推动扶贫资金动态监控系统建设及运行管理，提升扶贫领域财政资金使用效益。聚焦“两不愁三保障”，着力优化财政政策资金供给。2019年中央、区、市、县四级财政部门共统筹整合脱贫攻坚资金45.01亿元，保障6个贫困县摘帽、32201人顺利完成脱贫任务。

污染防治攻坚战。保障生态工程建设，支持重点区域生态公益林、防沙治沙、造林绿化等工程持续推进。推进环境治理，开展农村人居环境整治，支持重点区域水土保持，加大污水垃圾处理设施投入力度。坚持生态利民，推动建立流域上下游横向生态保护补偿机制，落实各项环境保护资金 14.62 亿元。

【财政改革】 定期清理结余结转资金，收回 2017 年度前存量资金 5.91 亿元，统筹安排使用。建立财政收支进度定期考核通报制度，督促后进县（区）加快收支进度。推进预决算信息公开，全市各县（区）全部公开政府预算和“三公”经费预算。规范政府债务管理，及时摸清全市存量债务底数基数，制定债务化解方案。

2019 年，完成 127 家市直单位财政票据电子化改革工作，降低或取消行政事业性收费标准 16 项，减免各类税款 2.09 亿元，通过公务卡消费、结算金额 59.6 万元，通过惠民“一卡通”落实资金 10.77 亿元。

组成一体化专班，赴海南开展数据库建设完善工作，完成系统设置及预算编制、预算执行、会计核算等各环节系统测试工作，并完成 2020 年预算编制工作。

年内，针对政府采购规模大、数量多、来源广泛等特点，利用市公共资源交易中心平台和网上商城，提高政府采购工作规范化、科学化水平，采购规模达 9.87 亿元。

【监督检查】 2019 年，财政投资评审共完成评审项目 456 个，审减资金 3.55 亿元，“三公”经费支出 2.03 亿元，同比减少 3662.25 万元，下降 15.24%。

对市本级预算单位预决算公开中存在的公开内容不完整、细化程度不够的问题，督导相关单位进行补充公开，完善预决算公开监督工作，完成市直单位、各县（区）内部控制报告填报数据收集汇总工作，完成市直单位及县（区）财政部门银行账户信息及存款余额的汇总统计工作，清理历年欠缴补交土地出让金 1.10 亿元。

2019 年，市财政局先后五次协调市直单位、县（区）财政部门组织 290 名财会人员参加自治区举办的财务培训。

（王梦娇）

国家税务

【概况】 截至年底，全市税务系统在职干部职工 272 人，其中市（区）两级干部 147 人，

3 月 4 日，日喀则市召开税务工作会议

各县局干部128人，藏族159人，汉族及其他少数民族113人。中共党员164人，占60.29%，在职干部平均年龄34岁。全市税务系统符合条件的11个基层县（区）局党委已全部批准成立。

【组织收入】 2019年，日喀则市税务局面对宏观经济下行、减税降费面广量大等巨大挑战，按照稳中求进的工作总基调，实施收入目标动态管理，开展税源监控，加强对区域经济发展、重点税源等情况的分析，把握经济发展新特征，分析找准增收点、风险点和着力点。全年全市税务部门组织收入46.64亿元，其中税收收入及非税收入共计27.71亿元，同比增长4.02%，增收0.96亿元，完成区局下达的全年目标任务。

【税收法治】 2019年共查办案件31起，其中立案检查17户，已查结12户，组织企业自查14户，移交重大税务案件审理委员会审结1户。全年稽查查补组织收入总计1036.76万元，其中税款713.42万元，加收滞纳金175.66万元，罚款147.68万元，共向主管税务机关送达稽查建议书12份。同时，开展双随机一公开选案、查处举报、扫黑除恶案件黑名单及联合惩戒等工作，通过政府有关部门对47户纳税人实施税收黑名单联合惩戒。

【纳税服务】 完成2018年度纳税信用等级评价工作，完善信用体系建设，开展“便民春风行动”，多渠道大力宣传减税降费普惠性政策，纳税人培训和系统内部学习同推进，全年，内部培训总计67场，共计人次264人，纳税人培训总计44场，人次达3524人。鼓励符合条件的纳税人自开增值税专用发票，加强优化企业税务注销程序改革，实时跟进优化企业税务注销程序落实情况。加大简政放权力度，减少涉税资料报送，拓宽办税渠道，设置自助办税终端，办税效率显著提高。

【税制改革】 2019年，日喀则市税务局按照社保划转总体工作部署，落实好全市社保费征收各项工作，持续拓宽缴费渠道，推广单位社保费管理客户端，为缴费人提供“实体、网上、掌上、自助”等多元化缴费渠道，创新缴费方式。对社保基金收入预算进行全面摸底，认真落实减税降费政策，先后对17个县局的降低社保费率、教育费附加和地方教育费附加优惠政策落实情况及社保费征收入库工作进行实地深入督导检查。各级税务机关持续与人社部门联合开展数据补充完善修正工作，全年全市申报入库率达100%，入库社保费和职业年金21.93亿元。

【减税降费】 2019年，成立减税降费工作领导小组，下设14个专项工作小组，建立相应的工作机制，加强与自治区税务局及地方党委政府的汇报沟通，开展“唱响春天的税歌”快闪活动，青年税务干部走上街头，唱响减税降费好声音。开展“徒步税宣”活动及减税降费进校园、进单位、进企业、进商户活动。利用门户网站和微信公众号推出“减税降费”专栏。联系媒体全面报道减税降费工作。全年，门户网站推送专栏文章150余篇、微信公众号推送20余篇，西藏日报等各类媒体报道80余次，21个征收单位累计发放税宣资料1万余册、张贴海报100余份，24小时滚动播放减税降费宣传标语。同时召开税企座谈会，举办纳税人培训，在办税大厅设立“减税减费咨询岗”，开通“小微企业绿色通道”，多方位为减税降费政策落地保驾护航。全市共培训税务干部 320 人次。培训纳税人 2023 户次。

4 月 2 日，日喀则青年税务干部在日喀则火车站进行快闪演出

制订《减税降费督察督办计划》，采取“现场督查+走访督察+信息化督察”的方式，健全考核机制，设立问题台账，做好问题跟踪检查及效应分析。全市各级税务机关领导班子深入 42 家企业问计问需，通过走访、座谈等方式向各县（区）人大代表和政协委员征求意见建议。全年，落实各项减税降费达 2.09 亿元，其中：落实 2019 年新出台的减税政策达 1.64 亿元（其中小微企业普惠性减税达 0.96 亿元）；落实 2018 年减税政策在 2019 年的翘尾达 0.45 亿元。

【队伍建设】 2019 年组织开展两期科级领导干部选拔任用工作，共选拔正科级领导干部 7 人，副科级领导干部 26 人，领导干部交流 31 人，干部调动 38 人。2019 年，组织税收业务骨干培训、稽查业务骨干培训等高端培训，共培训锻炼 119 人。6 月起开展职务与职级并行工作，应套转 157 人，已套转 157 人。

利用“日喀则税务文化展厅”和“日喀则税务党建阵地”开展红色革命教育。结合庆祝中华人民共和国成立 70 周年，开办主题展览。开展“情满珠峰、爱洒后藏”“忆初心、话使命”主题教育专题访谈会，用真实故事讲述日喀则税务 25 年风雨历程。开展“日喀则税务干部为祖国送祝福”视频拍摄活动。

为推进“人才强税”战略，鼓励全市税务干部参与“三师”资格考试，组织开展“岗位大练兵、业务大比武”活动，截至年底，全市税务系统通过“三师”考试的共 10 人（其中，税务师 2 人、律师 8 人）。

（吴　鹏）

日喀则经济开发区

【概况】 日喀则经济开发区为省（自治区）经济开发区，位于日喀则市城区南部，规划控制面积 34.08 平方公里，建设用地 22.32 平方公里，规划可居住人口 12 万人。规划布局两大发展片区、三条发展轴线、四条生态走廊和五大城市中心，确立了中国“一带一路”和面向南亚开放合作的重要平台，西藏自治区改革创新的重要载体，日喀则市高质量发展重要引擎的发展定位，明确了打造中国（西藏）自由贸易试验区、中国（西藏）军民融合发展示范区、中国面向南亚生产加工区，中国“一带一路”南亚综合物流园区的发展任务，着力构建珠峰南亚物流业、珠峰有机种养加工业、珠峰科技制造业、珠峰特色手工业、金融服务业、商贸会展业和其他专业服务业等“4+3+X”产业布局和产业体系。

2019年，日喀则经济开发区管理委员会围绕3个“亿元级”（固定资产投资达到10亿元级，企业投资达到10亿元级，工业产值达到亿元级）工作目标，强化作风，攻坚克难，狠抓落实，扎实推进各项工作。

【项目建设】 制订2019年度重点项目实施计划、建设资金保障计划和重点项目用地指标保障计划，计划实施项目33个，总投资91.78亿元。组织召开36次项目推进会，协调推进重点项目建设。推进开放大道、教育城（市曲布幼儿园、桑珠孜区第四中学、第四小学）、教育城市政基础设施一期、仓储物流园物流大道、实训基地项目建设。推进主干路网一期、经开区基础设施、污水处理厂、供水厂等市政基础设施项目和2019年市直（含经济开发区）公租房、出口货物查验场、珠峰大厦、标准厂房等配套项目前期工作。全年实现开复工项目23个，完成投资20.05亿元，其中市政基础设施项目和公共服务设施项目10亿元、产业项目10.05亿元。将经开区急需实施的28个重点项目归口上报行业主管部门，拟争取纳入“十四五”规划，规划总投资258亿元。经开区铁路口岸开放项目、经开区铁路专用线等19个项目列入《日喀则（吉隆）陆上边境口岸型国家物流枢纽布局和建设规划》。

【规范管理】 完成2018—2020年园区控规调整，对土地使用规划进行优化，明确土地利用指标和开发建设时序，确定重点项目建设用地总需求，保障招商项目用地需求，分两期出让土地27宗158.724公顷。按照《中华人民共和国土地管理法》等法律法规，履行用地审批手续，推进2019年度城市建设用地勘测定界、报件工作，为经开区开发建设提供用地保障。协同市自然资源局实施园区国有农用土地临时使用权招租，以集中经营的方式遏制违法违规用地行为。推进拆迁安置工作，配合桑珠孜区做好拆迁群众思想动员工作，征询群众对拆迁安置工作的意见建议，划定拆迁安置点范围，康萨村、坚孜村、顶村、上海南路沿线等6个民俗体验村（集中搬迁安置区）规划设计工作全部完成，启动搬迁安置费用评估试点工作，搬迁安置样板房开工建设并完成主体结构施工。协同相关市直单位，对经开区范围内的8处违法建筑进行整治。

【招商引资】 利用藏博会、哈洽会、珠峰文化旅游节等平台，宣传推介经开区的投资优势和投资方向，落实“全程代办、专班服务”工作要求，实行招商项目自签约引进至投产运行期间全程跟踪服务。截至年底，对接企业46家、注册企业29家、落实产业项目28个，一期落地的13个产业项目中，8个工业项目和1个物流项目已开工建设，完成投资10.05亿元，其中，神猴藏药、天牧源乳业项目主体结构基本完工，航龙物流铁轨铺设基本完成。二期落地的15个产业项目已完成土地招拍挂程序。围绕全市优势资源、优势产业和经开区产业体系，精心策划包装珠峰电商（电商物流）产业、珠峰农产（农畜产品深加工）产业、珠峰织造（纺织工艺）产业、珠峰净水（天然饮用水）开发等19个发展前景良好、综合效益突出的招商项目。

【自身建设】 成立机关党支部，充分发挥党支部的战斗堡垒作用。深化“管委会+公司”融合创新体制机制，在实现合署办公的基础上，进一步理顺双方职责范围、工作关系，工作效率大幅推升。扎实开展“不忘初心、牢记使命”主题教育，紧密结合经开区开发建设实际，形成调研报告12篇，深入推进问题查摆整改工作，扎实抓好党风廉政建设，制定了年度党风廉政建设工作实施方案，明确了具体措施和要求，推动全面从严治党落地生根。加快内控机制建设严格落实“三重一大”制度，自主开展内部财务审计，确保风清气正。加强作风建设，坚决纠正各种不正之风，干部队伍彰显出新风貌。

应急管理

珠峰精神

坚韧不拔　巍峨不屈　感恩向上　敢为人先

综　述

【概况】根据国家机构改革，原市安全生产监督管理局转隶为现日喀则市应急管理局，市应急管理局于2019年3月22日正式挂牌成立，新成立的市应急管理局以原市安全生产监管局为基础，承接市政府应急管理办公室、民政局、自然资源局、水利局、农业农村局、林业草原局、消防救援支队等部门的相关职能。

全年全市共发生事故44起，死亡16人，受伤76人，直接经济损失25.975万元，与去年同期相比（共发生事故27起，死亡1人，受伤6人，直接经济损失87.109万元）事故起数、死亡人数、受伤人数均上升100%，直接经济损失下降70.18%。全市未发生重大及以上安全生产事故，全市安全生产形势总体平稳。

【事故统计】*道路交通方面*　全市共发生事故43起，死亡15人，受伤75人，直接经济损失25.975万元，与2018年同期相比（共发生事故5起，死亡1人，受伤6人，直接经济损失0.75万元）事故起数、死亡人数、受伤人数经济损失上升100%。

建筑施工方面　全市共发生事故1起，死亡1人，受伤1人，无直接经济损失，与去年同期相比（未发生事故，无伤亡及经济损失）事故起数、死亡人数、受伤人数均上升100%，直接经济损失与2018年持平。

工矿商贸方面　全市未发生事故，与去年同期相比（未发生事故）事故起数、死亡人数、受伤人数、经济损失均与2018年持平。生产经营性生产安全事故方面：全市发生生产经营性生产安全事故14起，（13起已包含在道路交通事故内，1起触电事故包含在建筑施工领域内）死亡8人，受伤28人，直接经济损失6.12万元。与2018年同期相比（未发生事故）事故起数、死亡人数、受伤人数、经济损失均上升100%。较大及重大、特大安全事故方面：全市共发生较大交通事故1起，死亡3人，受伤1人，直接经济损失0.8万元，与2018年同期相比（未发生较大及以上安全事故）事故起数、死亡人数、受伤人数、直接经济损失均上升100%，未发生重特大及以上事故。

【隐患排查】年内，组织市应急、公安、交运、商务、住建、工信、旅游、质监、城管、消防等部门，通过暗访、专项检查、督导检查等方式，对道路交通、建筑施工、非煤矿山、烟花爆竹、城镇燃气、旅游景区、危险化学品、宾馆酒店、林卡游乐场所、人员密集场所等重点行业（领域）开展联合执法检查。共排查安全隐患26854处，已整改隐患24301处，整改率约为91%，下达执法文书10247份，行政处罚243.5225万元，责令停产停业121家次。其中：消防火灾领域排查隐患18922处，已完成整改17486处，整改率约为92%，下发执法文书8976份，行政处罚81.97万元，责令停产停业73家次。道路交通领域排查隐患1856处，已整改1426处，整改率约为77%，下达执法文书127份，行政处罚0.3万元。矿产资源领域排查隐患182处，已完成整改152处，整改率约为84%，下达执法文书51份，行政处罚53万元，责令停产停业20家次。宗教领域排查隐患1797处，已整改1383处，整改率约为77%，下达执法文书86份。建筑施工领域排查隐患

652处，已完成整改652处，整改率100%，下发执法文书55份，行政处罚74.2万元，责令停产停业18家次。生态环境领域排查隐患37处，完成整改37处，整改率100%，行政处罚17.1万元，下发执法文书4份。市场监管领域排查隐患63处，已整改54处，下发执法文书9份，整改率约为86%，行政处罚1.4625万元，责令停产停业1家次。成品油领域排查隐患739处，已整改710处，整改率约为96%，下发执法文书63份，责令停产停业2家次。危险化学品领域63份，责令停产停业2家次。危险化学品领域排查隐患858处，已整改831处，整改率约为97%，下发执法文书407份，行政处罚12.89万元，责令停产停业5家次。非煤矿山领域排查隐患358处，已整改294处，整改率约为82%，下发执法文书112份，责令停产停业2家次，行政处罚1万元；商贸领域排查隐患692处，已整改隐患654处，整改率约为95%，下发执法文书246份。烟花爆竹领域排查隐患127处，已完成整改127处，整改率100%，下发执法文书41份；教育领域排查隐患125处，完成整改125处，整改率100%。农业农村、旅游、水利、经信、文化、寄递物流、自然灾害等领域排查隐患446处，已整改370处，整改率约为83%，下发执法文书70份。全年地质灾害领域排查、巡查点数5112处，排查隐患2313处，发生灾情51起，转移人口922人，避免损失5010万元，培训演练419场次，培训演练人数10212人。

（黄　东）

防灾减灾

【农牧灾害防御】 2018年冬季到2019年春季，全市出现三次大范围的降雪天气过程，迫使南部边境沿线牧区和北部高海拔牧业乡镇牲畜提前转移到春季据点草场并进行长达4个月的舍饲圈养，对高寒牧业乡镇的接羔育幼工作和市县乡村四级防抗灾饲草料储备调运工作带来很大的压力，同时陆续出现因灾牲畜死亡情况。据统计，2018年冬季到2019年春季，全市累计因灾死亡牲畜达19982头、只、匹，其中大畜635头，小畜17699只，仔畜1648头、只。

进入5月后全市降水稀少，而且时空分布不均匀，持续出现的晴热少雨天气，致使全市主要农区和部分山沟耕地出现轻度旱情，桑珠孜区等12个县区的局部区域发生不同程度虫灾，截至7月9日，全市农田旱情发生面积为6624.59公顷，其中轻度5202.47公顷、中度1420.116公顷、绝收2公顷。虫灾发生面积为2670.61公顷，其中蝗虫发生面积为955公顷，蚜虫发生面积为1714.28公顷。同时旱情对全市人工种草、秸秆草及天然草场的草产量带来一定影响，天然草场牧草返青较往年推迟15～20天。

进入7月后，全市陆续出现降雨天气过程，有效缓解了前期持续旱情，对苗情生长、牧草返青以及抑制病虫害发生等创造了适宜条件，但同时在局部区域农田遭受洪涝冰雹等自然灾害。根据核实情况统计，截至9月30日，全市桑珠孜、江孜、昂仁、拉孜、仁布、萨迦、康马、南木林等县农田受灾面积3493.73公顷。其中，冰雹灾害面积3279.67

公顷。洪涝灾害面积 213.47 公顷。泥石流灾害 0.33 公顷。灾情造成农作物绝收面积 1223 公顷，重灾面积 489.4 公顷，轻灾 1781.33 公顷。草场受灾面积 11.87 公顷。因灾死亡牲畜 474 头、只，其中大畜 7 头，小畜 467 只。

2018 年冬季到 2019 年春季，按照正常年份饲草料需求储备基础上，根据天气变化情况和防抗灾工作实际需要多次与市财政局沟通衔接，先后两次实行政府采购，共购买 4000 吨饲料，解决萨嘎县昌果人工饲草基地饲草购买款 300 万元。2019 年 3 月 1 日，根据上级业务部门要求及工作需要，按照一个绵羊单位补助 1.5 元的标准，结合 2018 年冬季以来的降雪频率及其对牧业生产影响，给仲巴等 12 个易灾县共分配 895 万元的购置饲草料补助资金。易灾 12 县本级财政对购置防抗灾饲草料的资金共投入 1036.83 万元。

5 月至 6 月底，在全市部分县区发生蝗虫，为应对干旱天气影响、防止扩大虫害发生面积，整合市、县、乡、村四级技术力量，奔赴受灾一线，排查受灾情况。给桑珠孜、白朗、江孜、南木林、康马、仁布、昂仁、拉孜等县发放抗旱物资爱秀 8.5 吨、千里寻 8.5 吨、抗旱剂 20.3 吨、杀虫剂 7.6 吨。

为做好 2019 年冬季到 2020 年春季，防抗灾物资储备工作，加强抗灾物资储备力度。已购置 2057 吨饲草及应急 2000 吨颗粒饲料购置资金 580 万元直接分配给仲巴等 16 个易灾县，并发通知要求各县整合县本级财政配套安排的专项资金自行采购，以便各县统一采购统一调运统一保管。同时按照市县 3∶7 比例，各县从本级财政安排购置饲料专项资金，确保 2019 年冬季到 2020 年春季防抗灾物资的储备量。

【水旱灾害防御】 处置白朗县嘎东镇吉雄村年楚河右岸堤防决口险情，落实水旱灾害防御补助经费 1172.96 万元。实施拉孜县萨迦冲曲、谢通门县荣河通门乡仲村普曲治理工程以及南木林县芒热乡山洪沟、萨嘎县加加镇山洪沟治理项目，总投资 6523.96 万元。新建边境小康村防洪堤工程 12 个，总投资 4870 万元。全市 2019 年山洪灾害防治非工程措施资金 1159.3 万元。调整充实县、乡、村应急防汛抗旱突击抢险队员 3000 余名，公布全市 30 座大中小型水库防汛抗旱责任人名单，全面落实水库安全度汛“三个责任人”，编制《水库运行调度方案》《防洪抢险应急预案》。

（徐国华）

消防救援

【机构概况】 至年底，西藏自治区日喀则市消防救援支队下辖 21 个县（区、口岸、寺庙）大队，12 个执勤中队。

【灭火救援】 2019 年，全市消防救援队伍共接警出动 733 起，抢救被困人员 30 人，疏散人员 98 人，抢救财产价值 1796.7 万元。完成“6·28”白朗县中农产业园大棚火灾、“7·12”油罐车相撞侧翻灾害事故、“8·5”白朗县年楚河决堤抢险救援等任务。

截至 2019 年年底，全市共发生火灾 40 起，无人员伤亡，直接经济损失 133.47 万元。

【执勤备战】 完成全国两会、扎什伦布寺“三大”佛事活动、第十七届珠峰旅游文化节和国庆 70 周年安保等 60 余项重大活动消防任务。

9月，日喀则支队扎什伦布寺消防大队获评西藏自治区民族团结进步模范集体

贴近实战开展寺庙文物建筑演练，编制各类灾害事故应急处置预案，健全应急响应、决策指挥、值班备勤等机制，进行卫星便携站、无人机、4G单兵图传等装备操作实战化训练，规范处置各类重大灾害事故应急通信保障程序。开展9次支队级实战拉动演练。

研究日喀则恶劣条件下的应急救援任务需要，邀请8名上海厚天救援队、红十字救援队、国际援救教练联盟专业教员进藏，开展山岳、水域、地震等专业救援技术培训，30名参训人员全部通过救援资质考试并取得证书。

【消防宣传】 在综治宣传月、“5·12”防灾减灾日、全国“安全生产月”“1·19消防宣传日”“12·4”国家宪法日等时间节点开展消防宣传“九进”活动，利用全市各商场、广场、电子显示屏、官方微博、微信等平台高频次开展消防安全提示和警示教育，全面普及灭火逃生技能等知识。

为吸取国内外文物建筑领域火灾事故教训，提升全市文物保护单位消防安全管理水平，拍摄《寺庙文物建筑消防安全警示教育片》，在全市405座寺庙文物单位内进行集中播放教学，引发热烈反响，取得良好的宣传效果。

在报纸杂志、电视新闻、会议宣讲、广播发布、标语资料等传统宣传形式基础上，联合移动运营商，为手机用户发送消防常识及消防安全温馨提示，加强“三微宣传”，利用抖音、微信，每天推送集知识、趣味于一体的消防常识，全方位、多领域推进消防宣传工作。年内，全市各级消防机构共开展各类消防安全宣传教育培训123次，悬挂消防宣传横幅标语321条，发放消防宣传资料3万余份，利用媒体平台发送手机短信30万余条，发布官方微博、微信300余条，拍摄转发抖音视频74条，电视台专题报道21次，举办派出所民警消防培训班，培训消防民警600余名。

【消防投入】 2019年，全市消防救援队伍共争取正常业务经费2905.72万元，同比增长6.47%。累计投入2992万余元，新购动中通通信指挥车、寺庙高压细水雾消防车、远程供水系统等各类消防车24辆，新增灭火救援装备器材3000余件套。投入1000万余元，实施对6个基层单位变压器扩容、15个县新建队站露台阳光棚建设、5个单位取暖工程恢复、聂拉木口岸消防大队综合楼维修改造等工程。与总队对口业务处室沟通，将战勤保障基地建设项目纳入中央财政2020年建设计划，争取经费支持600万元。招收政府专职消防员30名，依据市公安局警务辅助人员工资待遇标准，率先提高政府专职消防队员工资待遇，工资增长幅度达80%。

【重点领域整治】 2019年，日喀则市消防救援支队主官就教武场重大火灾隐患先后向张延清副主席、刘虎山市长、尼玛次仁副市长专题汇报，并发正式公文推动教武场市场火灾隐患整治工作。

（催机林）

农牧业

珠峰精神

坚韧不拔　巍峨不屈　感恩向上　敢为人先

农牧业农村工作

【机构概况】 2019年，日喀则市农牧局更名为日喀则市农业农村局，市委农村工作领导小组办公室（以下简称市委农办）设在市农业农村局，接受市委农村工作领导小组的直接领导。截至年底，市农业农村局机关人员编制为24名。部门领导职数5名，科级领导职数18名。下设市农业技术推广服务中心，正科级，核定事业编制42名。市农业机械监理与技术推广服务站，核定事业编制9名。市动物疫病预防控制中心，核定事业编制40名。市畜牧技术推广服务中心，核定事业编制30名。市农产品安全质量安全检验测试中心，核定事业编制7人。市农业农村局机关后勤服务中心，核定事业编制4名。

【农业概况】 2019年粮食产量达44.65万吨（其中青稞40万吨，同比增长3.97%），蔬菜产量38.7万吨（同比增长8.56%）。牲畜出栏176万头（只、匹），商品率达70%，肉、奶产量分别达5.1万吨、12.9万吨，较去年分别同比增长3.45%、15.38%。全市农村居民人均可支配收入达11580元，增幅达13.4%，增速位列全区第一。

【乡村治理】 全市农村集体产权制度改革工作启动以来，召开动员及培训会42场次，受训1143人。已完成204个乡镇、1673个村居的清查核实工作，清查账面资产24.33亿元。清查集体土地总面积5.47万公顷。落实1.09亿元支持241个村级集体经济组织发展。开展土地确权登记颁证“回头看”，调查耕地面积12.93万公顷，其中确权到户面积12.18万公顷。发放承包经营权证10.6万本，颁证率达100%。

【特色农牧业品牌建设】 年内，围绕珠峰有机种养加产业发展，将市级区域公共品牌“如意庄园”打造成为全区乃至全国知名品牌。围绕白朗蔬菜、岗巴羊、霍尔巴羊、艾玛土豆、帕里牦牛、吉拉牦牛、亚东鲑鱼、拉孜西瓜等特色产业，以县（区）为单位打造一批县级区域公共品牌。围绕年河乳业、七彩庄园、中农圣域、谢雄藏鸡等，打造一批企业品牌。以农民合作社、家庭农场为载体，打造具有文化底蕴、具有地域特征的“小而美”的特色农产品品牌，初步形成“区域公共品牌+农业企业品牌+特色农产品品牌”的农牧业品牌体系。加大政府在品牌创建和市场方面的投入，落地落细品牌创建和市场拓展经费，支持生产经营主体积极参加区内外展示展销活动，提升品牌知名度。将已成立的农牧行业协会、岗巴羊合作总社从市农业农村局剥离，将以协会、总社名义注册的“如意庄园”等区域公共品牌、商标等，全部移交市珠峰农投公司统一管理使用。

【农牧业生产监督管理】 2019年市级农产品检测中心成功通过“双认证”。全市累计开展农药、化肥、农机、农膜、饲料、兽药专项检查整治行动7次，检查经营企业37家次、出动监管执法工作人员120人次、因台账不规范责令整改2起、媒体宣传报道4次。开展大型宣传活动6次、发放宣传资料11800余份、举办指导培训7场次、累计指导培训技术人员115人次，接受群众咨询1000余人次。动物检疫执法突破零办案，依法查处5

起违法案件，行政处罚金额 77508 元。推进农产品质量安全县创建工作，实施产地环境净化行动。

【强农惠农政策】 全市 2019 年下达草原生态保护补助奖励资金共计 33032 万元，2019 年全市实际兑现资金为 33927.25 万元，2019 年当年结转资金为 173.78 万元，截至 2019 年年底历年结转资金为 16773.66 万元。2019 年，全市共落实牲畜奶牛改良 3.56 万头，每头补贴 150 元，共计补贴 534 万元。绵羊种公羊 4450 只，每只补贴 800 元，共计补贴 356 万元。牦牛种公牛 300 头，每头补贴 2000 元，共计补贴 60 万元。2019 年全市处理病死生猪 422 头，按照 80 元 / 头标准，落实补贴资金 3.376 万元。2019 年全市农机购置补贴资金共安排 6308 万元，截至年底已使用 192.16 万元。2019 年全市农机深松整地项目涉及作业面积 13939.4 公顷，拟投入作业补助资金共 1150 万元，截至年底已完成深松整地作业任务 83.84%，共兑现补助资金 382.9 万元。2019 年全市共采购常规农药 225.872 吨，涉及资金 2846.9 万元，其中自治区承担 45%（1281 万元），市级承担 25%（711.72 万元），县级承担 20%（284.69 万元），到年底惠民补贴资金均已全部落实到位。2019 年全市采购计划内化肥 24700 吨，全部实行定额补贴即农牧民群众购买化肥价格为尿素 1130 元 / 吨，磷酸二铵 1500 元 / 吨，氯化钾、复混肥 1500 元 / 吨，其余差额由政府补贴。截至年底，全市计划内化肥已全部发放到农牧民群众手中，惠民政策落实到位。2019 年全市良种繁育基地建设项目补贴资金 737 万元，良种推广项目补贴资金 860.24 万元。2019 年全市财政整合 8000 万元资金购置发放 4.06 万吨商品有机肥，共涉及 5 万公顷青稞种植区域。

【农牧业产业化】 到年底，市级以上农牧业产业化经营龙头企业发展到 31 家，总资产达 24.12 亿元，产值为 6.5 亿元，实现利润超 1 亿元，带动就业 2300 余人。仁布达热瓦青稞酒业、白朗康桑农产品有限公司获评国家级农业产业化龙头企业，结束全市没有国家级龙头企业的历史。建立“公司 + 合作社 + 农户 + 基地”发展模式，全市农牧民专业合作社达 6577 个，基本实现村村全覆盖，建档立卡贫困户入股人数 13 万人，边缘户入股人数 4.8 万人，分别占全市建档立卡户和边缘户人数的 100%、85%，实现分红超 7400 万元。仁布县亚德细褐羊毛织品农民专业合作社在参加“长春国信杯”第三届全国农业创业创新大赛上，获得初创组一等奖的好成绩。推动以“如意庄园”命名的日喀则市区域公共品牌建设。推动“三品一标”认证，已认证无公害产品 32 个，有机产品认证 43 个，地理标志商标注册 26 个，获得农产品地理标志 4 个。以农业示范园区为突破口，以点带线、以线促面，促进蔬菜瓜果、珠峰牛羊、藏鸡等产业种养加循环发展，带动资金、技术、人才等不断向园区内集聚，形成“一核两翼多点”的农业园区经济发展圈。

【农牧业项目】 2019 年全市新续建农牧业基本建设项目共 167 个，总投资约 15.21 亿元。累计完成 8.34 亿元，完成率 54.86%。其中，2019 年高标准农田项目任务指标 1.41 万公顷，总投资 5.18 亿元。到年底，实施边境地区小康村产业项目 41 个，到位资金 6.75 亿元，完成投资 8.12 亿元。完成西藏拉洛灌区现代农牧业示范区总体规划编制。启动“十四五”农业农村发展规划编制工作。同时，做好防抗灾工作，累计为各县区解决抗灾饲料6000吨、饲草300吨和价值100万元的兽药以及44.9吨抗旱农药，投入资金3200多万元。

【农业机械化概况】 2019年全市农机总动力284.02万千瓦，同时增加15.61万千瓦，拥有动力机械173179台，耕地机械78394台，播种机械1417台，收割机械2269台，脱粒机械32258台，种子加工械191台。

2019年日喀则市农用机械情况表

表5

指标名称	代码	计量单位
甲	乙	丙
一、农业机械总动力	1	千瓦
（一）柴油发动机动力	2	千瓦
（二）汽油发动机动力	3	千瓦
（三）电动机动力	4	千瓦
（四）其他机械动力	5	千瓦
二、拖拉机及配套机械	6	台
（一）拖拉机	7	台
	8	千瓦
1. 小型（22.1千瓦及以下）	9	台
	10	千瓦
2. 中型（22.1～73.5千瓦）	11	台
	12	千瓦
其中58.8千瓦及以上	13	台
	14	千瓦
3. 大型及以上（73.5千瓦及以上）	15	台
	16	千瓦
（二）拖拉机配套农具	17	部
其中：与58.8千瓦及以上拖拉机配套	18	部
三、种植业机械	19	—
（一）耕整地机械	20	—
1. 耕整机	21	台（套）
	22	千瓦

续表 5

指标名称	代码	计量单位
2. 微耕机	23	台（套）
	24	千瓦
3. 机引犁	25	台
4. 旋耕机	26	台
5. 深松机	27	台
6. 机引耙	28	台
7. 铺膜机	29	台
8. 联合整地机	30	台
（二）种植施肥机械	31	—
1. 播种机械	32	—
（1）免耕播种机	33	台
（2）精量播种机	34	台
（3）整地施肥播种机	35	台
（4）水稻直播机	36	台
2. 栽植机械	37	—
（1）水稻插秧机	38	台
	39	千瓦
其中：乘坐式	40	台
	41	千瓦
（2）秧苗移栽机	42	台
（三）排灌机械	43	—
1. 水泵	44	台
2. 节水灌溉类机械	45	台（套）
（四）田间管理机械	46	—
1. 中耕机械	47	—
其中：田园管理机	48	台
	49	千瓦
2. 机动植保机械	50	台
	51	千瓦
其中：自走式	52	台
	53	千瓦

续表 5

指标名称	代码	计量单位
3. 修剪机械	54	—
（1）茶树修剪机	55	台
（2）果树修剪机	56	台
	57	千瓦
（五）收获机械	58	—
1. 谷物联合收割机	59	台
	60	千瓦
（1）稻麦联合收割机	61	台
	62	千瓦
（2）玉米联合收割机	63	台
	64	千瓦
其中：自走式	65	台
2. 大豆收获机	66	台
	67	千瓦
3. 油菜籽收获机	68	台
	69	千瓦
4. 马铃薯收获机	70	台
	71	千瓦
5. 花生收获机	72	台
	73	千瓦
6. 甜菜收获机	74	台
	75	千瓦
7. 甘蔗收获机	76	台
	77	千瓦
8. 棉花收获机	78	台
	79	千瓦
9. 蔬菜收获机械	80	台
	81	千瓦
10. 采茶机	82	台
	83	千瓦
11. 青饲料收获机	84	台

续表 5

指标名称	代码	计量单位
	85	千瓦
12. 牧草收获机	86	台
	87	千瓦
13. 秸秆粉碎还田机	88	台
14. 打（压）捆机	89	台
	90	千瓦
（六）收获后处理机械	91	—
1. 机动脱粒机	92	台
	93	千瓦
2. 干燥机械	94	台
	95	千瓦
（1）谷物烘干机	96	台
	97	千瓦
其中：30 吨以上	98	台
	99	千瓦
（2）果蔬烘干机	100	台
	101	千瓦
3. 种子加工机械	102	台
	103	千瓦
4. 保鲜储藏设备	104	台（套）
	105	千瓦
（七）设施农业设备	106	—
温室	107	平方米
其中：连栋温室	108	平方米
日光温室	109	平方米
塑料大棚	110	平方米
四、农产品初加工机械	111	—
（一）农产品初加工动力机械	112	台
	113	千瓦
其中：柴油机	114	台
	115	千瓦

续表 5

指标名称	代码	计量单位
电动机	116	台
	117	千瓦
（二）农产品初加工作业机械	118	台（套）
1. 粮食初加工机械	119	台（套）
2. 油料初加工机械	120	台（套）
3. 棉花初加工机械	121	台（套）
4. 果蔬初加工机械	122	台（套）
5. 茶叶加工机械	123	台（套）
五、畜牧机械	124	台（套）
	125	千瓦
（一）饲料（草）加工机械设备	126	台（套）
	127	千瓦
其中：1. 铡草机	128	台
2. 饲料（草）粉碎机	129	台
（二）饲养机械	130	台（套）
	131	千瓦
其中：畜禽粪污处理机械	132	台（套）
（三）畜产品采集加工机械设备	133	台（套）
	134	千瓦
其中：1. 挤奶机	135	台
	136	千瓦
2. 剪羊毛机	137	台
	138	千瓦
六、水产机械	139	台
	140	千瓦
（一）水产养殖机械	141	台
	142	千瓦
其中：1. 增氧机	143	台
	144	千瓦
2. 投饲机	145	台
	146	千瓦

续表 5

指标名称	代码	计量单位
（二）水产捕捞机械	147	台
	148	千瓦
七、农田基本建设机械	149	台
	150	千瓦
八、农用航空器	151	架
（一）有人驾驶农用飞机	152	架
（二）植保无人机	153	架
九、其他机械	154	—

【科技服务保障】 市委、市政府高位推进“养羊养牛”工作后，组织黄牛改良的置换、淘汰、补充、科学技术培训、入社发展等工作，年产生经济效益 590.12 万元，带贫减贫促增收方面成效明显。农作物新品种培育成果突出，农科所培育的春青稞“喜马拉 24 号”、甘蓝型油菜“年河 19 号”，春青稞“喜马拉 23 号”和马铃薯“艾马土豆 2 号”等通过自治区农作物品种审定会审定。畜牧中心成立“奶牛 24 小时出诊中心”，为群众开展奶牛诊疗。

【深化农牧区改革】 全市农村集体产权制度改革自 2018 年开始，计划至 2022 年结束，分清产核资、成员身份认定、股份量化三个阶段。全市共成立清产核资领导机构 19 个，召开动员及培训会 42 场次，受训 1143 人。已完成 204 个乡镇、1673 个村居的清查核实工作，清查账面资产 24.33 亿元，其中经营性资产 10.53 亿元、非经营性资产 13.8 亿元。清查集体土地总面积 5.47 万公顷，其中农用地 4.89 万公顷。同时，为提升村级集体经济实力，落实 1.09 亿元支持 241 个村级集体经济组织发展。完成农村承包地确权登记颁证工作。

【政策性农牧业保险】 2019 年，全市政策性涉农保险共处理案件 1235 笔，总共赔款支出 16205.67 万元（其中，已决赔款 7200.41 万元，未决赔款 9005.26 万元），较上年度增加 4220 万元，同比增加 33%，该年度政策性涉农保险费业务出现严重亏损。2019 年政策性涉农保险保费收入 12274.67 万元（其中中央财政补贴 4181.3 万元、自治区财政补贴 5634.79 万元、日喀则市财政补贴 980.88 万元、县级财政补贴 980.88 万元、农牧民自筹 496.82 万元），赔款支出 16205.68 万元，该笔赔款大部分已通过一卡通形式兑现给受灾群众，部分群众提供的银行信息不准确仍未支付成功，直接物化成本数据人工成本 2200 万元，其他成本费用 790 万元，共经营成本约 2990 万元。2019 年，野生动物肇事保险保费收入 1814.8 万元，赔款 1510.2 万元（其中已决 460.88 万元，未决 1049.32 万元）。

【畜种改良】 按照“调结构、转方式、成体系、提质量、增效能”的要求，推进“两羊两牛”工作，落实黄良专项资金6534万元，实施黄牛改良5.56万头，置换优质奶牛2522头。推进各县区与百亚成公司合作，重点把老弱畜、非生产畜作为收购标准，收购牛羊40.7万头（只），其中绵羊31.2万只，山羊6.8万只，牦牛2.7万头，兑现资金5.76亿元，带动群众11.18万人。

【动植物检疫】 全年对规模养殖场监督检查次数达4次以上，出动执法人员20人次，对不符合动物防疫条件要求的及时提出整改意见，下达执法文书。抓养殖环节生鲜乳抗菌药残留及“瘦肉精”等违禁药品残留抽样监测工作力度，加大监督抽检范围和面积，全年对桑珠孜区、白朗、江孜、康马、亚东、岗巴、萨迦6个县（区）9家奶牛规模养殖企业（合作社），随机抽样161头泌乳奶牛生鲜乳正、副样品322份，通过快速检测方法，对生鲜乳中三聚氰胺、黄曲霉毒素、氯霉素、链霉素、庆大霉素、磺胺类等7个项目抗菌药残留检测，共计检测项目1127份。开展以“瘦肉精”等养殖环节违禁药品残留抽样监测工作。6个县（区）9家牛、羊规模养殖场（合作社），随机抽样的方式，共采集352头（只）牛羊尿液，对克伦特罗、莱克多巴胺、沙丁胺醇、氯霉素等4个项目残留进行现场检测，共计监测项目2816份。经现场检测全部为阴性，未检出瘦肉精等违禁药品残留，保证初级农产品质量安全。

全年共开展动物产地检疫284464头（只、匹、羽），其中牛跨省调出检疫367批次，共检疫数量17272头，马属动物跨省调出检疫67批次，共检疫数量2177匹，犬猫动物跨省调出检疫52只，禽类跨省调出检疫16羽。全年牛调运检疫开展1306批次，共检疫数量15693头。羊区内调运检疫1238批次，共检疫数量225391只。禽类区内调运检疫60批次，共检疫数量17767羽。马属动物区内调运检疫439批次，共检疫数量3762匹。犬猫动物区内调运检疫4只，生猪检疫2330头。开展畜产品产地检疫共792879.6公斤，其中：跨省调出牛产品检疫33986.5公斤，跨省调出羊产品检疫360157.5公斤，区内调运牛产品检疫176667公斤，区内调运羊产品检疫22282.5公斤，区内调运猪产品检疫199786.1公斤（其中日喀则市屠宰猪肉产品10440公斤）。

为加快推进全市畜禽定点屠宰场资格清理和换证发证工作，执行畜禽定点屠宰企业准入条件和标准，提高肉品质量安全保障水平，2019年3月21日、4月11日联合市生态环境局按照屠宰资格联合审核表内容开展屠宰企业资格清理排查工作。按照该企业年生猪屠宰量和官方兽医派驻数量规定，圣福肉联有限责任公司作为全市定点生猪屠宰企业，已由日喀则市桑珠孜区动监所对该企业派驻3名官方兽医，履行屠宰场官方兽医驻场各项职责，把好入场查验关、检疫申报关、同步检疫关、检疫出证关、无害化处理监督关，同时全市圣福肉联有限责任公司生猪屠宰环节非洲猪瘟病毒检测工作已委托由市疫控中心开展，检测仪器为PCR检测仪。落实屠宰场官方兽医驻场检疫制度，规范屠宰检疫台账登记工作，严防屠宰环节加工病死畜禽或死因不明动物产品加工和流通，全年共检疫屠宰27162头（只），其中跨省调运落地牛1609头，省内牛685头，当地羊24380只，当地生猪488头，出场肉品检疫持证率达100%，屠宰检疫率达100%。

2019 年 6 月底，接到桑珠孜区岗苏家庭农场跨省调运萨福克种羊 20 只申报审批表，引种地点为宁夏银川中牧亿林畜产股份有限公司。为严防输入性重大疫情，组织市、区动检技术骨干赶赴引种地现场调查了解和查验相关资料，并按照自治区关于乳用种用动物跨省调运相关规定和反刍动物产地检疫规程规定，要求调运企业对调运种羊口蹄疫、布鲁氏菌病、小反刍、羊痘等规定疫病进行实验室抗体和病源检测，经检测规定疫病检测结果均符合相关要求，拟同意引进并逐级向自治区农业农村厅兽医局和区动物卫生监督所申报备案和审批，到年底，该批种羊已完成调运隔离。

市动物卫生及植物检疫监督所在南木林县芒热乡江欧村、仁布县公安检查站查获 5 起依法应当检疫而未经检疫调运活羊、活牛的案件，依据《中华人民共和国动物防疫法》进行立案查处。经调查取证，当事人范某某、马某某、刘某、孙某某、辛某某，承运人任某、钱某某、崔某某、汪某等行为违反《中华人民共和国动物防疫法》第二十五条第三款，依据《中华人民共和国动物防疫法》第七十八条第一款，在违法事实清楚、证据确凿的情况下，对其当事人和承运人作出 77508 元的行政处罚，并按照《农业部办公厅关于调整西藏活羊及其产品调运监管政策的通知》文件要求对羊群小反刍免疫抗体进行抽样检测。

林业和草原管理

【机构概况】 2019 年 3 月，原市林业绿化局更名为市林业和草原局，并正式挂牌成立。内设 6 个行政科室，分别为办公室、生态保护修复科、森林资源管理科、规划财务审计科、自然保护地管理科、森林公安局。内设 3 个事业科室，分别为后勤服务中心、雅江中游河谷黑颈鹤国家级自然保护区管理中心、湿地保护中心。下属单位 3 个，分别为珠穆朗玛峰国家级自然保护区管理局、林业技术服务中心、草原工作站（草原监理站）。

【林草资源概况】 根据森林资源二类调查数据显示，日喀则市林地总面积 182.87 万公顷，有林地面积 13.97 万公顷，森林面积 165.56 万公顷，灌木林面积 156.43 万公顷，已补偿公益林面积 119 万公顷，活力木蓄积量 3376.34 万立方米，森林覆盖率为 9.20%，林木绿化率 9.50%。珍稀树种主要有楠木、长叶云杉、长叶松、喜马拉雅红豆杉等。国家级和自治区级重点野生动物有黑颈鹤、长尾叶猴等 50 多种。全市现有护林员 21381 人、草原监督管理员 2228 人。有各类苗圃 70 家（其中有经营许可的 38 家），总面积 1353.4 公顷。

【林业执法】 累计受理审核并上报建设项目使用林地审查意见 104 宗，涉及林地面积 1126.67 公顷。因市局没有审批权限，所有涉林项目都由自治区林草局、国家林草局审批。截至年底，已经获批 38 宗。其余项目国家林草局还在审核或者因资料不齐被自治区局退回业主。打击违法占用林地行为，发现和查处盗伐林木、滥伐林木、毁坏森林、林木和违法使用林地行政案件 9 起，破坏林地 28.98 公顷，非法采伐幼树和苗木 220 株，没收木材 0.5 立方米，补植补种苗木 6055 株。

农牧学院老师带队测算贡觉林卡古树相关数据

回签植物检疫要求书2769份，办理植物检疫证书（出区）1份，植物检疫证书（区内）6份。复检城市绿化及苗圃调运苗木、花卉66批次138.5万株，未发现检疫性和危险性林业有害生物。年内，查处2起违规调运案件，涉及苗木5.22万株，罚款2.2万元。组织各县（区）监测林地4200公顷，合计发生217.13公顷，发生率5.2%。截至年底，防治林业有害生物面积92.01公顷。依法受理非法杀害国家珍贵濒危野生动物麝案，解决张某某非法经营大量疑似野生动物皮张案；依法查获1起破坏林地资源案件，移交管辖地检察院以破坏林地资源罪待捕起诉。年内，重点对5个有林县征用林地、乱砍滥伐、滥采乱挖等违法行为开展实地执法检查18次。实地对腹心县征占用林地、林地放牧等违法行为开展执法检查5次，期间共依法查处6起乱占林地、违规放牧行为。组织执法宣传6次，发放宣传单937份。开展非法征占用林地及野生动物违法犯罪专项行动。

【森林防火】 继续巩固全市连续10年不发生森林火灾的良好成绩。落实全国森林草原防灭火和防汛抗灾工作电视电话会议精神，下发《关于做好2019年春季草原防火宣传教育工作通知》，执行日报告制度。同时，组织召开全市2018年冬季到2019年春季间森林草原防灭火工作会议，实地对5个有林县开展森林防火工作大检查，持续保持全市平稳的森林防火态势。全市森林公安局获“2018—2019年度全国森林防火先进集体”称号，1人获“2018—2019年度全国森林防火先进个人”称号。

【公益林管护】 自中央森林生态效益补偿基金项目实施以来，全市18个县（区）共计119.07万公顷林地（国有林地116万公顷，集体和个人林地3.07万公顷）陆续被纳入生态效益补偿范围，其中重点公益林面积70.65万公顷（2004年第一批重点公益林面积26.09万公顷，2008年第二批重点公益林面积44.56万公顷），2009年新增地方公益林面积48.43公顷。2015年之前补偿标准为3元／亩，提标后现标准为国有林5元／亩，集体和个人林为10元／亩。2019年，到位生态效益补偿资金9706.57万元，到年底，各县（区）在开展资金兑现工作。全市林业系统生态岗位33149人、草原生态保护监督岗位21342人、防沙治沙岗位2891人。

【林地改革】 全市涉及集体林权制度改革共计16个县（区），到年底，仁布县、谢通门

消除无树单位和提质增绿行动卸载苗木现场

县、江孜县、昂仁县、萨嘎县、桑珠孜区等14个县（区）已经完成1838.8公顷林地的勘界测绘和内业数据处理等工作。年内，桑珠孜区已经完成开始进入颁证阶段，2018年桑珠孜区已颁证3件，其他县（区）正在与不动产登记中心协商颁证事宜，吉隆县和定结县由于涉及珠穆朗玛峰国家级自然保护区，到年底，还未明确自然保护区是否确权颁证，故还未开展此项工作。

【森林督查整改】 成立森林督查整改领导小组，市委、市政府先后召开5次专题会研究整改工作，局专门成立3个督办小组，先后10次现场督办森林督查整改工作，局主要领导先后5次与自治区林草局、成都专员办沟通对接，向自治区林草局出具上报整改问题林地使用审查意见请示57份。到年底，57项违法项目，已整改完成55项，整改完成率达96.49%。累计缴纳行政罚款1823.34万元，追责问责4人。启动2019年度森林督查。各县（区）根据自治区林草局下发2019年森林督查疑似图斑，已委托自治区林规院开展外业调查工作。实地核查西郊迎宾台乱搭乱建。联合桑珠孜区林草局实地调查西郊迎宾台西侧乱搭乱建问题，核实该区域14个斑块，其中4个斑块不涉及林地，正在办理1个斑块林地使用手续，剩余9个斑块均涉及二级林地和其他林地。

【林草科技创新】 已建成扶贫苗圃8个，总规模706.67公顷，完成育苗304万株，其中藏川杨100万株、醉鱼草204万株。栽植各类苗木2070.6万株。建设育苗温室15座。培育当地品种竹柳、藏川杨、当地垂柳、细叶红柳、银白杨、左旋柳和北京杨等。完成植物生理生化分析和植物组培实验室筹建，并完成申报自治区重点实验室前期工作。已成功申报“黑果腺肋花楸、沙棘和岩生银莲花组织培养快繁技术研究”列入自然科学基金项目。完成植物标本室（林木种质资源展览馆）改建工作，规范和提高林木鉴别。同西藏农牧学院、职业技术学院开展科研技术合作平台共建，促进政产学研融合。

通过组织项目地农牧民参与各类营造林建设，带动农牧民9万余人次，实现增收2474.4万元。投入机具1174台，实现收入1362.3万元。已组建运行农牧民造林合作社16家，已注册成立生态扶贫专业合作社1536家，组织参与造林绿化项目建设，安排合作社实施造林760公顷，带动群众2.96万人次，实现增收489.28万元，组织群众投入机械167台次，实现收入72.6万元。

推广南木林艾玛试验地和康马县涅汝堆

乡牧草品种的引种试验成功做法，实地指导岗巴、拉孜、昂仁等8个县开展科学种草示范和技术推广工作，种植牧草燕麦新品种6种、试验田1.07公顷，艾玛燕麦一号、艾玛绿麦一号示范田53.33公顷。与市农科所合作开展2个大棚内种植燕麦品种2个，黑麦品种1个复种技术研究工作。

通过每年秋季进行野外采集，以及从青海、四川、甘肃等地引进适宜高原种植的多年生牧草品种，到年底，资源圃共有牧草品种70份，试验小区210个。通过种植管理、田间观测掌握适宜日喀则市推广应用的部分品种和种植技术，2019年资源圃成功收获25份种植的牧草品种，干草产量超过150公斤/亩的共有19个，其中野生品种10个，引进品种9个。最高的野生品种产量每亩高达500公斤，引进的两个三得利（进口）和龙牧801（国内育成）紫花苜蓿品种采取条播加播后镇压种植模式，在未覆膜的情况下，两茬干草产量每亩分别达到1000公斤和750公斤。

引进和从地方收集燕麦、青饲玉米、箭筈豌豆、毛苕子、黑饲麦、黑麦等36多个品种，通过不同播量、不同施肥组合、不同行距等措施建立236个对比试验示范小区，不同燕麦品种的引种对比试验，中饲1048小黑麦、甘引1号黑麦混毛苕子、加燕2号燕麦混私用豌豆、青引1号、白燕7号、青海444、石大1号小黑麦、加燕2号、甜燕麦、黑饲麦1号、领袖燕麦、青引3号、单播毛苕子等品种在南木林艾玛实验基地每亩干草产量均能超过1吨。青燕1号、青引2号、青引3号和青海444、甜燕麦、加燕2号、白燕2号在水肥管理到位的情况下每亩干草产量可达600公斤以上。青引1号、青引2号、甜燕麦、甘引1号、中饲1048小黑麦和石大1号小黑麦在艾玛基地收获两茬饲草产量和品质较好。总结出不同区域适宜推广的牧草品种和种植管理方案，根据试验示范结果和草业生产情况调研结果已编写日喀则市牧草科学种植技术手册。

【“绿卫2019”专项检查】 成立“绿卫2019”专项检查组，制定工作实施方案，指定专人负责相关工作，专项检查期间上报工作简报10期、整改销号台账1个、工作总结2个，下派工作组6次。截至年底，市局草原站共受理草原征用使用审核同意书的有35起，征占用草原面积共32772.88公顷。自治区林草局下发征占同意书30起。

【虫草采集管理】 2018—2019年，全市6个冬虫夏草产区县共发放采集证10919本，累计采集人数最高为5585人，采集点17个，下派工作组45次，170余人次。冬虫夏草采集产量（干重）725.62公斤，经济总收入7575.54万元。

（史光丽）

水　利

【项目建设】 2019年全市计划完成水利投资20.18亿元，实际完成投资30.72亿元。湘河水利枢纽工程形象投资完成12.46亿元，占总投资46.1%。拉洛水利枢纽工程形象投资完成43.73亿元，占总投资97.2%，并下闸蓄水。岗巴县恰央水库工程建设并投入使用，完成自动化监测设备运行培训、环保专项验收。谢通门县强布水库及恩久塘灌区已基本建设完工并通过合同完工验收。

【民生水利建设】 落实饮水工程建设投资5.91亿元，实施项目点1116个，解决21.55万人的饮水安全问题，其中建档立卡6.11万人。全市自来水普及率达91.1%，集中供水率达91.3%，供水保证率达94.1%，水质达标率达100%，农村饮水安全项目基本实现全覆盖。

【水资源管理】 通过西藏自治区2018年度实行最严格水资源管理制度考核，考核等级为优秀。开展全市2019年实行最严格水资源管理制度考核自查工作，征收水资源费100余万元。编制完成《日喀则市“十三五”节水型社会建设规划》，落实建设资金300万元，实施谢通门和萨迦两县县域节水型社会达标建设试点工作，两县水利局节水型机关建设已通过市级验收。

【工程监督检查】 2019年开展2轮竣工验收工作，完成竣工验收83项。调解解决6起拖欠民工工资纠纷，兑现民工工资80.58万元。

【水土保持】 组织开展“未批先建、未验先投”专项执法行动，对生产类交通、房建项目等47个建设项目下达责令限期改正通知书，限期补办水土保持审批手续，对156个项目进行通报批评。全年审批各类生产建设项目水土保持方案287个。制订年度生产建设项目水土保持验收核查工作计划，共对12个生产建设项目进行水土保持自主验收报备工作。加大水土保持补偿费征收管理力度，全年征收水土保持补偿费24.55万元。落实水土保持生态建设项目投资4566.03万元，综合治理水土流失面积130.5平方公里。

【河长制工作】 全市共设立市级总河（湖）长2名、河（湖）长23名，市、县、乡、村四级河（湖）长巡河（湖）7.9万余次。编制完成19条市级主要河湖“一河（湖）一策”方案并组织实施。推进河湖管理范围划定工作，申请财政资金69.44万元，完成多庆措的水域岸线利用管理规划编制试点工作。指导各县（区）开展农牧区人居水环境村庄清洁行动3次、水环境专项整治活动4次、配合完成珠峰登山垃圾处理完善提升工作5次、采取“四不两直”暗访检查1次。开展河湖生态环境“清四乱”活动，共发现问题77个，完成整改77个。开展河（湖）长制“进机关、进企业、进校园、进乡村”系列活动，被“环球公益在线”“公益在线”“志愿者在线”三家网站报道，累计阅读量达1800多万次。制作完成时长约10分钟的河（湖）长制专题宣传片，经市广播电视台播放，并在市中心的6块LED显示屏中定期播放。

（徐国华）

日喀则国家农业科技园区

【珠峰现代农业科技创新博览园】 该项目规划用地87.33公顷，预计总投资6亿元，由核心展示区、创新农业区、高效示范区三大功能区域组成，是汇集技术创新研究、成果展示展销、综合服务管理、生态休闲旅游于一体的大型农业综合体。按照点、线、面整体运作模式进行集中开发，政府财政资金重点打造核心展示区及园区市政基础设施建设、土地流转费，其他区域导入民间资本建设。截至2019年年底，完成投资4.6亿元（含土地流转费），由日喀则国家农业科技园区投融资平台日喀则珠峰有机农业发展有限公司投入资金2.473亿元，建设完成核心展示区、市政基础设施建设以及15年的土地流转费。2018年，引进中农圣域农牧科技有限公司投资8262.13万元建设创新农业区，建设高标准大棚47座，已经全部投入生产，种植有西红柿、西瓜、香瓜、草莓、甜瓜等20余个有机瓜果蔬菜品种，已上市蔬菜1500吨，水果50吨，纯利润260万元，亩均利润达18000元。2019年继续鼓励中农圣域农牧科技有限公司投资1.5亿元建设高效示范区，建设主要内容为57座高标准大棚，已投入生产。申请注册五彩天域、雪域王、九净一品、雪域贡韭、有机白朗等农产品品牌，为加快推进博览园产业融合、产城融合、城乡融合工作，到年底正在申报国家AAAA级旅游景区。

日喀则珠峰农业科技创新博览园已成为青藏高原最大规模的有机农业示范基地、生态休闲农业示范基地和高效智慧农业创新基地，可长期提供400个就业岗位，培养当地贫困群众成为产业工人或从事第三产业工作，人均年收入4万元。同时，通过发挥园区科技、产业、品牌、市场等因素的聚集效应，预计5年内将带动白朗县及周边县区珠峰种养加业、文化旅游业等投资50亿元，实现经济收益8亿元，直接或间接带动贫困农牧民群众就业1万人。

【白朗县核心区设施蔬菜产业发展】 1. 白朗有机农业产业园项目暨山东寿光蔬菜产业集团白朗生产基地项目　该项目是招商引资项目，由山东寿光蔬菜产业集团有限公司投资建设。项目建设地位于白朗县曲奴乡，总规划面积333.33公顷，总投资约6亿元，计划三年内建设完成，该项目是树立“全国蔬菜看寿光、西藏蔬菜看白朗”地域品牌的一项重大举措。项目建成后可带动劳务就业人员1000多人，每个就业岗位每人每年增加收入30000～50000元，可解决500户以上贫困人口就业，辐射带动3000户农民发展蔬菜产业，增加收入2万元左右。第一期86.67公顷，投资金额1.5亿元。包括10.5米宽不下挖日光温室106座，19米宽不下挖日光温室8座，18米宽保温大拱棚24座，高科技示范展示6800平方米，工厂化育苗6800平方米，道路加排水系统4.5万平方米，供水供电86.67公顷，配送区、办公区4.2公顷，大门4套，物联网、水肥一体化系统各2套，为将来发展品牌订单农业奠定基础。第二期133.33公顷，投资金额2.5亿元。包括10.5米宽日光温室280座，物联网、水肥一体化系统各2套，道路加排水5万平方米，供水供电133.33公顷。第三期1700亩，投资金额2亿元，包括10.5米宽日光温室190座，物联网、水肥一体化系统各2套，道路加排水4.8万平方米，供水供电113.33公顷，提升和助推西藏白朗高原特色有机蔬菜产业发展。截至2019年年底，完成投资9730.4万元，建设完成10.5米宽大棚20座，18米宽拱棚24座，19米宽大棚6座，其中32座大棚已种植蔬菜上市销售。截至年底，总产量100.5万公斤，实现销售收入585万元。

2. 万亩珠峰有机蔬菜生产基地暨日喀则市“菜篮子”基地工程巴扎核心生产区建设项目　该项目建设地点位于白朗县巴扎乡那嘎村及查吾冲村，总建设面积约72.47公顷，总投资 3.36 亿元。该项目以打造“国家有机认证示范县创建基地平台”“西藏自治区蔬菜行业示范引领基地”和“大学生返乡创业示范基地”为目标。项目建成后，可实现年产值 5576 万元，预计可带动就业 2100 人，其中涵盖 1200 户建档立卡贫困户。项目建设主要内容为新建不同规格温室大棚 218 栋、仓库 2 座、宿舍楼 4 栋、门卫房 4 间、公厕 4 间、办公楼 1 座、食堂 1 所；设置交配电房 5 个、机井房 9 个、发电机房 1 个。该由西藏喜孜建设工程有限公司承建，已完成投资 19701.8 万元，企业按照边建设边生产的模式，已对核心区道路两侧 100 余栋温室进行全部种植。

【江孜县核心区打造“现代农业一盘棋”】 红河谷现代农业科技示范区是日喀则国家农业科技园区第二核心区，是江孜县“十三五”规划提出的“1136”产业发展思路的重要一环，即壮大一个园区，打造一个品牌，发展三大产业，建好六个基地，其中一个园区为红河谷现代农业科技示范区，三大产业包括示范区的藏红花产业，六大基地包括示范区的藏药材种植基地。示范区分二期建设，项目总投资 7400 万元，其中一期投资 3400 万元，二期投资 4000 万元。项目已经竣工投入使用。

【发挥珠峰有机农业发展有限公司平台作用】 日喀则珠峰有机农业发展有限责任公司于 2017 年 3 月注册成立，已融资 2.393 亿元资金用于日喀则珠峰现代农业科技创新博览园项目建设。同时，公司积极参与青稞“一百万”工程良种统繁统供工作，采取“公司 + 合作社 + 农户”的经营模式，向全区销售青稞良种共计达 373.82 万公斤，实现销售收入 2447.84 万元。

【加大科技支撑项目投入】 2019 年，园区申报 2020 年科技支撑项目 5 个，分别是藏豌豆淀粉生产技术及产品开发研究、高原藏豌豆晶丝粉条系列产品加工研究项目、萨福克肉羊一年两胎生产技术研究、西藏马铃薯主食化加工关键技术研究与产业化开发示范、白朗县娟珊牛健康养殖示范基地项目，计划总投资为 924.09 万元。

（旦增顿珠）

工 业

珠峰精神

坚韧不拔　巍峨不屈　感恩向上　敢为人先

经济和信息化

【概况】 2019年，规模以上工业企业完成工业增加值8.55亿元，增长18.26%。截至年底，全市新增7家规模以上企业，总数达到26家。加快推进电子政务外网延伸建设和网络保通工作，截至年底，经动态调整延伸点位2476个，完成率100%。

【运行监测】 年内，召开首次经济和信息化工作会议、全市规模以上工业企业座谈会，安排部署年度重点工作任务，开展节后企业开复工情况调查，了解企业生产经营情况、协同解决困难问题。建立规上企业培育库，动态监测企业产值，引导企业加强财务管理，打好升规基础，严格初审，向市统计局提交规模以上工业企业奖励资金初审意见。启动《日喀则市“十四五”工业经济发展规划》编制和《日喀则市“十四五”现代化产业体系及战略新兴产业发展》课题研究前期工作，同时对全市矿产业和建材业进行摸底。

【天然饮用水产业发展】 2019年，全市天然饮用水预计产量1万吨，实现产值2600万元，同比2018年分别减少16.7%、减少35.3%。2018年《日喀则市珠峰天然饮用水产业发展规划（2017—2025年）》审批通过，并印发实施，科学指导全市天然饮用水产业发展。按照2019年藏水组办发的《关于进一步加强产业扶贫推动天然饮用水产业高质量发展的通知》文件要求，开展摸底调研工作，初步掌握全市包装饮用水（含矿泉水）生产主体和产业脱贫基本情况。组织天然饮用水企业参加“西藏好水”专场推介会和两届中国国际中小企业博览会，珠峰冰川公司与青岛裕源金水商贸有限公司成功签订合作协议，达成销售意向3500吨，为饮用水企业解决产销难题起到了一定缓解作用，组织开展全市天然饮用水企业赴拉萨考察学习活动。结合自治区关于饮用水产业部署要求，制定《2019年日喀则市珠峰天然饮用水产业重点工作任务分解方案》，并与定日县、岗巴县政府，珠峰冰川、曲登尼玛分别签订2019年日喀则市天然饮用水目标销量责任书。

【民族手工业企业管理】 2019年，全市列统民族手工业企业1—9月实现产值16785万元，年末实现产值2.53亿元，增长10%，从产业融合及骨干带动的初衷考虑，启动日喀则市“西藏特色手工业＋旅游基地示范项目”储备工作和珠峰特色手工业农牧民专业合作社“1+N”模式试点工作，组织全市5家骨干企业在萨迦县开展珠峰特色手工业“互联网＋创意研发”合作对接活动。

【项目建设】 针对高新雪莲水泥公司实际困难，协同企业推进过渡性矿山（强公村矿山）道路建设、风险评估、矿权招拍挂、矿区土地使用、开采前各类合规性手续办理及永久性矿山（苏村矿山）前期工作。在区经信厅的支持下，雅曲新型建材有限公司4000吨天熟料水泥生产线项目前期工作有序推进，“三通一平”进入收尾工作，已通过产能置换评审，取得环评批复、项目备案表、可行性调研批复等。

【绿色安全发展】 制定《市经信局2019年环境保护重点任务分解方案》，成立市级淘汰落后产能工作协调小组，组织动员规上企业申报市级科技计划项目、工信部 2019 年工业节能与绿色标准研究项目。通过联合检查、企业自查、突击检查等方式对民爆企业开展安全生产检查 20 次，下发日喀则市安全生产隐患排查治理台账 11 份，排查隐患 11 个，已完成 9 个。切实强化农牧民碘盐配送工作，截至年底，已完成配送量 3882.951 吨，年度配送任务完成 99%。

【电子政务外网建设】 按照“应接尽接，应连尽连”的要求，制定《日喀则市开展“互联网 + 政务服务”行政审批业务点位摸底调查统计的紧急通知》，截至 11 月 15 日，经动态调整后由原初步统计延伸点位约 2187 个增加至 2476 个，截至年底，已完成点位 2476 个，完成率 100%。市直单位（市行政审批和便民服务大厅）接入电子政务外网共计点位 32 个，已完成综合布线 32 条，完成率 100%。桑珠孜区等 12 个县区总计点位 375 个，已完成综合布线 375 条，完成率 100%。

按照《日喀则市人民政府办公室关于调整充实“互联网 + 政务服务”工作领导小组的通知》及自治区政府办公厅《关于上报电子印章制作信息的通知》的工作部署，11 月 7 日，市政府信息中心将电子印章制作信息采集工作移交市经信局，11 月 13 日完成搜集工作并将相关制作信息及时上报自治区政府办公厅。

【高新数字产业创新发展】 按照自治区经信厅《关于举办 2019 年全区制造业与互联网融合发展培训暨全区两化融合评估工作会议的通知》文件要求，组织全市西藏宝翔矿业有限公司等 5 家公司赴拉萨参加“全区制造业与互联网融合发展培训”。配合自治区经信厅开展《西藏自治区数字经济发展规划》编制调研工作。按照自治区经信厅《关于建立数字经济行业统筹机制的通知》文件要求，上报互联网和相关服务业月报表（西藏醍恩大健康产业有限责任公司）咨询市市场监督管理局对全市软件和信息服务业注册登记企业情况进行初步摸底了解，启动日喀则市珠峰“特色手工业 + 旅游示范基地”项目储备工作，试点推进产业融合。

【优化企业服务体系】 起草制定《日喀则市进一步清理拖欠民营企业中小企业账款工作方案》等文件，实行日喀则市清理拖欠民营企业中小企业账款工作周报制，9 月 4 日完成日喀则市清欠工作“第一阶段”农民工工资清零任务。市政府部门、大型国有企业共计拖欠民营企业中小企业账款 17159.84 万元。截至 11 月 18 日，已偿还金额 8067.85 万元，剩余欠款金额 9091.99 万元。

组织 30 家企业参加企业管理公益培训，组织 3 家企业参加第十六届中国国际中小企业博览会展示展销与合作对接活动。协同推进“双创”工作，对照《西藏自治区小型微型企业创业创新示范基地建设管理办法》，赴珠峰众创空间进行专题调研，根据企业实际，找准差距、指明方向，引导企业向示范基地条件靠拢。

电力工业

【并网电源电站】 截至 2019 年 11 月，全市接入藏中电网运行电站 38 座，总装机 326.4

兆瓦，相比2016年新增并网电站31座，新增装机279.6兆瓦。其中，并网水电站23座，装机容量43.37兆瓦；并网光伏电站共15座，总装机283.03兆瓦。力诺二期20兆瓦光伏电站建成未并网。

【光伏电站建设】 全市建成光伏电站共16座（含桑珠孜区3.03兆瓦分布式光伏项目），总装机容量303.03兆瓦。相比2016年新增13个光伏电站，装机容量增加10倍（2016年3个并网光伏电站，装机30兆瓦）。光伏扶贫项目11个，装机容量2.165兆瓦，总投资2160万元。

【水电站建设】 全市有小水电站65座（含网外四县），总装机容量62.97兆瓦。其中，正常运行小水电站40座，装机54.95兆瓦；关停小水电站25座，装机8.02兆瓦。2016年以来，新增正常运行水电站1座（曲乡水电站），装机容量为4兆瓦；在建水电站3座，分别为装机40兆瓦的德罗电站，装机2兆瓦德拉洛电站以及装机容量为40兆瓦的湘河水电站。

【风力发电项目】 2019年，全市华远萨迦县50兆瓦集中式风力发电项目和康马县天润6兆瓦分散式风力发电项目已列入年度实施计划。

【电网建设】 日喀则电网现有220千伏变电站1座，110千伏公用变电站16座。辖区未通主电网的聂拉木、吉隆、萨嘎、仲巴4个县及谢通门北部5个乡将通过藏中电网与阿里电网联网工程、“三区三州”农网改造升级项目接入藏中电网。藏中电网与阿里电网联网工程总投资70.71亿元，日喀则境内投资64.35亿元，占总投资91%，该项目2019年4月已全面开工。“三区三州”农网改造升级项目总投资13.67亿元，累计完成投资9.26亿元。

【供暖工程】 萨嘎、昂仁、岗巴和仲巴4个高海拔县县城太阳能集中供暖工程，总投资6.46亿元，到年底在试运行。其余13个县及主城区集中供暖工程前期工作有序推进。

珠峰开发投资有限责任公司

【机构概况】 日喀则珠峰开发投资有限责任公司（以下简称“珠峰开投公司”）根据2019印发的《中共日喀则市委员会办公室日喀则市人民政府办公室关于印发〈日喀则市关于深化国企改革做强做优做大国有资本的实施方案〉的通知》文件精神，珠峰开投公司发挥国有企业职能，采取“直投+基金”的方式，发挥政府投资基金和国资基金撬动效应，吸引社会资本共同致力于区域重点项目及战略新兴领域的股权投资和运作。

到2019年年底，公司内设总经办及综合部、人力资源部、财务部、投融资部、法务部5个部门，有在职员工25人。

【运营概况】 2019年，珠峰开投公司资产总额为106591万元，实现收入5899万元，净利润4917万元，国有资本保值增值率103.67%。总资产报酬率5.16%，资产负债率0.18%，成本费用占企业总收入比重为8.46%，上缴税收676万元，其中增值税221万元，所得税428万元，税金及附加23万元，未分配利润5939万元。

【政府投资基金】 组建日喀则创瑞招商投资基金合伙企业（有限合伙），基金规模为2.05亿元，通过设置返投机制，引导设立日喀则华滩融资租赁有限公司，有利于补齐全市金融短板。组建吉林省援藏合作股权投资基金合伙企业（有限合伙），基金规模为1亿元，通过基金引进援藏优势项目、企业到日喀则经开区经营发展，促进日喀则与吉林省整体产业融合发展，实现产业无缝援藏。推动组建绿色环保基金，基金规模2亿元，吸引社会资本、金融资金投入日喀则市绿色环保领域的建设发展，以达到投资收益、环境保护、绿色产业发展等目标，促进日喀则社会经济的全面发展。推动组建园区发展基金，基金规模3亿元，吸引社会资本、金融资金投入日喀则市园区建设，完善园区基础设施建设，推动园区产业发展。

【金融平台】 组建日喀则珠峰云瑞基金管理有限公司，注册资本为3000万元。推动组建日喀则市融资担保公司，注册资本为1亿元，组建该公司有利于解决全市项目、企业融资难融资贵的问题。推动组建日喀则村镇银行，注册资本为1亿元，弥补全市地方独立法人银行空白，提高中小微企业、“三农”等金融融资服务。继续推动组建日喀则华滩融资租赁公司，注册资本为4亿元，可以有效增加全市项目、企业融资渠道，补齐全市金融短板。

【直投项目（含备投）】 与珠峰财信物业公司合作投资组建日喀则藏润市政设施管理有限责任公司，注册资本为600万元，主要负责推动日喀则集中供氧、供暖施工及运营管理工作。与珠峰财信检测公司合作投资组建日喀则珠峰机动车检测服务有限公司，注册资本为1亿元，主要负责日喀则机动车检测等综合服务工作，提升日喀则机动车综合服务能力。与日喀则经开公司加强合作，推动日喀则经开区标准厂房及仓储项目，促进日喀则经开区和南亚物流发展。推进与日喀则润富气体公司合作。

珠峰经济开发区有限责任公司

【机构概况】 日喀则珠峰经济开发有限责任公司于2017年5月经市政府批准成立，是日喀则经济开发区开发建设的投融资主体和招商引资的重要平台。拥有全资子公司2家，分别为曲布物流发展公司和年曲藏博文化开发公司。混改企业3家，分别为启梦商砼有限公司、启航电力工程有限公司和乃色日实业有限公司。国资改革重组企业1家，为西藏开投南亚投资公司。业务范围向园区基础设施开发、房地产开发、仓储物流、商贸会展、建筑建材、电力工程等领域拓展。

【项目建设】 完成经开区固定资产投资20亿元、引进招商引资企业18家的年度工作任务，统筹推进开复工项目18个，完成投资20.05亿元，其中市政基础设施和公共服务设施项目完成投资10亿元、产业项目完成投资10.05亿元，累计对接企业46家、注册企业29家、落实产业项目28个，一期落地的13个产业项目中9个产业项目开工建设，二期落地的15个产业项目到年底完成土地招拍挂等程序。推进园区基础设施建设，开放大道建设进入收尾阶段，累计完成投资2.8亿元，日喀则市市直（包括经开区）2019年公共租赁住房建设项目顺利开工建设，完成投资500万元。珠峰大厦、珠峰经开综合写字楼、经开区标准厂房和标准仓库等建设项目前期工作有序推进，进入项目“设计+施工”招投标阶段。发挥公司以商招商优势，放大公司招商服务作用，解决入园企业临时用路、用水、用电问题，合作投资启航电力工程生产基地、珠峰云冷生鲜冷链电商产业园等建设项目。

【安全生产】 联合经开区管委会制定《安全管理制度》《安全生产管理办法》《市政道路现场施工应急救援预案》《消防安全管理制度》《2019年度安全生产工作计划》等相关制度、计划，印发加强日喀则经济开发区各招商落地企业建筑工地安全生产等重点通知文件，联合经开区管理委员会对经开区施工现场专项安全生产排查3次，召开安全生产相关会议4次，对开放大道项目每月安全巡检7次，对公司内部办公区域安全巡检10余次。

珠峰农牧产业投资集团有限公司

【机构概况】 根据《日喀则市人民政府关于印发日喀则珠峰城市投资发展集团有限公司组建方案、日喀则珠峰农牧产业投资集团有限公司组建方案的通知》要求，2019年4月12日，珠峰有机农业发展有限责任公司改组成立日喀则珠峰农牧产业投资集团有限公司（简称珠峰农投集团）。登记注册资金23亿元，市政府国资委为珠峰农投集团出资人。珠峰农投集团下属企业包括日喀则珠峰生态园林绿化有限责任公司、日喀则农投商贸有限公司、谢通门县一见则喜生物科技发展有限公司、西藏日喀则圣康农产品加工有限公司、西藏日喀则粮油供应有限公司、日喀则市百亚成农贸有限公司、白朗中农圣域农牧科技有限公司。

2019年6月17日，珠峰农投集团完成工商变更注册工作，根据工商营业执照明确的经营范围，珠峰农投集团主要从事农作物种植、特色农牧业产业项目投资、管理及设计规划、农、林、牧、渔服务业、农产品加工、销售、农机具销售和维修、农业技术开发和转让、产业经营、农业观光旅游、房屋租赁等。

珠峰农投集团承担日喀则市农牧产业发展及园林绿化项目建设，计划总资产约达100.2565亿元，其中现金注资约1.68亿元。

珠峰农投集团设立纪检监察室、党群办、综合办公室、人力资源部、财务管理部、战略投资部、资本运营部、法务风险部、市场企划部共计9个部室。

【日喀则珠峰生态园林绿化有限责任公司】 日喀则珠峰生态园林绿化有限责任公司（以下简称珠峰园林）成立于2016年3月，登记注册资金2.1亿元。主要经营范围包括城市绿化和园林景观规划、设计、施工；造林及养护绿化项目投资；园林设计销售租赁及安装；苗木、花卉、草坪的培育与销售；防护林体系建设与防沙治沙造林的投入；园林绿化技术咨询与信息服务等，承建全市造林绿化工程（包括18个县区）；2019年主要承建的项目有日喀则市高原植物园项目规划，位于日喀则市北郊、雪强路以西（原日喀则市桑珠孜区工业园）拟建设内容有林卡、湿地、人工湖、赛马场、游乐园、室内体育馆等。项目规划面积约1404.22亩，计划总投资近2亿元；苗圃基地：夏鲁苗圃（1800余亩，总投资2.5亿元）、白朗苗圃（1222亩，总投资87590319.09万元）、曲美苗圃（近1000亩，2929.96万元）；2019年重点区域生态公益林建设工程，位于日喀则市定日县澎曲河流域，项目总面积约5088亩，计划总投资12815289.69元；日喀则市2019年森林围城绿化工程，面积约2048.9亩，计划总投资约3000万元。下属子公司2家：日喀则市骏桑生态园林科技有限责任公司（注册资本1000万元，其中珠峰园林占51%股份，骏桑林业科技有限公司，占49%股份）、日喀则市云鑫生态园林绿化有限责任公司（注册资本1000万元，其中珠峰园林占51%股份，云鑫生态园林占49%股份）。

【日喀则农投商贸有限公司】 负责全市十七县一区15万名学生的教育“三包”及营养改善计划物资统购统供工作，日喀则农投商贸有限公司于2019年10月16日完成注册，注册资金3000万元。公司已与西藏蒙牛、伊利总代理西藏锦熙商贸有限公司签订合同，负责全市学生奶的配送和供应。和西藏日喀则市雅江源农业科技开发有限公司签订冷藏库，冷冻库租赁合同。和日喀则勤伟商贸有限责任公司签订第三方物流配送合同等，初步完成配送前期工作。

【谢通门县一见则喜生物科技发展有限公司】 2017年开工建设，注册资金1000万元，总投资为1.5亿元，园区的占地面积23公顷、建筑面积31094平方米，是自治区唯一一家食用菌菌棒制作、生产培育、生物质燃料与有机肥制作、职业技能培训于一体的公司，公司产品自2019年9月13日开始上市，公司主要生产杏鲍菇、平菇、香菇、木耳，金耳等菌类为主，截至2019年12月31日为止食用菌类共计生产150万袋菌棒，实际生产91吨，实际销售共计79.3吨，销售额达45.7万元。截至10月初，共生产252.1982万袋菌棒，生产量达1331吨，共计销售额达649万元左右。2019年7月19日经日喀则人力资源社会保障局同意成立谢通门县一见则喜职业技能培训学校。主要培训涉及农牧科技等领域农牧民种植业养殖业的技能培训，一次性可容纳300名学员，面向全市实行开放式服务。

【西藏日喀则市粮油供应有限公司】 西藏日喀则市粮油供应有限公司根据2019年印发的《日喀则市人民政府关于印发日喀则珠峰城市投资发展集团有限公司组建方案、日喀则珠峰农牧产业投资集团有限公司组建方案的通知》精神，西藏日喀则市粮油供应有限公司划转至珠峰农投集团，公司有3名职工，其中正式职工3人。截至2019年年底，根油供应公司资产总计1763.8万元。

【日喀则市珠峰农投百亚成农贸有限公司】 日喀则市珠峰农投百亚成农贸有限公司，由日喀则市珠峰农牧产业投资集团有限公司与西藏云鑫生态农牧业发展有限公司，2018年8月合资创建，注册资金1亿元，是集养殖产业、全日粮饲料生产、牛羊肉精深加工销售于一体的大型全产业链现代畜牧业公司。2019年6月，公司与尼泊尔农业部、供应部、外交部等部门对接，在尼泊尔注册成立天域国际有限公司，注册资金1亿卢币，负

珠峰农投集团百亚成农贸有限公司在北京举行产品推介会

责尼泊尔饲草料生产、种植、加工基地建设。到年底，已确定在尼泊尔建设饲草料生产、种植、加工基地6处，总投资9000万元。

珠峰文化旅游创意有限责任公司

【机构概况】 2019年按照市属国企改革的工作要求，公司股东由原日喀则市旅游发展委员会变更为日喀则珠峰城市投资发展集团有限公司，成为下属二级公司。现有出资管理的下属子公司旺润酒店和2015年出资入股325万元的萨迦古城旅游文化公司。

【企业资产情况】 截至2019年年底，资产总额约45059.74万元，所有者权益约11004.14万元，负债约34055.6万元。收入约295.16万元，利润约80.41万元。

【投资情况】 日喀则珠峰文化旅游创意有限责任公司作为日喀则珠峰文化旅游创意产业园区项目建设实施主体。珠峰文旅公司主要承建日喀则珠峰文化旅游创意产业园区内游客服务中心项目和市政道路设施项目，文旅公司主要作为游客服务中心项目和市政道路设施项目的融资贷款和资金支付平台。截至2019年12月两个项目总投资7.16亿元，其中核心区18条市政道路建设，总投资6.3亿元，已完成投资5.52亿元。游客服务中心项目总投资0.86亿元，已完成投资0.69亿元。

珠峰公共交通运营有限责任公司

【机构概况】 日喀则珠峰公共交通运营有限责任公司于2017年6月4日登记注册并于6月18日挂牌运营，注册资金为1000万元，是国有独资公益性企业。

公司经营范围为客运班线（市际、县际、农村客运）、旅游客运、出租客运、公交客运；机动车维修保养、检测、新能源加气充电、车辆保洁及车辆广告业务。公司设立董事会和监事会，其董事会成员为5人，其中1名董事为市政府国资委委派的，监事会成员为3人，其中1名监事为市政府国资委委派的，2名为职工监事。公司下设综合部、党群部、财务部、人力资源部和安全运营部。到年底，有子公司2家：一是日喀则市安达客运有限责任公司，主要负责从事班线客运和客运站站务管理业务。二是日喀则悦祥旅游有限公司，主要从事旅行社服务、境内旅游业务、旅游客运、住宿、餐饮、汽车租赁业务。

【免费接送】 开通东郊客运站至市区提供一辆免费接送车，每日提供10次以上免费接送服务。二是汽车总站增设免费饮水服务，提供有偿按摩服务项目。三是实行实名制售票和驾驶员出站前酒精测试等安全防范措施，降低安全事故的风险。四是采取车辆保险额度在原来20万～30万元的保额增加至承运险每座为80万元，第三者险为100万元。

为方便广大群众安全、便捷出行，公司对场站服务进行扩充。加强全市东郊汽车总站的站务管理工作，提升服务水平，并开通网上购票和咨询服务，既方便了广大群众购票，又能使广大群众及时了解掌握每天的发车班次和发车时间。全市17个县中，已启用的县级客运站有15个。

【资产管理】 截至2019年年底，公司总资产19831万元，负债总额16224万元，负债率82%，所有者权益3607万元。2019年实现利润538万元，累计亏损107万元（道路运输体制改革因素），上缴税金512万元。

（刘晏梅）

珠峰交通建设投资有限公司

【机构概况】 根据《日喀则市关于深化国企改革做强做优做大国有资本的实施方案》要求，公司于2019年4月并为日喀则市珠峰城市投资发展集团有限公司，作为全资子公司。到年底，主要投资建设项目为乡村公路及桥梁等结构物、市场占有率在90%以上。未来拟开发高等级公路。企业的主要客户群为所有通行人员及车辆设备。

【业务综述】 建设管理日喀则市“一区一县”农村公路EPC总承包建设项目96个、代建项目管理市交通运输局项目管理中心为业主的农村公路建设项目68个、市交通运输局农村公路前期勘察设计任务、市交通运输局质检分站分批的农村公路交竣工检测任务。其中，96个农村公路EPC总承包建设项目批复总投资为47.25亿元，截至2019年年底，该项目已全部完成施工任务。代建管理的68个农村公路建设项目批复总投资53亿元，截至2019年年底，累计完成建安投资37.13亿元。

【下属子公司运营】 西藏日喀则市珠峰交通勘察设计有限公司（原西藏日喀则市交通运输局道路桥梁设计室）：注册资金为5000万元，预计年盈利达3000万～4000万元。经营范围：交通工程设计、施工、监理；交通建设工程质量试验检测、项目评估、咨询服务；交通工程项目管理。资质等级分为公路

EPC 建设项目正在摊铺水泥稳定基层试验路段

行业（公路）专业乙级、工程勘察专业类（岩土工程）丙级；工程勘察专业类（工程检测）乙级。

西藏珠峰交通工程检测有限公司：公司于 2017 年 9 月 27 日成立，注册资金 1000 万元。到年底，该公司运转正常，预计年盈利为 1000 万～2000 万元。经营范围工程试验检测、工程技术研究、工程试验检测设备租赁、工程试验检测仪器设备校准、工程机械租赁、检测设备租赁、汽车租赁。

日喀则市运开道路桥梁设计有限公司：公司注册资金为 501128.46 万元。经营范围：公路行业（公路）专业丙级。可从事资质证书许可范围内相应的建设工程总承包业务以及项目管理和相关的技术与管理服务。

西藏优路信息科技有限公司：珠峰交投公司与山东路科公路信息咨询有限公司共同出资成立新公司，拟定注册资本为 500 万元人民币。经营范围地图绘制与编绘；工程测量服务；软件代理；软件开发；计算机软硬件的技术开发、技术咨询、技术服务；计算机硬件设备租赁；信息系统集成服务；信息技术咨询服务；数据处理和存储服务；网络技术开发；计算机网络工程；摄影服务；摄影器材、汽车零件的销售；计算机软硬件、普通机械设备、电子产品的销售；建筑智能化工程、电子工程施工及技术咨询、技术服务；综合布线；公路交通、通信、监控收费综合系统工程施工、维护、技术咨询、技术服务；机电设备的安装、维修（不含特种设备）；机电设备的技术服务；安防工程设计、施工及技术咨询、技术服务；会议接待；汽车租赁。

投资完成情况良好。

珠峰城市投资发展集团有限公司

【公司资产运营】 截至2019年年底，公司资产合计99.9亿元，同比增加20.8亿元，增长26.3%。负债总额66.9亿元，同比增加6.4亿元，增长10.6%。资产负债率66.91%，资产负债率同比下降9%。总资产报酬率1.35%。所有者权益33亿元，同比增加14.4亿元，增长77%。全年总公司实现投资收益2亿元，收入增长率193.58%，实现净利润1.3亿元，净利润增长率为570.92%，国有资产保值增值率达到177%。成本费用占营业收入比重40%。

【项目建设】 2019年公司推进的项目共46个，总投资约133.19亿元，其中已开工建设的40个项目总投资约120.95亿元，截至年底完成投资约67.09亿元，6个项目正在办理前置手续。已开工的40个项目中新建项目16个，总投资35.21亿元，完成投资9.69亿元。续建项目23个，总投资85.74亿元，完成投资57.4亿元。全年完工的项目主要有黑龙江南路、城市入城口项目，城市会客厅项目，便民服务中心项目，拉萨老干部活动中心项目，水环境综合治理项目，青岛路珠峰路改造项目，年楚河贡觉林卡项目，北郊防灾避险广场项目，顿珠贵林、规划五号路项目，11个示范村项目，日喀则市18个县区大型广告牌项目，日喀则中心广场地下停车场项目，日喀则西郊大重型停车场，日喀则市交警支队车管所项目，吉隆口岸车辆管理所项目，东郊临时停车场项目。总体项目投资完成情况良好。

【国有企业改革】 推进划归企业工商手续变更及清产核资等工作，已完成市建筑勘察设计院、市粮油供应公司、市圣康农产品加工厂、日喀则饭店更名及工商变更登记手续。根据划归企业实际进行机构调整及重组，现已对部分资产清晰，历史遗留问题较少的企业率先完成调整及重组工作。推动集团公司改制相关工作，2019年5月29日公司完成工商登记变更，更名为日喀则珠峰城市投资发展集团有限公司。其他划归企业目前已签订资产划转协议。

【财务管理】 调整完善规划财务部、法务督察部等部门内部分工，细化部门职能，持续强化内部财务控制，完善公司财务监察和督导管理，降低财务风险。同时巩固、完善合同和法律文件审核机制，持续完善公司工作全方位督导监察体系。聘请会计师事务所对公司各项经营活动及2016年至2019年年底相关账目进行审计，发现找出公司经营管理活动中存在的问题，同时改进并建立长效机制。

（段进慧）

珠峰扶贫开发有限责任公司

【概况】 2019年，公司总资产33.14亿元，总收入约1330.18万元，总支出约391.06万元，所得税121.83万元，净利润863.59万元，完成年度目标任务。

【产业发展】 做好2019年项目工作。经过前期论证，筛选2019年项目5个，计划总投资17248万元，截至12月底，项目已全部开工，开工率100%。做好在建项目管理工作。2016年以来，公司在建项目25个，截至年底，累计完成投资81922.68万元。产业项目效益初现。2016年以来，公司累计投资项目56个，已投产项目32个，完成生产总值27025万元，实现经济纯收入7734.8万元，带动建档立卡贫困户21330人，解决建档立卡贫困户就业2549人，人均增收2155元。

【规范公司运营】 2016年以来，公司合作合资企业共11家，累计投入资金28275.581万元，其中债权性投资的合作项目为6个，完成扶贫产业资金投资为17800万元。股权性投资的合资项目为5个，完成扶贫产业资金投资为10475.581万元。通过设立共管账户，加强财务检查，共发现问题10个。其中3个问题已完成整改，到年底7个问题在整改中。2019年1—11月，珠峰华绿公司实现生产总值11779万元，德琴3900公司实现生产总值3500万元、喜马拉雅公司实现生产总值1280万元。

【电子商务进农村】 推进日喀则市公共品牌——“七彩珠峰”培育和打造。组织全市71家企业、近200种农特产品及民族手工艺产品入驻西藏自治区民族特色精品展示展销中心，自开馆展销以来，产品销售额达68万余元。珠峰电商公司对桑珠孜区、萨迦县等县区20家合作社及种植养殖大户举行“珠峰电商·农产品上行帮扶点”授牌仪式。市级电子商务公共服务中心暨产品展销中心建成并投入运营，已组织47家企业、征集187种名优特产品进驻，自运营以来，线下累计销售达30余万元，热销产品为青稞制品，菜籽油，苦荞茶，豌豆粉丝等。截至年底，全市产品在京东西藏馆、京东日喀则馆和京东日喀则扶贫馆累计线上销售1080万元。珠峰电商公司深入拓展新媒体业务，开展京东、淘宝、抖音直播，近一个月内，通过直播销售产品10万余元。组织企业在上海开展日喀则市特色产品展销活动，销售产品500余万元，签订价值为6000余万元的产品销售合同，并与上海市相关部门达成设立日喀则市产品体验馆的协议。以京东、淘宝“双十一”“双十二”购物狂欢节为契机，举行“冬季惠民促销费”活动，活动期间线下线上累计销售50余万元。开展电商培训。8月27—29日，全市首届“珠峰电子商务知识大讲堂+创业实操”创业培训活动在谢通门县一见则喜教培中心顺利举办，共培训桑珠孜区、拉孜、萨迦、吉隆4个县区养殖大户、创业者、返乡农民工、未就业大学生、致富带头人、退伍军人等70人。截至年底，珠峰电商公司分批次对聂拉木、江孜、亚东3个县公务员、农牧民群众、未就业大学生等进行电商知识提升、就业创业培训共计1000余人次。

日喀则夏日景色

商贸服务业

珠峰精神

坚韧不拔　巍峨不屈　感恩向上　敢为人先

商贸流通

【概况】 全市社会消费品零售总额实现120.9亿元，同比增长8.7%。外贸进出口总额46.79亿元（含互市贸易额5.9亿元），同比增长18.6%，其中进口2.32亿元，出口44.47亿元。边民互市贸易总额实现5.9亿元，同比增长9.26%，其中进口1.71亿元，出口4.19亿元。全市招商引资项目共328个（新建项目233个、续建项目95个），到位资金84.94亿元，同比增长5.79%，固定资产完成投资72.59亿元。

【市场秩序】 为维护市场秩序，年内联合相关部门对商务领域各类市场进行监督检查。全年累计悬挂宣传横幅200余条，发放宣传资料5万余份。加大拍卖、典当、报废机动车回收拆解、二手车交易市场等涉商特种行业的监督管理，确保特殊行业平稳运行。

【电子商务】 2019年，日喀则市电子商务交易额为2.49亿元，日喀则市农产品网络零售额为690万元。日喀则市在线旅游交易额为16700万元。（统计依据为受商务部委托监测农村电商数据的欧特欧咨询DateGoal网络零售监测系统中心抓取数据统计得出）。2019年5月，经自治区商务厅、日喀则市人民政府审批，日喀则市正式建设日喀则市电子商务进农村综合示范统筹推进项目，打造“政府引导、京东集团指导、企业实施”的电子商务新模式。该项目容纳3个2018年国家级电子商务进农村综合示范县（江孜、亚东、聂拉木）和4个市级统筹县（区）（桑珠孜、吉隆、拉孜、萨迦），主要由珠峰电子商务公司承建。

日喀则市市级电子商务公共服务中心及产品展销中心位于市商务局一楼，共征集200余种产品入驻。同时江孜、亚东、聂拉木、拉孜、吉隆、萨迦等县均建立电子商务公共服务中心，将为全市企业和有意从事电商的创业者提供电话咨询、培训孵化、实战演练、美工策划、产品摄影、营销推广等服务。

日喀则市物流仓储分拨中心位于日喀则市第二职校内，为职校电商、物流专业学生提供实训场地，同时为职校毕业生提供实习、就业机会。

日喀则市公共品牌“七彩珠峰”品牌已经向国家商标总局提交注册，“七彩珠峰”作为日喀则市公共品牌，适用于日喀则所有农

10月19日，市电子商务进农村综合示范统筹推进项目正式启动，并与京东签署协议

特产品、旅游产品及旅游服务。

截至 2019 年年底，聂拉木、江孜县、亚东县已经完成第一期农牧民电商知识普及型培训与第一期党政机关电商专题培训，共计培训 2326 人。

2019 年，京东平台线上销售 1010 万元，抖音直播销售 28 万元，拉萨展厅销售 71 万元，合计销售 1109 万元。其中 11 月 11—12 日与 12 月 12 日，日喀则市珠峰电子商务有限公司在珠峰中路上海广场举行日喀则市“冬日惠民生促消费”活动暨“双十一购物狂欢节”线上直播线下产品促销活动。双十一活动期间，线下销售额 41918.7 元，线上京东馆销售额 398 万元。

【招商引资】 年内，全市招商引资项目共 328 个（新建项目 233 个、续建项目 95 个），到位资金 84.94 亿元，同比增长 5.79%，固定资产完成投资 72.59 亿元。转移就业 7656 人（其中大学生 500 人，贫困户 4326 人），劳务总收入 1.2745 亿元。

依托第十七届珠峰文化节、吉林活动周、第三十届“哈洽会”、第十二届东北亚博览会、2019 年上海市对口帮扶地区特色商品展销会等活动平台，主动出击，实施会展招商，拓展招商引资宣传渠道。第十七届珠峰文化旅游节签约项目 19 个。

年内，全市招商引资项目公 361 个（新建项目 259 个，续建项目 102 个），到位资金 86.75 亿元，同比增长 8%，固定资产投资完成投资 48.98 亿元。转移就业 7656 人（其中大学生 500 人，贫困户 4326 人），劳务总收入 1.2745 亿元，并获得全区第二名。

市委、市政府对 2018 年度贡献突出的 17 家优秀企业进行表彰，并拿出 1100 万元招商引资扶持资金进行奖励，此外 2140 万元招商引资扶持资金奖励到各县（区），给 21 名先进个人颁发荣誉证书。市政府市长刘虎山与县区、园区签订 2020 年度招商引资工作目标责任书。

【口岸建设与管理】 日喀则市与印度、尼泊尔、不丹三国接壤，共 9 个边境县，5 个口岸、1 个主要边贸通道（亚东乃堆拉通道）、28 个传统边民互市贸易点。各个口岸间相距 300 ～ 450 公里，亚东乃堆拉边贸通道通往印度，相邻印度锡金邦、日屋、陈塘、樟木、吉隆、里孜 6 个口岸均通往尼泊尔，日屋、陈塘口岸靠尼泊尔东北部（与印度锡金邦西北部相隔），樟木、吉隆、里孜口岸靠近尼泊尔中北部。至年底，初步形成以樟木、吉隆口岸为主，日屋、陈塘、里孜口岸、亚东边贸通道为辅，通往尼泊尔、印度两国，面向南亚地区的边境陆

十七届珠峰文化节招商引资签约仪式现场

3月27日，日喀则市口岸管理办公室挂牌

路口岸基本布局架构，口岸建设不断迈出新步伐。2019年，吉隆边境经济合作区申报筹建工作有序推进，自治区政府已同意边合区先行申报为自治区级。樟木口岸于2019年5月29日恢复口岸货运通道功能。里孜口岸对外开放计划获得批准。日屋、陈塘口岸、亚东乃堆拉边贸通道对外开放工作取得一定成绩。同时，深化口岸通关改革，吉隆口岸深化提效降费改革举措，巩固拓展国际贸易“单一窗口”，发挥海关H986智能查验功能，开展海关“两步申报”试点工作，优化口岸通关营商环境，推进跨境贸易便利化。

【对外贸易】 2019年，日喀则市加大外贸示范企业和龙头企业培育力度。截至年底，全市外贸经营者备案企业34家，其中开展边贸业务的企业8家。2019年进出口额4.2亿元，同比增长2.4倍，占边贸进出口总额的10.3%。全市共开展吉隆第二届国际边贸文化旅游节等7场边贸物资交流会和边境集市交易活动，边民互市贸易参与人数达6951人次，交易额实现2.69亿元。口岸经济得到初步发展。

【会展经济】 联系企业参加波兰展、广交会、吉林活动周、第十二届“东北亚博览会”、上海市对口帮扶地区特色商品展销会、第三十届“哈洽会”、阿里旅游文化节、山南雅砻文化旅游节、第九届冬季物资交流会。其中“东北亚博览会”产品交易额达46万余元。上海市对口帮扶地区特色商品展销会交易额达16万余元。第九届冬季物资交流会交易额达6932.363万元。

海　关

【调研工作】 年内，共开展边境巡查、调研、边贸数据统计、借道运输监管6起，并形成调研报告2份，情况反映1份。为全力支持日喀则市出口货物查验场建设，先后3次同日喀则市经济技术开发区相关人员座谈，并实地察看日喀则市出口查验货场周边环境，结合监管场所建设要求，对规划图纸提出意见建议。对全市外贸企业开展调研摸底服务2次，解答企业疑难问题10余次。

【政务工作】 加强档案管理工作，整理归档各类档案，制作销毁目录200余份。

做好新闻宣传报道工作，发布简报、信息等150余篇，新媒体推送7篇，采用率为80%。2篇微信帖被拉萨海关雪域关情公众号采用，4篇微信帖被总署金钥匙杂志公众号采用，同时积极联系日喀则市电视台报道海关总署机关服务中心医疗帮扶调研组赴关开展义诊活动新闻。

【后勤服务】 中转服务。完成服务来往日喀则市中转住宿的总署和兄弟关来人 1508 人次的就餐、慰问物品的代购、运送和抵达日喀则火车站接送等后勤保障工作。财务保障。截至年底，完成总预算的 40%（含基建，不含基建预算执行率为 95%）。基本建设。完成日喀则海关职工周转房及其附属用房项目的招投标、合同签订等前期工作。

【队伍建设】 年内，共开展准军训练 8 期，联系部队教官指导队列训练 1 起，内务规范检查整顿 3 起。成立合唱班、话剧社、诗歌会、工艺美术等 4 个文化兴趣小组。挖掘整理老一辈海关人的先进事迹，撰写剧本。鼓励关员创作海关题材类散文、诗歌以及其他文学作品，鉴赏中外经典诗歌及文学作品。截至年底，共开展 11 期。组织青年干部收看纪念五四运动 100 周年大会直播，召开“勿忘初心、牢记使命”五四青年专题座谈会。举办“年楚河回声”原创诗歌朗诵会及鉴赏中外经典诗歌会。组织开展“年楚河探宝”活动。组织开展“年楚河墨韵”文艺作品展。在六一儿童节来临之际，组织开展亲子互动活动。

年内，共开展检验检疫基本知识、出口查验货场的建设与监管等业务知识授课、讨论活动 15 期。

2019 年 8 月 1 日，日喀则海关成立“宜勃青年先锋队”，并举行授旗仪式，同时成立“宜勃学习小组”，挖掘和整理日喀则海关红色资源，形成见证初心的“五书”学习教材。截至年底，共开展 13 余次集中学习及纪念甄宜勃逝世 39 周年系列活动 1 次。日喀则海关“宜勃青年先锋队”在 2018 年、2019 年连续两年获西藏自治区“最佳志愿服务组织”称号；2019 年获全国“最佳志愿者服务组织”称号。

亚东乃堆拉边贸通道

【概况】 全年监管边民互市贸易货物总值 6799.7 万元、总量 3504.6 吨，同比（下同）分别增长 4.6% 和减少 42.9%。监管进出境边民 24872 人次，减少 3.3%。进出境运输工具 10020 辆次，增长 2.8%。消毒运输工具 5010 辆次，监测人员体温 8956 人次，退运禁止进境动植物产品 0.43 吨。

【监管查验】 年内，共召开座谈宣讲会 10 余次，坚持领导上山带班，保证监管查验力量，创新引入“信用管理”模式，确保“四个最严”要求落实落地。自 10 月 1 日至冬季休关，检验监管入境预包装食品总值 148.8 万元，总量 108.05 吨，对未加贴中文标签的 25.38 吨食品全部作退运处理。

【检疫防线】 关注国内外疫情动态，做好人员体温监测和车辆检疫处理工作，严防各类疫情经乃堆拉通道传入传出。完成对印度官方香客 20 批次、652 人次、行李物品 956 件次及尸体棺柩 1 台的检疫查验监管工作，退运禁止携带进境动植物产品 67.21 公斤。在拉萨关区内率先开展口岸突发公共卫生事件应急处置实战演练，促成与相关单位签订合作协议，提高业务实战、应急处置和联防联控水平。

【抽检监测】 全年，共抽送检食品54批次、机电纺织商品40批次，监测布点22处、送样15头。

【政策法治宣传】 全年，共开展宣传13次，发放资料2000余册，营造良好外部执法环境。

吉隆口岸

【边境贸易】 2019年，吉隆口岸深化提效降费改革举措，推进跨境贸易便利化，持续优化口岸通关营商环境，发挥海关H986智能查验功能，巩固普及国际贸易“单一窗口”申报系统，开展海关“两步申报”试点工作，口岸整体通关效率大幅提升，综合服务管理水平不断增强，边贸小额总体保持稳中向好。2019年吉隆口岸进出口货物总值37.52亿元，增长10.40%。边民互市贸易总值2555万元，增长107.2%。进出境人员达190575人次。吉隆口岸边贸市场于2019年9月12日通过海关验收，10月1日开始试运营，通过引进尼泊尔商户、边民与区内外企业合作在口岸国际边贸市场落户等方式，通过“边民+合作社+基地+外贸企业”的运营模式，强化引导边民从事边境互市贸易，盘活市场活跃度，发挥经济社会效益。截至年底，发放边民互市贸易资格证7000余本，基本覆盖全县辖区边境乡镇。吉隆口岸管委会通过前期大量的调研摸底和严格政审，初步筛选确定60名预发放边民证对象，同时鼓励各乡镇以行政村居为单位组织成立边贸专业合作社，依托边贸协会、外贸企业着力推进“万千百十”工程（万首先是指具有一万名持有边境贸易资格证的边民基数，千是指一千名具有边民证的边民，百是指利用3～5年时间培养百名致富带动人，十是指十家边贸专业合作社），助推边贸产业发展壮大，促进全县群众增收，真正吃上边贸饭。

【节会宣传】 经市委、市政府批准，吉隆县于10月20—25日举办以“奋进新时代、畅想新吉隆”为主题的第二届边贸文化旅游节。文化节期间，开幕式文艺表演5000余名群众现场观看演出，活动期间流动人数4万余人次，网络直播在线人数40余万人次，转载评论量10余万次，参展销售成交金额4849万余元，与150余家企业开展招商意向洽谈。

【园区建设】 截至年底，围绕口岸发展和边合区建设中心工作，已完成对口岸热索国门、帮兴出口货物查验场、吉隆边贸市场的卡口系统智能化建设，口岸检疫处理区项目、帮兴物流仓储一、二期等重点项目在加紧施工建设，国际旅行保健中心、海关应急保障中心、二线联检区项目进入施工收尾阶段，吉隆口岸限定区域二期已完成项目可研报告，吉隆口岸信息化一期工程处于下达概算批复阶段。中尼铁路日喀则至吉隆段可行性研究工作正式启动，帮兴作为口岸物流仓储枢纽区已预备火车场站选址。吉隆口岸贸易加工区，综合保税区（B型）项目正在申报衔接。吉隆边（跨）合区投资促进服务中心、吉隆口岸国际货运中转保税物流仓储项目等71个边合区项目计划申请列入“十四五”规划中。

截至年底，已委托第三方专业机构着手落实《吉隆边境经济合作区总体规划》《吉隆边境经济合作区环境影响评估报告》《吉隆边境经济合作区可行性研究报告》等规划编制工作，并同步开展《吉隆边境经济合作区安全生产评估》《吉隆边境经济合作区地质灾害危险性评估》和吉隆边合区地形测量等工作。另外，根据尼泊尔向我方提供的热索瓦、潘克哈尔、努瓦库特等跨合区选址意向，于 2019 年 3 月 26 日至 4 月 2 日中国西藏自治区政府组团赴尼泊尔开展选址调研工作，4 月 19 日在区商务厅召开赴尼调研成果分析论证工作座谈会议，初步选定规划选址方向和区域。

截至年底，金融机构 2 家、商贸公司 30 余家、报关公司 8 家、物流公司 12 家已进驻口岸开展业务。物流从业人员 160 余人（办公从业 50 名、专业装卸 100 余名）满足当前口岸物流服务运行需求，培育当地贸易经济人 18 名并组建进出口贸易公司开展边境小额贸易。2019 年吉隆边合区招商引资意向、协议合作项目共 15 个，落地建设项目 9 个，截至 12 月初，到位资金 7.76 亿元，固定资产投资完成 4.1 亿元。同时，按照日喀则市委部署，市珠峰城市发展投资有限公司与吉隆县日吾班巴口岸有限责任公司注册成立吉隆珠吾城市投资开发有限公司，开展边合区整体开发合作。截至年底，已经初步拟定 21 项涉及基础设施、公共服务等合作项目正在进行洽谈对接。另外，吉隆县日吾班巴口岸有限责任公司注册成立吉隆口岸汽车运输有限责任公司已开始启动乡村客运业务，为经吉隆口岸出入境的游客提供交通便利。油气储备库项目与吉隆清澄商贸进出口有限公司洽谈合作，该项目旨在以综合性成品油储藏设施为依托，吸引中西部石油炼化企业，形成中尼边界成品油聚焦中心，打造连接中国和尼泊尔、中国和南亚地区的外向型能源储备基地，借助“一带一路”倡议和企业“走出去”战略，依托吉隆特殊的区位优势和政策基础助力中国能源企业快速进入尼白尔及南亚市场。

在国家有关部委的关心支持下，自治区口岸管理办公室等相关部门出台《关于吉隆口岸尼籍司乘人员通关便利化推进意见》，吉隆口岸管委会通过多次与吉隆出入境检查站、吉隆口岸公安分局等部门的协调对接，形成相应的工作落实方案，明确入境前后的监管职责。吉隆出入境检查站发挥部门优势就尼泊尔籍司乘人员临时入境许可事宜多次与尼泊尔热索瓦县、移民局、警察局、武警、海关等相关部门和领导召开会晤，进行交流意见、释放信息。截至 12 月 9 日，已有 650 名尼泊尔司乘人员通过办理临时入境许可入境吉隆口岸。

粮食流通

【粮食收购】 截至 2020 年 1 月 15 日，日喀则全市收购粮油 1256.48 万公斤（国有粮食企业收购粮油 789.99 万公斤），较 2018 年增长 22%，其中青稞 1141.05 万公斤。

【粮食供应】 据统计，2019 年度全市各类粮食经营企业共购进粮油 45815.5 吨，同比上升 2%，其中国有粮食经营企业购进粮食 29806 吨，国有粮食企业购进粮油占全市粮油购进总量的 65%，非国有粮食经营企业购进粮油 16009.5 吨，占全市粮油购进总量的35%。

2019 年度全市各类粮食企业销售粮油 42622.8 吨，同比下降 10%。其中国有粮食经营企业销售粮 26856.9 吨，占全市粮油销售总量的 63%，非国有粮食经营企业销售粮油 15765.9 吨，占全市粮油销售总量的 37%。

【粮食工程】 2019 年度聂拉木县等 10 个粮食仓库建设项目全市落实投资 2744 万元，江孜县等 3 个粮食仓储设施的维修项目投资 122.33 万元。截至年底，10 个粮食仓库建设项目中有 9 个已竣工。3 个粮食仓储设施的维修项目已全部完工。

【粮食安全县（区）长责任制】 明确各级政府在保障粮食安全方面主体责任。同时，粮食安全监督检查和绩效考核纳入日喀则市争先进位考核体系，并建立粮食安全保障体系投入的长效机制。将粮食生产、储备、供应、产销衔接和粮食深加工发展目标纳入到各级政府经济发展规划中，加大粮食安全领域的项目建设和资金支持力度。

【储备粮监管】 做好江孜等五个自治区储备粮代储库储备粮管理各项工作，重点推进日喀则粮食储备库等 8 个粮库的智能化信息管理系统建设，减少粮损，提高效益。

按照《关于印发〈西藏自治区动态应急地方储备粮管理暂行办法〉的通知》中相关规定，全市承担部分自治区动态应急地方储备粮任务，应急地方储备粮纳入市级储备粮规模，落实自治区动态应急地方储备粮承储工作并按季度对承储企业的承储数量、质量进行检查核查工作。

按照《西藏自治区储备成品粮轮换管理暂行办法》总则规定的“库存保持常量、实物顶替轮换”的原则，各代储库实行动态轮换管理的办法，截至年底，完成日喀则市国家粮食储备库、江孜国家粮食储备库、自治区拉孜粮食储备库、仲巴县粮库、聂拉木县粮库等 5 个库点的成品粮轮换工作。日喀则市国家粮食储备库、江孜国家粮食储备库自治区储备粮 4500 吨，于 11 月初完成轮出任务。

加大对仲巴等 5 个县县级应急储备粮管理工作，督促成品粮按时按量进行轮换，同时完善制度建设，保证各级储备粮数量真实、质量良好和储存安全，确保储备粮储得进、管得好、调得动、用得上，有效发挥储备粮的宏观调控作用。

按季度对全市粮食仓库的最低最高库存情况进行全面的摸底调查。并将最低最高库存执行情况向同级政府通报，要求各县（区）人民政府贯彻落实好粮食最低最高库存，充分加强市场调控能力，确保本辖区粮油市场供应和价格基本稳定。

对全市 30 家粮食应急供应和加工定点企业进行排查，加强管理工作。不断向市场开放市、县两级储备粮承储业务，对具备条件的 3 家粮食承储企业发放承储资格证书，并按照自治区储备粮管理办法要求进行管理。

【统计调查】 做好粮食信息统计工作。做好国家、自治区粮油市场信息监测网上直报点工作，按要求定时上报粮油价格监测信息。贯彻落实《西藏粮食流通统计制度》，按时收集汇总上报月、季、年报表，并做好网上直报工作。对全市 8 个县（区)66 户的粮食产量、出售量及家庭存粮数量进行专项调查，并形成调查报告上报自治区粮食局。

【培训工作】 做好行业人员的培训工作。组织全市 19 名粮油统计人员参加自治区粮油统计培训班，提高粮油统计从业人员业务技能。选派 3 名人前往其他省市参加培训，进一步提高粮食系统人员业务素质和工作能力。结合自治区开展粮油统计培训班和日喀则市粮食领域工作实际，调控科对基层粮油统计人员以岗代训的形式进行培训，以此促进工作。

（薛 冬）

烟草专卖

【卷烟销售】 2019 年，日喀则市销售卷烟 19501 箱，增长幅度 3.42%。实现销售收入 82892.5 万元，增长幅度 7.44%。卷烟单箱销售收入 4.25 万元，同比增加 1600 元，增长幅度 3.91%。实现利税为 13582.47 万元，增长幅度 9.25%。

【市场监管】 2019 年，查获案件 114 起，查获“假、私、非”卷烟 103.86 万支，总案值 113.35 万元，上缴罚没款 8.85 万元。查获 5 万元以上涉烟案件 6 起，其中 2 起案件达到刑事立案标准，已移交司法机关。

贯彻落实行政审批制度改革要求，按照“放管服”和“互联网 + 政务服务”要求，市局零售许可证办证室已入驻日喀则市便民服务大厅。全年共新办 685 户、延续 648 户、变更 19 户、注销 481 户。

【自身建设】 年内，组织各类培训 52 人次，职业技能鉴定通过率 24.4%。组织开展“波澜壮阔七十年 昂扬奋进新时代”为主题的文艺会演庆祝活动，邀请专业拓展公司开展户外拓展活动，参加区局（公司）“展风采、强素质——争做知识型职工”五一知识竞赛并荣获一等奖及优秀组织奖。

【企业公益】 全年企业公益金共计 34.9 万元，其中 2019 年市局（公司）派驻江孜县卡堆乡长堆村、白定村驻村点改善村委会活动场所，派驻单位委派专业施工队在村委会修建阳光棚、铺设地砖、墙面翻新，该项目单位出资共 17.9 万元（长堆村 89541 元，白定村 89474 元）。参加“关爱老人、温暖社会”为主题的党员志愿者进社区服务主题党日活动，筹集 17650 元爱心款项。以“主题党日”活动为载体，为某户贫困户发起危房重建捐款活动，捐助 1.9 万元。另外，组织开展以“保护母亲河、我们在行动”为主题的年楚河畔垃圾清扫志愿服务活动。参加义务种植活动，种植 70 多棵小树。

（次仁梅朵）

成品油经营

【销售概况】 2019 年，中国石油西藏日喀则销售分公司围绕高质量发展中心任务，落实“安全、稳定、发展”三大主题，推进“强基固本、和谐稳定、1115”三项工程，不断提升基础管理、营销上量、队伍建设、基层党建和安全生产能力。全年实现成品油销售 23.73 万吨，完成年度任务 95.89%，增长幅度 6.17%。其中，纯枪 17.38 万吨，完成年度计划 91.46%，增长幅度 1.3%。直销总量

6.35万吨，完成年度计划110%，增长幅度22%。全年实现非油收入2030万元，完成年度预算101%，增长幅度近40%。

【经营管理】 2019年，中国石油西藏日喀则销售分公司实现“四提升一巩固”。销售总量稳步提升，突破23万吨大关。网络建设稳步提升，完成“保三争五”的目标。员工收入稳步提升，实现两位数增幅。非油销售稳步提升，突破2000万元大关。基层党建持续巩固，公司党建和党风廉政建设在西藏公司年底考核中连续三年名列前茅。

房地产业

【物业管理】 市住建局结合关于取消物业服务企业资质相关要求，起草《日喀则市物业服务管理办法（征求意见稿）》和《日喀则市住宅专项维修资金管理办法（征求意见稿）》，待市政府审批后印发执行。

【房地产市场管理】 *开发投资情况*：2019年全市房地产开发项目计划投资5.08亿元，实际完成投资3.11亿元，达到计划投资的61.22%。

新建商品房情况：2019年全市商品房实际销售面积10.12万平方米，同比增长49.09%。其中：住宅7.19万平方米，同比增长34.63%、非住宅类2.93万平方米，同比增长83.28%（含车位、商业、办公类等）。2019年实际销售6.95亿元，同比增长59.57%。其中，住宅3.78亿元，同比增长54%、非住宅3.17亿元，同比增长46%。2019年全市房地产市场销售均价，住宅6700元/平方米，商业10810元/平方米。

商品房库存情况：12月末，全市新建商品房待售面积6.52万平方米。其中，住宅3.58万平方米、非住宅类2.94万平方米。

非公房地产开发情况：日喀则市具有房地产开发资质的非公企业14家。2019年全市房地产非公开发项目计划投资2.77亿元，实际完成投资2.44亿元，达到计划投资的88.09%。

（谢苏友）

邮政管理

【概况】 日喀则市邮政管理局成立于2012年10月，由上级邮政管理部门与市人民政府双重管理，机构规格比照同级政府部门管理机构确定，下设办公室和行业管理科（机要通信科）两个科室。

2019年，全市邮政企业和规模以上快递服务企业业务收入（不包括邮政储蓄银行直接营业收入）累计完成4881.9万元，同比上升17.84%；业务总量累计完成4110.19万元，同比上升18.93%。

【普遍服务业务】 全市共有邮政普遍服务营业场所212个，其中，市区7个邮政网点，17个县级营业网点，乡镇邮政网点188个。

【快递业务】 全市共有中通、申通、圆通、百世、韵达、天天、顺丰、京东、德邦9个民营快递品牌（不含EMS），共74个经营企业（包括许可企业、分支机构和末端网点），其中，许可企业共 6 家、分支机构 57 家、末端网点 11 家，共 43 个独立网点，配备安检机共 10 台。

【基础设施建设】 推进建制村直接通邮。2019 年全市 1447 个建制村全面完成建制村村邮站设置任务，建制村通邮率为 100%。

“邮政在乡”工程。全市共建设邮乐购站点 141 个，服务脱贫攻坚，2019 年，累计农特产品交易额 0.414 万元，为 3 户贫困户增加收入 0.412 万元。

改善末端投递服务。推动邮政综合服务平台建设，现城市自营网点标准化率为 100%。深入推动警邮合作、税邮合作、政邮合作，依托邮政营业网点打造共享平台。推广智能投递设施，共铺设邮政智能信包箱 32 组，共 1224 个格口。落实快递业务经营许可简政放权等“放管服”改革举措，推动营商环境不断优化，推进“快递下乡”工程。

【安全执法检查】 加强执法检查，加强部门协作，开展日常检查、联合检查、双随机检查等，重点加大对各类禁寄物品的查验力度，督促寄递企业严格执行寄递安全管理“三项制度”，重点加大对各类禁寄物品的查验力度，坚决做好源头管理，持续抓好寄递业“扫黄打非”工作、邮政机要通信、禁毒、反恐怖、消费者信息安全保护等工作。2019 年，开展安全生产培训 3 次，组织突发事件应急演练 1 次，开展依法用邮、安全用邮宣传 7 场次，检查邮政营业网点共 141 处，村邮站 94 处，快递企业网点 70 个，出动执法检查 600 余人次，行政处罚 3 起，约谈 3 起，下达责令改正通知书 21 份，检查通报 4 份。通过落实企业安全生产主体责任、政府部门监管责任、用邮群众用邮责任“三方责任”，实现寄递渠道安全稳定运行，没有发生重特大安全生产事故。

【推进邮政业高质量发展】 严格落实邮政、快递服务各项标准。严守邮政普遍服务“两条红线”，1643 个建制村坐标已采集，试行每日投递打卡制度。开展《己亥年》《中华人民共和国成立七十周年》等重点纪特邮票发行的监督检查。持续整治末端违规收费问题，依法依规调处各类消费者申诉投诉 7 件，实现办结率、满意率 100%。做好“双十一”、中华人民共和国成立 70 周年等快递业务旺季服务保障工作，确保旺季期间全网不瘫痪、节点不爆仓。推动快递业信用体系建设，着力针对消费者关心的邮件快件抛扔、着地、摆地摊问题开展专项治理。

【推进行业绿色发展】 按照国家邮政局“9571”工程要求，全市实现各寄递企业电子面单使用率达 98% 以上，80% 以上的电商快件不再二次包装，36 家邮政、快递企业已设置包装废弃物回收装置箱，循环中转袋使用率达到 70% 以上。

【投递员权益保护】 邮政企业不断加大农村地区局所改造力度，开展“职工小家”建设，进一步改善生产经营条件和职工工作环境。成立日喀则快递行业工会委员会，快递企业职工集中入会，推进快递员权益保护。中通、圆通等快递企业为从业人员购买了意外伤害等商业保险，顺丰、德邦等快递企业为员工办理了养老、医疗等社会保险，各企业均为员工提供住宿便利，实现企业内部管理的规范化，减轻快递小哥的负担。

中国电信集团有限公司日喀则分公司

【概况】 年内，主营收入突破3亿元，移动过网用户市场份额达到47.4%。宽带新发展36072户，超额完成年度目标，完成率排全区第二。宽带用户份额达到70.60%，全区排名第二。天翼高清新发展3.21万户，超额完成年度目标，全区排名第二。客户融合率达到27.81%，全区排名第四。完成4592户，完成率113.38%。

【通信建设】 全年完成资本性投资10626.79万元，完成区公司“三个超九”目标，先后建设行政村光宽161个，行政村光宽通达数1612个，覆盖率为98.11%。建设282个4G基站，增加覆盖125个，覆盖率为98.22%。4G网络在县城及以上城区覆盖率达到100%，A级以上景区覆盖率达到90%，国道覆盖率达90.98%，行政村覆盖率达98.22%。行政村通光宽比例达98.11%，光宽服务能力达23.21万户。在行政村双网覆盖远超任务目标。全面部署城区3个综合业务区OLT设备下沉工作。

【客户服务】 协办类工单处理解决4045户、投诉处理157户、投诉定则2户、其中纳入专项考核2户、越级投诉1户、一般投诉1户。分公司2019年投诉工单一次性解决率均达标控制在95%以上。电子工单一次性解决率目标为100%，2019年新装实名制达到100%，未发生个人信息安全泄露事件和任何信息安全事故。区公司下发的存量用户实名制整改数据已100%整改完成。

坚持以客户为中心，开展“总经理谈服务”“管理层倾听一线”等活动，NPS满意度评分达78.9分，保持行业领先。入选区公司“高质量服务先进单位”，排名第二。

【应急保通】 承接提速降费、携号转网等重点工作，开展HW专项行动、漠视侵害群众利益问题专项工作。落实用户实名制，新装实名制达到100%，未发生个人信息安全泄露事件和任何信息安全事故。整治垃圾短信，强化网络信息安全保障能力。

中国移动通信集团西藏有限公司日喀则分公司

【营业渠道建设】 铺设覆盖全市广大农牧区的营业网点（实体渠道）共计370家，其中乡镇网点280家，乡镇渠道覆盖率90%。在发展实体渠道的同时拓展电子渠道，通过10086客户端、微信营业厅、手机营业厅等，为广大用户提供更便利的移动服务，实现“不出门就能办理所有业务”。

【落实“宽带中国”战略】 年内，累计发展家庭宽带用户4万户。贯彻“提速降费”政策，2019年，家庭宽带宽由50兆提升至100兆。开展流量降费，手机上网流量单价累计下降幅度91.5%。推动国际资费下调，国际长途直拨资费最高下降幅度超过90%，国际漫游流量平均单价下降幅度超过80%。多次下调家庭宽带资费，50兆和100兆的平均价格分别同比下降27%、38%。针对农村用户推出“保底 38 元即可享受宽带业务”，满足客户需求，丰富个人融合产品、家庭融合产品、酒店融合产品等产品体系。

【通信建设】 全年累计投资超过 6000 万元，新建 4G 基站 300 多个，扩容 4G 基站 200 多个，实现全市 18 个县（区）、204 个乡镇 4G 网络 100% 覆盖，行政村无线网络覆盖率超过 95%。

全年累计投资超过 1000 万元，新建家庭宽带小区 260 个，建设宽带端口 1.6 万多个，截至 2019 年 12 月 1 日，家宽总端口近 11 万个。

【客户服务】 在 728 家集团单位开展“我们百分努力 期待您的 10 分满意”驻点服务，在推广业务的同时收集客户的意见和建议。在春节、五一劳动节、八一建军节等重大节日，深入重要集团单位开展慰问活动，提升集团客户的感知。

【应急通信保障】 以“保障一流、覆盖一流、性能一流、服务一流”为目标，完成珠峰文化节、江孜达玛节、展佛节、樟木口岸重开等 17 次重大活动保障任务，共出动应急通信保障车辆 51 辆次，人员 115 人次，为 13 余万户用户提供通信保障服务，确保活动期间“零重大网络故障、零重大安全事件、零重要用户投诉”，完成各项保障任务。

（敖世平）

中国联通日喀则市分公司

【市场经营】 年度经营任务目标完成率为 89.05%，同比下降 8.5pp，在网用户规模同比减少 10.24%。探索互联网运营模式的转型，以腾讯王卡、阿里钉钉卡、冰淇淋、云产品等互联网产品为主，发展 2I2C 业务，实现主营业收入和用户规模的双提升。

【通信建设】 日喀则联通移动网络覆盖全县一区，中印一级干线、中尼两条国际光缆，通信安全可靠。公司助力日喀则经济发展，加大在日喀则的投资，为日喀则提供更为完善的通信服务。提升网络质量，加大第四代移动网络建设力度。

【客户服务】 本着“一切为了市场、一切为了客户、一切为了一线”经营理念，加强服务水平、提升窗口形象，完善服务机制，按照用户真实身份登记制度，实现实名制 100%。做好用户信息保密工作和信息安全工作，全年无案例。

【应急保障】 日喀则联通成立通信应急保障专业小组，对光缆传输干线进行地毯式隐患排除，定期对全市范围内的基站及中继站设备进行安全隐患排查及重点通信保障工作，建立值班人员 24 小时轮流值班机制，随时应对紧急突发情况。圆满完成洞朗事件通信应急保障工作。完成全会期间、珠峰旅游文化节等重要时期通信保障任务，确保各类节日和重大时间段的通信应急保障工作。

（白玛普赤）

旅游业

珠峰精神

坚韧不拔　巍峨不屈　感恩向上　敢为人先

旅　游

【旅游经济】 2019年，日喀则市旅游接待国内外游客总数为871.39万人次，同比增长25%，旅游总收入67.17亿元，同比增长21%，分别完成年度计划的103%和101%，其中，接待海外旅游者6.99万人次、同比增长18%，旅游外汇人民币收入3199万元，同比增长29%。接待国内游客864.40万人次，同比增长25%，其中，接待一日游游客335.63万人次，同比增长46%，国内旅游收入66.85亿元，同比增长43%。

【项目建设】 制订产业发展项目规划。江孜紫夏村、仁布嘎布久嘎村、定日扎西宗村扶贫规划，经与各县（区）及相关单位协调，借西藏自治区2019年旅游文化提升工程项目补增之机申报2018—2020年期间全市旅游文化提升项目总计36项，估算投资3.6亿元。

亚东夏日村旅游景区基础设施建设项目、日喀则市旅游宣传提升项目、吉隆吉普村旅游基础设施建设项目已竣工，准备验收。陈塘神秘谷景区旅游基础设施项目正常开工建设，截至年底，已完成总工程量的30%。仲巴县拉让乡玛永村等219国道沿线4个点的游客咨询服务点建设项目，已经完成总工程量的80%。

根据国家文化和旅游部、自治区旅发厅关于旅游规划扶贫公益行动的相关要求，先后完成桑珠孜区边荣村、拉孜强公村等“三区三州”深度贫困地区旅游规划扶贫公益行动帮扶对象村（10个）的筛选工作以及协调安排各县区旅发局与规划编制公司的对接、实地调研工作。截至年底，10个村的规划编制工作已完成。

【旅游惠民】 开展324个贫困村进行乡村旅游资源普查，摸清旅游相关资源、潜力、市场、人才等情况，完善建档立卡和数字化备案。加强旅游基础和配套服务设施建设。与实施精准扶贫工程相结合，江孜紫夏村、仁布嘎布久嘎村、定日扎西宗村扶贫规划。依托农牧区独特的田园风光、生产生活形态、民俗风情、传统文化和森林景观等资源，扶持鼓励珠峰景区20家农牧民家庭旅馆升级改造。优化提升吉隆国际旅游小城镇基础设施和公共服务环境。围绕主要城镇及重点景区，建设亚东夏日、定日巴松、仁布嘎布久嘎、吉隆吉普、昂仁桑桑、桑珠孜罗林、萨迦吉定、拉孜强公10个重点乡村旅游示范点。将定日县巴松村、吉隆吉普村打造成乡村旅游扶贫样板工程。

2019年，全市国家A级旅游景区（点）转移就业2438人、4279人次、总收入1385.46万元。星级饭店（酒店）转移就业2209人、3692人次、总收入1442.07万元。家庭旅馆转移就业3753人次、6155人次、总收入2089.01万元。旅游项目建设转移就业2376人、3803人次、总收入1762.09万元。旅游产品转移就业3319人、7874人次、总收入1772.79万元。其他转移就业人数555人、714人次、总收入497.99万元。

引导旅游企业开展“百企帮百村”活动，全市30家涉旅企业结合帮扶实际，发挥行业优势，提供就业岗位，吸纳贫困人口就近就地就业，并通过捐款捐物、助老助残等形式实施公益帮扶和其他帮扶，覆盖8个县（区）、20个行政村的406个建档立卡贫困户，帮扶慰问金、物资等折合人民币747684元。组织20余名贫困结对帮扶户，开展以“扶贫先扶志、扶贫必扶智”为主题的惠民政策讲解、爱国主义教育、实用技术培训班。安排和组织乡村旅游代表等参加各类旅游扶贫培训150余人。联系爱心企业出资6万元帮助局驻点村购买农用车辆，解决实际困难。

【住宿餐饮企业监管】 开展旅游行业扫黑除恶专项行动，联合市交警支队、消防等相关单位对市区26家星级酒店和3处国家A级旅游景区（点）、1家旅行社进行专项排查治理。对全市18县区，59处国家A级旅游景区，62家星级饭店，98家星级家庭旅馆，5家旅行社等涉旅企业，开展综合旅游执法检查152次，出动456人次，出动车辆143台次，处理文字性旅游投诉7起，电话投诉35次，处理率达100%。采取随机抽查的方式对桑珠孜区、江孜、定日、萨迦等10个县（区）星级饭店、国家A级旅游景区及涉旅企业、机场、火车站和客运站进行专项检查及联合执法，下达6份整改通知书，立行立改30份，约谈涉旅企业负责人3名。在检查中未发现捆绑销售、欺诈游客、强买强卖等行为。

与18个县区及市区星级饭店签订安全生产目标责任书。加强与气象、自然资源、水利等部门的联系，准确掌握预测预报，发布预警信息，做好风险提示工作。完善协调联动机制，强化与安全监管等部门的应急联动，协同应对各类涉旅安全事件。加强与公安交警、交通运管部门的协调联动，旅游车辆管理。联合市公安消防、市场监督管理局等相关单位对市区26家星级酒店，5家旅行社和重点旅游线路的国家A级旅游景区（点）、星级饭店、乡村旅游点等开展一次安全隐患排查治理工作。在市区星级饭店、国家A级旅游景区和旅游厕所配备立体式不锈钢架“旅游安全提示”标牌，扎寺游客服务中心停放的所有旅游大巴驾驶员发放旅游安全提示卡。要求18个县区旅游主管部门在所辖范围内星级酒店、国家A级旅游景区配备“旅游安全提示”标牌。

【第十七届珠峰文化旅游节】 共安排36项活动，活动期间设日喀则主会场和吉林活动周。其中，日喀则主会场于6月24—28日举办，以“讴歌新时代·吉祥日喀则”为主题，共安排24项活动，主要包括珠峰大本营新闻发布会、第四届“珠峰天使”旅游形象大使评选大赛决赛、“发现之旅”百家旅行社走进日喀则活动、“重走援藏路、触寻援藏情”援藏回访活动、白朗县第九届果蔬采摘节、南木林县首届高原海棠节、“聚焦新时代，歌唱

举办第四届珠峰天使评选大赛

日喀则”文艺演出、18个县区非物质文化遗产南亚特色产品暨青海省祁连县特色产品展销、第二届珠峰美食节、吉林省生态食品展、日喀则与延边朝鲜自治州友好城市缔约仪式、吉林专场文艺演出、“吉林·东北风”专场文艺演出、吉林专场招聘会、闭幕仪式颁奖典礼暨“歌颂新中国　赞美新时代”文艺演出等。

举办日喀则旅游重庆专题推介会

吉林活动周于5月28日至6月2日举办，以“奋斗新时代·吉祥日喀则”为主题，共安排12项活动，主要包括吉林活动周开幕式及文艺演出、招商引资暨旅游推介会、日喀则专场文艺演出、珠峰风情博览会、日喀则唐卡艺术展、“如意日喀则”书画摄影展、吉林援藏成就图片展、文化项目考察、民族风情歌舞表演等。

【其他旅游活动】 12月12日，召开日喀则市旅游发展大会。会议传达学习吴英杰书记在全区旅游产业发展大会上的书面致辞和全区旅游产业发展大会精神。会议对《西藏日喀则市旅游奖励办法（试行）》进行说明，并印发执行。

4月6—12日，先后到福建、广东两省，福州、厦门、深圳、广州四市，采取“8+1”的形式，由市委副书记、常务副市长徐向国带队，市旅游发展局相关人员和日喀则电视台、《西藏日报》驻日喀则记者站及市艺术团、桑珠孜区、拉孜县民间艺术团演职人员参加，开展日喀则旅游宣传推广活动，拓展旅游客源市场，强化日喀则“珠峰之乡·云端冰川”旅游品牌；2019年12月7—15日先后在重庆渝中区、四川成都市、青海西宁市开展“地球第三极·珠峰之乡　云端冰川”日喀则旅游宣传推广活动。同时，利用3天时间，在西宁市进行涉旅考察活动。还分别参加2019年上海国际博览会、厦门旅游博览会、山东国际旅游交易会、北京国际旅游博览会。

日喀则市“2019•珠峰旅游名片”暨珠峰旅游追梦人颁奖盛典举办。2019年5月12日，为庆祝中华人民共和国成立70年、西藏民主改革60周年，表彰2018年为日喀则旅游作出贡献的旅行社。在黑龙江南路日喀则市龙园举办日喀则市“2019•珠峰旅游名片”暨珠峰旅游追梦人颁奖盛典。

5月25日，成功举办第四届“珠峰天使”旅游形象大使评选大赛决赛。6月16日举办第二届珠峰美食节。引进区内外特别是对口支援四省市特色饮食，助力日喀则餐饮业向品牌化、规范化、特色化转型升级。6月17—24日，开展“发现之旅”百家旅行社走进日喀则活动，组织国内特别是吉藏两地旅行社代表走进日喀则，感受日喀则的独特

参加厦门第十五届海岸两岸旅游博览会

魅力，通过探访、交流等方式，向国内外广大游客推介日喀则，搭建旅游合作新平台。6月19日举办第一届“日喀则礼物”旅游商品（纪念品）评选大赛。此次大赛以“最能反映日喀则地域特色的商品（纪念品）”为主题，挖掘日喀则深厚的文化底蕴和优美的自然风光，设计、研发、筛选出一系列具有日喀则地域文化符号的旅游商品（纪念品），延伸旅游消费链，拓展旅游消费市场。

加强日喀则旅游网、日喀则旅游官方微信、微博建设，日喀则旅游信息多次在中新网、中国网、人民网等主流媒体和今日头条等新兴自媒体上传播报道。截至年底，日喀则旅游官网日均点击量17万次、峰值30万次，日喀则旅游微信公众平台现有粉丝量28万人，日喀则旅游官方微博粉丝量36万人。

为强化西藏与山东两省区的交流与合作，扩大日喀则“冬游西藏”影响力，分别在吉林长春、山东济南举办2018年“冬游西藏”暨日喀则旅游专题推介会。2019年，与援藏山东、上海、黑龙江、吉林四省市分别签订70万、50万、30万、30万人次的“游客援藏”计划，上半年，共接待四省游客90万人次，实现旅游收入35640万元。分别参加厦门第十五届海峡两岸旅游博览会、2019年山东（济南）国际旅游交易会、第三十届哈洽会及第十七届珠峰文化旅游节吉林活动周，日喀则旅游品牌知名度再次提升。

【旅游培训】 2019年，全市旅游系统累计有400余人次参加各类旅游培训。市旅发局举办全市旅游工作业务培训班、2019年秋冬季旅游服务管理培训班，重点对18个县区文旅局局长、旅游业务骨干及重点景区负责人、讲解员和市区星级饭店负责人进行培训，参训人员达350余人次。组织旅游系统人员分别参加文化和旅游部、区旅发厅组织乡村旅游及精准扶贫、乡村振兴与旅游发展，深度贫困地区旅游扶贫培训等各类旅游培训50余人次。

（杨鹏飞）

珠峰文化旅游创意产业园区

【机构概况】 日喀则市编制委员会于2018年6月正式批准珠峰文化旅游创意产业园区设立管理委员会。按照《关于设立珠峰文化旅游创意产业园区管理机构的通知》精神，珠峰文化旅游创意产业园区管理委员会为市政府派出行政机构，科级建制。设立珠峰文化旅游创意产业园区管理委员会综合服务中心，为珠峰文化旅游创意产业园区管理委员会所属事业单位，科级建制。

【土地招拍挂】 2017年12月对6宗土地采用有底价增价挂牌方式出让，评估价为25.2万元/亩，出让面积24.32公顷，成交价9203.904万元。2019年4月公开拍卖4宗地块，评估价为46万元/亩，出让面积17.05公顷，成交价17370万元。2019年6月公开拍卖2宗地块，出让面积6.484公顷，成交价8920万元。2019年10月公开拍卖2宗地区，出让面积5.97公顷，成交价4220万元。截至年底，完成14宗土地的招拍挂，出让面积53.82公顷，出让金39713.9万元。

【园区建设】 按照落地项目抓开工、开工项目抓建设、建设项目抓竣工、竣工项目抓投产的目标，实行领导包项目责任制，实行一个项目、一个领导、一名工作人员、一抓到底的工作举措，开辟重大项目绿色通道，全面推动项目建设进度。从2017年开工建设以来截至2019年11月，共完成投资16.74亿元，其中2019年完成7.14亿元，包括核心区18条市政道路建设，完成1.44亿元；游客服务中心项目，完成0.17亿元；博物馆项目，完成0.77亿元；非遗展示展销中心项目，完成0.59亿元；演艺中心项目，完成1.03元；城西客运站项目，完成0.28亿元；象湖假日酒店，完成0.97亿元；藏医药养生主题酒店，完成0.37亿元。

【招商引资】 截至2019年年底，共对接洽谈49家区内外企业，明确9个重点招商项目。2018年引进的总投资2亿元的两家酒店项目，分别为萨拉实业有限公司投资建设的象湖假日酒店、神猴药业有限公司投资建设的藏药养生酒店已开工建设。2019年成功引进拉萨琅塞房地产开发有限公司、日喀则开投实业有限公司、西藏四通房地产开发有限公司、日喀则市东郊驾校技术培训学校、顺源房地产开发有限责任公司、西美房地产开发有限公司、西藏云鑫生态农牧业发展有限公司、珠峰电子商务有限公司等8家企业，协议引资约7.4亿元。至年底，房车营地项目、低空飞行旅游、园区文旅综合体验街区、象湖文旅体验区、文旅综合风情街区、体验街区、农业旅游观光、高端度假酒店、珠峰运动园、影视基地、农耕博物馆、珠峰体育产业等项目在积极洽谈中。

（索朗曲珍）

多庆措

交通运输

珠峰精神

坚韧不拔　巍峨不屈　感恩向上　敢为人先

项目建设

【项目概况】 2019年，全市共实施公路建设项目613个，建设规模8660公里，总投资358亿元，全年完成投资121.3亿元，超额完成年度120亿元目标任务。通过项目实施，实现农牧民群众增收10亿元以上，实现96.6%的乡镇通畅和84%的建制村通畅，全市公路通车里程1.81万公里。

【重点工程建设】 2019年，全市共实施交通重点项目8个，建设规模719公里，总投资92.67亿元，全年完成投资31.83亿元。其中，国道318友谊桥重建工程、国道216热索桥重建工程、国道318樟木镇至友谊桥段整治工程、国道219延边横向通道、省道303线羊八井至大竹卡公路5个重点项目已建成并投入使用。国道318拉萨至日喀则机场、国道216孔塘拉隧道、省道514定结萨尔至陈塘公路3个建设项目进展顺利，全市国省道通畅水平显著提升。

监督管理

【市场管理】 年内，制定《日喀则市交通建设工程质量监督全覆盖行动计划方案》，对18个县（区）在建和续建公路工程开展全面监督工作，项目监督覆盖率达90%以上。

全年办理道路运输从业资格证1530本、营运证1725本、经营许可证1580本，年审从业资格证8290本和营运证5622本，组织道路运输从业资格培训16期，网络继续教育5756人次，完成维修企业许可转备案改革97家，推进两检合一改革检测站2家。

结合“六城共建”、“扫黑除恶”专项斗争等工作，更新市区老旧出租车130辆，开展文明交通建设、出租车车容车貌专项整治等活动，打击整治非法营运、非法旅游客运、出租车行业乱象等，推进市区出租车打表计价收费专项行动，并制定《日喀则市巡游出租汽车合乘出行管理暂行办法》《日喀则市巡游出租汽车计价器使用管理暂行办法》《日喀则市网络预约出租汽车经营服务管理实施细则（试行）》等行业规章。

【安全整治】 结合“百日活动”、打非治违、“道路运输平安年”“安全大检查”等专项整治活动，开展道路运输、客运源头监管、公路建设施工等安全生产专项检查，切实消除安全隐患。全年开展企业、客运场站、维修企业安全检查150次（专项检查60余次），重点运输企业监督检查7次，在建公路工程项目监督检查7次，出动监督检查执法人员84人次，巡查车辆28车次，发现道路运输领域安全隐患问题33处，公路工程领域安全隐患140处，并及时督促整改完毕，整改率达100%，全年未发生一般及以上安全生产事故。

针对航站鸟类活动频繁，坚持“防”与“治”相结合的工作方法，通过“人防、物防、技防”三合一的手段，加强飞行区和围界巡查、鸟情监控，持续强化鸟害防治和驱鸟措施，严防鸟击事件发生，全力确保航站飞行安全。结合航站实况，编制修订应急预案，科学规范应急管理，建立完善应急体系，明确目标和任务，落实责任，提高应急响应与特情处置的能力。制定航站“服务质量重点攻坚行动”工作方案和检查清单，不定期组织相关部门进行服务质量检查，参与区局各机场服务质量交叉检查，学习借鉴好的旅客服务经验方法。制定快速过站保障方案、调整旅客截止办理手续时间、安装自助值机设备、新增临时乘机证明自助办理终端、开通“无纸化”便捷通关。据统计，2019 年航站航班正常率达 92.29%。

交通服务

【公共服务】 全市共有客运企业 10 家，货运企业 10 家，公交企业 1 家，出租汽车企业 4 家。共有客运车辆 339 辆（其中农村客运 3 家，车辆 30 辆）、货运车辆 366 辆、公交车辆 58 辆、出租汽车 214 辆。推进“互联网 + 政务服务”，完成西藏政务网注册工作，梳理行业政务服务事项 28 项，政务服务监管事项 22 项，在政务服务网上办件量 2.85 万件，签发电子证照 1.1 万个，办件量位列全市第二。

【城市客运】 全市有珠峰友谊公交公司 1 家城市公交企业，现有公交车 58 辆，公交线路 8 条。城市出租汽车企业 4 家（市区 3 家，江孜县 1 家），有出租车 214 辆。

运　输

【公路运输】 2019 年，全市公路货运量 1012.5 万吨，公路货运周转量 29925.4 万吨公里，公路客运量 174.18 万人，同比上年增长 1.16%。公路旅客周转量 40594 万人公里，同比上年增长 4.19%。全市 202 个乡镇、1640 个建制村（不含街道和居委会）中，通客车乡镇 138 个、建制村 676 个，乡镇通客车率为 68.3%，建制村通客车率为 41.2%。

【铁路运输】 2019 年，旅客累计发送 791486 人，同比增加 82073 人次，增长 11.56%。旅客累计到达 662547 人，同比减少 21192 人次，减少 3.09%。货运累计为 7620 车（402385 吨），同比减少 1280 车（86328 吨），减少 14.38%，货运累计发送 391 车（10148 吨），同比减少 422 车（20163 吨），减少 51.9%。

【航空运输】 2019 年，西藏航空增开“日喀则—西安”航线，西部航空加密“日喀则—重庆”航线。8 月 30 日，日喀则和平机场年旅客吞吐量首次突破 10 万人次；全年，保障旅客吞吐量 158877 人次，货邮吞吐量 433 吨，飞机起降 1854 架次，同比分别增长 95%、61%、90%。

（索朗措姆　赵　伟）

交通综合执法

【“打非治违”行动】 全年共出动执法人员 2670 人次、出动执法车辆 765 台次，共检查车辆 17558 台次，暂扣违法违规营运车辆 184 台次，检查出租车 1795 台次，处理非法网约车辆 51 台次，受理举报电话 160 起。协调市司法局组织开展执法人员培训，共培训各县（区）交通运输局执法人员 108 人，办理执法证 68 件。

【治超工作】 依托拉孜治超站，共转载、卸载货物 400 余吨，整改“两客一危”（从事旅游的包车、三类以上班线客车和运输危险化学品、烟花爆竹、民用爆炸物品的道路专用车辆）车辆安全生产隐患 41 起。

【宣传工作】 结合“三大节日”和国庆节等时段，在市区、治超站和重要路段，以藏汉双语形式，发放宣传资料，举办交通事故图片展览，向广大乘客详细介绍交通综合执法业务，“96169”投诉热线，非法营运和超限超载危害，出租车拒载、拼客、甩客、不打表等情况。全年发放宣传资料 1000 余份，接受咨询 253 次。同时，利用交通执法流动宣传车和户外 LED 显示屏、出租车顶灯，循环播放扫黑除恶、打击非法营运宣传标语，在网络、LED 显示屏公示非法营运等违法车辆处理情况，向社会各界宣传乘坐非法营运车辆的危害，鼓励乘坐合法营运车辆。

（赵　伟）

珠峰后花园——吉隆沟

城乡建设

珠峰精神

坚韧不拔　巍峨不屈　感恩向上　敢为人先

城乡规划

【规划编制】《日喀则市城市总体规划（2016—2035）》（以下简称《总规》）经2018年1月5日获自治区人民政府批复。依据《总规》，编制完成《日喀则市中心城区控制性详细规划及城市设计》，经一届市人民政府第51次常务会议研究，2019年11月10日获市人民政府批复。并依据《总规》，修编完成《日喀则历史文化名城保护规划》《日喀则历史文化街区保护规划》，根据《历史文化名城名镇名村保护条例》相关规定，以市人民政府名义报自治区人民政府审批，待自治区人民政府审批。

【规划调控】 编制完成《日喀则市中心城区控制性详细规划及城市设计》《珠峰文化旅游创意产业园区控制性详细规划及城市设计》《日喀则经济开发区控制性详细规划及城市设计》，保障城市集中建设区控制性详细规划全覆盖。

【行政审批】 将行政审批项目纳入便民服务中心窗口，实现窗口一站式办理，项目办理时间由法定的20～30个工作日压缩到5个工作日。规范和完善批前公示、重大项目规委会审议、批后管理等制度，规划审批更加高效、公开、透明。2019年，办理建设项目选址预审意见9件，办理和发放选址意见书20件、建设用地规划许可证55件、建设工程规划许可证66件，出具规划条件及红线图106份，出具建设工程设计方案审查意见书85份，工程竣工规划核实合格意见26份。完成新建私房建设审批673户，完成私房规

图8 日喀则市城市集中建设区绿地系统规划示意图

划竣工验收682户。出具初预审意见书55份。报件54批次，面积947.09公顷。其中完成1～10批次经开区和市区农用地转用及征收报批工作，面积637.61公顷。

【行政执法监察】 共计开展警示教育共计40余人次，参与市城管牵头的联合执法4次，化解各类矛盾纠纷26起。机构改革后，整合执法力量成立市城市管理和综合执法局，共计配合处理土地违法案件15起。依法对经济技术开发区内违规搭建板房等违法建筑予以拆除，配合桑珠孜区人民政府、市城市管理和综合执法局，依法依规拆除卡热社区内私人擅自侵占集体土地进行违法建筑的永久性建筑2座。处理违法建设项目5起、私人房屋违规建设97起，发放行政处罚决定书150余份。

【建章立制】《日喀则市城乡规划条例》经西藏自治区第十一届人民代表大会常务委员会第八次会议于2018年12月24日批准，并由日喀则市第一届人民代表大会常务委员会2019年2月27日予以公布，自2019年3月1日起施行。建立健全机关内部管理及业务管理制度11项，形成用制度管权、管事、管人的长效机制。

（韩萱雯）

城市建设

【城镇化建设】 全市共有5个自治区级特色小城镇示范点（定结县陈塘镇、吉隆县吉隆镇、江孜县江孜镇、桑珠孜区甲措雄乡、萨迦县吉定镇，其中吉隆县吉隆镇为国家级小城镇），各县（区）整合棚户区改造等有关城镇基础设施建设资金和自筹资金，安排实施有关特色小城镇建设项目共计15个，总投资46087.96万元，开工建设14个项目，总投资44016.6万元（包括其他渠道资金），已竣工7个，已完成投资37463.62万元。

【城市卫生设施建设】 2019年，全市在主城区新建公厕8座（其中成品公厕2座），改造3座（板房），总投资242.72万元。

【污水、垃圾处理设施建设】 2019年投入30829.83万元，新开工建设谢通门、江孜、白朗、仁布、吉隆、萨迦、南木林、聂拉木县8个县域和定结县陈塘镇等9座污水处理厂及收集系统工程，投资26763.42万元。新开工建设仁布康雄乡垃圾填埋场和桑珠孜聂日雄乡、白朗县杜琼乡、康马县如麦乡、南木林达那乡4个垃圾转运站，投资4066.41万元。

【城市公园建设】 2019年投入7757.65万元，实施黑龙江路、几吉朗卡路、吉培林路、仁布路、雪强路、山东路、上海路、江夏路、卡热浦东路、珠峰路道路两侧绿化，青岛路及入口环岛绿化建设项目，吉林路及黑龙江南路绿化项目，日喀则市委、市人大、市政府大院绿化工程，烈士陵园绿化项目。

【天然气建设】 2018年年底，与中石化日喀则公司签订日喀则市域管道燃气综合利用特许经营协议，建设内容为规模2000立方米气化站1座，供气中压主管网159.12公里，油气合建站5座及相关附属设施，工程总投资128190万元，建设资金全部由企业自行解决。到2019年年底，已完成综合站土地摘牌和项目可行性研究报告编制工作。

【建筑市场管理】 建筑业企业情况：2019年在西藏自治区建筑市场监管与诚信一体化工作平台完成各类建筑业企业资质审批143家（其中劳务资质33家，预拌混凝土资质4家，建筑、市政、水利、交通、电力等106家），截至年底，注册在日喀则市的各类建筑业企业共有206家。（其中勘察、设计企业10家，施工企业178家，预拌混凝土企业13家，监理企业5家）。为做好企业资质审批工作，出台日喀则市住建局建筑业企业资质办理流程，严控资质审批中的各个风险点，规范审批流程，企业资质审核全在自治区统一平台上进行。

全市房屋建筑和市政工程项目：2019年在电子交易平台共完成596个项目房建市政项目交易（招投标），涉及项目总投资74.25亿元，其中453个房建、市政工程按照《施工许可证管理办法》在一体化平台上办理施工许可证，并开工建设。

在2018年开展的装配式建筑推广工作的基础上，2019年为推广装配式建筑，市住建局鼓励各项目法人单位推广、应用装配式钢结构建筑，2019年开工的装配式建筑已达到15万平方米（日喀则市曲布幼儿园、桑珠孜区第四小学、桑珠孜区第四初级中学EPC总承包项目，日喀则市公共职业技能实训基地建设项目等）。

根据《西藏自治区关于全面开展工程建设项目审批制度改革实施方案》工作要求，对拟定的《日喀则市工程建设项目审批制度改革实施方案》《日喀则市政府投资项目审批全过程流程图》《日喀则市企业投资审批项目审批全过程流程图》《日喀则市企业投资备案项目审批全过程流程图》《日喀则市企业投资核准项目审批全过程流程图》做出进一步的优化，梳理日喀则市工程建设项目审批事项。按照《关于加快推进自治区工程建设项目审批系统事项梳理工作的通知》通知要求，督促并指导各县（区）住建局认领涉及工程建设项目审批系统的事项目录，并完成实施清单编制工作。

截至年底，房建、市政领域有31个项目在西藏自治区建筑工人实名制管理平台注册登记，有145人次在系统中进行登记，实现工资银行代发工作。

【村镇建设】 2019年，自治区住建厅安排农村房屋抗震加固试点改造工作任务1130户，下达资金857万元。另下达农村危房改造指标614户，资金575.6万元，市级配套276.233元，共851.833万元。

【中心城区建设】 2019年，全市实施城市“六化”项目建设工作，具体分为硬化、绿化、亮化、美化、净化、湿化6个子项（湿化项目因出现重大变更，正在办理相关审批手续），项目总投资65266万元，全部为本级财政资金。

硬化项目完成珠峰路、青岛路、山东路、吉林路、上海路、黑龙江路、扎德路7条路改造，改造道路总长度27.43公里、排水管线长度3.6公里、电力工程长度18.89公里、道路照明工程1265盏。

绿化项目完成黑龙江路、几吉朗卡路、吉培林路、仁布路、雪强路、山东路、上海路、江夏路、卡热浦东路、珠峰路道路两侧绿化，青岛路及入口环岛绿化建设项目和吉林路、黑龙江南路等绿化项目。

亮化项目完成火车站、桥体、广电铁塔、公园绿地、行道树、路灯灯箱等23处重要节点亮化和黑龙江路、青岛路、山东路、上海路、扎德路、珠峰路6条主干路两侧共88家市直部门楼体亮化和13家中（区）直部门楼体亮化项目。美化项目完成市区主次干道沿街摆放花箱花器、制作护栏花箱，道路石材花箱的摆放，净化项目完成新建公厕8座（其中成品公厕2座），改造3座（板房）。

【城市供水】 全市18个县（区）县城均已建成集中供水设施，日均供水量达8.59万吨，覆盖人口27.21万人，年总供水量达3136.7万吨。

【人民防空】 以抓好第七次全国人防工作会议精神的学习贯彻为要求，参加“5·12”防灾减灾日、“9·18”国防宣传日、“11·9”消防宣传日等活动，举办“7·7”警报试鸣日人防宣传活动，共计发放宣传资料3000余份，参观人防宣传展板3000人次，发放各类宣传品2000余份。

2019年10月中旬，联合自治区人防办、拉萨市人防对吉隆、定结、岗巴、亚东等边境县开展人防执法大检查。开展人防执法培训2次40余人次，开展边境9个县防空警报系统操作培训20人次。

协调落实人防基本指挥所信息化建设二期项目。2019年成功进行人防全区三市四方人防互联互通演练活动，并每月举行1次应急互联互通演练。实施边境县空情警报系统建设项目，共建设9套人防警报系统中央站及19套电声警报系统，总投资近150万元。实施人防机动指挥所建设项目，总投资250万元，指挥通信车每月两次和区人防办通信车保持卫星联络，强化平时的人防指挥通信业务演练和保障。协调落实人防基本指挥所信息化建设二期项目。完成2019年国防数据统计和18个县区人防数据统计培训。推进人防“十四五”项目规划。

（谢苏发）

城市管理

【概况】 2019年3月机构改革后，原日喀则市城市管理委员会更名为日喀则市城市管理和综合执法局，内设机构4个（综合科、财务科、市政市容管理科、综合执法科），行政编制17名，下属事业单位4个（市政公共设

3月19日，日喀则市城市管理和综合执法局挂牌

施管理中心、数字化城管指挥中心、城管执法队、机关后勤服务中心），核定编制76名。承担城市环境卫生管理、市容管理、市政公用设施管理、公园管理和园林绿化管理以及城市综合执法等主要职能。

年内，争取吉林省援藏资金251万元，增添1台随车起重运输车、4台皮卡综合执法车、10台电动巡逻车、20台摩托巡逻车，50套执法记录仪、50个便携式数字对讲机（含基站建设）等执法设备。同时，向市财政申请26.41万元，市级层面配备全国统一城管制式服装。

2019年7月，城市网格化（数字化）管理系统建成正式试运行，初步实现城市事部件问题快速发现、快速派遣、快速处置管理模式。截至年底，所有系统、服务器运行较稳定，累计受理案件327起，结案281起，受理12319举报案件50起。

【行政执法】 突出“城管+N”的综合执法模式，采取“城管+交警”执法方式，协调公安局长期抽调6名交警，在市区内主要路段、街道常态化执法，查处违停5388起，涉案罚款101.76万元。采取“城管+环保+市场监管”多部门联合执法方式，查油烟、噪音污染。采取“城管+环保+住建”等部门联合执法与日常监管相结合，整治建筑工地扬尘污染，推进建筑工地6个100%管理制度。2019年，综合执法立案查处案件404起，罚款26.98万元，查处损坏市政设施案件55起，处理46起，追缴破坏市政设施赔偿约26.77万元。土地和规划领域查处34起，立案24起，已完成拆违28起（其中自行拆除11起，强制拆除17起），占地12.43公顷、建筑面积2.4万平方米，责令停工8起。

6月17日，日喀则数字化城管指挥中心正式启动运行

【市容环境】 美化方面，总投资1363万余元，完成城区各主要路段和各公园、广场的护栏花箱街景美化。投资21.753万元，在“3·28”“10·1”等重大节日期间氛围营造工作。亮化方面，针对6月集中排查发现城区路灯亮化率仅为30%的问题，开展路灯维修更换布线工作，城区24条道路1681盏市电路灯通电使用。

【市政管护】 市级财政保障城市维修资金2032万元，全力推进市政道路、排水管道、绿化设施、“城市家具”的维修养护和非法小广告清理服务外包工作。争取市本级财政资金721.72万元，对仁布路人行道路进行改造，并购置应急排水设施，汛期组织人员对仁布北路、嘎久美达路东段等积水多发地段抽水排涝，防治城市内涝。实施“互联网+政务服务”模式，融合

6 月 17 日，数字化城管监督指挥中心正式启动运行

保洁员进行培训。

多林生活垃圾填埋场二期工程于 11 月 1 日正式启用。全市首次实现建筑垃圾处置收费管理制度和定点处置消纳管理措施，139.8 万吨渣土进行集中处置，大幅度减少建筑垃圾围城和偷倒乱倒问题。

印发《日喀则市关于进一步推动生活垃圾分类工作实施方案》。按照“谁生产、谁付费”的原则，完善城乡生活垃圾处理收费办法，促进生活垃圾源头减量。在前期深入调研、大力宣传，提高群众对生活垃圾分类的认知和参与度基础上，10 月 27 日至 11 月 3 日，达兴带队的考察组一行 6 人于赴银川市、南通市、上海市对生活垃圾分类工作进行学习考察。

日喀则市第四届环卫工人节期间，先后开展了最美环卫工人评选、送医送药、“两癌”筛查、设置免费饮水点 78 处、爱心企业提供免费早餐、捐赠爱心羽绒服表彰暨慰问演出等系列活动。

（许明英）

线上线下，整合提升服务水平，提高工作效率，真正实现“一站式”便民服务，仅 2019 年办理行政许可 501 项。

【园林绿化】 在调研城区道路两侧绿地、行道树数量、面积、种类，建立台账基础上，初步制定《城区绿地养护方案》《城区公园外包服务方案》《城区公园外包服务考核办法》。对贡觉林卡、贡觉林湖公园，黑龙江南路 1 ～ 5 号公园的环卫保洁进行服务外包。动用全局力量，轮番值守，杜绝公园内席地而坐、搭帐篷过林卡，破坏设施、车辆乱停放等问题。

【城区环卫工作】 根据《日喀则市桑珠孜区城市环卫市场化作业考核实施办法》规定，采取倒扣分数的方法考核，按照运营协议书约定从 2019 年 7 月至 2019 年 12 月 24 日督查总扣 3887 分，折合项目运营款扣除 777.4 万元，已报至市财政局。制定落实所长制公厕管理制度，局班子成员带头担任“总所长”全局干部职工一人一厕包干担任“所长”，定时检查，并制定公厕管理保洁标准、对 80 名

“4・25”地震灾后重建

【综述】 2019 年全市灾后恢复重建项目完成投资 47879.57 万元。其中，定日县绒辖乡民房重建完成投资 101.25 万元。定日县绒辖乡陈塘村、达仓村、仓木坚村和吉隆县 34 个村新建修复道路、广场、给排水、路灯、电

力等基础设施建设项目完成投资1260.77万元。萨嘎县加加镇、聂拉木县聂拉木镇特色小城镇市政道路、给排水、应急避难场所、除险加固、绿化、电力等基础设施项目完成投资3144.14万元。定日县、仲巴县非住宅用房项目完成投资162万元。产业项目完成投资2619.28万元。公共服务项目完成投资7565.64万元。地质灾害项目完成投资33026.49万元。截至年底，日喀则市灾后恢复重建已基本完成。

【樟木新镇建设】 项目总用地96.67公顷，总建筑面积14.54万平方米，总投资8.87亿元，其中：民房重建557户，建筑面积10.3万平方米；小学、幼儿园、派出所、消防站、卫生服务中心、政府业务用房、老年日间照料中心等建筑总面积3.71万平方米；综合管廊总长度1.9公里；道路5条，总长4.49公里；绿化等附属面积44.76万平方米等。2017年10月1日，原樟木镇4个村（居）1694名群众全部顺利完成搬迁入住，基础设施及公共服务（小学、幼儿园、派出所、消防站、卫生服务中心、老年日间照料中心、道路等）已全部建成，并投入使用。

定日县境内珠穆朗玛峰国家级自然保护区风光

生态环境

日喀则年鉴 2020

珠峰精神

坚韧不拔　巍峨不屈　感恩向上　敢为人先

环境保护

【机构概况】 2019年3月机构改革后，原日喀则市环境保护局更名为日喀则市生态环境局。现设办公室、自然生态保护科、水气监管与监测科、土固与辐射科、环境影响评价与排放管理科、政工人事科、机关后勤服务中心、环境工程评估中心、宣教信息中心、综合行政执法队共10个部门。

【污染防治】 蓝天保护战　2019年，制定《日喀则市蓝天保卫战实施方案》，并围绕《中华人民共和国大气污染防治法》实施专项检查，突出沙尘、扬尘、机动车、煨桑等污染控制，开展“散乱污”企业综合整治，实行工业企业污染源达标排放。完成加油站油气回收治理工作。2019年，对机动车尾气检测公司使用最新排放限值，累计淘汰黄标车及老旧车127辆，从污染源头实行总控制。2019年，全市环境空气质量优良率98.1%，未出现重污染天气。

水污染防治　2019年，组织筹备编制《日喀则市“十四五”生态环境保护规划》工作，制定全市水污染防治方案，以饮用水源保护和城市生活污水治理为重点，推进良好水体保护，深入实施水污染防治工作，促进绿色发展，强化水资源管理，确保水环境安全。落实第二次全国污染源普查经费127.07万元，完成第二次全国污染源普查入户普查、工作总结报告和数据分析报告的编制、对18个县区的污普验收等工作。健全环境信息发布机制，发布《日喀则市2018年环境质量状况公报》。落实《水污染防治行动计划》。全面推行河湖长制，落实最严格水资源管理制度，加强入河排污口管理和地下水污染防治。编制完成农村生活污水处理试点项目设计方案，将达到要求的14个县41个村的污水处理信息汇总上报至自治区生态环境厅，最终核定工程概算954.29万元，下达资金1100万元。城镇污水处理设施及配套管网逐步完善，全市的11家污水处理设施项目，6家已投入使用，5家正在建设中。与各县（区）人民政府签订水污染防治目标责任书，并对18个县（区）29个饮用水水源地进行保护区划分，对饮用水水源地保护工作提出具体要求。对已建立完成的全市29个县级及以上城镇集中式饮用水水源地的“一源一档”及水源地“风险源名录”情况进行实时更新。对全市乡镇及以下饮用水水源基础信息开展数据采集，加强各级水源环境档案管理方面的能力建设。根据18个县区29处城镇集中式饮用水水源地

贡觉林卡建设项目及年楚河两岸生态治理项目

水质月监测报告，城镇集中式饮用水水源地的水质达标率为100%，8个国控地表水断面水质达到或优于Ⅲ类，全市未发现黑臭水体。

土壤污染防治　2019年，实施《土壤污染防治行动计划》。确定全市污染源监测名录34家，完成医疗废物及危险废物省外转移6家，到年底，正在办理转移手续的有企业4家、机关事业单位17家。全区试行危险废物电子联单以来，全市已在网上备案的企事业单位共15家。统计筛选涉土壤、固废、重金属等生态保护项目申报情况60个，并及时上报至自治区生态环境厅。实施日喀则市白色污染治理工作，制定《日喀则市“白色污染”治理攻坚战行动总体方案》，每季度跟踪督办。对全市企事业单位产生、处置、利用以及处置方式贮存、产废单位的基本信息进行摸底调查，截至年底，共排查备案单位共122家。

规范环评审批程序　收集整理相关资料，形成《日喀则市环评手续办理指导手册》，并印发至各县（区）和市直相关部门。2019年共审批建设项目187个，其中报告书7个，报告表180个，网上审批登记备案2356个。2019年共组织项目评审19次，共审查项目186项，其中报告书6项，报告表180项。一次通过评审的项目为173项，一次通过率为93.01%。二次上会项目数为7项，均通过评审会。严审规划环评。以改善环境质量为核心，强化“三线一单”约束作用，共审查市级产业园区流域规划环评5个。

【环保宣传】 2019年，主要采取以下方式：利用“两微一端”发送各类生态环保信息801条。开展环保设施公众开放活动，50余名干部自发要求参观城市污水处理、环境监测，近距离感受生态文明成果。年内，组织20余名志愿者每月前往年楚河和江萨国家湿地公园，开展“保护年楚河，我们在行动”环保志愿活动。同时，开展生态环保进校园宣传活动，240名学生参加活动。利用世界

贡觉林湖

环境日，主办“美丽日喀则我是行动者”大型宣传活动，共发放生态环境保护宣传资料2万余份，各类环保宣传日用品7600余个，为45名群众提供环保政策法规咨询解答，发出手机宣传短信2.4万条。

定日、定结、萨迦三县交界处朋曲河流域沙化土地治理

【培训工作】 2019年，选派业务骨干到全国其他省市、对口援藏省市、上级部门等进行业务培训达30余次。邀请自治区生态环境厅专家举办全市生态环境系统业务培训班，落实培训经费8.1万余元，培训人次达300余人次。邀请司法部门，对18个县区59名环境执法人员进行环境执法持证上岗考试，考试通过55人，发证55张。

【环保执法】 2019年，受理12369电话信访33起，全年，动用车辆30车次，出动人员50人次，推动信访问题全部办结。一年来，下达限期整改通知书15份，下达行政处罚决定4份，检查企业170余家，出动执法人员350余人次，动用执法车辆170余车次，累计行政处罚金额17.1万元。

（罗　桑）

生态保护

【各类保护区概况】 全市有国家级自然保护区2处，总面积59.82万公顷，其中珠峰国家级自然保护区面积33.82万公顷，黑颈鹤国家级自然保护区面积26万公顷。建立各级湿地类自然保护区2处，总面积15.2万公顷，其中桑桑自治区级湿地自然保护区面积7万公顷，马泉河县级湿地保护区面积8.2万公顷。已建国家湿地公园3处，总面积3.08万公顷，其中白朗年楚国家湿地公园面积0.3万公顷，多庆措国家湿地公园面积2.6万公顷，江萨国家湿地公园面积0.18万公顷。

【生态修复项目】 营造林项目　2019年，完成各类营造林项目4.25万公顷，完成率100%。其中重点区域完成1840公顷，完成率100%。“两江四河”流域造林绿化工程完成3373.33公顷，完成率100%。拉萨及周边造林绿化工程完成8553.33公顷，完成率100%。消除“无数村、无树户”完成433.33公顷，完成率100%。义务植树完成2593.33公顷，完成率100%。防沙治沙工程完成16560公顷，完成率100%。森林抚育完成5573.33公顷，完成率86%造林补贴完成1666.67公顷，完成率100%。机场快速通道绿化项目完成753.33公顷，完成率100%。

重点线路沿线造林　组织开展机场快速通道造林，总面积753.91公顷，总投资7127.57万元。推进318绕城路重点区域建设，总任务面积448.14公顷，总投资4079.85万元。国道318沿线补植补造，完成2.3万株苗木补植补造工作。

城区绿化　完成“六城共建”绿化项目6个，涉及3块区域13条道路，概算投资4695.8万元，栽植绿化树9975株、景观树3968株、绿篱8770平方米，植花种草6586平方米。新增城区绿地面积3.54万平方米，建成城区绿地率达到8.7%。向39家城区单位（包含学校）发放种植绿化苗木1650株，消除城区“无树单位”。完成古树名木调查保护，制定《日喀则市古树名木管理办法》。

【自然保护区管理】　宣传《中华人民共和国森林法》《自然保护区管理条例》《中华人民共和国野生动物保护法》，以及野生动物疫源疫病监测防控知识，普及生态自然保护科学知识。年内，完成雅江中游河谷黑颈鹤国家级自然保护区三期工程和补助资金项目，投入801万元增设29个标识牌、界桩272个、界碑5个、瞭望塔1座、配备救护车1辆。根据《国家级自然保护区调整管理条例规定》，按照占补平衡原则，已重新调整规划雅鲁藏布江黑颈鹤国家级自然保护区日喀则片区范围，调整面积达10318.23公顷，其中调出保护区面积5889.9公顷，调入保护区面积4428.26公顷，已上报国家林草局审查。安排100万元用于2019年度野生动物保护补助资金，做好非洲猪瘟疫情监测防控工作。指导各县区保护野生动物救护和理赔。加强小叶杜鹃、香柏等原生植物保护管理。

依法在保护区范围内开展排查整治专项行动，依法处理违规及未批先建项目3个、取缔非法采沙场1家，依法办理行政审批手续30件。实地督查雪莲水泥厂违规采矿、谢通门县雄村铜矿等点位整改工作。协调中南院编制完成黑颈鹤保护区2019年湿地补助项目实施方案。开展“绿盾2019”专项行动，实地核实156个疑似点位，整改完成中央第六环境保护督察组转办群众信访案件16项。

【湿地管理】　实施完成3个国家湿地公园和多庆错湿地和江萨湿地项目。编制完成2个国家湿地公园补助项目和黑颈鹤保护区湿地

黑颈鹤保护区

生态效益补偿项目实施方案，已上报自治区林草局审批。

【耕地保护】 2019 年与自治区签订的耕地保护目标责任书，明确全市耕地保有量面积不少于 13.94 万公顷，永久基本农田保护面积不少于 11.86 万公顷。

【地质环境】 2019 年，完成《“4·25”尼泊尔地震西藏灾区地质灾害防治专项规划日喀则市实施方案》中除樟木口岸外的全部工作内容。投入 5 亿元实施樟木口岸地质灾害一期治理项目，并在 2019 年 5 月 30 日前，完成直接影响货运通道的地质灾害防治项目。同时顺利完成“4·25”地震日喀则市地质灾害防治审计工作。

生态文明建设

【生态红线】 2019 年，协调配合完成生态红线前期划定工作，实现“生态红线”全市“一张图”，对珠峰生态长廊、重要湿地、野生植物集中分布地、自然岸线、雪山冰川、高原冻土等重要生态区域进行保护上的再强化。完成全市生态保护红线划定面积为 61701.46 平方公里，约占市域面积的 34.30%。

【生态乡村创建】 2019 年，以生态村（乡）创建为抓手，抓住日喀则市实施生态珠峰战略和自治区生态村（乡）创建申报机遇期，截至年底，全市共被命名自治区级生态县 1 个、自治区级生态乡（镇）15 个、自治区级生态村 661 个，其中在 2019 年内申报成功生态村 248 个。

【生态监测站】 2019 年，日喀则市生态监测站建设项目批复投资为 2250 万元，到年底，项目主体工程已完工，设备采购正在与技术支撑单位开展协调工作。亚东观测场建设设计已完成，协调观测场征地及开工事宜。定日县生态监测站项目概算投资为 2111.77 万元，项目主体工程已完工并通过初步验收，已完成招标公示。拉孜县国家水环境质量自动监测站建设项目概算批复总投资为 118.33 万元，该项目于 2018 年 7 月开工建设，房建部分已竣工。土壤信息化平台建设项目投资 1000 万元。

【完善生态环境损害赔偿机制】 日喀则市严格执行西藏自治区生态环境损害赔偿制度，成立以市委副书记、市长刘虎山为组长，市政府副市长冯小义为副组长的全市生态环境损害赔偿制度改革工作领导小组，形成“领导重视、部门联动、事前有练、事发能战”的环境事件应急处突新局面。及时有效地应对，10 月 15 日在岗巴县境内发生的半挂车沥青重油泄漏环境事件，控制污染扩散势态，保护下游水源和恰央水库生态环境。同时，开展环境事件生态损害赔偿工作，邀请生态环境部、自治区生态环境厅各级专家，对事故发生地进行实地勘察，召开座谈会，形成科学合理的生态环境损害评估和赔偿方案。

珠穆朗玛峰国家级自然保护区管理

【概况】 3 月中旬，国家林业和草原局检查组一行赴珠峰保护区，对中国人与生物圈国家委员会秘书处预评估珠穆朗玛世界生物圈保护区时，反馈问题整改情况进行“回头看”，整改工作受到国家林业和草原局检查组的肯定。5 月 10 日，生态环境部西南督察局赴珠峰保护区检查珠峰垃圾清理工作，珠峰垃圾清理工作成效受到生态环境局西南督察局的肯定评价。6 月 5 日，生态环境部副部长黄润秋一行赴藏调研检查珠峰保护区垃圾等工作时指出，立即拆除违建项目定日县曲宗综合体及附近建筑体（珠峰游客集散中心）和全方位筹措《珠峰保护区生态旅游总体规划》编制费用共计 90 万元。到年底，定日县曲宗综合体及附近建筑体拆除整改工作基本完成，按照市委主要领导批示精神，专家组现场评估一致认为，定日县曲宗综合体及附近建筑体拆除整改工作基本完成。

通过联合国教科文组织“人与生物圈计划”国际秘书处对珠穆朗玛世界生物圈保护区十年评估。9 月，联合国教科文组织“人与生物圈计划”国际秘书处向珠穆朗玛世界生物保护区反馈十年评估结果和建议。

2019 年 2 月中旬，部分媒体和网友误认为“珠峰无限期关闭”，引发广泛热议、关注和讨论，一时间成为舆论焦点，珠峰自然保护区管理局配合新闻媒体对“珠峰无限期关闭”进行辟谣。

【生态珠峰建设】 先后安排监测人员到大本营布设地表水和大气的监测点位。按照相关技术规范，对珠峰大本营所在的扎嘎河上游 500 米、大本营、扎嘎河下游 1500 米布设 3 个水质监测点位，同时在大本营布设 1 个大气监测点位，对国家级自然保护区进行重点环境监控。申报《珠穆朗玛峰国家级自然保护区总体规划（2019—2028）》，已通过自治区林草局评审，上报国家林草局后正等待审批。

【珠峰保护管理】 2019 年，林草部门共办理涉及珠峰保护区行政审批项目 51 项。完成市区西郊出城口保护区重要路段和点位宣传牌安装和沿线 53 块标识标牌设立。投入林业改革发展资金 250 万元，完善保护区保护、科研监测、宣教和管理站等基础设施，向珠峰保护区四县管理分局下拨巡护经费和管护务工补贴 48 万元。投入林业改革发展资金 200 万元，建立和完善珠峰保护区自然资源巡护执法体系，提高保护区管护和科研监测能力。市本级财政投入 60 万元，推动珠峰保护区信息化建设。珠峰保护区勘界定标报告已通过自治区林草局评审，按照国家林草局出台的《自然保护区勘界定标技术规程》，到年底正在实施界桩界碑设计工作，预计 2020 年 5 月前完成。发挥珠峰保护区 1000 个生态岗位作用，开展珠峰保护区环境卫生整治。推进珠穆朗玛峰国家级自然保护区保护管理长效机制改革项目，完成 2019 年珠峰春季登山活动监管工作。起草上报“第三极”国家公园群论证报告和珠峰国家公园试点方案，继续推进珠峰国家公园体制试点工作。督促定日县及时完成曲宗旅游综合体拆除验收和整改情况“回头看”，加大对珠峰保护区内未批先建、沙场和垃圾整治的监管力度。

【项目建设】 完成林业改革发展资金的落实工作，进一步加强珠峰保护区科研、宣教、巡护等工作，如完成 12 万元的珠峰保护区 30 年遥感监测等。2018 年市本级财政补助资金项目60万元用于推动珠峰保护区信息化管理工作，如珠峰保护区宣传工作电话短信提醒费已支付4万元。珠峰二期、能力建设项目进一步推进并进入后续收尾工作。珠穆朗玛峰国家级自然保护区保护管理长效机制改革实施方案项目总投资1660.61万元，主要包括管理站维修、配套设备采购和组建1支200人的管护队，截至年底，管理站维修、配套设备采购已经完成招投标，待公示期结束后，按相关程序继续推进，运行经费自治区层面正在研究中。在珠峰保护区沿线设立标识标牌已经完工，已通过初验。

【保护区设施建设审核】 按照《中华人民共和国自然保护区条例》《西藏自治区实施〈中华人民共和国自然保护区条例〉办法》《在国家级自然保护区修筑设施审批管理暂行办法》等法律、法规，依法依规审核涉及珠峰保护区设施建设的手续，截至年底，已完成51项设施建设审核手续。

【保护区监管】 涉珠峰保护区违法违规问题，除聂拉木县珠峰霍尔巴绵羊育肥基地建设项目外，已基本完成整改。结合已经建立的各项规章制度，加大对珠峰保护区已审批建设项目、垃圾清理工作的监管力度和未批先建项目和沙场的排查力度，巩固珠峰垃圾清理工作成果。与四县珠峰管理分局签订珠穆朗玛峰国家级自然保护区自然资源监管目标责任书，加强对自然资源的监管工作。发挥珠峰保护区1000个生态岗位的作用，加强对珠峰保护区环境卫生整治工作。加强对春秋季登山活动监管工作，2019年春秋登山活动已经结束，其间珠峰管理局和定日县珠峰管理分局前往现场监管、督导检查共计47次。

【保护区勘界定标】《西藏珠穆朗玛峰国家级自然保护区勘界定标报告》已经通过区林草局评审。2019年7月，国家林业和草原局出台《自然保护区等自然保护地勘界立标工作规范》。8月，按照《自然保护区等自然保护地勘界立标工作规范》，联系区林草局和测绘公司以及相关技术单位开展此项工作。截至年底，基本完成内业所有设计工作。

【珠峰雪豹保护工作】 完成春夏季雪豹和栖息地调查以及雪豹有蹄类猎物的系统调查，撰写《珠峰保护区2019年雪豹种群及栖息地调查进展报告》和《珠峰保护区2019年有蹄类种群密度和分别研究报告》。开展珠峰湿地和草地自然资源专项调查，分别前往聂拉木县波绒乡开展社区合作社调研、搜集文字影像资料、定日县开展社区定点筹备工作、河北省清河县和浙江省义乌市实地考察，完成雪豹“阿俏”的三维立体设计。

对接野性中国团队，在珠峰保护区举办野生动物摄影专项训练营，从生态保护基本理念、野生动物摄影技能、无人机使用技能等方面，为基层人员做野生动物摄影技能培训，让基层人员学习提高摄影技能和初步掌握如何使用无人机，收集整理野生动物摄影培训活动作品100张左右，用于开展展示和宣传工作。与区外国家级自然保护区商议2019年冬季考察相关事宜。完成设计两套明信片和一套宣传册，为珠峰保护区宣教工作积累了珍贵材料，并已与西南山地初步达成意向，为珠峰保护区设计制作一套精良的自然观察手册。

江孜县紫金湿地　（扎西次登　摄）

金 融

珠峰精神

坚韧不拔　巍峨不屈　感恩向上　敢为人先

中国人民银行日喀则市中心支行

【机构概况】 截至2019年年底，中国人民银行日喀则市中心支行内设14个职能科室。

【货币政策】 2019年度，人民银行日喀则市中心支行突出对民营经济和小微企业的信贷支持力度，把更多的信贷资源配置到日喀则经济社会发展的重点领域和薄弱环节，充分发挥金融“撬动”作用。2019年度，日喀则市各项贷款余额235.27亿元，较年初增加7.66亿元，增长3.37%。小微企业贷款余额47.48亿元，较年初增加11.80亿元，增长33.07%，增速超过30%的指标任务。涉农贷款余额133.48亿元，较年初增加7.99亿元，增长6.37%。“双创”贷款余额1.39亿元，较年初增加0.30亿元，增长28.01%，成功发放日喀则市第一笔创业担保贷款。绿色金融贷款余额24.73亿元，较年初增加8.05亿元，增长48.27%。为农村公路、拉日高等级公路等重大项目和重大工程累计发放贷款86.79亿元。

【金融稳定】 2019年度，人民银行日喀则市中心支行把防范化解金融风险作为当前工作的重中之重，落实防范金融风险的行动方案，组织召开全市金融稳定工作部署会议，关注重点行业和重点企业的运行状况和风险隐患，监测金融机构资产质量结构，强化对日喀则经济金融运行形势分析和风险研判，协助化解政府隐性债务风险，推进金融生态建设，打击干扰正常金融秩序的违法违规案件，发挥反洗钱在维护社会和谐方面的职能作用，确保日喀则市全年未发生金融风险案件，金融消费者权益保护咨询投诉办结率、满意率均达到100%。向日喀则市政府呈报《日喀则市金融稳定评估报告（2019）》。

【普惠金融】 2019年度，人民银行日喀则市中心支行推动惠农“一卡通”工程在日喀则乡镇、村（居）全覆盖和个人信用报告自助查询机在日喀则市下属县区全覆盖，建立亚东县下司马镇和吉隆县吉隆镇两个特色金融小镇，指导建立22个银行现金服务示范网点，建立的印度官方香客现钞结汇“亚东模式”得到国家外汇总局的书面批转，新增建设3个“一廊四区”模式农牧区反假货币示范村，移动支付工具在公共交通领域实现应用，日喀则市国债销售创下新高并实现县级国债销售“零”突破，同时，做好新版人民币宣传发行工作。向日喀则市政府呈报《关

8月2日，日喀则市召开全市民营和小微企业座谈会

9月28日，人民银行日喀则市中心支行组织辖内5家商业银行对60家小微企业进行金融服务产品推介会，并与10家小微企业进行现场授信签约

于全面推广“岗巴经验”深化惠农“一卡通”工作的报告》。

【金融扶贫】 研究制定“80%+50%”的金融精准扶贫工作思路，金融精准扶贫工作重点聚焦6个县脱贫摘帽工作，实行金融精准扶贫班子成员分片包干制，整改扶贫巡视反馈的金融工作方面存在的问题，突出对重点扶贫产业项目的对接支持，对接深度贫困地区和建档立卡贫困户，推动出台保险助推扶贫产业管理暂行办法，持续贯彻落实金融精准扶贫“八个全覆盖”要求，突出对种植养殖大户、致富带头人、经合组织和扶贫龙头企业的产业扶贫支持，市政府批转支行制定的《日喀则市致富带头人及能人大户“银行支持我致富”主题讲故事活动实施方案》，并组织召开金融支持致富带头人及能人大户大型宣讲活动，活动覆盖日喀则市所有县（区）和乡镇，发挥能人大户和致富带头人的领头人作用。截至2019年年末，全市金融机构精准扶贫贷款余额48.21亿元。

【金融管理】 做好中国人寿财产保险股份有限公司和珠峰财产保险股份有限公司加入日喀则市金融管理与服务体系工作。对藏行日喀则分行和邮储银行日喀则市支行开展综合执法检查，加强代理库、托管库、代理支库的监管，确保发行基金和国库资金的绝对安全。按照“放管服”的要求，贯彻落实取消企业开户行政许可工作要求，减少企业办理银行开户业务的时间和程序，助推全市营造良好营商环境。贯彻落实《日喀则市政府关于加快推进社会信用体系建设实施意见》，开展征信信息安全巡回检查，落实征信信息安全管理工作要求，推进日喀则市社会信用体系建设工作。完成桑珠孜区代理支库上收工作，全市17个县代理支库TCBS系统成功上线，稳步开展电子缴税业务普及推广工作。

（次仁久美）

中国农业银行日喀则分行

【机构概况】 中国农业银行股份有限公司日喀则分行辖属112个对外营业机构，内设15个部室，2个巡查组，1个营业部，服务面覆盖全市所有县（区）和323个乡（镇），拥有职工920人。

【存贷业务】 截至12月底，全行各项存款余额2666148.43万元，时点市场份额占比55.01%。各项贷款余额1396909.06万元，时点市场份额占比59.38%。

【服务经济】 截至12月末，“三农”贷款余额1010425万元，累计投放农户到户贷款422586万元。累计发放“三农”对公贷款25907万元。加大对精准扶贫小额到户贷款的投放力度，全年累计为9376户发放建档立卡贫困户小额贷款46723万元，使全市获得贷款支持的建档立卡贫困户累计达到39058户，累放金额达165019万元，全市扶贫小额信贷覆盖率达92.20%。2019年，累计投放产业扶贫贷款8497万元。加强信用体系建设，累计评定信用县9个，信用乡镇181个，信用村1652个。着力做好“三农”金融服务点渠道建设，2019年，完成全行1630个助农取款服务点的改造升级，推进全市农牧区普惠金融工作，扩大农行金融服务影响力。同步上线聚合码业务，依托“一机、一码”提供消费、转账、取现、查询等服务。围绕中央、总行对西藏优惠金融政策和金融扶贫信贷产品，组织开展“金融扶贫农行在行动”为主题的金融扶贫政策宣传活动，切实提高辖内贫困群众对金融扶贫政策认知度提升金融精准扶贫工作实效。各基层网点共组织宣传活动400余次，共发放宣传折页6186份，覆盖1673个村（居委会）、13万户农牧户。

通过持续跟踪营销，聚焦大客户，锁定目标。成功发放首笔“抵押e贷”，实现“抵押e贷”零的突破。为提高贷款效率，加强“微捷贷”白名单转换力度，每月向各经营行下发总行白名单客户，全年累计发放“微捷贷”35笔，贷款金额1009万元。

为便于机关企事业单位客户办理业务，组织全行各网点开展“走进机关企事业单位”“主动出击，上门拜访”“加大宣传，推广新产品”“新春嘉年华、财富狂欢节”“小小银行家”等多个主题宣传活动，同时，以重点客户和中高端客户为核心，举办产品推介会、客户答谢会等营销活动。同时对829家单位进行“网捷贷”分行特色模型准入工作，发放外单位网捷贷715笔，金额11173万元。根据区分行财富管理业务战略部署，2019年6月12日，日喀则分行“金钥匙”财富管理中心成功揭牌，为日喀则市打造一个高水平的个人高端客户营销服务平台。作为日喀则市网点最多、覆盖最广，服务人员最多的金融机构，按照要求稳步推进社保卡发卡工作，截至12月末，全行累计发卡485708张，发卡率84.38%，激活275839张，激活率的56.79%。加快移动金融服务“三农”步伐，截至12月末，共挂牌“掌上银行村”1316个。

【中间业务】 分行中间业务包括：基金、理财、国债、贵金属、代理保险、资金托管等，全年实现中间业务收入4711.55万元，时点市场份额为66.9%，实现营业收入89162.25万元，净利润40898.89万元。

（王一人）

中国银行日喀则分行

【存贷业务】 截至2019年年末，中国银行日喀则分行各项存款余额105.64亿元，各项贷款余额34.57亿元。

【服务经济】 在小微企业方面：持续优化审批流程，简化贷款手续，在原有三位一体的基础上恢复信贷工厂模式，通过设立中小企业审批人，对1000万元以下贷款实行审批人制度，缩短审批时间，减少审批流程，提高小微企业审批效率。扶贫贷款方面：深入贯彻金融精准扶贫“八个全覆盖”工作要求，做好日喀则市产业扶贫项目信贷融资对接工作，在风险可控的条件下，投放产业扶贫贷款。

【金融宣传】 开展“反洗钱，中国在行动”主题宣传活动，促进广大群众了解反洗钱的基本知识，营造良好的反洗钱社会环境，推进银行业健康有序发展。开展“扫除毒害，利国利民”主题宣传活动，通过LED播放宣传标语、设置反洗钱咨询点，配合发放宣传手册，向广大客户解读洗钱和毒品的破坏力，讲解反洗钱、禁毒的重要性。开展反假币专题宣传活动，结合宣传点群众特点，选派精通藏语的业务骨干，用通俗易懂的语言宣讲现行流通中人民币的防伪特征和假币辨别方法。

此外，中国银行日喀则分行为切实履行金融职责，保护消费者权益，先后组织开展“金融知识进万家”“金融知识安全月”“银行卡非法买卖”“6·14征信宣传日”“普及金融知识、守住钱袋子”“3·15金融消费者权益日”等主题宣传活动十余次，在宣传中，主动对消费者所关心的问题及疑点进行解答，充分发挥银行维护和谐金融秩序的作用。

【防控风险】 全力防控风险，反洗钱考评再获佳绩，连续8年被人民银行日喀则市中心支行评为A级机构。全面开展派驻业务经理及柜员等重要岗位人员轮岗工作，轮岗覆盖率达100%。银企对账重点账单对账率在有效期内达到98%以上。开展人行ACS联网取现业务，在安全合规的前提下，简化取现流程。配合人民银行日喀则市中心支行建设吉隆县吉隆镇吉铺村等反假示范点，将反假宣传重点对象从市区转移至农牧区。

【中间业务】 2019年，中国银行日喀则分行拓宽增收渠道，推广基础产品和优势产品，增强营销力度，客户和产品分析，提升产品覆盖率，截至年末实现中间业务收入共计1270.30万元，较2018年增加592.65万元，增长幅度87.46%。

（赵　娜）

中国银行日喀则分行开展“3·15”金融消费者权益保护宣传工作

中国建设银行日喀则分行

【概况】 负债业务　截至2019年年底，全口径存款时点余额为60.22亿元，其中对公存款为44.82亿元，个人存款余额15.4亿元。

资产业务　截至2019年年底，贷款余额为41.36亿元，累计发放贷款15.11亿元，累收贷款19.2亿元，存贷比达68.68%。

截至2019年年底，累计向日喀则市缴纳各项税金216.79万元。

【服务经济】 2019年，分行对接拉日高等级公路、湘河水利枢纽等重点项目，向水利水电项目、市基础建设项目、光伏产业项目共投放7.3亿元贷款。

充分利用政府风险补偿基金，推广“政府风险补偿基金+银行信贷”业务模式，截至2019年年底，共投放扶贫贷款6笔、金额14100万元，其中：产业扶贫贷款5户、金额9300万元。项目扶贫贷款1户、金额4800万元。以上项目的信贷支持，对建档立卡扶贫客户现金分红共计307万元，帮助2780个建档立卡贫困户实现增收。

截至2019年年底，累计支持本市300多家小微企业投放贷款13.3亿元。在全市成功发放第一笔“双创”贷款，贷款金额为200万元，并获总行普惠金融千佳网点称号。

【履行责任】 在日喀则市3个网点开启“劳动者港湾”建设工作，对户外劳动者提供“渴了能喝水、累了能歇脚、饭凉能加热、没电能充电”免费服务场所。2019年“劳动者港湾”助力学生高考300余人次，累计服务户外劳动者上万人，被《日喀则报》、日喀则广播电视台、日喀则新闻中心、《日喀则新闻联播》、创城有我等当地媒体多次报道，并被日喀则市城市管理和综合执法局及日喀则市工会确定为环卫工人爱心驿站。

2019年，开展项目扶贫，向建总行申请的52万元用于两个驻村点党员活动阵地建设的扶贫项目投入使用。

（何聪聪）

西藏银行日喀则分行

【存贷业务】 截至2019年年底，分行各项存款余额39.38亿元，较年初增加1.87亿元，增长4.99%。其中：对公存款余额33.34亿元，较年初增加1.45亿元，增长4.55%。储蓄存款余额6.04亿元，较年初增加0.42亿元，增长7.47%。各项贷款余额15.78亿元，较年初减少0.22亿元，下降1.36%。其中，对公贷款余额12.88亿元，较年初减少0.39亿元，下降2.95%；个人贷款余额2.90亿元，较年初增加0.17亿元，增长6.37%。

【中间业务】 分行开办的中间业务包括支付结算类中间业务、银行卡类中间业务、证明类中间业务和其他类中间业务。2019年，分行中间业务收入242909.37元。

【服务经济】 2019年，分行在得知市农投集团公司旗下子公司百亚成农贸有限公司冬季牛羊收购资金暂时出现缺口后，分行通过提供包括业务办理绿色通道、融资方案制定等内容的全方位金融服务方案，最终向农投集团公司综合授信12亿元，并发放流动资金贷款2亿元。

截至年底，分行累计发放贷款4.57亿元。其中，对公贷款方面共对日喀则市珠峰农投集团公司旗下子公司百亚成农贸有限公司冬季牛羊收购项目、日喀则珠峰城市投资发展集团有限公司“日喀则饭店改造项目”等10家单位发放对公贷款15笔，合计金额3.63亿元。个人贷款方面：发放178笔，合计金额0.94亿元。

同时，分行开展农民工工资专户开立和代发工作，通过地方人社、住建、交通等部门的沟通协作，截至年底，共开立农民工工资专户263户。同时，分行先后派出工作组近40次，行程近7万公里，奔赴日喀则市17个县1个区为全市农民工办理工资卡12094张，实现代发户数106户，代发金额34971.28万元。

【内控管理】 2019年，分行全年未发生重大业务差错，未受到监管单位处罚。全年未发生任何案件事故。履行企业社会责任，加大产业扶贫资金支持，累计投放产业扶贫贷款16082万元，带动贫困户就业增收1112人。组织员工自发奉献爱心，帮助弱势群体，全年向福利院孤儿和结对帮扶对象捐款捐物合计金额33680元。开展金融知识进社区、进校园、进工地等各类宣传活动16次。

（郭定斌）

科学技术

珠峰精神

坚韧不拔　巍峨不屈　感恩向上　敢为人先

科技管理

【项目建设】 2019年，农村科各级科技计划项目总计17项，总投资974万元，具体为中央引导地方科技发展专项资金项目2项420万元，自治区重点科技计划项目4项340万元，厅市联合自然基金项目8项69万元，市级科技计划项目3项145万元。

【农业科技】 拉洛灌区粮—草—畜一体化关键技术研究与示范基地建设，是由市生物科技研究所联合中国科学院地理所共同承担的自治区级科技计划项目，总投资420万元。按照《日喀则市草业科技扶贫示范基地监测管理》任务合约要求，完成昂仁县桑桑镇草业科技扶贫示范基地监测任务，共进行监测12次，完成当年草业监测管理工作。实现拉聂村燕麦草平均干草产量1020公斤/亩。

【科技成果转化】 完成青稞医用食品研究与开发项目，依托企业转化食品专利成果2项。建成青稞特色食品生产线2条，并调试运行，投入使用。

脱毒马铃薯“200902”新品系鉴定项目是由市农科所承担的市级科技计划项目，项目已完成，2019年4月通过自治区品种审定，正式命名为艾玛土豆2号，截至2019年年底，已完成示范种植333.33公顷，平均亩产2300公斤，比当地品种平均亩产高出20%～25%。春青稞GH-88009作为高海拔春青稞良种，并示范种植多年，2019年4月，通过自治区品种审定，正式命名为春青稞喜马拉23号，到年底，已示范种植53.33公顷，平均亩产235公斤，对比当地品种平均亩产高出25%。

【科技精准扶贫】 利用全市204个乡镇1673个行政村3286名农牧民科技特派员“每个行政村均2名农牧民科技特派员”的人才优势，发挥“三区人才”优势，在种植、养殖、加工、农机维修、摩托车维修、气象信息等方面加强培训。壮大“喜格孜”众创空间和“星创天地”科技服务平台建设。强化创新创业引导、开展培训交流活动、厚植创新创业土壤。

【人才培养】 “三区”科技人才服务成效明显。2018年，全市坚持以“一县一团、一产一团、兼顾就近就便”原则，共选派120名三区科技人才，服务时间延长到2019年10月。年度考核工作已结束，通过采取“乡村推荐、县区考核、市局审核”考核方式，年考核合格率达到90%，不合格12名。2019年，全市结合西藏自治区科技下基层行动的指示要求，将“三区”科技人才名额增加到142名，成立19个服务团队（增加白朗果蔬团队），优化量化考核机制以及“三区科技人才+科技特派员+种植养殖大户”的服务链，并首次推荐优秀科技特派员选派为“三区”科技人才。

科技特派员作用发挥明显。科技特派员作为农牧业生产中的骨干技术员，按照“自愿、互利、共享”和“双向选择、按需选派”的原则，坚持“市聘任、县监督、乡管理、村使用”的具体要求，年聘请3286名农牧民科技特派员，覆盖全市18个县（区）204个乡（镇）1643个行政村，平均年龄保持在42.5岁，文化程度均初中以上，男女比例保持在8∶2，具有种植业技术特长的占总人口的 83%，牧业技术人员占 11%，其他占 9%（包括农机具维修、气象信息、致富能手以及具有一技之长的其他人员）。根据“上好培训课，引好致富路，技能培训手把手，跟踪服务到地头”的服务原则，年内，发放各类科学养殖、科学种植方面的相关学习技术指南资料 4800 余本。广大科技特派员不仅将所掌握的科技知识传授给农牧民，还引导农牧民更新观念，使农牧民认识到科技的重要价值，年累计培训人次达到 9800 人次，宣传场次 2000 余，达到 4 万人次。

【医疗科技】 2019 年，成功申报各级医疗领域科研项目 11 个，总投资 259 万元，其中厅市联合自然基金项目 8 个，投资 69 万元，自治区科技计划项目 3 个，投资 190 万元。

【科技交流与合作】 为保证国家重大科技专项探月工程的顺利实施，依托高原优势，中科院上海天文台在日喀则市选址，拟建设 40 米射电望远镜。2019 年上半年完成选址勘测，位于桑珠孜区聂日雄乡加列村与萨迦县扯休乡陈村之间。6 月 8 日市政府与中科院上海天文台签订《关于建设探月工程 VLBI 测轨日喀则 40 米射电望远镜的合作备忘》。该项目计划总投资 1 亿元，预计 3 年时间完成。

2018 年 10 月开始，国家启动第二次青藏高原综合科学考察计划，二次科考对研究青藏高原环境承载力、灾害风险、绿色发展途径、生态安全屏障建设及守护好世界屋脊、亚洲水塔、地球第三极具有重要意义。科考工作启动后，市科技局主动对接自治区科技厅、中科院各科考队，协调组织各县（区）各方力量为科考队员科考活动提供全方位、全过程的保障服务。2019 年，共有 26 支科考分队、411 人赴日喀则市开展科学考察工作。

中国科学院重庆绿色智能技术研究院签署战略合作框架协议，将在推进生态修复和环境治理、安防智能信息领域、清洁能源应用与推广、双创及人才培养等领域开展合。

实施院地合作项目。依托中国科学院地理科学与资源研究所拉萨农业生态试验站创新专家团队，截至年底，实施拉洛灌区粮—草—畜一体化关键技术研究与示范基地建设项目。配合中国科学院地理科学与资源研究所，实施日喀则市草业科技扶贫示范基地监测管理项目。

11 月 8 日，日喀则市人民政府与中国科学院重庆绿色智能研究院在市政府六楼会议室签订框架合作协议

【珠峰众创】 自 2017 成立“双创”领导小组办公室后，截至年底，制定出台《日喀则市创业担保贷款实施细则

（暂行）》1项市级创新创业相关政策。建成1家自治区级众创空间（珠峰众创），入驻企业24家，带动就业233人（其中大学生67人），将其申报国家级众创空间即珠峰众创。到年底，申报自治区级众创空间1家，即西藏·藏露文化艺术众创空间。申报自治区级孵化中心1家，即日喀则青年科技孵化中心。申报自治区级双创中心1家，即小索顿农创空间。以上4家工商注册工作完成。年内，白朗县珠峰蔬菜星创天地和江孜县藏红花星创天地被评定为全区首家国家级星创天地。

【受援工作】 与吉林省科技厅签订科技援助合作协议，在牦（肉）牛饲养管理技术等领域开展合作，提高全市牦（肉）牛饲养、保育技术，提升养殖水平，促进养殖业发展，提高农牧民收入。山东省科学技术协会党组副书记、副主席纪洪波一行赴日喀则市调研日喀则市经济发展情况、日喀则市人才工作情况及现实需求，两地携手融入“一带一路”倡议有关方面探索三方面情况，并与全市各部门召开座谈会。

科　协

【概况】 日喀则市科学技术协会，简称“日喀则市科协”。归口日喀则市科学技术局领导和管理（一套人马、两块牌子）下设办公室，正科级机构，核定行政编制2人，实有2人。

【业务开展】 2019年，贯彻落实《全民科学素质行动计划纲要（2006—2010—2020年）》实施方案，2019年市科协积极争取国家、自治区、市级科协项目，共争取473.6万元。具体如下：

国家级科协项目370万元：按照《关于下达2019年国家基层科普行动计划专项金预算指标的通知》要求，2019年国家基层科普行动计划专项共15项188万元。按照《关于拨付2018年国家基层科普行动计划专项资金的通知》要求，2019年国家基层科普行动计划专项共12项182万元。

自治区级科协项目23.6万元：按照《关于公布2019年西藏自治区“基层科普行动计划”奖补单位和个人的通知》，2019年西藏自治区“基层科普行动计划”奖补资金共为23.6万元，分别为科普示范基地4个20万元，科普带头人1人2万元，优秀科普信息员20人1.6万元。

市级科协项目80万元：按照日喀则市科协关于申请2019年市级科协人均科普经费请示的函，2019年市级科协项目预算5项80万元。

【基础设施建设】 主要开展科普阵地建设（新建边境乡镇小学科技馆5个）、实施“科普中国——百城千校万村”行动新建3个乡村e站，新建4个中学科技馆项目、9个县中学科技馆提升项目等。

【人才工作】 组织开展的青少年高校科学营活动，选派日喀则市第一中学、第四中学共15名学生赴北京科技大学、西北农林科技大学参加夏令营活动。在2019年科技教师培训工作中，选派日喀则市第一高级中学、日喀则市第一小学、拉孜县中学等学校的23名教师到哈尔滨市参加科技教育培训。并且9月15—20日组织青少年参观中学科技馆。

【科普工作】 结合全市实际，制定以“科技创新强国富民”为主题的《日喀则市科学技术协会2019年“科技活动周”活动方案》，指导各县（区）科协围绕主题开展丰富多彩的科普宣传活动，整个活动中发放各类科普书籍、科技杂志资料6500余份，前来参与活动，领取科普宣传资料的群众达4500余人，提供科技咨询服务1500多人次，受益群众2000多人次。此外，还专门制作宣传展板，集中展示日喀则市近年来科技创新取得的重大成果和突出成就。

根据自治区科协《关于举办2019年全国科普日活动的通知》要求，2019年9月14—20日开展“全国科普日”西藏自治区主会场活动及“全国科普日”活动启动仪式。围绕“礼赞共和国，智慧新生活”主题，日喀则市各学（协）会、科技型企业代表、科普志愿者代表、农牧民代表、居民群众代表、学生代表等共计1000余人参加启动仪式。通过文艺演出、有奖问答、科普展览、科技型企业参展等形式宣传科普知识，通过参观科技型企业方式解科学技术在生产中的应用，通过慰问科技工作者，鼓励激发科技工作者热爱科普、投身科普事业的热情，营造爱科学的良好氛围，启动仪式活动参与科技型企业13家、协会学会6家、慰问科技工作者暨科技型企业代表20名、慰问寺庙科普活动站2家，发放宣传册5000本，宣传单200份，雨伞（100把）、杯子（200个）、光碟（100个）等带有科普宣传内容共600多份，活动参与人次达1500人次。

气　象

【概况】 气候概况　2019年，日喀则市平均气温为5.0℃，较常年略高（高出0.3℃）。全市年平均降水量为463.5毫米，较常年值（411.5毫米）偏多11%。降水时空分布不均，冬季日喀则市南部边缘出现多次强降雪过程，吉隆—聂拉木—亚东一线地方出现暴雪。初夏大部地方出现晴热少雨时段，多站日最高气温超建站以来极大值，6月25日，南木林日最高气温为27.8℃，超历史同期极大值及年极大值（27.4℃/1998年6月11日），昂仁、谢通门、仁布县的日最高气温创建站以来的极大值。雨季开始期各地偏迟，沿江部分农区出现轻度气象干旱。盛夏，沿江一线降水偏多，降水时段集中且强度大，沿江部分地方出现持续性强降水天气，7月9日，南木林日降水量为50.4毫米，创历史同期极大值（2011年7月17日48.5毫米），7月南木林月降水量超历史同期极大值。全市平均日照时数为2783小时，较常年偏少224.1小时，其中聂拉木和南木林年日照时数创历史极小值。

四季气候特征表明：冬季大部地方气温偏低，降水偏多，日照时数各地偏少；春季大部地方气温基本正常，降水偏少，日照时数偏少；夏季大部地方气温偏高，降水量和日照时数沿江东段偏多，其余各地偏少；秋季全市气温偏高，降水南部偏少，其余各地偏多，日照时数大部地区偏少。年内日喀则市出现雪灾、低温、干旱、洪涝、冰雹、雷电、大风、山体滑坡、泥石流等气象灾害及次生灾害，对交通、市政、水利、电力等基础设施和农牧民生活造成不利的影响。

气温　2019年日喀则市平均气温为5.0℃，较常年偏高0.3℃。各地平均气温-3.8℃（达若乡）～12.1℃（樟木），与历年相比，聂拉木和南木林正常，其余各地偏高0.1℃～0.7℃。聂拉木和南木林的日最低气温分别创历史同期新低和历史年内极小值。帕里日最高气温创历史日期极大值。

（单位：℃）

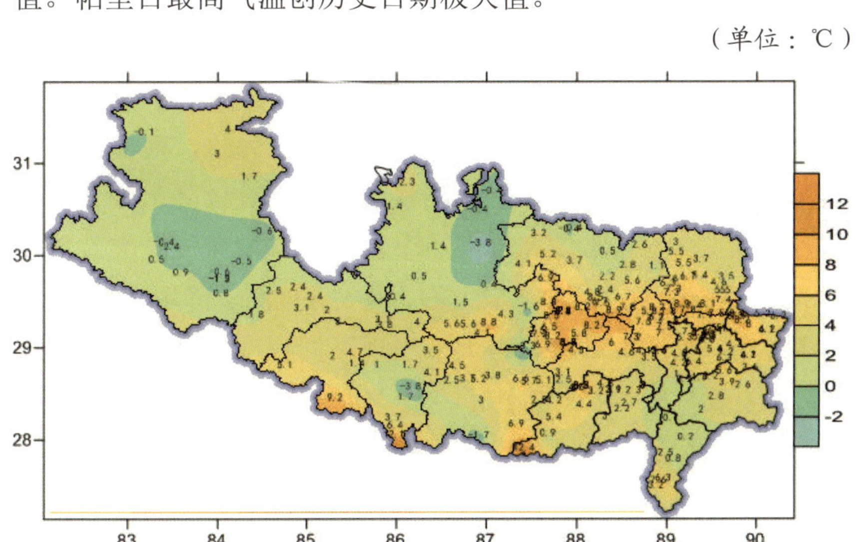

图9　2019年日喀则市平均气温示意图

降水　2019年日喀则市年平均降水量为463.5毫米，各地降水量209.6～862.2毫米，与历年相比，聂拉木、定日和帕里偏少，其余各地偏多，其中南木林特多。年内桑珠孜区和南木林出现极端降水事件。

（单位：毫米）

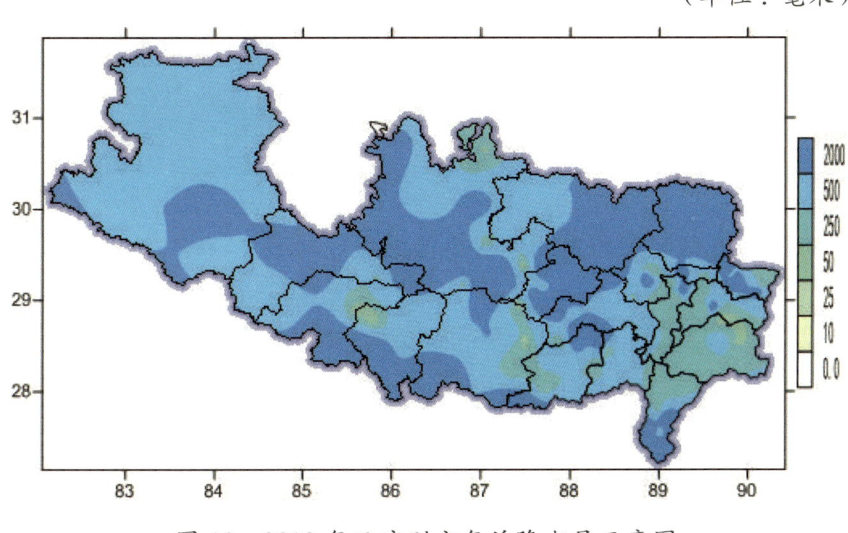

图10　2019年日喀则市年总降水量示意图

日照　2019年日喀则市平均日照时数为2783小时，各地年日照时数2192.7～3272.7小时，与历年相比，除江孜偏多51.9小时外，其余各地偏少118.3～436.5小时，聂拉木和南木林站年日照时数创历史极小值。

【主要气候事件】 2019年冬半年，日喀则市西部和南部边缘地区出现多次大范围较强降雪过程，其中2月26—28日，西部和南部边缘出现强降雪天气过程，西部仲巴—萨嘎一带出现大雪，吉隆—聂拉木—定日南部—定结南部—亚东一带出现暴雪，聂拉木出现特大暴雪，最大积雪深度达136厘米；同时，西部、南部边缘部分地方出现8级左右大风，部分地方风力达到10级以上，并出现吹雪。此次降雪过程强度大，范围广，局部地方积雪厚度罕见，G318通拉山至聂拉木段最大积雪深度厚达80厘米，G216孔塘拉山至吉隆镇路段最大积雪2米，亚东县路面积雪较厚，日喀则通往吉隆、聂拉木和亚东等地的交通一度受阻，当地交管部门对上述路段实行交通管制。

2019年夏半年，各地出现多次强降水天气过程，其中8月1—2日，日喀则市出现的大范围强降水天气过程，其过程降水量（100～249.9 毫米）1 个站，（25～49.9 毫米）49 个站，降水主要出现在雅江流域和聂拉木县樟木镇一带，其中最大过程降水量为 119.5 毫米，单日（8 月 1 日）最大降水量也出现在樟木，为 76.7 毫米。8 月 1 日 20 时至 2 日 20 时是降水最明显时段，全市 26 个站出现大雨，34 个站出现中雨，11 个站日降水量＞30 毫米，其中拉孜县 7 个站日降水量＞30 毫米。受此次强降水天气影响，日喀则市拉孜县曲下镇和昂仁县部分乡村出现山洪，导致 4 间房屋倒塌、屋内严重积水、乡村道路冲毁、水渠受损和农田冲毁等灾害。

汛期各地极端天气气候事件和气象灾害频发，年内出现雪灾、洪涝、冰雹、雷电、大风、滑坡、泥石流、雪崩等气象灾害及次生灾害，给农牧民群众的生产生活及交通运输等造成不利的影响。

据不完全统计，各类气象灾害情况如下：全市因强降水、冰雹等气象灾害造成昂仁、拉孜、谢通门等 8 个县（区）1624 户 8846 人受灾，死亡 1 人，农田受灾面积 903.8 公顷，绝收面积 188.5 公顷，倒塌房屋 22 间，损坏房屋 22 间，牲畜死亡 6315 头（只），损坏水渠 530 米、防洪坝 3080 米、乡村道路 4500 米，损毁桥梁 2 座、涵洞 1 处，部分设施农业受损，直接经济损失 312.6 万元。

冬季，受降雪天气影响，定日县曲当乡发生雪崩，造成 1 人死亡，1 人重伤，1 人轻伤。初夏，除南部边缘地区部分时段出现降水外，大部地区以晴热少雨天气为主，西部及沿江主要农区无降水或未出现有效降水。各地气温偏高，沿江个别地方日最高气温突破历史（同期）极大值。受气温偏高、降水偏少影响，日喀则市大部出现不同程度的气象干旱，对农业生产和生态环境均造成不利的影响。盛夏，全市大部地方降水明显增多，西部和沿江部分地方出现短时强降水、冰雹和雷电等对流性天气，引发局地山洪、泥石流、雹灾、雷击等灾害，对农牧业生产、道路交通运输和人民的生命财产造成一定的影响。

2019 年日喀则市日降水量超历史同期极大值站点一览表

表 6

日期	站点	实况值（毫米）	同期极大值（毫米）/ 出现日期
2 月 10 日	桑珠孜	5.8	1.6/1991 年 2 月 27 日
7 月 9 日	南木林	50.4	48.5/2011 年 7 月 17 日

2019 年日喀则市日最低气温超历史同期极小值站点一看表

表 7

日期	站点	实况值（℃）	同期极小值（℃）/ 出现日期
3 月 1 日	南木林	-14.8	-13.0/1993 年 3 月 2 日

2019年日喀则市日最低气温创历史年内极小值站点一览表

表8

日期	站点	实况值（℃）	同期极小值（℃）/出现日期
1月29日	聂拉木	-21.7	-20.6/1976年1月20日

2019年日喀则市日最高气温创历史同期极大值站点一览表

表9

日期	站点	实况值(℃)	同期极大值（℃）/出现日期
9月10日	帕里	16.8	16.4/1983年9月1日

2019年日喀则市日最高气温超建站以来极大值站点一览表

表10

日期	站点	实况值（℃）	同期极大值（℃）/出现年份
6月24日	桑珠孜	28.8	28.4/2005年6月18日
6月25日	昂仁	26.6	26.4/2015年7月29日
6月25日	谢通门	28.5	28.1/2012年6月15日
6月25日	南木林	27.8	27.4/1998年6月11日
6月25日	仁布	29.0	28.4/2010年7月4日
7月3日	萨迦	25.9	25.4/2012年6月16日
6月24日	桑珠孜	28.8	28.4/2005年6月18日

2019年日喀则市月平均气温创历史同期极大值的站点一览表

表11

日期	站点	月平均气温（℃）	同期极大值（℃）/出现日期
6月	桑珠孜	17.7	17.2/2012
	江孜	14.9	14.4/2012
	定日	12.7	12.5/1982

2019年日喀则市月降水量创历史同期极大值站点一览表

表12

日期	站点	月降水量（毫米）	同期极大值（℃）/出现日期
2月	南木林	3.4	3.1/1979
	桑珠孜	5.8	2.8/2007
	聂拉木	266.0	190.0/2013

续表 12

日期	站点	月降水量（毫米）	同期极大值（℃）/ 出现日期
7 月	南木林	367.7	244.4/2018

2019 年日喀则市月降水量创历史同期极小值站点一览表

表 13

日期	站点	月降水量（毫米）	历年同期极小值（毫米）/ 出现年份
6 月	拉孜	0.1	0.6/2015
	南木林	5.6	11.9/1986
	桑珠孜	1.6	4.5/1983

2019 年日喀则市年降水量创历史极大值站一览表

表 14

站点	年降水量（毫米）	历史极小值（毫米）/ 出现日期
南木林	728.2	709.1/1999

2019 年年日照时数超历史同期极小值站点

表 15

站点	年日照时数（小时）	历史极小值（小时）/ 出现日期
聂拉木	2192.7	2376.0/2002
南木林	2556.0	2728.3/2017

【气象服务】 决策服务　2019 年，共向市委、市政府、市应急管理局、市农业农村局、市林草局、市水利局、市自然资源局、市交通局、市公路分局、市民政局、桑珠孜区政府等部门和单位报送《重要气象报告》3 期，《降水天气消息》20 期，《强降雨蓝色预警信息》4 期，《雷电橙色预警信号》2 期，《暴雪橙色预警信号》2 期，《暴雪黄色预警信号》10 期，《强降温蓝色预警信息》1 期，《道路结冰黄色预警信息》44 期，《天气公报》13 期，《70 周年大庆活动保障服务专报》9 期，《春运专报》42 期，《珠峰文化旅游节气象服务专报》9 期，《南木林高原海棠文化节气象服务专报》6 期，《樟木口岸专报》7 期，《周预报》50 期，《旬预报》36 期，《月预报》12 期，《气候特征总结》12 期，《短期气候预测》2 期，《降水实况公告》261 期，《节日预报》9 期，《高考专报》1 期，《极端气候事件监测快报》9 期。另外，与市自然资源局联合发布《地质灾害气象风险预报》3 期，与水利局联合发布《防汛专报》5 期。在报送决策服务材料的同时，将相关材料以及每天的天气实况通过短信平台发送给市委和市政府主要领导、自治区气象局、地方有关单位领导以及防汛相关责任

人，便于及时了解雨情及天气趋势，科学指导防灾救灾。

专业专项气象服务　结合“三农”实施方案的要求，根据逐月农作物的生长发育进程、气候背景、常见的气象灾害，结合雨情、灾情、土壤墒情以及未来天气预测预报意见，发布相应的农业气象服务产品。2019年自春作物播种后，每月、每旬及时发布《农业气象情报》，同时，每月逢三逢五及时组织观测人员制作《土壤水分监测公报》，在春播、秋收等重要时期，每周指导业务员及时发布春播、秋收气象服务专报。针对2019年年初夏全市大部出现的晴热少雨时段，及时指导业务人员发布《春青稞、春小麦气象服务专报》。此外，在春作物生育期内共开展2次大田调查工作。

重大气象服务保障　日喀则市重大节日活动较多，如日喀则市珠峰旅游文化节、拉孜堆谐文化节、江孜达玛节、仲巴霍尔巴推介暨雅江源果谐旅游文化节等。为做好各大节日期间的气象保障服务，提前部署相关专题气象保障服务工作，细化工作方案，健全应急机制，确保气象保障服务万无一失。在每一次重大节日来临前，及时召集预报员，认真分析资料，形成预报意见，为节日期间各项活动提供有力的气象保障。尤其在日喀则市珠峰文化节的开幕式和日喀则市庆祝中华人民共和国成立70周年群众联欢活动开幕天的当天，利用新一代天气雷达及气象卫星24小时密切监视天气变化，有针对性地推出3小时精细化要素预报产品，为开幕式庆典活动现场天气预报提供优质的气象服务。几次重大节日期间，准确的预报给各项活动预案制定、演练和实施提供切实可信的气象服务。

公众服务　2019年，除制作每日、每周、每旬、每月等短、中、长期预报产品和降水实况公告外，还针对群众广泛关注时段，制作节假日专题预报、珠峰文化旅游节气象专报、日喀则市庆祝中华人民共和国成立70周年群众联欢活动气象服务专报、南木林高原海棠文化节气象服务专报、高考专题预报、重要气象报告、降水天气消息、强降雨预警信息、雷电橙色预警信号、天气公报、樟木口岸专报、极端气候事件监测快报。所有预报服务产品都及时通过微信、手机短信、电子显示屏、传真、电子邮件、国突网等向公众发布，并提出相应的生产生活建议。汛期接受媒体采访2次。

聂拉木气象局业务人员清理称重式雨量筒

【人工影响天气】 2019年，全市人工影响天气作业点共向空军指挥部门备案作业点111个，其中高炮作业点40个（标准化作业点38个）

火箭作业点 71 个（标准化作业点 1 个），覆盖全市 9 个县（区）。

7 月中旬，全市人影办工作人员协同湖北随州大方精密机电工程有限公司技术人员完成谢通门县通门乡、南木林县南木林镇两门人影 37 高炮进行电气化改造，实现自动化作业。

2019 年汛期，日喀则全市共作业次数为 830 次，其中火箭作业 363 次、高炮作业 467 次，总用弹量为 4985 发（枚），火箭用弹 899 枚，高炮用弹量 4086 发。为缓解干旱 7 月 4 日在白朗县、桑珠孜区开展人工增雨作业。全年共保护农田面积为 4.44 万公顷，投入与产值比例 1∶41，为全市粮食安全提供强有力的气象科技保障。

【防雷体制改革】 全市防雷监管重点名录单位有 93 家，年内双随机抽查率 50% 以上。

各类政务服务事项均进驻行政审批大厅，并实现网上办理。年内共受理防雷行政许可事项 31 件。

12 月 25 日，在国家“互联网 + 监管”系统上创建管理人员、审核人员、录入人员的信息。

【气象人才队伍建设】 截至 2019 年 12 月，日喀则全市气象系统现有在编干部职工 146 人，其中正县级干部 2 人（其中 1 人为二级调研员），副县级干部 5 人（其中 1 人为三级调研员），正科级领导干部 12 人（其中 6 人为一级主任科员），副科级领导干部 12 人（其中 1 人为三级主任科员）。一级主任科员 3 人，二级主任科员 1 名，三级主任科员 1 人，四级主任科员 8 人。

2019 年全市气象系统专技人员共申报 6 个项目，其中中国气象局预报员专项项目 1 项、自治区自然科学基金项目 2 项、区局局设项目 3 项，各级业务技术人员共计发表技术论文 16 篇。

（巴桑顿珠）

地　震

【概况】 2019 年日喀则市共发生 3 级以上地震 15 次，其中：3.0 ～ 3.9 级地震 10 次，4.0 ～ 4.9 级地震 4 次，5.0 ～ 5.9 级地震 1 次。最大一次地震为 1 月 20 日谢通门县发生里氏 5.0 级地震。

2019 年日喀则市地震情况一览表

表 16

序号	震级 (M)	发震时刻 (UTC+8)	纬度 (°)	经度 (°)	深度 (公里)	参考位置
1	3.9	2019 年 11 月 28 日 9 点 40 分	30.7	84.37	6	西藏日喀则市仲巴县
2	3.4	2019 年 8 月 27 日 17 点 57 分	29	86.59	10	西藏日喀则市聂拉木县
3	3.6	2019 年 6 月 18 日 1 点 58 分	28.08	87.28	20	西藏日喀则市定日县
4	3.6	2019 年 6 月 15 日 23 点 47 分	30.58	82.92	5	西藏日喀则始终把线
5	4.2	2019 年 5 月 26 日 10 点 9 分	30.3	87.7	8	西藏日喀则市谢通门县
6	4.3	2019 年 5 月 26 日 9 点 44 分	30.34	87.7	8	西藏日喀则市谢通门县

续表 16

序号	震级 (M)	发震时刻 (UTC+8)	纬度 (°)	经度 (°)	深度（公里）	参考位置
7	3.7	2019 年 4 月 12 日 17 点 27 分	30.33	87.66	8	西藏日喀则市谢通门县
8	3.6	2019 年 3 月 29 日 7 点 11 分	28.66	87.1	5	西藏日喀则市定日县
9	3.1	2019 年 2 月 21 日 3 点 51 分	30.3	87.64	9	西藏日喀则市谢通门县
10	4	2019 年 2 月 7 日 13 点 35 分	29.22	87.44	6	西藏日喀则市昂仁县
11	3.8	2019 年 2 月 6 日 21 点 30 分	29.24	87.41	9	西藏日喀则市昂仁县
12	3.6	2019 年 2 月 6 日 15 点 51 分	29.2	87.45	7	西藏日喀则市昂仁县
13	4.6	2019 年 1 月 20 日 23 点 6 分	30.2	87.64	10	西藏日喀则市谢通门县
14	5	2019 年 1 月 20 日 22 点 28 分	30.09	87.77	10	西藏日喀则市谢通门县
15	3.2	2019 年 1 月 17 日 7 点 56 分	27.34	88.94	7	西藏日喀则史亚东县

【专题会议部署】 根据西藏自治区防震减灾联席会议精神，2019 年 6 月，召开日喀则市安全生产、防震减灾和汛期地质灾害防治工作会议，参会范围至十八县（区）防震减灾分管领导、相关负责人和全市 52 个减灾委成员单位，会议对全市防震减灾工作做总结汇报和安排部署。

【防震减灾知识宣传】 以 4 月 25 日法治宣传日、5 月 12 日全国“防灾减灾日”、6 月 16 日全国安全生产日、7 月 28 日唐山大地震纪念日等为契机，有针对性地开展防震减灾宣传活动，向市民发放防震减灾知识读本和防震、避震知识读本，接受社会各界民众的咨询。利用广播、电视、电台、报纸、横标、短信、印发宣传资料等形式，全面开展防震、避震常识教育，增强全民防震减灾意识。共向过往市民发放防震减灾知识读本（藏文、汉文）800 多册，防震、避震知识手册（藏文、汉文）1500 余册，构建安全社区、家庭防震避险读本 1000 余册，防震减灾科普知识读物等，并发放防震减灾宣传物品 4000 多件（防水围裙、购物袋、削皮器、创意铅笔、鼠标垫）。全年，接受市民咨询 40 余人（次），并展出防震减灾常识及农村建房抗震知识等系列宣传展板 7 块。

【队伍建设】 针对人员变动较频的状况，2019 年，地震速报及宏观异常情况速报员进行重新登记，建立县、乡、村三级速报员共 2401 人。

【基地建设】 根据《中华人民共和国防震减灾法》和《西藏自治区实施〈中华人民共和国防震减灾法〉办法》中关于“学校应当把防震减灾知识教育纳入教学内容，培养学生安全避险和自救互救能力”等有关精神，从地震援藏对口省市争取资金 30 余万元，联合市教育局在市青少年实训基地创建防震减灾科普教育基地，2019 年完成工程量的 45%。

希夏邦马峰风光

教 育

目喀则年鉴 2020

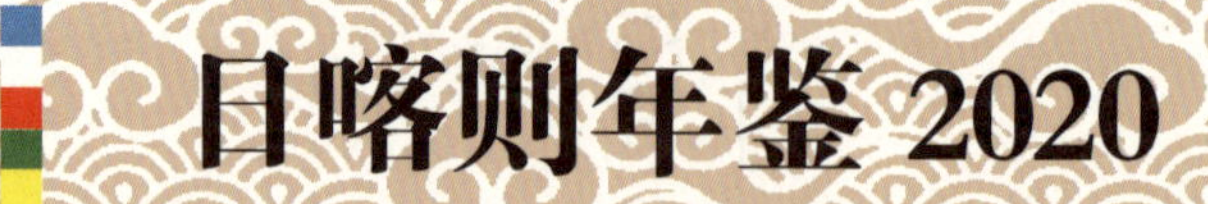

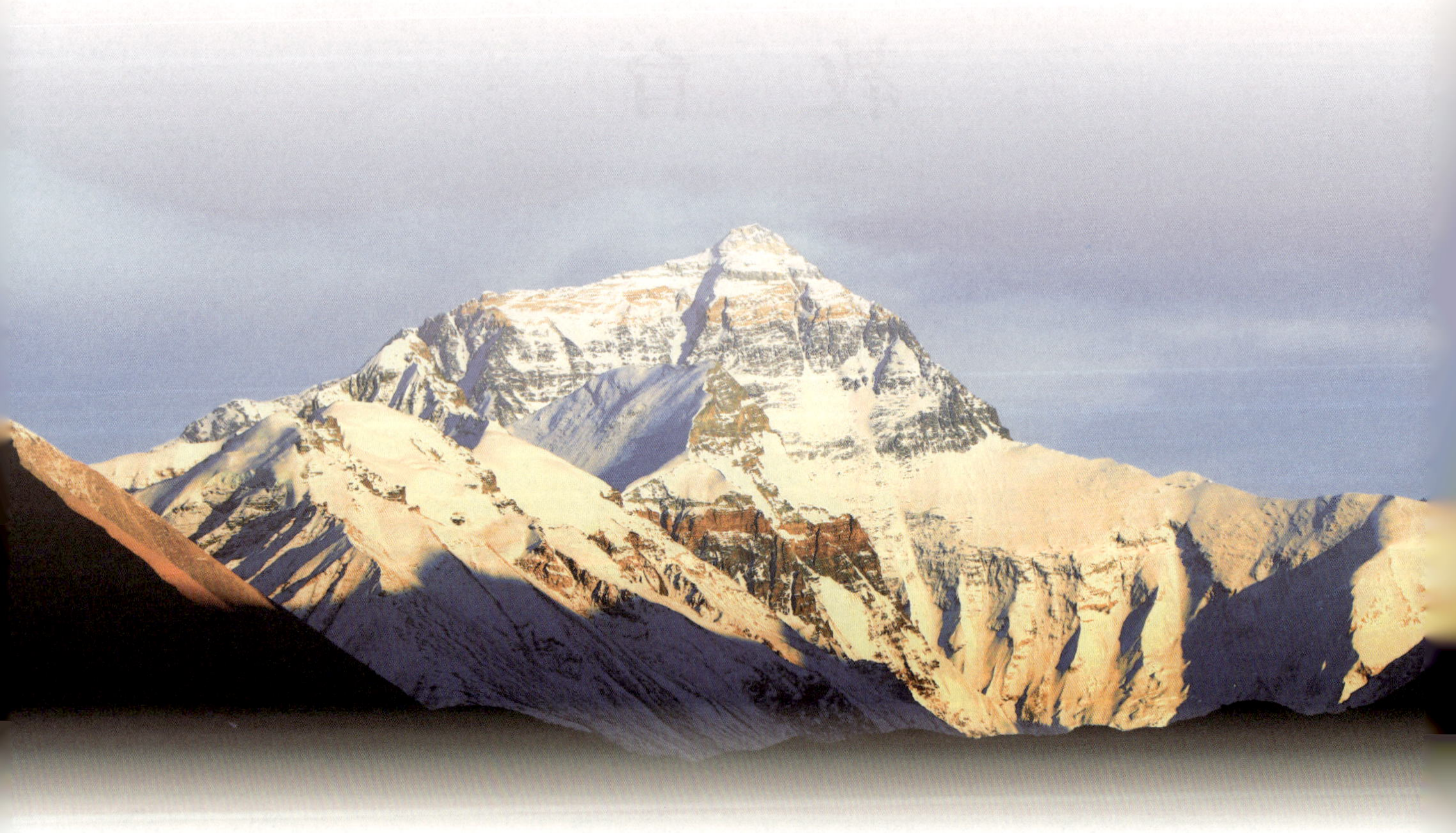

珠峰精神

坚韧不拔　巍峨不屈　感恩向上　敢为人先

教育管理

【机构概况】 3月17日，根据“三定”方案，中国共产党日喀则市教育局（体育局）委员会撤销，设立中国共产党日喀则市教育局党组。12月13日，市委机构编制委员会印发《日喀则市事业单位改革调整实施方案》，撤销市教育局（体育局）电化教育馆和教育项目中心，其职责划转至新设的市教育局教育发展中心—教师培训中心、学生资助中心，重点业务体校—上海体育场管理中心（加挂日喀则台球运动学校牌子），调整后5个事业科室。截至年底，市直属学校15所（其中，普通高中7所，十二年一贯制学校1所，小学1所，幼儿园5所、特殊学校1所）。

【教育概况】 全市有幼儿园547所，在园幼儿36580人，学前三年入学率达到82.59%。有小学226所，在校生76913人，小学净入学率99.97%。初中23所，在校生33487人，初中毛入学率101.78%。15个县（区）通过国家义务教育均衡发展督导评估认定，其余3个县在年内通过自治区过程督导，即将迎接国家督导评估认定。有普通高中7所，在校生13699人，十二年一贯制学校1所。中等职业学校2所，在校生3661人，高中阶段毛入学率达到77.51%。

有特殊教育学校在校生237人，适龄残疾儿童少年入学率持续提高。内设8个行政科室（办公室—政工人事科，思想政治工作科—德育卫生安全艺术教育科、团教工委，基础教育科，职业教育和成人教育科，教师工作科，教育督导办公室，财务科—教育工会，体育科），5个事业科室（机关后勤服务中心，教育科学研究所——市语言文字工作委员会办公室，考试中心——市招生办公室，教育发展中心——教师培训中心、学生资助中心，重点业务体校——上海体育场管理中心加挂日喀则台球运动学校），机关、事业编制共84名，实有干部73人，有县级12人（含4名援藏干部和1名副调研员），科级29人。设立机关党委1个，党支部4个，共有66名党员。

【招生考试】 年内，市教育局编制和修订《日喀则市教育考试地震突发事件应急处置预案》《2019年日喀则市“三大教育考试”安全工作组织实施方案》《日喀则市2019年教育考试试卷安全保密保卫工作实施方案》《日喀则市2019年教育考试试卷运输方案》《2019年日喀则考区普通高考组考方案》《2019年日喀则考区高中中职组考方案》《2019年日喀则考区成人高考组考方案》《2019年日喀则考区对口高职组考方案》《2019年日喀则考区学考组考方案》《日喀则考区考务培训材料》《监考教师问责》《2020年日喀则考区研考组考方案》等文件资料，2019年召开区、市两级招生考试会议，与各县区及成员单位签订目标责任书。

考试期间，各考点布置规范化、人性化，考点设施齐全，门口下悬挂考点横幅，考点醒目位置张贴诚信考试宣传标语，开考前播放缓解考生紧张情绪的轻音乐，公布考试科目时间表、《考生守则及注意事项》、《国家教育考试违规处理办法》（教育部33号令）、考场分布图、突发事件应急疏散示意图、《刑法修正案九涉考试内容解读》、《教育法涉考内容解读》、举报电话、设举报箱及违规考生告知台。

2019 年，全市组织全国普通高考、成人高考、自学考试、计算机等级考试、硕士研究生入学统一考试，全区对口高职、小升初其他省市西藏班、高中中职、普通高中学业水平考试 9 大类 12 次考试，各级各类考试参加人数达 36430 人（不包括其他省市中职班考生）。其中：参加全国普通高考 5012 人，录取 4778 人，录取率为 95.33%。成人高考 1636 人，录取 1417 人，录取率 86.61%。硕士研究生考试 152 人，自学考试 343 人，计算机等级考试 54 人，全区对口高职考试 865 人，录取 484 人，高中中职考试 10841 人，其中录取其他省市高中班 404 人，小升初报考其他省市班 368 人，录取 297 人，普通高中学业水平考试 17159 人。

具体情况：2019 年日喀则市普通高考报名考试 5164 人，统考卷考生 438 人，民族卷考生 4726 人，参加普通高考人数为 5012 人、录取 4778 人，被国家专项计划录取 157 人，地方专项计划录取 124 人，自主招生录取 5 人。2019 年全市小升初报考其他省市西藏班 3680 人，录取新生 297 人。2019 年全市报名参加高中、中职考生总数为 10841 人，其中其他省市西藏班参考 180 人，安排 20 个考点 372 个考场，其他省市高中班录取 404 人、区内重点高中录取 1505 人、区内普通高中录取 4124 人、区外中职学校录取 475 人、区内中职学校录取 2168 人。2019 年全市对口高职报名考试考生总数为 865 人，录取 484 人。2019 年成人高考全市共现场确认考生 1636 人，录取 1417 人。2019 年 4 月全国高等教育自学考试日喀则考区现场确认 107 人、316 科次，实考 244 科次，10 月自考日喀则考区现场确认 236 人、711 科次，实考 486 科次。2019 年全国计算机等级 3 月参考 9 人次，9 月参考 45 人次。2019 年全国硕士研究生考试共报名参加考试 152 人。2019 年 7 月全区高中学业水平考试，全市报考考生 8632 人，11 月高中学业水平考试，全市报考考生 8527 人。

【教师队伍】 2019 年共补充教师 325 人，其中：自治区公招 267 人、志愿者留藏 7 人、免费师范生 46 人、定向生 3 人、定向免费中职生 2 人。落实新增教职工编制 1834 人，根据实际情况合理调整完善全市中小学、幼儿园学校的编制数，对部分乡村学校及幼儿园适当扩大编制配置。

2019 年全市共评聘正高级专业技术职称 4 人（含援藏教师 3 人）、高级专业技术职称 329 人（含援藏教师 16 人）、一级专业技术职称 470 人、直属学校二级专业技术职称 122 人。2019 年教育系统正常退休专任教师 5 人，新认定教师资格 390 人

2019 年日喀则市教师表彰重点向乡村学校和高海拔艰苦边远地区学校教师倾斜，共表彰 4 个先进集体和 659 人。其中《中共日喀则市委日喀则市人民政府关于表彰援藏教师万名教师支教计划先进集体援藏万名教师支教计划先进个人名校（园）长名班主任和名教师的决定》共表彰 4 个先进集体和 28 名教师。市教育局党组、市教育局《关于表彰日喀则市优秀教师、优秀教育工作者、优秀校（园）长、模范班主任、德育工作者先进个人、先进财务工作者、先进体卫艺工作者、优秀教研员、优秀电教员、优秀教育项目工作者和优秀督导工作者的决定》共表彰 265 名教师及教育工作者。市教育局《关于表彰日喀则市第四届珠峰好教师的决定》表

彰100名教师和《关于授予乡村教师从教15年荣誉奖的决定》表彰266名乡村教师。

2019年9月，自治区表彰日喀则市优秀教师、模范班主任等共637名。2019年拉萨师范高等专科学校共220名日喀则籍在校高校生开展实习实践。

2019年3月16日，一届市委第147次常委会议通过《关于审定在南木林县实施中小学校长职级制改革的指导意见的请示》，2019年5月7日，市政府办公室印发《关于在南木林县实施中小学校长职级制改革的指导意见》，南木林县政府根据指导意见，成立以政府主要领导为组长，分管教育副县长为副组长，县政府办公室、县委组织部，县教育局、人社局、财政局、各中小学校长为成员的领导小组，制定《关于在南木林县实施中小学校长职级制改革的实施细则》《南木林县第一批中小学校长后备人才选拔工作方案》《南木林县首次中小学校长职级评审认定工作方案》，对方案中校长职级设置、评审认定范围、评审职级资格条件、评审认定方法和程序，以及《南木林县首次中小学校长职级认定评价标准》、南木林县首次中小学校长职级认定工作领导小组名单、南木林县首次中小学校长职级评审认定各项指标所占分值等方面进行明确。8月底完成校长竞聘和首聘校长职级确认工作，共聘任校长21人。

【教育经费投入】 2019年全市教育事业经费年初预算总投入39.12亿元，比上年增加5.67亿元，增长16.94%。

“三包”经费年生均标准达到：学前教育阶段二类区3120元、三类区3220元、四类区或边境县3320元。义务教育阶段二类区3620元、三类区3720元、四类区或边境县3820元。高中教育阶段二类区4120元、三类区4220元、四类区或边境县4320元。2019年，全市学前补助、农牧民子女“三包”及城镇困难家庭子女助学金经费共投入53969.24万元，受益学生140730人，占在校总人数的93.54%，实现所有家庭经济困难学生100%覆盖。特殊教育学生及随班就读残疾学生享受年生均6000元的“三包”补助，不再重复享受普通学生“三包”政策。全市所有农村小学生每天给予营养膳食补助国家试点资金4元，每年在校时间按200天计算，每生每年800元。参照国家试点每生每年800元的标准对城市义务教育阶段农村户籍学生实施营养改善计划自治区试点，资金管理使用按照《关于印发〈农村义务教育学生营养改善计划专项资金管理暂行办法〉的通知》要求，分解下达、足额拨付。2019年，安排农村义务教育学生营养改善计划专项资金8184.2万元，受益学生100493人，占义务教育在校总人数的94.34%，所有农村户籍学生全部享受营养改善计划政策。

根据自治区财政厅、发改委、教育厅《关于我区城镇学前教育阶段实行公办学校免费教育、民办学校定额免费补助政策的通知》精神，全市对城镇公办幼儿园实行免费教育、城镇民办幼儿园实行定额补助政策，标准均为年生均3600元，其中，保教费3000元、交通费350元、幼儿读物100元、杂费150元（含被褥折旧费、美工本、水彩笔、毛巾、茶杯、餐具等）。义务教育阶段学生全部免除学杂费，免费向所有义务教育学生提供教科书，免除高中阶段学生学费，免费提供教科书。2019年，投入学前至高中阶段免费教育资金10559.99万元。特殊教育学生及普通学校随班就读残疾学生享受年生均6000元的“三包”补助，年生均公用经费标准达到6000元。

【教学与科研】 全市先后3次开展教师大练兵活动。开展全市学前、小学、初中、高中和特殊教育五个类别教师课堂教学竞赛，全市8000多名教师参加县、校级初赛，500多名教师参加市级决赛。

举办全市教育系统通用语言文字大比武活动，并对普通话未达标教师进行培训与测试，利用“双语教师培训”项目对全区农牧区50名双语教师进行培训。

完成萨迦、拉孜、昂仁、萨嘎4个县国家三类城市语言文字评估验收工作，同时对未完成学校语言文字达标建设的学校做好达标建设工作，对未完成推选学校语言文字规范化示范校做好评估验收工作。

为推进“五个100%”，全市开展实验操作技能比赛和实验课说课比赛活动，开展中学理化生和小学科学教师实验能力培训，全市200名教师参训。

全面推进全市教师的国培、区培和市级培训工作，指导县级和校级培训，构建五位一体培训工作格局。共完成23个项目，1350人的国培项目。同时，组织开展全市“一师一优课”“一课一名师”网上赛课活动，晒课数1878节、实录课325节、县级118节、市级67节和省级2节。获奖人数为187人。8—9月，组织4批40名全市优秀教师、教研员深入18个县（区）开展送培送研到校活动，累计形成1万多公里，上公开课180余节，受益师生2万多人。市级教研员深入学校开展教学常规指导工作，平均下乡60天，听评课人均达到150节。

完成制定《日喀则市教育局关于申报2019年市级教育科研课题的通知》，3月对申报的课题进行评审立项工作，4月、5月、12月组织二轮、三轮高三和初三毕业班模拟考试，5月开展全市小学六年级毕业考试并协助自治区教科院完成2019年全区小学教学质量监测工作，8月完成全区中小学教学质量监测工作。5月对市级课题进行中期推进工作，11月对部分课题进行评审结题，同时，完成《日喀则教育》汉、藏版各4期的审稿出版工作。

【素质教育】 2019年11月4—12日，日喀则市教育督导委员会组织工作组根据《西藏自治区中小学校素质教育督导评估指标及评分标准》，督导评估组一方面从办学行为、条件保障、教学常规、德体美育、办学成效等5项一级指标、18项二级指标、116项具体条目方面对中小学校实施素质教育工作进行评估；另一方面对学校领导管理能力、学生学业水平及综合素质等方面，对江孜、定结、谢通门3个县通过实地听汇报、专家咨询、听课评课、现场观摩、查阅资料、专家点评等方式，从办学行为、条件保障、常规教学、教研活动、德体美育、社会实践、办学成效、特色亮点等方面细致全面对3个县素质教育工作开展情况进行市级素质教育评估验收，3县均衡通过市级素质教育评估验收。截至2019年年底，全市有11个县区相继通过自治区和市级素质教育督导评估。

2019年，积极组织学生参加全国中小学信息技术创新与实践活动，从江孜、南木林、桑珠孜区等6个县20所学校选拔学生参加机器人越野赛、物流机器人、机器人无人驾驶、智能物联网设计、FEG智能车等竞技项目，通过市级比赛选拔优秀队员，组成10个

日喀则市中小学学生参加第四届全国中小学生“学宪法、讲宪法”演讲活动

参赛队参加第十七届全国中小学信息技术创新与实践活动决赛，活动中日喀则市代表队共获得7个项目的二等奖，3个项目的三等奖。此次活动累计参与学生50人次。

【教育均衡化发展】 为确保定日、聂拉木、萨嘎三县顺利通过自治区督导评估验收和国家评估认定，2019年2月3日，市教育督导委员会选派工作组对三县义务教育均衡发展推进工作进行市级过程督导。4月12—20日，自治区工作组对三县义务教育均衡发展进行过程督导。5月17—18日，在定日县召开“2019年日喀则市县域义务教育均衡发展现场观摩暨培训会”，定日、聂拉木、萨嘎三县分管教育副县长，教育局局长、三县督导室主任和1名工作人员、三县39所中小学校长和1名工作人员参加培训。5月30日至6月9日，因聂拉木县县域义务教育均衡发展推进工作起步晚、经验不足，按照市教育局主要领导指示，从桑珠孜区教育局、康马县教育局、市上海实验学校、市小学、市教育局督导办各选派一名责任心强、熟悉业务的管理人员前往聂拉木县教育局、波绒乡中心小学和琐作乡中心小学分别开展蹲点指导县域义务教育均衡发展工作和学校常规管理工作，沿路对萨嘎县部分学校进行指导检查。

6月26日至7月5日，自治区义务教育均衡发展评估验收工作组采取听取汇报、访谈、问卷调查、实地查看、查阅资料、召开座谈会等形式对定日、聂拉木、萨嘎三县县域义务教育均衡发展进行评估验收，分别在三县召开评估反馈会，三县均通过自治区评估验收。

【基础设施建设】 2019年，全市各级各类

2019年建成的康马县康马镇嘎隆村双语幼儿园

学校建设累计获批项目 190 个，累计获批资金 8.26 亿元，累计完成投资 6.13 亿元。主要建设内容有学前教育发展、义务教育阶段学校改扩建、边境小康村村学校建设、脱贫攻坚“十项提升”教育项目、薄弱高中改造项目。全市新增 52 个幼儿园，新增园舍面积 4.42 万平方米，幼儿园建设布点覆盖率提高 11%。义务教育阶段学校改扩建 55 所、新建 3 所小学，新增校舍 9.57 万平方米，主要是改扩建教学用房和学生宿舍，项目的实施，消除超大班额、消除大班额，高海拔地区义务教育学校集中供暖基本覆盖。

截至年底，日喀则市第一高级中学、日喀则市第三高级中学、上海实验学校、桑珠孜区二中完成信息化建设任务，并初步通过自治区专家组验收，进入试运及整改阶段。日喀则市第二高级中学、江孜高中、拉孜高中、南木林高中完成设计招标工作。亚东、拉孜、南木林县 2 所、岗巴、仁布招标公示阶段。桑珠孜区 2 所、仲巴、萨嘎、昂仁、康马、吉隆、白朗、江孜 2 所、定日 2 所、萨迦、通门、定结完成招标，进入施工前期工作。聂拉木县中学完成招标进入施工阶段。

全市所有学校基本实现有线网络和无线网络全覆盖，落实联网及接入宽带不足 100 兆的 201 所学校提速工作，各学校信息技术课程开课率达到 100%，建设计算机网络教室 197 间，覆盖率 73.1%，配备 3037 套交互式电子白板（一体机），覆盖率 55.56%，建设录播教室 17 间，覆盖率 2.91%。

【培训交流】 2019 年选派 15 名教育管理干部赴上海参加“影子校长”培训。9 月选派第四批 45 名管理人员和教师在四省市 26 所优质学校认真学习先进的教学理念、教学方法和教学手段。全市参加国培计划教师 1732 人次、区培计划教师 331 人次、市培计划教师 571 人次、网络研修教师 13855 人次。按计划从全市域内共选派 283 名教师参与“三区”人才支持计划轮岗交流工作。

完成西藏教育珠峰旗云平台应用推广培训及二次培训，共培训 10859 人次，人均 32 学时。组织部分中小学校长参加 2019 年“三区三州”中小学校长教育信息化专题培训 20 人次，各县区数字校园建设管理员培训累计 30 人次，组织中小学校长及骨干教师参加 2019 年“网络学习空间人人通”专项培训 8 人次，组织教师参加第二届西藏自治区中小学教师信息化应用大赛，参与教师 1449 人次、上传作品 2487 件。开展“一师一优课、一课一名师”活动，累计评选优课 4340 节，其中 2019 年新增 1858 节。组织教师参加“国培计划

2019 年义务教育薄弱环节改善与能力提升项目——白朗县中学学生食堂改扩建工程

举办2019年“三区三州”中小学校长教育信息化专题培训

好轮换工作，2016—2019年，援藏对口四省市选派“组团式”援藏教育人才共计377人次（其中2019年新一批“组团式”援藏教育人才85人）。受援学校4所：市上海实验学校（上海受援）、市第一高级中学（山东受援）、市小学（吉林受援）、桑珠孜区第二初级中学（黑龙江受援）。2018—2019年，援藏对口四省市选派首批“援藏援疆万名教师支教计划”援藏教育人才75人。受援学校4所：市第二职业技术学校（上海援助）、白朗县中学（山东援助）、谢通门县中学（黑龙江援助）、定结县中学（吉林援助）。

（措 尺）

2019年”西藏自治区中小学语文、道德与法制、初中历史（国家统编三科）教材网络培训，2019年参训教师2339人次，参训率95.98%。

【教育发展规划】 通过财政、发改两种渠道规划申报各类项目178个，规划申报总资金13亿元。主要是学前教育发展、义务教育薄弱环节与改善、风雨操场、高海拔地区学校供暖、改善普通高中办学条件等。截至年底，累计获批各类项目82个，获批资金3.1亿元，资金已下拨到各县区，要求县区教育局主动对接财政局，抓紧推进前期工作，4月底开始陆续开工建设。通过中央预算内预计争取项目96个，预计争取资金9.59亿元，通过财政渠道预计追加争取0.33亿元。

【“组团式”万名教师支教工作】 按照新一批教育人才“组团式”援藏干部岗位计划，18名新一批教育人才“组团式”援藏管理干部中已聘任校长职务4人、聘任副校长职务6人。聘任德育主任4人、教学主任4人。抓

基础教育

【学前教育】 2019年5月，在市政府召开由市教育局、发改委、民政局、自然资源局、住房和城乡建设局参加的日喀则市城镇小区配套幼儿园治理工作专题会议。成立由市政府牵头，各相关单位为成员的日喀则市城镇小区配套幼儿园治理工作小组，结合全市学前教育发展实际出台《日喀则市开展城镇小区配套幼儿园治理工作方案》。12月7—10日，为全面规范全市各级各类幼儿园办园行为，提高园长业务能力保教质量、和入园率，在师资双语培训中心举办全市幼儿园规范办园行为及提升园长业务能力培训班。

为全面改善办园条件，进一步扩大农牧区学前双语幼儿园的覆盖面，2018 年自治区投入 6000 余万元为已建成的各级幼儿园配备教育教学仪器、办公及生活设施设备，已于 2019 年上半年已全部配备到位。2019 年 12 月 15 日，日喀则市实验幼儿园举行“筑梦六十载、杨帆再起航”建园 60 周年园庆盛典。

【义务教育】 贯彻落实《中共日喀则市委日喀则市人民政府关于加快教育事业改革发展的意见》文件精神，2019 年 3 月 6 日，日喀则市教育局在市电信局电视电话会议室召开 2019 年春季开学暨校园安全稳定工作安排部署会议。2019 年，全市参加其他省市西藏初中班考生共 3680 人，比 2018 年增加 1003 人，继续对“两巴一嘎”进行倾斜照顾 6 个名额，全市农户分数线继续保持全区第一、城户分数线居全区第三的好成绩。

根据教育部办公厅《关于开展援藏省市和西藏中小学“百校手拉手”活动的通知》要求，5 月 13—24 日，全市 20 所结对学校共计 60 人，赴山东省济南市、青岛市、淄博市、烟台市、潍坊市等相关学校开展为期 12 天的结对交流活动。

6 月 1 日，自治区政府副主席、日喀则市委书记张延清在日喀则市特殊教育学校与孩子们共度六一儿童节。

根据 2019 年“三大考试”情况分析现状，8 月 17—18 日，在师资双语培训中心举办“对照使命找差距、教育报国守初心”教学质量末位培训班。

11 月 29 日至 12 月 4 日，以第六个国家宪法日宣传为契机，第四届全国中小学生“学宪法、讲宪法”活动全国总决赛在北京市大兴区外研社国际会议中心举行，日喀则市小学旦增伟斯同学获演讲比赛全国总决赛小学组三等奖。

【普通高中教育】 2019 年 5 月 27 日，出台《日喀则市人民政府办公室关于进一步加强高中阶段招生工作的通知》，从统筹做好高中阶段学校招生录取工作、规范招生管理工作、多措并举确保完成招生任务、营造招生工作的良好氛围、加强招生工作的督促力度五个方面做全面部署。

8 月 24 日，日喀则市第四高级中学，举办首届毕业班教师动员大会暨第一次座谈会。

8 月 27 日，为贯彻落实自治区教育招生工作推进会议精神，日喀则市教育局在电视电话会议中心召开 2019 年招生工作推进视频会议。

【特殊教育】 9 月 30 日，自治区政府副主席、市委书记张延清在《关于解决市特殊教育学校 6 名听障生到内地就学的报告》上作出批示：全市这种情况有多少，请教育局研究，提出长期解决意见，纳入财政预算，保证孩子们都能就学就业。

11 月 5 日，全市特殊教育学校 6 名听障生于在市特殊教育学校副校长扎西央宗及家长的陪同下从日喀则市出发，前往山东省济南市特殊教育中心继续接受高中阶段教育。这是日喀则市特殊教育学生首次走出西藏，也是山东省首次接收西藏特殊教育的学生。

【“五个 100%”工作】 为兄弟县（区）学校搭建平台、学习典型、以点带面，努力实现“五个 100%”目标要求，4 月 17—18 日，日喀则市教育局在江孜县和上海实验学校组织召开全市“五个 100%”工作现场会。

根据《日喀则市贯彻自治区“五个100%”教育目标初验工作实施方案》文件要求。由市教育局党组成员副局长、冯学成带队，通过实地查看资料、深入课堂听取实验课、召开反馈会等方式进行初验，在5月底对全市8所高中、2所职业学校完成“五个100%”初验工作。

10月10—24日，自治区督学、其他省市西藏班管理中心主任次旦玉珍带领的自治区重大教育工作贯彻落实情况专项督导组，深入江孜、萨嘎、拉孜、萨迦、谢通门、南木林6个县及2所职业技术学校和部分市直属学校共计48所学校进行督导检查。

【民办教育】 2019年，全市共有民办学校4所（其中2所幼儿园、2所课外补习班）其中，格桑梅朵双语幼儿园，实际在校生360人，教职工33人，利君希望幼儿园实际在校生335人，教职工24人。两所课外补习班处于停运状态。

【推普工作】 2019年，完成学校语言文字工作达标建设抽样评估：各学校（幼儿园）成立语言文字工作领导小组（专门安排联络员），建立健全学校普通话推广和规范用字各项规章制度，规范学校语言文字工作归档。市级层面南木林、桑珠孜区等县区完成市级抽样评估工作。

完成自治区级示范校推荐工作：向自治区国家语委办推荐白朗县幼儿园、萨迦中学等18所自治区级规范化示范校并协同自治区国家语委办评估组对18所自治区级规范化示范校开展评估认定工作。

完成国家三类城市语言文字评估工作：完成吉隆、拉孜、萨迦、昂仁四县国家三类城市语言文字评估认定工作并对四县党政机关、学校、新闻媒体和公共服务行业以及县城所有单位工作人员和四每县所辖内的所有学校的教师开展普通话培训和测试工作，参训人数达3400余人次。同时对两所职校508人中职生开展普通话免费测试工作。

2019年组织开展每年全国推广普通话宣传周活动。组织开展第22届全国推广普通话宣传周活动，构建和谐语言生活，营造共有精神家园。9月，为使“推普”活动顺利有序开展，语委办结合当前脱贫攻坚重要节点，制定推普宣传周活动方案，向市民发放宣传画4000余张，利用电子显示屏、宣传横幅、主题板报、国旗下讲话等渠道开展宣传、主题演讲等活动。

2019年，完成县域内普通话调查工作。根据教育厅和自治区语委办的要求，完成7200人次县域内普通话调查工作，基本完成人人通活动。根据《西藏自治区推普脱贫攻坚行动计划实施方案（2018—2020年）》文件要求，对全市12个深度贫困县建档立卡贫困户，开展人人通普通话培训。截至年底，除仲巴、定日县以外，其他10个县基本完成培训任务。

职业教育

【日喀则市职业技术学校】 截至年底，日喀则市职业技术学校有3栋教学楼、50余间多媒体教室，校内实训中心9个，包括旅游服务与酒店管理实训中心、作物种植实训中心、汽车运用与维修实训中心、藏医医疗与藏药实训中心、护理实训中心、畜牧兽医实训中心、民族绘画（唐卡）实训中心、学前教育实训中心和计算机实训中心，同时，还建有驾校、汽修厂、藏香厂等生产性教学车间，共有工位数 560 个，仪器设备 1564 台套，实训项目 259 个。

教师队伍　截至年底，日喀则市职业技术学校有教职工 204 人（包括援藏干部人才 4 人）。其中，行政后勤人员 23 人，专业技术人员 181 人，分别占教职工总数的 11.2% 和 88.8%。教职员工中，藏族 130 人、汉族及其他少数民族 74 人，分别占比 63.7% 和 36.3。硕士 18 人、本科 159 人、其他学历 6 人，分别占比 9.8%、86.9% 和 3.3%。硕士 19 人、本科 168 人、其他学历 17 人，分别占比 9.3%、82.4% 和 8.3%。高级讲师 37 人、讲师 72 人、助理讲师 54 人、教员 18 人，分别占比 18.1%、35.3%、26.5% 和 8.8%。从“双师结构”来看，公共基础课程教师与专业课程教师分别为 75 人和 106 人，分别达到 41% 和 59%。从“双师素质”来看，有“双师型”教师 58 人，占专业技术人员总数的 31.7%。

专业课程　结合《日喀则市职业技术学校专业布局调整及优化工作实施方案》并经市委同意，日喀则市职业技术学校将原来的 22 个专业，调整为 13 个专业，重点打造 6 个专业群、1 个公共教学部，即医药卫生专业群（含护理、藏医 2 个专业）、交通运输加工制造专业群（含汽车运用与维修、焊接技术应用 2 个专业）、教育文化艺术专业群（学前教育、民族美术 2 个专业）、农林牧专业群（含现代农艺技术、畜牧兽医 2 个专业）、旅游服务专业群（含高星级饭店运用与管理、旅游服务与管理 2 个专业）、信息技术专业群（含计算机应用、计算机平面设计、计算机网络技术 3 个专业），成立公共教学部，打造护理、藏医医疗与藏药、汽车运用与维修 3 个品牌专业和民族美术（唐卡方向）1 个民族传统特色专业。其中，护理、藏医医疗与藏药、汽车运用与维修属于首批国家中等职业教育改革发展示范学校重点建设专业。藏医医疗与藏药、汽车运用与维修和民族美术（唐卡方向）属于首批教育部现代学徒制试点单位重点建设专业。汽车运用与维修属于首批教育部“1+X”证书制度试点单位建设专业。

课程改革　日喀则市职业技术学校根据西藏自治区“五个 100%”的要求，加强文化基础课程和思想政治课程的补偿教育，按照国家教学大纲规定，开齐开足开好德育、语文、数学、英语、历史、体育与健康、艺术、计算机等课程。结合实际，调整三年制专业教学计划，第一年以理论学习为主，第二年以技能培训为主，第三年以对口高职考试强化复习为主。完善各专业的人才培养方案、课程设置和课程标准。为继承和发展藏民族特色文化，加大藏语文课时量，为提升学生口语交际能力，结合普通话培训学习方案，增加口语交际课时量，新开设心理健康课程。

2019 年内，学生体质健康达标率在 80% 以上，公共基础课成绩合格率在 80% 以上，技能合格率在 78% 左右。学校 2019 年学生升学就业率达到 90% 以上。

教学科研　日喀则市职业技术学校教师在各级各类期刊发表论文 38 篇，尤其在科学研究方面作为西藏自治区首批学徒制项目建设院校顺利通过教育部验收，医学罗桑老师的藏药“欧琼丸”研制顺利通过自治区藏医药管理局阶段性验收。援藏副校长李东兵带头研究的“现代学徒制人才培养模式的探索与实践”课题也已通过自治区教育厅中期验收。2019 年教育部确定日喀则市职业技术学校为全国首批“1+X”证书制度试点的职业教育培训评价组织及职业技能等级证书的院校。

技能大赛　举办2019年校园开放日活动，有日喀则市委宣传部等12家单位和日喀则藏圣阁民族手工业产品有限责任公司等17家企业代表、15家市区学校代表、200名桑珠孜区中学生代表、各专业邀请的专家评委和学校全体师生2400余人参加第二届技能大赛启动仪式。组织学生参加全国性的护理、汽修等专业的技能比赛。组织开展校级技能比赛，分别开展汽修专业的技能比赛、藏医专业的《四部医典》背诵比赛和认药比赛、护理专业技能大赛、计算机技能大赛等。

日喀则市职业技术学校举行计算机技能大赛

学生管理　日喀则市职业技术学校组织开展2019年度班主任校本培训工作和2019级新生班主任筛选工作，每周开展班主任说活动，交流班级德育工作和管理经验。加强团委组织工作，推进学生会干部的换届和选拔，本年度共发展新团员46人，表彰中等职业教育国家奖学金3名、优秀学生干部5名、优秀团干部5名、五四红旗团支部5个。推进未成年学生思想道德建设，利用每周一的主题升旗仪式，以重大节日为契机，围绕“爱国、安全、卫生、文明守纪、学习、感恩”等开展主题升旗仪式共计34次。全校先后开展过好当下幸福生活、“四讲四爱”、民族团结、开学第一课、爱国主义、争做爱党爱国的社会主义建设者和接班人等主题教育活动，开展活动达15次以上。安全教育工作常抓不懈，加强学生管制刀具排查，加强交通安全教育、食品安全教育、毒品安全教育、消防安全、国防安全、信息安全教育等，开展活动共计15次以上，引导学生增强安全意识。

招生就业　日喀则市职业技术学校现有全日制在校生2924人，其中全日制2858人，非全日制66人。其中，2017级597人、2018级学生716人、2019级学生1611人（含2019级非全日制成人中专66人），脱贫攻坚专项招生计划共计188人，包括2017级三年制作物生产技术32人，2018级两年制计算机应用技术35人，2019级“3+2”作物生产技术专业40人、两年制护理41人、两年制汽修40人。为做好招生工作，日喀则市职业技术学校联合市二职共同组建4个中职招生宣传组，分赴18个县区、23所中学，对近万名应届初中毕业生开展招生宣传工作，并于8月在拉萨进行现场录取，同时认真做好2019级新生进行报到。

在就业方面：在职业教育活动周期间，日喀则市职业技术学校开展“工匠精神进校园”系列活动，邀请双创工作办公室郭海芳、萨迦边那仓藏医院院长加央、学校优秀毕业生等召开就业与创业系列讲座 4 场，同时组织专场招聘，邀请萨迦边那仓藏医院等 10 家用人单位到日喀则市职业技术学校招聘，提供就业岗位 50 余个，日喀则市职业技术学校 2019 届毕业生与招聘企业达成意向性就业协议 172 个，当场聘用学生 8 人。

2019 年日喀则市职业技术学校毕业学生总数为 861 人，升学就业学生数为 783 人，升学就业率为 90.94%，创学校历史新高；其中升入高一级学校 690 人，直接就业 93 人，对口就业率为 83.51%. 护士职业资格、驾驶、普通话等职业资格证书取得人数为 218 人，毕业生双证的持有率占毕业总人数 25.32%。

培训工作　在社会培训方面：2019 年，日喀则市职业技术学校先后承担国培计划（2019）——日喀则市初中教师入职培训 100 人/次、国培计划（2019）——日喀则市高中教师入职培训 50 人/次、日喀则市村医藏医培训 160 人/次。同时，学校驾校先后培训 B2 驾驶证学员 105 人/次、C1 驾驶证学员 198 人/次、承担全市各类驾驶资格认证培训 6700 余人/次。

在社区教育方面：举办 2019 年度职业教育活动周，以展板、视频、宣传册等形式向社会大众充分展示职业教育的办学成绩、专业设置、资助政策、招生就业、继续教育、社区服务等方面的内容。作为西藏大学、国家开放大学西藏学院函授中心，为进一步推进不同类型学习成果的互认与衔接，于 2019 年 12 月 12 日加入西藏高校继续教育联盟，同时 2019 年度完成西藏大学继续教育学院 1100 余名学员的函授面授工作，国家开放大学西藏学院招收学员 24 名，毕业学员 31 名，教学管理在籍学员共计 369 名。

校企合作　在校企合作方面，日喀则市职业技术学校出台《日喀则市职业技术学校校企合作实施办法》等文件和相关校企合作管理办法，截至 2019 年 11 月底与学校长期开展实习、就业为主的合作企业 51 家。学校主要是在学生实习实训和教师企业实践方面开展合作。在深层次的校企合作方面，学校紧抓教育部首批现代学徒制试点单位这个契机，在原有基础上对汽修、藏医、唐卡 3 个试点专业分别与拉萨康达汽贸有限责任公司、西藏神猴药业有限责任公司和日喀则藏露民族手工业传承发展有限公司进行合作，完善开展各项工作。围绕教育部“1+X”证书试点项目与中车行、成都畅意汽车科技有限公司进行汽修试点专业的校企联合育人。

财务管理　2019 年选派一名财务人员到重庆培训学习，根据新政府会计制度，实行双基础、双功能、平行记账。完成 2013—2018 年学校教职工养老保险清算，同时加强

日喀则市职业技术学校举行校企合作签约仪式

对中等职业教育质量提升专项资金、现代学徒制试点项目资金、农牧民子女“三包”助学金等专项经费的管理和使用。对财政拨款5万元以上的所有项目经费补充完善签订合同，规范财务收支。

项目建设 日喀则市职业技术学校实施中等职业教育质量提升计划，投资150万元的教学仪器设备采购项目全部到位。投资414万元的汽修专业实训基地改造项目竣工并投入使用，投资214.51万元完成酒店实训设备采购，投资150万元的第三教学楼维修改造项目竣工投入使用。

对口支援 根据《山东省教育厅组团协作帮扶西藏日喀则市职业技术学校工作方案》精神，2019年日喀则市职业技术学校与潍坊护理学院、山东交通职业学院、潍坊职业学院、青岛职业技术学院、青岛幼儿师范学校、青岛旅游学校6所学校签订对口帮扶协议。学校与黑龙江技师学院哈尔滨第二中等职业学校签订正式的对口帮扶协议。学校与吉林机电工程学校签订帮扶协议。

特色创新 日喀则市职业技术学校启动1+X试点项目。为加快推进“1+X”证书制度落地实施，多次组织教务处、汽车运用与维修专业相关负责人召开“1+X”制度试点工作推进会，学校召开“1+X”专题会1次。与北京中车行、成都畅易汽车科技有限公司合作，部署“1+X”职业技能等级证书有关培训站和考核站建设情况，研讨并制定适合学校情况的“1+X”证书试点工作实施方案。组织2名教师参加“1+X”研讨会，安排骨干教师4名参加“1+X”证书试点师资培训。2019年11月25—28日，日喀则市职业技术学校联合北京中车行高新技术有限公司组织汽车领域职业技能等级证书首次试考评，标志着西藏自治区汽车专业领域的“1+X”制度试点考证工作正式启动。试考评参考学生11名，通过10名，初评合格率为90.91%，完成“1+X”证书制度试考评工作，并召开试考评总结会1次。

【日喀则市第二职业技术学校】 2016年国家投资3.2亿元开工建设，2017年7月完成第一期工程建设任务，同年9月正式招生办学。截至年底，在实施二期工程建设，规划全日制办学规模3000名学生。同时承担校外培训任务。

基础设施建设 到年底，农林实训基地建设项目完工并投入使用，已购置学生桌凳3000套，配备满足2500名学生同时就餐的餐桌、餐具以及3000名学生住宿的床铺，配备9万余册各类图书等。建成电子白板教室81间，配备标准化考场，基本实现教学楼与实训楼的信息化、智慧化标准，实现校内网

标准化操场的塑胶跑道和草坪

验收合格的现代化教师公寓楼

络监控全覆盖，另建有品牌特色专业农林实训温室大棚3排，检测室1栋，园林实训温室1间，会计电算化实训室2间，满足9个专业2000人教学实训设备。购置教师办公设备100台，配备全套家具的教师周转房32间。种植雪松、旱柳、云杉、苹果、桃花、黄杨球、侧柏、海棠等1059棵，新增绿化面积14473平方米。

教师队伍　在校教职员工142名（含万名支教教师15名），其中校级领导6名（含1名援藏干部）、专任教师87名，专职医务人员1名，万人支教教师15人，外聘教师9人，公益性岗位11人、临时工13人。坚持“师资队伍建设是教学质量提升的核心”原则，先后组织120余人赴区内外职业院校参加教学转型、能力提升培训。同时，先后组织60余人次参加“国培计划”专业培训。依托上海援藏力量，先后选派14名教师到上海知名职校短期跟岗学习与考证工作，截至年底，学校“双师型”教师已达到15名。

专业课程　先后召开会计电算化、物流服务与管理两个专业内涵建设论证会、学校中长期发展规划座谈会等，听取第三方机构关于专业内涵建设工作进展情况。经过几次研究论证，学校中长期规划初稿得到完成。学校根据本地市经济发展的需求，在开设新专业、增强学校专业活力的同时不断强化原有专业的建设，开展品牌特色专业建设行动。各专业以项目建设为载体，以课程内容改革为核心，以教学方法、手段改革为重点，按照教育部《中等职业学校专业教学标准（试行）》的要求，调整课程设置，优化课程结构，促进专业教学科学化、标准化和课程、教材建设的规范化、系列化。

教学科研　对《中国教育现代化2035》《加快推进教育现代化实施方案（2018—2022年）》《国家职业教育改革实施方案》等进行学习研讨，分析本校状况，谋划学校未来一段时间内的办学方向，明晰办学思路和具体发展路径。普通话教学、文明礼仪教学等校本教材初步形成，并处于试用阶段。

技能大赛　2019年5月，举办中职学校技能大赛，各专业学生积极参与，成绩斐然，即锻炼师生的实操水平，又向社会各界展示学校的教育教学水平。

招生就业　建立健全校内“控缀保学”激励制度，学校单独安排专项资金，用于激励“控缀保学”与招生工作的典型做法。2019年的招生宣传共制作宣传册5000本、海报25本、展板24块，共出资9万余元。共出动6辆车、126人次赶赴18个县区开展轮回宣传，实现招生宣传全覆盖。完成5月职教宣传周活动，年内完成新招生879名，年初指标完成率为115%。

校企合作　与日喀则珠峰城市投资发

市二职联合上海市高桥蚂蚁创客小镇举办的日喀则青年就业创业实训班开班

展有限公司、珠峰扶贫开发有限公司、日喀则市珠峰电子商务有限公司、桑珠孜区德琴3900庄园有限公司、西藏夏吉格巴桑布实业有限公司等13家企业签订校企合作协议，达成设施农业生产技术、建筑工程施工技术、供用电技术、木材加工技术以及物流服务与管理及电子商务等专业合作发展事项。

与上海市城市科技学校、上海市临港科技学校、上海市振华外经职业技术学校、上海市浦东外事服务学校等签订东西协作协议，并加入上海—果洛职教联盟。完成输送2名和4名中二年级学生分别到桑珠孜区德琴3900庄园有限公司、日喀则互惠互利公司跟岗实习。安排30名学生到上海进行为期3个月集中培训，重点加强进企业锻炼和就业创业体验培训。

对口支援 上海市首批“万名教师支教”工作队落实《教育部关于支持提升西藏职业教育教学质量的指导意见》和《西藏自治区职业教育教学质量提升行动计划》精神，与上海市杨浦职业技术学校、上海市城市科技学校、上海市浦东外事职校、上海市振华外经职业技术学校、上海市信息技术学校、上海市行政管理学校、上海市曹杨职校等签订东西协作校校合作协议，为学校培养14名“双师型”教师，大概占学校教师比例的17%左右。加入上海—果洛职业教育联盟，共享优质教学资源。组织21名教师到上海下企业顶岗实践。选取物流专业中30名学生到上海蚂蚁学院进行为期3月的专业培训。

嘎玛沟

文化体育

珠峰精神

坚韧不拔　巍峨不屈　感恩向上　敢为人先

公共文化

【文化发展】 年内，围绕庆祝中华人民共和国成立70周年、纪念西藏民主改革60周年和脱贫攻坚等主题，创作以歌曲《脱贫攻坚共同富强》、表演唱《学懂弄通做实》、小品《好政策》、相声《齐心协力》、民乐连奏《尼斯热》、舞蹈《琴缘》、藏戏《唐东杰布》、现代舞《我们的时光》、甲谐《盛世欢歌》、原生态舞蹈吉隆《萨勒谐庆》文艺精品为代表的一批反映时代精神、主题鲜明、艺术精湛、民族地域等特色浓厚的剧节目，新创作文艺作品达216个，其中脱贫攻坚和“四讲四爱”节目共62个，涉及有关生态环境保护的文艺作品18个，向自治区推荐第七届精神文明建设“五个一工程”参评作品8部，《江孜印迹》室内实景剧提升版首演；拉孜县堆谐《飞弦踏春》舞蹈代表中国风情亮相“亚洲文化嘉年华”。县（区）、行业部门拍摄《我和我的祖国》快闪拍摄活动近40余次，推出不同风格的快闪作品40余部。开展“我与共和国共奋进”创作作品征集展示活动、创作推出《魅力仁布》《我与共和国共奋进》《家乡变化》等文学、书法、摄影、微视频等180幅（篇）。举办“新时代新情感·幸福生活盈笑脸”百幅肖像摄影作品展、“情系高原·圆梦日喀则”对口支援西藏日喀则成果图片展、“辉煌日喀则·壮丽新时代”日喀则经济社会发展成就展、第三届“指尖妙笔”书画作品展、“山水之约”百名摄影家走进日喀则暨摄影展、“如意日喀则”书法摄影吉林展、赤列德庆美术作品展、“雪域·缘”周明辉美术作品展、首届“藏雄觉知”书法大赛等一系列展映展出活动，向国庆70周年和西藏民主改革60周年献礼；市民族艺术团、县（区）艺术团累计开展送文艺下乡4000余场次；市电影放映管理站免费放映爱国主义影视影片1.9万场次；完成《中国人文地理·日喀则卷》内容编纂和图片征集工作。

【文化活动】 市民族艺术团、各县（区）艺术团围绕“三大节日”、“3·28”西藏百万农奴解放纪念日等重要时间节点开展送文艺下乡活动，全年累计演出达1800余场次，受惠群众达42万余人次。5—6月，与吉林省联合举办第十七届珠峰文化旅游节，日喀则主会场和吉林活动周期间，近20万人现场观看文艺演出。举办群众性文艺活动“珠峰谐韵”舞蹈大赛、“珠峰杯”相声小品大赛、“珠峰杯”民歌大赛。9月，市民族艺术团随同“中国

2019年6月18日，第十七届珠峰文化旅游节“坚定文化自信 传承历史文脉”系列展览开展仪式在市群众艺术馆举行

西藏·扎西德勒”文艺演出团出访蒙古国乌兰巴托市执行部省合作计划。完成日喀则市庆祝中华人民共和国成立 70 周年、纪念西藏民主改革 60 周年文艺演出任务。先后组织市群众艺术馆藏巴阿佳艺术团赴厦门参加“中国美·夕阳红庆祝新中国成立 70 周年——走进厦门全国文艺交流活动”、拉孜县艺术团赴北京参加“亚洲文化嘉年华”对外交流演出、仁布县江嘎尔藏戏队赴拉萨参加自治区非遗十年展演、昂仁县藏戏队赴拉萨参加藏戏列入联合国教科文组织“人类口头和非物质文化遗产代表作”名录 10 周年专题晚会、拉孜县艺术团赴甘肃参加敦煌文博会闭幕式对外交流文艺演出、18 个县（区）艺术团赴河南郑州参加第十一届全国少数民族传统体育运动会民族健身操表演项目。

【文化产业】 推荐 47 家企业申报自治区文化产业发展专项资金扶持项目，申报资金 3290 万元。推荐 36 个文化产业项目列入自治区“十四五”文化产业项目库。推进“文化+”，创新运营模式，对接国家“一带一路”倡议，推进以藏文化展示、珠峰运动体验、藏药养生度假、旅游休闲为主的中国西藏珠峰文化旅游创意产业园区建设。承办第二届西藏文旅融合管理人才交流培训班和全区唐卡传承人群培训班，加强唐卡人才培养，按照每名唐卡画师 1.5 万元的扶持标准，与 100 名唐卡画师签订人才培养专项扶持协议。扶持藏露民族手工业传承发展有限公司等优秀民营唐卡企业发展壮大，加大对扎西吉彩金银铜器加工厂等一批民族手工艺骨干文化企业培养力度，提高市场占有份额。组织 10 家文化企业赴浙江参加第十四届中国义乌文化产品交易博览会、第十一届中国国际旅游商品博览会。截至年底，全市民族手工业合作社达 5000 家以上，从业人员超万人。

【艺术创作】 全市各级文艺团体全年新创作文艺作品 216 个，其中，脱贫攻坚和“四讲四爱”类文艺作品 62 个，生态环境保护文艺作品 18 个。

【文化惠民】 实施文化惠民工程，持续开展“送文化下基层”活动，市民族艺术团、各县（区）艺术团围绕“三大节日”、“3·28”西藏百万农奴解放纪念日等重要时间节点开展送文艺下乡活动，全年累计 1800 余场次，受惠群众 42 万余人次。开展博物馆、群众艺术馆、图书馆、县（区）综合文化活动中心、乡镇（街道）综合文化站、村（居）文化室免费开放，开展“世界读书日”活动，全年累计服务群众 20 余万人次。

【公共文化服务】 举办 2019 年全国公共文化巡讲暨日喀则市创建第四批国家公共文化服务体系示范区专题培训班。市政府分别召开专题会议和常务会议，研究审议《日喀则市创建第四批国家公共文化服务体系示范区规划（2018—2020 年）》，并报市委研究。完成 2018 年度中央补助地方公共文化专项资金项目，总投资 160 万元，为 80 个贫困地区文化室购置配送音响、话筒、功放机等设备。完成江孜、康马等 6 个县流动舞台车配备工作。总投资 380 万元提档升级 36 个乡镇综合文化站和 80 个村级数字文化驿站。加强县（区）艺术团建设管理，推动落实市、县（区）两级财政分别配套资金 50 万元、40 万元。组织 30 名基层文化工作者赴区内外参加文化培训。吉林省文化和旅游厅与日喀则市文化局签订对口支援合作协议，吉林省图书馆向日喀则图书馆捐赠2万册图书。

【文化扶贫】 完成2018年度中央补助地方公共文化专项资金项目，总投资160万元，为80个贫困地区文化室购置配送音响、话筒、功放机等设备。完成江孜、康马等6个县流动舞台车配备工作。总投资380万元提档升级36个乡镇综合文化站和80个村级数字文化驿站。开展“送文化下基层”活动，市民族艺术团、各县（区）艺术团围绕“三大节日”、“3·28”西藏百万农奴解放纪念日等重要时间节点开展送文艺下乡活动，全年累计达1800余场次，受惠群众达42万余人次。引导100余家文化产业企业开展结对帮扶935户贫困户，累计投入700多万元，解决贫困户就业1580人，其中残疾人就业91人，贫困户就业增收达3900多万元。

文化保护

【非物质文化遗产】 全市建成市级第一、二批非物质文化遗产代表性项目共135项，共普查项目70个，采访民间艺人160名，收集整理较为完整的藏汉文字资料近200万字，影像资料25200分钟，图片资料3000多张。共有联合国教科文组织颁布的人类口头与非物质文化遗产名录项目1项3个点（昂仁迥巴藏戏、仁布江嘎尔藏戏、南木林湘巴藏戏），国家级非物质文化遗产代表性名录项目17项、国家级代表性传承人14名，自治区级非物质文化遗产代表性名录项目75项、自治区级代表性传承人66名，市级非物质文化遗产代表性名录项目121项、市级代表性传承人50名，县级非物质文化遗产名录项目238项。国家传统工艺振兴目录4项，国家级非物质文化遗产生产性保护示范基地1个，自治区级非物质文化遗产生产性保护示范基地2个，自治区级非物质文化遗产项目传习基地23个，自治区级非物质文化遗产进校园示范基地1个、市级示范基地8个，民间藏戏队86支，国家珍贵古籍名录——少数民族文字珍贵古籍13部（函）。

2019年，全市申报2020年度国家非物质文化遗产保护专项资金项目7个，申报资金262.3万元。推荐申报第四批自治区级非遗代表性传承人，29名传承人入选。推荐18个自治区级非遗代表性项目申报第五批国家级非遗代表性项目。兑现自治区级非遗代表性传承人补助资金39万元。组织开展2019年“文化和自然遗产日”宣传活动，推荐藏靴、藏刀、六弦琴制作技艺等3个传统工艺类项目参加自治区2019年“文化和自然遗产日”活动。组织非遗代表性项目及传承人参加“第八届藏戏展演”活动、第十七届珠峰文化旅游节技艺展演展示展销。开展“非遗进校园”活动，热萨乡中心小学被命名为自治区“非遗进校园示范基地”，并举行挂牌仪式。

【文物管理与保护】 重点文物保护推荐申报全市5处成功入选第八批全国重点文物保护单位。完成“十二五”重点文物保护工程查木钦墓地保护项目，并通过自治区文物局验收。完成2018年自治区抢救性项目德庆格桑颇章主体保护维修及周边环境整治工程和拉萨雪林多吉颇章花岗岩道路改造工程项目并组织自验。截至年底，在实施“十三五”文物保护8处平安工程和萨迦寺安消防提升工程。完成吉隆县帕巴寺安消防工程，江孜县帕拉庄园屋面阿嘎土改造和消防提升、环境整治工程前期手续。完成10处第一批市级文物保护单位申报、审定、公布工作。完成六市一地石刻文物普查工作，日喀则石刻艺术博物馆正式开馆运行。

寺庙文物保护　研究拟定寺庙“十四五”规划项目编制。坚持“年久失修、险情重大、急需维修、爱国守法”导向，排除重复投入、多头投入等情况，拟定上报重点宗教活动场所“十四五”规划项目18个，涉及资金3207万元。针对部分中小寺庙殿堂、围墙等基础设施受损情况，向自治区业务部门争取维修补助资金，2019年为13座寺庙共下拨维修补助资金235万元。

完善文物保护机制　会同市人大、宗教、司法等部门赴江孜、康马等7个县开展《日喀则市文物保护管理办法》宣传贯彻情况调研，并建议列入2019年市人大立法计划。与公安部门联合建立日喀则市公安机关与文物部门打击防范文物犯罪长效机制，形成《日喀则市文物安全工作联席会议制度》。联合市公安局、消防救援支队赴18个县（区）自治区级以上文物保护单位开展“防风险保平安迎大庆”消防安全执法检查专项行动，发现突出隐患和问题25类86处，下达整改通知30份，下达督办通知2份。与中央电视台《国宝档案》栏目组合作拍摄制作5集专题纪录片《雪域传奇》（《国宝档案——日喀则》）系列节目。

【文物普查】 完成17个县（区）258处文物保护单位可移动文物普查工作。

1. 拉孜县：26处文物保护单位，可移动文物总计921件

2. 昂仁县：36处文物保护单位，可移动文物总计1354件

3. 定日县：35处文物保护单位，可移动文物总计653件

4. 岗巴县：1处文物保护单位，可移动文物总计32件

5. 吉隆县：12处文物保护单位，可移动文物总计356件

6. 萨嘎县：5处文物保护单位，可移动文物总计240件

7. 桑珠孜区：15处文物保护单位，可移动文物总计23603件

8. 谢通门县：19处文物保护单位，可移动文物总计726件

9. 仲巴县：9处文物保护单位，可移动文物总计139件

10. 江孜县：21处文物保护单位，可移动文物总计1754件

11. 仁布县：15处文物保护单位，可移动文物总计466件

12. 康马县：4处文物保护单位，可移动文物总计228件

13. 聂拉木县：13处文物保护单位，可移动文物总计293件

14. 亚东县：4处文物保护单位，可移动文物总计116件

15. 南木林县：31处文物保护单位，可移动文物总计3006件

16. 萨迦县：8处文物保护单位，可移动文物总计11037件

17. 定结县：4处文物保护单位，可移动文物总计119件

市局直属文物保护单位1处，可移动文物总计3169件。

文化市场管理

【综述】 年内，推进"扫黄打非•珠峰工程"，与各县（区）文化主管部门和文化市场经营单位签订文化市场安全管理目标责任书，开展文化市场监督检查40余次，检查文化市场经营场所290余家，对海皇青稞三号、春天里2家场所噪声污染问题进行治理，责令停业限期整改。推进"放管服改革"，取消网吧200米间距规定，取消娱乐场所法人、负责人、投资人无犯罪证明文件规定，改为承诺件。梳理文化市场行政审批事项，进驻市便民服务中心，办理文化市场设立、延续换证、变更登记服务19项，解答疑难问题20余件。开设"日喀则文化市场服务平台"公众号、"日喀则市文化市场审批服务"微信群，定期发布文化市场动态。

【规范化建设】 调整充实文化市场管理工作领导小组，完善《日喀则市文化市场突发事件应急管理办法及应急处置预案》。为促进形成"权责相一致""权责受监督"的良好政府治理环境，根据相关法律法规规章和市政府工作要求，重新梳理文化市场综合执法权责清单，共梳理文化行政执法职权事项190项（包括行政处罚权、行政强制权），按照重新梳理权责清单事项，推广应用全国文化市场移动执法系统，对18个县区文化执法人员进行现场培训操作。制定《2019年日喀则文化市场行政执法培训大纲》，全市执法人员参加线上培训率达80%，平均修学分73.5分。先后选派9名执法队员赴拉萨等参加文化市场综合执法业务培训。按照市委宣传部2019年党风廉政建设专题部署会议要求，层层签订党风廉政建设目标管理责任书。执行《日喀则市文化市场综合执法支队职能》《文化市场综合行政执法人员行为规范》《日喀则市文化市场综合执法支队行政处罚流程图》《日喀则市文化市场综合执法支队党风廉政建设制度》规定，确保党风廉政建设工作落到实处。召集娱乐场所、互联网上网服务营业场所、音像制品、图书出版物零售等经营单位业主，集中签订2019年度安全管理目标责任书732份。

【市场执法】 2019年，日喀则市文化市场综合执法支队围绕迎接宣传贯彻中共十九大这条主线，突出庆祝中华人民共和国70周年、西藏民主改革60周年活动，围绕元旦、春节、藏历新"三大节日"，加大文化市场的监管力度。

针对节日期间，歌舞娱乐场所文化娱乐活动增多，文化市场安全生产形势严峻等特殊情况，牵头相关职能部门，排查安全生产隐患为主线，重点对城区内的音乐酒吧、朗玛厅、KTV、藏餐馆、迪吧等歌舞娱乐场所进行专项执法检查。

协调联系公安检查站、邮运、铁路、航空管理等部门，加大对寄递行业、运输行业领域的执法检查力度。

以安全生产文化市场管理工作领导小组办公室名义，召集公安、消防、工商、环保等文化市场相关成员单位，发挥职能作用，形成工作合力，突出歌舞娱乐场所、营业性演出场所、电影院等人员密集的文化场经营单位，开展安全生产隐患排查工作。着力采取"互联网+"文化执法的模式，通过全市歌舞娱乐场所微信群等各类文化市场经营场所微信群，向各经营场所下发安全生产隐患自查自纠的通知。

以全市“创城工作”为重要节点，采取暗访、抽查、选择性地对校园周边互联网上网服务营业场所进行排查，重点清查接纳未成年人等行为。

把庆祝中华人民共和国70周年文化市场专项整治行动作为全年文化执法工作的核心工作，贯穿于每一次执法检查，规范全市文化市场经营行为，查处一批违法违规经营案件。

以综治宣传为契机，结合业务职责，在城区重要路段和人口集中区域设立宣传咨询点，发放文化市场、印刷市场、出版物市场、“扫黄打非”领域内的各类法律法规和规章制度，以及《文化市场举报奖励办法》《文化市场综合行政执法机构职能》《文化市场综合行政执法行为规范》等宣传资料。

【扫黄打非】 配合市“扫黄打非”办公室开展“扫黄打非”宣传教育进学校、进社区活动和“4•26”知识产权日和“绿书签2019”系列活动。2019年度，共出动执法人员5321人次，检查各类文化市场经营场所4532家次，车次321辆，查缴盗版歌碟34张，非法出版物82本（册），删除淫秽色情短视频61条、违禁歌曲42首，排查安全隐患32处（其中现场消除安全隐患32处、移交10处），责令改正33家（其中现场整改29家，限期整改4家），发放宣传资料7500余张（册）、答疑解惑32条，签订安全管理目标责任书732余份。

（蒋　体）

【知识产权保护】 开展打击侵犯知识产权和制售假冒伪劣商品专项整治行动，重点查处混淆、假冒和侵权商标的违法行为，辖区内9家酒店网站宣传内容涉及侵权“扎什伦布寺”商标的行为已全部整改到位。查处商标侵权案件15件，案值16.79万元，罚款55.16万元。受理一起外观专利侵权案件，没收侵权甜茶粉5件，价值2200元，下发责令整改通知书3份。截至12月底，全市申请发明专利23件，已授权发明专利7件，实用新型28件，外观专利41件。

【品牌建设】 完善商标品牌服务体系，加强商标服务引导，培育地理标志产品。到12月底，全市商标注册3891件，其中有效商标2484件，同比分别增长98.76%、75.38%。地理标志商标申请总量30件，已注册27件，同比增长130%，国家地理标志保护产品3件。指导帮助西藏神猴药业有限责任公司成功注册中国驰名商标，实现全市驰名商标零的突破。

文艺创作

【协会活动】 持续打造唐卡产业品牌，加大对西藏日喀则唐卡协会支持力度，举办全区唐卡传承人培训班，加强唐卡人才培养，继续按照每名唐卡画师1.5万元的扶持标准，与100名唐卡画师签订人才培养专项扶持协议。

【艺术培训】 与西藏大学继续教育学院联合举办2019年度日喀则市文化艺术团体舞蹈编创人员培训班，选派市民族艺术团、县（区）

艺术团20名舞蹈创编骨干参加培训。举办2019年全市相声小品培训班，选派市民族艺术团、县（区）艺术团98名相声小品演员参加。举办2019年全市歌手声乐培训班，选派县（区）艺术团36名声乐演员参加。市群众艺术馆举办寒暑假公益培训班，开设六弦琴、电子琴、钢琴、扎念琴、舞蹈、藏文书法、唐卡绘画、朗玛堆谐、广场舞等培训课程，累计培训学员300余名。

【大型活动】 1月，举办2019年日喀则藏历新年晚会。5—6月，与吉林省联合举办第十七届珠峰文化旅游节，日喀则主会场和吉林活动周期间，近20万人现场观看文艺演出。举办群众性文艺活动“珠峰谐韵”舞蹈大赛、“珠峰杯”相声小品大赛、“珠峰杯”民歌大赛。9月，市民族艺术团随同“中国西藏·扎西德勒”文艺演出团出访蒙古国乌兰巴托市执行部省合作计划。完成日喀则市庆祝中华人民共和国成立70周年、纪念西藏民主改革60周年文艺演出任务。

广播电视

【机构概况】 2019年3月，原日喀则市新闻出版广电局的新闻出版、电影职责划转至市委宣传部，原下属事业单位日喀则市广播电视台更名为日喀则广播电视台，作为市政府直属正县级事业单位，归口市委宣传部领导。组建日喀则市广播电视局。

日喀则市广播电视局内设办公室（政工人事科）、监管科、科技科3个科室，局属广播影视技术服务中心为正科级事业建制，局机关后勤服务中心为副科级事业建制。

日喀则市广播电视台现有汉语综合、藏语新闻两个电视频道，一个广播频率，一个微信公众账号。内设办公室、总编室、新闻部、专题部、广告部、广播部、电视网络部、译制部、技术保障部、新媒体部10个部门，建成拥有13500余用户、光缆长度70公里、覆盖城区的有线电视网络。

【主题宣传】 2019年，日喀则广播电视台围绕习近平新时代中国特色社会主义思想、庆祝中华人民共和国成立70周年和纪念西藏民主改革60周年、脱贫攻坚、环境保护等重点宣传内容，整合广播、电视、新媒体等资源，开辟专栏报道，全年先后开辟《壮丽70年奋斗新时代》《惠民政策每日一讲》《扫黑除恶——日喀则在行动》《我为祖国祝福》《我们的节日》《凝心聚力共建六城》《“不忘初心、牢记使命”主题教育进行时》等多个专栏。

【采编供稿】 2019年，日喀则广播电视台围绕工作重点，加强新闻报道策划、采访、制作、播出等工作，加大新闻上送力度、提升宣传报道质量，发挥广播电视传统媒体的舆论引导作用。《日喀则新闻联播》汉语版全年共计播出新闻报道3755条；《日喀则新闻联播》藏语版共计播出新闻报道2920条；调频95.0广播频率共计播出广播节目300余期，“日喀则广播电视台”微信公众号共计推送图文、视频新闻3178条，全年在西藏台各档栏目中播发新闻284条，在中央广播电视总台各频道累计播出新闻报道21条。

【精品创作】 开展网络现场直播，形成宣传报道合力，先后针对2019首届亚东国际边贸旅游文化节开幕式、日喀则市庆祝中华人民共和国成立70周年“感恩党中央歌颂新时代”群众联欢活动等全市重大活动进行网络现场直播；在“3·28”百万农奴解放纪念日制作“我和我的祖国”快闪；在“十一”期间制作3期城市亮化街景微视频，在微信公众号上推送。

2019年，针对全市重大活动、民生热点问题等加大专题节目制作播出力度，围绕消防安全、城市交通、儿童保护、环境卫生等方面策划、制作18期《珠峰有约》专题节目；围绕珠峰文化旅游节录制、制作、播出20余场次的《周末大舞台》文艺节目；围绕全市非物质文化遗产和丰富多彩的歌舞文化，制作播出24期《珠峰欢乐会》文化娱乐节目。

先后采制《感动日喀则系列人物》《让蓝天碧水永驻我们身边》《脱贫攻坚我们不掉队》等7期自制公益广告，在藏汉两个电视频道、微信公众号上高频率播出。

【基础设施建设】 2019年已完成验收并投入使用高山台站建设项目。该项目总投资800万元，建设对象为仲巴、萨嘎、定日、仁布4个县。已完成验收并投入使用西新五期铁塔建设项目。该项目中包括市广播电视台90米铁塔及其他附属基础设施建设，昂仁、岗巴、吉隆3个县70米铁塔及其他附属基础设施建设。已完成验收并投入使用日喀则市无线发射台站机房建设及信号传输等附属设施工程项目。该项目总投资313.9万元，建设内容包括647.89平方米基建和监控、箱式变压、信号传输设备。已完成验收并投入使用村综合文化服务中心示范工程广播器材配备项目。该项目内容包括配备日喀则市各县（区）242个村村级前端可接收上级IP、无线/有线调频的广播适配器、播放设备、话筒等。

已完成验收并投入使用中央台藏语广播节目调频覆盖建设项目。该项目总投资106.38万元，建设对象为昂仁、白朗、定结、岗巴、吉隆、仁布、萨嘎、谢通门、仲巴9个县。完成并投入使用的中央广播电视无线数字化覆盖项目，实现市广播电视台、17个县（区）、8个补点乡镇（村）中央广播电视无线覆盖从模拟向数字化转变，提高广播电视传播覆盖质量。

2019年8月，市广电局在樟木镇架设无须工作人员值守的广播信号发射站，恢复中央人民广播电台中国之声在樟木口岸的广播信号覆盖。截至年底，该临时发射站可同时发射中国之声、西藏藏语两套广播节目，广播信号覆盖范围南至樟木镇友谊桥，北至樟木镇隧道，广播信号强烈，广播节目音质清晰。

推进日喀则市广播电视电影藏语节目制作中心建设项目。该项目总投资3100万元，建设规模7250.04平方米，建设内容包括广播电视电影节目译制、生产、演播室及附属设施，该项目于2019年10月已开工建设，截至年底，后续工程持续推进中。推进深度贫困县县级应急广播体系建设项目。该项目总投资8635.04万元，建设内容包括县级应急广播平台、传输覆盖网络、接收终端，建设对象为17个县、192个乡（镇）、1498个行政村，截至2019年年底，已完成该项目摸底调查、调研等前期各项准备工作。推进购买农牧区广播电视“村村通”直播卫星设备维修维护服务项目。2019年1月起，市广播电视局采取政府购买服务方式，将全市所有“村村通”用户设备维护维修工作全部由西藏康发电子技术服务有限公司承接实施。自2019年起，该项目将持续稳步推进。

【广播电视行业管理】 广播电视播出机构管理　市广播电视局贯彻落实《广播电视播出机构违规处理办法（试行）》精神，加强全市广播电视台的管理。2019年全市各级广播电视播出机构无擅自变更设立主体、名称，无违规变更台、台标，无违规转让增设广播电视频率频道和播出时段。按时完成市广播电视台和17个县广播电视播出机构许可证的更换，并将设立主体、机构名称进行统一。

广告播放管理　市广播电视局认真指导和监督管理全市各级广播电视的广告播放，加强对医疗养生类节目、医疗药品、美容减肥、食品保健以及招商加盟收藏类别广告的监管力度。针对借庆祝中华人民共和国成立70周年进行商业炒作的行为，组织开展专项监测行动。2019年，市广播电视台和17县广播电视台除播放公益广告外，无播放商业广告行为，也不存在商业炒作的行为。

【安全播出】 日喀则汉语频道全年共计安全播出5737小时，日喀则藏语频道全年共计安全播出5007小时。五套调频广播节目共计安全发射40150小时，五套无线发射电视节目全年共计安全发射36500小时。

【新媒体发展】 2019年，日喀则广播电视台加强微信公众号新兴媒体的业务拓展，发挥微信传播速度快、覆盖人数多、浏览方便等特点，向广大观众推送热点新闻、解读政策举措、展示日喀则取得的成就。“日喀则广播电视台”微信公众号先后开辟《西藏民主改革60周年》《壮丽70年奋斗新时代》《不忘初心、牢记使命》《天河两岸看西藏》《珠峰英才风采》《扫黑除恶知识应知应会》等专栏，推送图文、视频新闻3178条，阅读人数累计224万人，阅读次数累计382万元，在西藏政务微信排名中长期位列十名左右。

（李贵宝）

藏语言及编译工作

【藏语言文字宣传工作】 年内，利用法治宣传月、综治宣传日、“3·28”西藏百万农奴解放纪念日、“6·2”日喀则市民族团结进步日等节庆和活动，大力宣传党和国家民族语言文字方针政策，大力宣传《中华人民共和国国家通用语言文字法》中关于民族语言文字的法律法规条款，大力宣传《国家民委关于做好少数民族语言文字管理工作的意见》《西藏自治区学习、使用和发展藏语文的规定》《日喀则市人民政府关于加强藏语言文字工作的意见》精神，大力宣传藏语言文字工作的重大意义。

【藏语文社会用字管理】 年内，联合多部门开展市区社会用字规范整治整顿。2019年4—5月，由市藏语委办（编译局）组织牵头，联合市直相关部门对市区主要街道、旅游景点、路识标牌的用语用字情况，开展专项规范整治整顿工作。共检查招（门）牌、道路标识、横幅、标语6000余个（条）；下达整改通知书51份，整改率达到90%；二是开展专项检查整改工作。为切实防范在大型庆祝活动的宣传标语和横幅中出现翻译不规范、用字不标准的问题。2019年3月，市藏语委办（编译局）针对“庆祝西藏民主改革60周年”有关宣传横幅标语的社会用字进行专项检查工作，共检查1500余条宣传横幅、标语，发现问题10处，下达整改通知10份，整改率达到100%；同时，9月，组织动员全市基层编译部门，针对庆祝中华人民共和国成立70周年有关横幅、标语及电子屏幕的藏语文社会用字情况进行专项检查。出动人员力量近300人次，共检查4604处，发现问题82个，下达整改通知书82个，完成整改79个，整改率达96.3%。

【编译工作】 2019年，完成市级重要会议和重要活动有关材料的翻译任务。承担市四大班子交办的各项材料的翻译任务，保质保量地完成各类重要文件、领导讲话、会议材料、活动方案的翻译。完成市两会、珠峰文化旅游节、市容整治行动、村级组织班子成员重点任务清单、巡视公告、普法宣传、扫黑除恶专项斗争、机构改革、市政府提案答复、主题教育、大庆安保等方面材料的翻译任务。做好规范性、政策性文件法律法规的翻译任务。先后完成《中国共产党农村基层党组织条例》《日喀则市城乡规划条例》《日喀则市河道采砂管理条例》《村规民约指导意见》《日喀则市财政预算调整方案》《中华人民共和国农民专业合作社法》《农民专业合作社示范章程》等法律法规文件的翻译任务。各类文件翻译字数达63万余字。完成应急材料翻译任务。2019年在完成常规翻译任务的同时，完成市委、市委组织部等部门安排的应急材料，以及庆祝中华人民共和国成立70周年等活动的应急翻译任务，累计完成近2万字的翻译任务。2019年，市藏语委办（编译局）安排业务骨干人员，进驻到市便民服务政务大厅，现场办公完成门牌、公章、广告、宣传标语的翻译任务，共接待前来翻译的各族群众2800余人次，翻译公章6500余枚、各类广告牌和宣传标语1700余条。

【培训指导】 由市藏语委办（编译局）组织的全市基层汉藏“双语”翻译业务骨干培训班于2019年11月21—26日在日喀则市举办。由十八县区藏语文编译部门和各县区电视台、县（区）直相关部门、乡镇以及市政协办公室、市藏语委办（编译局）、电视台、报社等部门从事藏汉翻译工作的业务骨干组成，参训人数70余人。继续做好培训推荐工作。2019年我们先后推荐21名基层业务干部参加全区翻译业务骨干培训班、西藏深度贫困县（区）双语业务人员能力提升培训班、藏语文信息化培训班、藏语文工作者国家通用语言文字素养培训班等培训班。做好《日喀则地名录》资料整理工作。对18个县（区）上报的地名录资料进行逐一的梳理和整理，以及审核工作，初稿已形成。做好新词术语推广工作。与日喀则报联系，定期发布自治区新词术语审定委员审定的术语。面向基层的推广使用。及时整理和梳理全年的新词术语汇编成册，印发到各县区藏语文编译部门。强化社会面宣传推广。为进一步做好新词术语的推广使用率。办（局）充分利用各类宣传日契机，将《汉藏对照术语规范明镜》等册子作为宣传资料，面向社会发放，扩大推广面。

体　育

【群众体育】 落实《日喀则市全民健身实施

计划（2016—2020 年）》，成立以分管副市长为召集人的日喀则市全民健身联席会议，下发《全民健身工作联席会议制度方案和全民健身工作联席会议议事规则》，按照全民健身工作“三纳入”的要求，把全民健身经费以 6∶4 比例纳入各级财政预算。

举办首届农牧民运动会、市直机关全民健身运动会、“邦锦花杯”广场舞大赛、生态单车行活动、8 月 8 日全民健身日活动等各类群众性体育赛事，参与规模 30 余万次。特别是为庆祝中华人民共和国成立 70 周年、西藏民主改革 60 周年，自下而上举办农牧民运动会，累计 385 场次、36.2 万名群众参与其中，投入资金 1347 万元，来自全市 18 个县（区）757 名农牧民运动员、教练员、裁判员及志愿者参与，共产生 135 块奖牌。该届运动会是日喀则市历年来参赛人数最多、规模最大的一次大型运动会。年初举办停办十年之久的桑珠孜区藏历初三赛马节，吸引观众 8 万余人。

日喀则市成立日喀则市体育总会、乒乓球协会及自行车协会，正筹备成立市棋类协会及羽毛球协会。鼓励各协会组织开展各类群众体育活动，依托协会开展自行车环城赛、乒乓球大赛、棋类比赛等赛事。加强全市二级社会体育指导员培训、各县（区）三级社会体育指导员培训及市区各健身点工作，每年举办两期二级社会体育指导员培训，社会体育指导员队伍已扩大到 400 余人，规模以上晨晚练点达到 13 个。

【竞技体育】 每年先后组织举办“珠峰杯”男女篮球锦标赛、“体彩杯”足球赛，校园足球三级联赛暨 U13、U15、U18 足球比赛、中学生田径运动会、乒乓球比赛、自行车环城赛等大型体育赛事。全市每年组织开展不同群体、不同项目、不同级别，具有一定规模的体育健身活动达 500 余场（次），直接参与活动的人员达 50 余万人（次）。

组建日喀则市代表队参加全区各类比赛，2019 年先后参加西藏自治区第三届篮球锦标赛（U18）、阿里自行车赛、喜马拉雅自行车极限赛等赛事，选派萨迦县扯休乡“强杆踏许”和民族健身操“珠峰起舞”代表西藏自治区参加第十一届全国少数民族传统体育运动会。

【学校体育】 要求各学校认真贯彻《学校体育三个办法》。完成每年开学检查任务，全市各学校基本开足开齐小学 1 ～ 2 年级每周不少于 3 课时，小学 3 ～ 6 年级和初中每周不少于 2 课时，高中每周 2 课时的要求，确保学生每天阳光体育一小时活动。

从本级体育彩票公益金中拨付 200 万元，用于开展全市 24 所初级中学举办校园足球比赛相关经费。建设校园足球特色学校和青少年体育俱乐部，2019 年成功申报日喀则市第一高级中学等 7 所校园篮球特色学校。截至年底，全市共有 11 所校园足球特色学校、7 所校园篮球特色学校，8 所青少年体育俱乐部，2 所传统体育学校。从本级体育彩票公益金中投入 350 万元，以市政府采购形式为全市各中小学校购置体育器材。

【体育设施建设】 争取中央专项彩票公益金支持西藏公共体育事业建设资金，加大农牧区、学校体育设施投入力度，体育器材设施配置等进一步得到完善。在去年的基础上，已建成日喀则市体彩公园，定结县、岗巴县、萨嘎县及萨迦县的公共体育场田径跑道和足球场，江孜县卡堆乡等6个乡镇的五人制足球场。2019年，投入1500万元，新建桑珠孜区、吉隆县及南木林县3个县的全民健身登山步道。投入2135万元，改扩建日喀则市业余体育学校。投入750万元，建设15所乡镇小学笼式足球场。投入2104万元，新建8个乡镇多功能运动场。投入1700万元，新建仲巴县、吉隆县公共体育场田径跑道和足球

8月29日，日喀则市首届农牧民运动会举行开幕式

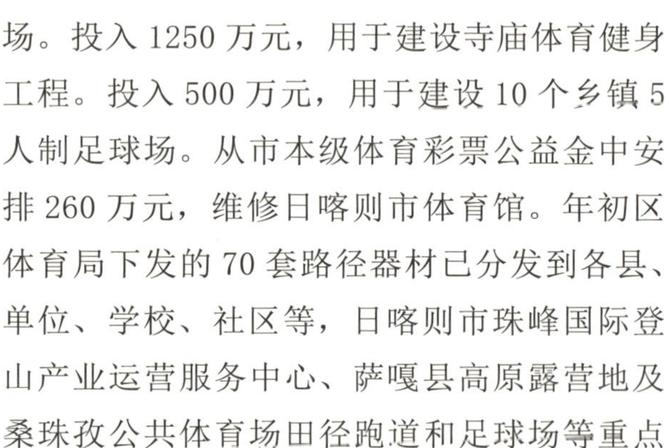
场。投入1250万元，用于建设寺庙体育健身工程。投入500万元，用于建设10个乡镇5人制足球场。从市本级体育彩票公益金中安排260万元，维修日喀则市体育馆。年初区体育局下发的70套路径器材已分发到各县、单位、学校、社区等，日喀则市珠峰国际登山产业运营服务中心、萨嘎县高原露营地及桑珠孜公共体育场田径跑道和足球场等重点体育项目正在推进建设中。

【体彩营售】 2019年，全市销售网点达到101个，其中上线的97个，体育彩票销售量达到11940.74万元，年底，自治区财政厅提前下达2020年体彩公益金地市统筹部分资金1078万元。

脱贫攻坚

珠峰精神

坚韧不拔　巍峨不屈　感恩向上　敢为人先

综　述

【概况】 2019年实现3.46万名贫困人口脱贫，516个贫困村退出，南木林、萨嘎、拉孜、江孜、谢通门、萨迦6个贫困县摘帽，累计实现17.3万名贫困人口脱贫、1669个贫困村居退出、18个贫困县区摘帽。

脱贫攻坚战

【组织保障】 调整充实市扶贫开发领导小组和脱贫攻坚指挥部，18个县区、204个乡镇党政正职保持整体稳定，县区专职干部保持在20人以上、乡镇专职干部保持在5人以上。在往年选派500多名市县机关优秀年轻干部到贫困乡镇、村居任职的基础上，2019年又选派350余名县乡优秀年轻干部到贫困村居担任党支部书记。

【十项提升】 2019年实施农村安全饮水项目614个、惠及贫困群众3.4万人。阿里电网联网工程、农村电网改造工程稳步推进，96.6%的乡镇、84%的建制村实现通沥青（水泥）路，行政村居通信工程全面完工，乡乡通宽带网络已经实现，乡镇附设幼儿园全部建成，村居卫生室基本覆盖，2019年实施农村危房改造614户、改造任务全部完成，科教文卫等公共基础设施不断完善，农牧区基础条件显著改善、公共服务水平大幅度提高。

【教育扶贫】 优化基层教师资源配置，选派164名优秀教师赴师生比低于国家标准县支教，全市高中、初中、小学师生比例达到国家标准要求。2019年市级统筹资金355万元，资助贫困家庭和农村低保家庭大学生2934人。推动高海拔、边远农牧区学生向市区、中心县城适度集中，完善适龄儿童少年数据库，加强贫困学生台账化精准控辍，义务教育巩固率达到98.7%。

【健康扶贫】 市人民医院、市藏医院从“创三甲”走向“强三甲”，城乡医疗联合体建设扎实推进，医疗卫生机构、技术人员、服务能力分别达到“三个一”“三合格”“三条线”标准，创新“1+4”（对目标人群每年体检筛查一次，大病集中救治一批、慢病签约管理一批、重病兜底保障一批、治愈疾病退出一批）健康扶贫工作模式，将包虫病、结核病、先心病、白内障等疾病纳入大病救治范围，建档立卡贫困户参保率达到100%、贫困患者健康体检率达到100%、慢病患者签约率达到100%，2019年实施医疗救助1.17万人次。

【易地扶贫搬迁】 盯紧地方病高发区、自然灾害频发区、生态脆弱区、深山峡谷区、高寒牧区等生存环境恶劣、发展条件严重滞后的贫困人口搬迁任务，将易地扶贫搬迁与特色小城镇建设、产业园区发展、极高海拔生态搬迁等深度融合，2019年全市250个安置点（集中安置点236个、分散安置区14个）住房建设任务全部完成、群众入住率达到100%，16881户70045名搬迁群众在生产生活条件更加优越的环境中开启新生活。同时，同步跟进安置点基础设施配套、公共服务配套、产业项目配套，安置点水电路等基础设施完备，学前教育、移动通信、广播电视实现全覆盖，就医就业等公共服务日趋完善，配套产业项目311个，坚决让群众搬得出、稳得住、能致富。

【志智双扶】 2019年，开展脱贫攻坚政策宣讲团巡回宣讲、“千名党员干部入户大宣讲”活动，宣传以习近平同志为核心的党中央对西藏的特殊关怀，宣传习近平总书记对西藏人民的特殊厚爱，宣传党的惠民利民富民政策，宣传自治区党委和日喀则市委决战决胜脱贫的坚定决心，宣传勤劳致富典型，教育引导群众心存感恩、转变观念、勤劳致富。2019年，共开展各类宣讲3万场次、受教育群众28万余人次；重点围绕庆祝中华人民共和国成立70周年和纪念西藏民主改革60周年，举办“四讲四爱”演讲比赛、日喀则市首届农牧民运动会、“珠峰谐韵”舞蹈大赛、“唱响新时代，舞动日喀则”文艺会演、“我的脱贫攻坚故事”演讲比赛、珠峰扶贫产业大赛暨特色产品成果展。推动精准帮扶向“授渔造池”式脱贫转变，制定《日喀则市2018—2020年建档立卡贫困户勤劳致富“以奖代补”资金管理试行办法》，采取“以奖代补”的方式，2019年整合1881.22万元资金，对自觉发展生产、自主脱贫致富的10737户贫困群众进行奖励。

【统筹资源】 2019年统筹整合中央、自治区及市级涉农资金43.52亿元（其中市本级财政资金1.81亿元），近50%投向6个计划摘帽县，坚决攻克难中之难、贫中之贫。鼓励金融机构对接扶贫项目、加大信贷投放，2019年各金融机构发放产业精准扶贫贷15笔、3.63亿元，建档立卡贫困户到户贷款0.94万户、4.67亿元。援藏四省市、两企业坚持“两个80%”，推进产业扶贫、就业扶贫、科技扶贫、人才扶贫，323个民生领域项目结出情谊之花，48个特色产业项目成效突出。

【转移就业】 提高劳务输出组织化程度和就业质量，精准对接就业意愿、就业技能、就业岗位，建立健全分管副市长主抓、副县区长专抓、乡镇党政正职负责、村居专人专责的“四级责任体系”，构建各级政府、施工单位、劳务派遣公司、劳务合作社、村居劳务经纪人、劳动力之间“六位一体”的劳务输出模式，劳务派遣公司达到29家，村居劳务经纪人达到1547名。2019年，全市共实现贫困群众转移就业2.4万人、劳务创收3.36亿元。

2019年，全市共完成培训贫困群众5414人，让贫困群众掌握一技之长，利用致富技能斩穷根、摘穷帽。

【政策保障】 发挥政策性扶贫兜底保障作用，规范管理生态补偿岗位，2019年，安排生态补偿岗位13.45万个、落实补助资金4.36亿元，更多贫困群众吃上了生态饭、走上了致富路。推进农村低保、临时救助和扶贫开发有效衔接，2019年以来，落实农村低保资金0.77亿元、惠及困难群众2.29万人，落实各类困难群众救助资金0.71亿元、帮扶困难群众1.51万人次。

【党建促脱贫】 牢固树立“围绕扶贫抓党建、抓好党建促脱贫、检查党建看脱贫”的理念，不断提高脱贫攻坚强组织保证。创新举办“乡镇党委书记政治训练班”“党支部书记政治训练营”，持续开展“走出去、学先进、比政策、感党恩”教育，壮大村居党员致富带头人队伍，群团、民兵、治保调解等组织实现村居全覆盖并在脱贫攻坚发挥重要作用，基层党组织战斗堡垒作用明显增强。

社会扶贫

【干部结对帮扶】 先后制定《日喀则市2019年度精准扶贫结对帮扶工作计划》《日喀则市2019年度精准扶贫结对帮扶工作实施方案》《日喀则市地师级领导结对帮扶方案》，按照“4321”干部结对帮扶工作要求，主要采取结对帮扶“四送”工作举措，以厅级领导联系4户、县级干部联系3户、科级干部联系2户、一般干部联系1户的要求，制定结对帮扶表，对调出、退休干部重新安排结对。2019年“4321”干部结对帮扶成效明显，3.3万名帮扶干部慰问及帮扶资金达到1421.92万元，为群众办实事好事1.17万件，帮助实现劳务输出3476人次。

【定点帮扶】 2019年106家定点扶贫单位累计实施帮扶项目15个、发展集体经济或组建合作社71个。

【百企帮百村】 182家各类企业承担社会责任，主动参与“百企帮百村”行动，投入资金1.02亿元，帮扶贫困村居180个，帮扶实现稳定就业1005人、劳务创收2511.65万元，高校毕业生就业139人、劳务创收258.35万元，灵活就业2929人、劳务创收5945.77万元。截至年底，民营企业带动发展村集体经济10个，领办、联办或参与管理种植、养殖、劳务、手工、运输等专合组织，采取“公司+合作社+贫困户”“公司+产业基地+贫困户”等合作共赢运作模式，推广股份合作、订单帮扶、生产托管等有效做法，增强企业经济效益，促进贫困群众持续增收、稳定脱贫。同时全市表彰西藏巴精建设工程有限公司、西藏金塔建设集团有限公司、西藏冈底斯建设有限公司等27家被评为全市“百企帮百村”精准扶贫行动先进民营企业称号。

【驻村帮扶】 全市广大驻村干部自觉扛起脱贫攻坚政治责任，开展“志智双扶”，出主意、谋思路、找对策，送技术、送知识、送信息，帮助贫困群众算好政治账、感恩账、收入账，从各渠道争取项目701个，投入资金1.66亿元；帮助村（居）专业合作社经济组织6577个，组织农牧民群众开展技能培训1510次，帮助群众劳务输出4904人；帮助解决困难和问题9889个，用自己的“辛苦指数”换来群众更高的“幸福指数”。

特色产业发展

【概况】 开工建设青稞饲草、珠峰绵羊、珠峰牦牛、绿色蔬菜、精深加工、文化旅游、商贸流通、民族手工、生态苗圃等特色产业项目309个，完成投资68.68亿元，受益贫困群众10万余人，其中2019年实施扶贫产业项目107个，完成投资8.3亿元。把珠峰牦牛、珠峰绵羊作为有机种养加业的重点，扩大产业基地、完善产业体系、打造有机品牌、提高产业效益，全市珠峰绵羊出栏115万只，珠峰牦牛出栏11.5万头。

【拧紧利益联结】 培育农牧业产业化经营龙头企业 28 家，建设扶贫车间 159 个，发展村集体经济组织 1388 个、覆盖 1298 个村居，并加快构建以日喀则国家农业科技园区为龙头，以拉洛、江当等现代农业示范园区为支点，以 18 个县区有机青稞、珠峰绵羊、珠峰牦牛、蔬菜瓜果、人工饲草、优质奶业、土豆、藏鸡等产业基地为纽带的农牧产业聚集化发展体系，大力推广“公司 + 合作社 + 贫困户”“公司 + 产业基地 + 贫困户”等运作模式，珠峰扶贫产业与农牧民群众的利益联结越来越紧密，贫困群众不离乡、不离土就能融入产业发展，实现稳定增收、持续致富，脱贫不返贫。如亚东县帕里镇成立西藏帕里牦牛产业发展有限公司和 4 个牦牛养殖专合组织，采用“公司 + 合作社 + 农牧户”发展模式，实现养殖选育、产品加工、市场营销“一条龙”，帕里牦牛肉远销上海、浙江、山东等省市，2018 年通过发展珠峰牦牛产业，全镇实现增收 622 万元，为入股群众分红 534 万元，解决就业岗位 201 人。

【创新发展模式】 针对高海拔深度贫困县资源禀赋差、人才支撑弱、经营主体少、产业扶贫难等问题，打破地域限制、条块分割、强化区地经济政策支持，鼓励引导行业优势明显、市场效益好、带动能力强的国有企业、民营企业，依托特色产业园区（基地），因势利导发展区地扶贫产业，成功实施青稞精深加工、民族手工业合作等“区地”产业项目，走出了一条优势互补、利益共享、互惠共赢的产业扶贫新路子。

【发展专业合作组织】 依托“七大产业”，大力发展以生态、劳务、种植、养殖、手工、运输、工程机械为主的专合组织，依托党员带动贫困户、边缘户通过入股合作、入社务工、土地流转、生产托管、联耕联种等方式参与专合组织发展，截至年底，全市农牧民专合组织由年初的 730 家发展到 6709 家，入股合作社群众达到 40 多万人，4614 家合作社投产运营，2577 家合作社实现分红，人均分红 1400 元，100% 的村居两委班子成员、100% 的农牧民党员、100% 的贫困群众、100% 的边缘户群众入股合作社。仲巴县聂康村畜牧养殖专业合作社，四年间牲畜存栏从 500 头（只、匹）扩大到 8000 多头（只、匹），合作社收入达 470 万元，聂康村群众人均可支配收入，从过去的不足 4500 元增长到现在的 14354 元。

（索　次）

卫生健康

珠峰精神

坚韧不拔　巍峨不屈　感恩向上　敢为人先

综　述

【机构概况】 日喀则市卫生健康委员会于2019年3月成立，为市政府工作部门，正县级。市卫生健康委所属事业单位有市妇幼保健医院（计划生育技术指导站）、市疾病预防控制中心、市中心血站、市卫生健康监测与评价中心、市卫生健康委员会考试中心、市卫生健康委员会机关后勤服务中心、市老龄工作委员会办公室。

4月12日，自治区政府副主席、市委书记张延清出席全市卫生与健康大会并讲话

【基础设施建设】 2019年，全市医疗卫生系统续建项目共计5个，总投资337万元，截至年底，已全部竣工。2019年，全市医疗卫生新建项目65个，总投资17291万元，2019年，完成投资4494.24万元，占总投资的26%。

推进村卫生室标准化建设　完成全市142辆乡镇卫生院监护转运型急救车配发工作。继续与市国土局对接市传染病医院选址工作，协商推进市人民医院老院区规划事宜。制定《日喀则市基层卫生技术人员培训方案》，完成县级医院骨干专科医师、助理医师、儿科和产科等各类培训30余期，培训2000余人次。

【人才队伍建设】 制定《日喀则市卫计委2019年万名医师支援农村卫生工程项目实施方案》，从市人民医院和市藏医院共安排12名医生到萨迦县、定日县、拉孜县、南木林县和谢通门县开展支援及带教工作。提高村医待遇，稳定基层卫生人才队伍。

【远程医疗平台建设】 市人民医院与上海等省市50余家三甲医院、与全市5家县级医院和5家乡镇卫生院开通远程医疗平台，18个县区医院与对口帮扶三级医院开通远程医疗平台。远程平台的建成将有效促进医联体工作，推动优质资源下沉，方便群众就医看病。积极配合自治区卫健委推动“互联网+医疗”工作，已完成三次调研工作。继续推进县乡一体化管理试点和乡村一体化管理制度，促进县乡村卫生工作协调发展。

【“组团式”医疗人才援藏工作】 2019年，上海市继续坚持“好中选优、优中选强”的原则，加强人员选派工作，第五批医疗人才组团式援藏工作队共选派23名专家。持续加强学科建设，在强化十大重点学科建设的基础上，开展MDT（多学科会诊中心）建设，其中完成胸痛中心软硬件建设，并已投入使用，进一步完善和加强产科、儿科及卒中和创伤中心建设。完善规章制度，开展新技术、新项目，2019 年以来推广和开展新业务新技术 100 余项，帮助医院制定学科和专科发展规划 20 余个，打包先进经验数 40 余个，健全规章制度 70 余条。结合“请进来、走出去”的实际需求，邀请上海对口援藏医院专家近 50 人，举办第四届医学珠峰论坛，全市累计参加论坛 3400 余人次。送往上海各三级医院培训人员达 30 人次。形成结对帮带团队 19 个，带教本地医务人员 46 人次。2019 年，市人民医院门诊量 12 万人次，总住院 1.3 万人次，开展手术 6000 余台次，会诊 700 余次。市人民医院能够治疗的中病目录清单达到 554 种。

【卫生应急及保障】 完成春运、赛马节及援藏省市党政代表团及干部轮换期间等卫生应急及医疗保障工作，共计保障场次 95 次、保障对象 2360 人、出动医务人员 175 人次。为全市地厅级领导干部发放四川华西医院就诊卡，举办干部人才健康知识讲座，全市 200 余名援藏、进藏干部参加知识讲座。组织市、县、乡级医疗机构对各维稳指挥点、驻村点、驻寺点、派出所（警务站）等一线执勤点开展巡诊工作。共出动医务人员 1410 人次，巡诊对象 7704 人次，发放药品价值 5.86 万元。

疾病防控

【传染病防控】 2019 年，全市无甲类传染病报告，共报告乙类传染病 8 种 1519 例，发病率为 193.14/10 万，与 2018 年同期相比下降 2.13%，死亡 3 例，死亡率 0.39/10 万，与 2018 年同期死亡率相等。2019 年，全市共报告丙类传染病 6 种 413 例，发病率 68.15/10 万元，与 2018 年同期相比上升 57.18%。其他传染病 3 种 204 例，发病率为 24.05/10 万，与 2018 年同期相等。2019 年无突发公共卫生事件。

4 月 29 日，市疾控中心举办全市疾控工作会议暨主任培训会

【免疫预防管理】 2019 年各类常规疫苗接种率达均到 90% 以上，为贯彻落实《中华人民共和国传染病防治法》《疫苗流通和预防接种管理条例》《关于做好入托、入学儿童预防接种证查验工作的通知》，做好儿童入托、入学查验预防接种证工作，加强托幼机构和学校的传染病控制，保护儿童身体健康，完成全市儿童入托入学查验工作，对无预防接种证

的儿童，进行疫苗补种工作。为规范全市犬伤处置相关工作，组织18个县区疾控中心、卫生服务中心医务人员举办狂犬疫苗接种程序、疫苗及冷链设备管理等内容进行培训。2019年顺利完成18个县区犬伤门诊的设立工作。市疾控中心与桑珠孜区疾控中心顺利完成二类疫苗接种移交工作。

【卫生应急】 按照《日喀则市突发公共卫生事件应急预案》，加强各类传染病监测工作，以预防为主、常抓不懈的原则，加强各部门合作，掌握全市疫情动态信息，对各类可能引发突发公共卫生事件的情况，进行分析、预警监测工作，做好应急处置工作，做到早发现、早报告、早处理。2019年在山东省援藏的大力支持下，采购100万元的卫生应急保障装备，全面提升日喀则市卫生疾控应急能力和突发公共卫生事件应急能力，为全市群众的健康安全和社会和谐提供有效保障。

【艾滋病预防】 贯彻落实《中国遏制与防治艾滋病“十三五”行动计划》，开展艾滋病防治各项工作，遏制艾滋病的发生发展，开展高危人群、普通人群、特殊人群的高危行为干预和健康教育宣传工作，建立艾滋病咨询室，免费提供艾滋病咨询检测服务，加强艾滋病感染者的管理工作，切断传播途径。根据《中国预防与控制梅毒规划（2010—2020年）》的要求，加强梅毒和艾滋病防治有效结合，落实各项防治措施，为各级医疗机构提供免费的梅毒血清确诊检测。2019年全市共为29839人次提供艾滋病抗体检测，约占常住人口的3.4%。2019年全市对16990人次提供艾滋病性病健康咨询、高危行为干预及安全套推广工作，性病就诊者干预244人次，外来务工人员干预13382人次，市疾控中心针对不同人群开发符合实际的藏汉双语的宣传材料，为做好青少年学生的健康教育工作，开发制作《手牵手　心连心　共抗艾滋病》的教育读本，同时开展进校园健康教育工作。

【地方病防控】 按照《西藏自治区包虫病医疗救治管理办法》要求，按照应治尽治的原则，加强包虫病患者救治工作，截至年底，手术治疗、药物治疗、随访管理覆盖率均达100%。2019年7月，召开滇藏两省区寄生虫病联防联控交流会议，共建联防联控机制，为滇藏两省边境线的经济建设提供健康保障。按照国家及自治区碘缺乏病防治、大骨节病防治、地方性氟中毒防治工作相关要求，针对全市农牧民饮食生活习俗及居住环境，制定防治方案，开展各类人群尿碘、盐碘、甲状腺及大骨节病等疾病的调查、采样、检测、监测防控工作和健康宣传。

【公共卫生监测】 2019年，市疾控中心完成18个县（区）饮用水卫生监测984份，完成率115%。完成常规监测2019—2020学年项目监测县及67所监测学校的信息收集、报送等农村学生营养改善项目，开展康马县、桑珠孜区、仁布县、亚东县、江孜县5个项目县的100份土样的采、送样工作，以及5个项目县县基本情况、监测点基础信息、500份入户调查信息的收集以及网报等农村环境卫生监测项目。开展学生常见病和健康影响因素监测与干预项目，共调查16所学校，4所幼儿园，共计4485人，剔除样本214人，纳入近视统计样本为4271人，男女生分别为2034人和2237人。

加强医用辐射防护监测，完成8家医疗

机构的基本情况、放射防护情况等调查，完成 8 台 DR、4 台 CT、1 台胃肠机的设备性能检测工作。加强非医疗机构放射性危害因素监测，完成 4 家非医疗机构（日喀则航站、火车站、安达客运公司、中国邮政集团日喀则分公司）6 台行包检测仪的放射防护检测及基本情况调查。开展重点行业职业危害现状调查，在上海市疾控中心职业卫生专家组的帮助与支持下，日喀则市先行一步开展重点行业职业危害现状调查项目，完成桑珠孜区、谢通门县、萨迦县、康马县共计 11 家企业的职业危害现状调查工作。

【慢性病防控】 2018—2019 年，仁布县被确定为国家级健康促进建设项目县，2019 年完成国家健康促进示范县创建评估组评估验收，截至年底，全市已成功创建健康促进机关 20 家、健康社区村 27 家、健康促进学校 5 家、健康促进医院 5 家、健康促进企业 1 家，并评选出健康家庭 100 户。全市实现死因监测全覆盖工作，完善制度和死因报告体系。对仁布、岗巴两个项目县 35 ～ 75 岁居民进行心血管高危人群早期筛查与综合干预项目初步筛查工作。加强严重精神障碍管理，完善患者档案信息，规范随访管理工作。针对慢性病防治工作，开发制作健康教育各类宣传材 23 种，同时对健康教育志愿者开展健康教育培训，开展慢性非传染性疾病健康教育巡讲活动。

【免疫规划和传染病防治工作】 加强免疫规划和传染病防治工作。认真做好常规疫苗免疫接种工作，各类常规疫苗接种率持续稳定在 90% 以上。完成疫苗接种单位划转及医疗机构犬伤门诊设置工作，举办医疗机构犬伤门诊培训班，2019 年，传染病报告发病率为 193.14/10 万。

【疾病控制】 2019 年，完成 727 名包虫病费用结算工作，累计结算 727 万元。药物治疗 1180 例、覆盖率达到 100%，手术治疗 1099 例、除因禁忌证等其他原因不能手术的病例外完成率达到 100%，随访观察 881 例、覆盖率也达到 100%。

2019 年，全市共 563 名结核患者均已纳入规范管理。接种乙肝疫苗 8669 人次，接种率达到 96%。补种甲肝疫苗 4206 人，查漏补种率达到 97%。乙肝母婴阻断工作接种 838 例。

【精神卫生防治】 选派 19 名医护人员，赴山东省、广东省参加精神卫生医师转岗培训。同时，进一步加强精神障碍患者的管理，2019 年，先后邀请山东、黑龙江、吉林、上海等援藏省市精卫专家来日喀则市开展筛查救治工作，全市严重精神障碍信息系统中全市在册患者 1100 人，规范随访管理患者 1065 人，规范管理率 53%，面访率 70.36%，体检率 1.55%。

对全市 16 所学校，4000 余名学生开展筛查及信息录入等相关工作。

医疗服务

【概 况】 2019 年，医院总诊疗人数达到 199485 人次，其中门急诊疗人数 197880 人次，比 2018 年增长 6445 人次，增长率为 3.4%。急诊诊疗人数 44476 人次，比 2018 年增长5473人次，增长率为14.03%。住院部收治住院病人16825人次，比2018年增长3155人次，增长率为23.08%。出院16739人次，比2018年增长3107人次，增长率为22.79%。全年开展大小手术8013例，比2018年增长1232人次，增长率为18.17%，健康体检34213人次，比2018年增长4298人次，增长率为46.04%。

护理工作方面，完成特一级护理15264人次，接生2251人次，抢救1342人次，输血1987人次。护理各项指标达标情况：基础护理合格率≥93.3%，一级护理合格率100%，护士长管理考核合格率86%，住院患者满意度96.75%，护理人员技术操作合格率92.3%，护理人员考试合格率85.2%，健康教育覆盖率100%。

截至年底，上海援藏医疗队开展教学查房309次，其中全院性教学查房12次。医疗业务讲座55场，制定医院专科发展规划19个，健全医院制度67项，开展临床新技术95项，结对帮带当地医务人员112人，远程医疗会诊10次，帮助诊断疑难危重病例154场，已经带教指导开展手术73台次，开展数个新技术，首例儿童腹腔镜下输尿管切开取石术、首次开展B超iNeedle引导下颈静脉穿刺、贲门撕裂内镜下止血术、Gibson入路结合大转子截骨治疗复杂髋臼骨折、单孔胸腔镜左侧脓胸胸膜剥脱术、女性双侧腹股沟斜疝TAPP术、微创经Stoppa入路切开复位固定骨盆和髋臼骨折技术等。

年平均开放床位达到564张，比2018年增长14张。年平均床位周转次数达30.8次，在增加大量床位的情况下，实现床位周转频率较快的目标。日平均诊疗人数817.56人次，比2018年增长43.25人次。患者平均住院天数控制在10.07天，比2018年下降0.3天。病床使用率达到81.91%，控制在较合理的区间范围。患者抢救成功率达到91.66%，治愈率为64.69%，比2018年增加0.2%。好转率为32.01%，比2018年增加3%。未愈率控制在2.3%，比2018年降低0.1%。死亡率控制在1%，比2018年降低0.43%。

【综合服务】 2019年，举办第四届西藏日喀则医学珠峰论坛，贯彻落实西藏自治区“小病不出县、中病不出市、大病不出区”战略，也是上海“组团式”医疗援藏在成功助推日喀则市人民医院成功创建三级甲等医院之后、强三甲内涵建设的一个重要抓手。

上海市医药发展基金会在日喀则市设立青年医师的资助项目，为本地人才健康发展助力。围绕“聚焦一项绩效考核目标、做好一个人才‘造血’工程、拓展三大医技中心辐射、打造五大临床多学科诊疗（MDT）中心、巩固十大临床重点学科”（即“113510”工程），西藏自治区药事质控中心获批建设，成立全市临检中心和实验室质量控制中心，中国胸壁外科联盟西藏地区联盟落户该院，胸痛中心、卒中中心、创伤中心等五大DMT中心的筹建与陆续落实。利用医院实训中心优势，从培养学生基本的临床技能操作能力入手，以“严格、规范、熟练、准确、细致”的训练原则，参照住院医师规范化标准和执业医师操作考试的相关内容建立临床操作技能训练及考核体系，适用于住院医师规范化培训、主治医师规范化培训（亚专科医师培训）、卫生人才评估、执业医师多站式临床技能考试等多项培训。拓展智慧医院建设渠道，开展床旁远程“小白”机器人，2019年，共进行24次医疗查房，通过查房儿科危重症抢救成功率、治愈率大大提高。截至年底，已经筛查先天性心脏病、脊柱侧弯、先天性耳聋250人，已完成手术86次，37名赴上海治疗。

2019年，指导临床科室运用PDCA工作法，使用质量评价分析工具，按照《三级综合医院评审标准实施细则（2011年版）》要求，组织六大考核组定期开展医疗质量检查活动，对病历、处方的书写，抗生素的使用以及消毒隔离执行情况进行检查，对科室的基本指标、住院重点手术监测指标、合理用药监测指标、上月核心制度的落实情况等进行分析评价、总结并按照医院管理制度进行奖罚。

全年共选派出201名医务人员参与出诊保健任务，累计出诊453天，诊查4892人次。

【人才队伍培养】 2019年，日喀则市人民医院新入人员共38人，其中引进4人，调入1人，志愿者1人，招聘32人。根据《日喀则市卫计委2019年万名医师支援农村卫生工程项目实施方案的通知》和《西藏自治区城市三级医院对口帮扶高海拔边远贫困地区乡镇卫生院工作方案》精神，制定日喀则市人民医院关于派驻基层工作人员相关制度，2019年结合受援医院的需求，选派20名医师到受援医院工作，提高全院医护人员的基层服务工作经验。举办中国胸壁外科联盟西藏地区联盟成立大会暨西藏自治区日喀则市人民医院冬季医学珠峰论坛。

【学科建设】 为持续提高医疗技术水平奠定坚实基础在上海市及援藏专家的协作与帮助下，针对少数民族地区常见病、多发病、地方病和重大传染病，开展多种形式的医学科研活动，完善科研制度管理，制定切实可行的科研成果管理制度和论文管理制度，在“组团式”援藏专家的带动下，能开展与重点专业相应的实验研究，寻求多方合作方式，完成省级以上科研成果，截至年底，申报自治区重点科研项目5项，自治区厅市联合自然基金12项，组团式援藏自然基金立项数为13项，立项自治区重点科研项目1项，自治区厅市联合自然基金3项，32项立项科研项目在执行当中。

妇幼保健

【概况】 截至年底，日喀则市妇幼保健院有在职职工77人（包括7名援藏干部，高级5名，中级1名），在编人数37人，核定编制床位65张，实际开放床位65张。医院内设有妇科、产科、妇保科、儿科、儿保科、计免科、B超室、放射科、检验科、药房、挂号室、收费室、消毒供应室、住院部。

【“两降一升”】 加强妇幼卫生工作。落实“两降一升”工作，制定印发《日喀则市卫生计生委关于完善孕产妇绿色通道双向转诊制度的通知》，加强孕产妇和婴幼儿管理，全市孕产妇住院分娩率达到99.36%，孕产妇死亡率和婴儿死亡率分别降至65.30/10万、9.8‰。制定印发《全市妇女“两癌”筛查实施方案》，拟利用两年时间对全市35～64岁妇女免费开展两癌筛查、建档、管理、救治工作。

【优生优育】 开展国家免费孕前优生健康检

查和出生缺陷干预检查工作。截至年底，已完成免费孕检6933人，完成率达69%。出生缺陷干预项目检查2484对4969人，完成率达到100%。完成计划生育扶助政策扶助审核、信息确认和网上录入工作，2019年，全市计划生育困难家庭扶助人群达到9774人，扶助资金1712.952万元。

【人才培养】 利用援藏优势，通过“专家带骨干，师傅带徒弟”的方式，山东省援藏7名医疗专家从医学管理、医疗技术、规章制度等多方面，每周不定期对市妇幼保健医院医务人员进行专业知识的培训，提升其业务能力和水平。坚持“人才兴院、科技兴院”的工作方针，着眼长远，加强人才培养，选派8～15名医生参加区、市卫生健康部门安排的培训。同时，招聘日喀则籍未就业大学生15名，为医院解决人才缺乏问题奠定良好的开端。

【母婴安全管理】 以科学备孕、孕产期保健、安全分娩为重点，制订孕产妇健康教育工作计划，利用宣传栏、宣传手册、微信等广泛开展健康教育与健康促进，普及孕育健康知识，提升群众健康素养，使用全国统一的母子健康手册，整合孕前保健、孕期保健、住院分娩、产后避孕、儿童保健等内容，提供系统、规范的优生优育全程服务。开展产前筛查服务，落实预防艾滋病、梅毒和乙肝母婴传播等综合防控措施。指导产妇分娩后及时采取避孕措施，减少非意愿妊娠。

【基层妇幼工作】 组织专家多次深入18个县区开展计划生育技术服务和妇女病普查普治工作。完善孕产妇保健服务体系，加大孕产妇保健建册服务力度，孕产期建册达到92%以上。以送医送药下乡活动为契机，为基层妇女讲解妇幼常见病的防治知识，并对适龄妇女进行免费筛查。完成基层产科专家蹲点指导工作和孕产妇双向转诊、开通绿色通道等妇幼工作。

按照要求，开展两个死亡评审工作与妇幼统计质控工作，组织相关工作人员对死亡较多的县和无死亡县进行入户调查与病案分析评审。2019年全市婴儿死亡率9.8‰，比2018年下降到2.64‰。全市住院分娩率99.36%，比2018年上升0.18%。全市孕产妇死亡率为65.5/10万，比2018年下降0.2/10万。

【基础设施建设】 总投资2300万元的医院新建及改造项目，其中门诊医技楼、住院部、行政楼于2019年投入使用。投入资金110万元左右，采购LZJ抢救床、多功能全电动产床AD-960、电动液压手术台、婴儿辐射台、LZJ检查床、PM-7000C心电监护仪、10M骨盆外测量尺子、LZJ治疗推车、双管紫外线消毒仪（推车式）、LCJ抢救柜（推车式）、妇科电脑综合治疗仪、LED视力检查灯箱、妇科检查床（YC-D4）、LZJ治疗柜等重要医疗设备。

【医院对口帮扶工作】 深化三级医院对口帮扶。制定印发《关于做好2019年三级医院对口帮扶贫困县县级医院相关工作的通知》，共102名专家对全市各县区卫生服务中心开展帮扶工作。加强医务人员培训工作，通过传帮带培养县级医院医务人员200余人，送往其他省市进行培训14人，开展讲座200余次，受益达3000余人次。引进新理念新技术，提升当地医院服务水平。2019年，共开展新业务、新技术 80 余项。2019 年各县区级医疗机构诊疗患者 26 万余人次，开展住院手术 2200 台次。开展城市三级医院对口帮扶高海拔乡镇卫生院工作。2019 年，6 家三级医院共选派 18 名专家对口帮扶高海拔乡镇卫生院，帮助完善制度建设 20 余条，开展学习讲座 20 余次，累计培训医务人员 80 余人次，开展新业务 30 余项。

【采供血工作】 2019 年，先后制定出台《日喀则市中心血站质量手册》《日喀则市中心血站程序文件》《日喀则市中心血站管理制度》等 20 多项规章制度和质量记录。一年来，血液核算标本送检 624 份，核酸检测覆盖率达 100%。年采血量 897.5 单位，从其他省市调血 3423.5 单位，供血量达 3850 单位。为包虫病患者、孕产妇、建档立卡贫困户建立用血绿色通道。通过紧急调血运血挽救 1900 多人次，对抢救生命及突破性手术发挥重要作用。

【医学考试考务工作】 组织完成全国护士、专业技术资格考试，参加考试人员达到 2000 人次左右。办理完成医师和护士执业注册、变更、延续 450 余人次，办理医师、护士资格证 430 余份。

5 月 15 日，自治区政府副主席罗梅在市中心血站检查指导工作

藏医藏药

【概况】 截至年底，市藏医院设有 9 个行政职能科室，10 个临床科室，6 个医技科室，4 个其他科室，1 个全国名藏医专家传承工作室，1 个自治区级名藏医专家传承工作室。编制床位 300 张，实际开放床位 240 张。截至年底，实有在编职工 149 名，非在编职工 138 名，职工总计 287 名。其中卫生技术人员 199 名，占职工总数的 69%。高级职称 12 名，中级职称 56 名。2019 年，市藏医院共接诊门急诊 11.3 万余人次，入院病人 3452 人次，出院病人 3445 人次，病床使用率约 60.9%。事业收入 9054.73 万元，与 2018 年同期相比增加 263 万元，增长 3%。事业支出 7577 万元，与 2018 年同期相比增加 148 万元，增长 2%。

【综合服务】 2019 年，“三甲”评审反馈的 17 个问题，按规定时限完成 7 个问题的整改。7 名医护人员完成万名医师支援农村卫生工作和三级医院帮扶高海拔乡镇卫生院工作。累计投资 58.57 万元帮扶萨迦县雄麦乡完成脱贫攻坚，实现贫困摘帽。帮扶 22 名应届毕业生实现稳定就业。与青岛上和中医医院有限公司签订医疗联合体协议，以相互帮扶合作的模式，在藏医诊疗、人才培训、藏药流通等方面进行资源共享、共同发展。

【设施建设】 投资 2789 万元，完成新建制剂中心主体建筑土建工程和制剂车间主体建筑净化装修工程。与医联体单位谢通门县卫生服务中心在谢通门县恰嘎镇合作建立的藏医特色外治二科已投入运行。自筹资金 100 余万元，完成 7 个医院内部基础设施建设。投资 67 万元推进“六城共建”工作，实施临街楼体亮化、院内环境提质增绿以及医院环评及环保验收工作。

【人才队伍建设】 2019 年，通过公开考录、专招、引进、调入等方式，增加在编职工 10 名，聘用非在编 14 名。正高职称晋升 1 名，副高职称晋升 2 名，中级职称 1 名。突出藏西医、护理、检验、医技人才培养，通过“走出去”“请进来”“师带徒”“传帮带”等方式提升医护人员业务能力。

组织院内专家、科室主任开展培训讲座 25 次，参训率 95%，为西医专业的医护人员开设西学藏医学习班，讲解《四部医典》，开展藏医药特色疗法培训，邀请国家级名老藏医专家朗嘉授课，实施提升医院技术水平项目，邀请山东省立医院 6 名专家指导医疗工作，73 名医护人员“走出去”到区外、区内医院培训。

【藏医药继承发展工作】 2019 年开展藏医特色诊疗技术 22 项，藏医特色护理技术 11 项，藏医特色诊疗 14 万余人次，住院病人藏医治愈好转率达 93%。实施完成 2016 年西藏自治区藏医药管理局“藏医火灸穴位与定位标准”项目和“藏医火灸穴位定位挂图标准”项目。2019 年新申报项目 3 个，医院自主实施“棒久”涂擦药研发项目，制剂室新增 5 个制剂品种。

【公立医院医疗卫生体制改革】 修改完善绩效考核工作管理办法，提高专家型人才绩效工资待遇，实现临床一线医护人员月绩效工资人均高于行政管理人员 30%。统一规范病历书写格式、术语。2019 年归档病历 3932 份，甲级率达 98% 以上。落实“先诊疗、后付费”政策，做到医保即时结算、及时报销。执行药品分类集中谈判和挂网采购，取消公立医院药品、耗材加成，实现药品、耗材“零差率”销售。全院护士“三基”护理理论知识、技术操作考核合格率达 95% 以上。执行麻、精药品“五专”使用规定和院感检测项目。推进“互联网 + 医疗健康”，开通“健康西藏”微信公众号平台，开设电信“114”网上预约诊疗，实现挂号支付宝付费服务，完成医疗电子病历、电子处方、电子病案首页上传工作。

【藏医药事业工作】 制定 2019 年日喀则市基层医疗卫生机构藏医馆服务能力提升项目实施方案。完成 36 个中央对地方转移支付中医药项目专项资金的整改、收集录入等工作，并顺利通过考核验收。积极推进藏医药科技创新和标准化建设，“藏医火灸穴位名称与定位标准”“藏医火灸穴位定位标准挂图”等项目已通过自治区藏医药管理局验收。加强市、县级藏医院制剂能力建设，市藏医院改扩建项目列入“十四五”重点项目之一。各县藏医院（科）能够开展的适宜技术达到 6 项以上，乡镇卫生院藏医药服务普及率达到 83%。2019 年 1 月，市藏医院被国家中医药管理局评为“三级甲等藏医”医院。对于评审反馈的 17 个问题。坚持问题导向，制定《日喀则市藏医医院创建“三级甲等民族医”医院评审反馈问题及意见整改方案》要求，狠抓整改落实，巩固三甲成果。促进藏药产业持续发展，2019 年，全市藏药产量达 22.5 吨，产值达 2003.68 万元。

健康促进

【农牧民健康体检】 下拨 2019 年城乡居民及在编僧尼免费健康体检补助资金 3495.12 万元。制定印发《关于开展 2019 年城乡居民及在编僧尼免费健康体检工作的通知》，开展 2019 年度全民健康体检工作，2019 年，完成农牧民及在编僧尼体检率达 96% 以上。年内，制定《“西藏健康行，和谐共发展”专项行动的方案》，在全市范围内广泛开展健康教育讲座。大力开展健康教育进校园、进农村、进寺庙、进机关等活动。2019 年以来，共开展宣传 60 余次，累计接受健康教育 50 万人次左右。

【健康扶贫工作】 开展健康体检工作。优先对建档立卡贫困户进行免费健康体检，截至年底，健康扶贫对象 599 户，1919 人完成大病救治 760 人，救治率达 100%。采取“县包乡、乡包村、村包户和人”的方式，扎实推进慢病签约服务管理工作，全年，全市建档立卡贫困慢病患者签约服务人数达 3113 人，签约率达到 100%。截至年底，重病兜底 29 人，救治率达 100%。此外，全市将宫颈癌、乳腺癌、肝癌等重大疾病纳入救治范围，制定救治计划、落实救治工作，避免因病返贫。对建档立卡贫困户治愈患者及时安排评估，确保治得好、退得出。2019 年健康扶贫对象相对减少 3868 人。

成立整改领导小组，形成整改方案，将涉及卫生健康领域的问题，细化为 7 项整改任务，制定 17 项整改措施，截至年底 6 项已整改到位，1 项需长期推进。

【爱国卫生】 以爱国卫生月活动为契机，充分发挥微信、微博等新网络媒体广泛宣传爱国卫生主题内容。在城区各医疗单位卫生间、公共厕所等重点场所张贴 1000 张活动宣传海报。并协调相关监管单位对全市医疗卫生机构、城区公共厕所等重点公共场所卫生保洁情况进行排查。同时，紧扣第 31 个爱国卫生月活动主题，开展“百人徒步行，倡导爱国卫生”创卫宣传活动。

根据《关于印发〈西藏自治区开展村庄清洁行动实施方案〉的通知》，结合全市实际，配合有关单位推进村庄清洁整治工作。先后共组织 12.7 万名干部群众参与到村庄清洁行动中去，累计出动车辆 8470 台次，清理垃圾 5800 吨，清除卫生死角 8786 处，疏通渠道 1.27 万公里。

按照创建国家卫生城市要求和全市推进创建自治区卫生县城（乡镇）工作计划，协调相关部门，推进亚东县卫生县城创建工作。2019 年 7 月亚东县成功创建西藏自治区卫生县城。经前期调查，全市广大群众对城区满意度达 91% 以上。

医政管理

【医药卫生体制改革】 现代医院管理制度建设。制定印发《关于加强公立医院党的建设工作的实施意见》，在全市公立医院推动党的建设各项工作。制定印发《日喀则市关于建立现代医院管理制度的实施方案》，以江孜县卫生服务中心为试点，全面加强现代医院管理。持续巩固市人民医院、市藏医院“创三甲”成果，巩固部分县级医院二级医院等级评审成果。按照“成熟一个、评审一个”的原则，推进等级医院评审，拉孜县医院通过“二甲”评审，仁布县、岗巴县、康马县医院通过“二乙”评审。

薪酬制度改革工作。联合市人社局印发《关于确定市人民医院主要负责人年度绩效工资水平的通知》《关于全市公立医院绩效考核实施方案（试行）》等文件，推进薪酬制度改革工作，切实做到优绩优酬。

分级诊疗和家庭医生签约服务工作。针对全市部分医院出现儿科医疗资源总量不足、分布不均的问题，制定印发《日喀则市卫计委关于做好儿科患儿救治双向转诊工作的通知》，完善儿科患儿治疗双向转诊流程。按照《日喀则市家庭医生签约服务工作实施方案》，采取“县包乡、乡包村、村包户和人”的方式，推进家庭签约式服务工作，签约人数达到48万人次左右，签约服务覆盖率达到60%，其中重点人群签约率达100%。落实“基层首诊、急慢分治、分级诊疗、双向转诊、上下联动”的分级诊疗机制，推动分级诊疗工作，县域就诊率达到80%。

巩固基本药物制度。全市各医疗机构全面配备基本药物，合理优先使用基本药物，各级医疗机构能够使用的基本药物目录品种增加至685种，基层医疗机构基本药物使用比例达到90%以上。认真贯彻落实国家、自治区有关要求，将抗癌药纳入医保报销范围。2019年落实县级及以下医疗卫生机构实施国家基本药物制度补贴资金3894万元。深入推进药品网上集中采购工作。通过开展药品网上集中采购工作，截至年底，全市各级医疗机构所用的药品能够得到基本保障，挂网采购药品品规达4600余个，双信封招标采购药品品规达2200余个。

【卫生综合监督管理】 持续深化中央环保督察反馈问题整改工作。按照要求，制定整改方案和任务清单，有力有序有效持续推进。加强综合监督管理。持续深化中央环保督察反馈问题整改工作。制定《2019—2020年度环保督察组反馈医废处置方面问题的整改方案》等，结合工作职责，进一步细化具体整改任务。2019以来，全市医疗机构、公共场所、学校卫生、生活饮用水卫生应监督检查1683家次，实际监督检查1644家次，监督覆盖率达97.68%，对问题单位下发整改意见书80余份。立案处罚9家。梳理2019年全市“双随机、一公开”卫生监督抽查任务，2019年，监督完成率达98.79%，任务完成率96.68%，任务完结率100%。对64家医疗机构开展传染病防治分类监督综合评价，对162家学校卫生监督综合评价。

【医政医管】 制定印发《日喀则市医疗乱象专项整治行动实施方案》《关于开展医疗机构乱象专项整治行动自查自纠工作的通知》，各级医疗卫生部门及时组织相关人员力量开展自查自纠工作，对发现的问题及时整改落实。以市妇保院为试点，开展“不忘初心、牢记使命”主题教育医德医风大整治工作动员部署会。

开展社会办医疗机构专项检查。联合市物价局、市监督所开展对全市诊所及民营医院专项整治检查活动，对诊所乱收费、乱用药、无证行医、超范围行医、危化品管理、医废管理进行重点排查，经检查存在乱用药、行业不规范等要求及时整改。开展医疗机构扫黑除恶工作。以扫黑除恶打非治乱专项斗争为契机，加强对辖区内伤医、依托、号贩子等其他扰乱医疗秩序的违法犯罪行为的查处力度。加强医疗机构内部管理。组织全市各级医疗机构开展医院感染防控排查工作，开展全市医疗机构易制毒化学品和精麻药品储存管理排查情况。组织市区医疗卫生机构参观日喀则市毒品预防教育示范基地。

（陈振华　巴桑普尺　吴桂莲）

社会生活

珠峰精神

坚韧不拔　巍峨不屈　感恩向上　敢为人先

人口与优生优育

【二孩生育政策落实】 贯彻落实全国及西藏自治区二孩生育政策，2019年共办理行政审批1682份，办结率100%，其中生育服务证1682份，其中汉族干部职工二胎101人，藏族干部职工二胎705人，一孩子846人，多孩30人，流动人口一孩生育证1份，独生子女证补办证23人。

【扶持计生家庭发展】 落实计划生育奖扶（一孩双女户）制度工作。2019年1月至4月20日集中开展并按时按要求完成计划生育扶助制度年审工作。2019年两项扶助人群新增845人，退出461人，实际增加384人，总扶助人群达7982人，预算资金7667.720万元。

【失独家庭扶助关怀工作】 2019年，独生子女伤残死亡困难家庭扶助人群新增166人，共扶助人群1792人，预算资金9466.8万元（伤残每人每年4200元，死亡5400元）。另外，纠正2018年由于死亡未及时退出以及两项扶助重复和部分虚报等存在的问题，所形成的资金结余全部上缴各县财政，规范了计划生育扶助制度的落实工作。

【流动人口卫生动态管理】 日喀则市的流动人口以河南、四川、陕西、青海和甘肃籍为主，民族成分大多以汉族和回族居多，占流动人口的2/3，流动人口以男性为主。至2019年年底，男性占流动人口的70%，女性占流动人口的30%。开展全员流动人口信息采集、数据录入及动态监测工作，2019年，共统计流动人口49740人，其中区内流动人口26737人，区外23003人，居住半年以上流入人口32383人，半年以上流入育龄妇女数4009人，生育个案信息采集1020人，信息入库率达到50%以上，协查反馈率100%。落实流动人口基本公共卫生计生服务均等化，开展健康教育工作，开展健康教育活动33次，健康教育约23700余人次，发放卫生计生惠民政策和健康知识宣传资料45000份。儿童预防接种2095人，孕产妇和儿童保健2312人次，免费孕前优生健康检查221对夫妇，计划生育技术服务779人次。在18个县区医院、社区、机关服务大厅等公共场所配备56台计划生育免费药具自助发放机，方便流动人口育龄群众免费获取计生药具。

劳动就业

【人才培育】 按照“先易后难，稳步推进”的原则，开展岗位设置工作，核准1511家事业单位的岗位设置方案，核准岗位总量近1.9万个，岗位设置工作实现全覆盖。通过“走出去、请进来”“互联网+”等人才培训方式，组织开展环保、农牧等12个班次的专业技术人员继续教育培训，累计培训各类人才3570余人次。

【劳动关系管理】 受理劳动保障监察举报投诉案件365起，结案364起，帮助9927名农民工追回拖欠工资3.63亿元，法定期限内结案率99%。启动农民工工资银行代发工作，推进人工费用与其他工程款分账管理，全市共设立农民工工资专户 256 个，发放农民工工资卡 12506 张，累计代发工资 3.2 亿元。以“重调解、慎裁决”的工作原则，切实维护劳动者合法权益，受理劳动人事争议案件 128 件，审结案件 128 件，结案率 100%。

【就业创业】 健全体制机制。成立由市委主要领导挂帅的高校毕业生就业创业工作领导小组，组建涵盖 18 家单位的工作专班，全力保障就业创业工作。加强工作部署。注重总结经验，在南木林县召开全市现场会议，总结南木林“政府购买服务”“基层稳定就业”等经验。对全市高校毕业生就业创业工作进行部署，抓住全区高校毕业生和农牧民就业工作现场推进会在全市仁布县召开的契机，挖掘全市“政府控股 + 企业参股 + 高校毕业生”的劳务派遣经验，以及就近就便，转移就业等经验。

全面深入各县区、机关事业单位、企业开展“五进一送”集中宣讲活动，在超市、银行等设置 10 个公益性就业政策宣传展架，利用出租车顶灯和电视台等媒体持续滚动播放就业创业优惠政策。开通抖音宣传平台和珠峰就业创业微信公众平台，持续推送就业创业政策和宣传篇 550 余条。通过中国移动短信平台推送就业创业短信 11 期共 55 万余条。在日喀则电视台开通“日喀则市高校毕业生就业创业专题访谈栏目”。录制 3 期专题访谈、采访报道朗卓等 10 余名就业创业典型和赴北京等 5 个省市采访报道 8 名在区外就业的日喀则籍高校毕业生，营造区外就业浓厚氛围。

8 月 10 日，市人社局组织干部职工前往岗巴县开展“五进一送”宣讲活动 [“进企业、进机关（事业单位）、进农牧区、进村居（社区）、进家庭、送政策”]

组建 4 个援藏联络服务中心。与援藏四省市协调对接，成立 4 个区外援藏联络服务中心，正科级建制，5 个事业编制。截至年底，山东省、吉林省、黑龙江省均已挂牌正式开展工作，并已落实办公、食宿场所和工作经费。同时定期向服务中心提供民族特产和相关物资，首批牦牛肉、糌粑等物资已运往吉林、黑龙江两省。

市委、市政府高位对接援藏省市和企业，争取到吉林和黑龙江两省各 200 个事业编制岗位。市委安排专人前往吉林和黑龙江两省就专招工作进行对接，协调和争取，最终实现 182 名（吉林 107 名、黑龙江 75 名）高校毕业生前往区外就业，市本级拿出 900 余万元资金分别在哈尔滨市和长春市对专招生开展两个多月的岗前培训。同时，按照 6000 元 / 月工资标准补贴实际月工资差额，对专招生进行工资补贴。同时上海市征集 20 个事业岗位、山东省征集 50 个事业岗位，宝武集团和中化集团共征集 270 个国有企业岗位，面向日喀则籍高校毕业生定向专招。

开办 100 名财会知识岗前速成班培训和 4 期 125 名大学生创业培训班，全部推荐就业。拓展区外培训渠道，举办日喀则籍高校毕业生赴援藏省市培训班，截至年底 38 名赴山东省幼教培训学员已顺利结业，并派遣至全市基层幼教岗位工作。

深化“4321”结对帮扶，组织 6700 余名领导干部帮扶 9643 名高校毕业生，通过压实“4321”帮扶责任，从前期不愿意报名到最终报名 774 人，并有 577 人参加考试，确保专招工作顺利开展。落实奖补政策，率先制定《援藏四省市专招日喀则籍高校毕业生补奖办法》《关于高校毕业生入股农村专合组织创业补贴的实施办法（试行）》《关于劳务公司派遣日喀则籍高校毕业生到机关事业单位工作的实施办法（试行）》，让更多高校毕业生吃上就业创业“定心丸”，增添“我要就业、我要创业”的强大信心。

【转移就业】 印发《关于大力推进转移就业工作的实施意见》，设立 2000 万元专项资金，分配就业补助资金 3192 万元，建档立卡贫困人口培训资金 1800 万元，全力保障就业工作的稳步推进。大力组织实施万人技能培训行动，提高贫困劳动力技能水平，举办培训班 337 期，培训 13998 人，其中建档立卡贫困人口 5414 名，培训后全部推荐就业。

举办日喀则市第二届珠峰工匠技能大赛，选拔出 10 名技能选手，颁发“珠峰工匠”技能人才荣誉称号，兑现奖金 7.9 万元。

依托现有劳务派遣机构，打造拉日高速公路劳务输出带、湘河水利枢纽劳务输出带、藏中电网劳务输出带、边境小康村建设劳务输出带等 4 条精品劳务输出带。

开展用工促推活动，举办 42 场招聘会，提供 10295 个就业岗位，帮助 1645 人实现就业。

【残疾人就业创业】 从 2018 年所征收的残疾人就业保障金中，扶持 39 名残疾人个体创业者，给予 78 万元创业补贴，对于已创业且具有一定规模的 12 家残疾人个体经营者，给予 125 万元创业补贴进行重点扶持，此次扶持人员共计 51 人，扶持资金达 203 万元，通过扶持，共实现 98 名残疾人就业。

开展残疾人职业技能培训，设立厨师、计算机、盲人按摩等专业，共组织 4 期 56 名残疾人参加培训，使其通过免费系统学习，

5 月 21 日，2019 年第二期农牧民转移就业专场招聘会在日喀则市技能服务中心举办

走向社会成为自食其力的劳动者。

（陈忠阳）

收入消费

【社会消费品零售总额】 2019 年，日喀则市社会消费品零售总额实现 120.91 亿元，比 2018 年同期增长 8.7%。消费地域、消费形态日趋优化。

【城镇消费品零售总额】 城镇、乡村消费并驾齐驱。从消费地域分布看，城镇消费品零售总额实现 91.64 亿元，比 2018 年同期增长 7.0%。乡村消费品零售总额实现 29.27 亿元，比 2018 年同期增长 14.1%。

【餐饮、商品消费】 餐饮、商品消费齐头并进。从消费形态看，餐饮收入实现 24.44 亿元，比 2018 年同期增长 11.3%。商品零售实现 96.47 亿元，比 2018 年同期增长 8.0%。

社会保险

【社会保障】 市县乡“三级”同步开展社保卡数据采集 79.03 万条，发卡 57.44 万余张，发卡率 86.37%。主动与扶贫、民政等工作部门建立信息共享机制，开展数据信息比对，对符合条件的 66293 名贫困人员提供参保登记及代缴保费等服务，充分发挥社保扶贫作用。通过悬挂降费海报、发放宣传单、现场咨询等方式向企业和灵活就业人员宣传讲解降费政策，将社保费率降低政策宣传落实到位。开展不定期督查和交叉检查，追回 60 周岁以上城乡居民养老保险冒领、统计错误等资金 298 万元，追回机关事业单位人员死亡期间冒领基金 52.68 万元。

【残疾人社会保障】 2019 年，全市统计 22040 名残疾人参加医疗保险，12600 名残疾人参加社会养老保险，1270 名贫困残疾人纳入农村最低生活保障，66 名贫困残疾人纳入城镇最低生活保障。2019 年在助残日、新年等重要时节开展慰问活动，慰问贫困残疾人 221 户，发放慰问金 21.38 万元。

中国人民保险日喀则分公司

【概况】 遍布全市 18 个县（区）共 18 个营销服务部、便民服务点，保险网点遍布 204 个乡镇，有员工 472 名，公司党委项下设立 3 个党支部，党员 21 名，已成为有较强实力，内部组织结构合理，管理有力，服务水平优质的国有企业。

【服务经济】 2019 年 9 月公司与 18 个县（区）政府签订战略合作协议，承保各县城镇居民、农牧民团体人身意外伤害保险、野生动物肇事责任保险、政策性农业保险（种植业、养殖业、农房）、大病医疗补充保险、政府车辆和工程保险、农民工履约责任保险、招投标担保责任保险、农村综治保险、农村小额保险等。部分县承保干部职工团体人身意外伤害保险、产业保险等业务。

【服务社会民生】 巩固发展传统农牧民人身意外伤害保险、学校学生意外险、各县干部职工意外险。创新发展农牧特色保险体系，面向农村市场大力推出综治保险。做好扶贫保险工作，采取“政府引导、市场运作、自主自愿、协同推进、精准特惠”原则，提高各产业风险保障水平及抵御风险能力，开展全市产业保险。设立大病医疗“一站式”结算窗口。为做好广大群众大病医疗报销工作，分公司和市便民服务局、市人民医院三家合作，在市便民服务大厅和人民医院设立首个大病医疗结算窗口，为群众提供“一站式”大病医疗报销服务。做好上海农商银行通过上海市慈善基金会捐款200万元“吉祥安康”西藏日喀则五县农牧民意外伤害保险公益项目。

【保费收入及赔付】 2019年公司保费收入24956万元，赔付成本14636.69万元，赔付率达71.82%。费用支出（含人工成本）7132.87万元。

【落实保监会“1+4”系列文件】 结合工作实际，完善相关制度。公司完善“三重一大”制度，把3万元以上的资金使用纳入党委议事范畴。完善车辆管理制度，减少车辆油料消耗。完善财务管理制度，明确财务报销“经办人、分管领导、审核人、主要领导”四方签字的程序。完善请销假制度，形成相应的事、病假执行标准，遏制“事假当病假请”等不良作风。落实党员领导干部操办婚丧喜庆等事宜的要求，对符合条件的干部进行公示，签订不违规举办宴请活动的承诺书，设立党风廉政建设举报箱。同时开展“大约谈、大提醒”和干部谈心工作。强化内部管理，依法合规经营。加强对公司在财务管理、销售渠道管理、各产品线、农险、理赔、单证、印章、客户服务、法律责任、非法集资、反洗钱、反腐倡廉等各个环节管理，强化管理、监督和检查，使业务合规合法开展。强化承保、理赔、费用管理，提升盈利能力。

【承担社会责任】 日喀则市涉农保险自2006年拉孜县开始试点推广，到2019年已覆盖18个县、204个乡镇、1763个村，惠及13.86万户农牧户。在做好农业保险（种植业、养殖业、农房保险）的同时，立足民生不断扩大保障范围，坚持以“低费率、高保障、保本微利”的惠农政策为原则，推进野生动物肇事责任保险以及全市农牧民、城镇居民意外伤害保险，涉及民生保险基本涵盖农牧民群众生产生活各个领域。

在转移农牧业生产风险及保证农牧民切身利益的过程中未发生一起举报及上访事件，赢得监管部门的一致肯定。

发挥中央企业作用，按照未就业大学生动态清零工作精神，充分落实“一人就业，全家脱贫”的攻坚要求，面向社会坚持以“三原则”，即以建档立卡贫困户优先、日喀则籍优先、应届大学生优先为原则，2018—2019年共解决大学生就业269人。其中2018年解决就业172人、2019年上半年解决就业42人，2019年8—9月协同扶贫办、人社局专项招录建档立卡户贫困学生55人。

【落实惠民政策】 西藏自治区公安厅公安交通管理局与中国人保财险西藏分公司签订警保合作框架协议，公司为切实贯彻落实警保合作框架协议，落实警保合作措施，提高道路交通安全警保协同共治能力，用实际行动践行“人民保险 服务人民”的企业使命。与日喀则市交警支队深化资源共享和优势互补，在建立“警保联动”路面快速反应机制、共同推进“两站两员”建设、推广车驾管业务便民服务和救援绿色通道等多方面领域展开全方位战略合作。走访18个县区204个乡镇，公司在18个县（区）204个乡（镇）设立农业保险服务站。以农业保险网络资源为基础，以各乡镇农险服务站为纽带，建立一个覆盖全市204个乡镇（街道）的“警保联动、政企联动、城乡结合”助力国家“乡村振兴战略”的警保合作服务新模式。

医疗保障

【机构概况】 日喀则市医疗保障局作为机构改革新成立的部门，自2019年3月19日挂牌成立以来，被列为市人民政府工作部门，为正县级单位。市医疗保障局下设行政科室2个，确定行政编制11名，部门领导职数4名，科级领导职数5名。内设行政科室具体为办公室（基金监督科）和待遇保障和医药服务管理科（医药价格和招标采购科）。其中：办公室（基金监督科）核定编制4名，领导职数2个。待遇保障和医药服务管理科（医药价格和招标采购科）核定编制3名，领导职数2个。下设事业科室3个，确定参工编制9名，事业编制7名。具体为市医疗保障局医疗保险中心，市医疗保障局信息中心，其中：市医疗保障局医疗保险中心，正科级，核定事业（参工）编制9名，核定科级领导职数2名。市医疗保障局信息中心，正科级，核定事业编制5名，核定科级领导职数2名，为公益一类事业单位。市医疗保障局后勤服务中心，副科级，核定事业编制2名，核定副科级领导职数1名，为公益一类事业单位。

全市共有定点医疗机构37家，其中公立医院26家，私立医院11家，共有定点零售药店63家（2019年7月解除服务协议1家）。

【基金监督管理】 2019年出动200余人次专项检查人员，检查定点医药机构150余次，共检查定点医疗机构37家，检查定点零售药店63家，核验发票266张，共约谈限期整改13家（其中定点医疗机构9家，定点零售药店4家），通报批评10家定点零售药店，暂停定点零售药店服务协议10家，解除定点零售药店的服务协议1家。行政处罚定点零售药店1家，共计扣除违约保证金45.14万元（其中定点医疗机构扣除违约保证金3万元，定点零售药店扣除违约保证金42.14万元），拒付定点医疗机构违规资金398.4万元，行

日喀则市召开2019年打击欺诈骗保专项治理行动动员部署电视电话会议

政处罚 0.19 万元。

全市严格按照《西藏自治区医疗服务价格》规定，组织市县两级经办人员对医疗机构住院票据进行逐条、逐项“手工式”集中审核。对各定点医疗机构收费行为进行动态监管，对审核中发现的不合理收费行为提出扣款意见，做到“合理检查、合理用药、合理收费”。2019 年共审核市级定点医疗机构票据 3912 份，扣除不合理收费 302.79 万元。

【待遇保障】 2019 年，全市参加城镇职工基本医疗保险参保人数 58891 人，基金征收 55031 万元，其中单位缴费 36887 万元，个人缴费 13446 万元，公务员缴费 4698 万元。享受待遇 1441564 人次，基金共支付 2093 万元。全市参加城镇居民基本医疗保险参保人数 44745 人，基金征收 2824 万元，其中财政缴费 2568 万元，个人缴费 256 万元。享受待遇 23354 人次，其中区内就医直接结算 19162 人次，零星报销待遇 4192 人次，基金共支付 4364 万元。全市农牧区总人口 697589 人，参保率达到 100%，实际参保缴费人数为 688314 人，参保缴费率达到 98.67%，其中建档立卡贫困户参保率达到 100%。同时，还为 158044 名贫困人口予以资助参保，资助金额为 272.55 万元。

为切实保证机构改革平稳过渡，落实广大农牧民的基本医疗保障政策，维护农牧民群众健康权益，结合日喀则市实际，按照文件要求，对“22+1”种重大疾病住院费用报销比例在原普通报销比例上提高 10%。对“20+1”种特殊门诊费用从门诊统筹基金中报销 70%，剩余 30% 从家庭账户中核销。2019 年全市 18 个县（区）农牧区医疗制度收入 42213.1 万元、支出 41310.42 万元。

【医药服务管理】 根据《西藏自治区基本医疗保险定点医药机构协议管理经办规程（暂行规定）》《城镇职工基本医疗保险定点医疗机构管理暂行办法》《城镇职工基本医疗保险定点零售药店管理暂行办法》，有定点医疗机构 37 家纳入全市基本医疗保险定点医药，定点零售药店 62 家，各级医保经办机构与各定点医药机构实行签订服务协议制，按照“定点医药机构服务协议”内容，实行日常考核与年终考核双向监管制，2019 年度各级医保机构共签订服务协议 100 份，违反服务协议规定 23 家，约谈限期整改 13 家，通报批评 10 家，暂停服务协议 10 家，解除服务协议 1 家。

【医疗惠民】 为全面加强门诊特殊病种就医

市场监管部门工作人员检查定点药店

管理，优化门诊特殊病种审核认定流程，真正为广大参保人员提供更加优质、便捷、高效的“一站式”门诊特殊病种审核认定服务，缓解偏远地区参保人员的门诊特殊病种续审认定及购药问题，市医疗保障局把门特权限下放工作摆在重要议程，并纳入2019年重点工作任务，由局主要领导亲自带队下县指导，并于2019年9月把门诊特殊病种审核认定权限下放至9家全市二级及以上定点医疗机构。截至年底，在县区医疗机构申请门诊特殊病总审核认定207人次，享受待遇719人次，统筹支付16.25万元，公务员补助金支付1.86万元，个人账户支付2.14万元。

2019年，全市农牧民大病保险赔付案件370人次、赔付金额达1713.92万元，其中建档立卡贫困人口79人次、赔付金额为361.33万元。城镇居民大病保险申请人数80人，共赔付314.71万元。为发挥医疗救助兜底保障作用，不断加大基本医保大病统筹和大病保险支付力度，对参保对象自付费用仍有困难的城乡居民和建档立卡贫困户以及农牧区特困供养患者全力实施医疗救助和其他保障政策的帮扶力度。确定非建档立卡救助人群，普通医疗救助每人每年累计不超过6万元，建档立卡贫困人口普通医疗救助每人每年达到10万元，非建档立卡救助人群，重特大疾病医疗救助每人每年不超过15万元，建档立卡贫困人口重特大疾病医疗救助每人每年达到20万元。对重特大疾病亟待解决的个案不受封顶线限制，利用社会救助协调工作机制，及时组织召开医疗救助联席会议，根据救助对象家庭条件、自付费用额度等因素一事一议、专题研究、限时解决。2019年全市城乡居民医疗救助11714人次、救助金额达7346.52万元，其中建档立卡贫困人口7080人次，救助金额达2052.38万元。

为解决农牧民“医疗费用报销时间长、审批程序复杂”等问题，进一步做好医疗保障工作，2019年11月6日日喀则市首个“基本医疗保险＋大病保险”一站式服务窗口在日喀则市人民医院挂牌运营，全面负责基本医疗和大病保险理赔及相关业务咨询，切实让群众“垫资跑腿”变为“一次办结”“资料如书”变为“一纸结算”，切实解决群众住院“报销难”“报销慢”的问题。同时，为方便农牧民群众看病就医，减轻农牧民负担，全市实行“先诊疗后付费”的即时结算机制。2019年及时与自治区人民医院、第二人民医院、第三人民医院、藏医院4家公立医院签订协议。

【“三医联动”改革】 实施“一站式服务”改革，开通区内定点医疗机构的异地就医一站式直接结算功能，全面扩大门诊特殊病种的审核认定及就医购药服务，将审批权限下放至9家符合条件的县级医疗机构。2019年在市人民医院专门设立“基本医保＋大病保险”一站式结算便民服务窗口，规范贫困人口应保尽保和待遇水平等方面的保障措施。组织全市26家公立医疗机构开展国家组织药品集中采购和使用试点（“4+7”试点），以实现“招采合一”“两票制”为目标，强化医保在药品限价采购、配送与结算、药品价格谈判等方面的主导作用，切断医院与药品供应商之间的资金往来和利益链条，解决医院、供应商、医保之间的“三角债”问题，逐步实现“埋单”的管“点菜”、让管钱的人管医疗行为，确保医耗联动综合改革是见成效。2019年完成首批25个品种的带量采购，集采药品价格最高降幅96%，平均降幅52%。

【治理过度保障】 按照中央脱贫攻坚第三巡视组提出的“医疗、易地搬迁等方面存在提高标准，加大财政负担的问题”，市医保局联合卫健委专门印发《关于调整农牧区医疗制度相关政策的通知》，对市级及以上住院和建档立卡贫困户患者特殊门诊报销比例从75%调整为70%。按照一事一议的原则，对区内医院确实无法治疗需要到其他省市就医治疗的重特大疾病患者，专门制定相应的体制机制，根据患者家庭实际困难和承受能力，从医疗救助资金中予以预借资金，保证贫困患者能够看得起病。

为着力解决对部分参保对象到非定点医疗机构治疗、超过医疗救助时限，以及到区外医院治疗过程中产生的大额交通费、住宿费、陪护费等问题，专门在部分县专门设立政府兜底保障资金和援藏慈善救助资金。同时，为防止在救助过程中出现大包大揽、悬崖效应等现象，市医保局及时对已设立保障基金的县进行指导，专门出台资金使用实施细则，明确资金使用范围、使用标准等。截至年底，全市萨迦、萨嘎、吉隆3个县设立兜底保障资金，江孜、白朗2个县设立援藏慈善救助资金。2019年，全市各县（区）保障资金救助人数为480人次、救助金额达121.09万元，其中用于医疗费用476人次、114.55万元。

【医保扶贫】 2019年以来，贫困户、建档立卡贫困户均实行全额定额缴费。建档立卡贫困户住院达4388人次，报销资金达3890.25万元。建档立卡贫困人口医疗救助7080人次，救助金额达2052.38万元。建档立卡贫困户大病保险案件赔付79例，赔付金额达361.35万元。

社会救助

【落实城镇低保提标政策】 落实自治区城镇低保提标政策，2018年每人每月750元提高到每人每月800元（在此基础上市级提标200元），城镇低保共配套资金3007.82万元，惠及全市城镇低保1311户2967人次。农村低保7288户19905人。全年农村低保共配套资金7640.31万元。全市实施临时救助1777人/户，共落实救助资金782.1万元，解决临时困难群众的燃眉之急。“三大节日”期间，全市累计投入资金270.38万元，购买过冬物

市场监管部门工作人员检查定点医疗机构住院患者病历

资及生活用品，看望慰问各类困难群体。

【残疾人救助】 2019 年，全市 22443 名残疾人持有残疾人证，其中：新增残疾人证 2678 人，因死亡、迁出等注销残疾人证 1021 人。

规划落实日喀则市残疾人康复服务中心工程 2019 年由中央预算内投资 1120 万元建设的日喀则市残疾人康复服务中心工程，已完成主体工程建设，后续工程建设项目缺口资金已纳入 2020 年市本级财政预算。康马、吉隆、亚东、聂拉木、昂仁、定日、萨迦、仲巴、南木林、拉孜、白朗 11 个县级残联流动服务车购置项目已完成，车辆发放至各县区，总资金 180 万元。“十三五”规划建设项目日喀则市残疾人托养服务中心工程项目，截至年底，前期工作已完成。

残疾人康复 2019 年，残疾人康复中心为贫困残疾人发放轮椅 17 辆、助听器 2 台、腋拐 4 对、褥疮垫 1 块，手杖 1 件、坐厕椅 2 把，三角形小儿座椅 3 把，餐桌 1 个，接收残疾儿童康复理疗 824 人 / 次。邀请自治区康复中心专家在拉孜、江孜、南木林等 6 个脱贫摘帽县巡回为符合条件的残疾人开展适配辅助器具活动，共筛查残疾人 1295 人，适配辅助器具 1079 件，其中：轮椅 189 辆，坐便器 344 个，盲杖 100 支，各类拐杖 407 件，助行器 2 个，助视器 12 套，褥疮垫 3 块，滤光镜 11 副，电子助视器 10 台，听书机 1 台。接诊听力残疾病人 86 人，咨询 22 人，适配助听器 248 台，转介到自治区康复服务中心接受康复服务的残疾人 97 人。开展 2 期全市康复知识培训班，邀请自治区康复中心专家到日喀则授课，18 个县（区）康复乡村医务人员共 63 名参加。通过西藏基金会协调，由浙商总会资助 55 万元对西藏日喀则市听力残疾儿童实施聪慧行动，该行动历时 4 个月时间，于 2019 年 11 月 14 日正式完成残疾儿童人工耳蜗体内外联机对接，符合条件的 8 名听力残疾儿童均第一次听到来自外界的声音。此次活动由市残联组织，市特校支持，共同完成 16 名听力残疾儿童术前筛查工作，日喀则市残疾人联合会承担体检、住院、手术、交通等费用共计 6.5 万元。

6 月，联合自治区康复中心专家在萨迦县开展残疾人辅助器具适配服务

残疾人维权信访 2019 年，残疾人员来信来访 1 件，处理 1 件。为杜绝“假证关、系证、人情证”，加强对残疾证核发的工作的管理，组织各县（区）民政局开展第二代残疾证清查工作，确保残疾人基本权益不受侵害。

助残活动 在第二十九个“全国助残日”宣传活动期间，市残联、市民政、市财政等残工委成员单位同 18 个县（区）民政部门，通过设置宣传点、走访慰问贫困残疾人家庭、发放残疾人辅助用具等形式，开展形式多样内容丰富的助残宣传活动。活动期间，将《中华人民共和国残疾人保障法》《残疾人就业条例》等残疾人法律法规、康复预防知识和残疾人生活技能等宣传送到基层。活动发放相关宣传单（册）1886份，悬挂宣传横幅31幅，接受咨询、询问、答疑183人次，发放辅助器具239件。

残疾儿童教育　协助市教育部门深入到18个县（区）对全市辍学、未入学的残疾儿童入学情况进行核查。核查期间，调查人员逐户、逐人登记，做到准确，不错、不漏。为15户贫困家庭残疾儿童发放“残疾人事业专项彩票公益金助学项目（学前教育）”专项学前教育训练和生活费补贴，每人（次）每年3000元。

【流浪乞讨人员救助管理】　共救助城市生活无着的流浪乞讨人员270人次，共支出救助资金21.4万元。其中，包括区外147人次，区内123人次，护送返乡7人次，自愿救助24人次，重病患者5人次，落户安置2人次，劝返135人次，提供返乡车票135人，通知属地政府接回62人，未成年人8人，已切实做到救助对象一人一档。

（何德纹）

社会福利

【排查工作】　开展全市遗弃老人、妇女、儿童方面的摸底调查2次。据统计，全市有309名遗弃对象，截至年底，市民政局核对中心还在审查其基本信息的真实性。加强留守儿童关爱保护和困境儿童分类保障工作，经排查，全市共有留守儿童2063人，困境儿童1289人。困境儿童配备乡镇督导员209名、村居儿童主任1276名。通过强制落实家庭监护责任、报告责任、落控辍保学责任、户口登记责任等，将农村留守儿童和困境儿童纳入有效监护范围，杜绝农村留守儿童无人监护的现象。完善福利机构的相关制度，推进机构管理的规范化、制度化建设。完成孤儿信息建档工作，实现一人一档。

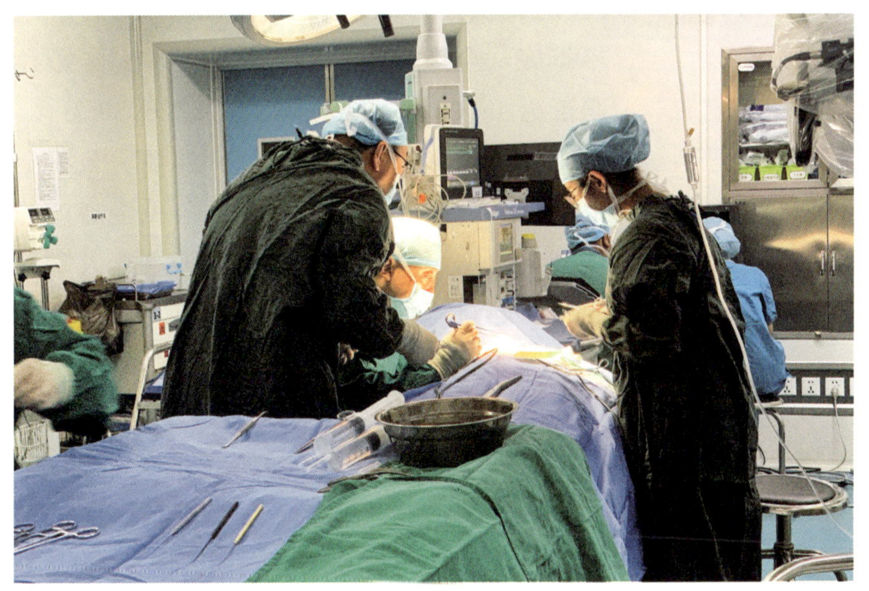

10月，协调慈善基金会为特校听力残疾儿童实施人工耳蜗手术项目

【保障工作】　年内，共支出服装费（5套）、学习资料费等约260万元。做到医疗有保障，将孤儿纳入城镇居民基本医疗保险、新型农村合作医疗、城乡医疗救助、残疾孤儿医疗康复项目等制度覆盖范围，应对儿童季节性传染病。做到教育有保障，落实市儿童福利院630名在校孤儿的受教育权。做到生

命安全有保障，安排6辆校车、4名驾驶员定时定点接送在校孤儿，保障儿童道路交通安全。定期开展消防、食品安全检查，确保儿童生命安全。做到法制教育有保障，定期开展普法教育，强化孤残儿童的法律意识和自我保护意识。做到就业有保障，孤儿成年后就业困难的，优先安排到市儿童福利院政府购买服务人员和公益性岗位就业。截至年底，已解决9名大龄孤儿的就业问题，分别是社会工作者1名、管理员2名、营养师1名、厨师1名、护士1名、护理员2名、公益性岗位1名。协助第七批黑龙江援藏工作队举办"阳光陪伴成长"公益活动，逐步培养孤儿全面发展。

【福利彩票发行】 截至年底，福利彩票销售1.35亿元。为更好地诠释福利彩票"扶老、助残、救孤、济困"的发行宗旨，在西藏自治区福利彩票发行中心的安排部署下，2019年"三大节日"、六一、七一、10月南林、拉孜、定结、定日县等开展"公益福彩 情暖高原"公益活动，向260名留守儿童、50名贫困老党员、20户尊老爱老家庭、20名贫困老人资助福彩公益金17.9万元。

【慈善事业】 12月12日，成立日喀则市慈善协会，注册资金9万元，由慈善救助管理科科长央珍担任会长，依法规范全市慈善信托、慈善组织、社会捐赠资金和物资的使用管理。

住房保障

【保障性住房建设】 2019年，全市棚户区改造工程1951户，7个项目，总改造面积为156325平方米，总投资为7804万元。截至年底已开工建设7个项目，开工率达到100%，完成当年开工目标任务，累计完成投资4767.71万元，基本建成1233户，基本建成率63%。2019年公租房建设项目共432套，总建筑面积21600平方米，总投资7255万元，到年底，已开工400套，其余萨迦县32套，到年底时在进行招投标。

【住房租赁补贴】 2019年租赁住房补贴资金于6月底到达并已下达各县（区），租赁住房补贴资金772.04万元，惠及家庭1984户，人数2523人，截至年底已全部兑现完毕。

【住房登记管理】 截至2019年底市直保障性住房共有3290套（南郊周转房A及B区908套、北郊公租房1122套、葛洲坝公租房250套、南郊公租房二小区1010套）。2019年共清理出违规占用保障性住房102套（其中南郊公租房二小区55套、阳光苑周转房A区38套、阳光苑周转房B区9套）。

【住房公积金管理】 公积金征缴 截至2019年年底，全市公积金缴存单位499家，缴存职工达48062人，缴存总额916326.39万元。

惠民政策 年内，在原有的住房公积金中心业务大厅和便民服务大厅公积金窗口的基础上，增设2个银行网点，满足广大缴存职工就近办理业务需求。推进网上办理业务，让缴存职工少跑腿。开展业务经办人专职培训，方便初审材料。

公积金使用 截至2019年年底，公积金提取总额340775.09万元，同比增长26%。发放贷款总额769358.3万元，同比增长15%。

（谢苏友）

基层建设

【基层政权与社区治理建设】 日喀则市有18个县（区）202个乡镇2个街道，1658个行政村15个社区居委会，已经建成城市社区15个、农村社区16个。

落实易地扶贫搬迁安置点村居建制设置工作。深入8个县区开展易地扶贫安置点村居设置工作的实地调研和指导。通过实地调研，不仅准确掌握各个安置点的实际需求，还有针对性地提出调整建议，并据此向市政府提出《全市易地搬迁安置点村居建制调整的意见建议》。为使各县区易地扶贫搬迁安置点村居建制调整工作严格依法推进，市民政局加强对《中华人民共和国村民委员会组织法》及有关换届工作条例的解读，并下发《关于在易地扶贫搬迁安置点尽快设立村（居）民委员会的通知》，对全市易地扶贫搬迁安置点村居建制设置工作中存在的问题提出解决办法。

开展“日喀则市村规民约范文”编制工作，与市委宣传部等单位协调沟通，全程参与“日喀则市村规民约范文”编制审核工作，并将“三留守”人员权益保障，妇女、儿童、老年人权益保障等内容纳入全市村规民约范文。

【社会组织建设】 全市有社会组织62家，其中，61个社会团体，1个民办非企业单位。2019年，全市共有新登记成立社会组织7个，包括1个慈善类组织，1个商会类组织，5个助力农牧民增收的行业类组织。其中，“日喀则市慈善总会”是全市登记成立的第一家市级慈善组织，在日喀则市慈善事业发展史上，具有里程碑意义。

【思想政治教育】 全市广大驻村干部始终把学习宣传好、贯彻落实好习近平新时代中国特色社会主义思想和中共十九大、十九届四中全会精神作为首要政治任务，深入田间地头、群众家中“一对一”“面对面”向群众宣讲习近平新时代中国特色社会主义思想和中共十九大、十九届四中全会精神28562场次，受教育群众97.6万人次，发放宣传资料48.35万份。宣讲强农惠农政策1.7万场次，受教育群众89.9万人次。

【基层组织建设】 全市广大驻村干部围绕市委基层党建“十二件实事”，坚持开展每周一“升国旗唱国歌，国旗下学讲党章”活动，帮助村（居）举办4109期党员培训班，讲党课8300场次。为村（居）两委班子上文化课5.49万学时，健全组织生活会、民主评议党员、主题党日活动等规章制度3697个，完善党务村务财务公开制度3305个，组织学习日喀则市基层党组织建设目标政治清单，推动组织生活严起来、实起来。

【精神文明建设】 全市广大驻村干部以“送健康、送文艺、送体育”活动为抓手，开展破除陈规陋习教育活动9537场次，宣传《中华人民共和国宪法》《中华人民共和国刑法》等法律知识1.42场次，帮助村级组织健全村规民约1673个，引导农牧民群众摒弃“懒、涣、散”的思想、改正不讲卫生等生活陋习。协助核查流浪狗收容工作，引导农牧民群众参与整治收容流浪狗行动。

（多　吉）

民政事务

1月6日，定日县民政局党员干部慰问特困老人

【“双集中”工作】 全市共有特困供养对象1982人，其中集中供养794人，分散供养1188人。农村集中供养特困人员和城市分散供养人员基本生活补助标准为12480元/年/人。农村分散供养特困人员基本生活补助标准为6675元/年/人，集中供养的部分丧失自理能力特困人员照料护理费保准为1248元/年/人。集中供养完全丧失自理能力特困人员照料护理费标准为1872元/年/人。全市有意愿集中供养率达100%，全年共落实特困集中供养人员生活补助和护理照料费资金1390.52万元。全市共有孤儿641人，其中，市儿童福利一院集中收养271名，市儿童福利二院集中收养370名，集中收养率达100%。共落实孤儿生活补助和机构运行经费1062.29万元，及时兑现两院政府购买工作人员工资561.62万元。

【区划地名】 年内，争取100多万元，新设475个地名标志牌，验收区43条街、路的道路名牌。修复整改市区25处问题标志牌、4处字体脱落、8处正字，并及时联系地名标志牌中标商进行修复整改工作的沟通协商，截至年底，已于全部整改完毕，并已向市“六城共建”办反馈整改情况。完成18个行政区域界线界桩的更换、埋设工作。配合市公安局、桑珠孜区公安局进行市区门牌编排工作。完成日喀则市各县（区）牵头的49条第五轮县级行政区域界线联合检查工作，开展边界纠纷矛盾排查及创建平安边界工作，加强对地名普查成果资料的管理。

8月5—6日，市民政局组织市儿童福利一院、二院的孩子们分批次前往江孜抗英纪念馆开展爱国主义教育，重温少先队员入队仪式

【基础设施建设】 加大民政项目建设力度。实施市殡仪馆、救灾物资储备库（一期工程）、老年人日间照料中心阳光棚及室外附属工程、救助站改扩建、军地“双拥”设施改造、边雄盲校围墙维修改造等一批民生项目。落实一批特困人员集中供养服务中心改扩建、农村幸福院、县级老年人日间照料中心等社会福利项目资金。梳理民政系统“十三五”规划项目进展情况，启动“十四五”民政事业发展规划编制前期工作。

【老龄工作】 及时兑现老年人“两项”补贴资金。为全市972名经济困难的高龄老人、860名失能老人发放补助资金109.92万元（含县区配套资金20%）。

【婚姻登记】 年内，共进行婚姻登记9849件7636对，其中补办登记511对，离婚登记1065对，撤销结婚登记11对，补发结婚证1060本，补发离婚证50本，出具婚姻登记证明27份，补录历史数据共58个。据统计，全市共有54578份婚姻登记历史档案数据存量。截至年底，按照现存纸质档案数据，共有结婚数据51104份，离婚数据3474份。已补录完成结婚数据47739份，离婚数据3093份。

【收养登记】 2019年，全市共办理收养登记11例。

【殡葬管理】 为进一步规范殡葬服务行业的工作，全市投资6000万元，建设市殡仪馆，到年底，已完成主体工程建设。

（杜亚轩）

退役军人管理

【机构概况】 日喀则市退役军人事务局由市人社局军转办、市民政局优抚科合并组建，于2019年3月19日挂牌，内设2个行政科室，局办公室（政工人事科）、移交安置和军休服务管理科（拥军优抚和褒扬纪念科、就业创业科），内设4个事业科室，后勤服务中心。退役军人服务中心，正科级，核定事业编制5名。烈士陵园管理中心，副科级，核定事业编制3名。日喀则军供站，正科级，核定事业编制5名。截至年底，实有人员23人。

【安置工作】 安排专人开展拟安置自主择业军转干部档案审档工作，按时完成2019年安置在日喀则市的自主择业军队转业干部档案审查和报到工作，完成自主择业军转干部的

3月19日，日喀则市退役军人事务局挂牌

档案审查、组织关系、户籍关系接转、退役金核算、医疗保险、生物特征信息采集、工资卡发放等工作。

做好2018年冬季退役士兵接收安置工作，按照干部管理权限及相关原则，如期完成退役士兵安置工作任务。做好部分退役士兵社会保险接续工作。成立政府安排工作退役士兵社会保险接续工作领导小组，采取各种方式方法开展宣传，筹备接待办理，确保部分退役士兵社会保险接续工作顺利开展。

【自主择业】 2019年市退役军人事务局围绕自主择业军转干部管理服务工作，建章立制，实现自主择业军转干部管理服务工作制度化、规范化、科学化、人性化，完成军转安置任务。

做好军转干部来信来访、军转干部住院报销等工作，及时将军转干部的住院报销相关资料送到市医保局，为军转干部累计报销住院费用140余万元。完成自主择业军转干部信息采集工作，采集率达到94%。做好自主择业军转干部子女考学人员进行加分登记审查工作，做好军转干部冬季取暖资金申请工作，按相关程序报送至市财政局。做好移交政府安置的军队离退休干部2019年增资工作。

【教育培训】 为全面提升全市退役军人系统干部职工的综合素质，提高工作水平和政策知晓度，6月11日，市退役军人事务局组织18个县（区）退役军人事务局局长和业务骨干举办全市退役军人系统业务培训班，特邀自治区退役军人事务厅专家授课，对退役军人优抚安置政策进行讲解，并对下一步重点工作进行安排部署，切实提高系统干部职工的业务能力和工作水平。

【政策保障】 按照退役军人及优抚对象相关政策，2019年发放退役士兵、士官家属优待金及一次性自主就业金1395.36万元，重点优抚对象抚恤补助金915.2万元，优抚对象医疗补助金219.8万元。

2019年以来，“三大节日”期间深入各驻地部队进行慰问，发放160余万元的慰问物资和慰问金。8月1日，市四大班子领导带队深入驻日喀则市各部队为部队官兵、退伍老兵送去价值46万元的慰问物资。10月1日，市领导带队为驻地部队发放慰问金13万余元。18个县（区）退役军人事务局根据各自实际，投入资金160余万元在“三大节日”、八一、国庆期间开展相应的慰问活动。

【烈士陵园管理】 年内，投资561万元的烈士陵园提升改造工作，对烈士纪念碑、烈士

8月1日，日喀则市举行“八一”联谊活动

市党政军警民代表1.2万余人到市烈士陵园开展清明、“9•30”祭扫活动。

在工作人员的带领下，姜杰、张延清等自治区、市领导到日喀则市革命烈士纪念馆进行参观，并在纪念馆重温入党誓词，进行庄严的宣誓

【革命烈士纪念馆】 委托西藏乔穆文化传媒股份有限公司制定日喀则市革命烈士纪念馆陈展大纲，并多次征求市委宣传部、市委政研室、市文化局、市委党史研究室、党校、日喀则军分区等相关部门对大纲内容提出意见建议，并请示市委主要领导，最终确定布展大纲内容，9月30日之前基本完成共投资590余万元的市革命烈士纪念馆陈列布展工作，共展出图片167张，实物及模型32件。同时，结合“不忘初心、牢记使命”主题教育活动，作为爱国主义教育基地对外开放，年内共接待市直各单位、政协委员、人大代表、青少年学生参观30余批次，1500余人。

田野晨曲

民族宗教事务

珠峰精神

坚韧不拔　巍峨不屈　感恩向上　敢为人先

民族事务综述

【概况】 2019年3月，日喀则市民族事务委员会正式挂牌成立，是市人民政府工作部门，归口市委统战部领导。委机关内设办公室（政工人事科）、经济社会科、宣教创建科3个职能科室和政研信息中心、后勤服务中心2个事业科室。

【民族概况】 2019年，全市有汉族、藏族、回族、蒙古族、门巴族、珞巴族等常住民族，其中藏族人口79.06万人，占全市总人口的90.8%。其他民族人口8.01万人，占全市总人数的9.2%。

【民族事务管理】 审批民族成分变更事项。全年共受理17个民族成分变更申请，审核通过7个，退回不符合条件的10个。探索推进城市民族工作。全年开展穆斯林生产生活调研2次，召开座谈会1次。宣传外来人口管理等方面的政策，掌握其生产生活中存在的困难。

（赵　云）

民族政策落实

【少数民族人才培养】 截至年底，全市有干部3.67万人，其中少数民族干部约占80%。自治区、市、县、乡四级人大代表中，少数民族代表分别占比在65%、70%、89%、90%以上。维护少数民族群众合法权益，保障当地群众信教自由，尊重各民族在服饰、饮食、婚丧嫁娶方面习俗，采用双语教学，保障少数民族使用和发展本民族语言文字权利。

【民族干部教育】 2019年，全市共举办各级各类培训班121个，累计培训5119人次。其中，完成中央党校、各级干部学院、国家部委调训26个班次，选派参训学员59人次。完成自治区党校、区直部门调训27个班次，选派参训学员160人次。开展培训班60个，培训学员4605人次。完成“走出去”培训班共计8次295人。

（李发荣）

【兴边富民】 2019年全年实施兴边富民行动40134万元，全部整合用于脱贫攻坚工作。

【民族政策宣传】 发挥党政机关企事业单位主要阵地作用。各级党组、基层党组织把党和国家的民族理论和民族政策法规作为重点内容列入中心组学习，结合“四讲四爱”、“遵行四条标准　争做先进僧尼”教育实践活动，开展马克思主义“五观”“两论”和民族政策宣传教育，扩大民族政策法规的宣传面，提高各族群众民族政策法规的知晓率。

在“3•28”百万农奴翻身解放日、“6•2”民族团结进步日、“民族团结宣传月”等重要时间节点，利用LED电子显示屏、宣传栏、横幅等户外宣传载体，悬挂、刊播民族团结宣传标语和集中沿街宣传等方式，宣传党的民族理论、民族政策、民族法规和民族知识。

【民族团结进步创建活动】 以创建全国民族

团结进步示范市为抓手，贯彻落实习近平总书记关于治边稳藏的重要论述和“加强民族团结、建设美丽西藏”的重要指示精神，开展人文化、大众化、实体化的创建工作，探索出一条符合边疆实际、富有西藏特色的民族团结进步创建之路，为西藏自治区建设“民族团结进步模范区”作出贡献，为全国民族团结进步事业创新发展提供宝贵经验。

“全国民族团结进步示范市”创建　充分利用“3•28”百万农奴解放纪念日、“6•2”民族团结进步日、9月民族团结月等节点，组织开展文艺会演、专题展览等形式多样的活动，建成民族团结公园，设立民族团结广场15个、民族团结一条街18条。6月2日，召开日喀则市民族团结进步表彰大会暨创建全国民族团结进步示范市工作推进会，表彰民族团结进步创建活动示范单位10家、模范集体37个、模范个人60名。推荐自治区级民族团结进步模范集体17个、模范个人25名。12月9日，日喀则市被国家民委命名为“全国民族团结进步示范市”。

（李红聪）

10月23日，国家民委在日喀则市考核验收民族团结进步示范城市创建工作

宗教事务

【机构概况】 市宗教事务局成立于2019年3月26日，为正县级机构，是市人民政府工作部门，归口市委统战部领导。市委宗教工作领导小组办公室设在市宗教事务局，接受市委宗教工作领导小组的直接领导，承担市委宗教工作领导小组的具体工作，局内设机构根据工作需要承担市委宗教办相关工作，接受市委宗教办的统筹协调。

市宗教事务局设有办公室（政工人事科）、藏传佛教事务科、其他宗教事务科3个正科级内设科室，2019年12月13日批准设立宣传信息中心（正科级公益一类事业单位）和机关后勤服务中心（副科级公益一类事业单位）。

【宗教活动场所概况】 截至年底，全市有藏传佛教和伊斯兰教两大宗教。藏传佛教教派有苯教、格鲁派、萨迦派、噶举派、宁玛派、布敦派、觉囊派。依法登记宗教活动场所341座，依法登记备案宗教活动493场次。截至2019年年底共有宗教教职人员4757人。

【宗教事务管理】 宗教事务局联合市委统战部派出3个工作组，以2018年固定数据为依据，深入开展民间宗教标志物管理情况督导检查。

【佛教协会】 研究出台《日喀则市佛学分院和传统学经班管理办法（试行）》，任命西藏佛学院日喀则三个分院党内副院长职务。在市区和11个县区的22座大中型寺庙举办“日喀则市藏传佛教活佛转世专题展览”活动；先后选派44名宗教界代表人士到自治区社会主义学院培训，有4名和27名僧尼分别被中国藏语系高级佛学院第十八届高级学衔班和西藏佛学院2019年僧人学制班招录。

党的宗教政策落实

【宗教政策宣传】 贯彻落实《藏传佛教活佛转世管理办法》和自治区《关于进一步加强藏传佛教活佛教育培养管理的意见》精神，根据自治区统一安排部署，结合“遵行四条标准、争做先进僧尼”教育实践活动，市委统战部、市宗教事务局投入约12万元专项经费，精心制作3套共99块专题展板，举办“日喀则市藏传佛教活佛转世专题展览”启动仪式，随后在11个县区的22座大中型寺庙进行分组展览。

自治区政府副主席、市委书记张延清深入民族团结进步宣传点检查指导

【政策落实】 联合相关部门在高海拔和边境偏远尼姑寺庙中开展“感党恩送健康”活动，投入9.6万元对3个县7座寺庙的159名尼姑进行妇科病知识宣讲和诊断治疗，对全市寺庙中的老弱病残僧尼进行走访慰问。

根据自治区安排部署，结合全市寺庙实际需求，研究制定《日喀则市寺庙体育健身工程实施方案》，争取1220万元专项资金，优先为桑珠孜区等17个县区的25座爱国守法寺庙实施体育健身工程。

（张占云）

扎什伦布寺管理

【寺庙教育工作】 组织扎什伦布寺僧众召开“3•28”百万农奴解放纪念暨感党恩主题教育大会，开展僧人代表以亲身经历做新旧西藏对比演讲。强化“藏汉双语”，采取灵活多样、通俗易懂的方式，组织僧众开展汉语教学活动。

【寺庙管理】 寺庙安全管理坚持以“六个严防”工作总体目标，推进寺庙“五防”工作，强化寺庙僧人消防安全意识的教育工作，加大消防知识宣传力度，强化消防技能培训，坚持每月开展8次寺庙消防安全大检查，不走过场、不留缝隙、不留盲区、不留空白，加大寺庙消防隐患的排查整治工作，分析寺庙安全风险评估，消除潜在安全隐患。

学经院管理　扎什伦布寺作为藏传佛教显密兼修的重要宗教活动场所，按照“六个统一”要求，建立严密的藏传佛教学经体系和学位立宗考试制度，传承保护藏传佛教文化，培养藏传佛教文化传承僧才，倡导僧人终生研修佛法、精进学识、庄严国土的精神。

2月4日上午，自治区政府副主席、市委书记张延清深入扎什伦布寺，看望慰问自治区政协副主席、扎寺管委会第一主任萨龙·平拉

文物保护管理　遵循“保护为主、抢救第一、合理利用、加强管理”的方针，建立健全人防、物防、技防的文物保护措施。

【寺庙服务】 为确保提升寺庙公共服务基础设施，多方协调、争取资金，2019年总投资近7000万元，实施扎什伦布寺藏医院改扩建、寺庙养老院建设、佛学分院建设、僧舍维修、壁画修复和文物保护等工程。

为充分体现党和政府对广大僧众的特殊关怀与温暖，2019年，管委会分批分阶段地开展和落实家访工作，发放慰问资金3.2万元。

【利寺惠僧政策落实】 全体僧众纳入医疗、养老、人身意外伤害保险。2019年经多方协调，39名僧人纳入城镇最低生活保障对象，对130名60岁以上寿星老僧享受长寿补贴，100%的僧众参加每年免费健康体检，健全完善僧人健康档案，实现贫困僧人大病就医不掏一分钱。

在落实寺庙“九有”工程基础上，充实完善“9+8”（古建队、印经院、藏香制作、装藏、绘画、食堂、澡堂、藏医院）工程，着力提升寺庙公共服务水平，改善寺庙及僧众生活条件，满足僧众需求。

（次　旺）

县区概况

日喀则年鉴 2020

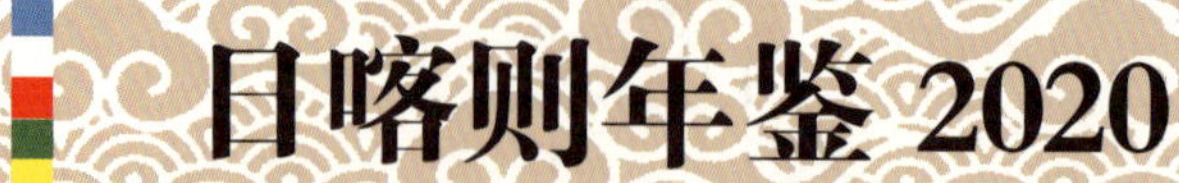

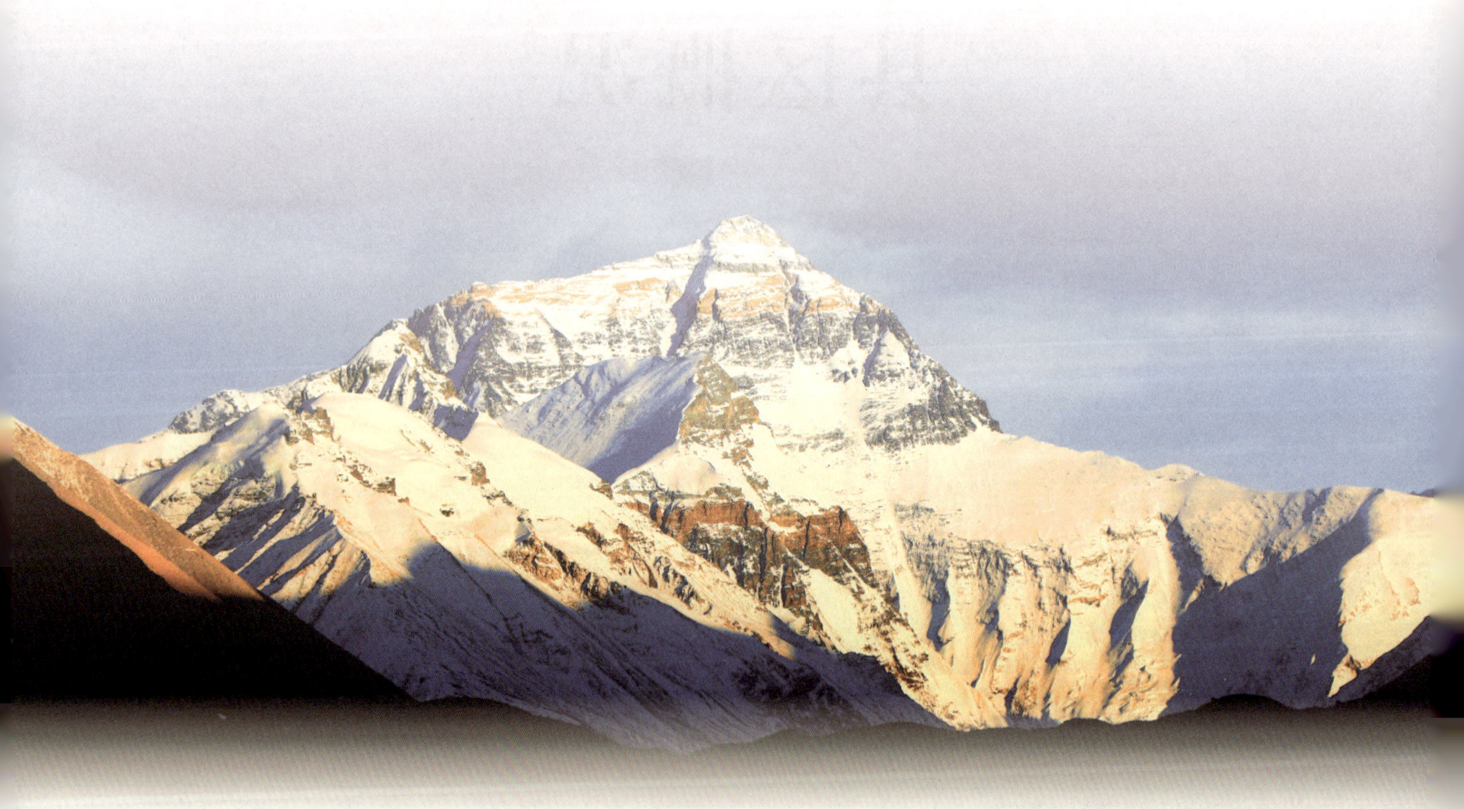

珠峰精神

坚韧不拔　巍峨不屈　感恩向上　敢为人先

桑珠孜区

【概况】 桑珠孜区地处西藏南部，位于雅鲁藏布江和年楚河的交汇处，海拔3836米，是历代班禅的驻锡之地，是全市政治、经济、文化、交通、信息的中心，也是西藏第二大城市，国家级历史文化名城。全区辖10个乡、2个街道办事处、176个行政村、520个自然村，地域面积0.37万平方公里，34395户，户籍总人口125283人、比上年增加1137人，其中农业人口74174人，牧业人口750人，城镇人口50359人。

2019年完成地区生产总值111.35亿元，同比增长8.4%，因减税降费等原因，地方财政一般公共预算收入实现2.59亿元，同比下降7.5%，固定资产投资完成33.52亿元，同比增长5.28%。产业发展势头良好，一、二、三产业比重为7∶33∶60。农作物播种面积达14040公顷，粮油总产量91536.92吨，比上年增加3868.42吨。

【农牧业】 全年农作物播种面积14040公顷，其中粮食作物面积9673.33公顷、青稞面积8266.67公顷。“喜拉22号”青稞良种种植7146.67公顷、“藏青2000”973.33公顷、“山冬7号”180公顷。年内，采购化肥4610吨、商品有机肥6050吨、各种农药49.545吨，并及时发放。全年粮食产量8728.267万公斤，其中青稞6781.617万公斤，蔬菜产量7505.66万公斤，油菜产量425.425万公斤。全年出栏黄牛9192头、牦牛2440头，羊81831头，完成冻配数6000头。奶产量2.48万吨。

【交通旅游】 农村公路EPC项目完成，实现了农村硬化道路村村通，10个乡公交班线10条，投入车辆13辆。161个行政村已通客车145个，通客车率90.06%。辖区内有国家AAA级旅游景区4个，国家AA级旅游景区1个，国家A级旅游景区3个。全年接待游客587万人次、实现收入49亿元，同比分别增长36.4%、25%。

【科教文卫】 全区共有各级各类学校102所，在校学生19629人。中学3所，在校生4460人；小学18所，在校生9644人。共有在职教职工1213人。全国重点文物保护单位2处，自治区级文物保护单位9处。有国家级非物质文化遗产2个，自治区级非物质文化遗产10个。有卫生机构13个，其中医院1所，卫生院10所，社区卫生服务中心2个，床位184张，卫生技术人员737人，全年门诊13.76万人次。

【生态环保】 年内，积极落实生态效益补偿、草畜平衡奖励等制度，植树造林866.67公顷、防沙治沙1.8万公顷。全力推行河（湖）长制，完成年楚河流域生态功能保护区建设。甲措雄、纳尔、边雄、江当4个乡垃圾转运站建成并投入使用，完成农村环境综合整治，成功申报自治区级“生态村”9个。

【产业发展】 全年，农牧业产业化龙头企业达16家，实现利润4644.31万元，“东嘎土豆”成功申报国家地理标志产品。规模以上企业达13家，预计实现工业产值12.53亿元。特色民族手工业企业发展至131家，以建筑业、民族手工业、农畜产品加工业、高原绿色食品业等产业为主的富有桑珠孜特点的工业产业体系初步形成。

【项目建设】 全年实施新续建项目104个、完成投资33.52亿元，实施援藏项目14个、完成投资8651万元。总投资7.37亿元的光伏小镇基础设施、1.09亿元的北郊水厂、4000万元的年楚河流域生态功能保护区项目建设完成，总投资5244.53万元的日喀则市生活垃圾填埋场改扩建工程试运行。产业园区建设取得新进展，援藏投资3300万元实施了园区道路、电力、灌溉项目，园区基础设施日益完善。

【招商引资】 年内，借助“珠峰文化旅游节”“青岛行”等节会，组织10余家企业参加青岛国际友城商品展，先后与60余家区内外企业洽谈，新签约项目2个、完成投资2.8亿元。全年实施招商引资项目33个，其中新建项目14个，续建项目19个，完成投资13.52亿元。

【脱贫攻坚】 全年，脱贫攻坚统筹整合涉农资金共计18875.53万元，区本级财政投入专项扶贫资金3500万元，全区2148户9858人建档立卡贫困人口全部实现脱贫。

【民生事业】 2019年，城镇居民人均可支配收入36455元、农村居民人均可支配收入达14855元，分别增长8.67%、10.8%。企业养老保险参保人数775人，城乡居民基本养老保险参保人数49824人。居民基本医疗保险参保人数22017人。城镇最低生活保障人数513人，农村最低生活保障人851人。全区有1个养老服务机构，床位131个。

江孜县

【概况】 江孜县地处西藏自治区南部，雅鲁藏布江支流年楚河上游，拉亚公路和日亚公路交会处，县城所在地海拔4050米。辖19个乡，152个行政村，3个居委会，全县国土总面积3859平方公里，17197户，总人口80472人，其中农业61299人，占总人口的76.17%，牧业2568人，非农牧业16605人。

全县完成地区生产总值23.61亿元，同比增长7.2%，地方财政一般公共预算收入实现3619万元，同比下降24%，固定资产投资完成16.75亿元，同比增长8.27%。产业发展势头良好，一、二、三产业结构比为19∶20∶61。

【农牧业】 全年，全县农作物播种面积1.08万公顷，其中粮食作物面积7413.33万公顷（其中青稞面积7066.67公顷，青稞种植面积中“喜马拉22号”青稞良种种植5813.33公顷、“藏青2000”800公顷）；经济作物面积2452.13公顷；饲草料面积933.33公顷。年内，采购化肥4263吨、商品有机肥5200吨、各种农药29.5吨，并及时发放。全年，全县粮食产量7060.5万公斤，其中青稞6296.965万公斤，蔬菜产量3503.565万公斤，油菜产量520.175万公斤。全年，出栏黄牛14042头、牦牛1849头、羊88344只，完成冻配数8440头，奶产量2万吨。

【交通旅游】 2019年，19个乡镇已开通（覆盖）农村客运班线，开通（覆盖）率达到100%，129个建制村已开通（覆盖）农村客运班线，开通（覆盖）率达到84.86%，完成自治区交通厅下达的乡镇和行政村农村客运班线开通率分别达到100%和80%的目标要求；修建2个脱贫攻坚十项提升项目：江热乡扎雄自然村修建1.04公里硬化路；龙马乡卓热村及纳如乡日贡布多村修建1～10米桥梁和9道钢波纹管。辖区内有国家AAA级旅游景区3处，国家A级景区1处。全年接待游客55.3万人次，实现收入1.3亿元，同比分别增长22.1%、31.1%。

【科教文卫】 全县共有各级各类学校74所，在校学生14346人。高级中学1所，在校生1702人，中学2所，在校生2764人，初中毛入学率100.84%；小学20所，小学在校生6477人，小学净入学率100%；幼儿园51所，在校生3403人。在职教职工1001人。全国文物保护单位3处，省级文物保护单位13处。有国家级非物质文化遗产2个，自治区级非物质文化遗产6个。有医疗卫生机构186个，其中县直医疗卫生机构2个，乡卫生院19个，村卫生室155个，民办医疗机构包括2个门诊部、8个诊所。床位190张，卫生医务人员608人。

【生态环保】 年内，植树造林478.53公顷、防沙治沙1.73万公顷。江孜县主要河流水质达到Ⅲ类以上标准、空气质量达到二级以上标准；13个行政村成功申报自治区级“生态村”。

【特色产业】 青稞初深加工1980吨，产值达1900万元。江孜沙棘苗木培育基地实现规模化种植、精细化管理，完成创收1160万元，带动贫困群众612人增收91.8万元。“帕拉庄园藏红花”品牌申报成功，销售总额500万元，带动贫困群众225人增收50.8万元。尼玛藏式卡垫等4家代表性非公企业实现群众就近就便增收。全县农牧民专业合作社注册613家，155个村（居）实现全覆盖。

【项目建设】 全年，实施新续建项目179个、完成投资16.75亿元，其中实施援藏项目17个、完成投资5451万元。通过产业扶贫资金落实了江孜县光伏扶贫电站项目1425万元，以及江孜县沙棘苗培育基地改扩建三期项目3500万元。国家投资项目江孜县第二批农村改水巩固提升项目总投资1695.58万元，以及江孜县2019—2020年重点区域生态公益林建设工程建林项目总投资1947.13万元，开工建设。援藏继续加大在产业扶贫、教育和医疗卫生等社会事业上的投资力度，同时在

8月6日，江孜县达玛文化旅游节开幕

智力援藏和交流交往交融等重点领域给予大力支持。

【招商引资】 年内，参加“哈洽会”“藏博会”“东北亚博览会”等大型招商活动，全年累计完成凌和购物广场、雨顺亚古都铝合金门窗厂、燚达交通服务等招商引资项目41个，完成招商引资任务6.04亿元，获得市级招商引资扶持奖励资金204万元。

9月5日，白朗县召开首届农牧民运动会

【脱贫攻坚】 全年，脱贫攻坚统筹整合涉农资金共计30874.89万元，本级财政投入专项扶贫资金717万元，全县2599户11050人建档立卡贫困人口全部实现脱贫，消除了绝对贫困。

【民生事业】 2019年，农牧民人均可支配收入达15150元，同比增长11.1%。企业养老保险参保人数115人，城乡居民基本养老保险参保人数29487人。居民基本医疗保险参保人数4160人。城镇最低生活保障人数161人，农村最低生活保障人数739人。全县有1个养老服务机构，床位102个。

（张国华）

白朗县

【概况】 白朗县地处西藏自治区西南部，雅鲁藏布江主要支流——年楚河中游，平均海拔4200米，县城驻地海拔3893米，距拉萨280公里，距日喀则市49公里，辖2个镇9个乡111个行政村，共8874户，总人口数50476人，农牧户7174户，非农户1700户；城镇人口19300人，乡村人口31176人，人口出生率11.8‰，自然增长率6.5‰。

全县生产总值达11.44亿元，增长8.3%；第一产业30500万元，同比增长11.7%；第二产业38500万元，同比增长0.9%；第三产业完成45500万元，同比增长13.6%。全社会固定资产投资完成13.37亿元；公共财政预算收入达2455万元，同比降低22.35%；农牧民人均可支配收入15220元。

【农牧业】 全年，农作物播种面积为9116.23公顷，同比2018年保持平衡，其中粮食作物播种面积6267公顷（其中青稞播种面积5867公顷），油料播种面积799.96公顷、蔬菜播种面积1053.2公顷、瓜果类播种面积29.41公顷（其中，西瓜播种面积28.62公顷）、其他农作物播种面积466.66公顷。全年粮食产量达到5415万公斤，其中小麦产量380万公斤，同比增长28.1%，青稞产量5035万公斤；油菜籽产量428.26万公斤，同比增长6.6%，蔬菜产量6763.26万公斤，同比增长

65%，其他农作物产量5602.8万公斤。完成人工种草518公顷，兑现草补资金616.9万元。全年肉类总产量168.43万公斤，牲畜存栏头数261016头（只、匹）。农林牧渔服务业总产值实现49415.42万元，其中农业产值41121.46万元，林业产值实现402.36万元，牧业产值实现7302.31万元，农林牧渔服务业产值589.29万元，农林牧渔业实现增加值38691.5万元。其中，农业增加值32541.07万元，林业增加值101.57万元，牧业增加值5606.89万元，农林牧渔服务业增加值441.97万元。

【交通旅游】 年内全县共实施续建农村公路建设项目17个，总里程137.846公里，总投资3.3995亿元；完工项目14个，共完成交通固定资产投资1.8758亿元，较年初投资1.1712亿元超额完成60.2%，完成率为160.2%。旅游接待156477人次，旅游总收入175万元；日喀则珠峰现代农业科技创新博览园成功创建国家AAAA级旅游景区；探索农业旅游融合发展，加大旅游市场整治，办好蔬菜采摘节活动，努力实现游客接待量、收入增长20%以上。

【科教文卫】 全县有农牧科技特派222名（其中农业种植技术人员65名、蔬菜种植技术人员77名、畜牧养殖技术人员80名），区、市、县三级“三区”人才有29名。各级各类学校46所、在校学生8810人。幼儿园34所、在校生2379人，学前教育入园率达86.98%；小学11所，在校生4515人，小学入学率100%；中学1所，在校生1916人，入学率100%。全县有正式教职工519人。成功申报自治区级非遗名录5项、市级8项，列入县级18项，嘎东藏靴和旺丹冲斯申报为自治区第一批传统工艺项目。卫生机构113个，其中卫生服务中心1所，疾病防控中心1所，乡卫生院11个，村卫生院100所，2019年新招录县乡医务人员21人，配备村级医务人员210人。

【生态环保】 全面完成人工造林215.4公顷，封山育林1849.47公顷，移动沙丘治理17.2公顷，投资2122.26万元种植各类树种267031株，兑现生态岗位补助资金1323.7万元；成功申报自治区级生态文明村18个；强力推进污染防治三大战役，县城大气监测4项指标均达到《环境空气质量标准》一级标准，地表水和地下水监测指标全部达到I类标准限值要求。

【产业发展】 全县蔬菜总量6000万公斤以

9月14日，白朗县举行西藏自治区全国科普日启动仪式

上，产值突破上亿元，实现蔬菜收入占农牧民收入的25%；企业加工青稞662.5万公斤，实现产值5300万元；巴扎乡拉东娟姗牛合作社、者下乡岗巴羊养殖和年河乳业乳制品加工等肉奶产量分别为3000吨、10000吨；有机枸杞生态观光产业园基本建成；全面完成第一期种植面积500公顷，实现枸杞干果产量6.45万公斤，产值1250万元，带动1318名群众，增收348.68万元；精品唐卡、旺丹卡垫、民族服饰等产品热销区内外，实现产值6800万元，辐射带动580人增收；深入推进"互联网+现代农业"运行模式，乡镇电商覆盖率100%，村级电商覆盖率40%，站点网购及农产品交易额1588.23万元；培育规模以上企业3家。

【项目建设】 全县93个村级组织活动场所标准化建设项目总投资10400万元，总投资2000万元的生态观光旅游景区和波夏伦景区项目开工建设，总投资3500万元的县城商贸综合体项目基本竣工；7个集中安置点基础设施建设、高效节水灌溉、嘎东沟水土保持、旺丹至东喜公路工程、教育基础设施建设等工程，全部投入使用；第八批援藏干部管理组三年计划落实援藏项目71个，总投资15570万元，已完成援藏项目64个，完成投资13740万元。

【招商引资】 年内，完成招商引资投资76717.75万元，其中固定资产投资70038.47万元；工业经济健康发展，企业规模不断壮大，规模以上企业增加至3家，工业总产值达17184.41万元，增长160%，规模以下工业总产值达6938.36万元，增长66%，民间投资持续向好，完成投资13600万元。

【脱贫攻坚】 全年争取产业扶贫资金2.18亿元，产业扶贫贷款0.3亿元，兑现产业分红资金804万元。整合资金700余万元，对543户危房进行改造。农牧区基础设施建设，完成投资33900万元，重点实施交通项目17个、饮水安全巩固提升12个、易地扶贫搬迁2个、乡镇卫生院改扩建7个、教育基础设施改造提升2个；完善基层保障体系，配备村级医务人员210人，报销建档立卡贫困户合作医疗住院费172万元，兑现生态岗位补助资金1323.7万元，为325名新入学大学生发放一次性资助金85.9万元；兑现低保资金133.02万元、临时救助资金14.1万元、医疗救助资金230.18万元。

【社会保障】 全县完成社保电子信息采集38866人，发放社保卡34546张。兑现低保资金153万元，兑现各类供养资金96万元，发放各类救助资金251万元。全年慈善资金达213万元，用于困难群众医疗保障、大学生教育资助等支出132万元。健全转移就业组织体系，组建劳务输出合作社121个，实现"一村一册"规范化管理和劳务输出精准对接，积极推进大众创业、万众创新，组织劳务输出15829人、24689人次，实现总收入8716.68万元。高校毕业生"321"结对帮扶暨就业动态清零工作，应届高校毕业生就业率达98.2%。

（施艳仙）

亚东县

【概况】 亚东县位于日喀则市西南部，北纬

27°03′～28°18′，东经87°55′～89°02′，北面与境内的岗巴、白朗、康马三县相邻，东与不丹接壤，西与印度毗邻，向南呈楔状处于印度和不丹之间，为西藏自治区边境县之一。辖5个乡2个镇、25个行政村（居）、55个自然村，地域面积4241.04平方公里，边境线长290公里。2019年全县有4236户、13992人，其中农村人口11155人，有藏、汉、回等民族，藏族占98%以上。

2019年，全县生产总值7.84亿元，同比增长7.7%；全社会固定资产投资完成18.62亿元，同比增长84%；社会消费品零售总额2.8亿元，同比增长8%；进出口贸易总额1.19亿元；接待游客13.28人次，同比增长10.7%；旅游综合收入1.59亿元，同比增长74.3%；地方财政收入1.02亿元，同比增长32%；地方财政支出7.87亿元；全年农村居民人均可支配收入12805元。

【农牧业】 2019年，亚东县农作物种植面积为906.67公顷；调运计划内化肥150吨、有机肥350吨、农药0.33吨；粮油总产量1141.41吨；蔬菜产量1355.72万吨；饲草料作物产量4000.02万吨；落实全县247台农机购置补贴资金52.839万元。全年接羔育幼参配母畜数27829只，受胎23436只，受胎率84.42%，接羔育幼产仔20644只，成活17808只，成活率为86.26%；繁育成活率64%；全年牲畜存栏68622万头（只、匹），出栏21391万头（只、匹），出栏率31.17%，肉、奶、蛋产量分别为569.61万吨、539.82万吨、1.65吨；毛绒产量44.75吨。完成牦牛育肥任务3500头；黄改指标任务1500头，完成504头。全县牲畜注苗免疫率继续保持在100%。

【交通旅游】 亚东县共有公路线路25条，总里程667公里。主要旅游景点有多庆湖、曲美雄谷抗英遗址、卓木拉日雪山、东嘎寺及南部原始森林景观等。2019年，迎接来自粤港澳旅行社组成的考察踩线团；在拉萨成功举办西藏亚东县首届国际边贸旅游文化节推介会；举办亚东首届国际边贸旅游文化节。全年接待区内外游客13.28万人次，同比增长10.7%，旅游综合收入1.59亿元，同比增长74.3%。

边贸市场商铺全景

【科教文卫】 开展农牧民集中技术培训14次，参训人员2016人次，技术干部参加区内培训21次，覆盖技术干部60人，参加区外培训4次，参训4人次，投入资金9.12万元，为亚东县中学科技馆采购科普设备；全县共有各级各类学校23所，共有正式教职工225人，

帕里牦牛

专任教师 207 人，学前净入园率 100%，小学净入学率为 100%，初中净入学率 100%；共有全国重点文物保护单位 1 处，自治区级文物保护单位 7 处，2019 年新创文艺节目 5 个；有卫生机构 8 个，其中医院 1 所，卫生院 7 所，社区卫生服务中心 1 个，开放床位 56 张，卫生技术人员 85 人，全年门诊 34794 万人次，全县十种疫苗接种率达 93%，分娩率达 99.8%，重点人群家庭医生签约服务覆盖率和结核病重点人群、包虫病筛查率均达 100%，人口出生率 8‰，自然增长率 2‰。

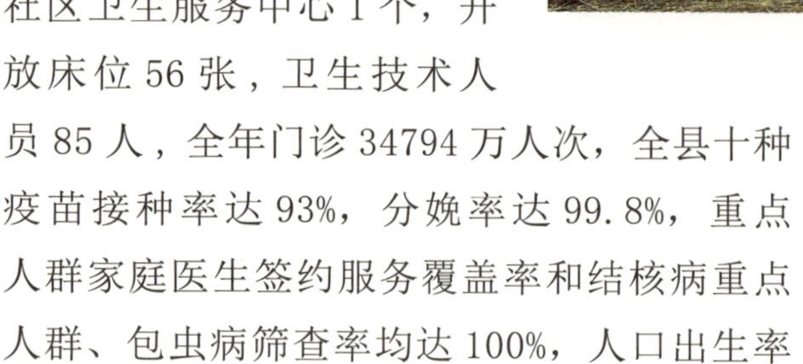

【生态保护】 实施森林抚育 1000 公顷，开展植树 2.16 万株；救助野生动物 25 起；中央和区、市环保督察反馈的问题得到有效整改；地质灾害防治标准“十有县”建设通过自治区验收；全面落实河湖长制，顺利完成河湖清“四乱”任务，在国家河（湖）长制第三方评估中获得高分；全面兑现草原生态保护补助奖励政策，畜禽养殖禁养区调整、基本草原划定等工作顺利完成，化肥农药使用量零增长，客土改良有序推进，农田土壤污染得到有效防治；生态乡镇、生态村创建率 100%；全县空气质量优良天数比率保持在 98% 以上。下亚东乡仁青岗村获“中国美丽休闲乡村”称号。

【特色产业】 坚持农业供给侧结构性改革，推动特色产业高质量发展。依托珠峰（帕里）牦牛、亚东鲑鱼农产品区域公用品牌，推动亚东农牧特色产业量变到质变的飞跃。珠峰（帕里）牦牛在全市产业大赛中荣获“牦牛大王”称号，全年出栏 3500 头，增收达 1115.3 万元，入股群众实现分红 678.89 万元；珠峰绵羊出栏 1.35 万只，以一带十，增收 941.85 万元；亚东鲑鱼产业规模持续扩大，健康养殖全面投产，增收 319.52 万元；多庆蔬菜合作社在全市产业大赛中获“蔬菜大王”称号，增收 56 万元，“菜篮子”稳产保供成效明显；整合资金建设亚东县生态产业园，推动以亚东黑木耳、羊肚菌为主的高原特色食用菌规模化种植。产业经营主体日趋多元，产生市级农牧产业化经营龙头企业 2 家、专业合作社 95 个，“企业 + 基地 + 合作社 + 农户”模式逐步成熟。产学研平台成效明显，累计培养当地人才 2000 余次。

亚东鲑鱼

【项目建设】 2019年，开复工项目105个，1000万元以上项目29个，完成固定资产投资18.62亿元，援藏项目到位资金1.1亿元，实施了堆纳乡古汝村、下司马镇珠居村边境小康村基础设施建设，边贸口岸上段防洪堤工程、23个行政村居村级组织活动场所标准化建设、生态园建设、旅游综合服务区建设、3号公路沿线抵边村建设等项目。在培育壮大玛曲国有企业的同时，吸收社会资本1.44亿元，组建西藏天牧源牦牛乳业有限公司，建设日喀则市首个现代化奶牛养殖和奶制品基地。注资500万元组建亚东红圣实业有限责任公司，通过市场化运作，进一步降低政府管理成本，提高政府公共服务水平，推动国有资产保值增值。

【招商引资】 2019年，坚持“引进来”和“走出去”的方式，完成招商引资1.14亿元，完成任务指标的94.65%，招商引资项目9个。上海复星集团、嘎吉林集团在亚东注资规模不断扩大。

【脱贫攻坚】 重新调整2397人、701户巩固脱贫建档立卡户帮扶责任人；发展专合组织97个，入股资产和资金1.3亿元，实现收益900余万元，分红280.56万元，社员人均增收1430元；建成12个扶贫产业项目；为707个生态补偿岗位人员发放补偿资123.725万元，为682个生态岗位人员兑现资金119.35万元；对农牧民残疾人、重大疾病患者等发放医疗补贴、临时救助资金23.7万元；慢性病、重病家庭医生签约率100%；更新完善294个农牧民健康档案；全年劳务输出1.12万人次，总收入2747.34万元；116户农牧民住房条件得到改善；农村饮水安全质量全部达标；村居全部实现通水、通路、通电、通信，“两不愁、三保障”问题得到全面解决，脱贫攻坚成果得到持续巩固。

【民生事业】 实现城镇就业613人，城镇登记失业率1.4%。截至2019年年底，参加城镇失业保险905人，城镇职工参加基本养老保险1431人。城镇职工基本医疗保险参保人数1657人，农牧民参保人数9999人，参合率94.96%。参加新型农村养老保险7478人，已领取养老保险待遇8076人。城镇居民中有15户35人得到政府最低生活保障金，农村有1户2人，共发放资金14.83万元。112名应届大学生全部就业，兑现高校毕业生就业创业补贴专项资金11.5万元。老年人日间照料中心竣工并投入使用。全年累计发放城乡特困人员、残疾人和失能老人补助资金113.65万元。慈善协会共募集善款18.71万元，已支出15万元。

（拉巴央吉）

聂拉木县

【概况】 聂拉木县地处日喀则地区西南部，位于喜马拉雅山与拉轨岗日山之间，喜马拉雅山脉北麓，少部分地区位于喜马拉雅山脉南侧。东邻定日县，南以喜马拉雅山脉分界与尼泊尔毗邻，西连吉隆县，北接萨嘎县、昂仁县。县城驻地海拔3810米，平均海拔4300米，辖5个乡2个镇44个行政村60个自然村，地域面积7863.93平方公里，5086户，总人口20954万人，其中城镇人口3414人，农业人口14764人，牧业人口2776人。

全县完成生产总值 8.5 亿元，同比增长 11.49%，其中第一产业完成 1.2 亿元，同比增长 16.74%；第二产业完成 2.6 亿元，同比增长 11.36%；第三产业完成 4.7 亿元，同比增长 10.1%。地方财政一般公共预算收入 2125 万元，同比下降 31.5%，全社会固定资产投资完成 15.18 亿元，同比增长 136.65%。社会消费品零售总额 1.32 亿元，同比增长 19%。

【农牧业】 2019 年，聂拉木县粮油总产量 897.25 万公斤，其中粮食总产量 862.08 万公斤、油菜总产量 35.17 万公斤。蔬菜总量为 426.915 万公斤，青饲料产量 1419.2 万公斤，粮经饲比例 72∶15∶13，人均粮油 511.545 公斤。年末牲畜存栏 172761 头（只、匹），其中牛 13672 头、羊 158238 只（绵羊 108080 只、山羊 50158 只）、马 851 匹。肉类总产量 1547.11 吨，奶类总产量 119.47 吨（牛奶产量 66.35 吨、羊奶产量 53.12 吨），毛类总产量 155.94 吨，奶渣 58.80 吨，皮张总计 58797 张。

【科教文卫】 聂拉木县有 8 所中小学，17 所各级各类幼儿园。教师有 261 名，中小学生、学前幼儿有 3113 名，其中初中在校生 781 人，初中入学率为 100%；小学在校生 1709 人，小学适龄儿童入学率 100%，义务教育阶段巩固率 91.36%；幼儿园在园人数 623 人，学前入园率 62.4%。1 个聂拉木县综合文化活动中心、7 个乡镇文化站、10 个村级综合性文化服务中心、44 个农家书屋、18 个寺庙书屋和 1 个部队书屋。有卫生机构 8 个，其中医院 1 所，卫生院 6 所，卫生服务中心 1 个，床位 64 张，卫生技术人员 82 人，全年门诊 4.5 万人次。

【交通旅游】 2019 年，续建农村公路建设项目共有 14 个，建设里程共计 239.977 公里，总投资 59944.7251 万元。聂拉木县出入境旅游通道暂未开通，接待国内游客 3942 人（其中一日旅游者 296 人），旅游总收入 164.42 万元。

【生态环保】 年内，开展植树造林两江四河项目面积 173.33 公顷，目前完成率 90%、成活率 85%；完成消除“无树村、无树户”补植补造工作，共计植树 2000 余株；消除“无树单位”工作，共计植树 2067 株。兑现 2018 年度新一轮退耕还林工程现金补助和造林劳务费 351.85 万元，2019 年度生态效益补偿金 571.45 万元。县城污水处理及收集系统工程于 2019 年 9 月 25 日完成招投标工作；县城主要区域污水管网铺设完毕，污水收集管网铺设工作接近尾声。

【产业发展】 以建立健全产业精准扶贫利益联结长效机制为主线，打造县北部乡镇以“一羊（霍尔巴羊）一草（万亩人工种草）一业（民族手工业）一果（乃龙人参果）和南部乡镇以一水（天然饮用水）一加（糌粑、预制）一药（藏药）一贸（边贸业）”的特色产业扶贫格局，通过科学谋划、汇聚优势、加大投入，努力培育优势产业、特色产业，完成 21 个总投资 22968.99 万元的“十三五”时期产业扶贫项目、6 个总投资 400 万元短平快引领资金项目、4 个总投资 200 万元涉农整合资金扶持项目建设。

【项目建设】 2019 年，全县固定资产投资项目共 112 个，总投资 16.72 亿元。截至年底，累计完成投资 15.18 亿元，完成计划总

5月29日，自治区政府副主席，日喀则市委书记张延清出席樟木口岸恢复开通货运功能仪式并致辞

投资的90.8%，开工率达99%。灾后恢复重建项目完美收官，边境小康村建设顺利推进：完成36个村的农村饮水安全升级改造工程，县城自来水公司投入运营；曲乡水电站及线路延伸工程建成运营，实现全县通电目标；投资5.99亿元新（续）建农村公路项目14个，建设里程239.98公里，预计2020年聂拉木县5个乡2个镇44个建制村均实现通畅。神猴药业投资1.2亿元在市珠峰旅游文化创意园实施西藏神猴药业有限责任公司藏医药养生主题酒店及康复中心建设项目，投资1.5亿元在桑珠孜区工业园实施灾后生产基地建设项目。

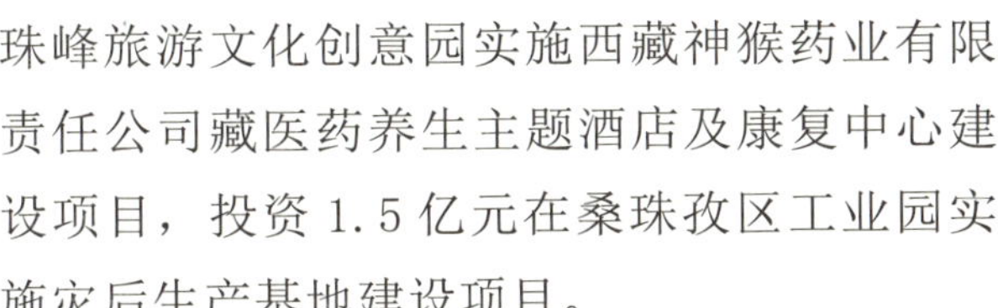

【招商引资】 2019年，招商引资项目24个，总投资2.77亿元。其中，高原生物产业项目12个，总投资739.53万元；边贸物流产业项目1个，总投资88.35万元；特色旅游文化产业项目3个，总投资1.8亿元；现代服务业8个，总投资8862.09万元。

【脱贫攻坚】 截至2019年年底，共有效减贫654户2427人，全县贫困发生率下降到零，聂拉木县贫困人口精准识别率和退出率均为100%。组建农牧民专业合作社232个，7008名农牧民群众入股合作社，建档立卡贫困户入股2439人，入社率100%，边缘户入股22人，入社率100%，45个合作社产生效益，实现收入总金额861.3万元，16个实现分红，分红总金额182万元。

【民生事业】 全年农村居民人均纯收入9981元，享受城镇低保525户1634人，享受农村低保85户309人，农牧民合作参保率达97%。全年共兑现城镇低保资金2128.7268万元，兑现农村低保资金38.8602万元，享受经济困难高龄、失能老年人181人，兑现补贴资金10.86万元。聂拉木县共有特困人员供养对象91人，全年兑现特困人员供养资金50.0625万元。全年共救助困难对象68人次，累计解决救助资金25万余元。全县现有持证残疾人422人，其中享受2018年残疾人两项补贴324人，共发放生活补贴68.64万元。

拉孜县

【概况】 拉孜县位于西藏自治区西南部，念青唐古拉山最西部，全县平均海拔4050米。辖11个乡镇，98个行政村，381个自然村，13737户，总人口63525人，比上年增加 977 人，其中农业 51406 人，占总人口的 80.92%，牧业 4073 人，非农牧业 8046 人。

全县完成地区生产总值 11.8 亿元，同比增长 8.8%，地方财政一般公共预算收入实现 3666.15 万元，同比下降 4.48%，固定资产投资完成 70538 万元，同比增长 3.4%。产业发展势头良好，一、二、三产业比重预计达到 29.4∶25∶45.6。农作物播种面积 8598.91 公顷，粮油总产量 48954.96 吨，比上年增加 6477.18 吨。

【农牧业】 全年，全县农作物播种面积 12.86 万亩，其中粮食作物面积 5893.33 公顷、青稞面积 5573.33 公顷。“喜拉 22 号”青稞良种种植 5386.67 公顷、藏青“2000”186.67 公顷。年内采购化肥 2291 吨、商品有机肥 4200 吨、各种农药 10.868 吨，并及时发放。全年，全县粮食产量 4467.025 万公斤，其中青稞 4383.735 万公斤；蔬菜产量 2869.595 万公斤，油菜产量 428.47 万公斤。全年出栏黄牛 3353 头、牦牛 1982 头、羊 38186 头，完成冻配数 2886 头，奶产量 1483.48 万吨。

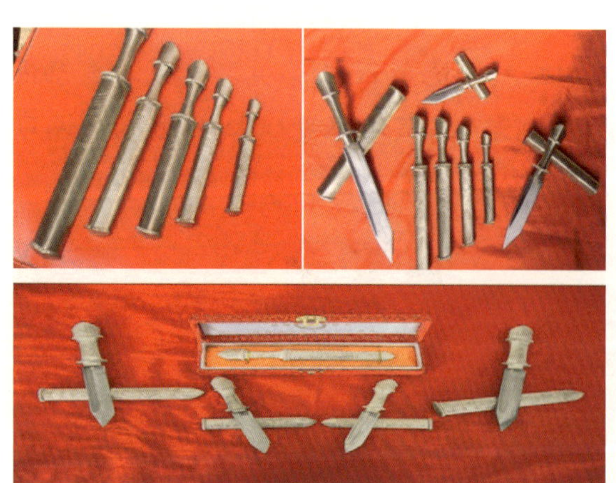

拉孜藏刀

拉孜西瓜

【交通旅游】 农村公路 EPC 项目顺利完成，实现农村硬化道路村村通，全县乡镇通畅率 100%，建制村通畅率 94.8%，寺庙通畅率 81%，通达率 100%。10 个乡客运班线全部开通。辖区内有 2 个国家 AAA 级旅游景区。全年接待游客 25.1 万人次，实现收入 10064.98 元，同比分别增长 27.27%、5%。

【科教文卫】 全县共有各级各类学校 47 所，在校学生 12326 人。高中 1 所，在校生 1531 人；初中 1 所，在校生 2742 人，初中毛入学率 117.28%；小学 11 所，在校生 5648 人，小学入学率 100%，毛入学率 103.79%；幼儿园 34 所，在园幼儿 2405 人，毛入园率 74.27%。在职教职工 844 人。县人民医院完成“二甲”创建终审，扎实开展包虫病及重大疾病筛查，确诊 226 例，治愈 92 人。儿童基础免疫接种率达 95% 以上，新入托、入学儿童接种证查验率实现 100%。

【生态环保】 实施 2018 年度新一轮退耕还林 100.19 公顷，其中农户补贴 180.34 万元，占总投资的 75%。“五消除”工作继续巩固，补植补造 3.2 万株，义务植树造林 7000 株，苗圃育苗 11.2 公顷。锡钦乡垃圾转运站建成并投入使用，完成农村环境综合整治，成功申报自治区级“生态村”50 个。

【产业发展】 工业进一步做大做强，城投砂石销售量 10.3 万立方米，销售额 631.4 万元；混凝土销售量 3.5 万余立方米，销售额 2000 余万元；花岗岩石材开发有序推进，拉孜县和润石业有限责任公司注册成立。获日喀则市产业大赛“藏鸡蛋大王”“金银铜器大王”等7个奖项；堆谐文化旅游景区、拉孜镇自助游综合服务站、东孜玛景区项目开工建设。

【项目建设】 争取雅曲新型建材有限公司4000吨熟料水泥生产线项目和高新雪莲水泥厂项目年内投产，为打造辐射西部县建材供应基地、融入“一带一路”建设奠定有力基础。实施彭措林乡等6所小学集中供暖项目改扩建和锡钦乡等8所学校标准化操场改建。

【招商引资】 组织4家企业参加中国黑龙江哈尔滨国际经济贸易洽谈会；组织2家企业参加第十二届中国—东北亚博览会；积极参加2019年珠峰文化节招商引资推介会；持续加强引进来工作。2019年引进来日喀则市珠峰城投和西藏日喀则高新雪莲水泥有限公司以及中石油日喀则分公司、拉孜县共达建筑有限公司、拉孜县吾木宗德勒康萨建筑队、日喀则市恒通商贸有限公司、西藏成能商贸有限公司等7家公司。

【脱贫攻坚】 全年1384户5553人脱贫，69个贫困村出列，贫困发生率为零，完成脱贫攻坚第三方验收，实现拉孜县整体脱贫摘帽。完成“十三五”期间1264户4925人的易地扶贫搬迁任务，投资2.955亿元完成19个集中安置点及配套基础设施建设，实现100%入住，跨县搬迁7户33人。有力推进“控辍保学”，为105名特殊学生开展“送教上门”，兑现385名贫困大学生免费教育补助资金223.24万元。

【民生事业】 全年农村居民人均可支配收入11901元，全民参保全面推进，城镇职工、城镇居民参保率分别为100%、99%，新型农村合作医疗参保率99.35%，全额资助参保2766人，资助金55320元，办理社保卡3.5万余张。投资823.66万元完成3个地质灾害防治项目，兑现灾后重建危房改造资金886.83万元，2018年受灾群众过渡期和应急期生活补助460余万元，残疾人和老年人“两项补贴”326.82万元。五保老人意愿集中供养率100%，兑现基础养老金718.45万元。兑现148户229人住房租赁补贴70.07万元。

锡钦温泉外景

昂仁县

【概况】 昂仁县位于日喀则市西北部，位于雅鲁藏布江上游，冈底斯山脉中脊线上，“一江两河”（雅鲁藏布江、多雄河、梅曲河）流经县域南部，东邻谢通门和拉孜两县，西接措勤和萨嘎两县，南靠聂拉木和定日两县，北依那曲地区尼玛县，平均海拔 4513 米。昂仁县距日喀则市政府驻地 217 公里。辖 2 个镇 15 个乡 185 个行政村 485 个自然村，12368 户，总人口 60163 人，其中农村人口 56316 人，人口出生率 18.4‰，自然增长率 11‰。地域面积 396 万公顷，属半农半牧县，农业乡镇主要以种植青稞为主，牧业乡镇主要以饲养牛羊为主。耕地面积 5273.33 公顷，粮食播种面积 4493.33 公顷，经济作物 266.67 公顷。森林覆盖率达 3.67%，林地面积 11.112 万公顷。国家级野生保护动物有黑颈鹤、猞猁等，已探明矿产资源有金、铅锌矿、硼矿、铜、大理石、玉、硅藻土、水晶、煤等。

2019 年，完成地区生产总值 11.06 亿元，同比增长 17%，其中第一产业完成 2.85 亿元，同比增长 35%；第二产业完成 4.01 亿元，同比增长 11%；第三产业完成 4.20 亿元，同比增长 13%；地方财政一般公共预算收入 2878 万元，同比增长 6.4%；地方财政支出 143401.19 万元，同比增长 4.34%；全社会固定资产投资 15.48 亿元，同比减少 6%；社会消费品零售总额 2.6 亿元，同比增长 13%；邮政业务总收入 105 万元，同比增长 1.25%；电信业务总收入 2680 万元，固定电话用户 3000 户，移动电话用户 35000 户，互联网用户 4800 户；全年接待游客 26.07 万人次，实现旅游收入 2.29 亿元，同比增长 254%。

【农牧业发展】 全县农作物播种面积 5273.33 公顷，其中粮食作物 4493.33 公顷、油料作物 266.67 公顷、蔬菜 266.67 公顷、饲草料 246.67 公顷，全年粮食产量 2279.555 万公斤，同比增长 13%，油料作物产量 82.5 万公斤，同比下降 13%，蔬菜产量 781.7 万公斤，同比增长 7%。优化农牧业结构，粮经饲比例为 85∶10∶5。创建示范田 3333.33 公顷，二级种子田 166.67 公顷，落实农机购置补贴政策资金 351.1 万元，落实深松整地作业面积 400 公顷，推广青稞高产新品种“喜拉 22 号”2800 公顷、“藏青 2000”866.67 公顷。年末牲畜存栏数总数 50.07 万头（只、匹），同比下降 10%，新生仔畜成活率 95%，成畜死亡率控制在 1.9% 以内，出栏率 53.91%。肉类产量 722.315 万公斤，其中牛肉 367.715 万公斤、羊肉 354.6 万公斤。投入 2990 万元产业扶贫资金扶持壮大养殖业合作社，引进霍尔巴种羊 989 只、吉拉种牛 28 头。秋窝乡当通村霍尔巴羊育肥基地集中育肥 5000 只，辐射带动各合作社出栏 10.85 万只，总收入 8681.76 万元，纯收入 1085.2 万元；桑桑牦牛育肥基地集中育肥 4000 头，辐射带动各合作社出栏 1 万头，总收入 8500 万元，纯收入 1000 万元。

【交通旅游】 “十三五”时期，全县共实施 69 个农村公路，总投资 339410.96 公里，建设总里程 1225.3 公里。具备条件的乡镇、建制村已通沥青路（水泥路）；全县农村客运移交第三方客运公司运营管理，进一步推进乡镇和建制村通客车事项。主要旅游景点有昂仁县曲德寺，属国家AAA级旅游景区，地处昂仁县卡嘎镇雪村东面山麓，海拔4400米；日吾其金塔，属国家AAA级旅游景区，地处昂仁县日吾其乡日吾其村，距昂仁县城90公里处，海拔4260米，属自治区级重点文物保护单位；扎桑寺，属国家AA级旅游景区，地处昂仁县桑桑镇番巴村、拉普公路沿线，昂仁县城西面约25公里处，海拔4460米。全年接待游客26.07万人次，依托地方特色文化，推进卡垫、六弦琴、唐卡等特色民族手工业发展，实现收入2.29亿元，同比增长254%。

【教育卫生】 全县各级各类学校共60所、10507人，其中中学1所、2632人，净入学率99.87%，毛入学率109.94%；小学22所、5683人，小学净入学率99.79%；双语幼儿园37所（县直1所、乡镇小学附设19所、村级17所）、2192人，学前三年毛入园率70.21%;在职教职工567人，其中学前43人、小学312人、初中204人、教体局教研员8人。全县卫生机构共211个，其中医院2个、卫生院17个、疾控中心1个、私人诊所7个、村卫生室182个，共有床位264张，卫生技术人员575人，全年门诊数15.99万人次。

【生态环保】 中央生态环境保护督察57项整改任务中斑块数量由245个核减至183个，与初步划定面积减少50%以上。对生存环境恶劣、草场退化严重、不宜放牧的草原实施禁牧19.33万公顷，实施草畜平衡面积164.306万公顷。完成建设项目环评审批登记表备案项目120个。开展环境监察执法检查150余人次，对群众举报的达局乡桑嘎村1家砂石场、2家采石场进行督察核实，经核实均无相关批复及手续，下达3份环境违法行为限期整改通知书，要求拆除所有机械设备，采石采砂点已恢复原貌。落实407.13万元推动41个村环境综合整治工作，发放垃圾车41辆、配套工具5600余个。累计命名自治区级生态乡1个、生态村50个。开展“一湖三河”、金措湖、吾古秋雄地表水质监测、县城环境常规性质量监测，全年重点河流出境断面保持Ⅳ类水质，集中式饮用水水源地水质达标率100%。污水处理厂日处理污水1500吨，污水处理达国家一级B标准。落实生态恢复和绿化行动资金320.76万元，完成植树造林55公顷，在海拔4300米以上桑桑镇梅朵村、居仓村试点试种80棵树苗。开展“绿盾2019”行动环境监测执法150余次，整改问题3项。森林覆盖率3.67%，林地面积11.112万公顷，完成人工造林55.8公顷，其中西藏“两江四河”流域造林绿化工程项目33.33公顷、全民义务植树19.87公顷，县城绿化2.6公顷。

【产业发展】 年内实施7个扶贫产业项目，总投资995万元，其中县综合商业用房分红资金174.6万元、青稞米加工项目分红190.62万元，覆盖建档立卡贫困户3479人，人均分红1500元左右；昂仁县扶贫商砼站建设项目分红25人，人均分红1000元以上；昂仁县康萨粮油加工项目分红8人，人均分红1500元以上。

【项目建设】 投资484.43万元建设16个农村饮水安全巩固提升工程项目，已全部完工投入使用，3个行政村、13个自然村的1710人的饮水困难问题得到解决。投资28.61亿元的交通项目已完成17.37亿元，项目全部完成投入使用后将实现 11 个乡镇、123 个建制村通硬化道路，其余 6 个乡镇、62 个建制村因极高海拔生态搬迁、桑德和帕孜水利枢纽等原因取消路面硬化，可实现公路通达。

【招商引资】 年内，昂仁县招商引资项目 9 个，其中续建项目 7 个、新建项目 2 个，到位资金 10154.8 万元，其中续建项目卡嘎镇金满地青稞加工项目实现到位资金 1300 万元、桑桑人工种草项目到位资金 1700 万元、桑桑镇家庭旅馆建设项目到位资金 380 万元、昂仁县建材流通一、二期建设项目到位资金 2300 万元、桑桑镇梅朵村商业综合体项目到位资金 1290.52 万元、秋窝乡粮油加工项目到位资金 150 万元、桑桑牦牛短期育肥基地建设项目到位资金 1685.68 万元；新建项目西藏中翔矿山有限公司查孜铅锌矿项目到位资金 1228.6 万元、达局乡、切热乡、日吾其乡加油站项目到位资金 120 万元。

【脱贫攻坚】 至年底，全县 4343 户 15936 人贫困人口全部脱贫，其中 2019 年实现 4180 户 16751 人脱贫，185 个贫困村退出。易地扶贫搬迁 1946 户 7140 人和跨县搬迁 110 户 389 人房建项目全部完成并入住，入住率达 100%。围绕“四送”“十帮”主题，为全县贫困户送去价值约 194 万元慰问品。

【民生事业】 年末城乡居民储蓄存款余额 99058 万元。农村居民人均纯收入 9612 元，同比增长 13.5%。城镇登记失业率控制在 3% 以内。各项税收完成 3288.77 万元，同比下降 12%。机关事业单位养老保险参保 1837 人，城镇职工医疗保险参保 2025 人，失业保险实现参保 1060 人，工伤保险参保 1837 人，生育保险参保 1837 人。城镇居民中有 24 人得到政府最低生活保障金。全县有 1 个养老服务机构，床位 127 个。

定日县

【概况】 定日县位于西藏自治区西南，地处喜马拉雅山脉中段北麓，东、西、北面与 5 个县交界，南面同尼泊尔接壤。县城驻地协格尔镇海拔约 4447 米，县域平均海拔约 5000 米，定日地形类型复杂多样，雪山、冰川、丘陵、湖盆、河谷均有分布。分布的水系有朋曲河、扎嘎河、绒辖曲、盆吉曲。除盆吉曲北入雅鲁藏布江外，其余河流都经尼泊尔、印度入印度洋，为印度洋水系。定日县处在亚洲大陆高原温带半干旱季风气候带，孟加拉湾北面亚热带中低纬度高海拔区。主要山脉有喜马拉雅山脉、拉轨岗日山脉；主要山峰有珠穆朗玛峰、洛子峰、马卡鲁峰及卓奥友峰。距离日喀则市约 243 公里。辖 13 个乡镇、175 个行政村、381 个自然村，地域面积 14049 平方公里，全县共有 13346 户，总人口 61785 人。耕地面积 7069.07 公顷，主要以第一产业为主。

全县（区）生产总值 12 亿元，增长 10.8%。全社会固定资产投资完成 21.26 亿元；地方财政一般预算收入 7285 万元，增长 2.12%；全县（区）农村居民人均可支配收入达 9425 元，增长 14%，社会消费品零售总额达 2.05 亿元，增长 18%；全县旅游总人数 22 万人次，旅游总收入 1.2 亿元；城镇登记失业率控制在 2% 以内。

【农牧业】 2019年，定日县种植业播种面积6820公顷，其中粮食作物面积5553.33公顷（青稞播种面积5066.67公顷），经济作物面积893.33公顷；饲草料面积366.67公顷。青稞良种推广面积4866.67公顷，其中喜拉22号3533.33公顷，藏青2000共计1106.67公顷；二级种子田面积240公顷，其中喜拉22号200公顷，藏青2000共计40公顷，“千亩千斤”2个点，“百亩千斤”8个点，绿色高质高效创建示范田4666.67公顷，耕地地力保护与质量提升7933.33公顷，人工种草面积780公顷。2019年，定日县粮食产量3371.85万公斤，同比增长71.6万公斤，其中青稞产量3056.71万公斤，平均单产402.08公斤，同比每亩增产11.32公斤左右，总增产86.281万公斤，实现增收431.41万元（市场价5元/公斤），并获得日喀则市农牧民增收工作先进奖（奖金100万元）。5月，向日喀则市德琴3900庄园出售青稞26万公斤，单价4.6～5元/公斤，实现现金收入124万元。年末，全县牲畜存栏数量为22.14万头（只、匹）；出栏10.11万头（只、匹），出栏率45%。肉产量1373.29吨，奶产量4358.74吨。

安徽省自驾游大会上，跨区域联合宣传推广珠峰

【交通旅游】 共实施2018年交通基础续建项目22个，建设里程224.192公里，总投资58002.23万元。全年珠峰景区接待游客116793人次（国外游客11788人次、国内游客105005人次），车辆20954辆（大车1791辆、小车19163辆），门票收入2206.84万元；全县旅游总人数22.28万人次，全县旅游总收入12086.25万元。

【科教文卫】 2019年，定日县有各级各类学校59所，其中初级中学2所，完全小学21所，幼儿园36所；教学班级有343个：其中初级中学开班60个，小学开班171个，学前教育开班112个。在校生12124人：其中初中在校生2731人，小学在校生6543人，学前教育学生2850人；初中净入学率100%，初中毛入学率107.44%；小学净入学率100%，毛入学率102.62%；学前教育毛入园率75.22%。全县共有正式教职工702人，在职教职工中，初中232人、小学335人、幼儿园58人、教育局教研人员4人。专任教师624人，进藏干部职工59人。

2019年，“协格尔甲谐”和“绒布亚谐”批准命名为自治区级非物质文化遗产。“克玛藏纸”“朗果娘曲”批准命名为市级非物质文化遗产。至2019年年底，定日县拥有1个国家级非物质文化遗产，2个自治区级非物质文化遗产，2个市级非物质文化遗产。

全县有卫生机构 1 个，医院 1 个，乡镇卫生院 13 个，床位 130 张，卫生技术人员 183 人，全年门诊次数 187632 人次。

【生态环保】 年内，积极落实生态效益补偿、草畜平衡奖励等制度。开展农村试点污水处理设施现场考察 4 次，联合县政协、人大开展生态环保修复调研 2 次。在珠峰大本营及沿线，新配置垃圾勾臂车 9 辆，垃圾勾臂箱 18 个，新设通透式环保宣传牌 20 个。申报 100 个自治区级生态村和 10 个自治区级生态乡镇，通过自治区验收共 60 个生态村和 5 个生态乡镇。

【产业发展】 全年，13.33 公顷有机黑枸杞示范基地产出 15 公斤左右（干果），收入 3.6 万元。黑青稞种植 46.67 公顷，平均亩产 240 公斤，总产量 168 吨，向白朗县推广黑青稞 350 公斤。黑糌粑产量 11.2 万公斤，现金收入约 224 万元。黑金刚土豆种植 12.4 公顷，平均亩单产 1850 斤，总产量 17.205 万公斤，按市场价每公斤 10 元，总收入 172.05 万元。珠峰红皮土豆种植 33.33 公顷，每亩平均单产 1250 公斤，总产量 62.5 万公斤左右，总收入 250 万元。实施粮食增产富民行动。粮食产量 3371.85 万公斤，同比增长 71.6 万公斤。其中珠峰青稞产量 3056.71 万公斤，平均亩产 402.08 公斤，同比每亩增产 11.32 公斤，共计增产 86.281 万公斤，实现增收 431.41 万元（以市场价 5 元 / 公斤计算）。向日喀则市德琴 3900 庄园出售青稞 26 万公斤，实现现金收入 124 万元。珠峰“三黑一红”特色产业预计实现收入 649.65 万元。珠峰虫草共采集 11.55 公斤，实现收入 122.1 万元。

推进养殖业畜群结构调整和饲养方式变革，农牧民在畜群结构调整和饲养方式变革中获益。山羊“零饲养”任务基本完成，启动全县毛驴集中饲养、育肥出栏计划。到 2020 年 1 月 23 日，共计出栏羊 127182 只，其中出栏山羊 62887 只、收入 2515.48 万元，出栏绵羊 64295 只、收入 5143.6 万元。采用冻配技术开展黄牛改良与牦牛经济杂交。共计出栏 6712 头牛，实现收入 4832.64 万元。大力组建农牧民合作社，动员组织农牧民入社增收。到 2019 年 12 月底，全县已有依法登记注册农牧民合作社 557 家，辐射带动群众 11510 户、54120 人。389 个合作社收入共计达到 2.3 亿元，其中 46 个合作社实现分红 1318.4175 万元，分红人数 11781 人，人均增收 1300 元。

【项目建设】 S209 岗嘎镇岔口到绒辖老乡政府（老仓木坚村）段公路全部建成，到新乡政府（陈塘村）段公路基本建成，卓布德至聂鲁桥段公路路基建设基本完成。升级改造 G219 定日县段油路和 S516 扎西宗至曲当油路全部建成。Y014 县城经克玛至 G318 岗嘎镇岔口油路、X205 县城至盆吉乡油路全部竣工。S515 岔口扎西宗乡娘木达至岗嘎镇乃龙油路加快建设。Y015 克玛乡至盆吉乡油路（岗巴羊产业基地路）项目已经完成招投标。S516 曲当乡岔口至定结陈塘公路完成设计。其他通乡通村通景区通放牧点油路硬化路项目加快推进。

珠峰支线机场跑道试验段开工建设。中尼铁路日喀则至吉隆段启动可行性研究。藏中电网曲当、绒辖（含新乡政府）联网工程并网通电。藏中电网阿里联网工程加快推进。实施涉及资金约 1.2 亿元的农牧区饮水维修提升工程及一批水渠水塘防洪堤防汛抗旱物资代储点项目。非边境地区村级活动场所全面开工建设。县本级负责实施的“4·25”地震灾后重建项目累计支付使用资金133282.33万元，2019年6月接受自治区审计厅结算审计，累计完成送审项目75个，送审结算金额50925.55万元。

【招商引资】 2019年以围绕生态文化旅游及便民服务等几个重点领域进行招商，确认招商引资项目26个，全年处于推进的项目18个，正在洽谈的4个项目，招商中的4个项目，2019年度招商引资到位资金23000余万元，完成上级下达的2.3亿元到位资金任务。

【脱贫攻坚】 全县上下全力巩固脱贫攻坚成果，防止返贫和新生贫困户。衔接乡村振兴，“十三五”期间19个扶贫产业项目，总投资5亿元，竣工15个，4个在建中；大力推进劳务输出和就业培训，提高了农牧民外出务工组织化、技能化程度，实现“就业1人，脱贫一户”；动员组织贫困户加入合作社，入社率达到了100%。全面完成了易地扶贫搬迁2123户8520人任务，加紧落实了“十个留住一批”易地扶贫搬迁“长期住、经常住”重要举措。生态补助、技能培训、医疗救助等多管齐下。“水电路讯网、科教文卫保”十项提升工程基本完成。

【民生事业】 2019年，城乡居民60岁以上享受待遇人员共计4153人，基础养老金及个人账户养老金共资金发放5031405.05元，兑现16～60岁死亡人员清退个人账户养老金及丧葬补助187842.04元。2019年完成全县142家单位，在职干部1830人，退休人员52人的机关事业单位养老保险清算工作，并完成142家机关事业单位数据传送。

全年共清理退出农村低保119户425人，新增66户142人。结合脱贫攻坚需要，重残以单人形式纳入低保5户6人，共发放农村低保金265.21万元，城镇低保金50.09万元。加大对困难群众存在家庭医疗费用、教育支出等刚性支出较大家庭的救助力度。全年共临时救助166人，拨付救助金17.56万元。农村分散特困人员供养金由2018年的5760提高至6675元，集中供养人员供养金标准由2018年的11700提高至12480元，2019年共落实供养补助资金201万元。为集中特困人员发放价值3.75万余元的衣物。

对全县持证残疾人1651人、符合困难残疾人生活补贴条件的1544人、符合重度残疾人护理补贴条件的344人，全年通过社会化发放补贴共计267.84万元。成立残疾人综合服务中心，组织开展盲人按摩技能培训25人，实现8名残疾人就业。免费为全县390余残疾人和特困人员开展免费按摩理疗康复服务。

南木林县

【概况】 南木林县位于西藏自治区的中南部，日喀则市东北部，地处冈底斯山脉东段的河谷地带，雅鲁藏布江中上游北岸，海拔4050米，为西藏第二人口大县。辖17个乡镇、146个行政村、484个自然村，地域面积8848平方公里，15370户，总人口89392人，比上年增加495人，其中农业75333人，占总人口的84.27%，牧业9233人，非农牧业

11 月 19 日，自治区党委副书记、人大常委会主任洛桑江村在南木林县调研，日喀则市委副书记、常务副市长、南木林县委书记姜国杰陪同调研

4434 人，流动人口 392 人。人口自然增长率为 6.84‰。

全县完成地区生产总值 13.4 亿元，同比增长 19.6%；第一产业、第二产业、第三产业分别完成 4.71 亿元、3.9 亿元、4.79 亿元，同比分别增长 6%、14.3%、9.2%；地方财政收入完成 5490 万元，同比增长 2%；固定资产投资完成 22.5 亿元，同比增长 10.78%；农作物播种面积 1.09 万公顷，粮油总产量 3063.28 万公斤，比 2018 年增产 10.99 万公斤。

【农牧业】 全年，全县农作物播种面积 1.09 万公顷，粮经饲比例 45∶30∶25，其中粮食作物面积 4926.67 公顷（青稞面积 4600 公顷，春小麦 106.67 公顷，冬小麦 33.33 公顷，豌豆 186.67 公顷）、经济作物面积 3306.67 公顷（油菜 666.67 公顷，马铃薯 2633.33 公顷，其他蔬菜 4 公顷）、饲草种植 2673.33 公顷。年内，发放化肥 120 吨、农药 360 箱、饲料 86 吨，饲草 180.25 吨。全年，全县粮油总产量 3063.28 万公斤，其中粮食产量 2846.54 万公斤，占粮油总产量的 92.92%；青稞产量 2664.825 万公斤，占粮食总产量的 93.62%；小麦产量 97.94 万公斤，占粮食总产量的 3.44%。全年，牲畜存栏 351517 头（只、匹），出栏 147580 头（只、匹）。良种及改良乳牛 1274 头。出栏黄牛 9986 头、牦牛 21724 头、犏牛 672 头、马 191 头、驴 86 头、猪 1017 头、羊 112630 头，完成黄牛改良冻配 4140 头，奶产量 2611.3 吨。

【交通旅游】 农村公路实现农村硬化道路村村通。2019 年，全县有 20 条公交班线全部

5 月 18 日，参加高原海棠节骑自行车比赛获奖者合影留念

开通，其中县城至日喀则市10条，县城至乡镇2条，乡镇至日喀则7条，村至日喀则市1条（艾玛乡牛村至日喀则市）。辖区内有A级旅游景区7个，其中国家AAA级旅游景区2个、国家AA旅游景区1个。全年接待游客139690人次，实现收入707.1万元，同比分别增长36.95%、44.28%。

【科教文卫】 全县共有95所学校（高级中学1所，普通初中2所，乡镇中心小学19所，幼儿园72所含安置点3个，村教学点1个）；共有在校生17627人，其中幼儿3796人（不含县外就读151人），入园率为71.29%；小学在校生8937人，入学率为100%；初中在校生3498人，入学率为100%；高中在校生1396人；全县正式教职工1042人。自治区级文物保护单位9处。有国家级非物质文化遗产3个，自治区级非物质文化遗产2个。全县有卫生机构18个，其中县卫生服务中心1所，乡镇卫生院17所，146所村卫生室，共有医护人员430人（包括266名村医）。

【生态环保】 年内共补植24700余株苗木，补植面积36.53公顷；在县苗圃育有各类苗木共计84万株（其中有杨、柳、云杉、沙棘等树种）；紧盯“五消除”目标，有序推进提质增绿行动，通过科学试种，在海拔4300米以上7个乡14个村140户消除种树空白。全年累计组织1396656人次参与全县村庄环境卫生大扫除，清理卫生死角3441处，清理垃圾3129.3吨。

【产业发展】 年内，马铃薯种薯示范基地建成103.67公顷，基地共收获马铃薯391.34万公斤（其中，陇薯10号试验种植66.67公顷，实地测产总产量352.05万公斤，平均亩产3520.5公斤），带动基地周边建档立卡贫困群众119户，实现年创收492.87万元；万亩苗圃基地完成种植204.07公顷194.5万株，累计吸纳贫困群众用工7300人次，兑现工资340万余元；藏鸡养殖基地、高原特色养殖基地等大型产业项目相继落地；“珠峰牛羊”战略稳步推进，农牧区传统生产方式逐步改变，富余劳动力得到解放；铜器、藏香、卡垫、唐卡等具有本地民俗特色的手工业项目不断壮大，借助大学生创业电商平台，不断拓宽销售渠道。2019年，落实产业分红资金163.35万元，创造就业岗位235个，贫困群众通过投工投劳增收706.35万元。

【项目建设】 全年，全县计划固定资产投资20.75亿元，实际完成投资约22.5亿元，完成年初目标任务的108.4%，同比增长10.78%。“十项提升”农村饮水安全项目、5所乡小学风雨操场项目完工，湘河水利枢纽及配套灌区工程已完成总工程量的17%，湘河干流堤防工程已完成总工程量的80%；省道303大竹卡至羊八井公路、艾达线岔口至拉布普乡公路、艾玛乡至阿荣村等17条农村公路、县城污水处理厂工程，分别完成工程总量的93%、95%、91%和90%；孔阿、赤嘎、柳果等3个安置点幼儿园，完成总工程量的49%；县卫生服务中心改扩建以及9个乡镇卫生院均已陆续开工建设；11月17日，潍坊市第六批援藏项目投资类、费用类2大类40个项目全部完成。

【招商引资】 全年招商引资项目共计7个，其中2018年续建项目5个（分别是高原特色养殖基地项目到位资金3650万元，南木林县藏鸡养殖基地建设项目到位资金 3700 万元，南木林县年产 30 万立方米商品混凝土搅拌站项目到位资金 2800 万元，南木林县土豆豌豆加工厂项目到位资金 700 万元，南木林县砂石厂项目到位资金 1256 万元），另外，2019 年成功引进 2 个新建项目（总投资 1 亿元的潍坊金丝达万亩苗圃基地项目，到位资金 7465 万元，总投资 1500 万元的达孜新建加油站项目，到位资金 374.28 万元），全年招商引资累计到位资金为 19405.28 万元，完成目标任务的 138%，完成 2019 年招商引资目标任务。

【脱贫攻坚】 全年，财政涉农整合资金 63445.15 万元，其中，中央财政涉农整合资金 46303.42 万元，自治区涉农整合资金 16571.84 万元，市级涉农整合资金 219.89 万元，县级涉农整合资金 350 万元。全县 4858 户 22890 名建档立卡贫困人口全部脱贫，146 个行政村全部退出，贫困发生率降至 0%。12 月 23 日经自治区批准并公告，成功摘帽退出。

【民生事业】 2019 年，农村居民人均可支配收入达 9645 元，增长 13.4%。城乡居民基本养老保险 43751 人，60 岁（含 60 岁）以上参加城乡居民养老保险 7281 人，领取基础养老金 131.058 万元。居民基本医疗保险参保人数 86175 人，其中，城镇居民基本医疗保险参保人数 1959 人，农牧民基本医疗保险参保人数 84216 人。全县共有低保户 1227 户 4168 人，按照家庭人均可支配收入低于最低生活保障标准差额发放最低生活保障金，以卡式化发放形式，共计发放低保资金 6037641.47 元。

萨迦县

【概况】 萨迦县地处西藏自治区南部、日喀则地区中部、雅鲁藏布江南岸。海拔 4316 米，全县辖 9 个乡 2 个镇，107 个行政村，329 个自然村，地域面积 8126 平方公里，11200 户，总人口 55995 人，其中农村人口 46522 人，牧业 3458 人，非农牧业 2844 人，流动人口 3171 人。耕地面积 7773.33 公顷。

全县生产总值达 12.52 亿元，同比增长 9.7%，地方财政收入 10223 万元，同比增长 25.64%；全社会固定资产投资完成 14.75 亿元，同比增长 21.3%，其中，一、二、三产业比重预计达到 18.61∶53.35∶28.04。粮油产量 32842.65 吨，比上年减少 513.15 吨.

【农牧业】 全年农作物播种面积 7600 公顷，其中粮食作物面积 351.11 公顷，青稞面积 5000 公顷。“喜拉 22 号”青稞良种种植 3933.33 公顷，“藏青 2000”473.33 公顷，年内采购花费 1580 吨、商品有机肥 1586 吨、各种农药 13.02 吨，并及时发放各乡镇。全县全年粮食产量 3571.1 万公斤，其中青稞 3047.055 万公斤，蔬菜产量 2507.21 万公斤，油菜产量 286.745 万公斤。全年出栏黄牛 2547 头，牦牛 1525 头，羊 46102 头，完成冻配数 7420 头。奶产量 9973.93 吨。

【交通旅游】 萨迦藏游格拉丹东酒店正式开工建设，历史文化展览馆改造完成并投入使用，“古城旅游导视系统和标识标牌”投入使用，G563 古城大门和乡村旅游试点吉定镇旅游扶贫民俗园项目进场施工，县城东区商业

11月21日，自治区党委书记吴英杰（右二），在萨迦县开展脱贫攻坚工作和高原特色产业发展情况调研，市委副书记、市长刘虎山（左一）陪同

综合体建筑主体完工，县本级财政投资1260万元建设的民族手工业园投入运营。在上海市、云南昆明成功举办2019“冬游西藏”暨“千年萨迦古镇”旅游推介会，赴云南丽江考察学习古城改造先进经验；在抖音开设“发现萨迦”栏目，运用新媒体扩大萨迦影响力迈开步伐。在吉定镇成功举办首届冬季物资暨产业发展成果展示会，萨迦唐卡、面具、藏香等地方特色产品受到广泛好评。全年接待游客13.04万人次，实现收入1434.49万元。

【科教文卫】 全县共有各级各类学校37所，在校学生8684人。中学1所，在校生2059人，初中毛入学率1001%；小学11所，小学在校学生4669人，小学入学率100%、毛入学率107.26%。在职教职工521人。全国重点文物保护单位1处，自治区级非物质文化遗产6个。有卫生机构1个，其中医院1所，卫生院11所，床位123张，卫生技术人员406人，全年门诊5.56万余人次。

【生态环保】 抓好中央环保督察反馈问题整改工作，涉及全县的18大项39小项整改任务达到时序进度要求或长期坚持中。总投资1190万元的重点区域生态治理项目主体工程完工，206.67公顷沙化较严重的区域治理效果显著。推进国土绿化行动，全县林地覆盖率为8%，原滨河大道沿线绿化带补植补栽、八思巴广场绿化带升级改造工程完工；全年完成巩固消除海拔4300米以下无树村8个、无树户2985户。河长制工作有序推进；水土流失治理有效落实，麻布加乡水土保持生态修复等三个工程全部完工，吉定镇帕定村小流域综合治理工程进度达到75%；严格落实土地资源保护制度，全年依规批复项目建设用地134个、占地面积193.7公顷。成立105个生态扶贫合作社；严格公益林管护，兑现管护人员工资285.3万元。完成畜禽养殖禁养区划定工作。开展建筑领域扬尘治理、全国第二次污染源普查工作；严把建设项目环评审批关，严格执行建设项目“三同时”制度，生态红线划定工作有序推进。

【产业发展】 投入2.5亿元，实施了一批投资少、周期短、见效快、效益高的萨迦县八思巴藏香、吉定镇水泥制品厂、扯休乡马铃薯种植基地、萨迦县民族手工业创业基地等产业项目。

【项目建设】 全年开复工项目125个，棚户区改造项目一期安置房建设完成投资

5640.18 万元，116 户民房主体工程验收；扎西岗乡至县城道路改扩建工程项目进度达到 30%；雄玛乡吉隆村灌区改造、朗庆灌区工程全部竣工；萨迦镇至查荣乡公路全线通车，全年累计实施 14 个易地扶贫搬迁安置点及行政村通畅公路项目；村级组织活动场所标准化建设项目工程平均进度达到 78%。拉洛水利枢纽及配套灌区工程成功下闸蓄水，库区移民搬迁安置房建设完成；投资 3.3 亿元由百亚成农贸有限公司运营的珠峰特色牛羊养殖和深加工项目实现投产。县城一期环境综合整治项目投入使用。

【招商引资】 年内，萨迦县招商引资项目 7 个，其中续建项目 5 个，新建项目 2 个，投资总额 20.49 亿元。5 个续建项目：西宁云鑫实业有限责任公司投资建设的日喀则市有机牛羊肉精深加工生产线建设项目，总投资 3 亿元；中海盟石油销售有限责任公司投资建设的萨迦县吉定镇液化气站建设项目，总投资 700 万元；西藏昆氏文化产业发展有限责任公司投资建设的萨迦县八思巴藏香原材料种植基地建设项目，总投资 3000 万元；西藏宏绩集团投资建设的格拉丹东萨迦酒店，总投资 1.2 亿元；山西乾盛新能源有限责任公司投资建设的萨迦县 150 兆瓦风力发电项目，总投资 15 亿元。2 个新建项目分别为西藏日喀则市萨迦县和锦节能有限公司投资建设的萨迦和锦节能环保建材有限公司加气砖厂项目，总投资 4000 万元；西藏强大建筑工程有限公司投资建设的萨迦县城东区商业综合一体楼建设项目，项目总投资 2200 万元。

【脱贫攻坚】 易地扶贫搬迁任务全部完成，1327 户 5169 人喜迁新居；“十项提升工程”成效明显，用水、用电、通讯等全面覆盖；全年兑现生态岗位人员补偿资金 3310.3 万元。“两不愁三保障”全部达标，260 户危房完成维修改造；小学、初中入学率全部达到 100%，学前入园率达到 75.09%，全县无义务教育阶段学生辍学；医疗卫生机构“三个一”、医疗技术人员“三合格”、医疗服务能力“三条线”全部实现，慢性病签约服务全覆盖。高海拔生态搬迁安置民房完成建设任务的 45%，基础设施和配套产业建设有序推进。强化扶贫产业带动，项目完工投入运营 11 个，实现分红 511.12 万元，带动贫困群众增收 3932.77 万元，受益贫困群众 4384 人。坚持扶贫与扶智扶志相结合，通过各类培训促使贫困群众实现就业 618 人。四年来，对照

8 月 17 日，萨迦县委书记刘晨晖（右一）在扎西岗乡东嘎普村调研贫困群众生产生活情况

“两不愁三保障”标准累计实现减贫 3579 户 13531 人，107 个贫困村整村退出，贫困发生率从 2016 年的 26.6% 下降至零。至此，萨迦县如期实现脱贫摘帽，基本消除绝对贫困。

【民生事业】 2019 年，农村居民人均可支配收入达 10025 元，增长 12.8%。企业养老保险参保人数 37 人，城乡居民基本养老保险参保人数 23916 人。居民基本医疗保险参保人数 50135 人，城镇最低生活保障人数 69 人，农村最低生活保障人 924 人，全县 1 个养老服务机构，床位 64 张。

谢通门县

【概况】 谢通门县位于日喀则市西北部，雅鲁藏布江北岸，东邻南木林县和桑珠孜区，北接那曲市申扎县、尼玛县，西邻昂仁县，南与萨迦县和拉孜县接壤，平均海拔 4200 米以上。辖 19 个乡镇，96 个行政村，365 个自然村，13262 户，总人口 5.2271 万人。其中农牧业人口 46788 人，人口出生率 13.3‰，自然增长率 7.6‰。

全县完成生产总值 13.23 亿元，同比增长 4%；其中，第一产业完成 2.34 亿元，同比增长 10.3%；第二产业完成 5.93 亿元，同比下降 5.2%；第三产业完成 4.97 亿元，同比增长 14.5%。森林覆盖率 7.02%，林地面积 102164.325 公顷。

【农牧业】 2019 年，耕地面积 4064.7 公顷，粮食播种面积 2986.67 公顷，经济作物耕地面积 933.33 公顷。划定粮食功能生产区 4676.7 公顷，完成创建粮食绿色高质高效示范田 2000 公顷、“藏青 2000”示范田 400 公顷、“喜马拉 22 号”示范田 1600 公顷、测土配方施肥示范田 2666.67 公顷、良种繁育基地 133.33 公顷，推广种植“藏青 2000”等农作物良种 2653.33 公顷。接羔育幼工作有序开展，新生仔畜 10.95 万头（只、匹），成活率 93.99%，年内出栏 10.01 万头（只、匹），年末存栏 25.82 万头（只、匹），春秋季重大动物疫病免疫率均为 100%。

【交通旅游】 统筹推进以交通 EPC 农村公路项目为主的农村公路建设，实现 100% 乡镇通畅、100% 行政村通达，成立谢通门县客运公司，实现 19 个乡镇 100% 通农村客运。全年旅游接待量达 6.2 万人次，实现旅游收入 2200 万元，分别同比增长 10.8%、10%。商贸服务类市场主体新增 135 家，注册资金 1.05 亿元。成功举办谢通门县农牧民冬季物交会，

12 月 4 日，谢通门县举办首届农牧民运动会暨冬季物交会，县委书记边巴扎西出席仪式并讲话

交易总额达200余万元。主要旅游景点欧曲山、日嘉寺、卡嘎温泉旅游小镇、扎西吉培寺。

【科教文卫】 全县现有学校62所，其中初级中学1所、小学19所、幼儿园43所，2019年新增幼儿园13所；在校生8923名，其中初中生1857名、小学生4801名、幼儿生2265名，义务教育入学率100%、巩固率100%，学前三年入学率80.50%。谢通门县各级非遗项目共有25项，其中自治区级非遗名录5项，市级非遗名录2项，县级名录18项。自治区非遗传承人5人、市级非遗传承人2人、县级非遗传承人7人。谢通门县拥有县级综合医院1家、县级妇幼保健站1家、县级藏医院（藏医科）1家、县级疾控中心1家；乡（镇）卫生院19个；村卫生室95个、县城易地搬迁医务室1个；日喀则市藏医院藏医特色外治二科（藏医温泉药浴理疗中心）1家；私立诊所4家。县、乡、村医护人员434名。

【生态环保】 2019年，实施生态建设项目4个，总投资1251.96万元，绿化、美化、治理环境14169余亩，动员广大干部职工、人民群众开展义务植树80.7公顷，全县森林覆盖率提高到7.02%；组织开展水环境专项整治、入河排污口专项整治等工作，清除废物1.5万立方米，恢复水域面积1.20平方公里，恢复岸线0.23公里；扎实组织开展雅江黑颈鹤国家级自然保护区调整前期工作，成功申报10个自治区级生态村，完成厕所改造261座。

【产业发展】 珠峰一见则喜生物科技园区共计生产杏鲍菇菌棒80万棒、杏鲍菇产品60吨，为110余人提供就业岗位，带动368户周边群众致富增收；珠峰一见则喜藏鸡养殖基地项目已完成建设并进行试养，基地存有藏鸡3.1万羽，带动建档立卡贫困人口1121人增收；高原喜菊种植项目完成通门乡、荣玛乡72座温室大棚改造，年采摘喜菊15万朵，销售总额预计30万元，参与种植户数96户483人，预计可实现户均增收4000元；藏刀、皮具、陶器等民族手工艺品累计实现销售额25.34万元；西藏诺培农产品有限责任公司生产的青稞奶茶产品实现年销售总额56万元。

【项目建设】 2019年，谢通门县建设项目109个，其中续建42个，新建67个，项目总投资10.23亿元，完成投资8.73亿元，占目标任务的101%。新建及改扩建标准化村级组织活动场所建设项目66个总投资

11月6日，县委书记边巴扎西在美巴切勤乡陈江村开展“不忘初心、牢记使命”主题教育宣讲

5099.29 万元；完成“十项提升”农村安全饮水项目建设 2 个，总投资 1.02 亿元；开工建设“三区三州”电网覆盖工程；完成农村公路 EPC 项目建设，成立谢通门县客运公司，实现 19 个乡镇 100% 通农村客运；完成全县基站检测、82 个通信基站改造和 6 个通信基站建设。

【招商引资】 2019 年，完成投资 800 万元的谢通门县仁钦则乡加油站建设项目，458.78 万元的谢通门县中石油加油站改造项目。

【脱贫攻坚】 2019 年，谢通门县始终坚持精准扶贫，实现 1575 户 5805 人、90 个贫困村脱贫退出，全县贫困发生率由 2019 年年初的 12.5% 降至零，通过国家贫困县退出评估检查组评估验收，2019 年 12 月，西藏自治区人民政府批准同意退出贫困县。

【社会保障】 全年，农村居民人均纯收入 11668 元。参加城乡居民养老保险 29004 人，城镇职工参加基本养老保险 290 人。参加新型农村合作医疗 46137 人，参合率 99.15%。城镇居民中 33 户 58 人得到政府最低生活保障金。

2 月 6 日，自治区政府副主席、市委书记张延清深入谢通门县“12 · 24”地震灾区看望慰问基层干部群众

定结县

【概况】 定结县位于西藏自治区南部、日喀则市西南部、喜马拉雅山北麓，属边境县之一，东连岗巴县，西接定日县，北靠萨迦县，南邻尼泊尔、印度。定结县城驻地江嘎镇海拔 4280 米，辖 10 个乡镇，70 个行政村，地域面积 7566 平方公里，6801 户，总人口 24593 人，其中农牧民 4360 户 19789 人，人口自然增长率 6.7‰。比上年增加 233 人，其中农牧业 19789 人，占总人口的 80.46%，非农牧业 4804 人。

全县地区生产总值完成 4.85 亿元，增长 8.4%；社会工业总产值实现 962.11 万元，同比增长 2.9%；其中第一产业完成增加值 0.92 亿元、同比增长 8.90%，第二产业增加值完成 1.74 亿元、同比增长 11.10%，第三产业增加值完成 2.19 亿元、同比增长 6.20%；社会消费品零售总额 1.16 亿元，同比增长 13.75%；农牧民人均可支配收入达到 9116 元，增长 13.9 %；农村经济总量完成 3.45 亿元，同比增长 7.8%；固定资产投资 12.48 亿元；财政收入 2398 万元。产业发展势头良好，一、二、三产业比重 19∶36∶45。农作物播种面积 3360 公顷，粮油总产量 937.91 万公斤，其中青稞总产量为 752.25 万公斤。

【农牧业】 2019年全县青稞种植面积2.5万亩，从本级财政拨款36万元用于良种购置，建立二级种子繁育基地53.33公顷，建设“高产创建”示范田195.33公顷，大田推广978公顷。年内实施总投资2110万元、面积586.66公顷的高标准农田建设项目。全县粮油产量937.91万公斤，同比增长0.13%，其中粮食作物产量799万公斤、油菜产量68.1万公斤、蔬菜产量202.02万公斤；饲草料产量409.8万公斤，比上年增长27.13万公斤，其他作物409.8万公斤。全县粮、经、饲比例调整到54∶18∶28。完成土地确权工作，清产核资、两区划定工作通过区市两级验收。年末牲畜存栏22.58万头（只、匹），出栏5.8万头（只、匹），实现经济收入4570.4万元。全县岗巴羊存栏数13.3万只，年内出栏5.8万只，出栏率43.5%，实现收入4500万元。重大动物防疫大畜16226头（只、匹），小畜232345头（只、匹）。2019年农机购置补贴资金消耗450万元。

8月10日，定结县日屋镇庆祝新中国成立70周年暨首届农牧民运动会开幕

【交通旅游】 G219萨嘎县至康马县段改建工程，定结县内总里程94公里，总投资6.70亿元，年内完成投资6.63亿元，占总投资的99%。兑现萨尔等3个乡镇G219村集体征地拆迁费245.39万元。省道514定结县萨尔乡至陈塘段公路工程，总里程91公里，总投资71846万元，年内完成投资66810.35万元，占总投资的93%，市交通局在建项目共计4个，总里程160.13公里，计划投资2132.88万元，年内完成投资1415.14万元，占计划投资的66.4%。县交通局在建项目8个，总里程34.279公里，计划投资3913.7万元，年内完成投资3196.96万元，占计划投资的81.68%。未完工项目3个（陈塘镇）。

定结县推进国家AAAA级旅游景区申报工作，完成“陈塘沟生态旅游区”“牧村土林”国家AAAA级旅游景区申报工作，完善景区旅游服务设施，提升景区接待能力，2019年全县接待旅游人数33231人，同比增长66%；旅游收入813.3万元，同比增长19%。

【科教文卫】 定结县义务教育阶段初1所，在校生850人，初中入学率为100%，巩固率为100%；初中专任教师88名（含20名援藏教师），初中教师学历合格率为100%。有1所县完小和9所乡镇中心小学，小学在校生1981人，小学入学率为100%，巩固率为100%；小学专任教师156人，教师学历合格率100%。有1所县幼儿园、9所乡镇幼儿园和6所村级幼儿园，在园幼儿828人，学前入园率 76%，学前专任教师 15 人。定结县共有文物点 39 处，其中自治区级文物保护单位 8 处、县级文保单位 9 处、无级别文保单位 22 处，有国家级非物质文化遗产 1 个，自治区级非物质文化遗产 3 个，县级非物质文化遗产名录 5 个，有 8 个民间藏戏队、1 个县民间艺术团。全县有医疗预防保健机构 12 所，其中县级医院、疾控中心各 1 所；乡级中心卫生院 3 所，一般卫生院 7 所，床位 63 张，卫生技术人员 245 人，全年门诊 47820 人次。

【生态环保】 年内，积极落实生态效益补偿、草畜平衡奖励等制度，植树造林 1466.23 公顷。全力推行河（湖）长制，完成叶如藏布河和金龙河流域生态功能保护区建设。2019 年 6 月，投资 16 万元为 32 个生态村购买发放 320 个垃圾桶、32 个宣传展板和 92 个宣传横幅；由生态环境分局牵头、发改委协助投资 200 万元的县城水源点整改项目，年内除绿化以外的其他建设内容已完成；投资 200 万元的垃圾填埋场整改项目，整改进度为 100%，项目通过初验。完成农村环境综合整治，成功申报自治区级“生态村”29 个。

【产业发展】 产业发展初见成效。大力发展“两羊两牛”特色产业和地方优势产业，全力扶持推进农牧民合作社建设，带动群众增收，成立各类农牧民专业合作社 316 个，产生经济效益 90 个，珠峰羊实现产业收入 4500 万元。项目建设步伐加快。全年开复工项目 175 项，累计完成投资 12.48 亿元，陈塘夏尔巴特色小城镇、省道 514 定结萨尔至陈塘公路建设加快进行，夏尔巴第一村、吉隆普水库等重点项目基本完工，边境小康村建设稳步推进，发展瓶颈制约进一步缓解。旅游边贸活力彰显。着力打造拉萨—日喀则—定结旅游精品路线，琼孜乡牧村土林旅游开发项目效益明显，全年共接待游客 3 万余人次，实现旅游收入 813.3 万元。加快边境口岸建设，日屋—陈塘口岸一站式服务中心等建设项目全部落地，成功举办定结县第十六届夏尔巴文化节暨中尼物资交流会，全年实现边境贸易总额 5185 万元。

【项目建设】 2019 年，全县计划开复工项目 175 个，其中续建项目 55 个，计划完成投资 5.95 亿元，年内完成投资 5.69 亿元；新建项目 120 个，计划完成投资 7.71 亿元，年内完成投资 6.79 亿元。截至 2019 年 12 月，全县新（续）建项目累计完成投资 12.48 亿元，与年初市级下达的 10.67 亿元计划任务相比，完成率达 116.96%。总投资 1.5 亿元的定结县陈塘镇夏尔巴第一村（孔定玛自然村）开发

10 月 16—18 日，定结县第十六届夏尔巴文化节在陈塘镇孔定玛举行

建设项目，2019 年 12 月全面竣工。定结县“4•25”地震灾后恢复重建项目共计 35 项，截至 2019 年 12 月已完工项目 32 个，累计完成投资 60807.13 万元，占“4•25”地震灾后恢复重建工程总投资的 99.20%。

【招商引资】 加大招商引资对接，全年成功签约招商引资项目 21 个，总投资 12323 万元，到位资金 10006 万元。优先发展电子商务，依托定结县江嘎热网络科技有限公司，采取“电子商务 + 专业合作社 + 贫困户”的电商经营模式，线上线下销售定结特色产品，实现销售金额 606 万元

【脱贫攻坚】 2019 年底，通过建档立卡贫困人口动态调整后全县贫困户为 1120 户 4392 人，2019 年脱贫 49 户 115 人，实现了贫困人口、贫困村“双清零”。

【民生事业】 2019 年，社会消费品零售总额完成 1.16 亿元，增长 13.75%；农牧民人均可支配收入 9116 元，增长 13.86%；全县城镇职工医疗保险参保人数 1433 人，参保率为 100%；城乡居民养老保险应参保人数 12213 人，参保率为 99.77%；完成 17789 人社保卡数据采集任务。城乡低保人数 343 人。

（陶斯平）

仁布县

【概况】 仁布县地处雅鲁藏布江中游河谷地带，西藏自治区南部，日喀则市东部，东倚山南市浪卡子县，南通江孜县，西邻桑珠孜区和南木林县，北接拉萨市尼木县，因地扼交通要道，被誉为日喀则“东大门”，全县平均海拔 3950 米。辖 8 个乡 1 镇，72 个行政村、1 个居委会，366 个自然村，地域面积 2124.11 平方公里，常住总人口 35795 人，户数 7601 户。

地区生产总值 67551 万元，同比增长 8.9%；全社会固定资产投资完成 6.79 亿元，同比增长 31.84%；地方财政一般收入 2713 万元，同比增长 28.88%。公共财政支出 101443 万元，同比增长 17.57%。社会消费品总额 11778 万元。三次产业结构调优为 17.76∶40.81∶41.43，粮经饲比例调整为 85.4∶13.3∶1.3，粮油总产量 1750.85 万公斤，比上年增产 123.61 万公斤。

【农牧业】 全年，粮食作物播种面积 3400 公顷，经济作物 526.67 公顷，青饲料 53.33 公顷。全年良种推广总面积为 2966.67 公顷，引进青稞良种 15.94 万公斤，引进脱毒马铃薯良种 5000 公斤。完成深耕深松整地作业 866.67 公顷。调运商品有机肥指标 1400 吨。畜禽存栏为 152307 头（只、匹），牲畜存栏为 145732 头（只、匹）；牲畜出栏 35438 头（只、匹），出栏率 24.3%，畜禽产品预计产量 3455.73 吨。

【交通旅游】 全年共实施交通基础建设项目 23 个，建设里程 132.3 公里，总投资 47793.16 万元。辖区 4 个国家 AAA 级旅游景区。旅游接待 181451 人次，旅游总收入 5363.12 万元。

【科教文卫】 2019 年，全县有初级中学 1 所，小学 9 所，县双语幼儿园 1 所，乡镇附设双语幼儿园 8 所，村级学前点 59 所，全县专任

7月22日，黑龙江省委常委、哈尔滨市委书记王兆力一行到仁布县仁布乡白林村方正双语幼儿园视察工作

教师411人，村级学前点聘用教师61人。在校学生6050人，其中学前在园1558人，城镇学前幼儿204人，农村学前幼儿1354人，小学在校生3133人，初中在校生1359人。学前三年毛入学率88.07%，小学净入学率99.66%，初中毛入学率102.88%。仁布县获西藏在自治区教育系统“先进集体”荣誉称号。全县卫生系统现有1所县卫生服务中心，1所疾控中心，9所乡镇卫生院，73个村卫生室，全县医护人员282人，其中村医134人，一村一医实现全覆盖。仁布县通过“健康促进县”省级、国家级考核评估，仁布县卫生服务中心完成二级乙等综合医院的创建工作。全县自治区文物保护单位5家，国家级非遗1个，自治区级非遗3个。

【生态环保】 完成344.07平方公里的生态保护红线。开展污染源普查工作，录入工业源56个，集中式1个，移动源2个，生活源S102表74个，农业源表格5个。严格环境准入，登记备案项目93个，环保投资565万元。开展村庄清洁整治行动参与人数9737人次，清理垃圾255吨，疏通河渠373公里。2019年，村旁、宅旁、路旁、水旁、寺庙周围共植树造林18890余株；县级财政投资76万元，消除“无树户”911户，41个行政村。

【产业发展】 全年新建产业扶贫项目共11个，其中种植业2个，养殖业1个，加工业7个，商贸流通业1个。截至年末，全县产业扶贫项目完工并投入使用项目19个，总投资8990万元，产业扶持资金5900万元。

【项目建设】 全年，新建开工项目52个，总投资5.33亿元，全年完成投资3.15亿元；续建已开工项目54个，总投资80.72亿元，全年完成投资3.03亿元；计划外项目14个，总投资0.5亿元，全年完成投资0.17亿元。村级组织活动场所标准化建设项目已覆盖全县59个行政村，总投资6640万元，其中新建41个，改扩建18个。

【招商引资】 2019年，招商引资项目有31个（新建27个，续建4个），协议投资金额15667.18万元，累计完成固定资产投资10596.8万元

【脱贫攻坚】 110户224名贫困群众如期实现脱贫，654户3081名易地搬迁群众乔迁新居。发展致富带头人18名，发放建档立卡贫困户小额信贷278户1214.7万元；开工建设

扶贫产业 23 个，签订产业精准扶贫协议 20 份，12 个产业经营主体实现分红 82.18 万元，受益贫困人口达 589 户 2645 人。整合 251 万元改造 195 户群众受损房屋。

【民生事业】 农牧民人均可支配收入预计达到 9300 元，同比增长 12.6%，持续多年保持两位数增长；开工建设县城供水升级改造建设项目和饮用水水源地建设工程，长期困扰县城群众的饮用水问题得到根本改善；153 名应届高校毕业生全部实现就业。农牧区医疗管理覆盖率 100%，医疗基金总额达 3434.14 万元。城镇低保对象 15 户 17 人，农村低保对象 274 户 610 人，落实低保资金 75.65 万元。发放城乡居民养老保险养老金共计 399.67 万元。城镇登记失业率控制在 0.28% 以内。受理各类劳资纠纷案件 11 件，结案 11 件，涉及人数 130 人，涉及金额 134.81 万元。

5月30日，自治区党委副书记、主席齐扎拉，自治区政府副主席、日喀则市委书记张延清到仁布县检查转移就业工作开展情况

萨嘎县

【概况】 萨嘎县位于喜马拉雅山北麓，冈底斯山脉以南，西南与尼泊尔接壤，距日喀则市区 450 公里，辖 7 个乡 1 个镇，38 个行政村、6 个自然村，总人口 4695 户、16671 人。全县平均海拔在 4600 米以上，地域面积 1.24 万平方公里，全县耕地面积（国土二调 547.29 公顷、土地确权 617.09 公顷），天然草原面积 86.52 万公顷，可利用草原面积 83.834 万公顷。

2019 年，全县生产总值完成 5.18 亿元，同比增长 13.1%；地方财政一般预算收入 2025 万元，增长 12.5%；农牧民人均可支配收入实现 9965 元，增长 15.9%。2020 年上半年，预计全县生产总值完成 2.58 亿元，同比增长 6%；地方财政一般预算收入 1596.76 万元，增长 181.85%；农牧民人均可支配收入实现 5600 元，增长 17.68%。

【农牧业】 引进青稞良种种植 93.724 公顷，实现粮食产量 105 万公斤、蔬菜产量 28.5 万公斤、青稞产量 134.5 万公斤；全县牲畜存栏 15.03 万头（只、匹），出栏 7.58 万头（只、匹）、出栏率 50.4%，新生仔畜 5.43 万头（只、匹）、成活率 84.5%。非洲猪瘟等重大动物疫情防控有效。

【科教文卫】 坚持教育优先，加大教育经费投入，县本级财政投入资金1050万元，同比增加30%，“三大考试”成绩显著，7名学生录取到其他省市西藏初中班，649分的中考成绩再创纪录，初中升学率达90%以上；加快推进乡村医疗机构及乡村医疗人员队伍建设，乡村两级医疗人员分别为57人、77人，圆满完成“三病”筛查，筛查目标人群2562人，孕产妇系统管理率达100%、儿童系统管理率达98%。申报并获批第五批国家级非物质文化遗产代表性传承人1人、第四批自治区级非物质文化遗产代表性传承人1人；足额兑现救助补助资金、农村低保资金、冬春救助资金等1080余万元，困难群众生活更有保障、更有盼头，人生更有尊严、更有信心。

【旅游业】 深挖区位优势，调动民间投资，新增餐饮、住宿场所，提升旅游接待服务能力，全年接待国内外过往旅客10.02万人次，实现旅游收入2600万元，同比分别增长0.14%、0.09%。

【生态环保】 强力推进生态工程建设，实施县城生活垃圾分类处理、乡村生活垃圾填埋场修复、新建水厂水源点保护、退化草场沙化治理等21个生态环境综合治理项目；实施“两江四河”流域造林绿化工程66.67公顷，义务造林1公顷，大力推进有条件的地方消除“无树户”行动，消除“无树户”105户；全面推进农牧区人居环境综合整治，开展村庄清洁行动，稳步推进农牧区“厕所革命”，获自治区命名区级生态村13个，人居环境整治成效明显。

【产业发展】 坚持“政府主导、企业主体，市场运作、群众参与”，深化“企业+基地+合作社+群众”养殖模式，着力构建人工种草、牲畜繁育、短期育肥、活畜出口、产品加工、商品销售“六位一体”产业链条，实施人工种草646.07公顷，年产干草1108.65吨，实现收入约399.11万元；基地存栏霍尔巴羊2500只，羔羊成活率95%以上，通过公司合作出栏霍尔巴羊2.62万余只。

8月20日，萨嘎县拉藏乡溪果村群众组织开展群众性表演

【项目建设】 2019年，计划建设项目127个，计划完成投资12.89亿元，实际开复工项目139个，完成投资12.97亿元，完成年度任务100.67%。重点实施和推进萨嘎县太阳能集中供暖工程、国网电网项目、农村公路（砂石路、油路）工程、

2月18日，自治区党委书记吴英杰在萨嘎县调研脱贫攻坚工作

27个村级活动场所标准化建设工程、萨嘎县中学建设工程、萨嘎县17所幼儿园及小学建设工程、2个卫生院改扩建及8个卫生院维修工程、易地搬迁基础设施项目、边境小康村建设项目、“十项提升”农村饮水工程、2个加油站新建等一大批重点建设项目。全面启动“十四五”规划编制工作，完成编制前相关调研。

【脱贫攻坚】 年内438户1472人实现脱贫，全面完成1038户3719人的脱贫任务，贫困发生率从20.98%下降至零。居住条件明显改善，易地搬迁和危房改造任务全部完成，572户1945人喜迁新房、687户危房户全部消除；边境小康村建设进度明显加快，1094户4263人明年将全部如期搬入小康村，开启“抵边居住、贴边生产、巡边护国”“神圣国土的守护者，幸福家园的建设者”新生活。集中精力、人力、财力谋划实施80个安全饮水、道路交通、通信网络、电力能源、医疗卫生、教育体育等方面重点项目，“十项提升”工程成效明显。

【民生事业】 2019年，农村居民人均可支配收入9965元。城镇职工参加基本医疗保险1396人，参加新型农村合作医疗13994人，参合率98.85%。城乡居民基本养老保险参保人数为9481人，有21户32人得到政府最低生活保障金。

康马县

【概况】 康马县位于西藏自治区日喀则市东南部、喜马拉雅山脉北麓、年楚河源头。东与山南地区浪卡子县相邻，南邻亚东县，西连岗巴县、白朗县，北靠江孜县，东南与不丹王国接壤。全县总面积约7000平方公里。县址康马镇，全县平均海拔4300米。辖8个乡，1个镇，47个行政村，5209户，总人口23657人，其中农牧民20615人，城镇人口3042人，流动人口593人。

2019年，康马县地区生产总值5.84亿元，同比增长8.4%；其中第一产业为1.21亿元，同比增长8.4%；第二产业为2.16亿元，同比增长11.2%（其中工业产值完成3381.83万元，同比增长58.24%）；第三产业2.47亿元，同比增长6.2%。社会消费品零售总额完成1.14亿元，同比增长12.27%；完成全社会固定资产20816万元，同比增长23.4%。

【农牧业】 全年，全县粮食作物播种面积2520公顷，油菜籽作物播种面积333.33公顷，蔬菜播种面积153.33公顷，饲草播种面积 133.54 公顷。2019 年，全县粮食作物产量 12602.55 吨，同比增长 0.9%，油菜籽产量达 763.9 吨，同比增长 8.76%，蔬菜产量 3944.04 吨，同比增长 8.86%。2019 年，全县牲畜存栏 168510 头（只、匹），出栏 110381 头（只、匹），出栏率 67.05%，全年新生仔畜 88675 头（只、匹），成活率 95.52%。

8 月 26 日，康马县举行 2019 年度农牧民子女考入大学奖励资金发放活动

【交通旅游】 全县共接待游客 3.03 万人次，实现旅游综合收入 144.7 万元，游客接待和旅游综合收入同比分别增长 35.5%、8%。大力发展旅游业，促进旅游增收、带动民宿发展。全力推进朗通庄园、少岗摩崖石刻、崇巴雍错等重点旅游景区申报和对外开放。投入援藏资金 878 万元实施朗巴村乡村旅游扶贫产业项目，朗通庄园基本达到接待游客标准。

【科教文卫】 2019 年全县各级各类学校 45 所，村级幼儿班 2 个，在校学生 3947 人，其中县中学 1 所，在校生 948 人；乡镇中心小学 9 所，在校生 1992 人；各级幼儿园 35 所，学前“双语”教育入园儿童共 1007 人；在职教职工 354 人；中小学入学率与在校生巩固率 100%，学前三年毛入园率 102.02%，年内共招聘 36 名康马籍未就业大学生担任幼儿园学前教师。县艺术团以庆祝中华人民共和国 70 周年为契机，创新创作《脱贫路上》《什么叫幸福》《卓玛是我的女儿》等 11 个文艺作品，完成 45 场次公演，观众 6800 余人次；全面运营红色庙宇数字影院，完成电影放映 69 场次，观众总人数 723 人次，总收入 2.69 万元。10 月，康马县乃宁曲德寺、艾旺寺被评为第八批全国重点文物保护单位。城乡医疗基础设施不断完善，有卫生机构 10 个，其中医院 1 所，卫生院 9 所，床位 68 张，卫生技术人员 205 人；继续实施孕产妇政策，兑现补助资金 22.17 万元。2019 年，康马县卫生服务中心顺利通过乙级乙等医院的最终评审。

【生态环保】 一是加强污染防治工作。2019 年，投入 47.3 万元用于环境各项指标监测，监测结果均达标。加强永久基本农田保护，截至 2019 年年底，全县耕地保有量为 4006.67 公顷，基本农田保护面积为 3553.33 公顷。二是加强生态建设。实施一批生态环境保护和修复、人居环境整治等工程项目，总投资约 1.5 亿元（其中县本级财政节能环保专项资金支出 186.81 万元）；实施年楚河源头重要生态功能保护区建设工程，治理水土流失面积 0.8 平方公里；县政府投入 69.8 万元委托第三方专业机构，有效运营县城垃圾填埋场，并顺利完成投入3122.6万元的县城污水处理厂及配套管网建设。三是稳步推进国土绿化行动。实施2019年“两江四河造化绿化”工程和2017年边境小康造林绿化工程，总投资5278万元；全年造林绿化面积680公顷，完成植树造林684.38公顷，义务植树33920株，造林成活率达到78%以上。积极推进生态乡村创建工作，申报创建4个自治区级生态乡和13个自治区级生态村已通过市级初审。

12月6日，康马县举办产业竞赛暨物资交流会

【产业发展】 稳妥推进47个行政村股份制农牧民专业合作社组建工作，为48家村办集体合作社提供周转金567万元，统筹整合强基惠民工作经费15万元作为集体所有的股本金或村集体经济资产参股农牧民专业合作社，累计投入815万元。截至2019年年底，全县农牧民专业合作社总数达到236个，其中劳务输出合作社47个、生态合作社47个、养殖类合作社64个。吸纳就近农牧民群众入股3211户，其中建档立卡贫困户49户83人，实现建档立卡贫困户全覆盖。

【项目建设】 2019年，全县目标任务建设项目共计82个，计划完成投资6.63亿元；其中续建项目37个，总投资为12.77亿元，2019年计划完成投资为3.24亿元；新建项目45个，总投资为5.86亿元，2019年计划完成投资为3.39亿元。截至年底，全县开复工项目共计128个，完成投资7.35亿元，完成年度计划的110.86%。其中包括新增项目51个，完成投资1.37亿元。重点实施县城污水处理及收集系统工程、年楚河源头重要生态功能保护区建设工程、县城优化改造工程、脱贫攻坚产业基地建设、教育基础设施建设项目、村级组织活动场所建设及边境小康村基础设施建设项目等一批重大经济民生项目。

【招商引资】 2019年，全县完成扶贫汽车综合服务中心等9家民企，投资5279.6万元，全县新增各类市场主体318户，总数1725户，注册资金11亿元。西藏中齐石油化工有限公司液化气站项目、中石化加油加气站项目和日喀则彭措林职业技能培训有限责任公司驾驶培训学校及机动车安全监测站等项目正在积极洽谈中。

【脱贫攻坚】 全县77户164人脱贫，县绝对贫困户全部消除。累计培训建档立卡劳动力223人，转移就业1330人，创收2539.5万元。全年发放自治区级免费教育补助资金47.38万元，落实县级教育奖励资助资金202.2万元。截至2019年年底，易地扶贫搬迁工程全县351户1661人实现入住，搬迁点基础设施公共服务实现全覆盖。制定了《康马县生态补偿岗位管理办法》，对有劳动能力的建档立卡岗位人口实行定岗定员、定责定酬，落实生态岗位3000多个，兑现岗位资金1058.2万元。

【民生事业】 农村经济总收入完成3.9亿元，同比增长15.58%；农村居民人均可支配收入完成12252元，同比增长13.6%。2019年，共兑现发放社会各类救助资金459.32万元。全方位拓展就业岗位，开发就业岗位923个，目标完成率256.39%。截至年底，实现城镇新增就业432人，完成目标任务的102.85%。城镇登记失业率控制在1%以内。应届高校毕业生实现就业192人，就业率达99.48%。实现就业困难人员就业1022人，目标完成率达1277.5%。实现农牧区劳动力转移就业8355人，18907人次，总收入5213.45万元，分别完成目标任务的128.54%、135.05%、155.6%。

吉隆县

【概况】 吉隆县地处西藏西南部，东与聂拉木县交界，北与萨嘎县相邻，南与尼泊尔接壤，海拔4200米，今县城驻地宗嘎镇，是全全县政治、经济、文化、交通、信息的中心。辖4个乡、2个镇、41个行政村（居）委会、56个自然村，地域面积9300平方公里，4488户，总人口18614人，比上年增加609人，其中农业12767人，占总人口的68.59%，牧业2583人，非农牧业1817人，农牧民人均可支配收入12505元，同比增长15.3%。

全县完成地区生产总值9.23亿元，同比增长15%，地方财政一般公共预算收入实现3531万元，同比增长20.39%，固定资产投资完成26.34亿元，同比增长5.49%。产业发展势头良好，一、二、三产业比重预计达到10.8∶52.5∶36.7。农作物播种面积1280公顷，粮油总产量528.17万公斤，同比增加0.144%。

【农牧业】 全年农作物播种面积1280公顷，其中粮食作物面积793.33公顷、青稞面积636.67公顷。经济作物播种面积396.67公顷；饲草料作物面积93.33公顷，完成农作物良种推广面积466.67公顷，与去年基本持平，其中“喜拉22号”青稞良种种植333.33公顷、“藏青2000”66.67公顷、“喜拉19号”66.67公顷。年内，采购化肥170吨、商品有机肥200吨、各种农药0.296吨，并及时发放。全年粮食产量419.77万公斤，其中青稞347.86公斤，蔬菜产量184.74万公斤，油菜产量108.41万公斤。全年出栏黄牛1420头、牦牛3478头，犏牛1180头，羊1538254头。奶产量1987.98吨。

【交通旅游】 农村公路各项目进行，国道216孔唐拉山隧道工程、热索桥重建工程、国道216线岔口至贡当乡公路工程、萨勒乡至拉比村公路工程等交通基础续建项目共34个，总投资39.86亿元，年底完成产值10.75亿元，占总投资26.9%。新增建设里程256公里，开通农村客运班线，乡镇通客车

11月21日，中尼铁路日喀则至吉隆段可行性研究工作启动会在日喀则市吉隆县召开，自治区党委书记吴英杰（左二）出席并讲话

率100%，建制村通客车率68%。辖区内有国家AAA级旅游景区2个。举办第二届吉隆国际边贸文化旅游节，成交额4849万余元，全年接待游客达33.96万人次，实现收入3.96亿元，同比分别增长35.408%、137.13%。

【科教文卫】 全县有各级各类学校19所，在校学生3142人。初中学校1所，在校生744人，初中入学率100%；小学1所，村级教学点1所，在校生1590人，小学入学率100%，幼儿园学校11所，在校生808人，学前入园率80.8%；在职教职工249人。全国重点文物保护单位3处，自治区级文物保护单位6处，有自治区级非物质文化遗产7个。有卫生机构8个，其中医院1所，卫生院6所，疾控中心1所，床位72张，卫生技术人员78人，全年门诊4.7万人次。

【生态环保】 年内，大力实施“生态靓县”战略，植树造林450亩，消除“无树村”3个，无树户170余户，发放生态效益补偿资金1037.8万元，投入400万元实施吉隆镇绿化美化工程。严格落实双总河湖长责任制，加强水污染防治、清“四乱”、重点断面整治、饮用水水源地保护，获国家级“保护森林和野生动植物资源先进集体”称号；吉隆县城1个垃圾转运站建成并正常投入使用，完成农村环境综合整治，申报6个行政村为自治区级生态村，获得自治区级生态村命名的共2个行政村。

【产业发展】 全年农牧业产业化企业稳步发展。珠峰绵羊养殖业规模2万只，出栏3.8万只，销售额3040万元，带动群众增收920万元；林下资源种养殖培育新型经济实体；虫草产量171.5公斤，产值1886.5万元；藏香猪养殖规模312头，出栏150头；藏鸡养殖存栏3000只；天麻、灵芝菌等药材种植3.33公顷，产值93万元；文化旅游产业，成功举办第二届吉隆国际边贸文化旅游节，参展销售和成交额4849万余元；边贸物流产业，发放边民贸易资格证7000余份，成立边民互市贸易专合组织2个，边民参与边境互市贸易实现边贸总额37.52亿元，同比增长10.4%。

【项目建设】 全县开复工建设项目178个，累计完成固定资产投资26.34亿元。热索桥重建工程、海关应急保障中心、36个村级组织活动场所、8所幼儿园等全面建成。灾后重建项目审计基本完成。藏中电网阿里联网工程、孔塘拉隧道、二线联检区、边境小康村建设等 101 个项目正在推进。

【招商引资】 年内加大招商引资工作力度，成立了投融资平台珠吾投资有限公司，四喜集团种植基地和青刺果加工研发基地落地建成，引进 2 家金融机构、30 家贸易公司、8 家报关公司、12 家物流公司，达成合作协议项目 15 个，招商引资到位资金 7.7 亿元，完成投资 4.1 亿元，加快推进了边合建设进程。

【脱贫攻坚】 全县 779 户 2836 名建档立卡贫困人口人均可支配收入 10381 元。完成剩余 50 户 134 名贫困人口脱贫，贫困发生率为零，群众满意度 99.1% 以上。投入资金 7523 万元，实施 3 个扶贫产业项目，带动 225 名贫困群众实现增收。组建 63 家产业合作社，带动群众就业增收。易地搬迁入住率 100%。投入 121.2 万元对 155 户贫困群众实施牲畜扶持政策，实现入股分红 18.18 万元。培训贫困群众 152 人次，组织劳务输出 1576 人次，增收 699.96 万元。“五比”活动奖励 377 户“五星户”、9 个“五星村”、1 个“五星乡镇”共计 43.2 万元。

【民生事业】 全年实现城镇就业 96 人，城镇登记失业率 1.03%。参加城镇失业保险 450 人，城镇居民养老保险 7979 人，城镇职工参加基本养老保险 1197 人，参加新型农村合作医疗 14900 人，参合率 92.56%。参加新型农村养老保险 7998 人。城镇居民 32 人得到政府最低生活保障。农村居民最低生活保障人数 857 人。发放社会保障卡 1 万余张，全民参保率达 99% 以上。完成 72 户新增户宅基地划定工作。组建劳务派遣公司 1 家，组建农牧民劳务输出合作社 47 家，劳务收入 5226.953 万元。全县有 2 个特困供养机构，床位 88 个。

（朱玉松）

仲巴县

【概况】 仲巴县地处中国的西南边陲，日喀则市的最西端，辖 12 个乡 1 个镇、58 个行政村、212 个村民小组（自然村），土地面积为 4.59 万平方公里，2019 年总户数 8109 户，总人口为 27185 人，比上年增加 636 人，牧业人口 24530 人，占总人口的 90.2%，非农牧业 2655 人。全县生产总值 9.1 亿元，同比增长 12.6%，其中第一产业完成 2.7 亿元，同比增长 23%；第二产业完成 2.44 亿元，同比增长 8%；第三产业完成 3.96 亿元，同比增长 22%。仲巴县（区）农村居民人均可支配收入达 13388 元，增长 15.1%，社会消费品零售总额达 1.02 亿元，增长 10%，预计完成地方公共财政收入 4500 万元，同比减少 23%，2019 年实施项目 130 个，总投资 41.85 亿元，累计完成固定资产投资 18.49 亿元，同比增长 43%。三次产业结构调整比例 30∶27∶43。

【农牧业】 全年，全县牲畜存栏 54.74 万头（只、匹），新生仔畜 28.7 万头（只、匹），仔畜成活 24.49 万头（只、匹）成活率 85%，其中绵羊新生仔畜成活 16.25 万只，山羊仔畜成活 6.25 万只，牦牛新生仔畜成活 1.95 万头。牲畜出栏 23.27 万头（只、匹），其中羊出栏 22.1 万只，牛出栏 1.1 万头，肉产量 0.2257 万吨，奶产量 0.5654 万吨。

【交通旅游】 完成路面升级改造共12条，其中8条公路项目（混凝土路面）共11.68公里、4条公路项目（沥青路面）共129.446公里。并完成新建19座转牧桥。全年接待游客预计达14.5万人次、实现旅游总收入3710.56万元，比2018年同期增长12%。

【科教文卫】 全县共1所中学、11所小学、15所乡村附属幼儿园、1所职技中心。中学在校生1372人，小学在校生3255人，学前在校生1089人。义务教育阶段入学率100%，巩固率100%，幼儿入学率67.3%。全区有各级各类学校102所，在校学生19629人。中学3所，在校生4460人，初中毛入学率109.7%；小学18所，小学在校生9644人，小学入学率100%，毛入学率109.7%。全国重点文物保护单位24处，自治区级文物保护单位2处。市级非物质文化遗产1个。有卫生机构14个，其中医院1所，卫生院13所，社床位38张，卫生技术人员89人。

【生态环保】 年内，落实生态效益补偿、草畜平衡奖励等制度，植树造林2万颗沙棘。全力推行河（湖）长制，改善城镇环境质量和区域生态环境建设。至年底，有2座垃圾填埋场投入使用，另有1座垃圾填埋场在建设中。成功申报自治区级“生态村”22个。

【产业发展】 全年，农牧业产业化龙头企业1家，“珠峰霍尔巴绵羊”“吉拉牦牛”成功申报国家地理标志产品。以珠峰霍尔巴绵羊养殖业、畜产品加工业等为主的富有仲巴特点的工业产业体系初步形成。

【项目建设】 全年，共实施项目130个，累计完成投资18.49亿元。总投资为1.73亿元县城供暖工程建成试运行。实施总投资为1.55亿元的392套小康村民房建设项目，完成总工程量的60%。实施总投资为3458.3万元的里孜口岸抵边搬迁80套民房建设，该项目完工待验收。2019年实施交通续建项目44个，总投资30.45亿元，2019年完成投资11.55亿元，完成进度37%，新建交通项目12个，总投资1.73亿元，总里程144.54公里，累计完成投资1.25亿元，完成进度72.09%，成功开通县城至霍尔巴客运班线，有效解决1398户、4996人出行难的问题。2019年水利基础设施建设共投入资金9710.82万元，完成进度91.8%。

【招商引资】 年内，借助“珠峰文化旅游节”节会，全年实施招商引资项目9个，完成投资3097万元。

【脱贫攻坚】 全年，脱贫攻坚统筹整合涉农资金共计11905.47万元，本级财政投入专项扶贫资金10015.8万元，全县1510户5524人建档立卡贫困人口全部实现脱贫，消除了绝对贫困。

【民生事业】 2019年，农村居民人均可支配收入达13388元，分别增长10.1%。企业养老保险参保人数208人，城乡居民基本养老保险参保人数12242人。居民基本医疗保险参保人数24439人。城镇最低生活保障人数58人，农村最低生活保障人617人。全县有1个养老服务机构，床位116张。

岗巴县

【概况】 岗巴县位于西藏南部，属喜马拉雅高山地貌，全县平均海拔在4700米以上。70%为高原丘陵，30%为谷地，无平原，地势南北高，中间低，并由东北向西南方向倾斜。最高海拔6155米，相对高差200米左右。北与萨迦县相邻，东与亚东、白朗两县交界，西与定结县毗连，南与印度锡金邦接壤，边境线长97公里，县城离边境最近处仅有25公里，其中岗巴镇吉汝村离边境仅5公里，距日喀则市164公里。2019年，岗巴县辖5个乡（镇）、29个行政村，地域面积4203平方公里，4054户，总人口11996人。其中，农牧区2368户，人口10135人。

岗巴县实现地区生产总值4.93亿元，同比增长8.6%；其中，第一产业完成4800万元，同比增长12.2%；第二产业完成8800万元，同比增长11.7%；第三产业完成3.57亿元，同比增长7.4%。完成地方一般公共财政收入2077万元，同比增长13.81%；完成地方一般公共预算支出为90800万元，同比增长34.89%，全社会固定资产投资41446万元（县级法人），同比增长46.45%。产业发展势头良好，一、二、三产业比重达到10∶18∶72。农作物播种面积为1566.67公顷，粮油总产量3040吨。

【农牧业】 2019年，全县农作物播种面积1566.67公顷，其中粮食（青稞）作物播种面积为933.33公顷，蔬菜播种面积113.33公顷、油菜播种面积100公顷，饲草播种面积420公顷，粮、经、饲比例为60∶14∶26。青稞良种“喜马拉22号”“藏青2000”推广种植面积333.33公顷。年内，群众积造农家肥10.3余吨，农药0.0062吨，采购使用化肥用量为180吨。全年，全县粮油总产量300.29万公斤，增长1.2%，其中青稞产量277.7万公斤、油菜产量22.59万公斤；饲草产量549.065万公斤、增长4%。截至年底，全县牲畜存栏数为13.9万头（只、匹），其中绵羊存栏为10.41万只（合作社绵羊存栏9.51万只）。全县新生仔畜4.59万头（只、匹），存活数为4.36万头（只、匹）。全年牲畜出栏为65618头（只、匹）。

【交通旅游】 新改建公路里程24.856公里，被列为全市四好农村路典型培育单位。29个行政村实现农村硬化道路村村通。全县通车里程489公里，其中专用公路2条，共237.8公里；乡道5条，共67.86公里。辖

8月17日，岗巴县举办以“爱运动、爱健康、爱生活”为主题的首届农牧民运动会暨全民健身活动

区内有 1 个风景区——曲登尼玛风景区。全年接待区内外游客 8.1047 万人次，实现旅游收入 721.9871 万元。

【科教文卫】 全县所辖学校 19 所，在校生共有 2028 人。初中 1 所，在校初中生 487 人；小学 6 所，在校小学生 1017 人；幼儿园 12 所，在园儿童 524 人。中小学适龄儿童入学率、巩固率均保持 100%，城镇学前双语教育适龄儿童入学率 100%、农牧区学前双语教育适龄儿童入学率 91.4%。全县教育系统在职教师有 253 人。全国重点文物保护单位 1 处，自治区级文物保护单位 1 处。自治区级非物质文化遗产 2 个。全县共有 1 家县级医院、5 所乡镇卫生院、20 个村卫生室和 2 家个体诊所。床位 41 张，卫生技术人员 129 人，全年门诊 32965 人次。

【生态环保】 全年，岗巴县造林 87.6 公顷、防沙治沙 7964.27 公顷；无害化填埋生活垃圾 1958.3 吨，清理陈年建筑垃圾 39976 吨；岗巴县垃圾填埋场的土壤污染治理与修复项目完成工程总量的 65%。流浪犬抓捕率为 100%。完成 3 个生态乡镇的创建申报工作，全县创建率 100%。完成重点区域生态公益林建设项目 53.33 公顷、义务植树造林 13.33 公顷、中国沙棘 2 万株。坚持最严格的耕地保护制度，年内土地整治 8.67 公顷。

【产业发展】 全年，岗巴县新成立注册农牧民专合组织共 107 家。通过 31 家养羊合作社，实现贫困户、边缘户、农牧民党员、村两委成员入社率 100%。全县 31 家养羊合作社为社员分红 873.43 万元，带动 2542 名社员人均分红 2685.88 元。通过合作社解放劳动力 1330 人就近就地务工，劳务创收 1772.83 万元。通过与珠峰农投白亚成农贸公司的合作，全县共出栏岗巴羊 49397 只。盘活存量资金及整合各类惠民资金投入 1998.73 万元，采取以奖代补的形式对合作社进行扶持和奖励。种植饲草 844.8 公顷，产量 4450 吨。

【项目建设】 全年，全县计划建设项目 54 个，总投资 36.95 亿元，计划完成投资 8.82 亿元，其中续建项目 17 个，总投资 22.12 亿元，计划完成投资 3.77 亿元，新建项目 37 个，总投资 14.82 亿元，计划完成投资 5.05 亿元。其中县级法人项目 46 个，计划完成任务 6.76 亿元。截至 2019 年年底，累计完成投资 4.14 亿元，同比增长 46.45%。村级活动场所标准化建设项目全面推进，已建成 1 个村，其余 28 个村村级活动场所标准化建设基本达到使用条件。小康村民房建设 119 户主体全部完工，年内全部实现入住，孔玛乡乃庆村基础设施建设项目、吉汝村小康村一期项目全部完成。2019 年特困人员集中供养服务中心生态阳光棚建设项目竣工投入使用。高质量推进抵边建设。若木新村项目日报告共计 141 次，督导 80 余次，实地解决各方面问题 30 余个，实现开工 100 天，完成项目工程进度 86%。

【招商引资】 江苏峰谷源储能技术研究院有限公司投资约 6.9 亿元，建设 40 兆瓦并网光伏储能电站项目已于年内开工。注册公司名称为“西藏猛狮峰谷源光伏科技有限公司”，注册资金为 1000 万元。西藏锦杭新能源有限责任公司有意向投资 12 亿元建设“30 兆瓦地热发电 +30 兆瓦光伏”互补发电站。岗巴县与西藏锦杭新能源有限责任公司签订共同开发苦玛地热资源地质勘测的协议。2019年8月份西藏锦杭新能源有限责任公司以出让价528万元取得了自治区自然资源厅颁发的孔玛乡苦玛地热资源勘查许可证。曲登尼玛风景名胜区招商确定与西藏甲羌百马旅游公司合作共同开发景区旅游市场，并获得市级招商奖励资金189万元。

10月，岗巴县组织全县干部职工、党外代表人士、农牧民群众、驻村工作队、青少年学生学习自治区党委书记吴英杰10月7日给岗巴县吉汝村群众回信精神

【脱贫攻坚】 2019年，全县实现脱贫17户40人，累计脱贫625户2175人，贫困人口实现脱贫，贫困发生率由建档立卡初期的21.2%降至零。截至年底，建设易地扶贫搬迁民房206套，搬迁贫困群众667人，总投资4008万元，已兑现资金3778.2764万元。实施五大后续配套产业项目，总投资14478.84万元，成立31家专合组织，全面解放搬迁户劳动力。2019年实现分红1044.55万元，206户667个搬迁对象已全面脱贫。

【民生事业】 2019年，岗巴县农村居民人均可支配收入达12388元，增长14.1%。实现城镇就业70人，城镇登记失业率1.5%。截至2019年年底，参加城镇失业保险713人，参加机关事业单位基本养老保险250人，城镇职工基本养老保险1020人。参加新型农村合作医疗9942人，参合率100%。参加城乡居民养老保险8756人，已领取养老保险待遇672人。

城镇最低生活保障人数10人，农村最低生活保障人79人。

全县有2个养老服务机构，床位26张。

日喀则秋景

人　物

珠峰精神

坚韧不拔　巍峨不屈　感恩向上　敢为人先

国家级先进人物简介

张玉雷　男，汉族，1982年出生于陕西省，2005年毕业于西北农林科技大学。2005年7月参加工作，在日喀则地区草原站工作。2009年6月至2010年11月在日喀则地区农牧局农技培训工作。2010年11月以来在西藏日喀则市农牧局工作，任日喀则市农业农村局综合科负责人。2019年获全国农业农村系统先进个人称号。

贾秀娟　女，汉族，1980年出生于陕西省，2002年毕业于西藏农牧学院，2014—2017年，在中共西藏自治区委党校就读在职研究生。2002年7月参加工作，在亚东县项目办工作。2008年4月到市妇联工作，任日喀则市妇联权益科科长。2019年获全国级维护妇女儿童权益先进个人称号。

王东海　男，汉族，1985年出生于河南商丘，2009年6月毕业于中南民族大学民族学与社会学学院，2015年9月至2018年6月在中共西藏自治区委党校行政管理读在职研究生。2009年8月参加工作，在仁布县帕当乡人民政府工作（切村大学生村官）。任日喀则市仁布县德吉林镇党委副书记、镇长。

先后获2011年度中国大学生村官十大新闻人物、2012全国十佳“村民贴心人”、2012全国“农业科教兴村杰出带头人”“西藏自治区第四届先进工作者”“第二届感动日喀则人物”“全国扶贫先进个人”“全国职工劳动筑梦演讲大赛银奖”等称号。2019年获“劳动筑梦”全国职工演讲比赛银奖。

阿旺次仁　男，藏族，1969年出生于阿里地区普兰县，1991年7月毕业于日喀则地区师范学院，1991年7月参加工作，在阿里地区普兰县完小当教师。任日喀则市司法局党组副书记、局长。2019年获全国公共法律服务工作先进个人称号。

段华聚　男，汉族，1982年出生于河南省南阳市宛城区，2017年6月毕业于中国人民大学法学院，2017年8月进藏参加工作，在西藏日喀则市政府法制办工作，任日喀则市司法局立法科四级主任科员。2019年获全国法治政府建设工作先进个人称号。

刘　鑫　男，汉族，1986年出生，2012年7月参加工作，四川省南充市，2010年7月毕业于成都农业科学技术学院，2012年7月参加工作，在西藏定结县司法局工作。任西藏自治区日喀则市司法局政治处副主任。2019年获全国法考工作表现突出个人称号。

马三军　男，汉族，1974年7月出生于陕西省凤县，1998年7月毕业于西藏农牧学院，1992年12月参加工作，在中国人民武装警察部队西藏总队山南支队服役，任日喀则市司法局党组成员、副局长。2019年获全国法治政府建设工作先进个人称号。

普　布　男，藏族，1976年出生于西藏日喀则，1998年毕业于中国人民公安大学，2003年8月至2005年12月在中央党校函授学院读本科。1998年7月参加工作，在日喀则市桑珠孜区公安局工作。任日喀则市城市管理和综合执法局党组成员、副局长。2019年在“强基础、转作风、树形象”专项行动中表现突出，受到住房和城乡建设部通报表扬。

旦增欧珠 男，藏族，1982 年 1 月出生于日喀则市定日县。任定日县岗嘎镇残障人士民族手工业合作社理事长。

2016 年所创的“藏巴娃娃”获“珠峰巧手文化旅游纪念品”一等奖。2017 年带动建档立卡贫困户 49 户 196 人，人均增收 1500 元，解决就业 56 人。2019 年获全国民族团结进步模范个人称号。

石　角 男，藏族，小学文化，1973 年 2 月出生，1999 年 6 月至 2000 年在西藏边防总队学习。任日喀则地区萨嘎县昌果乡边防派出所护边联防队长。

多次被公安部、西藏自治区党委及政府、西藏公安边防总队等单位授予“护边联防队员先进个人”“十佳护边员”“西藏自治区劳动模范”“公安边防部队群众工作先进个人”等称号。2019 年获全国民族团结进步模范个人称号。

次仁加单 男，夏尔巴人，1980 年 4 月出生，1998 年 12 月至 2000 年 12 月，服役于武警西藏总队那曲支队机动某中队。2005 年 7 月参加工作，在帮居委会任副主任。任聂拉木樟木镇帮村居委会党支部书记兼主任。2019 年获全国民族团结进步模范个人称号。

王亚兰 女，汉族，1970 年 12 月出生，1988 年 9 月参加工作，在原日喀则市国合公司工作，任桑珠孜区俄尔寺管委会科员。2019 年获全国民族团结进步模范个人称号。

罗　布 男，藏族，1998 年 7 月毕业于南昌气象学校气象地面测报专业，1998 年 7 月参加工作，在西藏自治区亚东县帕里镇气象局工作。任西藏自治区亚东县气象局局长。2019 年获全国气象部门优秀县局局长称号。

普　赤 女，藏族，定日县人，1974 年 11 月出生，研究生学历。1998 年 7 月毕业于上海华东政法学院。2008 年 9 月至 2011 年 7 月，在中国政法大学攻读法学硕士研究生。1998 年参加工作，在日喀则中级人民法院立案庭做书记员。任日喀则中级审判监督庭庭长。

曾撰写《新形势下涉诉信访终结案件若干问题探讨》《西藏自治区高级人民法院诉访分离工作办法》，并在西藏全区法院系统试行。2019 年最高人民法院授予全国两会涉诉信访先进个人称号。

罗桑曲珍 女，藏族，2013 年 6 月毕业于南京信息工程大学。2013 年 6 月参加工作，在西藏自治区定日县气象局工作。任西藏自治区定日县气象局任副局长。2019 年获全国重大气象服务先进个人称号。

强巴次仁 男，藏族，任西藏自治区日喀则市萨嘎县昌果乡完全小学教师，一级教师职称。2019 年获全国模范教师称号。

肖　斌 男，汉族，供职于西藏日喀则市教育局师资管理科，高级教师职称。曾指导桑珠孜区获得全国县管校聘示范区；指导南木林县获得全国乡村教师和“三区三州”教师队伍建设优秀工作案例。2019 年获全国模范教师称号。

白珍卓嘎 女，藏族，出生于日喀则市桑珠孜区，任日喀则市退役军人事务局服务中心工作人员。2019 年获“丰碑永铸·颂英烈”全国英烈讲解员大赛优秀奖。

米玛扎西 男，藏族，日喀则人，1979 年 5 月出生，大专学历。1999 年 7 月参加工作，在日喀则市人民法院执行局任科员，任桑珠孜区人民法院党组成员、审委会委员、副院长（一级法官）。2019 年获全国法院涉军停偿先进个人奖。

角巴杰 男，藏族，1980 年出生于青海省共和县，2006 年毕业于西北民族大学藏语言文化传播学院，2008 年 9 月至 2011 年 6 月，就读于西藏大学文学院中国少数民族史藏族历史学，获硕士学位。2011 年 12 月参加工作，在西藏自治区南木林县普当乡党委、乡政府任科员。2013 年 8 月以来在西藏自治区日喀则市委党史研究室（日喀则市地方志办公室）工作，任党史研究室二级主任科员。

2016 年，被西藏自治区党委办公厅、自治区政府办公厅评为“2016 年度全区地方志先进个人”；2019 年获全国地方志先进工作者称号。

尼普拉 男，藏族，日喀则市萨迦县人，1966 年 10 月出生，中专学历。1984 年 10 月至 1988 年 4 月，西藏军区后勤部山南大站服兵役，1988 年 5 月参加工作在西藏自治区山南市中院，任书记员（科员）。任日喀则市中级人民法院执行局局长。2019 年获全国法院涉军停偿先进个人奖。

自治区级先进人物

自治区级最美志愿者

卓　玛　康马县农牧局公益性岗位工人

普　赤　江孜县重孜乡群众

王鸿飞　桑珠孜区二中援藏教师

第 15 届西藏青年五四奖章

小索顿　西藏格藏青稞食品科技开发有限公司总经理

次　央　西藏老阿妈民族文化发展有限公司董事长

民族团结进步模范个人

李　原　日喀则市安全生产监督管理局原高级工程师

陶文权　拉孜县委原常委，政府党组副书记、副县长

田长青　中共聂拉木县原委常务副书记

贾宜宏　日喀则市财政局原党组成员、副局长

阿旺曲尼　岗巴县退休干部

马尕东　桑珠孜区扎西拉宗藏装批发部经营者

达　贵　江孜县车仁乡伦巴村党支部书记

白　央　白朗县旺丹乡桑巴村党支部委员

龙　托　西藏天康顺达建设工程有限责任公司总经理

拉巴普赤　仁布县卫生服务中心副主任、疾控中心主任

格　桑　聂拉木县樟木镇樟木居委会党支部副书记、主任

平　拉　拉孜县扎西宗乡杂村利民民族

手工业合作社理事长

索　朗　昂仁县秋窝乡南木加村村民

阿旺久美　定日县扎西宗乡托桑林村党支部书记

王国林　南木林县土布加乡玛格达村村民

普　琼　萨迦县中学副校长

普　次　日喀则市乃康皮具制造有限公司负责人

边　　巴　定结县陈塘镇人民政府人社专干

罗布扎西　萨嘎县拉藏乡久嘎村党支部书记

国杰确巴　康马县少岗乡满参村村民

旦　　巴　仲巴县纳久乡热苏村党支部书记

确　　吉　岗巴县昌龙乡乃村妇代主任

土旦宁布　桑珠区政协副主席、俄尔寺管委会第一主任

扎　　顿　日喀则市第一高级中学办公室主任

扎西旺加　日喀则市德旺燃气有限公司董事长

2019 年度自治区级“先进双联户”

桑珠孜区（1 个联户单位 11 户）

城南街道办事处扎西吉彩社区 0447 联户单位（11 户）

尼玛次仁（户长）、拉巴普尺、次旦玖美、德吉、参木拉、普布穷达、巴桑多吉、次仁片多、洛桑、拉巴次仁、西洛

江孜县（1 个联户单位 10 户）

年堆乡卓萨村 0217 联户单位（10 户）

普索朗（户长）、拉平、尼玛国杰、普琼、普琼、旦巴、尼次、普赤、次仁、普顿珠

白朗县（1 个联户单位 10 户）

白朗县玛乡果堆村 0566 联户单位（10 户）

旦增（户长）、尼吉、边珍、米次、边巴杂吉、仓木、尼欧、次仁、阿琼、旦增

亚东县（1 个联户单位 4 户）

下亚东乡多加岗村 0010 联户单位（4 户）

格桑次仁（户长）、次仁、格桑、达欧珠

拉孜县（1 个联户单位 9 户）

查务乡那布西村 0354 联户单位（9 户）

巴桑次仁（户长）、旦增、格桑平措、普拉、旦多、强巴、多拉、站堆、扎西

昂仁县（1 个联户单位 11 户）

卡嘎镇卡尔琼村 1212 联户单位（11 户）

曲坚（户长）、罗班、加拉、次仁平措、多吉、次平、扎西、罗扎、次琼、塔拉、次仁

南木林县（1 个联户单位 11 户）

芒热乡格桑村 0408 联户单位（11 户）

次仁罗布（户长）、次顿、久美多吉、嘎玛、多吉、米玛、白珍、普布、索南坚参、白玛次旺、次吉

萨迦县（1 个联户单位 8 户）

扯休乡吉雄村 0955 联户单位（8 户）

多吉（户长）、穷阿、普琼、次旦平措、阿旦、次仁、琼拉、次多

谢通门县（1 个联户单位 7 户）

仁钦则乡国木德村 0360 联户单位（7 户）

旦增南木加（户长）、布米措姆、旺姆、次旺拉姆、赤让、达瓦次仁、旺玛

定结县（1 个联户单位 9 户）

江嘎镇江嘎村 0003 联户单位（9 户）

热杰（户长）、多布杰、嘎桑、尼珍、白玛、米玛吉律、贡布、央珍、巴桑

仁布县（1 个联户单位 9 户）

普松乡钦布村 0600 联户单位（9 户）

拉琼（户长达瓦）、次旺加布、加布、

格桑多吉、罗杰、巴桑、白珍、巴姆、米玛

康马县（1 个联户单位 10 户）

雄章乡雄村 0172 联户单位（10 户）

伦珠（户长旺堆加布）、多吉平措、次旦、拉巴国吉、索加、次旦石达、卓嘎、琼吉、多吉、普却

吉隆县（1 个联户单位 11 户）

吉隆镇玛嘎村 0121 联户单位（11 户）

仓决（户长）、尼玛、普确、参木决、德吉卓嘎、索朗、坚参、白玛萨珍、尼玛、达娃、普次旦

仲巴县（1 个联户单位 13 户）

布多乡扎古村 0876 联户单位（13 户）

次旦（户长）、格鲁、普琼、朗吉扎巴、扎西顿珠、顿多、热久、尺来、扎旺、巴朗、拉达、嘎玛仁青、边巴

自治区级嘉奖

边巴扎西　亚东县公安局玛曲桥便民警务站

孙 小 舟　日喀则市公安局刑事侦查支队

普　　珠　康马县公安局（南尼乡派出所所长）

赤列群培　吉隆口岸公安分局刑事侦查大队

单增次仁　江孜县公安局车仁乡派出所

洛桑顿珠　萨迦县公安局吉定公安检查站（交通警察中队）

土　　旦　定日县公安局协白路便民警务站

李 定 隆　日喀则市公安局治安管理支队治安行动大队

格桑次旺　日喀则市公安局特警支队特巡警大队

顿珠扎西　谢通门县公安局卡嘎镇派出所

赵 飞 跃　日喀则市桑珠孜区公安局政工纪检室

薛 俊 生　聂拉木县公安局政工纪检室

王 小 龙　日喀则市桑珠孜区公安局政工纪检室

边 俊 沛　昂仁县公安局特警大队

格桑次仁　聂拉木县公安局门布派出所

普布伦珠　白朗县公安局嘎东镇派出所

普　　顿　吉隆县公安局治安管理大队

自治区级二等奖

汪 志 忠　日喀则市公安局党委

强　　巴　日喀则市公安局特警支队

旦　　增　日喀则市公安局交通警察支队道路交通管理科

蒋 丽 强　谢通门县公安局治安管理大队

李　　玠　康马县公安局治安管理大队

普　　琼　聂拉木县公安局

边巴次仁　聂拉木口岸公安分局

达娃索朗　定日县公安局

自治区级三等奖

拉巴次仁　仲巴县公安局帕羊镇便民警务站

普布扎西　岗巴县公安局治安管理大队

苗 青 振　日喀则市公安局政治部

金 小 云　日喀则市公安局办公室

扎西顿珠　定结县公安局江嘎中心路（1号）便民警务站

扎西顿珠　日喀则市公安局网络安全保卫支队

顿　　珠　桑珠孜区公安局

自治区级成绩突出先进个人

张 建 平　江孜县公安局刑事侦查大队

边巴平措　吉隆县公安局国内安全保卫大队

贾 彩 萍　日喀则市公安局特警支队女子特警大队

阿旺多吉　萨嘎县公安局22道班一级公安检查站

班　　典　日喀则市公安局技术侦察支队

多吉伦珠　仁布县公安局切娃一级公安检查站

平措扎西　日喀则市公安局扎什伦布派出所

2019年度西藏自治区“十大法治人物”

王金龙　日喀则市司法局

自治区维护妇女儿童先进个人

边　确　日喀则市中级人民法院

第二届自治区文明家庭

达珍家庭　日喀则市中级人民法院

夏狭家庭　萨迦县萨迦镇夏巴村

全区重大气象服务先进个人

多　吉

卜晓辉

全区第五届气象行业重要天气预报技能竞赛中个人全能第一

索南才吉

全区第五届气象行业重要天气预报技能竞赛中个人全能第二

小格桑卓玛

全区县级综合气象业务技术带头人

卓玛次仁　亚东县气象局

拉　　珍　江孜县气象局

全区气象部门优秀科技工作者

徐　　薇

全区体育事业先进工作者

央　　吉　市教育局体育科

桑吉卓玛　市教育局体育科

巴桑次仁　市教育局体育科

洛桑赤列　萨迦县教育局

全区优秀教练员

王　　洪　市业余体校教师

全区优秀校长

次仁多吉　日喀则市职校

全区优秀教师

罗　　桑　日喀则市职校

刘 跃 军　日喀则市职校

全区优秀思政教师

尼　　玛　日喀则市职校

西藏自治区包虫病综合防治先进个人

普　　次　日喀则市卫健委副主任

边　　巴　日喀则市疾病预防控制中心

全区红十字会系统先进个人

达瓦次仁　日喀则市红十字会秘书长

“遵行四条标准、争做先进僧尼”教育实践活动先进工作者

多吉次仁　市宗教事务局局长

自治区第五届劳动模范

李 一 蕾　中石油集团公司日喀则分公司员工

2018 年度全区优秀共青团员

旦增罗杰　日喀则市白朗县东喜乡小学教师

旦增赤来　日喀则市岗巴县中学初二 2 班学生

阿旺云典　江孜县年堆乡人民政府科员

石　　次　拉孜县中学初三 1 班学生

央　　宗　日喀则市亚东县吉汝乡小学教师

2018 年度全区优秀共青团干部

次仁扎西　团白朗县委书记

尚 虎 虎　日喀则市第四高级中学团委干事

李 春 团　团仲巴县委科员

索朗卓玛　桑珠孜区第三中学团委书记

2018 年度全区优秀共青团干部（驻村专项）

王中一　团拉孜县委科员

附　录

日喀则年鉴 2020

珠峰精神

坚韧不拔　巍峨不屈　感恩向上　敢为人先

在市委经济工作会议上的讲话（摘要）

（2019年2月26日）

自治区政府副主席、日喀则市委书记 张延清

今天，我们在这里召开市委经济工作会议，主要任务是，坚持以习近平新时代中国特色社会主义经济思想为指导，贯彻落实中央、区党委经济工作会议精神，总结2018年经济工作，分析经济形势，部署2019年经济工作，奋力推进日喀则经济高质量发展。

2018年，是我们应对挑战、奋力前行的一年，是排除干扰、加快转型的一年。一年来，市委坚持以习近平新时代中国特色社会主义经济思想为指导，坚持新发展理念，以处理好“十三对关系”为根本方法，坚持和加强对经济工作的领导，保持定力、真抓实干，取得了基础设施明显改善、“七大产业”转型升级、生态保护持续加强、改革开放全面深化、民生事业不断进步、社会大局和谐稳定的显著成绩，全市经济社会保持了稳步向好的良好态势。2018年，全市地区生产总值实现243.20亿元，同比增长8.9%；全社会固定资产投资完成177.47亿元；地方一般公共预算收入17.58亿元，增长11.62%；社会消费品零售总额111.26亿元，增长14.3%；城镇和农村居民人均可支配收入分别达到32989元、10216元，分别增长9.5%、10.7%。

这些成绩的取得，得益于以习近平同志为核心的党中央和习近平总书记的特殊关怀，得益于习近平新时代中国特色社会主义思想和总书记关于治边稳藏重要论述的正确指引，得益于自治区党委的坚强领导，得益于援藏四省市、两企业的无私援助，得益于全市各族干部群众的努力付出。在此，我代表市委、人大、政府、政协，向为日喀则建设作出贡献的广大干部群众，向关心日喀则发展的各级领导和各界朋友，表示衷心的感谢并致以崇高的敬意！

下面，我就今年经济工作，讲三点意见。

一、认清形势、提高站位，找准经济发展前进方向

正确判断经济形势，是做好经济工作的重要前提。站在赶超跨越的关键路口、爬坡过坎的重要关口，要破解发展中的难题、化解各方面的风险，走出适合日喀则的高质量发展路子，我们有压力、有挑战，更要有信心、有决心。

（一）科学研判全国宏观经济形势。2018年12月19日至21日，中央经济工作会议在北京举行，习近平总书记出席会议并发表重要讲话，讲话深入分析当前经济形势，深刻阐述我国发展重要战略机遇期，明确提出今年经济工作的总体要求、主要目标和重点任务，具有很强的思想性、战略性和针对性，进一步丰富了习近平新时代中国特色社会主义经济思想，是指导当前和今后一个时期经济工作的纲领性文件。学习习近平总书记重要讲话精神，要深刻理解和把握“五个必须”

的规律性认识，科学认识规律、正确运用规律，立足日喀则实际，保持战略定力，毫不动摇推进高质量发展。深刻理解和把握我国发展仍处于并将长期处于重要战略机遇期的重大判断，紧紧抓住机遇，善于利用机遇，充分发挥日喀则优势，坚定不移办好自己的事情。深刻理解和把握今年经济工作总体要求和政策取向，保持“稳”的定力、“进”的信心，继续打好“三大攻坚战”，贯彻落实深化供给侧结构性改革巩固、增强、提升、畅通“八字方针”，巩固“三去一降一补”成果，降低全社会各类营商成本，加大基础设施等领域补短板力度；增强微观主体活力，发挥企业和企业家主观能动性，促进正向激励和优胜劣汰，发展更多优质企业；提升产业链水平，注重利用技术创新和规模效应形成新的竞争优势，培育壮大“七大产业”；畅通国民经济循环，加快建设统一开放、竞争有序的现代市场体系，提高金融体系服务实体经济能力，形成市场与生产主体、经济增长和就业扩大、金融和实体经济的良性循环，不断提高日喀则经济发展的质量和效益。深刻理解和把握今年全国经济工作七项重点任务，认真对表对标、坚决落实执行，牢牢把握经济工作主动权。深刻理解和把握提高党领导经济工作能力和水平的要求，把党中央大政方针政策转化为做好日喀则经济工作的思路举措，确保日喀则工作任务与党中央大政方针政策相符合、相一致，确保党中央大政方针政策在日喀则不折不扣落实到位。

（二）深刻理解全区经济工作安排。要认真学习、深刻领会、贯彻落实自治区党委经济工作会议精神，聚焦聚力民生改善、项目建设、脱贫攻坚和乡村振兴、美丽西藏建设、特色优势产业发展、全面深化改革开放六项任务，补短板、降成本，优环境、强服务，抓创新、增动能，建市场、激活力，坚定不移推动经济持续健康发展。特别是要深刻领会英杰书记“以处理好‘十三对关系’为根本方法”的重要指示精神，把“十三对关系”贯穿到工作全过程，不断增强工作的科学性、预见性、主动性、创造性、实效性，切实推动日喀则长足发展和长治久安；深刻领会英杰书记“我区所有的经济工作都是民生工作”的重要指示精神，始终坚持以人民为中心的发展思想，紧紧围绕改善民生、凝聚人心这个出发点和落脚点，解决好群众最关心、最直接、最现实的利益问题，让每一个发展成果都惠及各族群众，让每一项工作都落脚在改善民生上，把每一份温暖都送到群众心坎上。

（三）准确把握我市经济发展特点。高质量发展是事关发展方式、经济结构、增长动力的深刻变革，赶超跨越是日喀则奋起直追、同步小康的必然选择。近年来，我市经济社会发展取得了一些成绩，但发展不足是最大的市情、速度不快是最大的实际、质量不高是最大的短板，问题矛盾比较突出，集中表现在，下行压力加大与造血功能不足的“双重影响”：中央作出了“形势更加严峻复杂、经济下行压力更大”的明确判断，将今年的GDP 增长预期目标确定为 6% ～ 6.5%，宏观经济环境趋紧，我们面临的挑战更多。进入新的发展阶段，我市产业发展不快、项目带动不够、创新能力不强、市场培育不足等问题集中显现出来，加快增长动力转换、提高发展质量效益，成为摆在我们面前的重大课题、紧迫任务。重大项目偏少和产业层次偏低的“双重短板”：投资规模大、产业链条长、财税贡献大的大项目、好项目少，带动性、支撑性的龙头项目更少，直接影响经济快速发展、长远发展。“七大产业”培育速度相对缓慢，企业融资难、融资贵问题未得到根本解决，现代服务业、外向型经济、现代物流等新兴产业发展滞后，产品科技含量低、附加值低，处于价值链低端。建设用地指标不足和生态环境保护压力的“双重制约”：自治区下达我市土地指标供给远不能满足新增建设用地需求，土地变更调查消耗指标过大，随着基础设施建设不断加快，土地供给捉襟见肘。我市耕地红线已经明确、生态红线基本划定，收紧了建设用地空间，生态保护与经济发展的矛盾较为突出。增加群众收入与防止返贫的“双重隐忧”：农村居民人均可支配收入排名全区倒数第二，群众增收致富的门路少、渠道窄，增加群众收入形势严峻、任务很重。脱贫攻坚既要攻克最后堡垒，实现3.5万人如期脱贫；又要巩固脱贫成果，防止边缘户成为贫困户、脱贫户刚越线又返贫，基本消除绝对贫困、全面建成小康社会的压力很大。体制机制不活与干部能力不足的“双重障碍”：投融资、金融、国资国企等领域的改革还不够快、不够实，资源要素配置效率不高，制约高质量发展的体制机制障碍仍然存在。有的党员干部不作为慢作为、等靠要、慵懒散、慢虚弱，推动发展的能力和水平亟待提高。我们一定要增强危机感、紧迫感、责任感，以更大的决心、更强的力度、更实的举措、更硬的作风，推进日喀则弯道超车、加速发展，不断满足各族群众日益增长的美好生活需要，为全面建成小康社会收官打下决定性基础。

二、蹄疾步稳、勇毅笃行，推动经济发展提质增效

今年，是新中国成立70周年，是决胜全面建成小康社会的关键之年，是西藏民主改革60周年，是加快建设和谐文明幸福美丽日喀则的承重之年，做好经济工作至关重要。全市经济工作的指导思想是：坚持以习近平新时代中国特色社会主义经济思想为指导，全面贯彻落实党的十九大、十九届二中三中全会、中央第六次西藏工作座谈会和中央经济工作会议精神，贯彻落实自治区第九次党代会、区党委九届三次四次五次全会和自治区党委经济工作会议精神，统筹推进“五位一体”总体布局，协调推进“四个全面”战略布局，坚持以人民为中心的发展思想，坚持稳中求进、进中求好、补齐短板的工作总基调，坚持新发展理念，坚持推动高质量发展，坚持以供给侧结构性改革为主线，坚持深化市场化改革、扩大高水平开放，落实“六稳”要求，以处理好“十三对关系”为根本方法，深入实施“6677”总体工作思路，继续打好“三大攻坚战”，着力激发微观主体活力，突出保障和改善民生，不断增强群众获得感、幸福感、安全感，奋力推进日喀则经济社会高质量发展。

主要奋斗目标是：地区生产总值同比增长11.5%以上，地方一般公共预算收入增长15%以上，全社会固定资产投资增长15%以上，社会消费品零售总额增长18%以上，城镇和农村居民人均可支配收入分别增长11.5%以上、15%以上。

（一）围绕改善民生、凝聚人心，推进社会局势大稳定。社会稳定是改革发展的前提，是改善民生的内在需要。今年是维护社会稳定的“大考”之年，要坚持“稳定压倒一切”“一切工作为稳定让路”，立足今年维稳工作的特殊形势、特殊任务、特殊使命，坚持以防患于未然为原则做工作、以防止出大事打基础

做准备、以敢于担当落实责任为标准看干部，坚持稳字当先、以稳为要，立足于防、以防为主，深入开展反分裂斗争，持续推进“三个专项斗争”，全面提升基层治理水平，推动社会治理从“要我稳定”向“我要稳定”转变，确保社会大局持续稳定、长期稳定、全面稳定，绝不允许任何人破坏我们来之不易的幸福生活、发展成果、大好局面，为经济社会加速发展提供良好的社会环境。

（二）围绕改善民生、凝聚人心，推进群众福祉大增进。增进民生福祉是发展的根本目的。要始终坚持以人民为中心的发展思想，以城镇和农村居民人均可支配收入分别增长11.5%以上、15%以上为目标，坚持困难麻烦由政府解决，把方便实惠让给群众，尽力而为、量力而行，保证群众有更多获得感。

一要决战脱贫攻坚。没有脱贫攻坚就没有同步全面小康。要坚持目标标准，贯彻精准方略，坚决抓好中央第三巡视组脱贫攻坚专项巡视反馈意见整改工作，深化扶贫领域腐败和作风问题专项治理，下大力气解决形式主义、官僚主义、不严不实、数字脱贫、虚假脱贫等问题，确保打赢的进度，保证打好的质量，实现南木林、萨嘎、拉孜、江孜、谢通门、萨迦六县如期摘帽，3.5万人如期脱贫。要增强贫困群众内生动力和自我发展能力，减少和防止贫困人口返贫，巩固好脱贫成果。要研究解决收入水平略高于建档立卡贫困户的群体缺乏政策支持等新问题，及早谋划脱贫攻坚目标完成后的工作措施。

二要推进乡村振兴。大力实施以“神圣国土守护者、幸福家园建设者”为主题的乡村振兴战略，是满足农牧民群众日益增长的美好生活需要的重要抓手。要聚焦“五个振兴”，把增加农牧民收入作为核心目标，通过壮大特色产业、落实惠民政策、发展专合组织、加大劳务输出、深化农牧区改革等途径，千方百计增加群众收入、提高群众生产生活水平。要改善农村人居环境，重点抓好“三清一改”，突出抓好“厕所革命”、澡堂建设，鼓励农牧民群众投身清洁、绿化、管护等人居环境治理，使优美的生活环境成为农牧民群众的自觉追求。要推进移风易俗，继续开展“四讲四爱”群众教育实践活动和“千名党员干部入户大宣讲”活动，健全公共文化服务体系，丰富群众精神文化生活，刹住封建迷信之风、大操大办之风、酗酒赌博之风、好逸恶劳之风、家族宗亲之风，引导群众追求健康文明的生活方式。要全力抓好边境小康村建设，引导腹心地区群众向边境一线搬迁，完成1000人以上搬迁任务。

三要扩大就业创业。就业是最大的民生。要加强农牧民技能培训，统筹整合培训资源，开展社会化、市场化职业技能培训，促进群众就业由“体力型”向“技术型”转变。要提高劳务输出组织化程度，建立副县区长牵头负责，乡（镇）、村（居）专人负责的工作机制，促进劳务输出由“零散型”向“组织型”转变，实现劳务输出39万人次。要做好高校毕业生就业工作，深化“双创”暨大学生（中职生）就业动态清零行动，严格落实大学生市场就业补贴政策，引导大学生进入村（居）“两委”班子、村幼儿园就业，帮助大学生到拉萨国企就业，确保未就业大学生全部就业。

四要优先发展教育。教育是国之大计、党之大计。要推进一体化发展，认真抓好义务教育均衡发展、现代职业教育体系建设等专项攻坚计划，推进各级各类教育协调发展，全面实现“五个100%”的目标，确保学前三年毛入园率达到80.05%，小学适龄儿童毛入学率达到104.2%，初中入学率达到100%，义务教育巩固率达到95%，高中阶段毛入学率达到77.5%，职业教育招生人数达到3400人。要深化教育体制改革，重点推进教育人事制度、中职学校校企合作联席工作制度改革，探索校长职级制改革，不断增强教育发展活力。要建强教师队伍，发挥教育人才组团式援藏、“援藏援疆万名教师支教计划”的作用，提高教师队伍整体能力素质。

五要保障群众健康。健康是群众幸福和社会发展的基础。要深入推进“健康日喀则”建设，完善公共医疗卫生服务体系，持续深化医药卫生体制改革，巩固市人民医院和市藏医院“创三甲”成果，大力推进县区卫生服务中心和基层医疗卫生队伍建设，继续推进乡镇卫生院和村卫生室标准化建设，着力提高全市医疗卫生服务水平，确保市人民医院能够治疗的中病病种达到520种，县域内就诊率达到80%以上，孕产妇住院分娩率稳定在98%以上，孕产妇死亡率控制在50/10万、婴幼儿死亡率控制在10‰以内。要深化医疗人才组团式援藏工作，提升市人民医院服务能力，打造以市人民医院为龙头、带动各县区、辐射周边地区的新型医联体。要提高疾病防治水平，加强结核病、包虫病、高原风湿病、高血压等疾病防治，重大传染病病发率控制在全区平均水平以下。

六要加强科技创新。大力实施创新驱动发展战略，加快“珠峰众创”等科技创新平台建设，强化科技援藏合作交流机制，积极引进推广应用新技术，加大科技人才引进培养力度，培育扶持科技型企业，促进科技成果转化运用，确保科技进步对经济增长贡献率达到45%。

七要强化社会保障。社会保障是民生之基。要完善覆盖城乡居民的基本养老、基本医疗、失业、工伤、生育等保险制度，健全城乡低保、临时救助、抚恤优待、集中供养等制度，保障好困难群众基本生活。要加强防灾减灾救灾工作，完善应急管理和防灾减灾救灾体制机制，增强抵御和应对灾害的能力。要抓好安全生产，确保重特大安全事故“零发生”，坚决保障人民群众生命财产安全。

（三）围绕改善民生、凝聚人心，推进产业发展大升级。产业培育是日喀则经济发展的关键，产业转型是日喀则经济高质量发展的核心。要坚持大抓产业、抓大产业，打造产业平台，壮大产业集群，优化产业结构，提升产业水平。

一要狠抓七大产业发展。“七大产业”是日喀则的主导产业，必须高标准实施、高效率推进，真正让“七大产业”成为日喀则高质量发展的引爆点，成为群众增收致富的摇钱树。要坚持规模化、多元化、市场化方向，引导技术、资本、人才向“七大产业”聚集，推动“七大产业”扩大规模、提质增效，确保青稞总产量超过40万吨，蔬菜总产量达到40万吨；牦牛存栏46.5万头，出栏12.1万头，短期育肥出栏8000头以上；黄牛改良5.7万头，娟姗牛养殖达到7200头；“两只羊”存栏300万只、出栏115万只，商品率达到45%；申请区市两级农牧业产业化龙头企业6家，申报国家级农牧民专业合作社5家；接待国内外游客人数、旅游总收入分别增长25%、20%；天然饮用水总产量、产值分别增长33%、68%；杨树、小红柳、沙棘三个万亩本土苗圃基地规模均达到7000亩，人工饲草种植面积达到65万亩、产量达到91万吨；装配式建筑新增开工面积15万平方米；列统民族手工业实体新增10家，实现总产值2.53

亿元；水电站、并网光伏电站总装机容量分别达到98兆瓦、355兆瓦；进出口货物总量增长10%。

二要狠抓民营企业发展。民营企业在发展产业、增加就业、改善民生等方面，具有举足轻重的作用。要坚持“两个毫不动摇”“两个不可侵犯”，按照一视同仁、平等对待的原则，把民营企业和民营企业家当作我们自己人，发展壮大科技型、服务型、外向型、精深加工型、绿色环保型等骨干企业和中小微企业，鼓励民营企业进入交通、能源、旅游、水利、生态等领域，确保民营企业新增1000家以上、民间投资增长10%。要着力构建“亲”“清”政商关系，对民营企业多服务，对民营企业家多引导，做到有交集不搞交换、有交往不搞交易。要严格落实各项奖励激励政策，为民营企业成长提供全方位支持。

三要狠抓专合组织发展。农牧民专合组织一头连接市场、一头连接群众，是推动产业发展、提高群众组织化程度、带动群众增收的突破口，必须全力以赴抓、雷厉风行抓、持之以恒抓、久久为功抓，让专合组织如雨后春笋般发展起来。要实现全面覆盖，市级领导干部按照各自分管领域，牵头负责、精心组织，全力推进生态、劳务、种植、养殖、手工、工程机械等合作社村居全覆盖，引导群众以现金、土地、牲畜、设备等入股合作社，实现资源变资产、资金变股金、农民变股民，抱团谋发展、拓宽致富路。要深化利益联结，积极推广“专合组织＋农牧户”“龙头企业＋专合组织＋农牧户”“龙头企业＋基地＋专合组织＋农牧户”等联结模式，探索完善保底分红、按股分红、二次返利等多种利益分配形式，最大限度增加成员收入，实现建一个组织、兴一项产业、活一地经济、富一方群众。要严格规范管理，健全完善专合组织经营决策、财务管理、内控监督、风险共担等机制，坚决防止专合组织被少数人控制和垄断、成为少数人谋利益的工具，坚决防止专合组织挂“空壳”、骗取补贴、非法集资，一经发现，坚决取缔。要加大扶持力度，各级各部门根据各自职能，在财政、税收、信贷、保险、用地、用电、人才等方面，支持专合组织发展，扶上马、送一程，助力做大做强。

四要狠抓园区经济发展。建设特色园区，是促进同类产业集聚整合、推动产业优化升级的必然选择。要坚定不移推进园区发展，按照政策优、体制顺、服务好的要求，拓展发展空间、提升承载能力，吸引企业以资金、技术和产品为纽带向园区集聚，切实把园区建设成为产业规模大、集中度高、竞争力强的特色园区。日喀则国家农业科技园区要加快推进“一心两核六园”建设，做好科技部验收迎检工作；日喀则经济开发区要聚焦项目落地建设，确保完成投资20亿元，力争今年可见雏形；珠峰文化旅游创意产业园区要大力实施“一馆两中心”建设，继续扩大融资规模，确保完成投资10亿元；吉隆跨境经济合作区要重点加快萨勒环线公路、二线联检区、吉隆口岸信息化工程等项目建设，确保完成投资9.6亿元；拉洛现代农业产业园区要同步开展基础设施建设和产业投资，确保完成投资4.5亿元，推动园区早建成、早见效。

（四）围绕改善民生、凝聚人心，推进项目建设大突破。今天的项目，就是明天的发展。要始终坚持规划引领抓项目、无中生有抓项目、突出特色抓项目、千方百计抓项目、竭尽全力抓项目，再想办法、再鼓干劲，不等不靠、真刀真枪，推动项目建设热潮不断升温，真正使项目建设成为日喀则高质量发展、群众增收致富的强大支撑。

一要在“抢”上下功夫。当前全国经济面临下行压力、全区面临转型挑战，但中央对西藏的特殊关怀、自治区对日喀则的关心支持，一如既往、从未减弱。各级各相关部门要主动争取、主动沟通、主动对接，着眼基础设施、园区建设、产业发展、公共服务、边境建设等重点领域，研究宏观政策，做好项目筛选，精心策划包装，积极对上协调，让我市更多项目进入国家、自治区的计划盘子，及早“挂上号”“排上队”。

二要在“快”上下功夫。项目落地慢、开工慢、建设慢、投产慢，影响的是全市大发展、大跨越。要加快项目前期工作，严格程序、优化流程，用力抓好规划、立项、招标等手续办理，提高项目前期工作质量和评审通过率，特别是要加快推进日喀则至吉隆铁路和高等级公路、日喀则至亚东铁路和高等级公路、东嘎水库等重点项目前期工作，力争早日开工。要加快项目建设，日喀则无霜期短、施工期短，必须挂图作战抢进度、全力以赴抓建设，确保定日支线机场、第二批边防部队通大电网工程等项目如期开工，确保“十项提升”工程、拉洛水利工程、湘河水利工程、拉萨至日喀则机场高等级公路、重点国边防公路等项目顺利推进。要加快项目投产，密切配合、加强沟通，全力为重点项目做好服务，推动项目早见效。要健全完善机制，完善重点项目推进会制度，严格落实目标责任制，定目标、定责任、定时间，确保项目建设有力有序推进。

三要在“活”上下功夫。一个好项目，就是一个发展的增长点，就是一个税收的来源点，就是一个富民的立足点。要创新工作方法，灵活运用各种方式，为项目建设提供保障。建设用地要盘活，坚持严控增量、盘活存量，全力抓好第三次全国国土调查工作，积极对上申请增加建设用地指标、增加农用地转用及征收报批面积，认真做好城乡建设用地增减挂钩工作，有力保障项目建设用地需求。项目融资要灵活，抢抓国家“较大幅度增加地方政府专项债券规模”的利好政策，既不违规举债、又要敢于举债，支持重大在建项目建设，着力补齐发展短板。群众动力要激活，组织群众依法参与产业、基础设施等项目建设，保证60%的项目用工为我市群众，用项目富民、利民、惠民。

（五）围绕改善民生、凝聚人心，推进招商引资大攻坚。招商引资是做大实体经济规模的重要路径。要坚持大招商、招大商、招好商，每季度召开一次招商引资推进会议，研究部署相关工作，以招商引资的大提速、大突破，推动全市经济社会大发展、大跨越。

一要精准招商引资。招商引资不能“眉毛胡子一把抓”，必须有的放矢、有所选择。要明确招商方向，围绕“七大产业”、新型建材、基础设施、金融服务、民生改善等领域，采取定向、定位、定企和委托代理、展销洽谈等多种方式，着力引进行业领军企业、大型知名企业，确保招商引资到位资金达到90亿元，增长10%以上。要做好项目包装，将日喀则区位优势、环境优势、政策优势、发展前景等汇编成册，提前做好项目的可研、规划选址、土地预审、环评等工作，形成“精准招商项目包”，力争投资主体“拎包入住”，实现项目落地“零等待”。要重视招才引智，从单纯引才、单纯招商向“人、财、项目”打包引进模式转变，从零星人才引进向技术团队、管理团队引进转变，形成“团队＋技术＋资本”的招商引资新模式，力争引进一个团队、带来一个企业、带动一个产业。

二要加强全域招商。招商引资，全市一盘棋。各县区要坚持资源一体整合、优势一体谋划、信息一体共享，对招商引资项目“只求所在、不求所有”，打破行政区划限制、条块分割，探索发展“飞地经济”，跨区域开展合作，推动产品、土地、技术等优势互补，建立合理的成本分担和利益共享机制，促进招商引资方和项目落地方良性互动、互利共赢，以全域统筹“一盘棋”换来招商引资“加速度”。

三要提高服务质量。做好招商后的跟踪协调服务，是我市招商引资必须加强的环节。要完善“一个项目、一名领导、一个团队、一套方案、一抓到底”工作机制，帮助企业解决落地、开工、建设、投产中遇到的困难，让项目引得进、留得住。特别是对已对接未签约、已签约未落地、已落地未开工的项目，要盯紧靠实、主动对接、协调推进，实现真投资、真落地。

（六）围绕改善民生、凝聚人心，推进生态环境大保护。日喀则最大的价值在生态、最大的责任在生态、最大的潜力也在生态。要坚决贯彻落实习近平生态文明思想，坚持尊重自然、顺应自然、保护自然，牢固树立绿水青山就是金山银山、冰天雪地也是金山银山的理念，全面加强生态文明建设，确保日喀则青山常在、绿水长流，让良好生态环境成为最普惠的民生福祉。

一要高水平推进重点生态工程。重点生态工程，是建设生态文明的重要载体。要大力实施“奋力建设美丽日喀则、筑牢生态安全屏障”重大生态工程，落实“三区三线”管理制度和“三线一单”管理要求，统筹山水林田湖草系统治理，保护好自然保护区、森林、湿地、草原、河流、湖泊、雪山等区域，保护好生物多样性资源，实现人与自然和谐共生。要全面推进国土绿化行动，大力实施退耕还林、退牧还草工程，继续推进天然草地保护、人工种草和天然草地改良工程，继续实施森林围城、机场快速通道绿化、城区周边山体绿化项目建设，推广雅江北岸生态示范区建设经验，在消除“无树户”的基础上扩大造林面积，完成 68.3 万亩的造林任务、增长 86.4%。要大力实施水土保持、防沙治沙等生态修复工程，大规模推广种植杨树、小红柳、沙棘，逐步改善沙区生态状况。

二要高标准推进环境污染防治。污染防治攻坚战，是决胜全面建成小康社会的三大攻坚战之一。要全力抓好珠峰垃圾问题整改工作，坚决保护好珠峰生态环境。要认真抓好中央环保督察整改工作，紧盯污水处理设施建设、自然保护区调整管理、矿产资源开发治理，全力以赴整改，确保问题不反弹。要坚决打好蓝天、碧水、净土保卫战，认真做好控尘、控车、控气工作以及煨桑污染、乱挂经幡治理，确保空气质量维持优良；加强水源地、出厂水、管网水、末梢水的全过程管理，坚决整治城镇特别是年楚河市区段黑臭水体；推广节肥、节药技术，逐步减少农药、化肥施用量，防止新增土壤污染。

三要高质量推进生态富民利民。建设生态文明，目的是生态惠民、生态利民、生态为民。要推进生态扶贫，加强生态补偿岗位的日常监管，避免福利化现象；建立市场化、多元化生态保护补偿机制，鼓励贫困群众参与生态工程建设，增加群众工资性收入，让群众吃上生态饭、走上致富路。要加快推进极高海拔生态搬迁工作，既把更多国土空间留给自然，又让群众共享改革发展成果。

（七）围绕改善民生、凝聚人心，推进改革开放大提升。改革开放永无止境，只有进行时，没有完成时。要坚决贯彻落实习近平总书记在庆祝改革开放40周年大会上的讲话精神，全面深化改革开放，以改革创新增动力，以开放合作添活力，培育经济增长新动能。

一要持续深化改革。经济体制改革是全面深化改革的重点。要加快国资国企改革，坚持政企分开、政资分开和公平竞争原则，持续深化监管体制改革，积极稳妥推动市属国有企业发展混合所有制经济，做强做优做大国有资本，确保市属国企总资产达到220亿元。同时，要优化国有资本布局，放大国有资本功能，更好服务日喀则经济社会发展。要深化金融体制改革，防范化解金融风险，积极引导金融机构认真履行支持地方经济发展的责任，主动与企业共担风险，切实解决企业“融资难”“融资贵”问题。要严控地方隐形债务，按照中央“坚定、可控、有序、适度”和自治区“加强政府性债务管理、稳妥处理地方政府债务风险”的要求，坚决杜绝违法违规融资担保和变相举债行为，确保完成2.76亿元的隐性债务化解任务。要深化财税体制改革，调整优化公共财政支出结构，统筹用于发展急需的重点领域并优先保障民生支出；降低企业税费负担，支持实体经济发展，培育涵养地方优质税源。要深化统计管理体制改革，建立统计部门、行业主管部门协调联动机制，建强统计队伍，加强业务培训，创新工作方法，严格依法统计，确保应统尽统，着力增强统计工作科学性、权威性，不断提高统计数据的真实性、准确性，全力服务发展大局。

二要提升开放水平。对外开放是日喀则加快发展的关键一招。要主动融入国家“一带一路”倡议，积极参与孟中印缅经济走廊建设，有序推进口岸建设，确保樟木口岸货物通道今年5月试运行，推动亚东口岸成为国际性公路口岸，在打造环喜马拉雅经济合作带中发挥更大作用，不断提高外向型经济发展水平，确保进出口贸易总额达到49.3亿元，增长25%。要主动融入国内市场，加强与援藏四省市、两企业的全方位合作交流，协调四省市、两企业采取组团式援藏的方法开展产业援藏；加快融入川渝经济圈、陕甘青宁经济圈、大香格里拉经济圈，努力把日喀则推向全国。要主动融入全区大局，积极参与拉萨—山南—日喀则核心经济区建设，更大范围参与区域产业合作、要素共享和市场共荣。

（八）围绕改善民生、凝聚人心，推进发展环境大优化。优越的环境就是吸引力、创造力、竞争力、生产力。要把优化发展环境作为推进高质量发展的重要环节和关键抓手，把力量放在关键处，把工作做在薄弱处，把问题解决在多发处，努力营造公平正义、充满活力、安定有序的发展环境。

一要营造公正高效的政务环境。公正高效的政务环境，对经济高质量发展具有强大的先导作用。要强化服务意识、提升服务效率，充分发挥市便民服务中心的作用，全面推进“一次办到底”改革，积极推进“互联网+政务服务”，探索推行“一张蓝图”统筹项目实施、“一个窗口”提供综合服务、“一张表格”整合申报材料，建立找茬机制、帮办机制、窗口无否决权机制、审批承诺时间动态优化机制，切实解决“领导批来批去，部门转来转去，群众跑来跑去”等问题，提高企业和群众的满意度。要转变政府职能，持续深化“放管服”改革，为促进就业创业降门槛，为各类市场主体减负担，为激发有效投资拓空间，为公平营商创条件，为群众办事生活增便利。要坚决整治吃拿卡要、推诿扯皮、慵懒散拖等行为，发现一起查处一起，绝不能让个别单位和个别人的恶劣行为影响日喀则发展。

二要营造规范有序的市场环境。规范有序的市场环境，是招商引资、繁荣市场的基础条件。要坚持权利平等、机会平等、规则平等，革除一切阻碍市场主体发展的束缚，让各类市场主体依法平等使用生产要素、公平参与市场竞争、同等受到法律保护。要依法规范市场秩序，严厉打击车霸、路霸、沙霸以及无理阻工等现象，严厉打击制假造假、哄抬物价、偷税漏税、经济诈骗、恶意欠薪等违法行为，保护经营者和消费者合法权益。要全方位推进诚信体系建设，培育诚信风尚、建立诚信形象。

三要营造优美舒适的宜居环境。优美舒适的宜居环境，是日喀则城市形象的最直观体现。要统筹推进“六城共建”，加大投入力度，加快实施老城区保护工程和城市“六化”工程，合理配套停车场、公共厕所、垃圾处理和水、电、网等设施，让城市功能全起来、景观美起来、水系流起来、乡愁留下来、名牌亮起来，让投资者愿意来、留得住。要深入推进新型城镇化建设，加快拉孜县新生小城市试点建设，打造吉隆镇、陈塘镇、吉定镇等特色小城镇，推动桑珠孜、白朗一体化发展，支持江孜、拉孜副中心城市建设，确保城镇化率达到 28.8%。

三、加强领导、强化落实，确保经济发展行稳致远

经济工作是党治国理政的中心工作，党的领导要在中心工作中得到充分体现。我们要毫不动摇地坚持和加强党对经济工作的领导，确保全市经济工作沿着正确方向前进。

（一）锤炼绝对忠诚的政治品格。在今年的中央经济工作会议上，习近平总书记强调：“形势越是复杂，越要听从党中央号令。”各级党委要不断增强“四个意识”，坚定“四个自信”，做到“两个维护”，充分发挥把方向、管大局、保落实的作用，集中力量管大事、议大事，确保政令畅通、令行禁止。

（二）提升发展经济的能力水平。能否做好今年的经济工作，是对广大党员干部素质能力的直接检验。全市广大党员干部特别是领导干部要大兴学习之风、调研之风，认真学习习近平新时代中国特色社会主义经济思想，加强经济形势分析、具体政策研究，着力解决薄弱环节、突出问题、瓶颈制约，提高统筹全局、驾驭风险的水平，提高项目建设、资本运作的本领，提高培育产业、壮大企业的能力，推动日喀则更快速度、更高质量发展，造福各族群众。

（三）强化狠抓落实的行动自觉。实干就是能力，落实就是水平。全市各级各部门和广大党员干部要始终把精力放在抓落实上，保持斗争精神，增强斗争本领，防止任何贪图享受、消极懈怠、回避矛盾的思想和行为，不信邪，不怕鬼，不能胆怯，不当逃兵，勇于担当、主动作为，扛住压力、吃苦受累，切实解决好脱贫攻坚、生态保护、产业发展等领域面临的突出问题，确保党中央大政方针政策、自治区党委重大决策部署和市委各项工作要求落地落实，确保全年目标顺利实现。

（四）树立有为有位的鲜明导向。有为才能有位，有位更须有为。要大力提拔使用敢于负责、勇于担当、善于作为、实绩突出的干部，为他们施展才华、建功立业提供广阔舞台。要坚决调整不作为慢作为、作风漂浮、萎靡不振、贻误发展的干部，使能上能下成为常态。要坚持“三个区分开来”，建立健全容错纠错机制，为敢想敢干的干部撑腰鼓劲，最大限度调动干部推动发展的积极性、主动性、创造性。

同志们，面对经济发展的压力、各族群众的期盼，我们一定要高举习近平新时代中国特色社会主义思想伟大旗帜，更加紧密地团结在以习近平同志为核心的党中央周围，在自治区党委的坚强领导下，只争朝夕、奋发有为，攻坚克难、砥砺前行，实现更高质量、更有效率、更加公平、更可持续的发展，让各族群众共建共享美好生活！

不忘初心　牢记使命
加快建设和谐文明幸福美丽日喀则

——“不忘初心、牢记使命”主题教育专题辅导报告

（摘要）

（2019 年 9 月 16 日）

自治区政府副主席、日喀则市委书记　张延清

我市“不忘初心、牢记使命”主题教育已经全面启动。今天，我们在这里召开集中封闭学习会，根据会议安排，由我向大家作专题辅导报告，主题是：不忘初心、牢记使命，加快建设和谐文明幸福美丽日喀则。

下面，我谈几点认识和体会，与大家共勉。

一、“不忘初心、牢记使命”是我们党一以贯之的追求

“初心”是我们党建党时的出发点，是中国共产党区别于其他政党的根本标志；“使命”是初心的外在表现，在不同时代有着不同的主题。“不忘初心、牢记使命”，是马克思主义政党的本质要求，是中国共产党人的鲜明特质，是激励中国共产党人不断前进的根本动力。

中国共产党从诞生之日起，就把“全心全意为人民服务”写在自己的旗帜上，矢志不渝为中国人民谋幸福、为中华民族谋复兴。从毛泽东同志的“使中华民族来一个大翻身”“共产党是为民族、为人民谋利益的政党，它本身绝无私利可图”，到邓小平同志的“群众是我们力量的源泉”“中国只要不搞改革开放、发展经济，不能改善人民的生活，走任何一条路都是死路”；从江泽民同志的“在建设中国特色社会主义的道路上实现中华民族的伟大复兴”（党的十六大报告），到胡锦涛同志的“坚定不移地抓好发展这个第一要务，努力实现中华民族的伟大复兴”（纪念抗日战争胜利 60 周年大会），我们党的初心从未改变、使命始终在肩。

党的十八以来，以习近平同志为核心的党中央，始终保持初心不改的定力、勇担使命的气魄、主动求变的勇气，回答时代之问、回应人民期盼、推进复兴伟业，推动党和国家事业发生历史性变革、取得历史性成就，中国特色社会主义进入了新时代，近代以来久经磨难的中华民族迎来了从站起来、富起来到强起来的伟大飞跃。特别是习近平总书记作为党的核心、军队统帅、人民领袖，以“许党许国、报党报国”的无私品格、“我将无我、不负人民”的宏大境界，为我们树立了“不忘初心、牢记使命”的光辉典范。总书记从梁家河到中南海，一路的选择、一路的坚守，标注的都是为民初心，折射的都是使命担当。在梁家河的 7 年知青岁月，习近平同志“看到了人民群众的根本，真正理解了老百姓”，坚定了为民族、为国家、为人民而奉献自己的理想和抱负。在河北正定，习近平同志敢为人先、锐意创新，留下了实实在在、人民满意的政绩，兑现了改善农民生活的承诺，为民情怀和责任担当体现得淋漓

尽致。在福建，厦门的改革开放，宁德的“弱鸟先飞，滴水石穿”，福州的“马上就办”，全省的“生态福建”“数字福建”，无不彰显着总书记的赤子初心。在浙江，习近平同志推行以“发挥八个方面优势、推进八个方面举措”为主要内容的“八八战略”，充分体现了习近平同志马克思主义政治家的素养和魄力。在上海，习近平同志工作 7 个多月，先后 3 次瞻仰一大会址，追寻革命先辈足迹，用脚步丈量信仰高地。当选总书记以来，习近平同志站在治国理政的高度、秉持兼济天下的胸怀、着眼伟大复兴的使命，登高望远、劈波斩浪，引领“中国号”巨轮，向着实现中华民族伟大复兴的光辉彼岸破浪前进，充分彰显了总书记高瞻远瞩的大思路、运筹帷幄的大智慧、锐意进取的大气魄、心系苍生的大情怀，是当之无愧的“不忘初心、牢记使命”的示范者、引路人。

一切向前走，都不能忘记走过的路；走得再远、走到再辉煌的未来，也不能忘记走过的过去，不能忘记为什么出发。回顾中国共产党 98 年的发展史，就是一部不忘初心、牢记使命，为人民谋幸福、为民族谋复兴的奋斗史。缅怀革命先烈，对标总书记，对照党章党规，我们每一名共产党员都应该拷问一下初心和使命。追梦新时代、奋斗新征程，我们的初心和使命，就是要忠诚。对党忠诚是共产党人最基本的政治品格。我们要坚定理想信念、坚守崇高信仰，增强“四个意识”，坚定“四个自信”，做到“两个维护”，忠诚于党、忠诚于人民、忠诚于事业，以绝对忠诚的实践，为党添光彩、为国做贡献、为民谋幸福。就是要干净。干净廉洁是共产党人的安身立命之本。我们要坚持为民用权、依法用权、秉公用权，算好政治账、经济账、亲情账、自由账，常怀律己之心、常除非分之想，筑牢防线、守住底线、不越红线，清清白白为官、干干净净做事、老老实实做人。就是要担当。担当作为是共产党人的基本素质。我们要担起使命、扛起责任，坚持全心全意为人民服务，不断增强学习本领、政治领导本领、改革创新本领、科学发展本领、依法执政本领、群众工作本领、狠抓落实本领、驾驭风险本领，自觉做起而行之的行动者、攻坚克难的奋斗者、勇于挑战的攀登者，主动担当、积极作为、用心履职，真正用我们的辛苦指数，换取群众的幸福指数。总之，我们绝不能做政治麻木、办事糊涂的昏官，饱食终日、无所用心的懒官，推诿扯皮、不思进取的庸官，以权谋私、蜕化变质的贪官，坚守初心担使命，跨越赶超勇作为，为加快建设和谐文明幸福美丽日喀则不懈奋斗，以“赶考”的清醒和坚定答好新时代的“答卷”。

二、“不忘初心、牢记使命”主题教育正当其时

“不忘初心、牢记使命”主题教育，是党的十九大之后，首次开展的党内集中教育活动，正当其时。从“两个大局”看，正当其时。一方面，世界百年未有之大变局，改变了我国发展的外部环境，为中华民族伟大复兴提供了战略空间和战略机遇；另一方面，中华民族伟大复兴也是世界百年未有之大变局的重要组成部分，必将为世界发展注入更多的中国元素、做出更多的中国贡献。因此，主题教育在“两个大局”的时代背景下开展，不仅是时代的要求，而且是时事的要求。从时间节点看，正当其时。今年是新中国成立 70 周年，是我们党在全国执政的第 70 个年头，是决胜全面建成小康社会的关键之年，在这样的特殊之年开展主题教育，对全党、全国

都有着特殊的重大意义。同时，习近平总书记在江西考察时指出，“主题教育就是要进一步筑牢理想信念，就是要在新中国成立 70 年的时候宣示下一个 70 年，我们将高举革命的旗帜，继往开来，重整行装再出发。”在“两个 70 年”的重要节点开展主题教育，既是时间的呼唤，也是使命的呼唤。从理论武装看，正当其时。理论上的成熟，是一个政党走向成熟的重要标志。党的十八大以来，我们党进行艰辛的理论探索，取得重大理论创新成果，形成了习近平新时代中国特色社会主义思想，并确立为党必须长期坚持的指导思想。我们党要领导人民实现“两个一百年”奋斗目标，实现中华民族伟大复兴的中国梦，不在思想上达到高度统一，不在理论上进行彻底武装，就不可能完成这个艰巨使命。因此，全党迫切需要来一个大学习，把思想和行动统一到习近平新时代中国特色社会主义思想上来，用习近平新时代中国特色社会主义思想武装头脑、指导实践、推动工作，确保党和国家的事业行稳致远、走向光明的未来。从党内教育看，正当其时。党的十八大以来，我们党根据形势任务的新变化、时代发展的新要求，开展了群众路线教育实践活动、“三严三实”专题教育、“两学一做”学习教育等集中教育，解决了党内突出问题，夯实了党的执政根基。此次“不忘初心、牢记使命”主题教育，是以往党内集中教育的延续和深化，充分表明了我们党清醒认识形势、敢于面对挑战的鲜明态度，充分展现了我们党敢于刀刃向内、勇于自我革命的伟大品格，充分表达了我们党坚持全面从严治党的坚强决心。从西藏工作看，正当其时。英杰书记指出，“中国特色社会主义进入新时代，西藏迎来了千载难逢的宝贵机遇，站在了新的历史起点上”，要求我们“坚持党的治藏方略，在新时代继续把建设社会主义现代化西藏的伟大事业推向前进。”日喀则作为国家安全屏障和生态安全屏障的重要组成部分，作为西藏两个副中心城市之一、脱贫攻坚三大主战场之一，今年将基本消除绝对贫困，明年将与全国全区一道同步实现小康，这是 85 万各族干部群众梦寐以求的大事、喜事、好事。面向未来、面对挑战，将宏伟蓝图、美好夙愿变成现实，迫切需要广大党员干部时刻不忘初心、勇于担当使命，为加快建设和谐文明幸福美丽日喀则奋斗到底。开展这次主题教育，对于激励全市党员干部勇立时代潮头，勇当时代先锋，拼搏实干、共建图强，奋力推进日喀则长足发展和长治久安，非常得及时、非常得必要、非常得重要。

我们一定要认真学习贯彻习近平总书记关于“不忘初心、牢记使命”的重要论述，坚决贯彻落实党中央关于主题教育的决策部署和自治区党委工作要求，站在把党的自我革命推向纵深的高度，站在谱写中华民族伟大复兴中国梦日喀则篇章的高度，深刻认识“不忘初心、牢记使命”主题教育的重大现实意义、深远历史意义，不断增强开展主题教育的政治自觉、思想自觉、行动自觉。

（一）开展“不忘初心、牢记使命”主题教育，是对标对表、忠诚看齐的迫切需要。习近平同志是在浓郁革命氛围中、在苦难历史和曲折经历中、在长期革命实践中、在新的伟大斗争中、在重大国际斗争中、在人民群众中成长起来的党的领袖。习近平同志成为党中央的核心、全党的核心，成为军队的统帅、人民的领袖，是历史的选择、人民的选择、时代的选择，是进行伟大斗争、建设伟大工程、推进伟大事业、实现伟大梦想的必然选择。坚决维护习近平总书记党中央的核心、全党的核心地位，坚决维护党中央权威和集中统一领导，是党的十八大以来我们党的重大政治成果和实践成果，在落实“两个维护”上，绝对没有“政治飞地”，也绝对没有“特殊党员”。开展主题教育，我们就是要自觉增强“四个意识”，坚定“四个自信”，做到“两个维护”，时时、事事、处处向以习近平同志为核心的党中央看齐，一切工作都按总书记和党中央的号令办，一切事情都按总书记和党中央的部署要求去落实，真正当好“两个维护”的坚定执行者、忠诚践行者。

（二）开展“不忘初心、牢记使命”主题教育，是学懂弄通做实习近平新时代中国特色社会主义思想的迫切需要。习近平新时代中国特色社会主义思想，是当代中国马克思主义、21世纪马克思主义，是全党全国人民为实现中华民族伟大复兴而奋斗的行动指南。习近平总书记关于治边稳藏的重要论述和一系列重要指示批示精神，是习近平新时代中国特色社会主义思想的“西藏篇章”，是我们做好一切工作的总纲领、总指针、总遵循。学懂弄通做实习近平新时代中国特色社会主义思想，既是主题教育的根本前提，也是理论强党的本质要求。开展主题教育，我们就是要深入学习贯彻习近平新时代中国特色社会主义思想、特别是总书记关于治边稳藏的重要论述和一系列重要指示批示精神，坚持强读强记与学思践悟相结合、温故知新与常学常新相结合，做到虔诚而执着、至信而深厚、坚定而笃行，真正学出忠诚、学出信仰、学出担当、学出本领、学出责任、学出干劲、学出廉洁，筑牢信仰之基，补足精神之钙，把稳思想之舵。

（三）开展“不忘初心、牢记使命”主题教育，是将全面从严治党进行到底的迫切需要。党要管党、从严治党，是党的建设的一贯要求和根本方针。近年来，我们坚持全面从严治党，保持战略定力、坚持问题导向，以作风建设破题，以高压反腐破局，以党内监督为重要抓手，以建章立制固本培元，改变了管党治党宽松软状况，党内政治生活气象更新，党内政治生态明显好转。但我们也要清醒地看到，我们面临的“四大考验”是长期的、复杂的，面临的“四种危险”是尖锐的、严峻的，思想不纯、政治不纯、组织不纯、作风不纯等突出问题尚未得到根本解决，影响着党的肌体健康。开展主题教育，我们就是要坚持全面从严治党永远在路上，把不忘初心、牢记使命作为加强党的建设的永恒课题，作为每一名党员干部的终身课题，以“虽千万人吾往矣”的决心、“越是艰险越向前”的精神，坚决同一切弱化党的先进性、损害党的纯洁性的行为作斗争，自我净化、自我完善、自我革新、自我提高，确保党始终保持旺盛生命力和强大战斗力。

（四）开展“不忘初心、牢记使命”主题教育，是改善民生、凝聚人心的迫切需要。党的根基在人民、血脉在人民、力量在人民。98年来，我们党之所以在腥风血雨中一次次绝境重生，在攻坚克难中不断从胜利走向胜利，正是因为始终坚守着初心和使命，赢得了人民衷心拥护和坚定支持。近年来，全市各级党组织和广大党员干部，始终牢记为人民谋幸福的初心，紧紧抓住各族群众最关心、最直接、最现实的利益问题，尽力而为、量力而行，改善民生、凝聚人心，各族群众的获得感、幸福感、安全感不断增强。保障和改善民生没有终点，只有连续不断的新起点。开展主题教育，我们就是要永葆赤子初心、为民情怀，把人民放在心中最高位置，把群众观点、群众路线深深根植于思想中、落实到具体行动上，一切工作都向改善民生聚焦发力，一切工作都以各族群众满意为检验标尺，不断增进民生福祉，温暖人心、争取人心，为走好新时代的长征路，凝聚最广泛的群众基础、思想基础。

（五）开展“不忘初心、牢记使命”主题教育，是建设和谐文明幸福美丽日喀则的迫切需要。船到中流浪更急，人到半山路更陡。当前，我市正处于长足发展的上升期、长治久安的关键期、深化改革的攻坚期，也处于各类风险矛盾的凸显期，加快建设和谐文明幸福美丽日喀则，绝不是轻轻松松、敲锣打鼓就能实现的，我们必须准备付出更为艰巨、更为艰苦的努力。我们这一代人的长征路，就是要推动发展稳定生态各项事业不断向前发展，让各族群众过上更加幸福美好的生活。开展主题教育，我们就是要准确把握西藏主要矛盾和特殊矛盾的“变”与“不变”，准确把握西藏工作的着眼点和着力点、出发点和落脚点，准确把握长足发展和长治久安这个总目标，始终保持风雨无阻的无畏心态、永不懈怠的精神状态、一往无前的奋斗姿态，真抓实干、苦干大干，不负重托、不辱使命，不断把建设和谐文明幸福美丽日喀则推向新层次、新境界、新阶段，努力创造经得起实践、人民、历史检验的实绩，绝不辜负 85 万各族群众的信任期待，绝不辜负日喀则这片高天厚土，绝不辜负这个伟大时代。

三、“不忘初心、牢记使命”激励我们奋勇向前

不忘初心，才能坚守初心；牢记使命，才能勇担使命。“不忘初心、牢记使命”主题教育，总要求是“守初心、担使命、找差距、抓落实”，彰显了我们党执政为民的初心、勇于自我革命的决心、夺取伟大胜利的信心。关于“十二个字”总要求，习近平总书记作了深刻阐述，英杰书记结合西藏实际进行了全面解读。具体到日喀则，守初心，就是要树牢群众观点、站稳群众立场、走好群众路线，时刻不忘“为了谁、依靠谁、我是谁”，与各族群众同呼吸、共命运、心连心，用心、用情、用力为群众办实事、做好事、解难事，矢志不渝为 85 万群众谋幸福。担使命就是要坚持不负时代、不负组织、不负群众、不负日喀则，大力弘扬“老西藏精神”“两路精神”“珠峰精神”，全面实施“6677”总体工作思路，横下一条心、万难不回头，苦干实干科学干、撸起袖子加油干，干出无愧于人生的精彩、干出无愧于党和人民的实绩、干出日喀则更加辉煌灿烂的美好明天。找差距就是要对照党中央和区党委明确的“六个对照”、“六个找一找”的要求，对照中央提出的“18 个是否”，对照自治区党委列出的“5 个是否”和“40 个有没有”，剖析自己找不足、对标先进找差距、直面问题找举措，真正把问题找准、把根源挖深、把整改抓实。抓落实就是要坚持有令必行、有禁必止，坚决杜绝一切形式主义、官僚主义，带着感情抓落实、带着责任抓落实、带着使命抓落实、带着任务抓落实，抓铁有痕、踏石留印，坚决确保党中央大政方针政策、自治区党委重大决策部署和市委各项工作要求落地生根、开花结果。

只有回看走过的路、比较别人的路、远眺前行的路，弄清楚我们从哪儿来、往哪儿去，很多问题才能看得深、把得准。近年来，全市各级党组织和广大党员干部，凝心聚力、笃定向前，能打攻坚战、敢啃硬骨头，推动

日喀则各项事业迈上了新台阶，发展稳定生态正处于历史上最好时期之一。事实充分证明，干与不干大不一样、大干与小干大不一样、实干与虚干大不一样、真干与假干大不一样；事实充分证明，全市各级党组织是讲政治、顾大局、善作为的，广大党员干部是忠诚、干净、担当的；事实充分证明，我们是有勇气、有智慧、有能力战胜任何艰难险阻、破除一切顽瘴痼疾，推动各项事业胜利前行的。

唯有不忘初心，方可告慰历史、告慰先辈，方可赢得民心、赢得时代，方可善做善成、一往无前。我们要清醒地看到，对照初心使命，对照党中央要求、自治区党委部署，对照各族群众对美好生活的向往，对照日喀则发展需要，我们还有大量工作要做。在这里，我们的党员干部特别是领导干部不妨扪心自问，问一问入党誓言，有多少在党言党、在党为党的忠诚？问一问为官一任，有多少忧国忧民、造福一方的思虑？问一问执政用权，有多少如临深渊、如履薄冰的敬畏？问一问应对难题，有多少披荆斩棘、破冰探路的笃定？问一问推动发展，有多少砥砺奋进、赶超跨越的斗志？问一问维护稳定，有多少安不忘危、治不忘乱的忧患？问一问保护生态，有多少全力以赴、筑牢屏障的自觉？问一问改善民生，有多少知冷知热、感同身受的牵挂？问一问管党治党，有多少自我革命、猛击一掌的警醒？问一问新的时代，有多少敢闯敢拼、锐意进取的朝气？这“十问”，问的是忠诚、干净、担当，问的是初心、使命、为民。我们要以“不忘初心、牢记使命”主题教育为契机，在日喀则 18.2 万平方公里的土地上，在 4479 个党组织、7.59 万名党员中，掀起一场思想革命、作风革命、本领革命、效能革命，推动各级党组织和广大党员干部永不僵化、永不停滞，保持斗争精神、增强斗争本领，坚定不移向前走，持之以恒干下去，真正把主题教育的成效转化为干事创业的生动实践，加快建设和谐文明幸福美丽日喀则。

（一）把主题教育成效转化为加强党的建设的生动实践，让党的根基更加牢固。伟大斗争，伟大工程，伟大事业，伟大梦想，紧密联系、相互贯通、相互作用，其中起决定性作用的是党的建设新的伟大工程。我们要坚持新时代党的建设总要求和组织路线，坚持“三个牢固树立”，坚定不移加强党的建设，不断增强各级党组织的创造力、凝聚力、战斗力。一要旗帜鲜明讲政治。把党的政治建设摆在首位，坚定执行党的政治路线，严明党的政治纪律和政治规矩，自觉增强“四个意识”，坚定“四个自信”，做到“两个维护”，学懂弄通做实习近平新时代中国特色社会主义思想，沿着习近平总书记和党中央指明的方向砥砺奋进。二要固本培元打基础。坚持大抓基层不动摇，抓实抓好基层党建“十二件实事”，统筹推进城市社区、机关国企、学校医院、“两新”组织等各领域党建工作，推动基层党组织全面进步、全面过硬，努力把基层党组织建设成为听党话、跟党走，善团结、会发展，能致富、保稳定，遇事不糊涂、关键时刻起作用的坚强战斗堡垒。三要树立导向强队伍。健全完善干部工作“五大体系”，按照好干部标准和“三个特别”要求，坚持重党性、重品行、重实绩、重基层、重公认，继续鲜明“能上能下”“干部下基层、基层出干部”的导向，着力建设忠诚干净担当的高素质干部队伍。特别是要坚持严管与厚爱结合、激励与约束并重，严格落实“三个区分开来”，大胆使用敢担当、善作为的干部，坚决调整不作为、慢作为的干部，不断激发广大干部干事创业的勇气、锐气、朝气。四要驰而不息正风纪。坚持动真格、下猛药、出重拳，严格执行中央八项规定及其实施细则、自治区党委实施办法和市委《党员干部百项行为严禁规定》，全面推进“讲学习、讲忠诚、正风纪、转作风、提效能”主题活动，力戒形式主义和官僚主义，持续深化政治巡察，一体推进不敢腐、不能腐、不想腐，切实让党的政治纪律、组织纪律、廉洁纪律、群众纪律、工作纪律、生活纪律立起来、挺起来、严起来。

（二）把主题教育成效转化为建设生态文明的生动实践，让生态环境更加优美。生态环境，既是关系党的使命宗旨的重大政治问题，也是关系民生的重大社会问题。绿色生态是日喀则的最大价值、最大潜力、最大亮点、最大品牌、最大优势，也是我们的最大责任。我们要坚决贯彻落实习近平生态文明思想，坚持尊重自然、顺应自然、保护自然，牢固树立绿水青山、冰天雪地就是金山银山的理念，深入实施“奋力建设美丽日喀则、筑牢生态安全屏障”重大生态工程，保护好日喀则的山山水水、一草一木。一要提升绿水青山的“颜值”。统筹山水林田湖草系统治理，坚决打好蓝天、碧水、净土保卫战，认真做好珠峰垃圾整治工作，积极参与“世界第三极国家公园群”建设，继续实施森林围城、机场快速通道绿化、城区周边山体绿化项目，在消除“无树户”的基础上扩大造林面积，深入实施农村人居环境整治，确保日喀则生态环境持续良好。二要发挥金山银山的“价值”。正确处理好保护生态与富民利民的关系，做大桑珠孜区杨树、南木林县小红柳、江孜县沙棘3个万亩本土苗木基地，大力推广高原装配式建筑，积极发展枸杞、核桃、红豆杉、元宝枫等高原林果培育和藏香猪、藏鸡、藏药材、食用菌等林下种养殖业，努力把日喀则生态效益转化为经济效益，让群众吃上生态饭、走上致富路。三要增添绿色生活的“气质”。倡导勤俭节约、绿色低碳、文明健康的生活理念，推广节能、节水用品和绿色环保家具等，推广绿色低碳出行，反对奢侈浪费和不合理消费，广泛开展节约型机关、绿色家庭、绿色学校、绿色村居创建活动，通过生活方式绿色革命，倒逼生产方式绿色转型。

（三）把主题教育成效转化为繁荣文化事业的生动实践，让文化自信更加坚定。文化自信，是更基本、更深沉、更持久的力量。没有高度的文化自信，没有文化的繁荣兴盛，就没有中华民族伟大复兴。我们要坚持中国特色社会主义文化发展道路，承担起举旗帜、聚民心、育新人、兴文化、展形象的使命任务，激发文化创新创造活力，真正实现以文培元、以文化人。一要以中华文化培根铸魂。坚持以社会主义核心价值观为引领，广泛开展“四讲四爱”群众教育实践活动，教育引导各族群众进一步坚定感党恩、听党话、跟党走的信心决心，像敬仰毛主席等老一辈革命家一样敬仰习近平总书记，像歌颂毛主席等老一辈革命家一样歌颂习近平总书记。要加强精神文明建设，广泛开展“四讲四爱”演讲比赛、“珠峰谐韵”比赛、产业大赛、农牧民运动会、文艺会演等活动，引导群众摒弃陈规陋习、自觉移风易俗，过好今生幸福生活。要引导群众树牢西藏各民族文化是中华民族文化不可分割一部分的意识，让中华文化成为各族群众的情感依托、心灵归宿和精神家园。二要以文艺创作讴歌时代。围绕庆祝新中国成立70周年和纪念西藏民主改革60周年，坚持扎根人民、扎根生活，创作更多类似《江孜印迹》《故乡，直克五宝》等讴歌党、讴歌祖国、讴歌人民、讴歌英雄的精品力作，让文艺创作更有质量、更有特色。三要以传统文化温润人心。以建设特色文化传承区为目标，完善文化遗产保护工作机制，实施文化遗产保护工程，积极申报国家级、自治区级非物质文化遗产项目，大力申报国家级、自治区级历史文化名镇名村名街，加大藏戏、传统歌舞、手工技艺等重点非遗项目保护开发力度，传承文脉、留住乡愁。

（四）把主题教育成效转化为推动经济发展的生动实践，让赶超步伐更加有力。发展是解决西藏所有问题的关键。我们要坚决贯彻落实习近平新时代中国特色社会主义经济思想，坚持新发展理念，坚持稳中求进、进中求好、补齐短板的工作总基调，以推进供给侧结构性改革为主线，以处理好“十三对关系”为根本方法，奋力推进日喀则经济高质量发展。一要让特色产业成为“引爆点”。坚持延伸产业链条、强化利益联结、打造优质品牌，正确处理农牧民城镇就业与就近就便、不离乡不离土、能干会干的关系，学习借鉴贵州省深入推进农村产业革命的好经验、好做法，发展壮大“七大产业”，重点发展青稞种植加工、绿色蔬菜、“两羊两牛”、民族手工等特色产业，组合要素投入、重塑产品价值，推动产业提质增效、转型升级。二要让项目建设成为“硬支撑”。坚持规划引领抓项目、无中生有抓项目、突出特色抓项目、千方百计抓项目、竭尽全力抓项目，理清“十三五”“十四五”规划项目承接关系，谋划一批乡村振兴、基础设施、公共服务、产业发展等领域的战略性、基础性项目，加快推进拉洛水利、湘河水利、国（边）防公路、拉萨至日喀则机场高等级公路、定日支线机场等重大项目建设，以项目建设打基础、增后劲，强力推进经济社会提速发展。同时，能够让群众自己干的项目尽量交给群众去干，让群众在参与项目建设中，学到技术、增加收入。三要让市场主体成为“新引擎”。坚持数量多起来、经营活起来、实力强起来，做强做优做大珠峰城投、珠峰农投等国有企业，优化国有资本布局，放大国有资本功能，更好服务日喀则经济社会发展；构建“亲”“清”新型政商关系，鼓励民营企业进入交通、能源、旅游、水利、生态等领域，推动民营经济发展壮大；深刻认识量变与质变的辩证关系，坚定不移、持之以恒组建发展专合组织，引导专合组织开展规模化、集约化、专业化生产经营，积极鼓励党员、群众入社，让党员、群众成为产业链、资金链、价值链的直接投资者和受益者。四要让特色园区成为“增长极”。坚持布局合理、特色鲜明、产业集聚、功能配套，培育壮大珠峰文化旅游创意产业园区、经济开发区、吉隆边境经济合作区、日喀则国家农业科技园区等产业园区，特别是要加快构建以日喀则国家农业科技园区为龙头，以拉洛、江当、年楚河、湘河4个现代农业示范园区为支点的农牧业产业园区发展体系，切实把园区建设成为产业规模大、集中度高、竞争力强的特色园区。五要让改革开放成为“动力源”。坚持以改革添动力、以开放增活力，全面深化“放管服”改革，加快推进“一站办到底”，让企业、群众办事更方便、更快捷、更有效率。全面深化统计管理体制改革，以提高数据质量为中心，建立全员、全领域、全环节的数据质量控制体系，不断提高统计数据的真实性、准确性。全面深化投融资体制改革，积极引导金融机构与企业共担风险，切实解决企业“融资难”“融资贵”问题。全面扩大对内对外开放，深度融入国家“一带一路”倡议，以日喀则经济开发区为中心，加快推进中尼跨境经济合作区建设，全力抓好樟木、吉隆、里孜、日屋、陈塘口岸建设，加快完善亚东边贸通道基础设施，不断提高日喀则外向型经济发展水平；加强与兄弟地市、其他省市特别是援藏四省市两企业的合作交流，深化飞地经济政策支持，推动各县区跨区域合作，努力构建全方位、多层次、宽领域的全面开放新格局。六要让城市发展成为“驱动力”。坚持完善功能、提升品位，着眼“城市让生活更美好”，统筹推进“六城共建”，加快实施名城保护与棚户区改造工程、城市“六化”工程，加快建设智慧城市，让城市功能全起来、景观美起来、名牌亮起来。

（五）把主题教育成效转化为改善民计民生的生动实践，让群众生活更加幸福。改善民生，是不忘初心的最直接体现。我们要始终坚持以人民为中心的发展思想，坚持困难麻烦由政府解决、把方便实惠送给群众，做好每一件群众牵肠挂肚的小事，集中精力办好顺应民意、化解民忧、为民谋利的实事，让改革发展成果更多更公平惠及 85 万群众。一要确保小康路上一个都不少。结合以“神圣国土守护者、幸福家园建设者”为主题的乡村振兴战略，咬紧牙关、坚持到底、顽强作战，集中力量、全力以赴、一鼓作气，坚决打赢打好打实脱贫攻坚战，进一步巩固提升脱贫攻坚成果，为全面建成小康社会收官打下决定性基础。二要办好人民满意的教育。大力实施学生德育心工程、师德师风建设工程、教育质量提升工程、教育领域党建工程等“七大工程”，办好人民满意的教育，努力培养德智体美劳全面发展的社会主义建设者和接班人。三要满足群众精神文化需求。加快推进文化惠民工程，加强基层公共文化设施建设，推动广播电视从“户户通”向优质通转变，提高博物馆、群艺馆、图书馆、乡镇文化服务中心（站）、农家书屋（寺庙书屋）使用率，全力创建第四批国家公共文化服务体系示范区。四要促进群众充分就业。深入推进“双创”暨大学生（中职生）就业动态清零行动，认真落实“4321”帮扶就业机制，深化“八个精准”，确保未就业大学生充分就业。要提高农牧民劳务输出组织化程度，把民兵队伍建设与劳务输出紧密结合起来，将外出务工人员编为民兵组织，统筹开展军事训练、技能培训、法治宣传，实现“外出务工增收、返乡巡逻执勤”。五要保障群众健康权益。聚焦“健康日喀则”建设，坚持基本医疗卫生事业的公益性，支持市人民医院和藏医院“强三甲”，深入开展“医联体”“医共体”建设，继续推进乡镇卫生院和村卫生室标准化建设，普及健康生活、优化健康服务、完善健康保障、建设健康环境，全方位、全周期保障群众健康。

（六）把主题教育成效转化为坚决维护稳定的生动实践，让社会局势更加和谐。藏稳则边治，边治则国安。日喀则处于反分裂、反蚕食、反渗透、反偷渡斗争的第一线，是与十四世达赖集团斗争最直接、最艰苦、最激烈的地区，是反分裂斗争前沿中的前沿、一线中的一线，拱卫着西藏的安全乃至祖国的安全。我们必须坚持“稳字当头、以稳为要”，以防患于未然为原则做工作、以防止出大事打基础做准备、以敢于担当落实责任为标准看干部，严而又严、细而又细、实而又实地抓好各项维稳措施，坚决确保国家安全、边疆稳固。一要推动反分裂斗争常态化。二要推动边境管理立体化。坚持屯兵与安民并举、固边与兴边并重，健全党政军警民“五位一体”管理机制。加快边境一线基础设施和边境小康村建设，让山这边与山那边形成鲜明对比。积极引导非边境地区群众向边境地区搬迁，加快亚东、仲巴、岗巴三县的抵边村建设，切实解决边境“空心化”问题。三要推动社会治理实战化。持续深化驻村驻寺、城镇网格化管理、“红袖标”工程、“先进双联户”创评等工作，加快推进综治信息平台建设，全面加强社会治安防控，推动群团、民兵、治保调解等组织充分发挥作用，推动“台账”治理向“实战”治理转变，努力实现社会治理从“要我稳定”向“我要稳定”转变。四要推动宗教工作科学化。广泛开展“遵行四条标准 争做先进僧尼”教育实践活动，大力开展驻寺党组织建设年活动，继续做好伊斯兰教等其他宗教工作。五要推动民族团结机制化。完善民族团结工作“一盘棋”机制，面向党员干部、青少年学生、僧尼、农牧民群众分别实施示范工程、筑基工程、引导工程、固本工程，积极推动民族团结进步创建“七进”活动，引导各族群众树牢“三个离不开”思想、增进“五个认同”、筑牢中华民族共同体意识，像爱护自己的眼睛一样爱护民族团结，像珍视自己的生命一样珍视民族团结，像石榴籽一样紧紧抱在一起。

同志们，千秋伟业，百年恰是风华正茂；梦想可期，使命犹如战鼓催征。让我们高举习近平新时代中国特色社会主义思想伟大旗帜，更加紧密地团结在以习近平同志为核心的党中央周围，在自治区党委的坚强领导下，在自治区党委巡回指导组的指导帮助下，扎实开展好“不忘初心、牢记使命”主题教育，擦亮初心底色、勇担时代使命，奋力谱写中华民族伟大复兴中国梦的日喀则崭新篇章！

2014—2018年日喀则市全面深化改革工作总结（摘要）

党的十八届三中全会以来，日喀则市认真贯彻落实党中央改革顶层设计和自治区党委决策部署，蹄疾步稳推进改革，主要领域改革主体框架基本确立，重要领域和关键环节改革取得突破性进展，全社会发展活力和创新能力明显增强，呈现出全面发力、多点突破、纵深推进、质效提升的良好态势，为加快建设和谐文明幸福美丽日喀则、决胜全面建成小康社会奠定了坚实基础。

一、深改进展情况

（一）经济体制改革扎实推进，经济活力持续增强。坚决贯彻落实习近平新时代中国特色社会主义经济思想，坚持以经济建设为中心，以供给侧结构性改革为主线，大力实施“产业珠峰”战略，加快推进经济转型升级。深化“放管服”改革。加大简政放权力度，全面清理、减少现有审批事项和非行政许可审批事项，行政职权事项从3971项减至3698项，行政审批事项从276项减至244项；先后于2014年9月、2015年10月、2017年7月，分别将总投资200万元、1000万元、3000万元以下政府投资项目审批权限下放至各县区，在2017年对亚东、定日、定结三县试点全部下放审批权限的基础上，2018年7月在桑珠孜区全部下放审批权限。认真落实“一站办到底”改革举措，服务科学配套、办事廉洁高效的“一站式”政务服务体系加快形成，“互联网+政务服务”加快推进，市、县两级政务服务事项网上可办理率分别达到70%、50%；大力推行“一窗受理，集成服务”模式，市便民服务中心已有22家单位入驻，办（受）理业务36项，累计办件量5000余件，群众事项办结率100%；积极开展个体工商户简易登记改革试点，个体工商户开办时间、企业开办时间分别压缩至1天、2天。深化商事制度改革。稳步推进注册资本登记制度、“一照一码”“先照后证”“证照分离”等改革，“多证合一”实现33证合一，工商系统权责清单减少到299项，企业设立前置审批事项由226项减少到32项，后置审批事项减少到157项，市场主体准入更加便利。大力推进企业登记全程电子化改革，实施“网上申请、网上受理、网上审核、网上公示”全程电子化管理模式，有效避免窗口“排长龙”现象。深化投融资体制改革。完善招商引资工作机制，积极搭建投融资平台，设立日喀则市珠峰政府投资基金10亿元，撬动金融和社会资本参与经济社会发展，加强政银企合作，主动与国开行、农发行等签订战略合作协议，精准对接“三农”和民生领域融资需求，各金融机构各项贷款余额从2015年的121.06亿元增长到2018年的227.60亿元，2017年以来实施招商引资项目347个、协议投资金额469.15亿元，发展的吸引力和竞争力明显提升；稳慎推行PPP、EPC等投融资新模式，科学调整智慧日喀则、城市综合管廊PPP项目融资方案，成功申报桑珠孜区为国家重大市政工程领域PPP创新工作重点城市，试点推进桑珠孜区和谢通门县农村公路EPC项目，达热瓦青稞酒业成功上市，邮储银行、东方财富证券在我市设立营业机构，西藏第三极、西藏丰盛等知名企业入驻我市，改革支撑发展的动力作用不断显现。深化财税金融体制改革。扎实推进国税地税征管体制改革，全力推进“营改增”工作，全面落实税收优惠政策，2016年以来减免税金14.59亿元；2018年4月，环境保护税实现成功申报纳税，环境保护税入库151万元，申报率100%。加快构建金融服务体系，开辟财政惠民资金发放绿色通道，成功推广应用惠农“一卡通”工程“岗巴经验”，开通发放惠农卡15.26万张，发放惠民资金29.03亿元，有效打通了金融惠农“最后一公里”；不断改善农牧区、贫困区金融服务环境，全市18县区设立金融综合服务站20个、助农取款服务点1783个，建设“掌上银行村”111个，农行金融服务网络覆盖全部乡镇。建立健全金融监管机制，突出P2P网络借贷、网络小额贷款等重点领域，深入推进互联网金融风险专项整治，严厉打击非法集资等违法金融活动，坚决打好防范化解金融风险攻坚战。深化国资国企改革。出台《国资国企改革实施意见》《政府国资委监管企业年度经营业绩考核管理办法》等制度措施，加快调整国有企业布局结构，逐步扩大国有企业经营范围，重组整合市发改委、财政局等6家市直部门下属的25家国有独资企业及国资委监管的6家股份制企业，组建运营日喀则珠峰城市投资发展、扶贫开发、公共交通运营等9家市属一级国有企业，投资类、园区类、生态类等新型企业开始涌现，2018年市属国企总资产达到183亿元，实现收入5.6亿元，实现利润2.56亿元，同比分别增长60.5%、187%、129.8%。积极推动以管资本为主加快国资监管职能转变，搭建“国资委→一级企业→二级企业→三级企业”国资监管新架构，织密国有资产“安全网”。深入推进农牧区改革。扎实开展农村土地（耕地）承包经营权确权登记颁证工作，积极探索土地、草场流转制度，截至2018年底，土地（耕地）确权工作基本完成，实测面积193.94万亩，流转土地4.9万亩、草场875.7万亩。扎实推进集体产权制度改革，截至2018年底，已完成江孜、白朗、亚东三县37个乡镇、291个行政村清产核资任务，清查账面资产总额7.59亿元、集体土地总面积68.1万亩。扎实开展集体土地所有权确权登记工作，已完成除聂拉木县樟木镇以外的203个乡镇集体土地确权的外业、内业等工作，18个县区集体土地28957宗，确权面积2397.19平方公里。稳步推进农村宅基地确权发证工作，确权工作全面完成。积极培育新型农业经营主体，加快转变农牧业经营方式，截至2018年底，农牧业产业化经营龙头企业发展到18家（自治区级龙头企业4家），通过工商注册组建的农牧民专业合作社达1437个。今年第一季度，全市已通过工商注册组建了农牧民专业合作社1077个，实现所有村居全覆盖。积极构建现代产业发展新体系。以供给侧结构性改革为主线，进一步完善特色产业发展体系，优化产业结构、完善产业布局、延伸产业链条，重点推进珠峰有机种养加业、特色旅游业、天然饮用水业、绿色生态业、特色手工业、清洁能源业、南亚物流业“七大产业”提质发展，“双核五驱”蔬菜产业圈形成规模，“全国蔬菜看寿光、西藏蔬菜看白朗”成为现实；“神奇珠峰、美丽日喀则”旅游品牌成为亮丽名片，国家全域旅游示范区建设迈出坚实步伐；“西藏神水”“珠峰冰川”饮用水享誉区内外。全面推进产城融合，深化园区管理改革创新，积极推动日喀则经济开发区、日喀则国家农业科技园区、拉洛现代农业产业园区等特色园区建设，全力推动产业经济集约集聚发展。积极构建非公经济发展新体系。毫不动摇鼓励、支持和引导非公有制经济发展，建立党政领导干部联系民营企业机制，搭建政企交流、项目推进、银企对接、社会服务平台，降低准入门槛，释放市场活力，截至 2018 年底，规模以上工业企业达到 22 家，民营企业发展到 9599 家，全市各类市场主体发展到 5 万余户，注册资本（金）突破 452 亿元，创造税收占全市税收的 88%，萨迦昆氏藏香、达热瓦青稞酒业两家企业荣获全国优秀质量管理小组称号。积极构建对外开放新体系。积极融入国家“一带一路”倡议，加强与兄弟地市、其他省市特别是援藏省市的交流合作，“兰州号”南亚国际货运班列、“唐竺古道号”高原特色旅游专列开通运营，吉隆边合区建设有序推进，吉隆口岸被国务院批准增设为药材进口边境口岸，樟木口岸货运通道恢复工程全面启动，“互联网 + 边贸”模式的电子口岸建设加快推进，建成 14 个边贸市场，发展 10 家南亚物流企业，南亚陆路大通道作用日趋明显，2018 年完成进出口贸易总额 39.45 亿元，同比增长 21.27%。积极构建城乡融合发展新体系。深入推进“六城共建”，一城带五城，举纲带目、集中联创，成功保留全国文明城市提名城市资格，首次荣获“全国双拥模范城市”称号，全国民族团结进步示范市创建工作通过自治区初验，荣获自治区级卫生城市。全力推动区域协调发展，“一核两翼多点”城市发展格局初步成型，桑珠孜区、白朗县协同一体发展，拉孜县等国家新型城镇化综合试点建设加快推进，吉隆镇、陈塘镇等自治区特色小城镇示范点建设有力推进。全面实施兴边富民行动，大力实施“十项提升工程”，加快边境小康村建设，开工建设 345 个边境小康村。

（二）生态文明体制改革扎实推进，生态环境保持良好。坚决贯彻落实习近平生态文明思想，牢固树立和践行绿水青山就是金山银山、冰天雪地也是金山银山的理念，大力实施“美丽珠峰”战略，扎实推进国家生态文明先行示范区、国家生态安全屏障前沿区建设。不断优化生态格局。出台《关于建设美丽日喀则的实施意见》《关于着力构筑国家生态安全屏障加快推进生态文明建设的实施意见》，大力实施“奋力建设美丽日喀则、筑牢生态安全屏障”重大生态工程，着力构建“四极五线两带两区”生态空间体系，积极打造自然保护区、森林、湿地、草原、湖泊等各类生态空间，调整完成珠峰国家级自然保护区功能区划、总面积保持不变（33819 平方公里），深入推进雅江中游河谷黑颈鹤国家级自然保护区、桑桑湿地自治区级自然保护区等 6 个自治区级及以上自然保护区生态建设，全市森林、草原、湿地等生态系统逐步趋好。筑牢生态安全底线。坚决落实最严格的生态环境保护制度，全面构筑生态功能保障基线、环境质量安全底线、自然资源利用上线“三大红线”，着力健全生态环境损害赔偿、资源开发利用补偿、环境信用不良企业管理、野生动物保护等制度，扎实推进领导干部自然资源资产离任审计和自然资源确权工作，全面完成 18 县区永久基本农田画线工作，严格执行环境保护“一票否决”制度，严格实行能源、矿产开发“一支笔”审批制度，“三高”企业、项目实现零审批、零引进。

全力构建绿色发展体系。认真贯彻落实绿色发展理念，大力推动绿色发展、低碳发展、循环发展，轻钢结构等装配式环保建材积极推广，仲巴县国家第一批农业可持续发展试验示范区加快建设，杨树、小红柳、沙棘三个万亩本土苗圃基地加快建设，2018 年分别达到 4000 亩、4200 亩、4000 亩，核桃、桃、元宝枫、枸杞等高原林果积极引种，白朗万亩枸杞生态观光产业园种植规模达到 7500 亩，全市 3000 亩优质枸杞通过欧盟等三大世界权威有机产品认证，全市生态岗位人员达到 14.64 万名，生态补偿脱贫岗位补助资金每人每年达到 3500 元，更多群众吃上“生态饭”、走上生态致富路。努力建设美丽家园。深入实施国土绿化行动，大力实施一百万亩植树造林规划，持续抓好重点区域造林、防护林体系建设，森林围城、机场快速通道绿化、城区周边山体绿化等生态工程加快建设，宜林地区无树村全力消除，2014 年以来完成营造林 241.12 万亩，2017 年以来新建城区 10 座公园和广场，实施城区 28 条道路绿化，新增公园绿地面积 21.68 万平方米，城市公共绿地面积不断扩大，绿地率逐步提高。扎实推行河（湖）长制，大气、水、土壤污染防治“三大行动”深入开展，“厕所革命”加快实施，重点区域荒漠化治理、流域治理、矿山修复等有力开展，侵占湿地、违法建筑、偷倒渣土、噪声扰民、油烟污染等得到有效整治，全市建成垃圾填埋场、转运站及无害化处理设施 46 座，建成公厕 600 座，投入使用污水处理厂 3 个、试运行 2 个，2018 年集中清理转运珠峰大本营方向垃圾 451 吨（其中珠峰大本营营区垃圾 281.5 吨、登山垃圾 8.5 吨）。

（三）社会事业改革扎实推进，人民生活更加美好。坚持以人民为中心的发展思想，大力实施“幸福珠峰”战略，谋民生之利、推民生之策、解民生之忧，各族群众获得感大幅提高、幸福指数持续攀升。深入推进扶贫领域改革。坚持精准扶贫、精准脱贫基本方略，聚焦“两不愁三保障”总体目标，建立健全产业、就业、生态、教育、健康、援藏和社会保障以及党建等扶贫机制，制定《关于打赢脱贫攻坚战的实施方案》《“十三五”脱贫攻坚规划》《打赢深度贫困地区脱贫攻坚战三年行动方案》等指导性文件，出台产业扶贫资金管理、贫困大学生免费教育资助、东西部合作发展“飞地经济”助推脱贫攻坚、建档立卡贫困户勤劳致富补助奖励资金管理试行办法等 20 多个配套文件，率先在全区推出脱贫攻坚“一证两卡三图四手册”，创新开展“4321”结对帮扶、“百企帮百村”等活动，集中优势资源、集中优势火力打攻坚战，全市已实现 13.82 万人脱贫、12 个贫困县区摘帽、1153 个贫困村居退出，贫困发生率降至 5.1%。深入推进教育体制改革。积极推动教育内涵式、均衡化发展，出台《关于加快教育事业改革发展的意见》《统筹推进县域内城乡义务教育一体化改革发展实施意见》等，大力实施教师教育振兴计划、乡村教师支持计划、师德师风建设工程、薄弱学科攻坚工程、中职教育扶贫国家工程，持续办好学前教育、特殊教育、继续教育、网络教育，支持发展民办教育和现代职业教育，扎实开展教育人才“组团式”援藏工作，打造“一站式”教育便民服务平台，深化产教融合、校企合作，完成市职校教育部首批现代学徒制试点工作，萨嘎、仲巴等高海拔地区部分学生到市区集中就学，教育资源配置更加科学，“三大考试”成绩位居全区前列，全市已有 15 个县区顺利通过县域义务教育均衡发展国家评估认定，基本实现了“走出低谷、重塑形象”的目标。深入推进医药卫生体制改革。大力实施“健康日喀则”工程，公立医院综合改革成效显著，受到国务院通报表扬，医疗人才“组团式”援藏深化开展，市人民医院、藏医院成功“创三甲”；全面落实国家基本药物制度，对所有基本药物实行药品“零差率”销售，保证基本药物使用比例不低于 85%；全民基本医保体系初步建立，农牧民参保率达到 99% 以上，“22+1”种重大疾病产生的住院费用报销比例市级及以上提高到 80%、县级提高到 95%；狠抓“医联体”“医共体”建设，加快“1+X”医院建设，着力打造以市人民医院为龙头、带动各县区、辐射周边地区的新型医联体，“中病不出市”的目标逐步实现；探索实践异地就医结算模式，率先在全区实施了自治区级公立医院跨地就医即时结算报销制度，“先诊疗、后结算”政策全面实行，市、县、乡三级即时结算制度实现全覆盖。深入推进道路运输体制改革。稳步推进全市旅游班线、客运班线（市际、县际）体制改革，目前全市所有旅游及客运班线均由珠峰公共交通运营公司统筹运营，实现了公车公营、公司化管理。扎实开展“双创”暨大学生（中职生）就业动态清零行动。设立“日喀则浦银珠峰‘双创’产业发展基金”和 5000 万元的创业创新扶持资金、4000 万元的创业担保贷款资金，大力开展政府使用解决一批、企业安置解决一批、继续深造解决一批、援藏帮扶解决一批、自主创业就业解决一批、其他途径解决一批“六个一批”行动；指导建立劳务派遣公司 28 家，组建创业服务指导专家团队，开设“日喀则市就业创业网”，建设各类“创客空间”和“创业孵化器”，积极构建以创新引领创业、以创业带动就业的良性互动格局，2017 年以来高校毕业生实现就业 6738 人、就业率达 93.39%。健全完善社会保障体系。积极推进城乡居民基本养老保险管理体制改革和机关事业单位养老保险制度改革，大力实施全民参保登记计划，全面完成社会保险费征缴划转工作；完善社会救助体系，推行城乡低保动态管理和分类施保制度，建立困难残疾人生活补贴和重度护理补贴制度，特困人员有意愿集中供养率和孤儿集中收养率达到 100%；持续提高社会保障水平，全面推进保障性住房建设、农村安全饮水、优抚安置、治欠保支等工作。

（四）社会治理体制改革和民主法治领域改革扎实推进，社会大局和谐稳定。牢固树立总体国家安全观，坚持党的领导、人民当家做主、依法治国有机统一，大力实施“法治珠峰”战略，积极发展更加广泛、更加充分、更加健全的人民民主，有力推动社会治理体系和治理能力现代化建设。完善人大工作制度。加强和改进党对人大工作的领导，完善人大立法机制，规范地方立法程序，颁布实施《市容和环境卫生管理条例》等地方性法规，健全市人大常委会讨论决定重大事项、市政府重大事项出台前向市人大常委会报告、财政重大专项支出和重点项目资金专项审计向人大常委会报告等制度，完善政府重大决策听取人大代表意见、人大代表培训和联系群众等制度，大力推广“人大代表之家”建设，完善和发展基层民主，充分展示了民主政治的蓬勃生机。扎实推进法治政府建设。着力建设职能科学、权责法定、执法严明、公开公正、廉洁高效、守法诚信的法治政府，积极推进行政组织和行政职能规范化、法定化，全面推进行政决策科学化、民主化、法治化。有序推进城市执法体制改革，不断加强城市管理和服务工作，推进城管执法工作良性、文明、和谐发展，推动城市管理向城市治理转变。完善协商民主制度。制定实施《关于进一步加强人民政协提案办理工作的实施意见》《〈关于加强西藏人民政协协商民主建设的实施意见〉的贯彻落实意见》，健全委员联络机构和联系政协委员制度，统筹推进政党协商、人大协商、政府协商、政协协商、人民团体协商、基层协商以及社会组织协商，重点推进政治协商、民主监督、参政议政制度化规范化程序化，积极推动协商民主广泛、多层、制度化发展。深化司法体制改革。严格落实司法责任制，深入推进员额制改革，完善法官、检察官、人民警察分类管理制度；深入推进以审判为中心的刑事诉讼制度改革，健全公安机关办理刑事案件、行政案件和人民法院审判流程管理办法，完善依法独立公正行使审判权和检察权制度，推动法院院长、检察院检察长直接办案等工作；深化法律援助改革，把法律援助延伸到最基层、最需要援助的广大困难群众和弱势群体中，实现法律援助无缝隙覆盖；规范人民陪审员选任条件、改革选任方式，人民参与司法活动的力度逐步提高。深化公安改革。稳步推进交管、警务管理体制、职业保障制度等改革，推进公安大部门、大警种制试点改革，深入推进情指一体化建设，完善城乡统一的户口登记制度，改革创新公安基层基础工作，探索创新基层警务工作模式，积极推动“互联网+公安政务服务”，全面推行公安交管20项“放管服”改革举措，大力推行“警保邮”一站式便民服务，有力推动了公安改革向纵深发展。完善统战民族宗教工作机制。制定实施《关于进一步加强新形势下统战民宗工作的意见》，加强与党外人士的联系交流，强化境外藏胞接待管理服务，注重党外代表人士的培养使用，最大限度地争取人心、凝聚力量；制定实施《关于加强和改进新形势下民族工作的意见》，深化开展“3•28”百万农奴解放纪念日活动，将每年6月2日设立为“民族团结进步日”，广泛开展民族团结教育和民族团结进步创建活动，加快推进民族团结示范区和全国民族团结进步示范市创建工作，有力促进了各民族交往交流交融；依法依规管理宗教事务，广泛开展“遵行四条标准 争做先进僧尼”教育实践活动。完善边境管理机制。坚持屯兵与安民并举、固边与兴边并重，大力支持国防和军队建设。全面实施党政军警民五位一体管理模式，构建“人人是哨兵、户户是哨所、村村是堡垒”的联防联控格局，支持群众在边境地区生产、生活、巡逻、护边，确保了边疆巩固、边境安全。鼓励引导腹心地区贫困群众和极高海拔地区、不适宜居住地区需要搬迁的群众向边境一线搬迁，抵边居住、贴边生活、靠边发展。完善社会治安综合治理体系。创新和改进城乡管理服务机制，巩固和完善党政军警民联防联控指挥、各级领导干部维稳分包和重大事项社会风险评估机制，建立市县乡村四级维稳管理体制，构建立体化社会治安防控和群防群治工作体系，持续深化干部驻村驻寺、“网格化”管理、“先进双联户”创评、两边一线等工作，创新实施信访“八化”工作制度，妥善解决合理诉求，依法开展扫黑除恶、打非治乱、扫黄打非“三个专项斗争”，大力推进平安日喀则建设，努力打造共建共治共享的社会治理格局。深化安全生产领域改革。着力构建安全生产防控体系和“党政同责、一岗双责、齐抓共管”责任体系，健全完善公共安全应急处置机制、安全生产诚信机制、重大社会安全事件应急处置联合指挥机制，深化重点行业、重点领域专项治理，强化安全生产执法监督管理；改革完善食药品监管体制，食药品安全形势保持稳中向好；深化防灾减灾体系建设，防灾减灾救灾能力得到提升。

（五）文化体制改革扎实推进，文化实力显著提高。坚持中国特色社会主义文化发展道路，自觉承担起举旗帜、聚民心、育新人、兴文化、展形象的使命任务，大力实施“文化珠峰”战略，努力构建“大宣传大教育大文化大服务”工作格局。健全意识形态领域管理体系。严格落实意识形态工作责任，健全《日喀则市互联网违法与不良信息有奖举报制度》等 8 项管理制度，持续推进互联网综合治理体系建设，扎实做好涉藏外宣工作，大力开展“扫黄打非”等专项行动，牢牢掌握意识形态工作领导权。深化思想教育工作。深入学习宣传习近平新时代中国特色社会主义思想和党的十九大精神，积极培育和践行社会主义核心价值观，大力实施公民道德建设工程，扎实开展“四讲四爱”群众教育实践活动，创新开展“深化五项教育、增进五个意识”主题活动，全面推进“千名党员干部入户大宣讲”活动，广泛开展中国梦宣传教育、“五观”“两论”教育、爱国主义教育、国防教育、国家安全教育、反分裂斗争教育，教育引导各族群众坚定不移地感党恩、听党话、跟党走，打牢了共同团结奋斗的人心基础、思想基础、长远基础。健全现代公共文化服务体系。统筹城乡公共文化资源配置，积极推动基本公共文化服务标准化、均等化建设，成功获得第四批国家公共文化服务体系示范区创建资格，“西新工程”“农村电影放映工程”“户户通”等重点文化惠民工程全面推进，县区、乡镇、村居综合文化服务中心示范工程建设扎实开展，实现村居和寺庙书屋全覆盖，形成市有图书馆、群众艺术馆、博物馆，县区有综合文化活动中心（文化馆、图书馆）、民间艺术团，乡镇有综合文化站的文化惠民服务体系，公共文化服务水平和保障能力大幅提升。全力构建现代文化产业体系和市场体系。加快推动文化创造性转化、创新性发展，深入推进文化旅游融合发展，通过与援藏省市合作举办珠峰文化旅游节推动特色文化“走出去”，“冬游西藏”促销活动深化开展，珠峰文化旅游创意产业园区核心区“一馆两中心”加快建设，文化精品项目向园区加速集中，吾尔朵民族传统文化有限公司等 4 家企业（专合组织）成功申报第四批自治区级文化产业示范基地，《吉祥日喀则》《江孜印迹》等大型舞台剧实现商业化、市场化演出，文化产业规模化、集约化、专业化水平不断提高。完善文化遗产保护机制。大力实施文化遗产保护工程，大力开展国家级历史文化名镇、名村、名街申报工作，深入推进文化遗产普查登记、抢救修复等工作，扎什伦布寺、萨迦寺、白居寺联合申报世界文化遗产工作进展顺利，勉唐派唐卡等 4 个项目、八思巴藏香制作技艺项目分别荣获全国非物质文化遗产联展金奖、银奖，萨嘎“甲谐”、江嘎尔藏戏等非物质文化遗产得到传承发展，文化遗产始终在保护中发展、在传承中利用。

（六）党的建设制度改革和纪律检查体制改革扎实推进，党的建设全面加强。全面贯彻落实新时代党的建设总要求和党的组织路线，大力实施“党建珠峰”战略，不断提高党的执政能力、巩固党的执政地位，全面推进管党治党走向严紧硬。加强党的制度建设。不断完善领导方式和执政方式、领导体制和工作机制，建立健全《市委常委会议事规则》《党政机关重大事项请示报告制度》《地师级领导干部联系指导县区工作制度》及禁酒禁赌等规章制度，严格执行民主集中制和新形势下党内政治生活若干准则、组织生活会、民主评议党员等制度，全面推进“三会一课”清单化，创新实施主题党日“5+N”模式，全方位扎牢了全面从严治党的制度笼子。加强思想政治建设。扎实开展党的群众路线教育实践活动、“三严三实”专题教育，持续推进“两学一做”学习教育常态化制度化，扎实开展党员政治教育，持续深化“讲学习、讲忠诚、正风纪、转作风、提效能”主题活动，严格落实8小时外学习制度，健全完善市委集中封闭学习、各级党委（党组）理论学习中心组学习等制度，引领广大党员干部树牢“四个意识”，坚定“四个自信”，做到“两个维护”。加强党的组织建设。突出政治功能，以提升组织力为重点，以建设“五型”党组织为目标，以打造“八个阵地”为抓手，创新实施基层党建“六化”“七个起来”，扎实推进基层党组织标准化建设，全力推进基层政权建设、培养发展党员等工作，大力整顿软弱涣散基层党组织，在符合条件的社区、社会组织和非公有制经济组织等全部建立党组织，党的组织和工作覆盖面逐步扩大，党组织设置不断优化、组织力不断提升，政治功能、服务功能更加突出。加强干部队伍建设。牢牢把握新时期好干部标准、民族地区干部“三个特别”要求，加快健全干部工作“五大体系”，完善选人用人机制，规范干部选拔任用程序，制定出台《日喀则市委管理干部人选动议和酝酿办法（试行）》《日喀则市委管理干部考察工作暂行办法》《日喀则市乡镇党政正职选拔任用工作规程》等制度，建立知事识人、正向激励、素质培养体系和“80后”县处级、“90后”乡科级年轻干部库，全面下放科级干部任免权限，安排一定比例长期在高海拔乡镇工作的干部交流到市、县机关或低海拔乡镇工作，大力推进干部能上能下，着力建设一支高素质专业化治边稳藏干部队伍。2016年以来，提拔调整使用县级干部576名，享受职务职级并行165人，对发挥作用不明显、不适宜担任现职的29名县级干部进行了调整。坚持党管人才原则，健全柔性引才和培养人才机制，建立市级专家人才库，加快乡镇人才工作站建设，扎实开展“珠峰英才”、享受“政府特殊津贴”人才评选，鼓励和引导人才向艰苦边远地区和基层一线流动，积极盘活用好本地现有人才，大力引进、培养急需紧缺人才和创新型专业人才。2016年以来，引进公务员、教育、医疗专招生585人、各类紧缺人才304人，受到表彰78人，营造了识才、爱才、敬才、用才的浓厚氛围。加强党的作风建设。始终把政治规矩和政治纪律挺在前面，严格执行中央“八项规定”及其实施细则、自治区党委“约法十章”“九项要求”，制定实施《党员干部百项行为严禁规定》，深入整治不作为慢作为、文山会海等形式主义、官僚主义突出问题，持续纠正“四风”，大力整治“村霸”“蝇贪”，坚定不移将党风廉政建设和反腐败斗争引向深入，全力营造了风清气正的政治生态。深化纪律检查体制改革。健全反腐协调机制，建立经济责任审计联席会议制度，完善纪检监察机关与法院、检察院、公安等部门的协作配合机制，健全案件线索交流、移送机制，形成了反腐倡廉强大合力。强化派驻机构建设，全面加强市纪委监委派驻机构领导体制、职责权限、工作关系、管理保障、组织领导建设，切实增强派驻机构的权威性和有效性，实现纪检监察全覆盖。持续深化“三转”，坚决防止灯下黑，着力锻造铁一般的纪检监察队伍、党和人民的忠诚卫士。深化政治巡察，制定出台市委《巡察工作实施办法》《“五人小组”听取巡察情况汇报工作规则》等制度措施，先后组织开展 9 轮巡察，派出 65 个巡察组对 156 家单位开展政治巡察，发现问题，形成震慑，巡察利剑作用更加彰显。深化监察体制改革。积极构建党统一指挥、全面覆盖、权威高效的监督体系，率先在全区挂牌成立首家县级监察委员会—桑珠孜区监察委员会，市县两级监委全部组建完毕，市县两级人员转隶顺利完成，204 个乡镇全部设立纪委；坚持机构、职数、编制“三个不增加”，积极推进机构、人员、业务等全面磨合融合，实现人财物科学集约配置；加强对权力运行的制约和监督，积极探索实践 12 项调查措施，推动执纪执法同向发力，实现对所有行使公权力的公职人员监察全覆盖。深化党政机构改革。深入贯彻落实党中央关于深化党和国家机构改革的决定，贯彻落实自治区党委关于深化党政机构改革的决策部署，制定《关于日喀则市机构改革的实施意见》，明确了机构改革时间表、路线图，明确了“设置机构—设立党组—配备班子—挂牌转隶”的机构改革工作流程；对标对表中央和自治区机构改革方案，研究制定《日喀则市机构改革方案》，经区党委编办审核，报区党委、政府批准后予以实施。目前，市、县两级党政机构改革工作圆满完成。

二、存在问题困难

（一）改革动力不足。极少数党员干部“主动改、大胆试”的思想自觉和行动自觉不强，有的坐等顶层设计、坐等上级指示，有等待观望、被动改革的现象；有的将常规性工作的推进视为深化改革，局限于抓日常工作事务，不能准确地把改革聚焦到破除体制机制障碍上来，不能很好地将行之有效的工作措施和做法上升为体制机制，不善于以改革的思路、途径、举措来破解工作难题。

（二）攻坚合力不强。各领域改革结合度不强，改革进展不平衡、推进不协调，有的改革相关政策措施统筹协调不够、耦合性不强，协同配合落实改革任务成效不明显，没有形成强大的改革合力，特别是需要多部门共同参与、整体推进的改革事项，部门会商联动不够、工作对接不够，影响了改革的进展和效果。

（三）落实力度不大。部分县区、单位承接落实上级部署的改革举措办法不多、措施较少，执行力还需加强；有的县区、部门推进本领域、本地区、本部门改革任务研究不深，推动落实的力度不大。在非公经济发展方面，整体水平不高，总体规模小、实力弱，产品档次低、品牌产量少，市场竞争力弱；发展活力不强，民间投资下滑严重，2017 年负增长 26.2%，在七地市中排名倒数第一，2018 年负增长 17.2%；进入领域较窄，全市民营企业 90% 都集中在建筑建材、住宿、餐饮、批发零售等行业，参与发展壮大“七大产业”的只占 30%，通过租赁、参股、控股等方式投资国有、集体企业的仅占 8%；融资难度较大，一些非公企业管理方式粗放、管理制度不规范，资料不全、信息不实，难以达到银行放贷标准，加之银行贷款审批程序复杂、周期较长，一定程度上增加了中小微企业融资难度，导致全市有借款需求的企业达 90%，不能借到资金的企业达 45%。在国资国企改革方面，虽然实施了一系列开创性、突破性政策措施，打出了体制改革和机制创新的“组合拳”，推动市属国有企业布局结构调整与重组工作取得了新佳绩，但是，从当前的发展状况来看，仍然存在规模小、效益差、资金链紧张、主业不突出等问题，资产总额超过 50 亿元的企业只有 1 家，营业收入超过亿元以上的企业只有 1 家，个别企业甚至存在靠注册资金发工资、还贷款的现象。在农牧区改革方面，推进农牧业供给侧结构性改革较为缓慢，导致农牧业发展规模化集约化产业化水平不够高，还处在“点”的阶段未形成“块”的优势，还处在“散”的状态未形成“聚”的效应。

（四）创新实践不够。探索创新的能力较缺乏，先行先试的做法较少，“摸着石头过河”的创新意识不够，通过典型引路、示范引领推动发展，以点带面、带动全局的效果不明显，以试点先行突破瓶颈制约还需用力；总结提炼改革中的先进典型、特色亮点、进展成效不够，复制推广运用好做法、好经验不够，没有形成深入交流、相互借鉴、共同提高的浓厚氛围。

三、下步工作思路

下一步，我们将继续高举中国特色社会主义改革开放伟大旗帜，进一步增强“四个意识”，坚定“四个自信”，做到“两个维护”，深入贯彻落实习近平新时代中国特色社会主义思想，贯彻落实习近平总书记关于全面深化改革的重要论述、特别是在庆祝改革开放 40 周年大会上的重要讲话精神，贯彻落实党中央改革顶层设计、自治区党委系列决策部署，坚持“五位一体”总体布局、“四个全面”战略布局和新发展理念，坚持改革“三个不能变”原则，坚持越改越好、越改符合实际、越改越对群众有利，以供给侧结构性改革为主线，以提高发展质量和效益为中心，以正确处理好“十三对关系”为根本方法，聚焦构建发展稳定生态新机制，聚焦“五个坚定不移”“五个确保”，聚焦大力实施“6677”总体工作思路，着力壮大珠峰七大产业、激发活力促进经济发展，着力建设美丽日喀则、筑牢生态安全屏障，着力推进民生事业改革、不断增进人民福祉，着力推动文化繁荣发展、激发文化创造活力，着力深化全面依法治市、创新社会治理体制，着力强化全面从严治党、巩固党的执政根基，全面增强改革系统性、整体性、协同性，全力抓好改革任务落实，巩固拓展改革成果，多推有利于促进社会和谐稳定、有利于增添经济发展动力、有利于促进社会公平正义、有利于增强人民群众获得感、有利于调动广大干部群众积极性的改革，深入推进全面深化改革向纵深发展，为加快建设和谐文明幸福美丽日喀则注入强大改革力量。

日喀则市市县党政机构改革工作总结情况报告

（2019 年 4 月 22 日）

市委：

深化党政机构改革，是以习近平同志为核心的党中央作出的重大决策部署，是推进国家治理体系和治理能力现代化的一场深刻变革。去年以来，在习近平新时代中国特色社会主义思想的科学指引下，在自治区党委的坚强领导下，在自治区机改办的精心指导下，我们始终把深化党政机构改革作为一项重大政治任务，以加强党的全面领导为统领，以推进机构职能优化协同高效为着力点，思想上高度统一、行动上坚定坚决，高效圆满完成了各项改革任务，达到了预期目标。现将有关情况报告如下。

一、坚持党的领导，做到了方向不偏。市委始终站在增强“四个意识”，坚定“四个自信”，做到“两个维护”的高度，把坚持和加强党的全面领导贯穿机构改革的各方面、全过程，坚决贯彻落实党的十九届三中全会精神，贯彻落实习近平总书记关于深化党和国家机构改革、治边稳藏的重要论述，始终在政治立场、政治方向、政治原则、政治道路上与以习近平同志为核心的党中央保持高度一致，以深化党政机构的实际成效体现对习近平总书记和党中央的绝对忠诚。

一是强化组织领导。市委始终高度重视党政机构改革工作，第一时间成立机构改革领导小组，市委书记张延清同志坚持亲自挂帅、亲自安排、亲自推进、亲自督导，既当“指挥官”，又当“指战员”，全面统筹领导机构改革工作，先后组织召开动员部署会、工作推进会，研究贯彻落实党中央关于机构改革的大政方针、自治区党委重大决策部署，确保了党中央确定的改革方向不偏离、改革任务不落空。同时，领导小组下设了办公室和 7 个专项组（深化党的组织机构改革专项组、深化政府机构改革专项组、深化群团组织和事业单位机构改革专项组、深化民族法治领域机构改革专项组、人事安排专项组、资产经费调配专项组、纪律监督专项组），统筹推进各领域改革。

二是科学制定方案。坚持以十九届三中全会决定、方案和《关于地方机构改革有关问题的指导意见》作为行动指南和根本遵循，参照《西藏自治区改革方案》《关于西藏自治区市县机构改革的总体意见》，精心研究制定了《日喀则市机构改革方案》《关于日喀则市机构改革的实施意见》《县区机构改革方案》，厘清“统一思想—设置机构—设立党组—配备班子—挂牌转隶—巩固成果”的工作步骤，明确了机构改革的时间表、路线图、任务书，为做好党政机构改革工作提供了遵循。全市各级党委（党组）按图索骥、狠抓落实，确保始终与党中央、区党委一个声音一个步调推进改革。

三是层层压实责任。各级党组织充分发挥政治引领作用，按照“市县同步、简化程序、规范手续、加快进度”的原则，综合考虑春节、藏历新年等因素，提前安排挂牌转隶、资产清理登记、拟定部门“三定”草案等前期工作，建立健全机构改革日报告、周小结制度，着力推动机构改革方案落地实施，形成了一级抓一级、层层抓落实的良好格局。

四是强化思想引导。深入细致做好干部思想政治工作，张延清同志三次出席市委与涉改部门新任职干部集体谈话会，市县两级党委累计召开与新任职干部集体谈话会25次，开展个别谈话1662人次，教育广大党员干部提高政治站位、强化政治担当，坚决拥护组织决定，正确对待进退留转，以实际行动拥护改革、支持改革、参与改革。

二、坚持突出重点，做到了力度不减。贯彻落实中央关于“深化市县机构改革，要在党中央集中统一领导下，由自治区党委负总责，市县党委要不折不扣落实好各项改革任务”的要求，以自治区党委、政府批准的《日喀则市机构改革方案》为准绳，重点做好新组建部门挂牌、人员转隶、“三定”规定制定等工作，把握时序进度、紧盯关键环节，加大统的力度、明确改革的章法、做好人的工作，确保了各项改革任务精准落地见效。

一是按时间节点做好涉改部门挂牌办公、班子配备等工作。3月19日、22日，分两批举行了新组建机构挂牌仪式，全市新组建的21家市直党政机构和249家县区直党政机构全部完成组建挂牌，并以新机构名义对外开展工作履行职责。同时，坚持“德才兼备、以德为先”“以事择人、人岗相适”的原则，严格落实新修订的《党政领导干部选拔任用工作条例》，突出政治标准，探索实践干部政治素质考察“望闻问切”工作法，加强政治把关，各涉改部门班子迅速配备到位。这次，市委提拔的21名县级干部中，有乡镇工作经历的占到38%，新提拔的干部中没有基层工作经历的，全部调整到县区进行历练。全市提拔调整的1028名干部中，具有乡镇工作经历的占到60%、具有驻村驻寺工作经历的达到90%以上，释放了“干部下基层、基层出干部”的强烈信号；大胆使用忠诚担当、干净干事、作风优良和扛得了重活、打得好硬仗、工作实绩突出的12名“80后”县级、97名“90后”科级干部，让优秀年轻干部挑重担、扛大梁，在担当实干中成长成才，释放了“凭能力用干部、以实绩论英雄”的强烈信号；严格按照党中央、自治区党委关于干部轮岗交流相关规定，对165名长期在同一岗位的干部进行了轮岗交流，释放了“干部多岗位、能力全方位”的强烈信号；对77名因年龄、身体等原因，不能正常履职的干部进行妥善安置，免去领导职务；对122名群众意见大、负面反映多、不能胜任现职的干部和9名涉嫌违法违纪干部果断进行调整，释放了“干部能上能下”的强烈信号。

二是规范有序做好人员职责划转和职责交接工作。按照“先转隶、再‘三定’”和“编随事走、人随编走”的原则，协调各级各方积极稳妥做好人财物转隶工作，督促各涉改部门严格按照有关工作要求，移交经费管理职能，及时足额划转各类资金，全面清理各类经费和债权债务，全面清查各类资产，编制清册，依法依规管理和处置机构变动所涉及部门、单位的资金和资产。截至3月底，市级328名、县区755名人员转隶工作全部完成，资产财务划转有序推进，涉改单位做到了思想不乱、队伍不散、工作不断、力度不减。

三是稳妥做好“三定”规定拟定报批工作。坚持把制定“三定”规定作为机构规改革实施的中心任务，按照优化、协同、高效原则，指导涉改部门认真衔接自治区层面印发的相关部门“三定”规定，突出转变和优化职责，强化部门内部职责和业务整合，理顺部门间职责关系，推动部门内设机构、人员编制和只能配置更加科学合理经市委研究，3 月 26 日、28 日和 4 月 14 日，分三批审核批准印发了 26 家市直党政机构的“三定”规定，各县区党政部门“三定”规定同步审核批准印发，市县其余党政机构“三定”规定正在加紧修订审核，涉改部门人财物转隶基本完成。

三、坚持统筹推进，做到了步调不乱。坚持党政军群和县区改革通盘设计、统筹考虑，一同谋划、一体推进，围绕解决机构设置和职能配置中存在的深层次矛盾和问题，着力增强改革系统性、整体性、协同性，全力构建系统完备、科学规范、运行高效的党政职能体系。改革后，日喀则市共设置党政机构 50 个，其中党委机构 13 个、政府工作部门 37 个。18 个县区按照大中县设置党政机构 35 至 37 个，整体符合党中央和区党委关于机构、编制和职数的要求。改革后，县级领导职数增加 14 名，科级领导职数增加 47 名，内设机构减少 3 个。

一是突出政治要求，坚决把坚持党的领导制度安排落到实处。对应党中央决策部署和区党委工作要求，新设了 5 个党的议事机构、对 4 个机构规格进了调整（领导小组升格为委员会），归并 5 个、撤销 2 个议事协调机构，将更好地加强对重大工作的顶层设计、总体布局、统筹协调、整体推进。同时，将市委审计委员会办公室设在审计局、外事工作委员会办公室设在外事办、教育工作领导小组秘书组设在教育局、农村工作领导小组办公室设在农业农村局，打破了党政界限，既增强了党的领导力，又提高了政府的执行力。调整优化组织、宣传、统战等 7 个党委工作机关机构设置和职能配置。县区组建调整 153 个议事协调机构，其中 9 个边境县分别组建了外事工作委员会。

二是优化政府机构设置和职能配置，调高政府效能。坚持从日喀则改革发展稳定大局出发，坚持发展需要什么、基层期盼什么、群众关心什么，改革就抓什么、推什么，结合“放管服”改革，优化政府机构设置，组建 13 个、重新组建 2 个、更名 3 个政府工作部门，将 3 个单位调整为政府工作部门，特别是充分用好中央赋予地方的自治权，在自治区党委允许的权限范围内，结合日喀则实际，因地制宜设置市县两级文化和旅游局、行政审批和便民服务局、城市管理和综合执法局，为建设和谐文明幸福美丽日喀则提供了坚强有力的体制机制保障。

三是同步做好涉改部门党建工作。坚持“有利于加强党的领导”“有利于提升组织力”“有利于加强行业部门监管”“有利于开展党的活动”的原则，及时撤销、设立、更名涉改机构党组党委（市级撤销 22 个党组党委，设立 27 个部门党组党委），指导县区探索设立县区直单位党组 18 个，切实强化党组织的领导核心地位。坚持应建必建、应建尽建，在涉改市直机关撤销基层党组织 38 个，调整、组建基层党组织 34 个；在县区采取联合建、挂靠建等方式，撤销党支部 111 个，设立党支部 187 个，调整党支部 25 个，确保党对一切工作的全面领导。坚持适应新形势新要求，及时督促指导新成立单位抓紧组建工会、共青团、妇联等群团组织，做到了机构设置到哪里，党的领导就覆盖到哪里，基层组织就延伸到哪里。

四是坚持深化机构改革与其他各项工作统筹推进。坚持一手抓机构改革，一手其他工作，把深化机构改革与经济发展、维护稳定、生态环保、民生改善、党的建设、全面深化改革等工作有机结合起来，积极推动机构职能调整和工作任务无缝衔接，确保机构改革与各方面工作两手抓、两不误、两促进，真正通过深化机构改革为各方面工作提供了有力保障、又在做好各方面工作中优化职能配置。

四、坚持挺纪在前，做到了底线不越。坚持把严明政治纪律和政治规矩贯穿改革始终，把机构改革“六大纪律”挺在前面（政治纪律、组织纪律、机构编制纪律、干部人事纪律、财经纪律和保密纪律），要求各级纪检监察部门在改革推进过程中切实履行责任，强化监督执纪问责，督促涉及机构变动、职责调整的部门把讲政治放在首位，为机构改革顺利推进提供了坚强纪律保障，确保了改革风清气正，改革期间，未发生借改革之机突击进人、突击提拔和调整干部，挪用资金、虚列支出、转移套取资金，突击花钱、巧立名目发放和私存财物等情况。

下一步，我们将坚决贯彻落实自治区深化党政机构改革工作领导小组办公室第四次会议精神，坚决落实业现书记讲话精神，严格按照党中央和区党委决策部署，持续用力做好全市深化党政机构改革后续工作，切实巩固和深化机构改革成果。一是扎实做好机改收官工作。认真组织开展“回头看”，及时组织做好机构改革形成文件资料的收集、整理、清点、归档工作，加快启动实施事业单位改革，抓紧推进综合行政执法改革，完善落实机构改革配套措施，努力构建简约高效的基层管理体制，把党中央、区党委关于深化党政机构改革的部署要求落到实处。二是持续加强思想政治建设。加强干部教育培训，围绕学习贯彻习近平新时代中国特色社会主义思想这条主线，推动党员干部往心里走、往深里悟、往实里做，不断增强“四个意识”，坚定“四个自信”，坚决做到“两个维护”，同时，集中整治形式主义、官僚主义，引导党员干部转作风、树新风，密切联系服务群众。三是加强领导班子和干部队伍建设。突出政治素质考察选人用人，突出高素质专业化训练干部，突出严管就是厚爱监督管理干部，大力实施优秀年轻干部培养计划，及时把优秀干部选出来、用起来，选优配强各级领导班子，为抓实抓好发展稳定生态“三件大事”，打好打赢“三大攻坚战”，加快建设和谐文明幸福美丽日喀则夯实班子支撑、干部支撑。四是着力推动涉改部门规范有序运行。监督指导各县区各部门严格按照新“三定”规定履行职责，建立完善工作机制和运行规范，尽快完成内设机构调整组建和人员设岗定责，明确职责定位和工作方向，抓紧理清工作思路，谋划好年度重点工作，确保开好局、起好步。

特此报告。

国家民委关于命名日喀则市为“全国民族团结进步示范市”的决定

国家民委文件

民委发〔2019〕118号

国家民委关于命名日喀则市为“全国民族团结进步示范市”的决定

各省、自治区、直辖市及新疆生产建设兵团民（宗）委（厅、局），委机关各部门、直属各单位，中共日喀则市委员会、市人民政府：

日喀则市开展民族团结进步示范市创建以来，坚持以习近平新时代中国特色社会主义思想为指导，深入贯彻落实习近平总书记关于治边稳藏重要论述和“加强民族团结、建设美丽西藏”重要指示精神，加强党对民族工作领导，完善创建工作体制机制，积极践行社会主义核心价值观，把创建工作和爱国守法、反对分裂等各类宣传教育活动相结合，筑牢各民族共同团结进步的思想

— 1 —

基础。聚焦加速发展和改善民生，大力实施“产业珠峰”、“幸福珠峰”、“美丽珠峰”战略，大力推动脱贫攻坚、兴边富民，全面落实教育医疗、就业创业等方面的优惠政策，经济社会发展步伐显著加快，各族群众获得感幸福感显著提升，夯实了民族团结进步的物质基础。

日喀则市的生动实践，探索了一条符合边疆实际、富有西藏特色的创建之路，为西藏自治区建设“民族团结进步示范区”作出贡献，为全国民族团结进步事业创新发展提供了宝贵经验。经研究，决定命名日喀则市为“全国民族团结进步示范市”。

新时代蕴含新气象，新征程应有新作为。希望日喀则市在西藏自治区党委和人民政府的领导下，以此次命名为新的起点，为推动中华民族走向包容性更强、凝聚力更大的命运共同体再立新功。要始终高举中华民族大团结的旗帜，深入学习贯彻落实习近平总书记关于民族工作的重要论述精神，不断巩固提升示范市创建成果，着力固根基、扬优势、补短板、强弱项，率先实现建成小康和现代化同步、公共服务同质、法治保障同权、精神家园同建、社会和谐同创，奋力实现中华民族一家亲、同心共筑中国梦。要坚持和加强党的全面领导，把党的领导落实到民族工作各领域各方面各环节，不断强化政治责任和担当，推进民族团结进步事业创新发展。要把加快少数民族和民族地区发展摆到更加突出的战略位置，大力推进高质量发展，不断增进民生福祉，不断满足各族人民对美好生活的向往。要以社会主义核心价值观为引

— 2 —

领，广泛弘扬民族团结进步价值理念，树立和突出各民族共享的中华文化符号和中华民族形象，携手共建中华民族共有精神家园。要深化各民族交往交流交融，积极创造共居共学共事共乐的条件，推动更大范围、更广领域、更深层次的交往交流交融，促进各民族和睦相处、和衷共济、和谐发展。要加快推进民族事务治理现代化，用法律保障和加强民族团结，推进民族事务治理法治化、社会化、专业化、智能化，推进制度体系更加成熟更加定型。要强化示范市的引领带动作用，不断创新加强民族团结方式，放大示范效应，形成更多制度性成果，为推进民族团结进步事业、实现“两个一百年”奋斗目标、实现中华民族伟大复兴的中国梦而继续奋斗。

国家民委

2019年12月9日

— 3 —

国家民委办公厅　　2019年12月9日印发

— 4 —

索 引

珠峰精神

坚韧不拔　巍峨不屈　感恩向上　敢为人先

说明：

本索引将书首目录中的条目简化成索引的条目。索引条目按汉语拼音顺序排列，条目后的阿拉伯数字表示内容所在的页码。

其他

A

B

C

D

E

F

G

H

J

K

L

M

N

P

Q

R

S

T

W

X

Y

Z